“两新一重”建设投融资政策解读

顾问　贾　康

编著　中建科信管理咨询集团

中国金融出版社

责任编辑：张熠婧
责任校对：刘　明
责任印制：张也男

图书在版编目（CIP）数据

“两新一重”建设投融资政策解读 / 中建科信管理咨询集团编著．—北京：中国金融出版社，2021.5

ISBN 978－7－5220－1104－2

Ⅰ．①两…　Ⅱ．①中…　Ⅲ．①投资政策—研究—中国　②融资政策—研究—中国　Ⅳ．① F832

中国版本图书馆 CIP 数据核字（2021）第 083733 号

“两新一重”建设投融资政策解读
“LIANG XIN YI ZHONG” JIANSHE TOURONGZI ZHENGCE JIEDU

出版发行　中国金融出版社
社址　北京市丰台区益泽路 2 号
市场开发部　（010）66024766，63805472，63439533（传真）
网上书店　www. cfph. cn
（010）66024766，63372837（传真）
读者服务部　（010）66070833，62568380
邮编　100071
经销　新华书店
印刷　保利达印务有限公司
尺寸　185 毫米 ×260 毫米
印张　28.5
字数　550 千
版次　2021 年 8 月第 1 版
印次　2021 年 8 月第 1 次印刷
定价　90. 00 元
ISBN 978－7－5220－1104－2

编委会

序　言

PREFACE

自2018年以来，我国固定资产投资增速明显放缓，尤其是作为固定资产投资主要品种的基础设施投资增速更是出现了断崖式回落。这其中有去杠杆、防风险以及加强地方政府债务监管的原因，也有地方政府专项债券有效投资效率不高、对社会投资撬动能力有限的原因，还有传统基础设施建设自身粗放型投入缺少协同效应的原因。为此，2018—2019年，国务院办公厅印发了《关于保持基础设施领域补短板力度的指导意见》（国办发〔2018〕101号），中共中央办公厅、国务院办公厅印发了《关于做好地方政府专项债券发行及项目配套融资工作的通知》（厅字〔2019〕33号）。这些政策是希望通过加大基础设施领域补短板力度来增加有效投资，使经济保持在合理增长区间。在政策发力下，虽然基础设施投资呈现回暖的趋势，但突如其来的新冠肺炎疫情对经济冲击很大，2020年基础设施投资增长跌入低谷。

进入后疫情时代，消费需要一定时间的释放，出口会面临不小挑战，因此，稳投资对于我国经济平稳增长具有重要意义。《中华人民共和国国民经济和社会发展第十四个五年规划和2035年远景目标纲要》提出“推进既促消费惠民生又调结构增后劲的新型基础设施、新型城镇化、交通水利等重大工程建设”，即“两新一重”建设。“两新一重”建设是我国“十四五”时期乃至到2035年这一段时间内扩大有效投资的重要抓手，对加快形成以国内大循环为主体、国内国际双循环相互促进的新发展格局具有重要的现实意义。

首先，新型基础设施建设（以下简称新基建）可激发投资“新空间”。一是新技术产业投资提升，以大数据、人工智能、互联网等技术促进传统产业改造升级，扩大战略性新兴产业投资。2020年，规模以上工业高技术制造业增加值比上年增长7.1%，高于全部规模以上工业增加值增速4.3个百分点。二是催生线上新经济业态投资的发展。疫情期间，新基建显示了其价值，促使新技术、新产品、新模式、新业态的投资大量涌现。三是投融资模式得以创新。传统基建主要以政府为投资主体，但新基建中多数项目的公共性较弱、经营性较强，要创新投融资建设模式，发挥政府财政资金的引导作用，激发市场主体的投资活力。

其次，新型城镇化建设选定“新方位”。一是突出县城补短板、强弱项、扩内需。资料显示，2019 年县城人均市政公用设施固定资产投资仅相当于地级及以上城市城区的 1/2；县城居民人均消费支出仅相当于地级及以上城市城区居民的 2/3。因此，我国县域城镇化建设差距比较明显，有很大的投资建设空间。二是老旧小区改造涉及上亿居民。全国 2000 年底前建成的老旧小区约 22 万个，2021 年新开工改造城镇老旧小区 5.3 万个，政府投资将更多地向惠及面广的民生项目倾斜，提升公共服务水平。三是片区综合开发是新型城镇化建设的重要内容。片区综合开发涉及土地收储、基础设施建设、公共服务完善、产业导入发展、配套设施建设等。通过片区综合开发改变单一的土地储备会受到地方财力的限制，但可规避单一基础设施建设违规举债的风险。因此，片区综合开发是“十四五”期间地方经济发展的重要方式之一。

最后，重大工程建设也是推动经济发展的“新动能”。一是重大工程建设可带动产业发展。比如，贯穿天山南北的乌尉公路包 PPP 项目进入全面施工阶段，项目总投资约 708 亿元，估算需要 121 万吨钢材、487 万吨水泥、4431 万吨砂石料等，采购金额约 147 亿元，仅一个项目就可带动原材料供应企业参与，产业跟着项目就盘活起来了。二是推动重大工程建设可改善民生。重大工程建设往往与百姓生活紧紧地联系在一起，体现为以民生为导向，同时，又可扩大内需、促进发展。资料显示，东中线一期工程已惠及京、津、冀、豫、苏、鲁六省市，累计供水量超过 375 亿立方米，受水区 40 多座大中城市 260 多个县区用上了南水北调水，直接受益人口超过 1.2 亿。三是有利于健全市场化投融资机制。“两新一重”建设要更大激发市场主体活力，调动社会资本投资热情。比如，杭绍台铁路项目是国内首批八个社会资本投资铁路示范项目之一，也是中国首个民营控股高速铁路项目，该项目可研批复总投资预计 448.9 亿元，资本金约占总投资的 30%，其中民营联合体占股比例为 51%，打造了民营资本控股中国高铁项目的“破冰”案例。

由于“两新一重”建设涉及政策多、投资额大、运作周期长，在项目运作中既需要对标国家政策抓住战略机遇，加快谋划包装储备一批项目，同时，也要结合本地实际情况，坚持资金跟着项目走，发挥重点项目的引领带动作用，以稳投资促进固定资产投资行稳致远，以项目建设促进经济社会高质量发展。为了帮助地方政府和各类企业及金融机构学习掌握“两新一重”建设投融资相关政策和项目投资中的实务操作，形成项目融资、投资、建设、运营的良性循环，实现项目合规运用投融资模式筹措资金，推进项目建设落地见效，防范地方政府债务风险，北京中建科信管理咨询集团有限公司组织内外部专家编著了一套丛书——《"两新一重"建设投融资政策解读》和《"两新一重"建设投融资实操指南》。

《"两新一重"建设投融资政策解读》一书收集了近几年该领域的60多部政策法规，分十篇进行解读，即新型基础设施投资政策及内容解读、新型城镇化建设有关政策及内容解读、重大工程建设方面有关政策及内容解读、"两新一重"建设中地方政府专项债券融资政策及解读、《政府投资条例》《中华人民共和国预算法实施条例》原文及内容解读、片区及园区综合开发有关政策及内容解读、PPP模式有关政策及内容解读、基础设施REITs有关政策及内容解读、融资平台市场化转型及参与"两新一重"有关政策及内容解读以及"两新一重"投资与政府债务防范有关政策及内容解读。本书从实用性和操作性的角度出发，通过对每个政策法规进行详细解读，帮助读者对政策法规的出台背景、重点内容、操作实务、注意事项等进行更全面深入理解。

本书由著名经济学家贾康研究员担任顾问，参与本套书撰写的人员都是承担专业授课、项目咨询、专题培训的一线专家学者，既有扎实的理论基础又具有丰富的实操经验，许多实操内容来自授课学员的提问，一些案例来自咨询经验的分享。希望本书能对我国的"两新一重"建设贡献绵薄之力！

本书编委会

2021年5月18日

目 录

CONTENTS

第一篇　新型基础设施投资政策及内容解读

写在前面：

自2020年以来，中央政治局会议和国务院常务会议多次提出加快发展新型基础设施建设（以下简称新基建）进度，新基建将成为我国“十四五”时期乃至到2035年这一段时间经济增长新动能，新基建与传统基建在服务对象、技术特征、运营模式、投资主体等方面有所不同。新基建不仅以数字经济培育新模式、新业态、新产业，还可以带动传统基建转型升级，由此释放出巨大的投资空间。

本篇对中央和地方有关发展新基建的相关政策进行详细解读，期望对发展新基建贡献绵薄之力。

一、中央密集部署新型基础设施建设

表1.1　中央对新型基础设施建设的部署

时间	会议	内容	解读
2018年12月19—21日	中央经济工作会议	加快5G商用步伐，加强人工智能、工业互联网、物联网等新型基础设施建设	新型基础设施建设在我国由此产生，并受到关注
2019年7月30日	中共中央政治局会议	实施城镇老旧小区改造、城市停车场、城乡冷链物流设施建设等补短板工程，加快推进信息网络等新型基础设施建设	稳定制造业投资和基础设施补短板
2020年2月14日	中央全面深化改革委员会第十二次会议	审议通过的《关于推动基础设施高质量发展的意见》提出，基础设施是经济社会发展的重要支撑，要以整体优化、协同融合为导向，统筹存量和增量、传统和新型基础设施发展，打造集约高效、经济适用、智能绿色、安全可靠的现代化基础设施体系	经济要高质量发展，同样基础设施也要与其协调。《关于推动基础设施高质量发展的意见》提出，基础设施存量和增量、传统基建和新基建要协同融合，发挥最大效能

续表

时间	会议	内容	解读
2020 年 3 月 4 日	中共中央政治局常务委员会会议	要加大公共卫生服务、应急物资保障领域投入，加快 5G 网络、数据中心等新基建进度	在新冠肺炎疫情最严重的时候，大数据等对疫情防控发挥了重要作用
2020 年 4 月 17 日	中共中央政治局会议	实施老旧小区改造，加强传统基础设施和新型基础设施投资	传统基建和新基建服务对象不同，需要融合发展
2020 年 4 月 28 日	国务院常务会议	加快信息网络等新型基础设施建设，以“一业带百业”，既助力产业升级、培育新动能，又带动创业就业，利当前惠长远。坚持以市场投入为主，支持多元主体参与建设	通过发展新基建可以带动新模式、新业态、新产业，促进网上办公、远程教育、远程医疗、车联网、智慧城市等应用。政府积极引导和谋划，坚持以企业投资为主
2020 年 5 月 22 日	《政府工作报告》	加强新基建，发展新一代信息网络，拓展 5G 应用，建设数据中心，增加充电桩、换电站等设施，推广新能源汽车，激发新消费需求、助力产业升级	重点支持既促消费惠民生又调结构增后劲的“两新一重”建设。新基建是未来经济发展的新动能
2020 年 10 月 29 日	党的十九届五中全会通过的《中共中央关于制定国民经济和社会发展第十四个五年规划和二〇三五年远景目标的建议》	推进新型基础设施、新型城镇化、交通水利等重大工程建设，支持有利于城乡区域发展的重大项目建设	新基建对加快形成以国内大循环为主体、国内国际双循环相互促进的新发展格局具有重要意义
2021 年 3 月 12 日	十三届全国人大四次会议通过的《中华人民共和国国民经济和社会发展第十四个五年规划和 2035 年远景目标纲要》	推进既促消费惠民生又调结构增后劲的新型基础设施、新型城镇化、交通水利等重大工程建设	扩大有效投资的重点是“两新一重”。新基建能够培育新经济、新技术和新产业，打造中国新的增长点

二、国务院有关部委新基建政策及解读

（一）工业和信息化部印发《“5G+ 工业互联网”512 工程推进方案》（工信厅信管〔2019〕78 号）

2019 年 11 月，工业和信息化部印发《“5G+ 工业互联网”512 工程推进方案》（工信厅信管〔2019〕78 号）（以下简称《方案》）。

1.《方案》原文

"5G+ 工业互联网"512 工程推进方案

工业互联网是第四次工业革命的关键支撑，5G 是新一代信息通信技术演进升级的重要方向，二者都是实现经济社会数字化转型的重要驱动力量。5G 与工业互联网的融合创新发展，将推动制造业从单点、局部的信息技术应用向数字化、网络化和智能化转变，也为 5G 开辟更为广阔的市场空间，从而有力支撑制造强国、网络强国建设。当前，我国产业界推进 5G 与工业互联网融合创新的积极性不断提升，"5G+ 工业互联网"内网建设改造覆盖的行业领域日趋广泛，应用范围向生产制造核心环节持续延伸，叠加倍增效应和巨大应用潜力不断释放。但是，5G 与工业互联网融合创新仍处于起步期，产业基础有待进一步夯实，路径模式有待进一步探索，发展环境有待进一步完善。为推动"5G+ 工业互联网"512 工程加速落地，高质量推进 5G 与工业互联网融合创新，制定本方案。

一、发展目标

到 2022 年，突破一批面向工业互联网特定需求的 5G 关键技术，"5G+ 工业互联网"的产业支撑能力显著提升；打造 5 个产业公共服务平台，构建创新载体和公共服务能力；加快垂直领域"5G+ 工业互联网"的先导应用，内网建设改造覆盖 10 个重点行业；打造一批"5G+ 工业互联网"内网建设改造标杆、样板工程，形成至少 20 大典型工业应用场景；培育形成 5G 与工业互联网融合叠加、互促共进、倍增发展的创新态势，促进制造业数字化、网络化、智能化升级，推动经济高质量发展。

二、提升"5G+ 工业互联网"网络关键技术产业能力

（一）加强"5G+ 工业互联网"技术标准攻关

对标工业生产环境和现有网络体系，着力突破 5G 超级上行、高精度室内定位、确定性网络、高精度时间同步等新兴技术，着力突破 5G 在工业复杂场景下对高实时、高可靠、高精度等工业应用的承载能力瓶颈。发挥国家工业互联网标准协调推进组、总体组和专家咨询组的作用，统筹中国通信标准化协会（CCSA）及相关行业标准化组织，研究制定"5G+ 工业互联网"融合标准体系，完善融合技术、应用标准。

（二）加快"5G+ 工业互联网"融合产品研发和产业化

加快工业级 5G 芯片和模组、网关，以及工业多接入边缘计算（MEC）等通信设备的研发与产业化，促进 5G 技术与可编程逻辑控制器（PLC）、分布式控制系统（DCS）等工业控制系统的融合创新，培育"5G+ 工业互联网"特色产业。

（三）加快"5G+ 工业互联网"网络技术和产品部署实施

深入研究工厂内 5G 网络部署架构、网络配置、业务部署、网络和数据安全、频谱分配等关键问题，形成覆盖重点行业的网络部署架构及方案。推动基础电信企业结合 5G 独立组网和应用，为具备条件的工业企业进行工业互联网内网设计、建设和管理运维，探索可持续发展的商业模式。

三、提升“5G+ 工业互联网”创新应用能力

（一）打造 5 个内网建设改造公共服务平台

依托工业互联网创新发展工程，打造 5 个工业互联网企业内 5G 网络化改造及推广服务平台，建设满足工业企业开展 5G 网络应用研发验证的网络测试环境，为中小企业提供“5G+ 工业互联网”内网建设改造模板，开展应用咨询及研发培训，提升公共服务能力。

（二）遴选 10 个“5G+ 工业互联网”重点行业

基于“应用相对普遍、融合程度较深、产业影响较大、产业链中上游”的原则，选择 10 个重点行业，鼓励各地建设“5G+ 工业互联网”融合应用先导区，打造“5G+ 工业互联网”园区网络，引领 5G 技术在垂直行业的融合创新。

（三）挖掘 20 个“5G+ 工业互联网”典型应用场景

依托工业互联网创新发展工程、工业互联网试点示范，打造一批“5G+ 工业互联网”内网建设改造标杆、样板工程，鼓励工业企业将生产流程优化与内网建设改造相结合，推动 5G 网络部署应用从生产外围环节向生产内部环节延伸，挖掘提炼至少 20 个可复制、可推广的典型工业应用场景，形成“5G+ 工业互联网”内网建设改造示范引领效应。

（四）建设“5G+ 工业互联网”测试床

鼓励企业、高校和科研机构、产业联盟等联合建设“5G+ 工业互联网”技术测试床，开展融合技术、标准、设备、解决方案的研发研制、试验验证、评估评测等工作。面向“5G+ 工业互联网”10 个重点行业，鼓励各方联合建设行业应用测试床，提升垂直领域的 5G 应用创新能力。

四、提升“5G+ 工业互联网”资源供给能力

（一）打造“5G+ 工业互联网”项目库

建立地方工业和信息化主管部门、通信管理局、工业互联网产业联盟和基础电信企业等多途径的“5G+ 工业互联网”项目上报机制，遴选优质项目纳入项目库，全面掌握我国“5G+ 工业互联网”实际建设需求和推进情况，滚动更新项目库。

（二）培育“5G+ 工业互联网”解决方案供应商

通过工业互联网创新发展工程、工业互联网试点示范、国家新型工业化产业示范基地（工业互联网方向）等多种途径，支持基础电信企业、通信设备企业、工业企业等结合自身优势、立足各自主业，拓展工业互联网内网建设改造服务，培育一批既懂 5G 又懂工业的解决方案供应商。

（三）构建“5G+ 工业互联网”供给资源池

遴选面向“5G+ 工业互联网”的各类型优质服务提供商，构建供给资源池，并向社会公布。依托工业互联网产业联盟、5G 应用产业方阵等产业组织，促进“5G+ 工业互联网”内网建设改造供需双方开展务实合作。

五、加强宣传引导和经验推广

（一）加大宣传引导力度

聚焦工业互联网内网建设改造应用，鼓励开展“5G+ 工业互联网”主题研讨会、经验交流会、产业峰会等形式多样的活动，宣传展示“5G+ 工业互联网”内网建设改造的重要价值和典型案例，进一步凝聚各方共识，营造良好氛围。

（二）开展经验总结推广

指导地方结合实际制定利用 5G 技术建设改造工业互联网内网的实施方案，提升地方 5G 与工业互联网发展水平，形成具有区域特色的创新应用格局。指导工业互联网产业联盟、5G 应用产业方阵编制发布《5G 与工业互联网融合发展白皮书》、“5G+ 工业互联网”内网建设改造案例集以及年度报告，总结适合我国产业发展实际需要的路径模式。

2.《方案》内容解读①

《方案》明确到 2022 年，将突破一批面向工业互联网特定需求的 5G 关键技术，推进“512”工程，即完成 5 大类 12 项工业互联网重点工程，全力推动“互联网 + 先进制造业”融合创新。

一是到 2022 年打造 5 个产业公共服务平台。《方案》要求，到 2022 年，要打造 5 个产业公共服务平台，构建创新载体和公共服务能力；加快垂直领域“5G+ 工业互联网”的先导应用，内网建设改造覆盖 10 个重点行业；打造一批“5G+ 工业互联网”内网建设改造标杆、样板工程，形成至少 20 大典型工业应用场景；培育形成 5G 与工业互联网融合叠加、互促共进、倍增发展的创新态势，促进制造业数字化、网络化、智能化升级，推动经济高质量发展。

二是着力提升“5G+ 工业互联网”网络关键技术产业能力。《方案》着重强调了对核心技术标准的攻关、对融合型产品的研发和产业化以及网络技术和产品部署实施三大工作。在加强“5G+ 工业互联网”技术标准攻关方面，《方案》要求加强工业互联网的网络保障，积极建设 5G 网络下的高精度室内定位、高精度时间同步、超级上行、确定性网络等方面技术的研发。由于工业互联网对大带宽和低时延要求更高，因此上述技术可以发挥 5G 网络相关的优势，提升网络承载能力。同时，在标准制定方面，《方案》要求要依托国家工业互联网标准协调推进组、总体组和专家咨询组，中国通信标准化协会（CCSA）等平台组织，完善体系标准，制定符合我国实际情况的产业标准。由于工业互联网涉及的环节众多，对于传感器、芯片和模组、网管等具体部件有较高的要求，因此，《方案》也提出要加大对相关产品的研发和生产，以保障未来满足企业端日益增长的需求。

三是提升“5G+ 工业互联网”创新应用能力。《方案》指出，要着力推进“建平台”“选行业”“挖场景”“推测试”四大工作的进度。在建平台方面，由于公共服务平台是工业互联网发展的新思路，《方案》要求打造五大平台对工业互联网实施推

① 引自赛迪顾问信息通信产业研究中心高级分析师李联的解读。

广、测试、建设、改造等工作，以加大对相关企业的公共服务能力。在行业筛选方面，《方案》指出要选出具有普适性、融合发展程度较深、影响力较大的产业链中上游行业进行试点示范；在应用场景选择方面，则要提炼打造20个可复制、可推广的工业互联网应用场景；在建设测试床方面，《方案》则提出要“产学研”一体化建设，鼓励各方加入工业互联网研发、测试、评估等方面的工作。

四是提升“5G+工业互联网”资源供给能力。《方案》提出，要打造“5G+工业互联网”项目库、培育“5G+工业互联网”解决方案供应商及构建“5G+工业互联网”供给资源池，为未来5G网络就绪后的工业互联网场景做相关的储备工作。

（二）《科技部关于支持重庆建设国家新一代人工智能创新发展试验区的函》（国科函规〔2020〕12号）

2020年1月23日，《科技部关于支持重庆建设国家新一代人工智能创新发展试验区的函》（国科函规〔2020〕12号）（以下简称国科函规〔2020〕12号文）发布。

1. 国科函规〔2020〕12号文原文

科技部关于支持重庆建设国家新一代人工智能创新发展试验区的函

国科函规〔2020〕12号

重庆市人民政府：

《关于恳请支持重庆建设国家新一代人工智能创新发展试验区的函》（渝府函〔2019〕160号）收悉。根据《国务院关于印发新一代人工智能发展规划的通知》（国发〔2017〕35号）的部署，按照《科技部关于印发国家新一代人工智能创新发展试验区建设工作指引的通知》（国科发规〔2019〕298号）的要求，经研究，现函复如下。

一、支持重庆市建设国家新一代人工智能创新发展试验区。建设国家新一代人工智能创新发展试验区（以下简称试验区）是深入贯彻习近平总书记关于人工智能系列重要讲话精神、落实新一代人工智能发展规划的重大举措。试验区建设要围绕国家重大战略和重庆市经济社会发展需求，探索新一代人工智能发展的新路径新机制，形成可复制、可推广经验，发挥人工智能在重庆市建设西部大开发战略支点和国家中心城市中的重要作用，有力推动成渝地区双城经济圈创新发展。

二、发挥产业链优势，提升人工智能对经济社会发展的支撑能力。充分发挥重庆在人工智能领域产业基础良好、应用场景丰富、基础设施健全等优势，加大人工智能研发部署力度，聚焦智能制造、智慧城市重点领域加强技术集成和应用示范。培育壮大人工智能硬件、机器人等产业，充分发挥人工智能在传统工业基地改造升级中的作用。开展智慧旅游、智慧物流、智慧交通、智慧生态保护应用示范，打造具有山城特色场景的智慧城市。

三、加强政策创新，营造有利于人工智能发展的良好生态。开展人工智能政策试验和社会实验，探索制定人工智能地方性法规，构建数据保护与开放共享新模式，加强面向人工智能企业的金融产品和服务创新，推进人工智能伦理道德建设，探索政府治理智能化新方式。

科技部将积极配合重庆市推进试验区建设，协调研究解决相关政策问题，加强工作指导和资源对接，及时总结典型经验和政策措施并予以推广。建立监测评估机制，跟踪评估试验区建设进展情况，根据评估结果给予激励和支持。

专此函复。

科技部

2020 年 1 月 23 日

2. 国科函规〔2020〕12 号文内容解读

人工智能是新一轮科技革命和产业变更的重要力量，能推动数字经济产业转型升级，实现新旧动能转换。各地政府高度重视人工智能建设发展，重庆市建设国家新一代人工智能创新发展试验区的函获得科技部批复。

一是支持重庆市建设国家新一代人工智能创新发展试验区。该批复要求发挥人工智能在重庆市建设西部大开发战略支点和国家中心城市中的重要作用，有力推动成渝地区双城经济圈创新发展。重庆市印发的《建设国家新一代人工智能创新发展试验区实施方案》提出，力争到 2022 年，重庆市人工智能新型基础设施保障体系和政策支撑体系基本建成，人工智能应用示范取得显著成效，人工智能技术创新和产业发展进入全国第一方阵。具体而言，要加快发展人工智能龙头企业及品牌产品，培育人工智能高新技术企业 500 家以上，人工智能核心产业规模超过 500 亿元，带动相关产业规模超过 2000 亿元。

二是发挥产业链优势，提升人工智能对经济社会发展的支撑能力。该批复指出，充分发挥重庆市在人工智能融合应用方面的优势，实施人工智能融合应用行动，提升城乡智能化水平，重点开展智能工厂、智慧医疗、智慧文旅、智慧政务、智慧交通、智慧教育、智慧农业等示范应用，打造具有山城特色场景的智慧城市。

三是加强政策创新，营造有利于人工智能发展的良好生态。重庆市在《建设国家新一代人工智能创新发展试验区实施方案》中强调：实施科技型企业成长工程，探索“一事一议、一企一策”；开展职务科技成果所有权和长期使用权等政策试验，构建“智能”和“技能”相结合的人工智能人才体系；深化国际、国内和成渝地区双城经济圈开放协作，构建重庆市国家级开发开放平台和区县相结合的区域联动机制。

（三）《科技部关于支持成都建设国家新一代人工智能创新发展试验区的函》（国科函规〔2020〕13号）

2020年1月23日，《科技部关于支持成都建设国家新一代人工智能创新发展试验区的函》（国科函规〔2020〕13号）（以下简称国科函规〔2020〕13号文）发布。

1. **国科函规〔2020〕13号文原文**

科技部关于支持成都建设国家新一代人工智能创新发展试验区的函

国科函规〔2020〕13号

四川省人民政府：

《关于恳请支持成都建设国家新一代人工智能创新发展试验区的函》（川府函〔2019〕140号）收悉。根据《国务院关于印发新一代人工智能发展规划的通知》（国发〔2017〕35号）的部署，按照《科技部关于印发国家新一代人工智能创新发展试验区建设工作指引的通知》（国科发规〔2019〕298号）的要求，经研究，现函复如下。

一、支持成都市建设国家新一代人工智能创新发展试验区。建设国家新一代人工智能创新发展试验区（以下简称试验区）是深入贯彻习近平总书记关于人工智能系列重要讲话精神、落实新一代人工智能发展规划的重大举措。试验区建设要围绕国家重大战略和成都市经济社会发展需求，探索新一代人工智能发展的新路径新机制，形成可复制、可推广经验，充分发挥人工智能在推动成都产业转型升级和民生改善中的重要作用，有力推动成渝地区双城经济圈创新发展。

二、依托重大应用场景和科教资源，加强人工智能研发创新。充分发挥成都在人工智能领域应用场景多元、科教资源丰富等优势，加强人工智能基础研究和前沿技术研发，完善智能化基础设施，优化人工智能创新空间布局，在智能空管、普惠金融、智慧医疗等场景加强应用示范，培育以行业融合应用为引领的人工智能新业态新模式，推动构建开放型产业体系。

三、探索体制机制创新，释放人工智能创新创业活力。开展人工智能政策试验和社会实验，建立人工智能伦理规范、法规政策和数据安全治理体系，健全大院大所协同创新机制，深化科技成果管理改革，强化政策支持，完善创新创业服务体系。

科技部将积极配合四川省推进成都试验区建设，协调研究解决相关政策问题，加强工作指导和资源对接，及时总结典型经验和政策措施并予以推广。建立监测评估机制，跟踪评估试验区建设进展情况，根据评估结果给予激励和支持。

专此函复。

科技部

2020年1月23日

2. **国科函规〔2020〕13号文解读**

人工智能是新一轮科技革命和产业变更的重要力量，能推动数字经济产业转型升级，实现新旧动能转换。各地政府高度重视人工智能建设发展，成都市建设国家新一代人工智能创新发展试验区的函获得科技部批复。

一是支持成都市建设国家新一代人工智能创新发展试验区。该批复要求充分发挥人工智能在推动成都产业转型升级和民生改善中的重要作用，有力推动成渝地区双城经济圈创新发展。成都市印发的《成都市加快人工智能产业发展推进方案（2019—2022年）》（以下简称《方案》）提出，成都市通过加快人工智能产业发展，构建高技术含量和高附加值开放型产业体系。具体而言，《方案》显示：到2020年，以行业融合应用引领的人工智能新业态、新模式、新场景加速涌现，形成50个以上人工智能创新应用场景；初步建成3个以上人工智能产业集聚区，人工智能（行业融合应用）产业规模突破200亿元，关联产业规模突破2000亿元。到2022年，建成国家级人工智能产业创新示范区，打造最具行业融合特色的“中国智谷”、国际知名的工业智联网典范城市、世界一流智能无人机和车联网基地，人工智能（行业融合应用）产业规模突破500亿元，带动关联产业规模突破5000亿元。

二是依托重大应用场景和科教资源，加强人工智能研发创新。该批复要求充分发挥成都在人工智能领域应用场景多元、科教资源丰富等优势，优化人工智能创新空间布局，在智能空管、普惠金融、智慧医疗等场景加强应用示范。为此，《方案》在提升人工智能产业能级中提出：选择一批有代表性的“AI+健康医疗”示范项目，整合四川大学华西医院、电子科大机器人中心、四川脑科学与类脑智能研究院、中—加—古天府脑神经研究院等机构科研优势，瞄准脑科学和智慧康养研究前沿，开展医学影像分析与辅助诊断、临床诊疗决策与健康管理、类脑智能机制分析与算法模拟、智慧健康养老与智能康复等人工智能新技术临床试点示范。遴选一批特定应用场景的“AI+交通物流”示范项目，聚合中航（成都）无人机系统有限公司、成都无人机应用技术研究院、腾盾天府智能技术研究院、中德智能网联汽车测试基地、电子科大—一汽集团智能汽车实验室、成信大机器人与智能系统国际研究院等机构能力，进行无人机自主控制、无人物流配送与远程作业、综合智能交通管控、智能网联汽车封闭测试等新产品、新场景应用示范，打造世界一流智能无人机和车联网基地。

三是探索体制机制创新，释放人工智能创新创业活力。为此，成都市人民政府办公厅印发了《成都市加快人工智能产业发展专项政策》，从加快夯实人工智能产业基础、不断提升人工智能产业能级、全面营造人工智能产业生态三个方面明确了12条支持政策，推动人工智能产业发展。

（四）《科技部关于支持西安建设国家新一代人工智能创新发展试验区的函》（国科函规〔2020〕14号）

2020年1月23日，《科技部关于支持西安建设国家新一代人工智能创新发展试验区的函》（国科函规〔2020〕14号）（以下简称国科函规〔2020〕14号文）发布。

1. 国科函规〔2020〕14 号文原文

科技部关于支持西安建设国家新一代人工智能创新发展试验区的函

国科函规〔2020〕14 号

陕西省人民政府：

《关于推荐西安市申报国家新一代人工智能创新发展试验区的函》（陕政函〔2019〕157 号）收悉。根据《国务院关于印发新一代人工智能发展规划的通知》（国发〔2017〕35 号）的部署，按照《科技部关于印发国家新一代人工智能创新发展试验区建设工作指引的通知》（国科发规〔2019〕298 号）的要求，经研究，现函复如下。

一、支持西安市建设国家新一代人工智能创新发展试验区。建设国家新一代人工智能创新发展试验区（以下简称试验区）是深入贯彻习近平总书记关于人工智能系列重要讲话精神、落实新一代人工智能发展规划的重大举措。试验区建设要围绕国家重大战略和西安市经济社会发展需求，探索新一代人工智能发展的新路径新机制，形成可复制、可推广经验，发挥人工智能对西安高质量发展的支撑引领作用，有力促进“一带一路”建设。

二、充分利用科教优势，加强人工智能关键技术突破和应用。发挥西安在智能感知处理、智能交互等方面的研发基础和人才优势，强化人工智能基础前沿和关键核心技术研发，完善人工智能孵化服务体系，积极拓展应用场景，在先进制造、文创旅游、商贸物流等方面形成一批有效的行业解决方案，打造创新驱动发展的新引擎。

三、健全政策体系，优化人工智能创新发展的生态。开展人工智能政策试验和社会实验，探索建立人工智能伦理法规和监管体系，完善数据开放共享机制，加大对人工智能企业和新型研发机构的支持力度，创新人工智能人才培养、引进和培训机制。

科技部将积极配合陕西省推进西安试验区建设，协调研究解决相关政策问题，加强工作指导和资源对接，及时总结典型经验和政策措施并予以推广。建立监测评估机制，跟踪评估试验区建设进展情况，根据评估结果给予激励和支持。

专此函复。

科技部

2020 年 1 月 23 日

2. 国科函规〔2020〕14 号文内容解读

人工智能是新一轮科技革命和产业变更的重要力量，能推动数字经济产业转型升级，实现新旧动能转换。各地政府高度重视人工智能建设发展，西安市建设国家新一代人工智能创新发展试验区的函获得科技部批复。

一是支持西安市建设国家新一代人工智能创新发展试验区。该批复要求发挥人工智能对西安高质量发展的支撑引领作用，有力促进“一带一路”建设。西安市科技局相关负责人对《陕西日报》记者称：“西安获批国家新一代人工智能创新发展试验区将有力促进全市建设‘一带一路’科技创新中心。试验区将按照构建创新体系、开展社会实验、营造产业生态的总体思路，有效整合各改革领域的政策优势和资源优势，加快实现人工智能对经济社会发展的带动和支撑作用，加快形成国家新一代人工智能试验区西安方案。”

二是充分利用科教优势，加强人工智能关键技术突破和应用。能成为国家新一代人工智能创新发展试验区，与西安市人工智能研发实力密切相关，西安目前有人工智能企业 120 多家，产值 110 亿元，而作为人工智能发展基础的计算机、通信和其他电子设备制造业，互联网和相关服务业，软件和信息技术服务业近年来均保持 40% 以上的增速。同时，西安具有人工智能相关国家级研发平台 11 个，省部级平台 33 个，在机器学习、图形识别、无人系统、智能机器人等领域形成了 26 个具有世界领先水平的国家级科研成果。

三是健全政策体系，优化人工智能创新发展的生态。《西安市人工智能产业发展规划（2018—2021 年）》提出：发挥政府规划、政策等方面的引导作用，构建多层次多元化的人工智能产业基金群，设立大西安人工智能产业基金、设立中小企业发展基金人工智能子基金、硬科技特色小镇专项子基金、军民融合产业基金人工智能子基金。同时，加强人工智能产业领域财政奖补体系建设，对首发上市、上市再融资等按照现行财政政策予以支持；对首次进入规模以上人工智能工业企业，给予奖励；对人工智能创新平台升级为国家级平台予以适当支持。

（五）《科技部关于支持济南建设国家新一代人工智能创新发展试验区的函》（国科函规〔2020〕15 号）

2020 年 1 月 23 日，《科技部关于支持济南建设国家新一代人工智能创新发展试验区的函》（国科函规〔2020〕15 号）（以下简称国科函规〔2020〕15 号文）发布。

1. 国科函规〔2020〕15 号文原文

科技部关于支持济南建设国家新一代人工智能创新发展试验区的函

国科函规〔2020〕15 号

山东省人民政府：

《关于报送济南市国家新一代人工智能创新发展试验区建设方案的函》（鲁政字〔2019〕194 号）收悉。根据《国务院关于印发新一代人工智能发展规划的通知》（国发〔2017〕35 号）的部署，按照《科技部关于印发国家新一代人工智能创新发展试验区建设工作指引的通知》（国科发规〔2019〕298 号）的要求，经研究，现函复如下。

一、支持济南市建设国家新一代人工智能创新发展试验区。建设国家新一代人工智能创新发展试验区（以下简称试验区）是深入贯彻习近平总书记关于人工智能系列重要讲话精神、落实新一代人工智能发展规划的重大举措。试验区建设要围绕国家重大战略和济南市经济社会发展需求，探索新一代人工智能发展的新路径新机制，形成可复制、可推广经验，发挥人工智能在推动济南市新旧动能转换中的重要作用。

二、整合科技和产业资源，增强人工智能创新能力。发挥济南人工智能应用场景丰富、算力基础和数据资源雄厚等优势，加强人工智能技术研发攻关，完善智能化基础设施，加大成果转移转化力度和产业集聚，推动人工智能在制造、农业、交通等重大场景中的创新应用，促进传统产业智能化转型升级，培育壮大新动能。

三、创新体制机制，探索建立人工智能治理新模式。开展人工智能政策试验和社会实验，研究制定人工智能伦理监管政策，探索数据开放共享、知识产权管理和激励企业创新等方面的新措施，改革研发组织模式，创新引智育才机制，积累一批有利于人工智能创新发展的政策工具。

科技部将积极配合山东省推进济南试验区建设，协调研究解决相关政策问题，加强工作指导和资源对接，及时总结典型经验和政策措施并予以推广。建立监测评估机制，跟踪评估试验区建设进展情况，根据评估结果给予激励和支持。

专此函复。

科技部

2020 年 1 月 23 日

2. **国科函规〔2020〕15 号文内容解读**

人工智能是新一轮科技革命和产业变更的重要力量，能推动数字经济产业转型升级，实现新旧动能转换。各地政府高度重视人工智能建设发展，济南市建设国家新一代人工智能创新发展试验区的函获得科技部批复。

一是支持济南市建设国家新一代人工智能创新发展试验区。该批复要求发挥人工智能在推动济南市新旧动能转换中的重要作用。由于济南市新旧动能转换先行区是国家新旧动能转换综合试验区的先行者、先试者和排头兵，济南先行区定位于人工智能前沿产业落地和应用示范基地，发展人工智能与新一代信息技术、生物科技、新能源新材料等融合性新兴产业，扩大人工智能应用范围，创新应用模式、延伸服务领域，形成国内人工智能应用示范标杆，因此，科技部要求发挥人工智能在推动济南市新旧动能转换中的重要作用。

二是整合科技和产业资源，增强人工智能创新能力。济南市在发展人工智能行动计划中提出，要推出一批人工智能与实体经济深度融合的先进应用案例，开发一批人工智能深度应用场景，实施 100 个以上人工智能应用示范项目。同时，从政策上支持创新应用和应用场景开发，对开展工业互联网平台、智能装备、智能机器人、智慧农业、智能交通、智能物流、智能安防、智能医养、智慧家庭、智能政务服务、智慧餐饮、AI 教育等人工智能重点应用场景建设的牵头企业，按照应用场景实际研发投入或场景建设项目总投入的 30% 提供财政补助，对入选科技部认定的国家级人工智能应用场景的牵头企业给予最高 300 万元资金补助。上述措施加快了人工智能应用场景开发，促进传统产业智能化转型升级，培育壮大新动能。

三是创新体制机制，探索建立人工智能治理新模式。《济南国家新一代人工智能创新发展试验区建设若干政策》强调：开展人工智能治理专项研究，依托人工智能产业联盟或行业协会等机构，成立由人工智能专家、立法主体代表、科技行政主体代表、保密机关代表、相关企业代表等联合组成的济南市人工智能治理委员会，为济南市开展负责任的人工智能创新发展研究提供专家咨询。开展人工智能治理研究，聚焦人工智能技术发展与应用所带来的法律问题、伦理风险以及监管问题等，探索人工智能治理模式，总结人工智能治理经验，并定期发布人工智能治理研究报告，对牵头单位给予一定的资金支持。

（六）国家发展改革委等 11 部委联合发布《智能汽车创新发展战略》

2020 年 2 月，国家发展改革委等 11 部委联合发布《智能汽车创新发展战略》（以下简称《发展战略》）。

1.《发展战略》原文

智能汽车创新发展战略

当今世界正经历百年未有之大变局，新一轮科技革命和产业变革方兴未艾，智能汽车已成为全球汽车产业发展的战略方向。为加快推进智能汽车创新发展，制定本战略。

一、发展态势

智能汽车是指通过搭载先进传感器等装置，运用人工智能等新技术，具有自动驾驶功能，逐步成为智能移动空间和应用终端的新一代汽车。智能汽车通常又称为智能网联汽车、自动驾驶汽车等。

（一）智能汽车已成为全球汽车产业发展的战略方向。

从技术层面看，汽车正由人工操控的机械产品逐步向电子信息系统控制的智能产品转变。从产业层面看，汽车与相关产业全面融合，呈现智能化、网络化、平台化发展特征。从应用层面看，汽车将由单纯的交通运输工具逐渐转变为智能移动空间和应用终端，成为新兴业态重要载体。从发展层面看，一些跨国企业率先开展产业布局，一些国家积极营造良好发展环境，智能汽车已成为汽车强国战略选择。

（二）发展智能汽车对我国具有重要的战略意义。

发展智能汽车，有利于提升产业基础能力，突破关键技术瓶颈，增强新一轮科技革命和产业变革引领能力，培育产业发展新优势；有利于加速汽车产业转型升级，培育数字经济，壮大经济增长新动能；有利于加快制造强国、科技强国、网络强国、交通强国、数字中国、智慧社会建设，增强新时代国家综合实力；有利于保障生命安全，提高交通效率，促进节能减排，增进人民福祉。

（三）我国拥有智能汽车发展的战略优势。

中国特色社会主义制度和国家治理体系能够集中力量办大事，国家制度优势显著。我国汽车产业体系完善，品牌质量逐步提升，关键技术不断突破，发展基础较为扎实。互联网、信息通信等领域涌现一批知名企业，网络通信实力雄厚。路网规模、5G 通信、北斗卫星导航定位系统水平国际领先，基础设施保障有力。汽车销量位居世界首位，新型城镇化建设快速推进，市场需求前景广阔。

二、总体要求

（一）指导思想。

全面贯彻党的十九大和十九届二中、三中、四中全会精神，以习近平新时代中国特色社会主义思想为指导，牢固树立新发展理念，统筹推进“五位一体”总体布局，协调推进“四个全面”战略布局，充分发挥集中力量办大事的制度优势和超大规模的市场优势，以供给侧结构性改革为主线，以发展中国标准智能汽车为方向，以建设智能汽车强国为目标，以推动产业融合发展为途径，开创新模式，培育新业态，提升产业基础能力和产业链水平，满足人民日益增长的美好生活需要。

（二）基本原则。

统筹谋划，协同推进。强化智能汽车发展顶层设计，营造支持创新、鼓励创造、宽松包容的发展环境。加强部门协同、行业协作、上下联动，形成跨部门、跨行业、跨领域协调发展合力。

创新驱动，平台支撑。建立开源开放、资源共享合作机制，构建智能汽车自主技术体系。充分调动社会各界积极性，推动智能汽车创新发展平台建设，增强战略实施保障能力。

市场主导，跨界融合。充分发挥市场配置资源的决定性作用，激发智能汽车发展活力。打破行业分割，加强产业融合，创新产业体系、生产方式、应用模式。开放合作，安全可控。统筹利用国内外创新要素和市场资源，构建智能汽车开放合作新格局。强化产业安全和风险防控，建立智能汽车安全管理体系，增强网络信息系统安全防护能力。

（三）战略愿景。

到 2025 年，中国标准智能汽车的技术创新、产业生态、基础设施、法规标准、产品监管和网络安全体系基本形成。实现有条件自动驾驶的智能汽车达到规模化生产，实现高度自动驾驶的智能汽车在特定环境下市场化应用。智能交通系统和智慧城市相关设施建设取得积极进展，车用无线通信网络（LTE-V2X 等）实现区域覆盖，新一代车用无线通信网络（5G-V2X）在部分城市、高速公路逐步开展应用，高精度时空基准服务网络实现全覆盖。

展望 2035 年到 2050 年，中国标准智能汽车体系全面建成、更加完善。安全、高效、绿色、文明的智能汽车强国愿景逐步实现，智能汽车充分满足人民日益增长的美好生活需要。

三、主要任务

（一）构建协同开放的智能汽车技术创新体系。

1. 突破关键基础技术。开展复杂系统体系架构、复杂环境感知、智能决策控制、人机交互及人机共驾、车路交互、网络安全等基础前瞻技术研发，重点突破新型电子电气架构、多源传感信息融合感知、新型智能终端、智能计算平台、车用无线通信网络、高精度时空基准服务和智能汽车基础地图、云控基础平台等共性交叉技术。

2. 完善测试评价技术。建立健全智能汽车测试评价体系及测试基础数据库。重点研发虚拟仿真、软硬件结合仿真、实车道路测试等技术和验证工具，以及多层级测试评价系统。推动企业、第三方技术试验及安全运行测试评价机构能力建设。

3. 开展应用示范试点。开展特定区域智能汽车测试运行及示范应用，验证车辆环境感知准确率、场景定位精度、决策控制合理性、系统容错与故障处理能力，智能汽车基础地图服务能力，“人—车—路—云”系统协同性等。推动有条件的地方开展城市级智能汽车大规模、综合性应用试点，支持优势地区创建国家车联网先导区。

（二）构建跨界融合的智能汽车产业生态体系。

4. 增强产业核心竞争力。推进车载高精度传感器、车规级芯片、智能操作系统、车载智能终端、智能计算平台等产品研发与产业化，建设智能汽车关键零部件产业集群。加快智能化系统推广应用，培育具有国际竞争力的智能汽车品牌。

5. 培育新型市场主体。整合优势资源，组建产业联合体和联盟。鼓励整车企业逐步成为智能汽车产品提供商，鼓励零部件企业逐步成为智能汽车关键系统集成供应商。鼓励人工智能、互联网等企业发展成为自动驾驶系统解决方案领军企业，鼓励信息通信等企业发展成为智能汽车数据服务商和无线通信网络运营商，鼓励交通基础设施相关企业发展成为智慧城市交通系统方案供应商。

6. 创新产业发展形态。积极培育道路智能设施、高精度时空基准服务和智能汽车基础地图、车联网、网络安全、智能出行等新业态。加强智能汽车复杂使用场景的大数据应用，重点在数据增值、出行服务、金融保险等领域，培育新商业模式。优先在封闭区域探索开展智能汽车出行服务。

7. 推动新技术转化应用。开展军民联合攻关，加快北斗卫星导航定位系统、高分辨率对地观测系统在智能汽车相关领域的应用，促进车辆电子控制、高性能芯片、激光/毫米波雷达、微机电系统、惯性导航系统等自主知识产权军用技术的转化应用，加强自动驾驶系统、云控基础平台等在国防军工领域的开发应用。

（三）构建先进完备的智能汽车基础设施体系。

8. 推进智能化道路基础设施规划建设。制定智能交通发展规划，建设智慧道路及新一代国家交通控制网。分阶段、分区域推进道路基础设施的信息化、智能化和标准化建设。结合5G商用部署，推动5G与车联网协同建设。统一通信接口和协议，推动道路基础设施、智能汽车、运营服务、交通安全管理系统、交通管理指挥系统等信息互联互通。

9. 建设广泛覆盖的车用无线通信网络。开展车用无线通信专用频谱使用许可研究，快速推进车用无线通信网络建设。统筹公众移动通信网部署，在重点地区、重点路段建立新一代车用无线通信网络，提供超低时延、超高可靠、超大带宽的无线通信和边缘计算服务。在桥梁、隧道、停车场等交通设施部署窄带物联网，建立信息数据库和多维监控设施。

10. 建设覆盖全国的车用高精度时空基准服务能力。充分利用已有北斗卫星导航定位基准站网，推动全国统一的高精度时空基准服务能力建设。加强导航系统和通信系统融合，建设多源导航平台。推动北斗通信服务和移动通信双网互通，建立车用应急系统。完善辅助北斗系统，提供快速辅助定位服务。

11. 建设覆盖全国路网的道路交通地理信息系统。开发标准统一的智能汽车基础地图，建立完善包含路网信息的地理信息系统，提供实时动态数据服务。制作并优化智能汽车基础地图信息库模型与结构。推动建立智能汽车基础地图数据和卫星遥感影像数据共享机制。构建道路交通地理信息系统快速动态更新和在线服务体系。

12. 建设国家智能汽车大数据云控基础平台。充分利用现有设施和数据资源，统筹建设智能汽车大数据云控基础平台。重点开发建设逻辑协同、物理分散的云计算中心，标准统一、开放共享的基础数据中心，风险可控、安全可靠的云控基础软件，逐步实现车辆、基础设施、交通环境等领域的基础数据融合应用。

（四）构建系统完善的智能汽车法规标准体系。

13. 健全法律法规。开展智能汽车“机器驾驶人”认定、责任确认、网络安全、数据管理等法律问题及伦理规范研究，明确相关主体的法律权利、义务和责任等。推动出台规范智能汽车测试、准入、使用、监管等方面的法律法规规范，促进《道路交通安全法》等法律法规修订完善。完善测绘地理信息法律法规。

14. 完善技术标准。构建智能汽车中国标准体系。重点制定车载关键系统、智能汽车基础地图、云控基础平台、安全防护、智能化基础设施等技术标准和规范，以及“人—车—路—云”系统协同的车用无线通信技术标准和设备接口规范。建立智能汽车等级划分及评估准则，制定智能汽车产品认证、运行安全、自动驾驶能力测试标准，完善仿真场景、封闭场地、半开放场地、公共道路测试方法。制定人机控制转换、车路交互、车车交互及事件记录、车辆事故产品缺陷调查等标准。

15. 推动认证认可。建立健全企业自评估、报备和第三方技术检验相结合的认证认可机制，构建覆盖智能汽车全生命周期的综合认证服务体系。开展关键软硬件功能性、可靠性、安全性认证，制定面向不同等级智能汽车的认证规范及规则。推动测试示范区评价能力和体系建设。

（五）构建科学规范的智能汽车产品监管体系。

16. 加强车辆产品管理。完善智能汽车生产、准入、销售、检验、登记、召回等管理规定。研究制定智能汽车相关产品安全审核和管理办法。加强智能汽车产品研发、生产制造、进出口等监管，构建质量安全、功能安全防控体系，明确安全责任主体，完善智能汽车道路交通违法违规行为取证和处置、安全事故追溯和责任追究相关规定。明确车用无线通信设备型号核准和进网许可办理流程。完善智能汽车场地测试标准和管理办法，加强公共道路测试审核和监管，推进运行安全和自动驾驶能力测试基地建设。

17. 加强车辆使用管理。颁布智能汽车标识管理办法，强化智能汽车的身份认证、实时跟踪和事件溯源。建立公开透明的智能汽车监管和事故报告机制，完善多方联动、信息共享、实时精准的运行监管体系。加强道路基础设施领域联网通信设备进网许可管理。制定智能汽车软硬件升级更新、售后服务、质量担保、金融保险等领域管理规定，积极推进智能汽车商业化应用。

（六）构建全面高效的智能汽车网络安全体系。

18. 完善安全管理联动机制。严格落实国家网络安全法律法规和等级保护，完善智能汽车网络安全管理制度，建立覆盖汽车制造企业、电子零部件供应商、网络运营商、服务提供商等产业链关键环节的安全责任体系，建立风险评估、等级测评、监测预警、应急响应等机制，定期开展网络安全监督检查。

19. 提升网络安全防护能力。搭建多层纵深防御、软硬件结合的安全防护体系，加强车载芯片、操作系统、应用软件等安全可靠性设计，开展车载信息系统、服务平台及关键电子零部件安全检测，强化远程软件更新、监控服务等安全管理。实施统一身份权限认证管理。建立北斗系统抗干扰和防欺骗安全防护体系。按照国家网络安全等级保护相关标准规范，建设智能汽车网络安全态势感知平台，提升应急处置能力。

20. 加强数据安全监督管理。建立覆盖智能汽车数据全生命周期的安全管理机制，明确相关主体的数据安全保护责任和具体要求。实行重要数据分类分级管理，确保用户信息、车辆信息、测绘地理信息等数据安全可控。完善数据安全管理制度，加强监督检查，开展数据风险、数据出境安全等评估。

四、保障措施

（一）加强组织实施。

贯彻落实党中央、国务院决策部署，加强统筹协调，推进智能汽车创新发展重大政策、重大任务、重大工程实施，及时解决重大问题。充分发挥国家制造强国建设领导小组车联网产业发展专项委员会等工作机制作用，按照部门职责，落实工作任务，形成发展合力。培育智能汽车创新发展平台等新型市场主体，推动落实战略确定的各项任务。组织相关领域知名专家学者和机构开展咨询服务，加强智力保障。

（二）完善扶持政策。

研究制定相关管理标准和规则，出台促进道路交通自动驾驶发展的政策，引导企业规范有序参与智能汽车发展。利用多种资金渠道，支持智能汽车基础共性关键技术研发和产业化、智能交通及智慧城市基础设施重大工程建设等。强化税收金融政策引导，对符合条件的企业按现行税收政策规定享受企业所得税税前加计扣除优惠，落实中小企业和初创企业的财税优惠政策。利用金融租赁等政策工具，重点扶持新业态、新模式发展。

（三）强化人才保障。

建立重大项目与人才引进联动机制，加大国际领军人才和骨干人才引进力度。推动汽车与信息通信、互联网等领域人才交流，加快培养复合型专家和科技带头人。深化产教融合，鼓励企业与高等院校合作开设相关专业，协同培养创新型中青年科技人才、工程技术人才、高级技工和管理人才。

（四）深化国际合作。

鼓励国内外企业加强产业合作，联合开展基础研究、技术开发和市场化应用。支持国内企业加快国际市场布局，增强海外研发能力。鼓励外资企业积极参与智能汽车产业发展。充分利用多双边合作和高层对话机制，搭建国际产业合作平台。深度参与国际标准、区域标准制定与协调，加强认证认可结果国际互认和采信。积极开展智能汽车法律法规国际交流合作。

（五）优化发展环境。

加强产业投资引导，鼓励社会资本重点投向智能汽车关键技术研发等领域，严禁以发展智能汽车为名，新建或扩大汽车整车生产能力。加大质量、安全、环保、反不正当竞争等监管执法力度，规范智能汽车市场秩序。加强知识产权保护，健全技术创新专利保护与标准化互动支撑机制。完善智能汽车领域信用规范，营造诚实守信市场环境。加强智能汽车科普宣传和舆论引导，提高社会认知度。

2.《发展战略》内容解读

智能汽车是指通过搭载先进传感器等装置，运用人工智能等新技术，具有自动驾驶功能，逐步成为智能移动空间和应用终端的新一代汽车。2020 年 2 月，国家发展改革委会同国家网信办、科技部、工业和信息化部等 11 部委联合发布《发展战略》，这是我国汽车工业发展的重要文件。

下面的分析引自《新能源汽车报》2020 年第 8 期刊登的中国汽车工业协会原常务副会长兼秘书长董扬对《发展战略》的解读。

（1）高屋建瓴，很好的顶层设计

与前两年政府有关部门陆续发布的关于车联网、人工智能、智能交通等发展规划、战略相比，《发展战略》参与编制部门更多，立意更高（国民经济综合发展、全社会参与），概括更全面，车辆、交通、通信、互联网以及国际合作等各方面的内容更加均衡，勾勒出未来智能汽车及相关产业发展与社会应用的宏伟蓝图，是我们今后一段时间内发展智能汽车的指导性、纲领性文件。

（2）注重构建先进完备的智能汽车基础设施体系

体系包括推进智能化道路基础设施规划建设、建设广泛覆盖的车用无线通信网络、建设覆盖全国的车用高精度时空基准服务能力、建设覆盖全国路网的道路交通地理信息系统和建设国家智能汽车大数据云控技术平台五大方面。集中力量办大事、国民经济各领域协同发展、道路建设与通信及互联网等领域投资大、技术进步快是我国的独有优势。与西方国家基础设施相对发达但投入下降、发展相对缓慢，从而智能汽车技术发展偏重于车辆端相比，我国注重智能汽车和基础设施体系的协同发展，具有技术发展速度相对较快、车辆端成本相对较低和应用面更广的优势。特别需要指出的是，《发展战略》中关于建设覆盖全国路网的道路交通地理信息系统的要求，有利于解决当前非常迫切的现行地图表达与测绘等方面的法律障碍。

（3）多部委联合发布，利用已有政府管理体系，便于落实

通常一项国家战略的发布，会成立由国务院领导牵头的专门的领导小组。而《发展战略》在保障措施中明确，充分发挥国家制造强国建设领导小组车联网产业发展专项委员会等工作机制作用，按照部门职责，落实工作任务，形成发展合力。这充分体现了本届政府身体力行落实党的十八大、十九大确定的改革方针，全面推进国家行政体制改革，加强政府部门间协调合作，推进放、管、服全面落地的决心。

（4）关于组建国家智能汽车创新发展平台

与两年前的初稿相比，《发展战略》没有强调“组建国家智能汽车创新发展平台”。这并不是说组建国家级创新平台不需要、不重要，而是各部门之间、各相关产业之间，还未就如何建设好国家级创新发展平台形成完全一致的意见。对于智能汽

车这样技术进步重大而涉及面广的发展战略，非常需要政府部门间和相关产业间的协调，非常需要各领域科学家和技术专家共同研究发展战略与规划，也非常需要搭建独立于政府部门、相关产业、相关企业的第三方公共平台，开展基础共性技术、技术标准以及产业模式的研究与服务。这些问题将有待于在今后的贯彻实施过程中逐步解决。改革开放 40 多年来我国的发展，在科学技术上主要是跟随发展，而今后的发展模式应转向主要为创新发展。在创新发展中，决策由单部门决策到多部门联合决策，进而发展到多领域专家共同科学决策，第三方平台如何发挥“把珍珠串成项链”，在基础共性技术发展、标准制定以及产业模式研究等方面的作用，是全社会面临的共同课题。

（5）跨产业、跨领域的合作非常重要

《发展战略》将“市场主导、跨界融合”列为基本原则之一，并强调“构建跨界融合的智能汽车产业生态体系”，充分说明了跨产业、跨领域的融合发展非常重要。汽车产业 100 多年来的发展是跨界融合的过程，但是智能汽车的发展，在跨界融合的深度和广度方面比以往任何时候都宏大而深远。对此，从汽车产业的立场出发，我们可以得出两个结论：一是应以市场为主导弥合不同相关产业之间的利益差异，不忘在市场经济条件下，为全社会提供更好的服务，这才是各产业发展的初心；二是汽车产业应发挥好主导作用，“鼓励整车企业逐步成为智能汽车产品提供商，鼓励零部件企业逐步成为智能汽车关键系统集成供应商，鼓励人工智能、互联网等企业发展成为自动驾驶系统解决方案领军企业，鼓励信息通信等企业发展成为智能汽车数据服务商和无线通信网络经营商，鼓励交通基础设施相关企业发展成为智慧城市交通系统方案供应商”。各相关产业之间不是颠覆与被颠覆的关系。之所以强调汽车应发挥主导作用，是因为汽车是直接服务于人的重要载体，道路、通信、互联网、大数据都是通过汽车这个载体为公众服务的。

（6）自主创新与开放合作

《发展战略》强调“中国标准智能汽车”，强调开展有关“技术创新、产业生态、基础设施、法规标准、产品监管和网络安全体系”建设。同时，《发展战略》也强调，鼓励国内外企业合作研究、应用，支持国内企业走出去，鼓励外资企业积极参与智能汽车发展，深入参与国际标准制定与协调，加强认证认可的国际互认与采信。自主创新与开放合作都是基本国策，应该兼顾。强调自主创新有两条理由：第一，在当前有能力、有条件的情况下，我们应该形成中国汽车产业相对完整的体系，目的是产业安全和经济安全，防止国际政治经济争端限制中国发展；第二，更为重要的是，作为新兴大国，我们应该有自己的担当，应该注重创新，为世界科学技术与经济的发展作出我们应有的贡献。强调开放合作的理由有三个：一是总体上我们仍相对落后，仍然需要学习国际上的先进技术和经验；二是我们应该有大国担当，通过合作和共享，与世界共同发展，实现人类命运共同体的美好理想；三是有利于我们走出去，中国已经成为世界汽车制造大国，而且一定能够成为世界汽车制造强国，自筑藩篱是不明智的行为。

（7）数据共享与数据安全需要合作和探索

关于智能汽车的数据共享与数据安全以及网络安全，在《发展战略》中有多处描述，写得非常严谨科学，希望业界同人仔细研读。但是在实践中，还存在很多误解和糊涂观念。比如，一些互联网企业希望掌控大数据，让汽车企业成为硬件制造商，媒体也对此大加炒作。又如，不少汽车企业对自己汽车行驶产生的数据过度保密，影响了与相关单位的合作和技术发展。首先，汽车有关设计、制造及使用产生的数据，从保密的角度说是分级的。一部分是公开的，比如车辆的性能，特别是有关排放、油耗、安全等法规项数据；一部分是个人隐私数据，应该保密；另外就是汽车行驶过程中产生的数据，应该是有条件的共享应用，即在脱敏（屏蔽个人隐私部分）后按照互利互惠的方式共享。智能汽车是在万物互联的大前提下发展的，在保证安全和隐私的前提下，数据共享是大趋势。其次，行业间、企业间加强合作，共同开发汽车大数据的用途，共同探索商业模式是第一位的，掌控数据、保护自己的利益，是第二位的。都说数据是资源，数据如原油，但如果没有石油化工工业，原油不能提炼成各种石油制品，它也就只能烧火用。最后，需要从法律上对数据进行分类，该保护的保护，该共享的共享。我国目前是两种倾向都存在：一方面，个人信息保护有待提高，相信多数手机用户都对房地产以及各种商业推销不堪其扰；另一方面，该共享公开的数据不能得到充分的应用，比如民用车辆的上牌数据。

希望各位业界同人都来认真研读《发展战略》，在它的指导下，把中国智能汽车发展好。另外，《发展战略》科学技术用语定义准确，逻辑清晰，概括全面，即使外行来读也能起到科普的作用。

（七）《交通运输部关于推动交通运输领域新型基础设施建设的指导意见》（交规划发〔2020〕75 号）

2020 年 8 月，《交通运输部关于推动交通运输领域新型基础设施建设的指导意见》（交规划发〔2020〕75 号）（以下简称《指导意见》）印发。

1.《指导意见》原文

交通运输部关于推动交通运输领域新型基础设施建设的指导意见

交规划发〔2020〕75号

为贯彻落实党中央、国务院决策部署，加快建设交通强国，推动交通运输领域新型基础设施建设，现提出如下意见。

一、总体要求

（一）指导思想。

以习近平新时代中国特色社会主义思想为指导，深入贯彻党的十九大和十九届二中、三中、四中全会精神，坚持以新发展理念引领高质量发展，围绕加快建设交通强国总体目标，以技术创新为驱动，以数字化、网络化、智能化为主线，以促进交通运输提效能、扩功能、增动能为导向，推动交通基础设施数字转型、智能升级，建设便捷顺畅、经济高效、绿色集约、智能先进、安全可靠的交通运输领域新型基础设施。

（二）基本原则。

——服务人民，提升效能。坚持规划建设与运营服务并重，提升服务品质和整体效能，不断增强人民的获得感、幸福感、安全感。

——统筹并进，集约共享。发挥新型基础设施提质增效作用，巩固传统基础设施强基固本作用，统筹传统与新型、存量与增量、供给与需求，注重集约建设、资源共享，增强发展动能。

——政府引导，市场主导。更好发挥政府统筹协调、支持引导作用，营造良好发展环境。充分发挥企业主体作用，激发市场活力，促进产业链上下游紧密协作，扩展服务功能、提高服务水平。

——跨界融合，协调联动。加强行业协同、部省联动、区域协调，提高系统性、整体性和协同性，形成发展合力，发挥交通基础设施规模优势，助力先进技术装备发展。

——积极稳妥，远近结合。科学定位、稳妥推进，准确把握建设时序和建设重点。注重远近结合，近期加快成熟技术在交通基础设施重点领域的深化应用，远期跟踪新技术发展，适度超前布局。

（三）发展目标。

到2035年，交通运输领域新型基础设施建设取得显著成效。先进信息技术深度赋能交通基础设施，精准感知、精确分析、精细管理和精心服务能力全面提升，成为加快建设交通强国的有力支撑。基础设施建设运营能耗水平有效控制。泛在感知设施、先进传输网络、北斗时空信息服务在交通运输行业深度覆盖，行业数据中心和网络安全体系基本建立，智能列车、自动驾驶汽车、智能船舶等逐步应用。科技创新支撑能力显著提升，前瞻性技术应用水平居世界前列。

二、主要任务

（一）打造融合高效的智慧交通基础设施。

1.智慧公路。推动先进信息技术应用，逐步提升公路基础设施规划、设计、建造、养护、运行管理等全要素、全周期数字化水平。深化高速公路电子不停车收费系统（ETC）门架应用，推进车路协同等设施建设，丰富车路协同应用场景。推动公路感知网络与基础设施同步规划、同步建设，在重点路段实现全天候、多要素的状态感知。应用智能视频分析等技术，建设监测、调度、管控、应急、服务一体的智慧路网云控平台。依托重要运输通道，推进智慧公路示范区建设。鼓励应用公路智能养护设施设备，提升在役交通基础设施检查、检测、监测、评估、风险预警以及养护决策、作业的快速化、自动化、智能化水平，提升重点基础设施自然灾害风险防控能力。建设智慧服务区，促进融智能停车、能源补给、救援维护于一体的现代综合服务设施建设。推动农村公路建设、管理、养护、运行一体的综合性管理服务平台建设。

2. 智能铁路。运用信息化现代控制技术提升铁路全路网列车调度指挥和运输管理智能化水平。建设铁路智能检测监测设施，实现动车组、机车、车辆等载运装备和轨道、桥隧、大型客运站等关键设施服役状态在线监测、远程诊断和智能维护。建设智能供电设施，实现智能故障诊断、自愈恢复等。发展智能高速动车组，开展时速600公里级高速磁悬浮、时速400公里级高速轮轨客运列车研制和试验。提升智能建造能力，提高铁路工程建设机械化、信息化、智能化、绿色化水平，开展建筑机器人、装配式建造、智能化建造等研发应用。

3. 智慧航道。建设航道地理信息测绘和航行水域气象、水文监测等基础设施，完善高等级航道电子航道图，支撑全天候复杂环境下的船舶智能辅助航行。建设高等级航道感知网络，推动通航建筑物数字化监管，实现三级以上重点航段、四级以上航段重点通航建筑物运行状况实时监控。建设适应智能船舶的岸基设施，推进航道、船闸等设施与智能船舶自主航行、靠离码头、自动化装卸的配套衔接。打造“陆海空天”一体化的水上交通安全保障体系。

4. 智慧港口。引导自动化集装箱码头、堆场库场改造，推动港口建设养护运行全过程、全周期数字化，加快港站智能调度、设备远程操控、智能安防预警和港区自动驾驶等综合应用。鼓励港口建设数字化、模块化发展，实现建造过程智能管控。建设港口智慧物流服务平台，开展智能航运应用。建设船舶能耗与排放智能监测设施。应用区块链技术，推进电子单证、业务在线办理、危险品全链条监管、全程物流可视化等。

5. 智慧民航。加快机场信息基础设施建设，推进各项设施全面物联，打造数据共享、协同高效、智能运行的智慧机场。鼓励应用智能化作业装备，在智能运行监控、少人机坪、机坪自主驾驶、自助智能服务设备、智能化行李系统、智能仓储、自动化物流、智慧能源管理、智能视频分析等领域取得突破。推进内外联通的机场智能综合交通体系建设。发展新一代空管系统，推进空中交通服务、流量管理和空域管理智慧化。推动机场和航空公司、空管、运行保障及监管等单位间核心数据互联共享，完善对接机制，搭建大数据信息平台，实现航空器全球追踪、大数据流量管理、智能进离港排队、区域管制中心联网等，提升空地一体化协同运行能力。

6. 智慧邮政。推广邮政快递转运中心自动化分拣设施、机械化装卸设备。鼓励建设智能收投终端和末端服务平台。推动无人仓储建设，打造无人配送快递网络。建设智能冷库、智能运输和快递配送等冷链基础设施。推进库存前置、智能分仓、科学配载、线路优化，实现信息协同化、服务智能化。推广智能安检、智能视频监控和智能语音申诉系统。建设邮政大数据中心。开展新型寄递地址编码试点应用。

7. 智慧枢纽。推进综合客运枢纽智能化升级，推广应用道路客运电子客票，鼓励发展综合客运一体衔接的全程电子化服务模式，推动售取票、检票、安检、乘降、换乘、停车等客运服务“一码通行”。推动旅客联程运输服务设施建设，鼓励建设智能联程导航、自助行李直挂、票务服务、安检互认、标识引导、换乘通道等服务设施，实现不同运输方式的有效衔接。引导建设绿色智慧货运枢纽（物流园区）多式联运等设施，提供跨方式、跨区域的全程物流信息服务，推进枢纽间资源共享共用。推进货运枢纽（物流园区）智能化升级，鼓励开展仓储库存数字化管理、安全生产智能预警、车辆货物自动匹配、园区装备智能调度等应用。鼓励发展综合性智能物流服务平台，引导农村智慧物流网络建设。

8. 新能源新材料行业应用。引导在城市群等重点高速公路服务区建设超快充、大功率电动汽车充电设施。鼓励在服务区、边坡等公路沿线合理布局光伏发电设施，与市电等并网供电。鼓励高速公路服务区、港口码头和枢纽场站推进智能照明、供能和节能改造技术应用。推动船舶靠港使用岸电，推进码头岸电设施和船舶受电设施改造，着力提高岸电使用率。鼓励船舶应用液化天然气、电能等清洁能源。推动新能源、新材料在港口和导助航设施等领域应用。推动长寿命、可循环利用材料在基础设施建造、生态修复和运行维护领域应用。

（二）助力信息基础设施建设。

9. 第五代移动通信技术（5G）等协同应用。结合5G商用部署，统筹利用物联网、车联网、光纤网等，推动交通基础设施与公共信息基础设施协调建设。逐步在高速公路和铁路重点路段、重要综合客运枢纽、港口和物流园区等实现固移结合、宽窄结合、公专结合的网络覆盖。协同建设车联网，推动重点地区、重点路段应用车用无线通信技术，支持车路协同、自动驾驶等。在重点桥梁、隧道、枢纽等应用适用可靠、经济耐久的通信技术，支撑设施远程监测、安全预警等应用。积极推动高速铁路5G技术应用。面向行业需求，结合国家卫星通信等设施部署情况和要求，研究应用具备全球宽带网络服务能力的卫星通信设施。

10. 北斗系统和遥感卫星行业应用。提升交通运输行业北斗系统高精度导航与位置服务能力，推动卫星定位增强基准站资源共建共享，提供高精度、高可靠的服务。推动在特长隧道及干线航道的信号盲区布设北斗系统信号增强站，率先在长江航运实现北斗系统信号高质量全覆盖。建设行业北斗系统高精度地理信息地图，整合行业北斗系统时空数据，为综合交通规划、决策、服务等提供基础支撑。推进北斗系统短报文特色功能在船舶监管、应急通信等领域应用。探索推动北斗系统与车路协同、ETC等技术融合应用，研究北斗自由流收费技术。鼓励在道路运输及运输服务新业态、航运等领域拓展应用。推动北斗系统在航标遥测遥控终端等领域应用。推进铁路行业北斗系统综合应用示范，搭建铁路基础设施全资产、全数据信息化平台，建设铁路北斗系统地基增强网，推动在工程测量、智慧工地等领域应用。推动高分辨率对地观测系统在基础设施建设、运行维护等领域应用。

11. 网络安全保护。推动部署灵活、功能自适、云网端协同的新型基础设施内生安全体系建设。加快新技术交通运输场景应用的安全设施配置部署，强化统一认证和数据传输保护。加强关键信息基础设施保护。建设集态势感知、风险预警、应急处置和联动指挥为一体的网络安全支撑平台，加强信息共享、协同联动，形成多层级的纵深防御、主动防护、综合防范体系，加强威胁风险预警研判，建立风险评估体系。切实推进商用密码等技术应用，积极推广可信计算，提高系统主动免疫能力。加强数据全生命周期管理和分级分类保护，落实数据容灾备份措施。

12. 数据中心。完善综合交通运输数据中心，注重分类分层布局，推动跨部门、跨层级综合运输数据资源充分汇聚、有效共享，形成成规模、成体系的行业大数据集。推动综合交通运输公共信息资源开放，综合运用政府、科研机构、企业等数据资源，深化行业大数据创新应用，以数据资源赋能交通运输发展。

13. 人工智能。持续推动自动驾驶、智能航运、智慧工地等研发应用。建设一批国家级自动驾驶、智能航运测试基地，丰富不同类型和风险等级的测试场景，完善测试评价体系，提升测试验证能力。围绕典型应用场景和运营模式，推动先导应用示范区建设，实施一批先导应用示范项目。

（三）完善行业创新基础设施。

14. 科技研发。加强以国家重点实验室、国家技术创新中心等重要载体为引领的交通运输领域科研基地体系建设，鼓励社会投资科技基础设施，推动一批科研平台纳入国家科技创新基地建设，推进创新资源跨行业共享。鼓励在项目全生命周期协同应用建筑信息模型（BIM）技术，促进产业基础能力提升。推进交通基础设施长期性能观测网建设，试点开展长期性能观测，加强基础设施运行状态监测和运行规律分析，支撑一流设施建设与维护。

三、组织实施

（一）加强组织领导。

建立健全推动交通运输领域新型基础设施建设的实施机制。部将加大指导支持力度，协调解决重大问题。省级交通运输主管部门要落实属地责任，加强组织协调和督促指导，明确实施路径、阶段目标，建立协同推进机制和政策体系，充分调动企业和社会积极性，确保顺利实施。

（二）加快示范引领。

结合规划编制，统筹布局谋划交通运输领域新型基础设施项目，稳妥有序推进项目落地实施。落实国家重大区域战略，选择特点突出、条件成熟、创新能力强的重点地区，依托重要运输通道、枢纽等开展多层次的交通运输领域新型基础设施试点示范，形成可复制可推广的经验。

（三）完善标准规范。

构建适应交通运输领域新型基础设施建设的标准体系，加强重点领域标准供给，分类制定关键性、基础性标准，及时将试点成果转化为标准，指导工程建设。加快完善通信网络、北斗系统、环境感知、交通诱导与管理、BIM、数据融合等标准规范，推进建立适应自动驾驶、自动化码头、无人配送的基础设施规范体系。建立标准国际化、政企共建和动态调整机制。

（四）形成多元化投融资机制。

发挥好政府投资的支持引导作用，扩大有效投资。各级交通运输主管部门应积极争取各类政府财政性资金、专项资金等支持交通运输领域新型基础设施建设。充分运用市场机制，多元化拓宽投融资渠道，积极吸引社会资本参与，争取金融保险机构支持，强化风险防控机制建设。探索数据、技术等资源市场化配置机制。

（五）加强协同合作。

各级交通运输主管部门要推动建立涵盖政府、企业、行业协会和专业机构的协同机制，强化部门协同、区域协调和跨界合作，共同推进交通运输领域新型基础设施建设。鼓励产业链上下游协同攻关、融通合作，优化生产服务方式、创新建设与运营模式，建立以信用为基础的新型监管机制，营造创新要素集聚、市场主体互利共赢、公平有序发展的产业环境。

交通运输部

2020 年 8 月 3 日

2.《指导意见》内容解读

下面的解读摘自交通运输部网站。

（1）出台背景

自 2020 年以来，党中央、国务院密集部署新型基础设施建设。《2020 年政府工作报告》将“两新一重”作为 2020 年重点任务。交通运输是新型基础设施与传统基础设施融合发展的重要领域。交通运输领域新型基础设施建设以先进技术赋能，使传统基础设施融入新要素、具备新功能、呈现新形态，促进交通基础设施网、运输服务网、能源网与信息网络融合发展。为贯彻落实党中央、国务院决策部署，加快建设交通强国，推动交通运输领域新型基础设施建设，交通运输部制定了《指导意见》。

（2）总体要求

《指导意见》提出贯彻落实党中央、国务院决策部署，围绕加快建设交通强国总体目标，以技术创新为驱动，以数字化、网络化、智能化为主线，以促进交通运输提效能、扩功能、增动能为导向，推动交通基础设施数字转型、智能升级，建设便捷顺畅、经济高效、绿色集约、智能先进、安全可靠的交通运输领域新型基础设施。

《指导意见》提出了五项原则：服务人民，提升效能；统筹并进，集约共享；政府引导，市场主导；跨界融合，协调联动；积极稳妥，远近结合五项原则。近期，加快成熟技术在交通基础设施重点领域的深化应用，远期跟踪新技术发展，适度超前布局。

《指导意见》明确到 2035 年，交通运输领域新型基础设施建设取得显著成效。先进信息技术深度赋能交通基础设施，精准感知、精确分析、精细管理和精心服务能力全面提升，成为加快建设交通强国的有力支撑。基础设施建设运营能耗水平有效控制。泛在感知设施、先进传输网络、北斗时空信息服务在交通运输行业深度覆盖，行业数据中心和网络安全体系基本建立，智能列车、自动驾驶汽车、智能船舶等逐步应用。科技创新支撑能力显著提升，前瞻性技术应用水平居世界前列。

（3）主要任务

主要任务分为三大类，共14项。一是打造融合高效的智慧交通基础设施，以交通运输行业为主实施。以智慧公路、智能铁路、智慧航道、智慧港口、智慧民航、智慧邮政、智慧枢纽，以及新能源新材料应用为载体，体现先进信息技术对行业的全方位赋能。二是助力信息基础设施建设，主要是配合相关部门推进先进技术的行业应用，包括5G、北斗系统和遥感卫星、网络安全、数据中心、人工智能（如自动驾驶）等。三是完善行业创新基础设施，主要是科技研发支撑能力建设，如实验室、基础设施长期性能监测网等。

（4）组织实施

为保障有效实施，《指导意见》从加强组织领导、加快示范引领、完善标准规范、形成多元化投融资机制、加强协同合作方面提出工作要求。强调省级交通运输主管部门要落实属地责任，加强组织协调和督促指导，确保顺利实施。要加快示范引领，完善标准规范，形成多元化投融资机制，推动建立协同机制，共同推进交通运输领域新型基础设施建设。

三、部分地方政府新基建政策及解读

（一）《北京市加快新型基础设施建设行动方案（2020—2022年）》

2020年6月，北京市发布《北京市加快新型基础设施建设行动方案（2020—2022年）》（以下简称《北京新基建行动方案》）。

1.《北京新基建行动方案》原文

北京市加快新型基础设施建设行动方案（2020—2022年）

一、基本目标和原则

聚焦“新网络、新要素、新生态、新平台、新应用、新安全”六大方向，到2022年，本市基本建成具备网络基础稳固、数据智能融合、产业生态完善、平台创新活跃、应用智慧丰富、安全可信可控等特征，具有国际领先水平的新型基础设施，对提高城市科技创新活力、经济发展质量、公共服务水平、社会治理能力形成强有力支撑。整体建设遵循以下原则。

——政府引导、市场运作。加强统筹规划，加大政策保障，优化营商环境，发挥社会投资主体作用，推动形成多元化参与的政企协同机制。

——场景驱动、建用协同。以应用为牵引，聚焦民生服务和产业发展需求，不断拓展智慧城市创新应用场景，促进新型基础设施建设与应用融合发展。

——夯实基础、培育生态。充分发挥集约化、智能化建设优势，夯实基础支撑能力。加快推动传统产业转型和新业态发展，构建高精尖的产业链生态系统。

——安全可控、创新发展。鼓励协同创新，完善标准规范，从管理和技术两方面着手，全面提升新型基础设施体系安全水平。充分发挥创新共性平台的基础支撑作用。

二、重点任务

（一）建设新型网络基础设施

1. 5G 网络。扩大 5G 建站规模，加大 5G 基站选址、用电等支持力度，2020 年实现 5G 基站新增 1.3 万个，累计超过 3 万个，实现五环内和北京城市副中心室外连续覆盖，五环外重点区域、典型应用场景精准覆盖。加速推进 5G 独立组网核心网建设和商用。加强 5G 专网基础设施建设，在特殊场景、特定领域鼓励社会资本参与 5G 专网投资建设和运营。深入推进“一五五一”工程，推动 5G+VR/AR 虚拟购物、5G+ 直播、5G+ 电竞等系列应用场景建设，推进冬奥赛事场馆 5G 改造，丰富“5G+”垂直行业应用场景。支持 5G 射频芯片及器件检测与可靠性平台、5G+AIoT 器件开放创新平台、5G+ 超高清制播分发平台等一批产业创新平台建设，着力构建 5G 产业链协同创新体系，培育一批 5G 细分领域龙头企业。（责任单位：市通信管理局、市规划自然资源委、市住房城乡建设委、市城市管理委、市发展改革委、市经济和信息化局、市委宣传部、市科委、中关村管委会、北京冬奥组委相关部门、北京经济技术开发区管委会、各区政府）

2. 千兆固网。积极推进千兆固网接入网络建设，以光联万物的愿景实现“百千万”目标，即具备用户体验过百兆，家庭接入超千兆，企业商用达万兆的网络能力。推进网络、应用、终端全面支持 IPv6，推动 3D 影视、超高清视频、网络游戏、VR、AR 等高带宽内容发展，建设千兆固网智慧家居集成应用示范小区，促进千兆固网应用落地，力争 2020 年新增 5 万户千兆用户。（责任单位：市通信管理局、市委网信办、市经济和信息化局、市住房城乡建设委、市委宣传部、北京经济技术开发区管委会、各区政府）

3. 卫星互联网。推动卫星互联网技术创新、生态构建、运营服务、应用开发等，推进央企和北京创新型企业协同发展，探索财政支持发射保险补贴政策，围绕星箭总装集成、核心部件制造等环节，构建覆盖火箭、卫星、地面终端、应用服务的商业航天产业生态，优化和稳定“南箭北星”空间布局。（责任单位：市经济和信息化局、市发展改革委、市科委、市财政局、北京经济技术开发区管委会、丰台区政府、海淀区政府、石景山区政府）

4. 车联网。加快建设可以支持高级别自动驾驶（L4 级别以上）运行的高可靠、低时延专用网络，加快实施自动驾驶示范区车路协同信息化设施建设改造。搭建边缘云、区域云与中心云三级架构的云控平台，支持高级别自动驾驶实时协同感知与控制，服务区级交通管理调度，支持智能交通管控、路政、消防等区域级公共服务。三年内铺设网联道路 300 公里，建设超过 300 平方公里示范区。以高级别自动驾驶环境建设为先导，打造国内领先的智能网联汽车创新链和产业链，逐步形成以智慧物流和智慧出行为主要应用场景的产业集群。（责任单位：北京经济技术开发区管委会、市经济和信息化局、市交通委、市公安局公安交通管理局、市科委、市通信管理局、市规划自然资源委）

5. 工业互联网。加快国家工业互联网大数据中心、工业互联网标识解析国家顶级节点（北京）建设，开展工业大数据分级分类应用试点，支持在半导体、汽车、航空等行业累计建设20个以上标识解析二级节点。推动人工智能、5G等新一代信息技术和机器人等高端装备与工业互联网融合应用，培育20个以上具有全国影响力的系统解决方案提供商，打造20家左右的智能制造标杆工厂，形成服务京津冀、辐射全国产业转型升级的工业互联网赋能体系。营造产业集聚生态，加快中关村工业互联网产业园及先导园建设，创建国家级工业互联网示范基地。（责任单位：市经济和信息化局、市发展改革委、市通信管理局、中关村管委会、北京经济技术开发区管委会、各区政府）

6. 政务专网。提升政务专网覆盖和承载能力。以集约、开放、稳定、安全为前提，通过对现有资源的扩充增强、优化升级，建成技术先进、互联互通、安全稳定的电子政务城域网络，全面支持IPv6协议。充分利用政务光缆网和政务外网传输网资源，为高清视频会议和高清图像监控等流媒体业务提供高速可靠的专用传输通道，确保通信质量。完善1.4G专网覆盖，提高宽带数字集群服务能力。（责任单位：市经济和信息化局、市发展改革委、市财政局、市委机要局、北京经济技术开发区管委会、各区政府）

（二）建设数据智能基础设施

7. 新型数据中心。遵循总量控制，聚焦质量提升，推进数据中心从存储型到计算型的供给侧结构性改革。加强存量数据中心绿色化改造，鼓励数据中心企业高端替换、增减挂钩、重组整合，促进存量的小规模、低效率的分散数据中心向集约化、高效率转变。着力加强网络建设，推进网络高带宽、低时延、高可靠化提升。（责任单位：市经济和信息化局、市发展改革委、市通信管理局）

8. 云边端设施。推进数据中心从“云+端”集中式架构向“云+边+端”分布式架构演变。探索推进氢燃料电池、液体冷却等绿色先进技术在特定边缘数据中心试点应用，加快形成技术超前、规模适度的边缘计算节点布局。研究制定边缘计算数据中心建设规范和规划，推动云边端设施协同健康有序发展。（责任单位：市经济和信息化局、市发展改革委、市通信管理局）

9. 大数据平台。落实大数据行动计划，强化以“筑基”为核心的大数据平台顶层设计，加强高价值社会数据的“统采共用、分采统用”，探索数据互换、合作开发等多种合作模式，推动政务数据、社会数据的汇聚融合治理，构建北京城市大脑应用体系。编制完善公共数据目录，统一数据接入规范标准，完善目录区块链的运行和审核机制，推进多层级政务数据、社会数据的共享开放。加强城市码、“健康宝”、电子签章、数据分析与可视化、多方安全计算、移动公共服务等共性组件的集约化建设，为各部门提供基础算力、共性组件、共享数据等一体化资源能力服务，持续向各区以及街道、乡镇等基层单位赋能，逐步将大数据平台支撑能力向下延伸。建设完善统一的公共数据资源开放平台，汇聚并无条件开放政务、交通、城市治理等领域数据3000项以上，支撑交通、教育、医疗、金融、能源、工业、电信以及城市运行等重点行业开展大数据及人工智能应用。建设北京公共数据开放创新应用基地，通过训练、竞赛等形式有条件开放高价值多模态融合数据。（责任单位：市经济和信息化局、市委编办、市发展改革委、市财政局、北京经济技术开发区管委会、各区政府）

10. 人工智能基础设施。支持“算力、算法、算量”基础设施建设，支持建设北京人工智能超高速计算中心，打造智慧城市数据底座。推进高端智能芯片及产品的研发与产业化，形成超高速计算能力。加强深度学习框架与算法平台的研发、开源与应用，发展人工智能操作系统。支持建设高效智能的规模化柔性数据生产服务平台，推动建设各重点行业人工智能数据集1000项以上，形成智能高效的数据生产与资源服务中心。（责任单位：市经济和信息化局、市科委、中关村管委会、海淀区政府）

11. 区块链服务平台。培育区块链技术龙头企业、骨干企业，形成研发创新及产业应用高地。建设北京市区块链重点企业名单库，做好服务和技术推广。建设政务区块链支撑服务平台，面向全市各部门提供“统管共用”的区块链应用支撑服务。围绕民生服务、公共安全、社会信用等重点领域，探索运用区块链技术提升行业数据交易、监管安全以及融合应用效果。结合自由贸易试验区建设，支持开展电子商务、电子交易以及跨境数字贸易的区块链应用，提高各类交易和数据流通的安全可信度。（责任单位：市科委、中关村管委会、市经济和信息化局、市发展改革委、市政务服务局）

12. 数据交易设施。研究盘活数据资产的机制，推动多模态数据汇聚融合，构建符合国家法律法规要求的数据分级体系，探索数据确权、价值评估、安全交易的方式路径。推进建立数据特区和数据专区，建设数据交易平台，探索数据使用权、融合结果、多方安全计算、有序分级开放等新交易的方法和模式，率先在中国国际服务贸易交易会上开展试点示范。（责任单位：市经济和信息化局、市金融监管局）

（三）建设生态系统基础设施

13. 共性支撑软件。打造高可用、高性能操作系统，从技术、应用、用户三方面着手，形成完备的产业链和生态系统。支持建设数据库用户生态，推动数据库底层关键技术突破。支持设计仿真、EDA、CAE等工业领域关键工具型软件开发，培育多个保障产业链安全的拳头产品。加强高端ERP、运维保障等管理营运类软件产品研发，优化大型企业智能化办公流程。布局面向金融、电信等行业领域的云计算软件，支撑超大规模集群应用，发展地理信息系统等行业特色软件，加快短视频、直播、在线教育、线上医疗等互联网新业态应用产品研发，培育数字经济增长动能。（责任单位：市经济和信息化局、市科委、中关村管委会、北京经济技术开发区管委会）

14. 科学仪器。聚焦高通量扫描电镜、高分辨荧光显微成像显微镜、质谱色谱联用仪、分子泵等科学仪器短板领域，发挥怀柔科学城大科学装置平台优势和企业创新主体作用，攻克一批材料、工艺、可靠性等基础前沿、共性关键技术，突破核心器件瓶颈。推进高端分析仪器、电子测量仪器与云计算、大数据等新一代信息技术融合发展。聚焦分析仪器、环境监测仪器、物性测试仪器等细分领域，支持发展一批隐形冠军和专精特新企业，优化科学仪器产业生态。（责任单位：怀柔科学城管委会、市发展改革委、市科委、市经济和信息化局）

15. 中试服务生态。发挥产业集群的空间集聚优势和产业生态优势，在生物医药、电子信息、智能装备、新材料等中试依赖度高的领域推动科技成果系统化、配套化和工程化研究开发，鼓励聚焦主导产业，建设共享产线等新型中试服务平台，构建共享制造业态。依托重点科研机构、高等学校、科技型企业、科技开发实体面向产业提供中试服务，推动在京各类创新载体提升中试服务能力，构建大网络、多平台的中试服务生态。（责任单位：中关村管委会、市科委、市发展改革委、市教委、市经济和信息化局）

16. 共享开源平台。依托信创园，提升研发底层软硬件协同研发能力，建设“两中心三平台”信创应用生态。支持搭建支持多端多平台部署的大规模开源训练平台和高性能推理引擎，形成面向产业应用、覆盖多领域的工业级开源模型库。鼓励企业研发、运营开源代码托管平台，支持基于共享平台开展共享软件、智能算法、工业控制、网络安全等应用创新，促进形成协同研发和快速迭代创新生态。推动国家北斗创新应用综合示范区建设，打造“北斗+”融合应用生态圈。（责任单位：市经济和信息化局、市科委、中关村管委会、北京经济技术开发区管委会、海淀区政府、顺义区政府）

17. 产业园区生态。以市场为导向，夯实园区发展基础。鼓励园区建设优化协同创新服务设施，为园区企业提供全方位、多领域、高质量的服务。围绕信创、5G+8K、工业互联网、网络安全、智能制造等重点行业领域，建设一批特色鲜明的产业园区。推进京津冀产业链协同发展，支持产业园区合作共建。加强国际交流合作，高水平规划建设产业合作园区。（责任单位：中关村管委会、市发展改革委、市科委、市经济和信息化局）

（四）建设科创平台基础设施

18. 重大科技基础设施。以国家实验室、怀柔综合性国家科学中心建设为牵引，打造多领域、多类型、协同联动的重大科技基础设施集群。加强在京已运行重大科技基础设施统筹，加快高能同步辐射光源、综合极端条件实验设施、地球系统数值模拟装置、多模态跨尺度生物医学成像设施、空间环境地基综合模拟装置、转化医学研究设施等项目建设运行。聚焦材料、能源、生命科学等重点领域，积极争取“十四五”重大科技基础设施项目落地实施。（责任单位：市发展改革委、市科委、怀柔科学城管委会）

19. 前沿科学研究平台。突出前沿引领、交叉融合，打造与重大科技基础设施协同创新的研究平台体系，推动材料基因组研究平台、清洁能源材料测试诊断与研发平台、先进光源技术研发与测试平台等首批交叉研究平台建成运行，加快第二批交叉研究平台和中科院“十三五”科教基础设施建设。围绕脑科学、量子科学、人工智能等前沿领域，加快推动北京量子信息科学研究院、北京脑科学与类脑研究中心、北京智源人工智能研究院、北京应用数学研究院等新型研发机构建设。（责任单位：市发展改革委、市科委、中关村科学城管委会、怀柔科学城管委会）

20. 产业创新共性平台。打造梯次布局、高效协作的产业创新平台体系。在集成电路、生物安全等领域积极创建1–2家国家产业创新中心，在集成电路、氢能、智能制造等领域探索组建1–2家国家级制造业创新中心，积极谋划创建京津冀国家技术创新中心。继续推动完善市级产业创新中心、工程研究中心、企业技术中心、高精尖产业协同创新平台等布局。（责任单位：市发展改革委、市经济和信息化局、市科委、中关村管委会、北京经济技术开发区管委会、各区政府）

21. 成果转化促进平台。支持一批创业孵化、技术研发、中试试验、转移转化、检验检测等公共支撑服务平台建设。推动孵化器改革完善提升，加强评估和引导。支持新型研发机构、重点实验室、工程技术中心等多种形式创新机构加强关键核心技术攻关。培育一批协会、联盟型促进机构，服务促进先进制造业集群发展。（责任单位：市科委、市发展改革委、市经济和信息化局、中关村管委会、北京经济技术开发区管委会、各区政府）

（五）建设智慧应用基础设施

22. 智慧政务应用。深化政务服务“一网通办”改革，升级一体化在线政务服务平台，优化统一申办受理，推动线上政务服务全程电子化。2020 年底前市级 80%、区级 70% 依申请政务服务事项实现全程网上办结。建设完善电子证照、电子印章、电子档案系统，支持企业电子印章推广使用，拓展“亮证”应用场景，最大限度实现企业和市民办事“无纸化”。加快公共信用信息服务平台升级改造，推动信用承诺与容缺受理、分级分类监管应用。拓展“北京通”APP 服务广度深度，大力推进政务服务事项的掌上办、自助办、智能办。依托市民服务热线数据，加强人工智能、大数据、区块链等技术在“接诉即办”中的应用，建设在线客服与导办、办事管家、用户个人空间及全市“好差评”等系统。加快建设北京城市副中心智能政务服务大厅。建设城市大脑，形成“用数据说话、用数据决策、用数据管理、用数据创新”的服务管理机制。（责任单位：市政务服务局、市公安局、市经济和信息化局、市发展改革委、市财政局、北京经济技术开发区管委会、各区政府）

23. 智慧城市应用。聚焦交通、环境、安全等场景，提高城市智能感知能力和运行保障水平。实施智慧交通提升行动计划，开展交通设施改造升级，构建先进的交通信息基础设施。2020 年内推进 1148 处智能化灯控路口、2851 处信号灯升级改造，开展 100 处重要路口交通信号灯配时优化，组织实施 10 条道路信号灯绿波带建设，到 2022 年实现城区重点路口全覆盖。推进人、车、桩、网协调发展，制定充电桩优化布局方案，增加老旧小区、交通枢纽等区域充电桩建设数量。到 2022 年新建不少于 5 万个电动汽车充电桩，建设 100 个左右换电站。建立机动车和非道路移动机械排放污染防治数据信息传输系统及动态共享数据库。建设“一库一图一网一端”的城市管理综合执法平台，实现市区街三级执法联动。完善城市视频监测体系，提高视频监控覆盖率及智能巡检能力。加快建设智能场馆、智能冬奥村、“一个 APP”等示范项目，打造“科技冬奥”。加快推动冬奥云转播中心建设，促进 8K 超高清在冬奥会及测试赛上的应用。（责任单位：市交通委、市生态环境局、市公安局、市城市管理委、北京冬奥组委相关部门、市经济和信息化局、市科委、市发展改革委、北京经济技术开发区管委会、各区政府）

24. 智慧民生应用。聚焦医疗卫生、文化教育、社区服务等民生领域，扩大便民服务智能终端覆盖范围。支持智能停车、智慧门禁、智慧养老等智慧社区应用和平台建设。建设全市互联网医疗服务和监管体系，推动从网上医疗咨询向互联网医院升级，开展可穿戴等新型医疗设备的应用。进一步扩大电子健康病历共享范围，推动医学检验项目、医学影像检查和影像资料互认。建设完善连通各级医疗卫生机构的“疫情数据报送系统”。支持线上线下智慧剧院建设，提升优秀文化作品的传播能力。支持教育机构开展云直播、云课堂等在线教育。推进“VR 全景智慧旅游地图”“一键游北京”等智慧旅游项目，鼓励景区推出云游览、云观赏服务。基于第三代社保卡发放民生卡，并逐步实现多卡整合，推进“健康宝”深度应用。建设全市生活必需品监测体系。（责任单位：市民政局、市卫生健康委、市医保局、市市场监管局、市教委、市文化和旅游局、市委网信办、市经济和信息化局、市科委、市商务局、市人力资源社会保障局、市发展改革委、北京经济技术开发区管委会、各区政府）

25. 智慧产业应用。推动“互联网 +”物流创新工程，推进现代流通供应链建设，鼓励企业加大5G、人工智能等技术在商贸物流设施的应用，支持相关信息化配套设施建设，发展共同配送、无接触配送等末端配送新模式。建设金融公共数据专区，支持首贷中心、续贷中心、确权融资中心建设运行。支持建设车桩一体化平台，实现用户、车辆、运维的动态全局最佳匹配。打造国内领先的氢燃料电池汽车产业试点示范城市。推进制造业企业智能升级，支持建设智能产线、智能车间、智能工厂。探索建设高精尖产业服务平台，提供运行监测、政策咨询、规划评估、要素对接的精准服务。（责任单位：市商务局、市发展改革委、市科委、市财政局、市金融监管局、市经济和信息化局、北京经济技术开发区管委会、各区政府）

26. 传统基础设施赋能。加快公路、铁路、轨道交通、航空、电网、水务等传统基建数字化改造和智慧化升级，助推京津冀基础设施互联互通。开展前瞻性技术研究，加快创新场景应用落地，率先推动移动互联网、物联网、人工智能等新兴技术与传统基建运营实景的跨界融合，形成全智慧型的基建应用生态链，打造传统基建数字化全国标杆示范。着力打造传统基建数字化的智慧平台，充分发挥数据支撑和能力扩展作用，实现传统基建业务供需精准对接、要素高质量重组和多元主体融通创新，为行业上下游企业创造更大发展机遇和更广阔市场空间。（责任单位：市发展改革委、市交通委、市科委、市经济和信息化局、北京经济技术开发区管委会、各区政府）

27. 中小企业赋能。落实国家“上云用数赋智”行动，支持互联网平台型龙头企业延伸服务链条，搭建教育、医疗、餐饮、零售、制造、文化、商务、家政服务等细分行业云。建设一批细分行业互联网平台和垂直电商平台，培育一批面向中小企业的数字化服务商。鼓励各类专业服务机构企业上云，支持中小企业服务平台和双创基地的智能化改造，打造中小企业数字赋能生态。（责任单位：市经济和信息化局、市发展改革委）

（六）建设可信安全基础设施

28. 基础安全能力设施。促进网络安全产业集聚发展，培育一批拥有网络安全核心技术和服务能力的优质企业。支持操作系统安全、新一代身份认证、终端安全接入、智能病毒防护、密码、态势感知等新型产品服务的研发和产业化，建立完善可信安全防护基础技术产品体系，形成覆盖终端、用户、网络、云、数据、应用的多层级纵深防御、安全威胁精准识别和高效联动的安全服务能力。（责任单位：市经济和信息化局、市委网信办、市科委、海淀区政府、通州区政府、北京经济技术开发区管委会）

29. 行业应用安全设施。支持开展5G、物联网、工业互联网、云化大数据等场景应用的安全设施改造提升，围绕物联网、工业控制、智能交通、电子商务等场景，将网络安全能力融合到业务中形成部署灵活、功能自适应、云边端协同的内生安全体系。鼓励企业深耕场景安全，形成个性化安全服务能力，培育一批细分领域安全应用服务特色企业。（责任单位：市委网信办、市经济和信息化局、市科委）

30. 新型安全服务平台。综合利用人工智能、大数据、云计算、IoT智能感知、区块链、软件定义安全、安全虚拟化等新技术，推进新型基础设施安全态势感知和风险评估体系建设，整合形成统一的新型安全服务平台。支持建设集网络安全态势感知、风险评估、通报预警、应急处置和联动指挥为一体的新型网络安全运营服务平台。（责任单位：市委网信办、市经济和信息化局、市科委）

三、保障措施

（一）强化要素保障

加大信贷优惠支持力度，发挥财政资金、基金引导作用，积极争取利用不动产投资信托基金，支持各类市场主体参与建设。加强对全市重大新基建项目土地指标的保障。重点引进培育规划建设、投资运营等方面的行业管理人才以及引领新基建技术研发的技术领军人才。（责任单位：市发展改革委、市财政局、市金融监管局、市规划自然资源委、市人才局）

（二）完善标准规范

围绕技术研发、工程实施、维护管理等，支持研究建立企业、行业标准，推动地方标准上升为国家标准，促进新型基础设施的互通、融合，提高产业核心竞争力。（责任单位：市市场监管局、市经济和信息化局、市发展改革委）

（三）丰富应用场景

聚焦“互联网 +”教育、医疗、交通、社区服务等行业领域，加快推出一批示范工程。围绕教育、医疗、交通等重点行业领域，组织创新应用大赛，推动公共数据有序开放。支持制造企业开展智能化改造，组织开展中小企业数字化赋能。发展数字经济新业态新模式，扩大新消费。（责任单位：市科委、中关村管委会、市发展改革委、市经济和信息化局、北京经济技术开发区管委会、各区政府）

（四）优化营商环境

深入推进重要领域和关键环节改革，提升服务企业水平。放宽市场准入，实行包容审慎监管，探索适用于新业态新模式的“沙箱监管”措施。（责任单位：市发展改革委、市市场监管局、市通信管理局、市委网信办）

2.《北京新基建行动方案》内容解读

2020 年 6 月 11 日，北京市经信局等部门联合召开新闻发布会，北京市经信局副局长姜广智详细解读《北京新基建行动方案》。

《北京新基建行动方案》聚焦“新型网络基础设施、数据智能基础设施、生态系统基础设施、科创平台基础设施、智慧应用基础设施、可信安全基础设施”六大方向，即“新网络、新要素、新生态、新平台、新应用、新安全”，实施 30 个重点任务，到 2022 年，北京市基本建成网络基础稳固、数据智能融合、产业生态完善、平台创新活跃、应用智慧丰富、安全可信可控的具有国际领先水平的新型基础设施。

（1）新型网络基础设施：超 300 平方公里自动驾驶示范区包括 5G 网络、千兆固网、卫星互联网、车联网、工业互联网、政务专网 6 个任务。

主要内容：推进 5G 独立组网核心网建设和商用，2020 年实现 5G 基站新增 1.3 万个，累计超过 3 万个；积极推进千兆固网接入网络建设，推进网络、应用、终端全面支持 IPv6，力争 2020 年新增 5 万户千兆用户；优化和稳定卫星互联网产业空间布局；加快实施自动驾驶示范区车路协同信息化设施建设改造，三年内铺设网联道路 300 公里，建设超过 300 平方公里示范区；加快工业互联网标识解析国家顶级节点

(北京)建设，累计建设20个以上标识解析二级节点，培育20个以上具有全国影响力的系统解决方案提供商，打造20家左右的智能制造标杆工厂；提升政务专网覆盖和承载能力。

(2)数据智能基础设施：打造北京城市大脑包括新型数据中心、云边端设施、大数据平台、人工智能基础设施、区块链服务平台、数据交易设施6个任务。

主要内容：加强数据中心绿色化改造；推进数据中心从“云+端”集中式架构向“云+边+端”分布式架构演变；强化以“筑基”为核心的大数据平台顶层设计，加强高价值社会数据的“统采共用、分采统用”，构建北京城市大脑应用体系，汇聚并无条件开放政务、交通、城市治理等领域数据3000项以上；支持“算力、算法、算量”建设，推动建设各重点行业人工智能数据集1000项以上；建设政务区块链支撑服务平台，提供“统管共用”的区块链应用支撑服务；推进建立数据特区和数据专区，建设数据交易平台。

(3)生态系统基础设施：培育科学仪器隐形冠军企业包括共性支撑软件、科学仪器、中试服务生态、共享开源平台、产业园区生态5个任务。

主要内容：打造高可用、高性能操作系统，支持设计仿真、EDA、CAE等工业领域关键工具型软件开发；发挥怀柔科学城大科学装置平台优势和企业创新主体作用，培育一批科学仪器隐形冠军和专精特新企业；建设共享产线等新型中试服务平台，构建大网络、多平台的中试服务生态；建设“两中心三平台”信创应用生态，鼓励企业研发、运营开源代码托管平台；鼓励园区建设优化协同创新服务设施，推进京津冀产业链协同发展，支持产业园区合作共建。

(4)科创平台基础设施：打造重大科技基础设施集群包括重大科技基础设施、前沿科学研究平台、产业创新共性平台、成果转化促进平台4个任务。

主要内容：打造重大科技基础设施集群，加快地球系统数值模拟装置、多模态跨尺度生物医学成像设施等项目建设运行；打造与重大科技基础设施协同创新的研究平台体系，围绕脑科学、量子科学、人工智能等前沿领域，加快推动新型研发机构建设；打造梯次布局、高效协作的产业创新平台体系，积极创建1—2家国家产业创新中心，探索组建1—2家国家级制造业创新中心；支持一批创业孵化、技术研发、中试试验、转移转化、检验检测等公共支撑服务平台建设。

(5)智慧应用基础设施：建设100个左右换电站包括智慧政务应用、智慧城市应用、智慧民生应用、智慧产业应用、传统基础设施赋能、中小企业赋能6个任务。

主要内容：深化政务服务“一网通办”改革，拓展“北京通”APP服务广度深度；构建先进的交通信息基础设施，2020年内推进1148处智能化灯控路口、2851处信号灯升级改造，到2022年新建不少于5万个电动汽车充电桩，建设100个左右换电站；支持智能停车、智慧门禁、智慧养老等智慧社区应用和平台建设，建设全市互联网医疗服务和监管体系；推动“互联网+”物流创新工程，支持建设智能产线、智能车间、智能工厂；加快轨道交通等传统基建数字化改造和智慧升级，助推京津冀基础设施互联互通；落实“上云用数赋智”行动，完善中小企业数字赋能生态。

（6）可信安全基础设施：安全威胁精准识别包括基础安全能力设施、行业应用安全设施、新型安全服务平台3个任务。

主要内容：促进网络安全产业集聚发展，形成覆盖终端、用户、网络、云、数据、应用的多层级纵深防御、安全威胁精准识别和高效联动的安全服务能力；支持开展安全设施改造提升，形成部署灵活、功能自适应、云边端协同的内生安全体系；支持建设一体化新型网络安全运营服务平台。

另外，《北京新基建行动方案》在保障措施（一）中强调：加大信贷优惠支持力度，发挥财政资金、基金引导作用，积极争取利用不动产投资信托基金，支持各类市场主体参与建设。这里有两层意思，一是在新基建中投资主体是企业，财政资金起到引导支持的作用，同时，政府对企业的信贷融资加大支持力度。二是利用不动产投资信托基金（REITs）助力政府开展新基建，公募REITs可吸引较为广泛的各类投资主体参与。当前，在北京市基础设施领域，新基建需要大量的项目资本金投入，且本地区基础设施领域有许多优质资产沉淀，通过积极争取REITs能盘活这些资产，将回收资金用于新基建项目的建设，形成融资和投资的良性循环。

（二）上海市推进新型基础设施建设行动方案（2020—2022年）

2020年5月7日，上海市发布《上海市推进新型基础设施建设行动方案（2020—2022年）》（以下简称《上海新基建行动方案》）。

1.《上海新基建行动方案》原文

上海市推进新型基础设施建设行动方案（2020—2022年）

新型基础设施是以新发展理念为引领，以技术创新为驱动，以信息网络为基础，面向高质量发展需要，提供数字转型、智能升级、融合创新等服务的基础设施体系。加快建设新型基础设施，既是应对新冠疫情不利影响、推动经济平稳运行的重要手段，也是着力提升创新策源能力、培育经济发展新动能的战略支撑。为加快建设具有上海特色的新型基础设施，培育发展新经济，制订本行动方案。

一、总体要求

（一）指导思想

以习近平新时代中国特色社会主义思想为指导，把握全球新一轮信息技术变革趋势，立足于数字产业化、产业数字化、跨界融合化、品牌高端化，抢抓新型基础设施建设为疫情后产业复苏升级带来的重要机遇，坚持“新老一体、远近统筹、建用兼顾、政企协同”的原则，高水平推进5G等新一代网络基础设施建设，持续保持光子科学等创新基础设施国际竞争力，加快建设人工智能等一体化融合基础设施，完善社会治理和民生服务智能化终端布局，着力创造新供给、激发新需求、培育新动能，为上海加快构建现代化产业体系厚植新根基，打造经济高质量发展新引擎。

（二）行动目标

到2022年，全市新型基础设施建设规模和创新能级迈向国际一流水平，高速、泛在、融合、智敏的高水平发展格局基本形成，5G、人工智能、工业互联网、物联网、数字孪生等新技术全面融入城市生产生活，新型基础设施成为上海经济高质量发展和城市高效治理的重要支撑。

——打造全球新一代信息基础设施标杆城市。率先构建全球领先的信息基础设施布局，为“十四五”期末形成“GTPE”（G级互联、T级出口、P级算力、E级存储）发展格局打下基础，亚太信息通信枢纽地位得到巩固和提升。

——形成全球规模最大、种类最全、综合服务功能最强的大科学设施群雏形。构建以硬X射线自由电子激光装置为引领，上海光源等光子科学大设施为基础，生命、能源、海洋若干设施为支撑的大设施集群，总体水平达到国际领先。

——建成具有国际影响力的超大规模城市公共数字底座。建成1个市大数据资源平台、16个大数据资源分平台，构建若干个数据服务中台和1000个左右数据训练集，建设500个以上服务于“一网通办”“一网统管”的行业算法模型，更大范围、更宽领域、更深层次支撑城市治理全方位变革。

——构建全球一流的城市智能化终端设施网络。布设1000万个社会治理神经元感知节点，新增50公里车联网开放测试道路，新建10万个充换电终端设施，建成100所教育信息化应用标杆学校，新增20家以上互联网医院。

二、主要任务

（一）实施新一代网络基础设施（“新网络”）建设行动

1. 高水平建设5G和固网“双千兆”宽带网络。编制新一轮5G建设行动计划，三年内新建3.4万个5G基站，加快5G独立组网（SA）建设，率先建成SA核心网，在实现全市覆盖的基础上，持续推进重点区域深度覆盖和各区功能性覆盖、形成有规模效应的应用。实现我市家庭千兆接入能力和商务楼宇万兆接入能力全覆盖。移动通信网络、固定宽带网络接入能力平均达到1000Mbps，用户感知速率平均达到50Mbps。（推进单位：市经济信息化委、市通信管理局、市住房城乡建设管理委、市规划资源局）

2. 加快布局全网赋能的工业互联网集群。实施新一轮工业互联网三年行动，建设国家工业互联网系统与产品质量监督检验中心以及机床、钢铁等10个行业标识解析二级节点，深化创新应用，推动标识解析国家顶级节点（上海）扩容增能，搭建长三角工业互联网公共服务平台。建设100家以上无人工厂、无人生产线、无人车间，加快行业智能化转型。推动相关龙头企业建设20个具有全国影响力的行业平台，带动15万企业上云上平台。（推进单位：市经济信息化委、市通信管理局）

3. 加快下一代互联网规模化部署。推进互联网应用IPv6升级，聚焦新型智慧城市、人工智能等领域，强化基于IPv6网络的终端协同创新发展，实现IPv6活跃用户占比互联网用户超过60%，网络、应用、终端全面支持IPv6。加快接入设施软件定义网络（SDN）、网络功能虚拟化（NFV）改造，信息通信服务实现按需供给，信息网络应用实现个性定制、即开即用。（推进单位：市网信办、市通信管理局、市发展改革委、市经济信息化委）

4. 推动卫星互联网基础设施建设。落实国家战略，推动技术创新、产业发展、市场应用、运维服务等，完成通信网络及基础配套设施建设，初步形成卫星互联网信息服务能力。（推进单位：市国防科工办、市发展改革委、市经济信息化委、市科委）实施智慧天网创新二期工程，建设网络运行控制中心，完成国内首颗中轨道技术验证卫星以及相关配测卫星的研制、测试和发射。（推进单位：市经济信息化委、市国防科工办、市科委、市发展改革委）

5. 建设"一网双平面"新型政务外网及网络安全设施。推动市、区两级电子政务外网升级改造，建设相关网络安全基础设施，整合市级部门 14 个业务专网，到 2021 年底，实现市级 100G、区级 40–100G 带宽能力，支持 IPv4 和 IPv6 双栈技术，实现数据流量和视频流量"一网双平面"承载的新型政务外网，为跨部门、跨层级、跨区域的网络互通、数据共享、应用协同提供有力支撑。（推进单位：市大数据中心，各区政府）

6. 构建全球信息通信枢纽。提升我市信息通信网络承载能级，推进东南亚—日本二号海底光缆在上海登陆建设，搭建国际数据枢纽平台，扩容中国电信亚太互联网交换中心，到 2022 年，实现在上海登陆的国家海底光缆容量达到 28T，互联网国际出口带宽达到 7T。推动中国（上海）自由贸易试验区临港新片区（以下简称"临港新片区"）、虹桥商务区建设国际互联网数据专用通道，优化重点区域国际通信服务能力。（推进单位：市经济信息化委、市通信管理局，临港新片区管委会、虹桥商务区管委会）

（二）实施创新基础设施（"新设施"）建设行动

1. 持续推进光子科学大设施群建设。全力推进硬 X 射线自由电子激光装置建设，加快推进上海光源线站工程、软 X 射线、活细胞成像、超强超短激光等重大科技基础设施建设。加强前瞻性战略布局研究，建设光子科学实验室，开展下一代光子科学设施预研。推动在建设施与上海光源、蛋白质中心等已建成设施共同形成光子大科学设施集群，总体处于国际领先地位。（推进单位：上海科创办、市发展改革委、市科委）

2. 争取国家支持布局新一轮重大科技基础设施。在系统生物学设施方面，建设生命组学和表型组学测量体系，打造真实环境模拟舱群，实现人体复杂生命过程的精密测量、系统解构和调控干预。在无人系统多体协同设施方面，建设人工智能综合环境模拟平台，实现耦合环境模拟；建设全场景感知系统，实现动态环境感知与实时监测；建设多体协同控制实验系统，实现千台陆海空天多体协同控制。在深远海驻留浮式研究设施方面，设施主体漂浮在海上、可自航部署和精准定位于特定海域，配套建设包括岸基补给基地、辅助补给工程船等，实现海上长期驻留，进行不间断科学实验。在生物医学大数据设施方面，研发专用计算装置，建设分析挖掘与应用服务系统、软硬件支撑及安全环境等系统，形成生物医学大数据资源体系。（推进单位：市发展改革委、上海科创办、市科委、市教委、复旦大学、上海交通大学、同济大学、中科院上海分院）

3. 建设若干先进产业创新基础设施。打破管理分割，依托蛋白质中心，组建电镜中心，接入中科院重大科技基础设施共享服务平台，加快构建电镜应用开放共享网络，新增若干套冷冻电镜，配备从毫电子伏特到千电子伏特能级的其他电镜设备，提升对生物医药、新材料等产业的支撑能级。（推进单位：市发展改革委、市科委）支持联影医疗联合研究型医疗机构，建设先进医学影像集成创新中心，搭建包括2米PET-CT系统、时空一体化PET/MR系统、高端科研型7T磁共振系统等全系列高端医疗装备于一体的科学设施平台，服务原研药物和高端医疗器械开发。（推进单位：市卫生健康委、申康医院发展中心）依托国家集成电路装备材料产业创新中心，建设12英寸关键国产装备材料和成套工艺规模化验证平台，提供关键国产装备材料产线级验证服务。（推进单位：市发展改革委、市经济信息化委）

4. 围绕科学与产业前沿布局建设重大创新平台。围绕量子物理、材料基因组、人类表型组、脑与类脑等前沿科学研究方向，加快推进建设李政道研究所、上海交通大学张江科学园、张江复旦国际创新中心。围绕集成电路、生物医药、智能制造、新材料、新能源汽车、大数据等领域，提升和优化研发与转化功能型平台布局，搭建科学装置、工程化平台、中间试验线、检测评价服务平台、数据标准库等设施，通过关键共性技术和产业化应用研究，构建新兴产业技术创新发展的支撑体系。（推进单位：市科委、上海科创办、市发展改革委、市经济信息化委，有关区政府）

（三）实施一体化融合基础设施（“新平台”）建设行动

1. 建设新一代高性能计算设施和科学数据中心。加强统筹政府投资高性能计算资源，围绕更好服务张江实验室建设和上海产业高端需求，采用阶段性滚动扩容方式，建设新一代高性能计算设施和大数据处理平台，提升上海高性能计算设施能级，构建计算科学研究枢纽和超算应用高地。（推进单位：市科委、市经济信息化委、市发展改革委、市大数据中心）

2. 打造亚太一流的超大规模人工智能计算与赋能平台。推动相关企业建设人工智能超算设施，围绕“算力、数据、算法”的研发与应用，提升算力的使用效率和原创算法的迭代效率，实现对国产芯片及服务器的有效适配，建立相配套的软件生态，提供上层工具链，实现对产业的垂直打通。（推进单位：市经济信息化委、市发展改革委）

3. 建设政务服务“一网通办”基础支撑平台。建设“AI+一网通办”基础平台，构建AI内容学习总库，形成AI服务目录清单，提供一批解决部门共性难题、提升效率的通用算法模型，逐步实现在审批、服务、监管等场景下的智能化应用，夯实“一网通办”基础平台AI能力。（推进单位：市大数据中心、市相关部门，各区政府）建成市级电子证照库，归集不少于1000类电子证照，基本覆盖我市政府核发的证照类材料，在“一网通办”政务服务场景中，全面开展电子证照应用；探索电子证照与实体证照形式脱钩、管理统一、并轨运行的新模式。（推进单位：市政府办公厅、市大数据中心）

4. 加快推进社会治理“一网统管”平台支撑体系建设。依托市大数据资源平台，全面融合轨道交通、道路实况、公共卫生、食品安全、水电气、金融、市场监管、经济社会风险等数据资源，联通市级主要业务系统，建设市、区、街镇三级架构的城运中台，实现城市生命体征的全量、实时感知，形成应用枢纽、指挥平台、赋能载体“三合一”，增强快速发现、快速反应、快速处置能力，实现“一屏观天下、一网管全城”。探索建设数字孪生城市，数字化模拟城市全要素生态资源。（推进单位：市政府办公厅、市应急局、市公安局、市住房城乡建设管理委、市城运中心、市大数据中心）

5. 构建国内首个医疗大数据训练设施。依托医联工程、健康信息网汇集的医疗数据资源，集中开展数据清洗、脱敏、脱密、去隐私化、标准化等处理，建立医疗大数据训练设施，在确保数据安全、对等开放、功能共享的前提下，探索新型合作机制，提供高质量、适度规模的数据集，支持人工智能企业开展深度学习等多种算法训练试验。（推进单位：市卫生健康委、申康医院发展中心、市大数据中心）

6. 探索建设临港新片区“国际数据港”互联设施体系。提升临港新片区内宽带接入能力、网络服务质量和应用水平，构建安全便利的国际互联网数据专用通道。坚持高标准、绿色化，打造上海移动临港 IDC 研发与产业化基地（二期）等项目。探索区内工业数据的互联互通及与全国互联互通，逐步探索贸易数据、金融数据等区内互联互通和国内互联互通。（推进单位：临港新片区管委会、市经济信息化委、市通信管理局、市网信办）

7. 探索建设长三角生态绿色一体化发展示范区（以下简称“长三角示范区”）智慧大脑工程。以上海、江苏、浙江信息平台为基础，建设长三角示范区一体化数据中枢和业务中台，支撑长三角示范区开展规划管理、生态环保、公共服务、产业发展等方面一体化制度创新。支持华为等重点企业高标准建设便捷、绿色、智能、安全的研发基地和配套设施，引领长三角示范区在江南水乡风貌基础上增添新型基础设施时代特色。（推进单位：长三角示范区执委会、青浦区政府、市经济信息化委）

（四）实施智能化终端基础设施（“新终端”）建设行动

1. 推进部署千万级规模的神经元感知网络。深入推进城市公共安全视频终端建设，推动全市各行业、各区视频图像资源联网共享和应用。实施智能传感节点部署工程，部署千万级社会治理神经元感知节点。对接“一网统管”和城运平台总体架构，建设市、区、街镇三级架构的神经元感知综合服务平台。（推进单位：市公安局、市经济信息化委、市住房城乡建设管理委、市城运中心、市大数据中心，各区政府）

2. 加快布设新能源终端和智能电网设施。积极推进电动汽车充电设施布局，三年内新建 10 万个电动汽车充电桩，建设 45 个左右出租车充电示范站，积极引导公用、专用充电设施接入市级平台，强化对充电设施的科学管理和高效使用，支持新能源汽车发展。（推进单位：市交通委、市发展改革委、市经济信息化委）适度超前布局燃料电池汽车终端设施，三年内建设 20 个左右加氢站，力争氢燃料电池汽车商业化率先应用落地。（推进单位：市住房城乡建设管理委、市发展改革委、市经济信息化委、市规划资源局）推动建设电力物联网、开展配电网终端智能化改造等。（推进单位：市经济信息化委、市电力公司）

3. 建设国内领先的车路协同车联网和智慧道路。丰富自动驾驶开放测试道路场景，积极推进风险等级齐备、测试场景完善的开放道路测试环境建设，三年内新增 50 公里开放测试道路，探索开放城市快速路、高速公路等不同类型和风险等级的道路测试场景。探索推进车路协同技术应用路径、标准规范，支撑自动驾驶汽车在复杂路况下的适应能力。推进嘉定、临港、洋山港、奉贤等区域开放测试道路场景建设。实施新一代全息感知与智能管控智慧道路研究和试点工程建设。建设长三角一体化车生活公共服务平台。建成运行市级公共停车信息平台，全面接入公共停车场（库）和道路停车场的动静态数据，面向社会开放提供多样化公共停车信息服务。（推进单位：市交通委、市公安局、市经济信息化委、市通信管理局、市司法局、市应急局，嘉定区政府、奉贤区政府、临港新片区管委会）

4. 拓展智能末端配送设施。进一步拓展智能末端配送设施投放范围，在已试点投放“无接触配送”智能取物柜组件的基础上，新增 1.5 万台以上智能取物柜，加大对医院、学校、办公楼宇、大型社区等区域的覆盖力度。推动多方合作、统一布设用于药品、商超用品、蔬菜鲜果等不同品类物件的多功能柜。推动智能售货机、无人贩卖机、智慧微菜场、智能回收站等各类智慧零售终端加快布局，着力提升智能化、集成化和综合化服务功能。（推进单位：市商务委、市住房城乡建设管理委、市规划资源局、市邮政管理局，各区政府）

5. 建设“互联网 +”医疗基础设施。新设置 20 家以上互联网医院，为常见病和慢性病参保患者复诊提供在线医疗服务。通过建立统一标准和互联互通，探索推动互联网诊疗复诊服务范围扩大到在医联体或专科联盟内的医院可跨院互认首诊病人。推动长三角示范区建设互联网医院。高标准建设上海市公共卫生应急指挥中心、各类应急监测实验室，实施实验室快速检测能力建设等项目建设。建设健康信息网三期和医联工程三期，构建健康信息数据中台，加强移动支付、诊间支付的推广与监管，实现医学检验项目、医学影像检查和影像资料在同级医院的互联互通互认。推广共享轮椅等医护便民设施共享经济新模式。（推进单位：市卫生健康委、市医保局、申康医院发展中心、市经济信息化委）

6. 打造新型数字化学校。实施教育信息化 2.0 行动，培育 100 所教育信息化应用标杆学校，推动建设数字校园、数字实验室、全息课堂等，试点建立个性化学生数字画像，创新学生多元化评价体系。建设面向大规模在线教育的信息化基础应用平台，打造“上海微校”“空中课堂”等线上教育新模式。推进数字教材研究与应用，支持开展智慧教学、个性化教育试点示范。探索建设数字化、在线化老年大学，并推动其他数字校园资源向老年大学开放。（推进单位：市教委，各区政府）

7. 打造智能化“海空”枢纽设施。推进外高桥码头自动化升级改造，实现全场智能调度、设备远程操控、智能安防预警和自动驾驶集卡等综合应用，在港区智能安防领域实现由事后处置向风险预警管控转变。构建洋山港集疏运系统，重点开展洋山港铁公水集疏运 + 自动驾驶集卡物流体系建设，应用 5G 和物联网技术实现港口新型基础设施重大关键技术突破；推进小洋山北侧支线码头建设，提升江海直达、江海联运配套港口自动化能级。依托浦东国际机场四期扩建工程，丰富自助服务体验，拓展无纸化一证通关、行李跟踪定位等智能服务，打造智慧、友好、高效的航空枢纽。（推进单位：市交通委、市公安局、上港集团、机场集团）

8. 完善智慧物流基础设施建设。推进快递物流智脑中心、智能物流认证与检测中心等平台合理布局和建设，推动冷链仓储中心、快件仓储中心、分拨中心、转运中心、配送站等基础设施布局建设，开展仓储、分检、配送、装卸等一体化集配设施智能化升级。（推进单位：市商务委、市发展改革委、市住房城乡建设管理委、市规划资源局，各区政府）实施国家物流枢纽建设工程，推动青浦区加快建设智能化的商贸服务型国家物流枢纽，基本形成长三角快递物流枢纽和基础支撑。（推进单位：市商务委、市住房城乡建设管理委、市发展改革委，青浦区政府）加快布局冷链物流末端设施，三年内建设 300 个社区生鲜前置仓，3 个城市分选中心。（推进单位：市商务委、市住房城乡建设管理委、市规划资源局，各区政府）

三、保障措施

（一）强化统筹协调

建立市政府主要领导牵头，各分管市领导担任各专项召集人的上海市新型基础设施建设推进工作机制。市战略性新兴产业领导小组办公室发挥日常协调作用，各有关部门按领域加强推进，市政府督查室加强跟踪督办，推动相关项目尽快落地见效。（推进单位：市发展改革委、市经济信息化委、市住房城乡建设管理委及各有关单位）对项目成熟度高、年内可开工的项目，将其列入当年市重大工程目录予以推进。（推进单位：市住房城乡建设管理委、市发展改革委）加强招商引资和对外推荐，吸引国内外投资者投资上海新型基础设施建设项目。（推进单位：市经济信息化委）

（二）加强市、区协同

各市级牵头部门加强与各区的工作对接，进一步细化落实任务分工，加强网络基础设施统筹布局，加快推进重大科技基础设施建设。各区和有关重点区域建立工作推进机制，重点推动相关配套网络设施建设，完善区域智能终端设施建设布局，加强平台和设施等重大项目招商引资，研究出台特色支持举措。（推进单位：各区政府、临港新片区管委会、长三角示范区管委会、上海科创办、虹桥商务区管委会等）

（三）创新支持方式

支持政策性银行、开发性金融机构以及商业银行建立总规模1000亿元以上的“新基建”优惠利率信贷专项，进一步放大市级建设财力和战略性新兴产业、产业转型升级、张江国家自主创新示范区、临港新片区等财政专项资金的杠杆作用，制订相关操作办法，按照有关规定进行贴息，鼓励和引导社会资本加大“新基建”投入力度。（推进单位：市发展改革委、市财政局、市经济信息化委、上海科创办，临港新片区管委会等）研究制订加快推动运营商5G建设的引导性支持政策。（推进单位：市经济信息化委、市财政局、市发展改革委）

（四）加强指标保障

统筹好全市工业用能指标，向具有重要功能的互联网数据中心建设项目作适当倾斜，研究继续新增一批互联网数据中心机架数，持续优化云计算基础设施布局，合理考虑边缘计算建设标准和布局。（推进单位：市经济信息化委、市发展改革委）加强土地指标保障，对特别重大的新型基础设施建设项目用地指标由市相关部门“直供”解决。（推进单位：市规划资源局、市经济信息化委、市发展改革委、市住房城乡建设管理委、市生态环境局）

（五）推动资源开放

推动公共数据向社会主体深度有序开放，在医疗、教育、交通、旅游等重点领域，培育催生政企数据融合与创新应用。探索建立更加市场化、专业化的政府信息化运维服务体系，推动政府投资信息化项目从各自建设运营，转变为统一提供信息化派驻服务，进一步推动政府信息化市场整体向社会开放。（推进单位：市政府办公厅、市经济信息化委、市大数据中心、市财政局）

（六）优化规划布局

编制我市5G移动通信基站布局规划导则，指导各区开展5G基站布局规划，并衔接区总体规划或地块控制性详细规划。（推进单位：市经济信息化委、各区政府、市通信管理局、市规划资源局）在新一轮我市商业网络布局规划中，加强市级、区级、社区级商业中心和特色商业街区、产业园区、农产品市场、二手交易市场等商贸基础设施智能化改造规划布局。（推进单位：市商务委，各区政府）加强物流体系规划建设，加快推动快递分拨中心、配送站等基础设施智合理规划布局和智能化改造。（推进单位：市商务委、市发展改革委、市住房城乡建设管理委、市规划资源局，各区政府）

（七）完善规则标准

率先探索自动驾驶上路通行规则，研究提出并推动相关法规增加具有自动驾驶功能的汽车进行道路测试和上道路通行期间交通违法处理、交通事故责任分担等规定。（推进单位：市公安局、市交通委、市司法局、市应急局）编制电子信息、航空航天等细分领域的工业互联网建设导则，持续更新城域物联网、互联网数据中心领域建设导则。（推进单位：市经济信息化委）制订住宅小区及商务楼宇智能配送设施规划建设导则，修订保障性住房（大型居住区）配套建设管理导则，将智能配送设施纳入公建配套设施建设范围。结合上海住宅小区“美丽家园”行动计划，推进住宅小区智能配送设施改造和建设。（推进单位：市住房城乡建设管理委、市房屋管理局、市邮政管理局、市规划资源局、市商务委）

（八）培育市场需求

以“揭榜挂帅”形式，聚焦互联网医疗、在线教育、数字内容、智能制造、数字商贸、智能物流、数字生活服务、社会治理、数字养老服务等行业，加快建设一批显著改善制造、服务方式或社会治理模式的示范应用工程，以规模化应用需求，带动5G等新型基础设施建设。（推进单位：市发展改革委、市经济信息化委）

2.《上海新基建行动方案》内容解读

近年来，上海市科技创新、智慧城市、网络基础设施总体水平都保持国内领先。上海市政府发布的《上海新基建行动方案》提出，到2022年，全市新型基础设施建设规模和创新能级迈向国际一流水平。

（1）上海新型基础设施建设现状

近年来，上海围绕科技创新中心、综合性国家科学中心以及新型智慧城市、下一代互联网示范城市、新一代人工智能创新发展试验区等建设，加强网络基础设施、数据中心和计算平台、重大科技基础设施等布局，总体水平一直保持国内领先。一是网络基础设施建设水平“国内领先”，已实现全市16个区5G网络连续覆盖。建设了15个具有全国影响力的工业互联网行业平台，带动6万多家中小企业上云上平台。在静安、嘉定、杨浦、虹口、普陀等区率先开展新型城域物联网百万级规模部署。二是数据中心和计算平台规模“国内领先”。目前互联网数据中心已建机架数超过12万个，利用率、服务规模处于国内第一梯队。市大数据平台累计已汇集全市200多个单位340亿条数据，数据规模总体国内领先。三是重大科技基础设施能级“国内领先”。上海已建和在建的国家重大科技基础设施共有14个，大设施的数量、投资金额和建设进度均领先全国。

（2）《上海新基建行动方案》的主要内容①

《上海新基建行动方案》立足于数字产业化、产业数字化、跨界融合化、品牌高

① 参考上海市政府新闻发布会内容。

端化，坚持新老一体、远近统筹、建用兼顾、政企协同，提出了指导思想、行动目标、四大建设行动25项建设任务、8项保障措施，形成了上海版“新基建35条”。

一是明确了具有上海特色的新基建重点领域。聚焦新时代上海城市功能和核心竞争力提升，以及新经济发展要求，明确了推进上海特色新基建的四大重点领域：以新一代网络基础设施为主的“新网络”建设；以创新基础设施为主的“新设施”建设；以人工智能等一体化融合基础设施为主的“新平台”建设；以智能化终端基础设施为主的“新终端”建设。

二是提出了符合上海城市功能和定位的具体行动目标。通过3年努力，率先在4个方面形成重要影响力：率先打造全球新一代信息基础设施标杆城市，率先形成全球综合性大科学设施群雏形，率先建成具有国际影响力的超大规模城市公共数字底座，率先构建全球一流的城市智能化终端设施网络。到2022年底，推动全市新型基础设施建设规模和创新能级迈向国际一流水平。

三是全力实施上海版新基建四大建设行动。要对标一流水平，围绕新网络、新设施、新平台、新终端进行统筹布局，全力提升新型基础设施能级。初步梳理排摸了未来三年实施的第一批48个重大项目和工程包，预计总投资约2700亿元。

①“新网络”建设行动。把握全球新一轮信息技术变革和数字化发展趋势，率先构建全球领先的新一代网络基础设施布局。主要包括：高水平建设5G和固网“双千兆”宽带网络，加快布局全网赋能的工业互联网集群，建设100家以上无人工厂、无人生产线、无人车间，带动15万企业上云上平台；加快下一代互联网规模化部署；推动卫星互联网基础设施建设；建设“一网双平面”新型政务外网及网络安全设施；构建全球信息通信枢纽。

②“新设施”建设行动。立足科技创新中心和集成电路、人工智能、生物医药“三大高地”建设，持续提升科技和产业创新基础设施能级。主要包括：加快推进硬X射线等大设施建设，开展下一代光子科学设施预研；争取国家支持布局新一轮重大科技基础设施；建设电镜中心、先进医学影像集成创新中心、国家集成电路装备材料产业创新中心等若干先进产业创新基础设施；围绕前沿科学研究方向，布局建设重大创新平台。

③“新平台”建设行动。充分利用好超大规模城市海量数据资源，建设城市全要素数据资源体系，支撑城市治理全方位变革。主要包括：建设新一代高性能计算设施，打造超大规模人工智能计算与赋能平台。建设政务服务“一网通办”和社会治理“一网统管”基础支撑平台，探索建设数字孪生城市。构建医疗大数据训练设施，支持人工智能企业开展深度学习等多种算法训练试验。探索建设临港新片区互联设施体系和长三角一体化示范区智慧大脑工程。

④“新终端”建设行动。围绕培育新经济、壮大新消费等需求，加快推动商

贸、交通、物流、医疗、教育等终端基础设施智能化改造。主要包括：规模化部署千万级社会治理神经元感知节点；新建10万个电动汽车智能充电桩；建设国内领先的车路协同车联网和智慧道路，建成市级公共停车信息平台；拓展智能末端配送设施，推动智能售货机、无人贩卖机、智慧微菜场、智能回收站等各类智慧零售终端加快布局；建设互联网+医疗基础设施；培育教育信息化应用标杆学校；打造智能化“海空”枢纽设施；完善城市智慧物流基础设施建设。

四是推出8项上海版新基建重大政策措施。推进上海特色新基建，政府要引导、市场是主体、重大政策举措是保障。进一步加强市区协同，在创新支持方式、加强指标保障、推动资源开放、优化规划布局、完善规则标准、培育市场需求等方面加强引导，为社会资金加大新基建投入营造良好环境。

下一步，上海将全力落实好“新基建35条”，抢抓新型基础设施建设为产业复苏升级带来的重要机遇，高水平推进5G等“新网络”建设，持续保持“新设施”国际竞争力，加快建设人工智能等“新平台”，完善社会治理和民生服务“新终端”布局，着力创造新供给、激发新需求、培育新动能，为上海加快构建现代化产业体系厚植新根基，打造经济高质量发展新引擎。

（三）《山东省人民政府办公厅关于山东省数字基础设施建设的指导意见》（鲁政办字〔2020〕34号）

2020年3月18日，《山东省人民政府办公厅关于山东省数字基础设施建设的指导意见》（鲁政办字〔2020〕34号）（以下简称《意见》或鲁政办字〔2020〕34号文）发布。

1. 鲁政办字〔2020〕34号文原文

山东省人民政府办公厅关于山东省数字基础设施建设的指导意见

鲁政办字〔2020〕34号

各市人民政府，各县（市、区）人民政府，省政府各部门、各直属机构，各大企业，各高等院校：

为贯彻落实《数字山东发展规划（2018—2022年）》，加快推进全省数字基础设施建设，经省政府同意，提出如下意见。

一、总体思路

前瞻布局以5G、人工智能、工业互联网、物联网等为代表的新型基础设施，持续推动交通、能源、水利、市政等传统基础设施数字化升级，构建“泛在连接、高效协同、全域感知、智能融合、安全可信”的数字基础设施体系。到2022年年底，全省数字基础设施总体布局更加科学合理，对高质量发展支撑能力和投资拉动作用更加明显，建设规模和发展水平位居全国前列。

二、重点任务

（一）建设泛在连接的信息通信网络。

1. 发展新一代移动通信网络。高质量建设5G网络，全面推进各市5G网络试点和规模组网，推动5G与重点垂直行业深度融合。2020年新开通5G基站4万个，到2022年年底，基本实现县级以上城区、重点乡镇（街道）5G网络覆盖。深化4G网络建设，加快实现20户以上自然村4G全覆盖。（省通信管理局、省工业和信息化厅、省大数据局分工负责）推动智慧广电网络建设，建立面向5G的移动交互广播电视传播网络，实现广电网络超高清、云化、IP化、智能化发展。（省广电局、省通信管理局分工负责）加快建设天地一体化信息网络，积极参与国家低轨通信卫星、浮空平台通信系统建设，完善卫星互联网地面设施，争取国家海上卫星发射母港落地。丰富“天地图・山东”空间定位基础平台功能，提供北斗卫星导航定位基础性服务，面向重大国情国力调查、电子政务、防灾减灾、生态环境保护等领域开展示范应用。（省科技厅、省工业和信息化厅、省自然资源厅分工负责，省发展改革委、省统计局、省应急厅、省生态环境厅、省大数据局、有关市政府配合）

2. 全面建成高水平全光网。加速光纤网络扩容，优化骨干网络结构，形成内联京沪穗网络骨干节点、外联国际海缆通道的高效通信网络。布局大容量光通信高速传输系统，持续提升网络带宽和质量，到2022年年底，骨干网络出省带宽达到100T。（省通信管理局、省工业和信息化厅分工负责，有关市政府配合）加大高速率宽带接入覆盖，持续推进“光纤到户”。依托济南、青岛等省内骨干网络节点城市先行先试，推动“千兆城市”建设全省铺开。全面提升乡村光纤宽带网络覆盖水平和高带宽用户占比，大力推进“百兆乡村”建设。到2022年年底，建成千兆宽带示范小区6000个，农村百兆宽带接入用户占比超过90%。（省通信管理局、省工业和信息化厅分工负责，各市政府配合）积极打造国际信息通信枢纽，支持青岛建设国际通信业务出入口局，加强青岛国际海底光缆登陆站建设，推进中美跨太平洋高速光缆系统建设和扩容。持续推进济南国际互联网数据专用通道建设运营，有效提升区域国际通信流量疏导能力，服务中国（山东）自由贸易试验区、中国—上海合作组织地方经贸合作示范区建设。（省通信管理局、省工业和信息化厅分工负责，有关市政府配合）

3. 推进信息网络演进升级。加快IPv6规模部署，统筹推进全省骨干网、城域网、接入网IPv6升级，开展互联网数据中心、政务云平台与社会化云平台IPv6改造，推广全面支持IPv6的移动和固定终端。到2022年年底，全省IPv6网络规模和质量位居全国前列。（省委网信办、省通信管理局、省大数据局分工负责）推动新型网络技术商用，开展基于软件定义网络、网络功能虚拟化等网络技术的试验网建设。到2022年年底，初步建成智能、敏捷、安全的下一代网络，信息通信服务实现按需供给，信息网络应用实现个性定制、即开即用。（省通信管理局、省工业和信息化厅、省科技厅分工负责）加快量子保密通信网络建设，依托济南、淄博、潍坊和青岛等市，构建横贯东西的量子保密通信“齐鲁干线”，满足与京津冀、长三角及海外重要城市间广域量子保密通信需求。开展量子保密通信应用试点，探索量子通信在政务、电力等行业的前沿应用，培育量子通信技术创新和应用生态，打造国内领先的量子保密通信产

业基地。（省科技厅、省大数据局、省能源局分工负责，有关市政府配合）

（二）构建高效协同的数据处理体系。

1. 加快数据中心高水平建设。推进数据中心规模化发展，支持济南、青岛、枣庄等市做大做强全国性社会化大数据中心。完善用地、用电等方面政策，争取国家级行业数据中心、大型互联网企业区域性数据中心的布局建设，力争国家一体化大数据中心区域分中心落地山东。到 2022 年年底，在用数据中心机柜数达到 25 万架，充分满足海量存储服务需求，提升人工智能、区块链等应用场景支撑能力。（省大数据局、省通信管理局、省发展改革委、省能源局、省自然资源厅分工负责，各市政府配合）建设绿色数据中心，推动节能技改和用能结构调整，引导数据中心持续健康发展。自 2020 年起，新建数据中心 PUE 值原则上不高于 1.3，到 2022 年年底，存量改造数据中心 PUE 值不高于 1.4。（省大数据局、省工业和信息化厅、省通信管理局分工负责）

2. 推动多元计算协同发展。大力发展云计算中心，鼓励通信运营企业、信息技术企业服务转型，应用分布式存储、动态管理调度等技术，建设弹性提供计算能力、存储空间和软件服务的云计算中心。到 2022 年年底，形成应用广泛、服务全面、链条健全、设施完善的云计算发展格局。（省大数据局、省通信管理局分工负责）合理布局边缘计算资源池节点，优先在济南、青岛、烟台等市布局集内容、网络、存储、计算为一体的边缘计算资源池节点，满足交通、医疗、教育、制造等行业在实时业务、智能应用、安全和隐私保护等方面的敏捷连接需求。到 2020 年年底，全省建设 50 个以上边缘计算资源池节点，到 2022 年年底，全省边缘计算资源池节点数达到 200 个以上。（省大数据局、省通信管理局、省工业和信息化厅、省科技厅分工负责，有关市政府配合）加快高性能计算中心建设，依托国家超级计算济南中心，研制建设算力领先的新一代超级计算机，支持青岛海洋科学与技术试点国家实验室建设高性能科学计算与系统仿真平台，为医养健康、智能制造、海洋产业等行业应用提供运算支撑和技术服务。推动国家超级计算济南中心、青岛海洋科学与技术试点国家实验室互联互通，共享算力、存储等资源，培育根植山东、覆盖全国、辐射全球的超算互联网。建设一批高性能计算科技园、产业园、创业园，全力打造“中国算谷”。（省科技厅、省大数据局分工负责，省工业和信息化厅、省卫生健康委、省海洋局、有关市政府配合）

（三）布局全域感知的智能终端设施。

1. 大力发展物联网。加快物联网终端部署，围绕城市管理、民生服务、公共安全、医疗卫生等领域，利用窄带物联网、增强机器类通信、远距离无线传输等物联网通信技术，积极部署低成本、低功耗、高精度、高可靠的智能化传感器，提升社会治理和公共服务科学化、精细化水平，推动“万物互联”发展。（省大数据局、省通信管理局、省工业和信息化厅、省发展改革委分工负责）构建物联网服务体系，建立全省统一的物联网感知设施标识和编码标准规范，加强数字标识推广应用。依托济南、青岛、潍坊等市的物联网产业基地，建设物联网公共服务平台，推动感知设备统一接入、集中管理和感知数据共享利用。（省大数据局、省通信管理局、省工业和信息化厅、省发展改革委分工负责，有关市政府配合）

2. 加快建设工业互联网。推进工业设备联网，推动高耗能、高风险、通用性强、优化价值高的工业设备上云，培育人、机、物全面互联的新兴业态。到 2020 年年底，全省上云企业达到 20 万家，连接设备达到 1000 万台，到 2022 年年底，连接设备达到 2000 万台。（省工业和信息化厅、省通信管理局分工负责）加快企业内网升级改造，推动工业无源光网络、工业以太网、工业无线网等新型工业网络部署。实施“5G 工业互联网”工程，优先在数字经济园区、智慧化工园区、现代产业集聚区建设低时延、高可靠、广覆盖的网络基础设施。积极争取标识解析体系国家节点在山东落地，推广标识解析应用，到 2022 年年底，全省建设 10 个左右国家二级服务节点。（省工业和信息化厅、省通信管理局分工负责）构建多级工业互联网平台体系，打造 1 家以上工业互联网综合服务平台，培育 10 家以上跨行业跨领域工业互联网平台，建设 100 家以上面向特定行业、特定区域、特定工业场景的企业级工业互联网平台。（省工业和信息化厅、省通信管理局分工负责）

（四）升级智能融合的传统基础设施。

1. 加快部署智能交通基础设施。开展基于 5G 的车联网示范，统筹推进汽车、公路、城市道路及附属设施智能化升级，提升“人、车、路、云”融合协同能力。加快济青中线智慧高速公路项目建设，打造全国一流的综合性智能驾驶和智慧交通创新试验示范基地。（省交通运输厅负责，省工业和信息化厅、省公安厅、省通信管理局、有关市政府配合）加快智慧港口建设，推进港区 5G 建设和应用，实现智能导引、精确停车、集装箱自动装卸等无人化作业，建设智能化无人码头。到 2022 年年底，以青岛港、日照港、烟台港、渤海湾港为主体，初步形成世界一流的智能化港口网络体系。加快内河水运数字化改造，依托小清河复航工程、京杭运河山东段，推进智慧航道（过闸）、智能仓储等建设，提升水运设施网络化、智能化水平。（省交通运输厅负责，省工业和信息化厅、省通信管理局、省水利厅、有关市政府配合）推进铁路基础设施智能升级，开展智慧鲁南高铁试点，加快运输调度指挥、行车安全监控、路基设备状态采集等智能设施建设，到 2022 年年底，铁路智能运行与安全应急响应能力全面提升。建设智慧机场，加快部署人脸登机、行李自助托运等智能服务设施，推广智慧旅检通道等创新应用。（省交通运输厅负责，有关市政府配合）部署协同化智能交通设施，推广应用具备多维感知、高精度定位、智能网联功能的终端设备，提升交通载运工具远程监测、故障诊断、风险预警、应急处置等能力，加快构建多式联运智能综合运输体系。（省交通运输厅负责，省工业和信息化厅、省通信管理局、有关市政府配合）

2. 全面推广智慧能源基础设施。推进能源互联网建设，鼓励建设基于互联网的智慧能源运行云平台，强化电力、天然气、热力管网等各类能源网络信息系统的互联互通和数据共享，构建能源形态协同转化、集中式与分布式能源协同运行的综合能源网络。大力推广“多表合一”，实现电、气、热等多种能源消费信息的集中自动采集和跨行业数据共享。统筹石油、天然气管道智能化发展，加快油气管道综合管理信息平台建设，推进新建管道数字化交付、智能化应用和在役管道数字化恢复、智能化改造。推进“互联网”充电设施建设，打造全省统一的智能充电服务平台，依托加油站、公交站场、停车场等场所，构建车桩相随、智能高效的充电基础设施体系。到 2022 年年底，全省智能充电桩保有量达到 10 万个以上。开展“多站融合”建设试点，依托变电站建设分布式数据中心站、储能站、5G 基站和北斗卫星地面基准站，促进变电站闲置空间资源共享利用。（省能源局、省大数据局、省通信管理局、省住房城乡建设厅、省交通运输厅分工负责）

3. 积极建设数字水利、市政基础设施。加快推进数字水利设施建设，布设雨量、水位、流量、水质、墒情等感知设备，实现对河湖水系、水利工程等涉水信息动态监测和智能感知。到2022年年底，初步建成站点布局合理、采集要素齐全、传输稳定可靠的天地一体化水利感知网。（省水利厅负责，有关市政府配合）加快推进覆盖大气、水、固体废弃物、污染源、核与辐射等的智慧环境监测监控基础设施建设。（省生态环境厅负责）推进城市挂高资源共享共建，支持现有电力塔杆、通信基站、交通指示牌、监控杆、路灯杆等各类挂高资源开放共享和数字化改造，鼓励新建集智慧照明、视频监控、交通管理、环境监测、5G通信、应急求助等功能于一体的智慧杆柱。到2022年年底，全省新建智慧杆柱3万个以上。（省大数据局、省工业和信息化厅、省发展改革委、省公安厅、省自然资源厅、省住房城乡建设厅、省通信管理局等分工负责）加快“透视山东”建设，构建城市地下三维可视化地质模型，为地下空间开发利用、轨道交通建设等提供全方位智能服务，到2022年年底，各市中心城区全面实现地下空间三维全呈现。（省自然资源厅负责，各市政府配合）推动综合管廊智能化建设，因地制宜设置改造环境感知、状态监测、信号传输、运行控制等智能设备，建设智慧管廊综合运营系统，逐步实现实时监测、自动预警和智能处置。到2022年年底，全省智慧管廊达到600公里。（省住房城乡建设厅负责，各市政府配合）

（五）打造安全可信的防控设施体系。

1.提升安全技术保障能力。科学配置安全策略，强化网络安全态势感知，运用大数据等技术提升安全事件预警能力。开展主动防御试点，提高重要数字基础设施和信息系统防攻击、防篡改、防病毒、防瘫痪、防窃密水平，提高网络和信息安全事件动态响应和恢复处置能力。（省委网信办、省通信管理局、省公安厅、省大数据局分工负责，各有关部门、各市政府配合）建立数字基础设施资源调配机制，建设重大公共安全信息化保障体系，提升应对突发重大公共卫生等各类应急事件的数据分析、监测预警、指挥调度能力。（省委网信办、省大数据局、省应急厅、省卫生健康委分工负责，各有关部门、各市政府配合）

2.强化安全管理服务能力。落实国家网络安全等级保护制度，推动制定出台电信基础设施建设与保护地方法规、重要数字基础设施保护办法，建设应急管理平台，完善容灾备份系统，提升数字基础设施网络安全防护水平，形成运营主体和社会各方合力，提高风险评估、检查测评、应急处理、数据恢复等安全服务水平。（省委网信办、省通信管理局、省公安厅分工负责，各有关部门、各市政府配合）

3.提高重要数字基础设施安全可信水平。推广应用安全可信的网络产品和服务，推动安全技术、产品和服务创新。依照国家密码管理有关法律法规和标准规范，同步规划、同步建设、同步运行密码保障系统并开展定期评估，强化密码技术在重要数字基础设施中的推广应用，扩大数字证书应用范围。（省委网信办、省公安厅、省大数据局、省密码局分工负责，各有关部门、各市政府配合）

三、保障措施

（一）加强组织协调。在数字山东建设专项小组领导下，加强数字基础设施统筹规划和整体推进。建立省市协同推进落实机制，推动一批关键性重大枢纽工程落地。（省大数据局、各市政府分工负责）

（二）加大投资力度。统筹各类财政专项资金，支持数字基础设施建设布局和应用创新。积极争取国家电信普遍服务基金投入，加大对偏远农村等的支持力度。引导省内大型基建专项资金向数字基础设施倾斜，鼓励社会资本投入。（省发展改革委、

省财政厅、省大数据局、省工业和信息化厅、省通信管理局、省地方金融监管局、各市政府分工负责）

（三）优化发展环境。推动重大数字基础设施工程建设，降低落地门槛和运维成本。将数字基础设施建设纳入国土空间规划，逐步建立跨行业基础设施“多规合一”体制机制。推动高铁、机场、高速公路等交通枢纽，以及党政机关、企事业单位等相关公共设施向5G基站、管线、机房等开放，免收基站租赁、资源占用等费用。（省大数据局、省委网信办、省工业和信息化厅、省通信管理局、省发展改革委、省自然资源厅、各市政府分工负责）

山东省人民政府办公厅

2020年3月18日

2. **鲁政办字〔2020〕34号文内容解读**

2019年2月，山东省政府印发了《数字山东发展规划（2018—2022年）》，提出到2022年，山东省数字经济占GDP比重由35%提高到45%以上，年均提高2个百分点以上，形成数字经济实力领先、数字化治理和服务模式创新的数字山东发展格局。为加快推进山东省数字基础设施建设，省政府办公厅于2020年3月颁布鲁政办字〔2020〕34号文。

（1）提出适合山东省发展的新基建重点任务

一是发展新一代移动通信网络。2020年新开通5G基站4万个，到2022年底，基本实现县级以上城区、重点乡镇（街道）5G网络覆盖。同时，深化4G网络建设，加快实现20户以上自然村4G全覆盖。

二是全面建成高水平全光网。到2022年底，骨干网络出省带宽达到100T；建成千兆宽带示范小区6000个，农村百兆宽带接入用户占比超过90%。

三是推进信息网络演进升级。到2022年底，全省IPv6网络规模和质量位居全国前列。到2022年底，初步建成智能、敏捷、安全的下一代网络，信息通信服务实现按需供给，信息网络应用实现个性定制、即开即用。

四是加快数据中心高水平建设。到2022年底，在用数据中心机柜数达到25万架，充分满足海量存储服务需求，提升人工智能、区块链等应用场景支撑能力。自2020年起，新建数据中心PUE值原则上不高于1.3，到2022年底，存量改造数据中心PUE值不高于1.4。

五是推动多元计算协同发展。到2022年底，形成应用广泛、服务全面、链条健全、设施完善的云计算发展格局。合理布局边缘计算资源池节点，优先在济南、青岛、烟台等市布局集内容、网络、存储、计算为一体的边缘计算资源池节点，满足交通、医疗、教育、制造等行业在实时业务、智能应用、安全和隐私保护等方面的敏捷连接需求。到2020年底，全省建设50个以上边缘计算资源池节点，到2022年底，全省边缘计算资源池节点数达到200个以上。

六是加快工业互联网及物联网建设。到2020年底，全省上云企业达到20万家，连接设备达到1000万台，到2022年底，连接设备达到2000万台。到2022年底，全省建设10个左右国家二级服务节点。构建多级工业互联网平台体系，打造1家以上工业互联网综合服务平台，培育10家以上跨行业跨领域工业互联网平台，建设100家以上面向特定行业、特定区域、特定工业场景的企业级工业互联网平台。构建物联网服务体系，建立全省统一的物联网感知设施标识和编码标准规范，加强数字标识推广应用。

（2）以新基建改造升级传统基建

新基建是相对于传统基建而言的，按照国家发展改革委对新基建的分类，其中之一是融合基础设施，即通过互联网、大数据、人工智能等技术与传统基础设施融合并转型升级，提升传统基础设施作用。目前，智能交通、智能城市、智慧能源等都属于这类。文件将传统基建转型升级作为新基建发展重要组成部分，结合山东省实际提出：一是加快部署智能交通基础设施。以5G为支撑，推进汽车、公路、城市道路及附属设施智能化升级，加快济青中线智慧高速公路项目建设，打造全国一流的综合性智能驾驶和智慧交通创新试验示范基地；到2022年底，以青岛港、日照港、烟台港、渤海湾港为主体，初步形成世界一流的智能化港口网络体系。二是全面推广智慧能源基础设施。新能源基础设施是各省建设重点，山东省到2022年底，全省智能充电桩保有量达到10万个以上。开展“多站融合”建设试点，依托变电站建设分布式数据中心站、储能站、5G基站和北斗卫星地面基准站，促进变电站闲置空间资源共享利用。三是积极建设数字水利、市政基础设施。通过新基建加快改造传统的水利和市政项目，在水利领域，到2022年底，初步建成站点布局合理、采集要素齐全、传输稳定可靠的天地一体化水利感知网；在推进城市电力塔杆、通信基站、交通指示牌、监控杆、路灯杆等各类挂高资源开放共享和数字化改造中，鼓励新建集智慧照明、视频监控、交通管理等为一体的智慧杆柱。同时，提出推动城市综合管廊智能化建设，到2022年底，全省智慧管廊达到600公里。

（3）为完成上述任务提出必要保障措施

一是政府加强组织协调。在数字山东建设专项小组领导下，加强数字基础设施统筹规划和整体推进。

二是加大投资力度。除了统筹财政资金支持外，主要是发挥财政资金引导和放大功能，起到四两拨千斤的作用，积极调动市场投资主体的参与热情。

三是优化发展环境。将数字基础设施建设纳入国土空间规划，逐步建立跨行业基础设施“多规合一”体制机制。推动高铁、机场、高速公路等交通枢纽，以及党政机关、企事业单位等相关公共设施向5G基站、管线、机房等开放，免收基站租赁、资源占用等费用。

第二篇　新型城镇化建设有关政策及内容解读

写在前面：

《中华人民共和国国民经济和社会发展第十四个五年规划和2035年远景目标纲要》提出完善新型城镇化战略，并把新型城镇化建设纳入“两新一重”领域的投资重点。国家发展改革委印发的《2020年新型城镇化建设和城乡融合发展重点任务》涉及老旧小区改造、城市公用设施、县城城镇化、特色小镇建设等诸多领域。

本篇共收集2019年新型城镇化建设重点任务、推进城镇老旧小区改造、县城城镇化补短板强弱项、县城新型城镇化建设专项企业债券、信贷支持县城城镇化、特色小镇规范健康发展及土地出让收入优先支持乡村振兴7篇政策进行详细解读。

一、《国家发展改革委关于印发〈2019年新型城镇化建设重点任务〉的通知》（发改规划〔2019〕617号）

2019年3月31日，《国家发展改革委关于印发〈2019年新型城镇化建设重点任务〉的通知》（发改规划〔2019〕617号）发布。《2019年新型城镇化建设重点任务》（以下简称《2019年重点任务》）对推进新型城镇化建设做了新的部署。

（一）《2019年重点任务》原文（节选）

《2019年重点任务》涉及的方面较多，我们仅就与新型城镇化投融资和建设相关的内容进行节选及解读。

2019年新型城镇化建设重点任务（节选）

（五）培育发展现代化都市圈。鼓励社会资本参与都市圈建设与运营。在符合土地用途管制前提下，允许都市圈内城乡建设用地增减挂钩节余指标跨地区调剂。

（十四）健全城市投融资机制。平衡好防风险与稳增长关系，在有效防范地方政府债务风险前提下，推动有效投资稳定增长。统筹安排财政资金投入、政府投资、地方政府债券发行，加大对符合规划和产业政策的城市补短板项目的支持力度。大力盘活存量优质资产，回收资金补充地方财力。在坚决遏制地方政府隐性债务增量前提下综合运用多种货币政策工具，引导开发性政策性金融机构结合各自职能定位和业务范围加大支持力度，鼓励商业性金融机构适度扩大信贷投放，引导保险资金发挥长期投资优势，支持符合条件的企业发行债券进行项目融资，积极助力新型城镇化建设。支持发行有利于住房租赁产业发展的房地产投资信托基金等金融产品。筛选具备投资回报预期的优质项目并建立吸引民间投资项目库，集中向民间资本推介。全面推进地方融资平台公司市场化转型，打造竞争力强的地方基础设施和公共服务投资运营主体。

（十五）推进城乡要素合理配置。吸引各类城市人才返乡下乡创业，允许农村集体经济组织探索人才加入机制。按照国家统一部署，在符合空间规划、用途管制和依法取得前提下，允许农村集体经营性建设用地入市，允许就地入市或异地调整入市。

（十八）促进乡村经济多元化发展。建立新产业新业态培育机制，构建农村一二三产业融合发展体系，实现城乡生产与消费多层次对接。探索建立政府主导、企业和各界参与、市场化运作、可持续的城乡生态产品价值实现机制。加强优秀农耕文化遗产保护与合理适度利用，推动农村地区传统工艺振兴，发展特色文化产业和工艺产品。培育发展城乡产业协同发展先行区，创建一批城乡融合典型项目，鼓励经营性与公益性项目综合体立项，促进资金平衡、金融支持和市场化运作，推进城乡要素跨界配置和产业有机融合。

（二）《2019 年重点任务》节选内容解读

国家发展改革委发布的《2019 年重点任务》紧扣新型城镇化建设的主题，是"两新一重"政策的重要组成部分。尽管本文件是针对 2019 年的重点工作部署，但是，其对今后一段时间新型城镇化建设无疑也起到了重要的政策支持作用，我们有必要对相关的内容进行深入分析。

1. 提出了都市圈内城乡建设用地增减挂钩节余指标跨地区调剂

尽管我国国土面积辽阔，但从地理条件看，可利用耕地面积仍然十分有限，因此，确保 18 亿亩耕地红线一直以来都是我国的基本国策，不容突破。对于经济发达地区来说（尤其是都市圈区域），其城镇化发展显然也是一项重要任务。因此，处理好这些区域内的建设用地指标与我国耕地总体面积之间的关系至关重要。都市圈内城乡建设用地增减挂钩节余指标跨地区调剂政策，实属创新与明智之举。"增减挂钩"，是指依据土地利用总体规划，将若干拟整理复垦为耕地的农村建设用地地块（拆旧地块）和拟用于城镇建设的地块（建新地块）等共同组成建新拆旧项目区，通过建新拆旧和土地整理复垦等措施，在保证项目区内各类土地面积平衡的基础上，最终实现增加耕地有效面积、提高耕地质量、节约集约利用建设用地、城乡用地布局更合理的目标。"节余指标跨地区调剂"，既包括本省内的跨地区调剂，又包括跨省调剂。其中跨省调剂本身也是党中央、国务院实施乡村振兴战略中的重要组成部分，既能够有效解决发达地区土地指标不足的问题，也可以为我国贫困地区增加财政收入以支持乡村振兴和精准扶贫战略，可谓一举两得。

2. 健全城市投融资机制

《2019 年重点任务》明确提出，各地统筹安排财政资金投入、政府投资、地方政府债券发行，加大对符合规划和产业政策的城市补短板项目的支持力度，同时也鼓励综合运用多种货币政策工具，引导开发性政策性金融机构、鼓励商业性金融机构及保险资金等扩大对新型城镇化建设的支持力度，以及支持符合条件的企业发行债券、房地产投资信托基金等金融产品筹集资金。这些金融举措无疑对新型城镇化建设起到关键性的推动作用。自 2020 年以来，《关于信贷支持县城城镇化补短板强弱项的通知》（发改规划〔2020〕1278 号）、《国家发展改革委办公厅关于印发县城新型城镇化建设专项企业债券发行指引的通知》（发改办财金规〔2020〕613 号）、《中国证监会　国家发展改革委关于推进基础设施领域不动产投资信托基金（REITs）试点相关工作的通知》（证监发〔2020〕40 号）等一系列文件的出台，都与《2019 年重点任务》有相同的目的。

同时，《2019 年重点任务》再次强调了要全面推进地方融资平台公司市场化转型，通过建立市场化机制和健全现代企业制度，打造竞争力强的地方基础设施和公共服务投资运营主体，使地方国有企业真正在新型城镇化建设中起到重要的支撑作用。

3. 允许农村集体经营性建设用地入市

《2019 年重点任务》在新修订的《中华人民共和国土地管理法》出台之前即明确提出了在符合空间规划、用途管制和依法取得前提下，允许农村集体经营性建设用地入市，允许就地入市或异地调整入市。这是我国土地管理制度的一个创举，既有利于促进乡村振兴战略的实施，又有利于高效利用土地。其中的“异地调整入市”是指农村区域内零星、分散的集体经营性建设用地，先由农村集体经济组织先行复垦后，按计划调整到本市区域内产业集中区入市的一种入市途径。异地调整入市的主体为该地块所属的农村集体经济组织，入市并不涉及土地所有权的调整，即土地仍然是集体所有制土地。关于异地调整入市的具体实施办法，我国相关部门正在制定当中。

4. 鼓励项目综合立项

《2019 年重点任务》明确提出，培育发展城乡产业协同发展先行区，创建一批城乡融合典型项目，鼓励经营性与公益性项目综合体立项，促进资金平衡、金融支持和市场化运作，推进城乡要素跨界配置和产业有机融合。这是在当前严控地方债务增加、坚决遏制隐性债务发生的政策背景下的重要制度性规定，其核心理念是“肥瘦搭配”，将没有收益或者收益甚微的公益性项目与具有盈利能力的经营性项目进行综合体立项，从而确保投资收益具有合理的经济逻辑。从实践中看，各地应结合自身的实际情况妥善处理，这同时也是对各地项目运作能力和投融资能力的综合考虑。

同时，将经营性项目与公益性项目进行综合体立项还应重点关注以下问题：①经营性项目与公益性项目如何进行综合体立项，即具体以何种名义和项目类型进行立项、立项主体是谁、发展改革委采用什么样的审批方式（例如是统一按照审批制、核准制还是备案制）等，需要各地投资审批部门及其他相关部门综合考虑，目前从各地的实际情况看，各地方政府掌握的尺度和理解的程度各有不同，急需国家发展改革委制定操作细则；②综合体立项过程中若涉及土地供应问题（例如，经营性项目中涉及居住用地和商业用地的开发等），如何能够和土地招拍挂制度进行有效衔接，比如如何能够形成公益性项目的招投标与经营性项目中建设用地的招拍挂程序合二为一，也需要国家相关部门出台落地性指引的；③金融监管部门以及各金融机构也应当对此类综合体项目的内部信贷审批制度加以调整，以创新信贷产品支持此类项目的融资需求。因此，此项具有重要价值的指导性举措如何能够真正落地，是我们应重点关注的环节。

二、《国务院办公厅关于全面推进城镇老旧小区改造工作的指导意见》（国办发〔2020〕23号）

2020年7月10日，《国务院办公厅关于全面推进城镇老旧小区改造工作的指导意见》（国办发〔2020〕23号）（以下简称《意见》）印发。

（一）《意见》原文

国务院办公厅关于全面推进城镇老旧小区改造工作的指导意见

国办发〔2020〕23号

各省、自治区、直辖市人民政府，国务院各部委、各直属机构：

城镇老旧小区改造是重大民生工程和发展工程，对满足人民群众美好生活需要、推动惠民生扩内需、推进城市更新和开发建设方式转型、促进经济高质量发展具有十分重要的意义。为全面推进城镇老旧小区改造工作，经国务院同意，现提出以下意见：

一、总体要求

（一）指导思想。以习近平新时代中国特色社会主义思想为指导，全面贯彻党的十九大和十九届二中、三中、四中全会精神，按照党中央、国务院决策部署，坚持以人民为中心的发展思想，坚持新发展理念，按照高质量发展要求，大力改造提升城镇老旧小区，改善居民居住条件，推动构建“纵向到底、横向到边、共建共治共享”的社区治理体系，让人民群众生活更方便、更舒心、更美好。

（二）基本原则。

——坚持以人为本，把握改造重点。从人民群众最关心最直接最现实的利益问题出发，征求居民意见并合理确定改造内容，重点改造完善小区配套和市政基础设施，提升社区养老、托育、医疗等公共服务水平，推动建设安全健康、设施完善、管理有序的完整居住社区。

——坚持因地制宜，做到精准施策。科学确定改造目标，既尽力而为又量力而行，不搞“一刀切”、不层层下指标；合理制定改造方案，体现小区特点，杜绝政绩工程、形象工程。

——坚持居民自愿，调动各方参与。广泛开展“美好环境与幸福生活共同缔造”活动，激发居民参与改造的主动性、积极性，充分调动小区关联单位和社会力量支持、参与改造，实现决策共谋、发展共建、建设共管、效果共评、成果共享。

——坚持保护优先，注重历史传承。兼顾完善功能和传承历史，落实历史建筑保护修缮要求，保护历史文化街区，在改善居住条件、提高环境品质的同时，展现城市特色，延续历史文脉。

——坚持建管并重，加强长效管理。以加强基层党建为引领，将社区治理能力建设融入改造过程，促进小区治理模式创新，推动社会治理和服务重心向基层下移，完善小区长效管理机制。

（三）工作目标。2020 年新开工改造城镇老旧小区 3.9 万个，涉及居民近 700 万户；到 2022 年，基本形成城镇老旧小区改造制度框架、政策体系和工作机制；到“十四五”期末，结合各地实际，力争基本完成 2000 年底前建成的需改造城镇老旧小区改造任务。

二、明确改造任务

（一）明确改造对象范围。城镇老旧小区是指城市或县城（城关镇）建成年代较早、失养失修失管、市政配套设施不完善、社区服务设施不健全、居民改造意愿强烈的住宅小区（含单栋住宅楼）。各地要结合实际，合理界定本地区改造对象范围，重点改造 2000 年底前建成的老旧小区。

（二）合理确定改造内容。城镇老旧小区改造内容可分为基础类、完善类、提升类 3 类。

1. 基础类。为满足居民安全需要和基本生活需求的内容，主要是市政配套基础设施改造提升以及小区内建筑物屋面、外墙、楼梯等公共部位维修等。其中，改造提升市政配套基础设施包括改造提升小区内部及与小区联系的供水、排水、供电、弱电、道路、供气、供热、消防、安防、生活垃圾分类、移动通信等基础设施，以及光纤入户、架空线规整（入地）等。

2. 完善类。为满足居民生活便利需要和改善型生活需求的内容，主要是环境及配套设施改造建设、小区内建筑节能改造、有条件的楼栋加装电梯等。其中，改造建设环境及配套设施包括拆除违法建设，整治小区及周边绿化、照明等环境，改造或建设小区及周边适老设施、无障碍设施、停车库（场）、电动自行车及汽车充电设施、智能快件箱、智能信包箱、文化休闲设施、体育健身设施、物业用房等配套设施。

3. 提升类。为丰富社区服务供给、提升居民生活品质、立足小区及周边实际条件积极推进的内容，主要是公共服务设施配套建设及其智慧化改造，包括改造或建设小区及周边的社区综合服务设施、卫生服务站等公共卫生设施、幼儿园等教育设施、周界防护等智能感知设施，以及养老、托育、助餐、家政保洁、便民市场、便利店、邮政快递末端综合服务站等社区专项服务设施。

各地可因地制宜确定改造内容清单、标准和支持政策。

（三）编制专项改造规划和计划。各地要进一步摸清既有城镇老旧小区底数，建立项目储备库。区分轻重缓急，切实评估财政承受能力，科学编制城镇老旧小区改造规划和年度改造计划，不得盲目举债铺摊子。建立激励机制，优先对居民改造意愿强、参与积极性高的小区（包括移交政府安置的军队离退休干部住宅小区）实施改造。养老、文化、教育、卫生、托育、体育、邮政快递、社会治安等有关方面涉及城镇老旧小区的各类设施增设或改造计划，以及电力、通信、供水、排水、供气、供热等专业经营单位的相关管线改造计划，应主动与城镇老旧小区改造规划和计划有效对接，同步推进实施。国有企事业单位、军队所属城镇老旧小区按属地原则纳入地方改造规划和计划统一组织实施。

三、建立健全组织实施机制

（一）建立统筹协调机制。各地要建立健全政府统筹、条块协作、各部门齐抓共管的专门工作机制，明确各有关部门、单位和街道（镇）、社区职责分工，制定工作规则、责任清单和议事规程，形成工作合力，共同破解难题，统筹推进城镇老旧小区改造工作。

（二）健全动员居民参与机制。城镇老旧小区改造要与加强基层党组织建设、居民自治机制建设、社区服务体系建设有机结合。建立和完善党建引领城市基层治理机制，充分发挥社区党组织的领导作用，统筹协调社区居民委员会、业主委员会、产权单位、物业服务企业等共同推进改造。搭建沟通议事平台，利用“互联网＋共建共治共享”等线上线下手段，开展小区党组织引领的多种形式基层协商，主动了解居民诉求，促进居民形成共识，发动居民积极参与改造方案制定、配合施工、参与监督和后续管理、评价和反馈小区改造效果等。组织引导社区内机关、企事业单位积极参与改造。

（三）建立改造项目推进机制。区县人民政府要明确项目实施主体，健全项目管理机制，推进项目有序实施。积极推动设计师、工程师进社区，辅导居民有效参与改造。为专业经营单位的工程实施提供支持便利，禁止收取不合理费用。鼓励选用经济适用、绿色环保的技术、工艺、材料、产品。改造项目涉及历史文化街区、历史建筑的，应严格落实相关保护修缮要求。落实施工安全和工程质量责任，组织做好工程验收移交，杜绝安全隐患。充分发挥社会监督作用，畅通投诉举报渠道。结合城镇老旧小区改造，同步开展绿色社区创建。

（四）完善小区长效管理机制。结合改造工作同步建立健全基层党组织领导，社区居民委员会配合，业主委员会、物业服务企业等参与的联席会议机制，引导居民协商确定改造后小区的管理模式、管理规约及业主议事规则，共同维护改造成果。建立健全城镇老旧小区住宅专项维修资金归集、使用、续筹机制，促进小区改造后维护更新进入良性轨道。

四、建立改造资金政府与居民、社会力量合理共担机制

（一）合理落实居民出资责任。按照谁受益、谁出资原则，积极推动居民出资参与改造，可通过直接出资、使用（补建、续筹）住宅专项维修资金、让渡小区公共收益等方式落实。研究住宅专项维修资金用于城镇老旧小区改造的办法。支持小区居民提取住房公积金，用于加装电梯等自住住房改造。鼓励居民通过捐资捐物、投工投劳等支持改造。鼓励有需要的居民结合小区改造进行户内改造或装饰装修、家电更新。

（二）加大政府支持力度。将城镇老旧小区改造纳入保障性安居工程，中央给予资金补助，按照“保基本”的原则，重点支持基础类改造内容。中央财政资金重点支持改造2000年底前建成的老旧小区，可以适当支持2000年后建成的老旧小区，但需要限定年限和比例。省级人民政府要相应做好资金支持。市县人民政府对城镇老旧小区改造给予资金支持，可以纳入国有住房出售收入存量资金使用范围；要统筹涉及住宅小区的各类资金用于城镇老旧小区改造，提高资金使用效率。支持各地通过发行地方政府专项债券筹措改造资金。

（三）持续提升金融服务力度和质效。支持城镇老旧小区改造规模化实施运营主体采取市场化方式，运用公司信用类债券、项目收益票据等进行债券融资，但不得承担政府融资职能，杜绝新增地方政府隐性债务。国家开发银行、农业发展银行结合各自职能定位和业务范围，按照市场化、法治化原则，依法合规加大对城镇老旧小区改造的信贷支持力度。商业银行加大产品和服务创新力度，在风险可控、商业可持续前提下，依法合规对实施城镇老旧小区改造的企业和项目提供信贷支持。

（四）推动社会力量参与。鼓励原产权单位对已移交地方的原职工住宅小区改造给予资金等支持。公房产权单位应出资参与改造。引导专业经营单位履行社会责任，出资参与小区改造中相关管线设施设备的改造提升；改造后专营设施设备的产权可依照法定程序移交给专业经营单位，由其负责后续维护管理。通过政府采购、新增设施有偿使用、落实资产权益等方式，吸引各类专业机构等社会力量投资参与各类需改造设施的设计、改造、运营。支持规范各类企业以政府和社会资本合作模式参与改造。支持以“平台＋创业单元”方式发展养老、托育、家政等社区服务新业态。

（五）落实税费减免政策。专业经营单位参与政府统一组织的城镇老旧小区改造，对其取得所有权的设施设备等配套资产改造所发生的费用，可以作为该设施设备的计税基础，按规定计提折旧并在企业所得税前扣除；所发生的维护管理费用，可按规定计入企业当期费用税前扣除。在城镇老旧小区改造中，为社区提供养老、托育、家政等服务的机构，提供养老、托育、家政服务取得的收入免征增值税，并减按90%计入所得税应纳税所得额；用于提供社区养老、托育、家政服务的房产、土地，可按现行规定免征契税、房产税、城镇土地使用税和城市基础设施配套费、不动产登记费等。

五、完善配套政策

（一）加快改造项目审批。各地要结合审批制度改革，精简城镇老旧小区改造工程审批事项和环节，构建快速审批流程，积极推行网上审批，提高项目审批效率。可由市县人民政府组织有关部门联合审查改造方案，认可后由相关部门直接办理立项、用地、规划审批。不涉及土地权属变化的项目，可用已有用地手续等材料作为土地证明文件，无需再办理用地手续。探索将工程建设许可和施工许可合并为一个阶段，简化相关审批手续。不涉及建筑主体结构变动的低风险项目，实行项目建设单位告知承诺制的，可不进行施工图审查。鼓励相关各方进行联合验收。

（二）完善适应改造需要的标准体系。各地要抓紧制定本地区城镇老旧小区改造技术规范，明确智能安防建设要求，鼓励综合运用物防、技防、人防等措施满足安全需要。及时推广应用新技术、新产品、新方法。因改造利用公共空间新建、改建各类设施涉及影响日照间距、占用绿化空间的，可在广泛征求居民意见基础上一事一议予以解决。

（三）建立存量资源整合利用机制。各地要合理拓展改造实施单元，推进相邻小区及周边地区联动改造，加强服务设施、公共空间共建共享。加强既有用地集约混合利用，在不违反规划且征得居民等同意的前提下，允许利用小区及周边存量土地建设各类环境及配套设施和公共服务设施。其中，对利用小区内空地、荒地、绿地及拆除违法建设腾空土地等加装电梯和建设各类设施的，可不增收土地价款。整合社区服务投入和资源，通过统筹利用公有住房、社区居民委员会办公用房和社区综合服务设施、闲置锅炉房等存量房屋资源，增设各类服务设施，有条件的地方可通过租赁住宅楼底层商业用房等其他符合条件的房屋发展社区服务。

（四）明确土地支持政策。城镇老旧小区改造涉及利用闲置用房等存量房屋建设各类公共服务设施的，可在一定年期内暂不办理变更用地主体和土地使用性质的手续。增设服务设施需要办理不动产登记的，不动产登记机构应依法积极予以办理。

六、强化组织保障

（一）明确部门职责。住房城乡建设部要切实担负城镇老旧小区改造工作的组织协调和督促指导责任。各有关部门要加强政策协调、工作衔接、调研督导，及时发现新情况新问题，完善相关政策措施。研究对城镇老旧小区改造工作成效显著的地区给予有关激励政策。

（二）落实地方责任。省级人民政府对本地区城镇老旧小区改造工作负总责，要加强统筹指导，明确市县人民政府责任，确保工作有序推进。市县人民政府要落实主体责任，主要负责同志亲自抓，把推进城镇老旧小区改造摆上重要议事日程，以人民群众满意度和受益程度、改造质量和财政资金使用效率为衡量标准，调动各方面资源抓好组织实施，健全工作机制，落实好各项配套支持政策。

（三）做好宣传引导。加大对优秀项目、典型案例的宣传力度，提高社会各界对城镇老旧小区改造的认识，着力引导群众转变观念，变“要我改”为“我要改”，形成社会各界支持、群众积极参与的浓厚氛围。要准确解读城镇老旧小区改造政策措施，及时回应社会关切。

国务院办公厅

2020 年 7 月 10 日

（二）《意见》内容解读

1.《意见》实施的重要意义

《意见》从明确改造任务、建立健全组织实施机制、建立改造资金合理共担机制及完善配套政策等方面做了部署。老旧小区是继棚户区改造、旧城改造之后一项重大民生工程，也是一个发展工程，具体有以下重要意义。

一是做好“六稳”落实“六保”的具体措施。在疫情防控常态化的情况下，中央在“六稳”之后又提出“六保”措施。做好“六稳”的工作，其中一个“稳”就是稳投资，稳投资就要有切入点，老旧小区改造有利于拓展内需、促消费，同时又是不会导致重复建设的重大项目。而“六保”之一就是保基本民生，尤其聚焦疫情防控暴露出的短板弱项，加快公共卫生防控和应急医疗救治能力建设，实施城镇老旧小区改造，大力推动以县城为重要载体的新型城镇化建设。

二是老旧小区改造与新基建融合发展。国家把新基建作为未来我国经济发展的新动能，在老旧小区改造中可以因地制宜开展，对于三线、四线城市而言，老旧小区改造更多的是市政配套基础设施建设的重构；而对一线城市和大多数二线城市而言，除了配套设施重构外，还涉及新基建项目发展的契机，以新基建提升居民的生活质量，如同步开展老旧小区 5G 基站的建设、小区建设新能源充电桩等。因此，《意见》提出：“主要是公共服务设施配套建设及其智慧化改造，包括改造或建设小区及周边的社区综合服务设施、卫生服务站等公共卫生设施、幼儿园等教育设施、周界防护等智能感知设施，以及养老、托育、助餐、家政保洁、便民市场、便利店、邮政快递末端综合服务站等社区专项服务设施。”

三是“十四五”期间惠民生促发展的工程。从惠民生角度来看，据住房城乡建设部副部长黄艳介绍，老旧小区大概是 22 万个，涉及居民近 3900 万户，“十四五”期间全国大概可以再改造 3500 万户，在“十四五”末力争基本改造完成 2000 年底以前建成的需要改造的城镇老旧小区。从促发展角度来看，有资料显示，按基础类、改善类、提升类三类保守估计，老旧小区改造至少需投入 4.54 万亿元。

《意见》指出：“城镇老旧小区改造是重大民生工程和发展工程，对满足人民群众美好生活需要、推动惠民生扩内需、推进城市更新和开发建设方式转型、促进经济高质量发展具有十分重要的意义。”

2.《意见》中老旧小区改什么

《意见》着重强调了要重点改造 2000 年底前建成的老旧小区。老旧小区改造的对象范围，应为城市或县城（城关镇）建成年代较早、失养失修失管、市政配套设施不完善、社会服务设施不健全、居民改造意愿强烈的城镇住宅小区（含单栋住宅楼）。2000 年底前建成的老旧小区，根据住房城乡建设部的数据，全国 2000 年底以前建成的老旧小区大概有 22 万个，涉及居民近 3900 万户。2020 年全国计划开工改造的城镇老旧小区大概为 3.9 万个，涉及居民近 700 万户。到 2025 年，2000 年底前建成的老旧小区改造工作要基本完成。受疫情影响，截至 2020 年 5 月底，当年新开工的老旧小区改造项目约为年度任务量的20%，但进入6月后新开工项目快速增加，截至6月底，已经达到40%以上。

前些年棚户区改造涉及3400万户，涉及人数为1亿人，现在的老旧小区改造涉及居民近3900万户，涉及人数应该超过1亿人，老旧小区改造可有效缓解城市管理的各种矛盾，满足居民对美好生活的需要，是一项重大民生工程和发展工程。

3.《意见》中老旧小区改造的内容

《意见》将老旧小区改造分为三类。

一是基础类。以满足居民安全需要和基本生活需求为内容，主要是市政配套基础设施改造提升以及小区内建筑物屋面、外墙、楼梯等公共部位维修等。具体包括供水、排水、供电、弱电、道路、供气、供热、消防、安防、生活垃圾分类、移动通信等基础设施，以及光纤入户、架空线规整（入地）等。

二是完善类。以满足居民生活便利需要和改善型生活需求为内容，包括环境及配套设施改造建设、小区内建筑节能改造、有条件的楼栋加装电梯等。改造建设环境及配套设施包括拆除违法建设，整治小区及周边绿化、照明等环境，改造或建设小区及周边适老设施、无障碍设施、停车库（场）、电动自行车及汽车充电设施、智能快件箱、智能信包箱、文化休闲设施、体育健身设施、物业用房等配套设施。

三是提升类。以丰富社区服务供给、提升居民生活品质为内容，主要是公共服务设施配套建设及其智慧化改造，包括改造或建设小区及周边的社区综合服务设施、卫生服务站等公共卫生设施、幼儿园等教育设施、周界防护等智能感知设施，以及养老、托育、助餐、家政保洁、便民市场、便利店、邮政快递末端综合服务站等社区专项服务设施。

4.老旧小区改造资金从哪里来

老旧小区改造资金需求量大，需要投入4.5万亿—5万亿元，这些资金从哪里来?《意见》指出，建立政府与居民、社会力量合理共担机制。具体筹集渠道包括以下几个。

一是老旧小区居民出资。应按照谁受益、谁出资原则，积极推动居民出资参与改造。在出资方式中可通过居民直接出资，或使用（补建、续筹）住宅专项维修资金，也可通过让渡小区公共收益等方式落实。国家要研究以住宅专项维修资金用于城镇老旧小区改造的办法。同时支持小区居民提取住房公积金，用于加装电梯等自住住房改造。

二是加大政府财政支持力度。将城镇老旧小区改造纳入保障性安居工程，可以获得中央给予资金补助，重点支持基础类改造内容。除中央资金补助以外，地方政府可以发行专项债券为老旧小区改造筹资，截至2020年5月末，至少有15个地方政府招标发行了老旧小区改造专项债券，累计发行规模136.90亿元。各地政府发债支持老旧小区改造情况如表2.1所示。

表 2.1 地方政府发行专项债券支持老旧小区改造 单位：亿元

地方政府	老旧小区改造专项债规模	地方政府	老旧小区改造专项债规模
湖北省	42.42	内蒙古自治区	1.63
上海市	26.7	新疆维吾尔自治区	1.4
河北省	12.07	广西壮族自治区	1
山西省	12.03	云南省	0.9
江苏省	10.40	山东省	0.6
河南省	4.54	厦门市	15.00
天津市	3.3	深圳市	2.73
甘肃省	2.36		

资料来源：中证鹏元整理。

三是信贷金融服务支持。政策性银行结合各自职能定位和业务范围，按照市场化、法治化原则，依法合规加大对城镇老旧小区改造的信贷支持力度。商业银行加大产品和服务创新力度，在风险可控、商业可持续前提下，依法合规对实施城镇老旧小区改造的企业和项目提供信贷支持。如 2020 年 7 月 17 日上午，在住房城乡建设部的大力推动下，国家开发银行与吉林、浙江、山东、湖北、陕西 5 省，中国建设银行与重庆、沈阳、南京、合肥、福州、郑州、长沙、广州、苏州 9 个城市，分别签署支持市场力量参与城镇老旧小区改造战略合作协议。根据签约内容，未来 5 年内，国家开发银行、中国建设银行预计向 5 省及 9 市共提供 4360 亿元贷款，重点支持市场力量参与的城镇老旧小区改造项目。其中，国家开发银行预计向吉林等 5 省提供 2610 亿元贷款，中国建设银行预计向重庆等 9 个城市提供 1750 亿元贷款。

四是推动社会力量参与。鼓励原产权单位对已移交地方的原职工住宅小区改造给予资金等支持。

五是落实税费减免政策。为社区提供养老、托育、家政等服务的机构，提供养老、托育、家政服务取得的收入免征增值税，并减按 90% 计入所得税应纳税所得额。

三、《国家发展改革委关于加快开展县城城镇化补短板强弱项工作的通知》（发改规划〔2020〕831 号）

2020 年 5 月 29 日，《国家发展改革委关于加快开展县城城镇化补短板强弱项工作的通知》（发改规划〔2020〕831 号）（以下简称《通知》或发改规划〔2020〕831 号文）出台。

（一）发改规划〔2020〕831 号文原文

国家发展改革委关于加快开展县城城镇化补短板强弱项工作的通知

发改规划〔2020〕831 号

各省、自治区、直辖市及计划单列市、新疆生产建设兵团发展改革委：

县城是我国推进工业化城镇化的重要空间、城镇体系的重要一环、城乡融合发展的关键纽带。改革开放特别是党的十八大以来，县城建设日新月异，但新冠肺炎疫情暴露出县城公共卫生、人居环境、公共服务、市政设施、产业配套等方面仍存在不少短板弱项，综合承载能力和治理能力仍然较弱，对经济发展和农业转移人口就近城镇化的支撑作用不足，与满足人民美好生活需要还有较大差距。为加快推进县城城镇化补短板强弱项工作，现通知如下：

一、总体要求

以习近平新时代中国特色社会主义思想为指导，认真贯彻党中央、国务院关于统筹推进疫情防控和经济社会发展的重大决策部署，落实政府工作报告要求，抓紧补上疫情暴露出的县城城镇化短板弱项，大力提升县城公共设施和服务能力，促进公共服务设施提标扩面、环境卫生设施提级扩能、市政公用设施提档升级、产业培育设施提质增效，适应农民日益增加的到县城就业安家需求，扩大有效投资、释放消费潜力、拓展市场纵深，为坚定实施扩大内需战略和新型城镇化战略提供重要支撑。

二、主要任务

（一）明确目标区域。各地区要统筹配置城镇化补短板强弱项工作的公共资源，重点投向县城（县政府驻地镇或街道及其实际建设连接到的居委会所辖区域）新型城镇化建设，并在布局建设各类公共设施时，注重做好与邻近地级市城区同类设施的衔接配套。兼顾县级市城区（市政府驻地实际建设连接到的居委会所辖区域及其他区域），以及镇区常住人口 10 万以上的非县级政府驻地特大镇，将其一并纳入目标区域。

（二）明晰建设领域。各地区要瞄准市场不能有效配置资源、需要政府支持引导的公共领域，聚力推进 17 项建设任务。围绕公共服务设施提标扩面，优化医疗卫生设施、教育设施、养老托育设施、文旅体育设施、社会福利设施和社区综合服务设施。围绕环境卫生设施提级扩能，完善垃圾无害化资源化处理设施、污水集中处理设施和县城公共厕所。围绕市政公用设施提档升级，推进市政交通设施、市政管网设施、配送投递设施、老旧小区更新改造和县城智慧化改造。围绕产业培育设施提质增效，完善产业平台配套设施、冷链物流设施和农贸市场。

实施上述建设任务要区分轻重缓急，要响应疫情防控需求，优先支持公共卫生防控救治设施、医疗废物集中处置设施建设。抓紧落实《公共卫生防控救治能力建设方案》，加强公立医疗卫生机构建设，提高平战结合能力。抓紧落实《医疗废物集中处置设施能力建设实施方案》，健全医疗废物收集转运处置体系，推动现有处置能力提质扩容，防止疾病传播。

（三）界定项目范畴。各地区要坚持“缺什么补什么”，立足本地实际和发展急需，参照县城城镇化补短板强弱项项目范畴（附件1），因地制宜研究确定本地项目范畴。加快确定一批弥补本地突出短板、契合群众迫切需要的项目，以及一批公共性平台性程度较高、惠及较多群众及市场主体的项目，特别是能够尽快见效并形成实物工作量的项目。

（四）加强项目谋划。各地区要综合考虑资金保障情况、财务平衡及收益状况，分阶段、有步骤地滚动谋划设计不同性质的固定资产投资项目，成熟一批、实施一批。着眼保障县城经济社会正常运行，加快谋划一批完善县城基本功能、无偿满足公共需要的公益性项目，以及有一定收益但难以商业化合规融资的公益性项目。着眼释放政府投资乘数效应，科学谋划一批具备一定市场化运作条件的准公益性项目；探索通过盘活存量资产、挖掘土地潜在价值等方式，推动公益性、准公益性与其他有经济效益的建设内容合理搭配，谋划一批现金流健康的经营性项目。

（五）严把项目标准。各地区要坚持“项目跟着规划走”，综合考虑县城地域特征、人口规模和发展潜力等因素，依据经济社会发展规划及国土空间规划，合理确定项目区位布局和规模体量。坚持合规开展项目建设，严格执行有关国家标准和行业标准，以及有关部门印发的规范性文件。

三、要素保障

（六）加大财政资金支持。各地区要坚持“资金跟着项目走”，落实政府投资重点支持“两新一重”建设的要求，针对县城公益性固定资产投资项目，设计多元化的财政性资金投入保障机制。县城公益性项目主要通过地方政府财政资金予以投入，符合条件的县城公益性项目可通过中央预算内投资予以适当支持。对其中有一定收益但难以商业化合规融资、确需举债的县城公益性项目，除上述资金支持渠道外，还可通过安排地方政府专项债券、抗疫特别国债予以支持。

（七）吸引社会资本投入。各地区要针对县城准公益性及经营性固定资产投资项目，设计市场化的金融资本与工商资本联动投入机制。对符合条件的大中型准公益性及经营性项目，可通过健全政银企对接机制，利用开发性政策性商业性金融或国家城乡融合发展基金予以融资支持。对符合条件的县城智慧化改造、产业平台配套设施建设等领域项目，可通过新型城镇化建设专项企业债券予以融资支持。规范有序推广PPP模式，带动民间投资参与投入的积极性。

（八）加强建设用地支撑。各地区要坚持“要素跟着项目走”，优化新增建设用地计划指标和城乡建设用地增减挂钩指标分配，保障县城城镇化补短板强弱项项目的合理用地需求。注重盘活存量建设用地和低效土地，优先用于县城城镇化补短板强弱项项目。积极组织农村集体经营性建设用地直接入市，分类推进就地入市或异地调整入市。

四、组织实施

（九）分区分类推进。依据《全国主体功能区规划》及各省级主体功能区规划，立足各地区发展基础和要素条件，建立分区分类的支持引导机制。优先支持东部地区基础较好县城建设，率先实现城镇化高质量发展。有序支持中西部和东北城镇化地区县城（含边境地区重点县城）建设，加快增强人口经济承载能力。合理引导中西部和东北农产品主产区、重点生态功能区县城建设，提高对农业农村发展和生态环境保护的保障能力。

（十）强化示范带动。以发展基础扎实、财政实力较强、政府债务率较低为基本要求，在湖北、长江三角洲区域、粤港澳大湾区和其他东中部都市圈地区，兼顾西部和东北地区，选择120个县及县级市开展县城新型城镇化建设示范工作（附件2）。切实加大中央财政性资金等政策支持力度，支持其围绕县城城镇化补短板强弱项项目范畴，启动建设示范性项目，创新资金投入方式与运营模式。总结提炼典型经验，以现场会、典型案例推介等方式加以推广。

（十一）压实地方责任。省级发展改革委要周密组织、加强指导，科学制定本省份落实方案，指导县城新型城镇化建设示范地区制定示范方案，明确建设任务、要素保障和组织实施等事项，并加强项目检查督导。各市县要加快开展项目谋划与储备，注重加强关联项目之间的协同配套，做好项目审批核准备案和规划、用地、环评等前期工作，并将符合条件项目动态录入国家重大建设项目库，扎实推进项目建设实施，确保项目合规落地见效。

（十二）严格防范风险。各市县要尽力而为、量力而行，严防地方政府债务风险，审慎论证项目可行性，优选项目、精准补短板、不留后遗症。严防“大水漫灌”，确保精准投资、提高投资效益。严防“半拉子工程”，确保项目资金来源可靠、规模充足。严防“大拆大建”，优先采取改扩建方式，必要时采取新建迁建方式。严防“贪大求洋”，落实适用、经济、绿色、美观的新时期建筑方针。

附件：1. 县城城镇化补短板强弱项项目范畴

2. 县城新型城镇化建设示范名单

国家发展改革委

2020年5月29日

附件1

县城城镇化补短板强弱项项目范畴

建设任务	项目范畴
一、推进公共服务设施提标扩面	
1. 健全医疗卫生设施	推进县城与邻近地级市城区、省会城市医疗卫生设施统筹布局和衔接配合。推进县级综合医院（含中医院）提标改造，以门急诊、住院、医技科室为重点增加业务用房并配备必要设备，增强传染病科室诊疗能力、重症监护室（ICU）救治能力，增加重要医疗物资储备，预留应急空间、强化平战结合。推进县级疾控中心标准化建设，配齐疾病监测预警、实验室检测、标本采集、现场处置等设施设备。完善县级妇幼卫生健康服务机构，补齐业务用房面积缺口。改造或新建大型公共设施时，应使之具备短期内改建为“方舱医院”或应急避难场所的条件，满足救灾应急需要。发展紧密型县域医疗卫生共同体。
2. 完善教育设施	按照县城常住人口规模配置教育资源。新建或改扩建公办幼儿园，引导社会力量建设普惠性幼儿园。按照义务教育学校基本办学标准，改善教学设施和生活设施，实现校舍和场所标准化。推动普通高中加强校园校舍设施建设，扩大培养能力、提高教育质量。扩大职业教育资源供给。
3. 改善养老托育设施	大幅提高养老服务质量，扩充护理型床位，配置消防设施和辅助设施。加快建设县级特困人员供养服务设施（敬老院）。引导社会力量发展普惠养老。在家庭照护为主、托育补充前提下，大力推动婴幼儿照护服务发展，引导社会力量建设一批综合性托育服务机构和社区托育服务设施。

续表

建设任务	项目范畴
4. 发展文旅体育设施	改造商业步行街、地方特色街区及配套设施，加强老建筑活化利用，因地制宜发展新型文旅商业消费聚集区。根据需要改扩建或新建县级公共图书馆、文化馆、博物馆，完善公共文化场所功能，建设智慧广电平台。在重要旅游景区所在县和有条件发展全域旅游的县，完善游客服务中心、旅游道路和旅游厕所等配套设施，建设城市公园。建设全民健身中心、公共体育场、体育公园、全民健身步道和社会足球场地。
5. 完善社会福利设施	加强困境儿童保障，健全儿童收养体系，提升儿童福利设施和未成年人救助保护设施水平。建设残疾人康复和托养设施，因地制宜配建残疾人综合服务设施。完善公益性殡葬服务，支持建设公共殡仪馆和公益性骨灰安放设施。
6. 建设社区综合服务设施	因地制宜布局社区综合服务设施，逐步实现城镇居民全覆盖。统筹卫生、就业、社保、文体、退役军人服务、儿童关爱保护等基本和非基本公共服务项目以及维稳、信访等管理职能，推进家政等便民服务进社区，打造综合性多功能的美好生活服务站。
二、推进环境卫生设施提级扩能	
7. 完善垃圾无害化资源化处理设施	全面推进生活垃圾分类，逐步建立分类投放、分类收集、分类运输、分类无害化资源化处理的生活垃圾处理系统。完善生活垃圾收运体系，配备分类清运、密封性好、压缩式收运车辆，改造垃圾房和转运站。加快建设生活垃圾焚烧终端处理设施，逐步减少原生垃圾直接填埋。建立餐厨垃圾和建筑垃圾等回收及再生利用体系。加快建设医疗废物集中处置设施，完善医疗废物收转运设施。因地制宜建设危险废物处理设施。在有条件县城建设规范的回收网点和分拣中心，重点对废弃电器电子产品、报废汽车、废纸等进行回收利用。
8. 健全污水集中处理设施	按照“厂网配套、泥水并重”要求，建设污水集中处理设施。提高管网收集能力，积极推进管网“雨污分流”，实施混错接、漏接、老化和破损管网更新修复。因地制宜确定污水处理厂出水水质标准，结合实际对现有污水处理厂进行扩容提标改造。在缺水地区和水环境敏感地区推进污水资源化利用。加快建设污泥无害化资源化处理设施，减少污泥进入垃圾填埋场填埋量。
9. 改善县城公共厕所	重点在旧城区、人流密集区和主次干路等区域，配建补建固定公共厕所或移动式公共厕所，利用节能环保技术配置除臭设施。改造老旧公共厕所，分批进行拆除还建或改建。新区建设和商业开发要严格按标准配建公共厕所。合理增加无障碍厕位和第三卫生间，方便残疾人和儿童等使用。
三、推进市政公用设施提挡升级	
10. 优化市政交通设施	推进县城与邻近地级市城区交通设施互联互通，鼓励对公路等设施进行升级改造，增强对外交通保障能力。布局建设公共停车场和配建停车场，鼓励建设立体停车库，缓解医院、学校、大中型商场和办公区等人流密集区“停车难”问题。推进客运站改扩建或迁建新建，拓展客运站“运游”“运邮”功能。按照“窄马路、密路网”方式，完善机动车道、非机动车道和人行道“三行系统”，优化公交站点布设，改善群众出行条件。

续表

建设任务	项目范畴
11. 完善市政管网设施	实行“从源头到龙头”的全流程公共供水保障，扩大供水管网覆盖范围，更新改造供水水质不能稳定达标的水厂和老旧破损的供水管网。完善燃气储气设施和燃气管网，加快建设液化天然气、液化石油气局域供气网络。发展热电联产集中供热及清洁能源集中供热，推进燃煤锅炉集中改造。构建源头减排、雨水蓄排、排涝除险的排水防涝系统。在有条件县城推进路面电网和通信网架空线入地。
12. 发展配送投递设施	建设统一分拨中转的公共配送中心，鼓励发展共同配送等新模式，满足小微企业和群众日常物流分拨配送需要。支持社会力量面向家庭用户和单位职工等受众群体，布设不同类型的智能快件箱，提供便捷安全的“最后一百米”服务。
13. 推进县城智慧化改造	加快建设新型基础设施，推进5G网络向县城延伸覆盖，提升县城光纤宽带接入速率，建设深度覆盖的物联网。搭建城市信息模型（CIM）基础平台，部署智能交通、智能电网、智能水务等感知终端，推进市政公用设施智能化。整合市场监管、环境监管、应急管理、治安防控等事项，推行“政务服务一网通办”“云上政务”，推进社会治理精细化。整合教育、医疗、养老、就业、社保等信息数据系统，建设统一的基本公共服务平台，推进公共服务供给便捷化。
14. 更新改造老旧小区	改善小区居住条件，完善小区水电气路信等配套基础设施和养老托育、停车、便民市场等公共服务设施，有条件的可加装电梯。加强对小区及周边闲置土地、房屋、地下室等存量资源的统筹利用。鼓励探索以社区乃至街区为单元进行改造的商业模式，吸引社会资本参与有一定盈利的改造项目。
四、推进产业培育设施提质增效	
15. 完善产业平台配套设施	培育县城内生增长动力和“造血”能力，引导县域特色经济和农村二三产业在县城集聚发展，促进农业转移人口就近城镇化。完善产业园区和特色小镇等产业集聚区配套设施，健全检验检测认证中心，提高产品质量标准；优化技术研发转化中心，提供共性技术公用研发设备；建设智能标准厂房，提供共用生产空间，降低企业成本、提高生产效率；建设便企政务服务中心，提供“最多跑一次”的一站式服务；结合公共资源交易平台建设农村产权交易中心，盘活农村闲置资源资产。加大产业转型升级示范区建设力度，在有条件县城建设一批产业转型升级示范园区。
16. 健全冷链物流设施	结合实际在县城及周边建设冷库，配建理货和分拣等冷链配送设施，保障农副产品全程冷鲜冷冻保存和运输。在有条件县城建设面向城市消费的生鲜食品低温加工处理中心，推广“生鲜电商＋冷链宅配”“中央厨房＋食材冷链配送”等新模式。引导社会力量在大中型商场超市建设冷链物流前置仓，解决冷链物流“最后一公里”问题。
17. 提升农贸市场水平	因地制宜推进农贸市场改造或迁建新建，合理扩大规模和服务半径，改善交易棚厅等经营条件。在批发型农贸市场配置检测检疫设备，确保进场农副产品质量安全。完善零售型农贸市场和社区菜市场环保设施，解决卫生“脏乱差”问题。支持社会力量改造建设畜禽定点屠宰加工厂。

附件 2

县城新型城镇化建设示范名单

区域	省份（24 个）	县及县级市（120 个）
东部（58 个）	浙江	桐庐县 宁海县 海盐县 武义县 长兴县 岱山县 缙云县 诸暨县 乐清县 温岭县
	江苏	盱眙县 宝应县 沛　县 东海县 沭阳县 建湖县 泗阳县 海门县 泰兴县 溧阳县
	广东	惠东县 博罗县 新兴县 佛冈县 东源县 海丰县 龙门县 饶平县 阳春县 台山县
	福建	霞浦县 闽侯县 永泰县 永春县 德化县 上杭县 长汀县 福清市 福安市 晋江市
	山东	郓城县 齐河县 桓台县 宁阳县 广饶县 海阳县 诸城县 龙口市 滕州市 新泰市
	河北	固安县 正定县 景　县 魏　县 迁安市
	海南	澄迈县 琼海县 万宁市
中部（31 个）	湖北	阳新县 红安县 大悟县 南漳县 监利县 仙桃市 潜江县 天门市 赤壁市 宜都市
	安徽	当涂县 庐江县 蒙城县 灵璧县 天长市
	河南	兰考县 鄢陵县 新安县 南乐县 新郑县
	湖南	湘潭县 攸　县 澧　县 浏阳县 宁乡县
	江西	南昌县 奉新县 吉安县
	山西	清徐县 阳城县 孝义县
西部（21 个）	四川	金堂县 乐至县 大英县 江安县 绵竹县
	重庆	垫江县 忠　县 彭水县
	陕西	富平县 三原县 岐山县
	贵州	金沙县 清镇县
	云南	大理县 腾冲市
	广西	横　县 东兴市
	内蒙古	宁城县 满洲里市
	甘肃	榆中县 敦煌市
东北（10 个）	吉林	前郭县 珲春市 公主岭市 梅河口市
	辽宁	桓仁县 黑山县 盘山县
	黑龙江	五常县 肇东县 穆棱县

（二）发改规划〔2020〕831 号文内容解读

以下关于《通知》的解读，摘自国家发展改革委规划司有关负责人答记者问。

1. 开展县城城镇化补短板强弱项工作的出发点是什么？

县城是我国推进工业化城镇化的重要空间、城镇体系的重要一环、城乡融合发展的关键纽带。习近平总书记高度重视新型城镇化建设特别是县城建设工作，党中央、国务院多次作出重要部署。2020年的政府工作报告明确提出政府投资重点支持“两新一重”建设（新型基础设施建设、新型城镇化建设、重大工程建设），并提出要大力提升县城公共设施和服务能力。加快推进县城城镇化补短板强弱项，特别是补齐新冠肺炎疫情暴露出的短板弱项，既利当前又利长远。从短期看，有利于拉动投资、促进消费、推进实施扩大内需战略；从中长期看，有利于优化城镇化空间格局、推进城乡融合发展、提升人民幸福感。

一是有利于优化城镇化空间格局。促进大中小城市和小城镇协调发展，是我国新型城镇化建设一以贯之的方向。从当前情况看，超大、特大城市和一些大城市中心城区人口过密、功能过载，产生了交通拥堵、环境污染等“大城市病”，亟须“瘦身健体”。而小城市（约90%是县级市）和县城发展总体滞后，综合承载能力和治理能力较弱，不能充分满足人民群众的经济需要、生活需要、生态需要、安全需要。加快推进县城尤其是城市群地区县城城镇化补短板强弱项，既能承接中心城市非核心功能疏解，助推形成同城化发展的都市圈；也能强化与邻近地级市城区的衔接配套，带动小城镇发展，正是优化城镇化空间格局的突破口。

二是有利于实施扩大内需战略。坚定不移实施扩大内需战略，着力促进形成强大国内市场，对统筹推进疫情防控和经济社会发展具有重要意义。县城在公共卫生、人居环境、公共服务、市政设施、产业配套等方面存在不少短板弱项，但也蕴藏着巨大的内需潜力。加强县城建设，一方面，可以形成当期投资；另一方面，改善的公共设施又可吸引产业投资并促进居民消费，形成乘数效应。当前县城人均市政公用设施固定资产投资仅相当于地级及以上城市城区的1/2左右，县城居民人均消费支出仅相当于地级及以上城市城区居民的2/3左右，若能缩小二者差距，新增投资消费的空间巨大。

三是有利于推动城乡融合发展。未来较长时期内，农民进城仍是大趋势，城乡之间的土地、资金、技术、人才等要素流动也会越来越频繁。县城处于城市与乡村之间，正是农民进城就业安家、城乡要素跨界配置和产业协同发展的天然载体。但当前县城的短板弱项及产业状况，难以支撑农民就近城镇化，也难以对城市要素入乡发展、城市人口入乡消费提供服务保障。加快推进县城城镇化补短板强弱项，既能满足农民日益增加的到县城就业安家需求，又能为乡村振兴和农业农村现代化提供不可或缺的支撑。

四是有利于提升人民群众幸福感。县城公共设施水平和服务能力，关系着县城乃至全县域居民的民生质量。若公共服务设施不健全，居民上学、就医、养老、育幼等难以得到良好保障；若环境卫生设施不完善，县城生态环境、居民身体健康都会受到影响；若市政公用设施不健全，居民出行、居家等生活需求无法得到便利满足；若产业配套设施不足，县域经济难以做精做强，产业集群难以形成，吸纳就业能力难以提升，居民收入难以提高。加快推进县城城镇化补短板强弱项，既有利于保障基本民生需求，也能有效增加城乡居民收入，是提升人民群众幸福感、获得感、安全感的重要途径。

2. 县城的基本发展情况如何

县城及县级市城区在我国经济社会发展中的地位十分重要。按照《国务院关于调整城市规模划分标准的通知》以及《中国县城建设统计年鉴》，县城指县政府驻地镇或街道及其实际建设连接到的居委会所辖区域，县级市城区指市政府驻地实际建设连接到的居委会所辖区域及其他区域。其中，实际建设指建成或在建的公共设施、居住设施和其他设施。

从数量上看，县及县级市数量占全国县级行政区划数量的 2/3。截至 2019 年底，县和县级市数量分别为 1494 个和 387 个，二者共计 1881 个，约为地级及以上城市市辖区数量（967 个）的 2 倍。从经济上看，2019 年县及县级市 GDP 体量为 38 万亿元左右，占全国 GDP 的近 2/5。其中，作为县域经济核心的县城及县级市城区 GDP 占全国 GDP 的近 1/4。从人口上看，县城和县级市城区常住人口分别为 1.55 亿人和 0.9 亿人左右，共计 2.45 亿人左右，占全国城镇常住人口的近 30%。

此外，考虑到镇区常住人口 10 万以上的非县级政府驻地特大镇（数量约为 158 个、镇区常住人口约为 0.3 亿人），已具备小城市甚至中等城市城区的人口规模，但公共资源特别是公共服务设施、市政公用设施仍按照镇级来配置，与实际民生需求相比存在很大缺口，“小马拉大车”的现象日益凸显，因此将特大镇一并纳入此次的县城城镇化补短板强弱项工作。

3. 县城城镇化补短板强弱项的重点任务有哪些

《通知》瞄准市场不能有效配置资源、需要政府支持引导的公共领域，明确提出了 4 大领域 17 项建设任务，并在“附件 1　县城城镇化补短板强弱项项目范畴”中，分别详细阐释了 17 项建设任务的具体建设内容。

当前最为紧迫的是适应常态化疫情防控需求，优先支持公共卫生防控救治设施、医疗废物集中处置设施建设。抓紧落实《公共卫生防控救治能力建设方案》，加强公立医疗卫生机构建设，提高平战结合能力；抓紧落实《医疗废物集中处置设施能力建设实施方案》，健全医疗废物收集转运处置体系，防止疾病传播。同时，要有序推进以下重点任务。

一是推进公共服务设施提标扩面，含 6 项建设任务。在健全医疗卫生设施方面，主要是县级综合医院（含中医院）提标改造、县级疾控中心标准化建设、完善县级妇幼卫生健康服务机构等。在完善教育设施方面，主要是建设公办幼儿园、改善义务教育学校设施、建设普通高中校园校舍设施等。在改善养老托育设施方面，主要是扩充护理型床位、建设县级特困人员供养服务设施（敬老院）、建设综合性托育服务机构和社区托育服务设施等。在发展文旅体育设施方面，主要是打造新型文旅商业消费聚集区，完善县级公共图书馆、文化馆、博物馆，改善游客服务中心等旅游配套设施，建设体育公园和城市公园等。在完善社会福利设施方面，主要是建设儿童福利设施和未成年人救助保护设施、残疾人康复和托养设施、公共殡仪馆和公益性骨灰安放设施等。在建设社区综合服务设施方面，主要是建设集基本和非基本公共服务等功能于一身的美好生活服务站。

二是推进环境卫生设施提级扩能，含 3 项建设任务。在完善垃圾无害化资源化处理设施方面，主要是建设生活垃圾焚烧终端处理设施、危险废物处理设施等。在健全污水集中处理设施方面，主要是提高管网收集能力、提标改造污水处理厂、建设污泥无害化资源化处理设施等。在改善县城公共厕所方面，主要是配建补建固定公共厕所或移动式公共厕所、改造老旧公共厕所、增加无障碍厕位和第三卫生间等。

三是推进市政公用设施提挡升级，含 5 项建设任务。在优化市政交通设施方面，主要是建设公共停车场、改造客运站、完善市政道路“三行系统”等。在完善市政管网设施方面，主要是更新改造水厂和老旧破损供水管网、完善燃气储气设施和燃气管网、集中改造燃煤锅炉、推进路面电网和通信网架空线入地等。在发展配送投递设施方面，主要是建设公共配送中心、布设智能快件箱等。在推进县城智慧化改造方面，主要是建设新型基础设施、搭建县城智慧化管理平台等。在更新改造老旧小区方面，主要是完善水电气路信等配套基础设施和养老托育、停车、便民市场等公共服务设施。

四是推进产业培育设施提质增效，含 3 项建设任务。在完善产业平台配套设施方面，主要是在产业园区和特色小镇等县城产业集聚区内，健全检验检测认证中心、技术研发转化中心、智能标准厂房、便企政务服务中心、农村产权交易中心等。在健全冷链物流设施方面，主要是建设冷库、生鲜食品低温加工处理中心、冷链物流前置仓等。在提升农贸市场水平方面，主要是改善交易棚厅、在批发型农贸市场配置检测检疫设备、在零售型农贸市场和社区菜市场完善环保设施、改造畜禽定点屠宰加工厂等。

4. 县城城镇化补短板强弱项项目的资金来源有哪些

统筹发挥政府和市场“两只手”的作用，区分公益性、准公益性和经营性项目，合理设计资金保障方式，既拓宽财政资金投入渠道，又调动金融资本和工商资本投入的积极性。

一是加大财政资金支持。坚持“资金跟着项目走”，落实政府投资重点支持“两新一重”建设的要求，针对县城公益性固定资产投资项目，设计多元化的财政性资金投入保障机制。县城公益性项目主要通过地方政府财政资金予以投入，符合条件的县城公益性项目可通过中央预算内投资予以适当支持。对其中有一定收益但难以商业化合规融资、确需举债的县城公益性项目，除上述资金支持渠道外，还可通过安排地方政府专项债券、抗疫特别国债予以支持。

二是吸引社会资本投入。针对县城准公益性及经营性固定资产投资项目，设计市场化的金融资本与工商资本联动投入机制。对符合条件的大中型准公益性及经营性项目，可通过健全政银企对接机制，利用开发性政策性商业性金融、国家城乡融合发展基金予以融资支持。对符合条件的县城智慧化改造、产业平台配套设施建设等领域项目，可通过新型城镇化建设专项企业债券予以融资支持。规范有序推广 PPP 模式，带动民间投资参与投入的积极性。

5. 县城城镇化补短板强弱项的工作时序是如何安排的

依据全国主体功能区规划及各省级主体功能区规划，立足各地区发展基础和要素条件，建立分区分类推进建设的支持引导机制。优先支持东部地区基础较好县城建设，率先实现城镇化高质量发展。有序支持中西部和东北城镇化地区县城（含边境地区重点县城）建设，加快增强人口经济承载能力。合理引导中西部和东北农产品主产区、重点生态功能区县城建设，提高对农业农村发展和生态环境保护的保障能力。

在此基础上，为加快形成投资效益、尽快形成实物工作量，并强化典型引路、发挥头雁效应，我们会同各地区以发展基础扎实、财政实力较强、政府债务率较低为基本要求，在 120 个县及县级市开展示范工作。对这些示范县及县级市，将加大中央财政性资金等政策支持力度，支持其围绕县城城镇化补短板强弱项项目范畴，建设示范性项目，创新资金投入方式与运营模式，并以现场会、典型案例推介等方式推广好的经验做法。

县城新型城镇化建设示范名单的基本情况如下。一是从数量看，示范县及县级市数量为 120 个，约占全国县及县级市（1881 个）的 6%。二是从结构看，在示范名单中，县的数量占 2/3、县级市数量占 1/3。三是从分布看，长江三角洲区域、粤港澳大湾区等东部地区县城 58 个，中部地区县城 31 个，合计占示范县数量的 74%。四是从区位看，中心城市周边和有关省份初步编制完成的 9 个都市圈规划内的县城为 81 个，占示范县数量的 68%。此外，县级政府综合债务率预警县及县级市一概不纳入。

6. 市县政府应如何谋划县城城镇化补短板强弱项项目

各地区要综合考虑发展需求、资金保障、财务平衡及收益状况，本着“缺什么补什么”的原则，坚持靶向发力、精准施策，分阶段、有步骤地滚动谋划设计不同性质的固定资产投资项目，成熟一批、实施一批。

一是着眼保障县城经济社会正常运行，加快谋划一批完善县城基本功能、无偿满足公共需要的公益性项目，以及有一定收益但难以商业化合规融资的公益性项目。

二是着眼释放政府投资乘数效应，科学谋划一批具备一定市场化运作条件的准公益性项目；探索通过盘活存量资产、挖掘土地潜在价值等方式，推动公益性、准公益性与其他有经济效益的建设内容合理搭配，谋划一批现金流健康的经营性项目。

7. 县城城镇化补短板强弱项工作要注意哪些问题

市县级人民政府在项目谋划、储备、实施的过程中，需要注意避免5类问题。一是严防地方政府债务风险，坚持尽力而为、量力而行，审慎论证项目可行性，优选项目、精准补短板、不留后遗症。二是严防“大水漫灌”，确保精准投资、提高投资效益。三是严防“半拉子工程”，确保项目资金来源可靠、规模充足。四是严防“大拆大建”，鼓励优先采取改扩建方式，必要时采取新建迁建方式。五是严防“贪大求洋”，落实适用、经济、绿色、美观的新时期建筑方针，优化建筑设计和风貌管理。

四、《国家发展改革委办公厅关于印发县城新型城镇化建设专项企业债券发行指引的通知》（发改办财金规〔2020〕613号）

2020年8月11日，《国家发展改革委办公厅关于印发县城新型城镇化建设专项企业债券发行指引的通知》（发改办财金规〔2020〕613号）出台。《县城新型城镇化建设专项企业债券发行指引》（以下简称《指引》）明确支持县城特别是县城新型城镇化建设示范区地区内主体信用评级优良的企业，以自身信用发行专项企业债券。

（一）《指引》原文

国家发展改革委办公厅关于印发县城新型城镇化建设专项企业债券发行指引的通知

发改办财金规〔2020〕613号

各省、自治区、直辖市及计划单列市、新疆生产建设兵团发展改革委：

为加快推进县城城镇化补短板强弱项工作，积极发挥企业债券融资在县城新型城镇化建设方面的积极作用，现将我委制定的《县城新型城镇化建设专项企业债券发行指引》印发给你们，请认真贯彻执行。

附件：《县城新型城镇化建设专项企业债券发行指引》

国家发展改革委办公厅
2020年8月11日

附件

县城新型城镇化建设专项企业债券发行指引

为加快推进县城城镇化补短板强弱项工作，推进县城公共服务设施提标扩面、环境卫生设施提级扩能、市政公用设施提挡升级、产业培育设施提质增效，适应农民日益增加的到县城就业安家需求，充分发挥企业债券融资对县城新型城镇化建设的积极作用，根据《证券法》《公司法》等法律法规，制定本指引。

一、适用范围和支持重点

县城新型城镇化建设专项企业债券由市场化运营的公司法人主体发行，募集资金用于符合《国家发展改革委关于加快开展县城城镇化补短板强弱项工作的通知》（发改规划〔2020〕831号）、市场化自主经营、具有稳定持续经营性现金流的单体项目或综合性项目。适用范围为县城及县级市城区内的，兼顾镇区常住人口10万以上的非县级政府驻地特大镇、2015年以来“县改区”“市改区”形成的地级及以上城市市辖区的项目。主要支持以下领域：

（一）县城产业平台公共配套设施。支持区位布局合理、要素集聚度高的产业平台（主要是中国开发区审核公告目录内的产业园区、各省份特色小镇创建名单内的特色小镇）公共配套设施建设项目，包括但不限于建设智能标准生产设施、技术研发转化设施、检验检测认证设施、职业技能培训设施、仓储集散回收设施和文化旅游体育设施等。支持产业转型升级示范区内重点园区、县城产业转型升级示范园区公共配套设施建设项目。

（二）县城新型基础设施。支持新一代信息基础设施建设项目，包括建设5G网络、物联网、车联网和骨干网扩容等。支持市政公用设施数字化改造项目，包括改造交通、公安和水电气热等领域终端系统等。支持大数据设施建设项目，包括建设集约化数据中心、供应链数字化平台和产业数字化平台等。支持网络安全防护体系建设项目。

（三）县城其他基础设施。支持环境卫生设施建设项目，包括建设垃圾无害化资源化处理设施和污水集中处理设施等。支持市政公用设施建设项目，包括改造建设公共停车场和公路客运站等交通设施、水气热等管网设施。支持商贸流通设施建设项目，包括改造建设配送投递设施、冷链物流设施和农贸市场等。支持有一定收益的老旧小区改造项目。支持新型文旅商业消费聚集区公共配套设施建设项目。

二、发行条件

（一）本专项企业债券发行人应具备健全且运行良好的组织机构，具有合理的资产负债结构和正常的现金流量，最近三年平均可分配利润足以支付债券一年的利息。

（二）本专项企业债券以募投项目未来经营收入作为主要偿债来源。其中，项目收费标准由政府部门定价的，地方政府价格主管部门应及时制定完善项目收费价格政策。

（三）发行人应根据项目资金回流具体情况，科学合理设计债券发行方案，可灵活设置债券期限、选择权及还本付息方式。

（四）鼓励银行机构通过“债贷组合”方式，进行债券和贷款统筹管理。

（五）省级发展改革委应就募投项目出具是否适用于本指引的专项意见。

三、支持政策

（一）在偿债保障措施完善的前提下，允许使用不超过50%的债券募集资金用于补充营运资金。用于项目建设部分的募集资金，可偿还前期已直接用于募投项目建设的银行贷款。

（二）支持县城特别是县城新型城镇化建设示范地区内主体信用评级优良的企业，以自身信用发行本专项企业债券。

（三）对已安排中央预算内投资和地方政府专项债券等资金的项目，优先支持项目实施主体发行企业债券，以支持募投项目所需资金的足额到位。

（四）省级发展改革委在制定本省份县城城镇化补短板强弱项落实方案以及指导县城新型城镇化建设示范地区制定示范方案时，应统筹考虑项目资金、土地保障方式，加大本专项企业债券融资支持力度，协调新增建设用地计划指标和城乡建设用地增减挂钩指标分配，满足项目合理用地需求，保障项目落地实施。

（五）市县级发展改革委加强项目谋划设计与储备，加快做好项目审批（核准、备案），推动有关部门和项目单位加快推进用地、环评、选址、施工许可、征地拆迁等前期工作。

四、附则

（一）本指引由国家发展改革委负责解释。

（二）本指引自发布之日起施行。

（二）《指引》内容解读

1.《指引》对县级城投公司融资是重大利好

自2015年以来，国家发展改革委先后推出城市停车场建设、城市地下综合管廊建设、养老产业、战略性新兴产业、双创孵化、市场化银行债权转股权、政府和社会资本合作（PPP）项目、社会领域产业、农村产业融合发展等十几个专项企业债券品种。

2020年6月24日，国家发展改革委发布《县城新型城镇化建设专项企业债券发行指引（征求意见稿）》（以下简称《征求意见稿》）向全社会征求意见，《指引》是《国家发展改革委关于加快开展县城城镇化补短板强弱项工作的通知》（发改规划〔2020〕831号）的融资配套文件，尤其是区县一级的城投公司信用级别低、融资能力不强，有的从没有在债券市场发行过债券融资，《指引》出台不仅对县城城镇化建设起到积极作用，也有利于加快县级融资平台公司市场化转型，改善县级融资平台公司债券融资的困局，更好地解决县级项目资金短缺的问题。

2.怎样理解本专项企业债券发行主体

按照《指引》要求，县城新型城镇化建设专项企业债券由市场化运营的公司法人主体发行。

从这条规定对发行主体范围界定比较宽泛，可以是城投公司，也可以是非城投类其他市场主体企业；可以是县级城投公司，也可以是市级城投公司甚至省级各类投资公司。这个规定引导地方政府融资平台公司尽快完成实质的市场化转型，只有真正剥离政府融资职能，与政府债务已分离清晰，公司法人治理结构规范的公益类国企才符合进行市场化融资的主体资格。

3. 怎样理解本专项债券募投领域

《指引》要求："募集资金用于符合《国家发展改革委关于加快开展县城城镇化补短板强弱项工作的通知》（发改规划〔2020〕831号）、市场化自主经营、具有稳定持续经营性现金流的单体项目或综合性项目。适用范围为县城及县级市城区内的，兼顾镇区常住人口10万以上的非县级政府驻地特大镇、2015年以来'县改区''市改区'形成的地级及以上城市市辖区的项目。"

相比于《征求意见稿》,《指引》除了市场化自主经营、具有稳定持续经营性现金流项目外，还增加了兼顾镇区常住人口10万以上的非县级政府驻地特大镇、2015年以来"县改区""市改区"形成的地级及以上城市市辖区的项目。

主要支持的领域：

一是县城产业平台公共配套设施。支持区位布局合理、要素集聚度高的产业平台（主要是中国开发区审核公告目录内的产业园区、各省份特色小镇创建名单内的特色小镇）公共配套设施建设项目，包括但不限于建设智能标准生产设施、技术研发转化设施、检验检测认证设施、职业技能培训设施、仓储集散回收设施和文化旅游体育设施等。支持产业转型升级示范区内重点园区、县城产业转型升级示范园区公共配套设施建设项目。

二是县城新型基础设施。支持新一代信息基础设施建设项目，包括建设5G网络、物联网、车联网和骨干网扩容等。支持市政公用设施数字化改造项目，包括改造交通、公安和水电气热等领域终端系统等。支持大数据设施建设项目，包括建设集约化数据中心、供应链数字化平台和产业数字化平台等。支持网络安全防护体系建设项目。

三是县城其他基础设施。支持环境卫生设施建设项目，包括建设垃圾无害化资源化处理设施和污水集中处理设施等。支持市政公用设施建设项目，包括改造建设公共停车场和公路客运站等交通设施、水气热等管网设施。支持商贸流通设施建设项目，包括改造建设配送投递设施、冷链物流设施和农贸市场等。支持有一定收益的老旧小区改造项目。支持新型文旅商业消费聚集区公共配套设施建设项目。

从上述募投领域可以看出，企业专项债券主要投资"两新一重"的项目，县级城投公司根据当地需求、企业自身情况认真研究筹备发债融资。需要明确的是，本专项企业债券不是地方政府债券，不能为没有收益的项目融资。企业债券募投项目要符合市场化自主经营项目和产生稳定持续性的现金流的基本要求，这个要求与其他企业专项债券发行条件是一致的，即项目未来收益作为专项债券主要偿债来源。

4. 怎样理解县级城投公司以自身信用发行专项企业债券

《指引》指出：“支持县城特别是县城新型城镇化建设示范地区内主体信用评级优良的企业，以自身信用发行本专项企业债券。”这是《指引》中的重要突破，以前区县级平台发行企业债券债项评级需达到 AA 级及以上，并辅以发债担保，以不可撤销连带责任担保为主。而《指引》强调以自身信用发行本专项企业债券，类似于地方政府发行债券凭借自身信用一样，也就是区县级平台发行本专项债券可不需要担保，这一条是对于区县级城投的重大利好。

5. 怎样理解募集资金用途比较宽松

《指引》还指出：“在偿债保障措施完善的前提下，允许使用不超过 50% 的债券募集资金用于补充营运资金。用于项目建设部分的募集资金，可偿还前期已直接用于募投项目建设的银行贷款。”

一是允许使用不超过 50% 的债券募集资金用于补充营运资金，这与 2018 年国家发展改革委发布的《关于支持优质企业直接融资　进一步增强企业债券服务实体经济能力的通知》精神是一致的；二是充分利用债务置换的方式减轻企业的融资成本，《指引》允许将募集资金限制在已经投资的县城建设项目上，通过置换高息银行贷款，降低企业的融资负担。

6. 怎样理解加强用地支撑，允许出让部分土地使用权作为收益来源

发改规划〔2020〕831 号文提出：“加强建设用地支撑。各地区要坚持‘要素跟着项目走’，优化新增建设用地计划指标和城乡建设用地增减挂钩指标分配，保障县城城镇化补短板强弱项项目的合理用地需求。”《指引》也提出：“协调新增建设用地计划指标和城乡建设用地增减挂钩指标分配，满足项目合理用地需求，保障项目落地实施。”这其实是说明，城投公司发行本专项债券时，可以将部分土地使用权收益作为项目收益，即允许通过出让部分土地使用权作为收益来源，确保项目募投收益可以覆盖项目总投资。

7. 怎样理解优先支持项目实施主体发行企业债券

《指引》指出：“对已安排中央预算内投资和地方政府专项债券等资金的项目，优先支持项目实施主体发行企业债券，以支持募投项目所需资金的足额到位。”本条支持政策相比于《征求意见稿》变动很大，《征求意见稿》是对已取得本专项企业债券发行注册通知的募投项目，优先安排中央预算内投资和地方政府专项债券等资金，以支持募投项目所需资金的足额到位。在“两新一重”项目建设中，若安排中央预算投资和地方政府专项债券支持的项目，项目实施主体可以再发行企业债券融资。

2021 年是“十四五”开局之年，为了做好“六稳”工作、落实“六保”任务，不仅要用好专项企业债券，还要充分利用地方政府专项债券，通过中央预算内资金和地方政府专项债券支持项目，不仅降低了融资成本，还确保了项目资金足额到位，使项目按时完工。

五、国家发展改革委等七单位《关于信贷支持县城城镇化补短板强弱项的通知》（发改规划〔2020〕1278 号）

2020 年 8 月 18 日，国家发展改革委等七单位联合发布《关于信贷支持县城城镇化补短板强弱项的通知》（发改规划〔2020〕1278 号）（以下简称《通知》）。

（一）《通知》原文

关于信贷支持县城城镇化补短板强弱项的通知

发改规划〔2020〕1278 号

各省、自治区、直辖市及计划单列市、新疆生产建设兵团发展改革委，国家开发银行、中国农业发展银行、中国工商银行、中国农业银行、中国建设银行、中国光大银行各分行：

为深入贯彻落实习近平总书记关于新型城镇化建设特别是县城建设的重要指示精神，贯彻落实《政府工作报告》关于加强新型城镇化等“两新一重”建设的部署，按照《国家发展改革委关于加快开展县城城镇化补短板强弱项工作的通知》要求，加大信贷支持力度、吸引社会资本投入，现通知如下：

一、总体要求

以习近平新时代中国特色社会主义思想为指导，深入贯彻落实党中央、国务院关于统筹推进疫情防控和经济社会发展的重大决策部署，以适应农民日益增加的到县城就业安家需求为目标，以县城大中型固定资产投资项目为标的，按市场化原则建立健全政银企对接长效机制，发挥开发性政策性金融“当先导”功能和逆周期调节作用，调动商业性金融和工商资本积极性，下沉大银行服务重心，以融资促进投资、以投资提振消费，大力提升县城公共设施和服务能力，为实施扩大内需战略和新型城镇化战略提供支撑。

二、支持领域

聚焦县城及县级市城区，特别是 120 个县城新型城镇化建设示范地区，兼顾镇区常住人口 10 万以上的非县级政府驻地特大镇、2015 年以来“县改区”“市改区”形成的地级及以上城市市辖区，重点对以下领域建设项目提供信贷支持。

（一）县城产业平台公共配套设施。支持区位布局合理、要素集聚度高的产业平台（主要是中国开发区审核公告目录内的产业园区、各省份特色小镇创建名单内的特色小镇）公共配套设施建设项目，包括但不限于建设智能标准生产设施、技术研发转化设施、检验检测认证设施、职业技能培训设施、仓储集散回收设施和文化旅游体育设施等。支持产业转型升级示范区内重点园区、县城产业转型升级示范园区公共配套设施建设项目。

（二）县城新型基础设施。支持新一代信息基础设施建设项目，包括建设5G网络、物联网、车联网和骨干网扩容等。支持市政公用设施数字化改造项目，包括改造交通、公安和水电气热等领域终端系统等。支持大数据设施建设项目，包括建设集约化数据中心、供应链数字化平台和产业数字化平台等。支持网络安全防护体系建设项目。

（三）县城其他基础设施。支持环境卫生设施建设项目，包括建设垃圾无害化资源化处理设施和污水集中处理设施等。支持市政公用设施建设项目，包括改造建设公共停车场和公路客运站等交通设施、水气热等管网设施以及改造老旧小区。支持商贸流通设施建设项目，包括改造建设配送投递设施、冷链物流设施和农贸市场等。支持商业步行街和特色街区等消费集聚区公共配套设施建设项目，以及游客集散中心、体育公园等。

三、信贷条件

（四）建设项目条件。项目符合县城城镇化补短板强弱项的政策导向，依规履行固定资产投资项目审批（核准、备案）、用地、环评等前期工作。项目具有稳定的经营性现金流或其他可靠的偿债资金来源，未来经营收入或借款人其他收入可覆盖贷款本息。项目资本金不低于国家规定的最低比例标准，资本金来源符合国家有关规定，并同比例或先于贷款到位。项目符合所申请贷款银行的其他贷款条件。

（五）借款人条件。借款人为经市场监管部门核准登记、实行独立核算的企业法人，经事业单位登记管理机关核准登记的公益二类或经营类事业法人，以及国家规定可作为借款人的其他经济组织。借款人具有承担新型城镇化建设项目投资运营的相关资质和能力，具备财务可持续能力，具有良好信用状况。借款人符合所申请贷款银行的其他准入条件。

四、配套政策

（六）安排专项信贷额度。六家银行总行每年分别安排一定规模的信贷额度，专项用于支持县城城镇化补短板强弱项项目。制定专项信贷支持细则，细化提出目标任务、信贷条件、信贷政策和组织实施方式。适时研究优化绩效考核评价体系，对支持县城城镇化补短板强弱项项目较多的省级分行给予奖励。

（七）实行优惠信贷政策。六家银行参考贷款市场报价利率（LPR），对县城城镇化补短板强弱项项目贷款执行优惠利率。按照项目实际需要，给予原则上不超过20年的中长期贷款。综合运用借款人不动产抵押、动产质押以及在建项目资产抵押、收费权质押等担保方式。开辟绿色办贷通道，优先开展尽职调查、优先进行审查审批、优先安排贷款投放。对借款人综合实力较强、贷款需求较大、投资回报周期较长的项目，发挥六家银行业务互促、优势互补的效用，通过银团贷款方式予以协同支持。

（八）加强财政性资金支持。对符合条件的项目，可通过直接投资、资本金注入、投资补助、贷款贴息等方式，优先安排财政性资金或地方政府专项债券，以促进项目的经营性现金流与贷款条件相匹配。各地区通过提高地方政府专项债券作为项目资本金比例等方式，加强与六家银行信贷投放的配套衔接。有条件市县可成立政策性风险补偿基金或担保公司，为借款人融资提供增信服务。

五、组织实施

（九）加强协同协作。国家发展改革委与六家银行总行建立定期会商机制，协调解决信贷支持县城城镇化补短板强弱项的重大问题。省级发展改革委组织各市县报送有贷款需求的项目，梳理形成初步项目清单并推介至六家银行省级分行，由其开展尽职调查并反馈符合基本办贷条件项目清单后，每季度末报送国家发展改革委。国家发展改革委协调分送六家银行总行，由其按审批权限自行或推动省级分行进行审查审批并发放贷款。建立定期调度机制，六家银行总行每季度末将信贷支持情况及项目清单报送国家发展改革委。

（十）推进落实落地。省级发展改革委要严把政策关，优选项目、精准投资，加强对项目实施的跟踪督促。六家银行省级分行要强化项目尽职调查、信贷投放等关键环节管理，严禁新增地方政府隐性债务；监督项目贷款使用情况，确保贷款专款专用。各市县要加强项目谋划设计，科学论证项目可行性，推广公益性与有经济效益的建设内容合理搭配实现资金平衡的运作模式；加强项目储备，加快项目审批（核准、备案）、用地、环评、选址、施工许可、征地拆迁等前期工作，成熟一批、实施一批；严把项目标准，规范开工建设、不留后遗症。

国家发展改革委
国家开发银行
中国农业发展银行
中国工商银行
中国农业银行
中国建设银行
中国光大银行
2020 年 8 月 14 日

（二）《通知》内容解读

1.《通知》出台的意义

国家发展改革委联合六家主要政策性银行和商业银行发布了《通知》，明确了信贷支持县城城镇化建设的总体要求、支持领域、信贷条件及配套政策。《通知》的出台是贯彻落实习近平总书记关于新型城镇化建设特别是县城建设的重要指示精神，也是落实新型城镇化等“两新一重”建设部署的具体实施方案。

作为“两新一重”建设的重要内容，2020 年《政府工作报告》提出加强新型城镇化建设，并着重提到县城城镇化建设，因此，国家发展改革委采用“1+N”的系列文件，统筹利用各类资源和资金支持县城建设发展。“1”是指 2020 年 5 月 29 日国家发展改革委发布的《关于加快开展县城城镇化补短板强弱项工作的通知》；“N”是指陆续推出县城新型城镇化建设专项企业债券和信贷支持县城城镇化建设等配套支持政策。《通知》的出台与实施，可以较好地发挥开发性政策性金融“当先导”功能和逆周期调节作用，调动商业性银行资金支持县城建设的积极性。

2. 明确信贷资金支持领域

《通知》提出了信贷资金支持县城城镇化补短板强弱项支持的领域：“聚焦县城及县级市城区，特别是120个县城新型城镇化建设示范地区，兼顾镇区常住人口10万以上的非县级政府驻地特大镇、2015年以来‘县改区’‘市改区’形成的地级及以上城市市辖区。”

重点对以下领域建设项目提供信贷支持：

一是县城产业平台公共配套设施；二是县城新型基础设施；三是县城其他基础设施。这些与企业专项债券支持领域相同，要按照市场化原则建立健全政银企机制，以提升县城基础设施建设和公共服务能力。

3. 建设项目获得信贷资金的条件

《通知》要求：“项目符合县城城镇化补短板强弱项的政策导向，依规履行固定资产投资项目审批（核准、备案）、用地、环评等前期工作。项目具有稳定的经营性现金流或其他可靠的偿债资金来源，未来经营收入或借款人其他收入可覆盖贷款本息。项目资本金不低于国家规定的最低比例标准，资本金来源符合国家有关规定，并同比例或先于贷款到位。项目符合所申请贷款银行的其他贷款条件。”本条规定明确了以下几点。

一是融资项目需要符合县城城镇化补短板强弱项的政策导向，也就是符合信贷资金支持上述三个具体领域。不属于三个领域的项目不符合信贷资金支持的条件。

二是依规履行固定资产投资项目审批（核准、备案）、用地、环评等前期工作。县城城镇化项目可以是政府投资项目（审批制），也可以是企业投资项目（核准、备案制），但都应该依规履行立项、用地、环评等前期工作。

三是项目具有稳定的经营性现金流或其他可靠的偿债资金来源，未来经营收入或借款人其他收入可覆盖贷款本息。这条规定对于企业专项债券和信贷资金支持的市场化运作的项目有两层含义：一个是项目本身的经营收入能覆盖贷款本息；另一个是若项目收益不足，融资方的其他收入叠加能覆盖贷款本息也可。

四是项目资本金不低于国家规定的最低比例标准，资本金来源符合国家有关规定，并同比例或先于贷款到位。这条规定主要针对前期项目资本金，最低项目资本比例按照国发〔2019〕26号文执行。另外，项目资本金出资方式要符合国家相关规定，不能用“名股实债”和信贷借款出资。在贷款到位之前项目资本金同比例先到位。

4. 融资方所具备的条件

《通知》指出：“借款人为经市场监管部门核准登记、实行独立核算的企业法人，经事业单位登记管理机关核准登记的公益二类或经营类事业法人，以及国家规定可作为借款人的其他经济组织。借款人具有承担新型城镇化建设项目投资运营的相关资质和能力，具备财务可持续能力，具有良好信用状况。借款人符合所申请贷款银行的其他准入条件。”本条规定明确了以下两点。

一是借款人为经市场监管部门核准登记、实行独立核算的企业法人；或经事业单位登记管理机关核准登记的公益二类或经营类事业法人，以及国家规定可作为借款人的其他经济组织。融资方或借款人应该为依法登记注册、实行独立核算的企业法人；也可以是事业法人，但应为公益二类或经营类，公益一类不能作为借款人。

二是借款人具有承担新型城镇化建设项目投资运营的相关资质和能力，具备财务可持续能力，具有良好信用状况。融资方或借款人通常为项目公司或其母公司，公司应该具备新型城镇化建设项目相应的资质，如施工资质等。且资产负债率等财务指标合理，信用状况良好。

5. 要求安排专项信贷额度并实行优惠信贷政策

《通知》要求：“六家银行总行每年分别安排一定规模的信贷额度，专项用于支持县城城镇化补短板强弱项项目。制定专项信贷支持细则，细化提出目标任务、信贷条件、信贷政策和组织实施方式。适时研究优化绩效考核评价体系，对支持县城城镇化补短板强弱项项目较多的省级分行给予奖励。”

另外，《通知》在实行优惠信贷政策方面提出：“六家银行参考贷款市场报价利率（LPR），对县城城镇化补短板强弱项项目贷款执行优惠利率。按照项目实际需要，给予原则上不超过20年的中长期贷款。综合运用借款人不动产抵押、动产质押以及在建项目资产抵押、收费权质押等担保方式。开辟绿色办贷通道，优先开展尽职调查、优先进行审查审批、优先安排贷款投放。对借款人综合实力较强、贷款需求较大、投资回报周期较长的项目，发挥六家银行业务互促、优势互补的效用，通过银团贷款方式予以协同支持。”

6. 加大财政资金支持力度

《通知》明确：“对符合条件的项目，可通过直接投资、资本金注入、投资补助、贷款贴息等方式，优先安排财政性资金或地方政府专项债券，以促进项目的经营性现金流与贷款条件相匹配。各地区通过提高地方政府专项债券作为项目资本金比例等方式，加强与六家银行信贷投放的配套衔接。有条件市县可成立政策性风险补偿基金或担保公司，为借款人融资提供增信服务。”本条规定明确了以下几点。

一是县城城镇化项目可分为政府投资项目和企业投资项目，通过财政直接投资、或资本金注入的属于政府投资项目。对于企业投资项目，政府不在项目公司投资，但可以采用投资补助、贷款贴息等方式对项目进行支持。

二是优先安排财政性资金或地方政府专项债券，以促进项目的经营性现金流与贷款条件相匹配。由于项目前期资本金投资较大，可考虑用地方政府专项债券注资支持，这样不仅可以获得低成本资金，还可以提升项目资信，为后续融资提供可能。

三是项目资本金是项目投资的前提和基础，地方政府可通过专项债券作为项目资本金比例等方式，加强与六家银行信贷投放的配套衔接。在疫情发生之后，国务院常务会议要求以省为单位，2020 年专项债资金用于项目资本金的规模占该省份专项债规模的比例提升至 25%。

四是有条件的市县可成立政策性风险补偿基金或担保公司。担保公司比较容易理解。而担保风险补偿基金是政府设立的一类基金，为当地企业或项目融资起到对金融机构的风险补偿作用，政府以出资额为限对基金风险承担有限责任，所以财预〔2017〕50 号文就提出可以设立担保基金。

六、《国务院办公厅转发国家发展改革委关于促进特色小镇规范健康发展意见的通知》（国办发〔2020〕33 号）

2020 年 9 月 25 日，中国政府网发布《国务院办公厅转发国家发展改革委关于促进特色小镇规范健康发展意见的通知》（国办发〔2020〕33 号）（以下简称国办发〔2020〕33 号文）。

（一）国办发〔2020〕33 号文原文

国务院办公厅转发国家发展改革委关于促进特色小镇规范健康发展意见的通知

国办发〔2020〕33 号

各省、自治区、直辖市人民政府，国务院各部委、各直属机构：

国家发展改革委《关于促进特色小镇规范健康发展的意见》已经国务院同意，现转发给你们，请认真贯彻执行。

国务院办公厅
2020 年 9 月 16 日

关于促进特色小镇规范健康发展的意见

特色小镇作为一种微型产业集聚区，具有细分高端的鲜明产业特色、产城人文融合的多元功能特征、集约高效的空间利用特点，在推动经济转型升级和新型城镇化建设中具有重要作用。近年来，各地特色小镇建设取得一定成效，涌现出一批产业特而强、功能聚而合、形态小而美、机制新而活的精品特色小镇，但也出现了部分特色小镇概念混淆、内涵不清、主导产业薄弱等问题。为加强对特色小镇发展的顶层设计、激励约束和规范管理，现提出以下意见：

一、总体要求

（一）指导思想。以习近平新时代中国特色社会主义思想为指导，全面贯彻党的十九大和十九届二中、三中、四中全会精神，坚持稳中求进工作总基调，坚持新发展理念，以准确把握特色小镇发展定位为前提，以培育发展主导产业为重点，促进产城人文融合，突出企业主体地位，健全激励约束机制和规范管理机制，有力有序有效推进特色小镇高质量发展，为扎实做好“六稳”工作、全面落实“六保”任务提供抓手，为坚定实施扩大内需战略和新型城镇化战略提供支撑。

（二）基本原则。

——遵循规律、质量第一。立足不同地区经济发展阶段和客观实际，遵循经济规律、城镇化规律和城乡融合发展趋势，不下指标、不搞平衡，控制数量、提高质量，防止一哄而上、一哄而散。

——因地制宜、突出特色。依托不同地区区位条件、资源禀赋、产业基础和比较优势，适合什么发展什么，合理谋划并做精做强特色小镇主导产业，防止重复建设、千镇一面。

——市场主导、政府引导。厘清政府与市场的关系，引导市场主体扩大有效投资，创新投资运营管理方式，更好发挥政府公共设施配套和政策引导等作用，防止政府大包大揽。

——统一管理、奖优惩劣。把握发展与规范的关系，实行正面激励与负面纠偏“两手抓”，实行部门指导、省负总责、市县落实，强化统筹协调和政策协同，防止政出多门。

二、主要任务

（三）准确把握发展定位。准确理解特色小镇概念，以微型产业集聚区为空间单元进行培育发展，不得将行政建制镇和传统产业园区命名为特色小镇。准确把握特色小镇区位布局，主要在城市群、都市圈、城市周边等优势区位或其他有条件区域进行培育发展。准确把握特色小镇发展内涵，发挥要素成本低、生态环境好、体制机制活等优势，打造经济高质量发展的新平台、新型城镇化建设的新空间、城乡融合发展的新支点、传统文化传承保护的新载体。

（四）聚力发展主导产业。聚焦行业细分门类，科学定位特色小镇主导产业，提高主导产业质量效益，切实增强产业核心竞争力。错位发展先进制造类特色小镇，信息、科创、金融、教育、商贸、文化旅游、森林、体育、康养等现代服务类特色小镇，以及农业田园类特色小镇，打造行业“单项冠军”。聚焦高端产业和产业高端环节，吸引先进要素集聚发展，助推产业基础高级化和产业链现代化。

（五）促进产城人文融合。推进特色小镇多元功能聚合，打造宜业宜居宜游的新型空间。叠加现代社区功能，结合教育、医疗、养老整体布局提供优质公共服务，完善社区服务、商业服务和交通站点，建设15分钟便捷生活圈。叠加文化功能，挖掘工业文化等产业衍生文化，促进优秀传统文化与现代生活相互交融，建设展示小镇建设整体图景和文化魅力的公共空间。叠加旅游功能，加强遗产遗迹保护，因地制宜开展绿化亮化美化，打造彰显地域特征的特色建筑，保护修复生态环境。

（六）突出企业主体地位。推进特色小镇市场化运作，以企业投入为主、以政府有效精准投资为辅，依法合规建立多元主体参与的特色小镇投资运营模式。培育一批特色小镇投资运营优质企业，鼓励有条件有经验的大中型企业独立或牵头发展特色小镇，实行全生命周期的投资建设运营管理，探索可持续的投融资模式和盈利模式，带动中小微企业联动发展。

（七）促进创业带动就业。因地制宜培育特色小镇创新创业生态，提高就业吸纳能力。结合主导产业加强创业就业技能培训服务，提高创业者和劳动者技能素质。发展创业孵化器等众创空间，强化场地安排、要素对接等服务功能。鼓励中小银行和地方银行分支机构入驻特色小镇或延伸服务，创新科技金融产品和服务模式。引导入驻企业与电商平台深化合作，拓宽新工艺新产品新模式的商业渠道。

（八）完善产业配套设施。着眼特色小镇主导产业发展所需，健全公共性、平台性产业配套设施，惠及更多市场主体。完善智能标准生产设施，提供标准厂房和通用基础制造装备，降低投产成本、缩短产品上市周期。健全技术研发转化设施，发展共性技术研发平台和科研成果中试基地。健全仓储集散回收设施，完善电子商务硬件设施及软件系统。

（九）开展改革探索试验。根据特色小镇多数位于城乡接合部的区位特点，推动其先行承接城乡融合发展等相关改革试验，努力探索微型产业集聚区高质量发展的经验和路径。深化“放管服”改革，因地制宜建设便企政务服务设施，有效承接下放的涉企行政审批事项，完善政务服务功能，优化营商环境。允许特色小镇稳妥探索综合体项目整体立项、子项目灵活布局的可行做法。开展供地用地方式改革，鼓励建设用地多功能复合利用，盘活存量建设用地和低效土地，稳妥探索农村集体经营性建设用地直接入市交易。探索投融资机制改革，谋划与新型城镇化建设项目相匹配、财务可持续的投融资模式。

三、规范管理

（十）实行清单管理。各省级人民政府要根据本意见，按照严定标准、严控数量、统一管理、动态调整原则，明确本省份特色小镇清单，择优予以倾斜支持。对此前已命名的特色小镇，经审核符合条件的可纳入清单，不符合条件的要及时清理或更名。国务院有关部门和行业协会不命名、不评比特色小镇。国家发展改革委要会同有关部门建立全国特色小镇信息库，加强对各省份特色小镇清单的指导监督和动态管理。

（十一）强化底线约束。地方各级人民政府要加强规划管理，严格节约集约利用土地，单个特色小镇规划面积原则上控制在1–5平方公里（文化旅游、体育、农业田园类特色小镇规划面积上限可适当提高），保持生产生活生态空间合理比例，保持四至范围清晰、空间相对独立，严守生态保护红线、永久基本农田、城镇开发边界三条控制线。严格控制高耗能、高污染、高排放企业入驻，同步规划建设污水、垃圾处理等市政基础设施和环境卫生设施。严防地方政府债务风险，县级政府债务风险预警地区原则上不得通过政府举债建设特色小镇。严控特色小镇房地产化倾向，在充分论证人口规模基础上合理控制住宅用地在建设用地中所占比重。严守安全生产底线，加强安全生产监管和重大灾害治理，维护人民生命财产安全。

（十二）加强激励引导。国务院有关部门要组织制定特色小镇发展导则，在规划布局、主导产业发展、产城人文融合和公共设施建设等方面提出普适性操作性指引，引导培育一批示范性特色小镇，总结提炼典型经验，发挥引领带动作用。建立政银企对接长效机制，支持符合条件的特色小镇投资运营企业发行企业债券，鼓励开发性、政策性和商业性金融机构在债务风险可控前提下增加中长期融资支持。加大中央预算内投资对特色小镇建设的支持力度。支持发行地方政府专项债券用于特色小镇有一定收益的产业配套设施、公共服务设施、市政公用设施等项目建设。鼓励地方通过安排相关资金、新增建设用地计划指标等方式，对特色小镇发展予以支持引导。

（十三）及时纠偏纠错。地方各级人民政府要对违法违规的特色小镇予以及时整改或淘汰。对主导产业薄弱的，要加强指导引导，长期不见效的要督促整改。对违法违规占地用地、破坏生态环境的，要及时制止并限期整改。对投资主体缺失、无法进行有效建设运营的，以及以“特色小镇”之名单纯进行大规模房地产开发的，要坚决淘汰除名。

四、组织实施

（十四）压实地方责任。各省级人民政府要强化主体责任，统筹制定本省份特色小镇管理制度、政策措施和检查评估机制，做好组织调度和监测监管。市县级人民政府要深化认识、把握节奏、强化落实、久久为功，结合本地实际制定细化可操作的工作措施，并科学编制特色小镇规划。

（十五）加强部门指导。依托城镇化工作暨城乡融合发展工作部际联席会议制度，国家发展改革委要会同财政部、自然资源部、住房城乡建设部、农业农村部、体育总局、国家林草局等有关部门和单位强化协同协作，统筹开展特色小镇监测督导、典型示范和规范纠偏等工作，督促有关地区及时处置特色小镇建设过程中的违法违规行为，对工作不力的地区进行通报，切实促进特色小镇规范健康发展。

（二）国办发〔2020〕33号文内容解读

以下对国办发〔2020〕33号文的解读，摘自国家发展改革委有关负责人就《国务院办公厅转发国家发展改革委关于促进特色小镇规范健康发展意见的通知》答记者问。

1.《国务院办公厅转发国家发展改革委关于促进特色小镇规范健康发展意见的通知》出台的背景是什么

习近平总书记高度重视特色小镇建设工作，多次作出重要批示指示。国家发展改革委会同有关部门深入贯彻落实，坚持目标导向、问题导向、结果导向，2017年印发《关于规范推进特色小镇和特色小城镇建设的若干意见》，2018年印发《关于建立特色小镇和特色小城镇高质量发展机制的通知》，2019年召开全国特色小镇现场会，2020年印发《关于公布特色小镇典型经验和警示案例的通知》；实行正面激励与负面纠偏“两手抓”，推广来自16个精品特色小镇的“第一轮全国特色小镇典型经验”、来自20个精品特色小镇的“第二轮全国特色小镇典型经验”，淘汰一些错用概念或质量不高的“问题小镇”（包括将有关部门命名的403个“全国特色小镇”整体更名为全国特色小城镇）。

通过以上工作，引导各地区各有关部门把握好发展与规范的关系，缓解了此前扩张过快、概念混淆、内涵不清等问题，推动特色小镇走上了理性发展轨道。一是发展质量效益更加突出，很多省份从“抓数量”转向“抓质量”，涌现出一批产业特而强、功能聚而合、形态小而美、机制新而活的精品特色小镇，经济贡献较为突出。二是类型更具创新性多元性，很多省份从“学表象”转向“学本质”，探索符合自身实际的特色小镇发展路径，因地制宜打造了一批先进制造类特色小镇，如信息、科创、金融、教育、商贸、文化旅游、体育等现代服务类特色小镇，以及农业田园类特色小镇。三是政策措施逐步调整优化，很多省份从“命名制”转为“创建制”，加强规范管理和动态排查整改，并建立以企业投入为主、以政府有效投资为辅的特色小镇投资运营模式。

与此同时，还有一些问题没有得到完全解决。一是部分地区仍存在一些错用概念或停留于纸面上、投资主体缺失、并未动工建设的“虚假特色小镇”。二是部分特色小镇对特色产业的论证不到位，产业特色不明显、规模小、链条短、技术差，缺少主导领军企业，未来难以形成集聚效应和特色产业集群。

此次出台《国务院办公厅转发国家发展改革委关于促进特色小镇规范健康发展意见的通知》，旨在以清晰界定特色小镇概念内涵和发展定位为前提，加强对特色小镇发展的顶层设计，健全激励约束机制和规范管理机制，引导各地区各有关部门和市场主体有力有序有效推进特色小镇高质量发展，为全面做好“六稳”工作、落实“六保”任务提供抓手，为实施扩大内需战略和新型城镇化战略提供支撑。

2. 特色小镇的概念内涵是什么

促进特色小镇规范健康发展的大前提，是准确理解特色小镇的概念内涵。特色小镇是现代经济发展到一定阶段的产物，是规划面积一般为几平方公里的微型产业集聚区，既非行政建制镇，也非传统产业园区，具有细分高端的鲜明产业特色、产城人文融合的多元功能特征、集约高效的空间利用特点，在推动经济转型升级和新型城镇化建设中具有重要作用。

因此，特色小镇必须以微型产业集聚区为空间单元进行培育发展，切不可将行政建制镇和传统产业园区命名为“特色小镇”。与此同时，要准确把握特色小镇的区位布局，应当主要在城市群、都市圈、城市周边等优势区位或其他有条件区域进行培育发展。

3. 特色小镇的主要功能有哪些

特色小镇是经济高质量发展的新平台。一是特色小镇在几平方公里的小空间内集聚特色产业和先进要素，有利于国土空间利用效率提升和生产力布局优化。二是特色小镇着眼于做精做强一个细分产业，促进产业链、创新链、人才链等耦合，有利于产业转型升级和全要素生产率提高。三是多数特色小镇不在城市中心城区，土地、劳动力、住房等成本相对较低，有利于降低实体经济特别是创新创业活动成本。

特色小镇是新型城镇化建设的新空间。一是特色小镇可吸纳一定规模的农村富余劳动力进城就业生活，是促进农业转移人口市民化的一种有效载体。二是很多特色小镇在大城市郊区，有利于疏解中心城区非核心功能，缓解交通拥堵、房价畸高、环境污染等“大城市病”。三是特色小镇“产城人文”功能齐全，特别是在开发区等产业园区内的特色小镇，有望成为推动开发区等产业园区拓展城市功能的重要引擎。四是特色小镇形态上“非镇非区”，没有行政等级和行政框架，布局方式和发展建设模式更为灵活，有望成为城镇体系的点状补充。

特色小镇是城乡融合发展的新支点。城乡融合发展是大趋势。预计未来很长一段时期，城市要素下乡发展、城市人口下乡消费会越来越多地出现，关键是乡村要有接住这些要素和消费的能力。建成的特色小镇拥有较好的基础设施、公共服务和生态环境，有望成为城乡要素跨界配置、城乡产业协同发展、城市人口下乡消费的新支点。

特色小镇是传统文化传承保护的新载体。中华民族有5000多年的优秀传统文化，非物质文化遗产分布广泛、种类繁多、内涵丰富。以特色小镇为载体，推动传统文化创造性保护、创新性发展，促进非物质文化遗产活态传承，既有利于为特色小镇注入文化灵魂，也有利于保护优秀传统文化。

4. 特色小镇发展的主要任务有哪些

在准确把握特色小镇发展定位的前提下，应结合实际主要推进6项重点任务。

一是聚力发展主导产业，聚焦行业细分门类，聚焦高端产业和产业高端环节，科学定位特色小镇主导产业，提高主导产业质量效益，切实增强产业核心竞争力，打造行业“单项冠军”，助推产业基础高级化和产业链现代化。

二是促进产城人文融合，推进特色小镇多元功能聚合，叠加现代社区功能，建设15分钟便捷生活圈；叠加文化功能，挖掘工业文化等产业衍生文化；叠加旅游功能，加强遗产遗迹保护，打造宜业、宜居、宜游的新型空间。

三是突出企业主体地位，推进特色小镇市场化运作，以企业投入为主、以政府有效精准投资为辅，建立多元主体参与的投资运营模式；培育一批特色小镇投资运营优质企业，鼓励有条件、有经验的大中型企业独立或牵头发展特色小镇。

四是促进创业带动就业，因地制宜培育特色小镇创新创业生态，结合主导产业加强创业就业技能培训服务，发展创业孵化器等众创空间，提高就业吸纳能力。

五是完善产业配套设施，着眼主导产业发展所需，健全智能标准生产设施、技术研发转化设施、仓储集散回收设施等公共性平台性产业配套设施，惠及更多市场主体。

六是开展改革探索试验，结合特色小镇多数位于城乡接合部的区位特点，推动其先行承接城乡融合发展等相关改革试验，开展供地用地方式改革和投融资机制改革，努力探索微型产业集聚区高质量发展的经验和路径。

5. 特色小镇清单管理制度如何实施

自《国务院办公厅转发国家发展改革委关于促进特色小镇规范健康发展意见的通知》出台之日起，以各省份为单元，对全国特色小镇全面实行清单管理。

一是各省级人民政府要按照严定标准、严控数量、统一管理、动态调整原则，明确本省份特色小镇清单，并择优予以倾斜支持。市县级人民政府要结合本地实际制定细化可操作的工作措施，并科学编制特色小镇规划。未纳入各省份特色小镇清单的，不得自行开工建设特色小镇。

二是对国务院有关部门或行业协会、地方各级人民政府及市场主体此前已命名的特色小镇，要进行重新审核，符合条件的纳入各省份特色小镇清单，不符合条件的及时清理或更名。国务院有关部门或行业协会不命名、不评比特色小镇。

三是国家发展改革委将会同有关部门建立全国特色小镇信息库，加强对各省份特色小镇清单的指导监督和动态管理。

6. 特色小镇发展有哪些约束性的底线

特色小镇发展应严守“五条底线”。一是严格节约集约利用土地，单个特色小镇规划面积原则上控制在 1–5 平方公里（文化旅游、体育和农业田园类特色小镇规划面积上限可适当提高），保持生产生活生态空间合理比例，保持四至范围清晰、空间相对独立，严守生态保护红线、永久基本农田、城镇开发边界三条控制线。二是严格控制高耗能、高污染、高排放企业入驻，同步规划建设环境卫生设施。三是严防地方政府债务风险，县级政府债务风险预警地区原则上不得通过政府举债建设特色小镇。四是严控特色小镇房地产化倾向，除原有传统民居外，特色小镇建设用地中住宅用地占比原则上不超过 1/3。五是严守安全生产底线，维护人民生命财产安全。

地方各级人民政府要对违法违规的特色小镇，予以及时整改或淘汰。一是对主导产业薄弱的，要加强指导引导，长期不见效的要督促整改。二是对违法违规占地用地、破坏生态环境的，要及时制止并限期整改。三是对投资主体缺失、无法进行有效建设运营的，以及以“特色小镇”之名单纯进行大规模房地产开发的，要坚决淘汰除名。

国家发展改革委将会同有关部门和单位，按照《国务院办公厅转发国家发展改革委关于促进特色小镇规范健康发展意见的通知》有关规定，加强监测督导和规范纠偏，督促有关地区及时处置特色小镇建设过程中的违法违规行为，对工作不力的地区进行约谈通报。

7. 特色小镇建设有哪些激励政策

在各地区特色小镇建设过程中，对符合条件的特色小镇内建设项目，有 3 项激励引导的政策措施。

一是加强激励引导。国务院有关部门将组织制定特色小镇发展导则，在规划布局、主导产业发展、产城人文融合和公共设施建设等方面提出普适性操作性指引，引导培育一批示范性特色小镇，总结提炼典型经验，发挥引领带动作用。

二是加强资金保障。已通过发布《国家发展改革委办公厅关于印发县城新型城镇化建设专项企业债券发行指引的通知》《关于信贷支持县城补短板强弱项的通知》等若干政策性文件，陆续将特色小镇建设纳入新型城镇化建设的资金支持体系。主要是：加大中央预算内投资对特色小镇建设的支持力度；支持发行地方政府专项债券用于特色小镇有一定收益的产业配套设施、公共服务设施、市政公用设施等项目建设，鼓励地方安排省级专项资金支持特色小镇发展；建立政银企对接长效机制，支持符合条件的特色小镇投资运营企业发行企业债券，鼓励开发性、政策性和商业性金融机构在债务风险可控前提下增加中长期贷款投放。

三是加强用地支撑。鼓励通过优化新增建设用地计划指标分配、加快组织农村集体经营性建设用地直接入市交易等方式，合理满足特色小镇发展的用地需求。

七、中共中央办公厅、国务院办公厅《关于调整完善土地出让收入使用范围优先支持乡村振兴的意见》

2020 年 9 月 23 日，中共中央办公厅、国务院办公厅发布了《关于调整完善土地出让收入使用范围优先支持乡村振兴的意见》（以下简称《意见》）。

（一）《意见》原文

关于调整完善土地出让收入使用范围优先支持乡村振兴的意见

土地出让收入是地方政府性基金预算收入的重要组成部分。长期以来，土地增值收益取之于农、主要用之于城，有力推动了工业化、城镇化快速发展，但直接用于农业农村比例偏低，对农业农村发展的支持作用发挥不够。为深入贯彻习近平总书记关于把土地增值收益更多用于“三农”的重要指示精神，落实党中央、国务院有关决策部署，拓宽实施乡村振兴战略资金来源，现就调整完善土地出让收入使用范围优先支持乡村振兴提出如下意见。

一、总体要求

（一）指导思想。以习近平新时代中国特色社会主义思想为指导，全面贯彻党的十九大和十九届二中、三中、四中全会精神，紧紧围绕统筹推进“五位一体”总体布局和协调推进“四个全面”战略布局，坚持和加强党对农村工作的全面领导，坚持把解决好“三农”问题作为全党工作重中之重，坚持农业农村优先发展，按照“取之于农、主要用之于农”的要求，调整土地出让收益城乡分配格局，稳步提高土地出让收入用于农业农村比例，集中支持乡村振兴重点任务，加快补上“三农”发展短板，为实施乡村振兴战略提供有力支撑。

（二）工作原则

——坚持优先保障、务求实效。既要在存量调整上做文章，也要在增量分配上想办法，确保土地出让收入用于支持乡村振兴的力度不断增强，为实施乡村振兴战略建立稳定可靠的资金来源。

——坚持积极稳妥、分步实施。统筹考虑各地财政实力、土地出让收入规模、农业农村发展需求等情况，明确全国总体目标，各省（自治区、直辖市）确定分年度目标和实施步骤，合理把握改革节奏。

——坚持统筹使用、规范管理。统筹整合土地出让收入用于农业农村的资金，与实施乡村振兴战略规划相衔接，聚焦补短板、强弱项，健全管理制度，坚持精打细算，加强监督检查，防止支出碎片化，提高资金使用整体效益。

（三）总体目标。从“十四五”第一年开始，各省（自治区、直辖市）分年度稳步提高土地出让收入用于农业农村比例；到“十四五”期末，以省（自治区、直辖市）为单位核算，土地出让收益用于农业农村比例达到50%以上。

二、重点举措

（一）提高土地出让收入用于农业农村比例。以省（自治区、直辖市）为单位确定计提方式。各省（自治区、直辖市）可结合本地实际，从以下两种方式中选择一种组织实施：一是按照当年土地出让收益用于农业农村的资金占比逐步达到50%以上计提，若计提数小于土地出让收入8%的，则按不低于土地出让收入8%计提；二是按照当年土地出让收入用于农业农村的资金占比逐步达到10%以上计提。严禁以已有明确用途的土地出让收入作为偿债资金来源发行地方政府专项债券。各省（自治区、直辖市）可对所辖市、县设定差异化计提标准，但全省（自治区、直辖市）总体上要实现土地出让收益用于农业农村比例逐步达到50%以上的目标要求。北京、上海等土地出让收入高、农业农村投入需求小的少数地区，可根据实际需要确定提高土地出让收入用于农业农村的具体比例。中央将根据实际支出情况考核各省（自治区、直辖市）土地出让收入用于农业农村比例是否达到要求，具体考核办法由财政部另行制定。

（二）做好与相关政策衔接。从土地出让收益中计提的农业土地开发资金、农田水利建设资金、教育资金等，以及市、县政府缴纳的新增建设用地土地有偿使用费中，实际用于农业农村的部分，计入土地出让收入用于农业农村的支出。允许省级政府按照现行政策继续统筹土地出让收入用于支持“十三五”易地扶贫搬迁融资资金偿还。允许将已收储土地的出让收入，继续通过计提国有土地收益基金用于偿还因收储土地形成的地方政府债务，并作为土地出让成本性支出计算核定。各地应当依据土地管理法等有关法律法规及政策规定，合理把握土地征收、收储、供应节奏，保持土地出让收入和收益总体稳定，统筹处理好提高土地出让收入用于农业农村比例与防范化解地方政府债务风险的关系。

（三）建立市县留用为主、中央和省级适当统筹的资金调剂机制。土地出让收入用于农业农村的资金主要由市、县政府安排使用，重点向县级倾斜，赋予县级政府合理使用资金自主权。省级政府可从土地出让收入用于农业农村的资金中统筹一定比例资金，在所辖各地区间进行调剂，重点支持粮食主产和财力薄弱县（市、区、旗）乡村振兴。省级统筹办法和具体比例由各省（自治区、直辖市）自主确定。中央财政继续按现行规定统筹农田水利建设资金的20%、新增建设用地土地有偿使用费的30%，向粮食主产区、中西部地区倾斜。

（四）加强土地出让收入用于农业农村资金的统筹使用。允许各地根据乡村振兴实际需要，打破分项计提、分散使用的管理方式，整合使用土地出让收入中用于农业农村的资金，重点用于高标准农田建设、农田水利建设、现代种业提升、农村供水保障、农村人居环境整治、农村土地综合整治、耕地及永久基本农田保护、村庄公共设施建设和管护、农村教育、农村文化和精神文明建设支出，以及与农业农村直接相关的山水林田湖草生态保护修复、以工代赈工程建设等。加强土地出让收入用于农业农村资金与一般公共预算支农投入之间的统筹衔接，持续加大各级财政通过原有渠道用于农业农村的支出力度，避免对一般公共预算支农投入产生挤出效应，确保对农业农村投入切实增加。

（五）加强对土地出让收入用于农业农村资金的核算。根据改革目标要求，进一步完善土地出让收入和支出核算办法，加强对土地出让收入用于农业农村支出的监督管理。规范土地出让收入管理，严禁变相减免土地出让收入，确保土地出让收入及时足额缴入国库。严格核定土地出让成本性支出，不得将与土地前期开发无关的基础设施和公益性项目建设成本纳入成本核算范围，虚增土地出让成本，缩减土地出让收益。

三、保障措施

（一）加强组织领导。各地区各有关部门要提高政治站位，从补齐全面建成小康社会短板、促进乡村全面振兴、推动城乡融合发展高度，深刻认识调整完善土地出让收入使用范围优先支持乡村振兴的重要性和紧迫性，切实将其摆上重要议事日程，明确工作责任，确保各项举措落地见效。地方党委和政府要加强领导，各省（自治区、直辖市）在2020年年底前制定具体措施并报中央农办，由中央农办会同有关部门审核备案。

（二）强化考核监督。把调整完善土地出让收入使用范围、提高用于农业农村比例情况纳入实施乡村振兴战略实绩考核，作为中央一号文件贯彻落实情况督查的重要内容。加强对土地出让相关政策落实及土地出让收支管理的审计监督，适时开展土地出让收入专项审计。建立全国统一的土地出让收支信息平台，实现收支实时监控。严肃查处擅自减免、截留、挤占、挪用应缴国库土地出让收入以及虚增土地出让成本、违规使用农业农村投入资金等行为，并依法依规追究有关责任人的责任。

各省（自治区、直辖市）党委和政府每年向党中央、国务院报告实施乡村振兴战略进展情况时，要专题报告调整完善土地出让收入使用范围、提高用于农业农村投入比例优先支持乡村振兴的情况。

（二）《意见》内容解读[①]

中共中央办公厅、国务院办公厅要求各地区各有关部门结合实际情况认真贯彻落实《意见》。《意见》的核心要义是调整完善土地出让收入适用范围，通过优先支持为乡村振兴提供强有力支撑，具有非常重要的意义。为了帮助读者学习理解，我们从以下几个方面解读文件。

1.《意见》实施的现实意义

《意见》指出：“土地出让收入是地方政府性基金预算收入的重要组成部分。长

① 部分内容参考工隆建通智库薄著对《意见》的解读。

期以来，土地增值收益取之于农、主要用之于城，有力推动了工业化、城镇化快速发展，但直接用于农业农村比例偏低，对农业农村发展的支持作用发挥不够。”近20年来，随着我国城镇化步伐加快，土地财政为城市基础设施和公共服务开辟重要资金渠道，在能源、交通、市政、环保、医疗、教育、治安等方面解决了钱从哪里来的问题。虽然坚持“取之于民、用之于民”的原则，但土地出让金更多地用于城市工业、基础设施和公共服务投资建设，对农业农村发展支持作用发挥不够，正如文件所说，土地增值收益“取之于农、主要用之于城”，直接用于农业农村的比例偏低，需要稳步提高土地出让收益。

实施乡村振兴战略需要大量投资，土地出让金调整使用是建立乡村振兴的长效机制。因此，《意见》的实施是深入贯彻习近平总书记关于把土地增值收益更多用于“三农”重要指示精神的实践。拓宽“三农”的资金来源，为乡村振兴的战略提供了强有力的资金支持。

2. 怎样理解《意见》中的三项工作原则

《意见》提出三项工作原则：

一是坚持优先保障、务求实效。《意见》指出：“既要在存量调整上做文章，也要在增量分配上想办法，确保土地出让收入用于支持乡村振兴的力度不断增强，为实施乡村振兴战略建立稳定可靠的资金来源。”《意见》强调，坚持农业农村优先发展，调整土地出让收益城乡分配格局，既要在存量调整上做文章，也要在增量分配上想办法，通过努力来补助“三农”问题的短板。

二是坚持积极稳妥、分步实施。《意见》指出：“统筹考虑各地财政实力、土地出让收入规模、农业农村发展需求等情况，明确全国总体目标，各省（自治区、直辖市）确定分年度目标和实施步骤，合理把握改革节奏。”《意见》的颁布实施，说明中央的决心很大，明确了全国总体目标，根据各地区情况确定分年度目标和实施步骤。

三是坚持统筹使用、规范管理。《意见》指出：“统筹整合土地出让收入用于农业农村的资金，与实施乡村振兴战略规划相衔接，聚焦补短板、强弱项，健全管理制度，坚持精打细算，加强监督检查，防止支出碎片化，提高资金使用整体效益。”实施乡村振兴战略不仅是调整使用土地出让金，还要有效使用资金，让乡村振兴聚焦补短板、强弱项，并通过健全管理制度、加强资金的使用监督，使资金在农村发挥应有作用。

3. 土地出让金优先支持乡村振兴的目标

《意见》要求：“从‘十四五’第一年开始，各省（自治区、直辖市）分年度稳步提高土地出让收入用于农业农村比例；到‘十四五’期末，以省（自治区、直辖市）为单位核算，土地出让收益用于农业农村比例达到 50% 以上。”

这个目标是在“十四五”期间，经过 5 年的稳步提高而达到土地收益的 50% 用于农业农村。有资料显示：从 2013 年到 2018 年，全国的土地出让收入累计高达 28 万亿元，扣除成本性支出以后，土地出让收益是 5.4 万亿元，占到了土地出让收入的 19.3%。土地出让支出用于农业农村资金合计是 1.85 万亿元，仅占土地出让收益的 34.3%，占土地出让收入的 6.6%，用于农村建设比例远低于城市。

本次《意见》要求地方政府可结合本地实际，从两种方式中选择一种组织实施：一是按照当年土地出让收益用于农业农村的资金占比逐步达到 50% 以上计提，若计提数小于土地出让收入 8% 的，则按不低于土地出让收入 8% 计提；二是按照当年土地出让收入用于农业农村的资金占比逐步达到 10% 以上计提。

根据上述资料可知，土地出让收益是扣除土地收储成本（征地拆迁、补偿等）以后的收益，资料中用于农业农村的资金占土地出让收益的比重为 34.3%；而土地收入则是未扣除成本的实际卖地收入，资料中用于农业农村的资金占土地出让收入的比重为 6.6%。

4. 土地出让收入资金投向哪里

《意见》要求，土地出让收益的 50% 或土地收入的 10% 用于农业农村建设，具体应用于：“重点用于高标准农田建设、农田水利建设、现代种业提升、农村供水保障、农村人居环境整治、农村土地综合整治、耕地及永久基本农田保护、村庄公共设施建设和管护、农村教育、农村文化和精神文明建设支出，以及与农业农村直接相关的山水林田湖草生态保护修复、以工代赈工程建设等。”

有关资料显示，新政可能每年会在农业农村领域增加 5800 亿到 7500 亿元的资金投入，将为农村基础设施和公共服务投资带来机遇。其中农村供水保障、农村人居环境整治、农村土地综合整治、村庄公共设施建设和管护等均可以与旧村庄改造结合起来。

5. 今后地方政府在城市建设融资能力和项目融资方面受到的影响

《意见》不仅要求土地出让收益的 50% 或土地收入的 10% 用于农业农村建设，且强调：严禁以已有明确用途的土地出让收入作为偿债资金来源发行地方政府专项债券。各省（自治区、直辖市）党委和政府每年向党中央、国务院报告实施乡村振兴战略进展情况时，要专题报告调整完善土地出让收入使用范围、提高用于农业农村投入比例优先支持乡村振兴的情况。

我们知道，土地出让金是地方政府政府性基金预算主要来源，专项用于特定公共事业发展。地方政府项目收益专项债券是以债券对应项目产生的政府性基金收入或专项收入作为还本付息来源，且项目的土地出让收益在还款中又占据主要来源。从“十四五”时期开始就会分年度稳步提高土地出让收入用于农业农村比例，虽然土地出让金总额没有减少，资金使用范围和结构却发生了变化，在城市基础设施和公共服务项目申请发行专项债券时，各省财政厅在审核市县专项债项目及分配额度时，也必将要考虑这些因素并加强审核。另外，政策性银行及商业银行在审批城市政府投资项目贷款时，需审核地方政府可用于城市建设财政支出能力的时候，也会考虑这些因素而调整额度。

地方在谋划城市基础设施、园区建设、生态环保、水利建设、棚改项目、片区综合开发等项目投资收益平衡时，除了考虑项目投融资合规性外，还需重视项目的收益性分析。

6. 政策明显向县级倾斜，重点支持粮食主产区和财力薄弱县

《意见》指出：“土地出让收入用于农业农村的资金主要由市、县政府安排使用，重点向县级倾斜，赋予县级政府合理使用资金自主权。”同时，《意见》强调：“省级政府可从土地出让收入用于农业农村的资金中统筹一定比例资金，在所辖各地区间进行调剂，重点支持粮食主产区和财力薄弱县（市、区、旗）乡村振兴。”上述内容的重点：一是赋予县级政府更多使用资金的自主权。由于资金重点聚焦高标准农田建设、农田水利建设、现代种业提升等领域短板，所以，《意见》给予县级政府安排资金使用的自主权。二是为了避免土地出让收入在各市县差异较大的问题，允许省级政府适当统筹，解决地区间土地出让收入的分布不均衡问题，尤其要向粮食主产区和财力较为薄弱的地区倾斜。

第三篇　重大工程建设方面有关政策及内容解读

写在前面：

重大项目是经济持续发展的"压舱石"，也是发挥有效投资的关键。按照2020年《政府工作报告》，"两新一重"中的重大工程建设主要有交通、水利等重大工程建设，根据当前各地实施情况，重大工程建设可延伸到铁路、能源、交通、机场、港口、桥梁、环保、水利及城市公用事业、供电设施等领域。目前，各地以重大工程建设为抓手，充分发挥重大项目在稳投资、调结构、促消费、惠民生中的关键作用。但重大工程建设不仅政策性强、投资额大，且许多项目关系国计民生，社会关注度较高，需要认真谋划、推进落实。

本篇共收集《基础设施和公用事业特许经营管理办法》《关于银行业支持重点领域重大工程建设的指导意见》《政府和社会资本合作建设重大水利工程操作指南（试行）》《国务院办公厅关于保持基础设施领域补短板力度的指导意见》《重大行政决策程序暂行条例》《关于支持民营企业参与交通基础设施建设发展的实施意见》6个相关政策并进行详细解读。

一、《基础设施和公用事业特许经营管理办法》

2015年4月15日，国家发展改革委等六部门以25号令的形式发布《基础设施和公用事业特许经营管理办法》（以下简称《办法》）。

（一）《办法》原文

基础设施和公用事业特许经营管理办法

第一章　总　则

第一条　为鼓励和引导社会资本参与基础设施和公用事业建设运营，提高公共服务质量和效率，保护特许经营者合法权益，保障社会公共利益和公共安全，促进经济社会持续健康发展，制定本办法。

第二条　中华人民共和国境内的能源、交通运输、水利、环境保护、市政工程等基础设施和公用事业领域的特许经营活动，适用本办法。

第三条 本办法所称基础设施和公用事业特许经营，是指政府采用竞争方式依法授权中华人民共和国境内外的法人或者其他组织，通过协议明确权利义务和风险分担，约定其在一定期限和范围内投资建设运营基础设施和公用事业并获得收益，提供公共产品或者公共服务。

第四条 基础设施和公用事业特许经营应当坚持公开、公平、公正，保护各方信赖利益，并遵循以下原则：

（一）发挥社会资本融资、专业、技术和管理优势，提高公共服务质量效率；

（二）转变政府职能，强化政府与社会资本协商合作；

（三）保护社会资本合法权益，保证特许经营持续性和稳定性；

（四）兼顾经营性和公益性平衡，维护公共利益。

第五条 基础设施和公用事业特许经营可以采取以下方式：

（一）在一定期限内，政府授予特许经营者投资新建或改扩建、运营基础设施和公用事业，期限届满移交政府；

（二）在一定期限内，政府授予特许经营者投资新建或改扩建、拥有并运营基础设施和公用事业，期限届满移交政府；

（三）特许经营者投资新建或改扩建基础设施和公用事业并移交政府后，由政府授予其在一定期限内运营；

（四）国家规定的其他方式。

第六条 基础设施和公用事业特许经营期限应当根据行业特点、所提供公共产品或服务需求、项目生命周期、投资回收期等综合因素确定，最长不超过30年。对于投资规模大、回报周期长的基础设施和公用事业特许经营项目（以下简称特许经营项目）可以由政府或者其授权部门与特许经营者根据项目实际情况，约定超过前款规定的特许经营期限。

第七条 国务院发展改革、财政、国土、环保、住房城乡建设、交通运输、水利、能源、金融、安全监管等有关部门按照各自职责，负责相关领域基础设施和公用事业特许经营规章、政策制定和监督管理工作。县级以上地方人民政府发展改革、财政、国土、环保、住房城乡建设、交通运输、水利、价格、能源、金融监管等有关部门根据职责分工，负责有关特许经营项目实施和监督管理工作。

第八条 县级以上地方人民政府应当建立各有关部门参加的基础设施和公用事业特许经营部门协调机制，负责统筹有关政策措施，并组织协调特许经营项目实施和监督管理工作。

第二章 特许经营协议订立

第九条 县级以上人民政府有关行业主管部门或政府授权部门（以下简称项目提出部门）可以根据经济社会发展需求，以及有关法人和其他组织提出的特许经营项目建议等，提出特许经营项目实施方案。特许经营项目应当符合国民经济和社会发展总体规划、主体功能区规划、区域规划、环境保护规划和安全生产规划等专项规划、土地利用规划、城乡规划、中期财政规划等，并且建设运营标准和监管要求明确。项目提出部门应当保证特许经营项目的完整性和连续性。

第十条 特许经营项目实施方案应当包括以下内容：

（一）项目名称；

（二）项目实施机构；

（三）项目建设规模、投资总额、实施进度，以及提供公共产品或公共服务的标准等基本经济技术指标；

（四）投资回报、价格及其测算；

（五）可行性分析，即降低全生命周期成本和提高公共服务质量效率的分析估算等；

（六）特许经营协议框架草案及特许经营期限；

（七）特许经营者应当具备的条件及选择方式；

（八）政府承诺和保障；

（九）特许经营期限届满后资产处置方式；

（十）应当明确的其他事项。

第十一条 项目提出部门可以委托具有相应能力和经验的第三方机构，开展特许经营可行性评估，完善特许经营项目实施方案。需要政府提供可行性缺口补助或者开展物有所值评估的，由财政部门负责开展相关工作。具体办法由国务院财政部门另行制定。

第十二条 特许经营可行性评估应当主要包括以下内容：

（一）特许经营项目全生命周期成本、技术路线和工程方案的合理性，可能的融资方式、融资规模、资金成本，所提供公共服务的质量效率，建设运营标准和监管要求等；

（二）相关领域市场发育程度，市场主体建设运营能力状况和参与意愿；

（三）用户付费项目公众支付意愿和能力评估。

第十三条 项目提出部门依托本级人民政府根据本办法第八条规定建立的部门协调机制，会同发展改革、财政、城乡规划、国土、环保、水利等有关部门对特许经营项目实施方案进行审查。经审查认为实施方案可行的，各部门应当根据职责分别出具书面审查意见。项目提出部门综合各部门书面审查意见，报本级人民政府或其授权部门审定特许经营项目实施方案。

第十四条 县级以上人民政府应当授权有关部门或单位作为实施机构负责特许经营项目有关实施工作，并明确具体授权范围。

第十五条 实施机构根据经审定的特许经营项目实施方案，应当通过招标、竞争性谈判等竞争方式选择特许经营者。特许经营项目建设运营标准和监管要求明确、有关领域市场竞争比较充分的，应当通过招标方式选择特许经营者。

第十六条 实施机构应当在招标或谈判文件中载明是否要求成立特许经营项目公司。

第十七条 实施机构应当公平择优选择具有相应管理经验、专业能力、融资实力以及信用状况良好的法人或者其他组织作为特许经营者。鼓励金融机构与参与竞争的法人或其他组织共同制定投融资方案。特许经营者选择应当符合内外资准入等有关法律、行政法规规定。依法选定的特许经营者，应当向社会公示。

第十八条 实施机构应当与依法选定的特许经营者签订特许经营协议。需要成立项目公司的，实施机构应当与依法选定的投资人签订初步协议，约定其在规定期限内注册成立项目公司，并与项目公司签订特许经营协议。

特许经营协议应当主要包括以下内容：

（一）项目名称、内容；
（二）特许经营方式、区域、范围和期限；
（三）项目公司的经营范围、注册资本、股东出资方式、出资比例、股权转让等；
（四）所提供产品或者服务的数量、质量和标准；
（五）设施权属，以及相应的维护和更新改造；
（六）监测评估；
（七）投融资期限和方式；
（八）收益取得方式，价格和收费标准的确定方法以及调整程序；
（九）履约担保；
（十）特许经营期内的风险分担；
（十一）政府承诺和保障；
（十二）应急预案和临时接管预案；
（十三）特许经营期限届满后，项目及资产移交方式、程序和要求等；
（十四）变更、提前终止及补偿；
（十五）违约责任；
（十六）争议解决方式；
（十七）需要明确的其他事项。

第十九条 特许经营协议根据有关法律、行政法规和国家规定，可以约定特许经营者通过向用户收费等方式取得收益。向用户收费不足以覆盖特许经营建设、运营成本及合理收益的，可由政府提供可行性缺口补助，包括政府授予特许经营项目相关的其他开发经营权益。

第二十条 特许经营协议应当明确价格或收费的确定和调整机制。特许经营项目价格或收费应当依据相关法律、行政法规规定和特许经营协议约定予以确定和调整。

第二十一条 政府可以在特许经营协议中就防止不必要的同类竞争性项目建设、必要合理的财政补贴、有关配套公共服务和基础设施的提供等内容作出承诺，但不得承诺固定投资回报和其他法律、行政法规禁止的事项。

第二十二条 特许经营者根据特许经营协议，需要依法办理规划选址、用地和项目核准或审批等手续的，有关部门在进行审核时，应当简化审核内容，优化办理流程，缩短办理时限，对于本部门根据本办法第十三条出具书面审查意见已经明确的事项，不再作重复审查。实施机构应当协助特许经营者办理相关手续。

第二十三条 国家鼓励金融机构为特许经营项目提供财务顾问、融资顾问、银团贷款等金融服务。政策性、开发性金融机构可以给予特许经营项目差异化信贷支持，对符合条件的项目，贷款期限最长可达30年。探索利用特许经营项目预期收益质押贷款，支持利用相关收益作为还款来源。

第二十四条 国家鼓励通过设立产业基金等形式入股提供特许经营项目资本金。鼓励特许经营项目公司进行结构化融资，发行项目收益票据和资产支持票据等。国家鼓励特许经营项目采用成立私募基金，引入战略投资者，发行企业债券、项目收益债券、公司债券、非金融企业债务融资工具等方式拓宽投融资渠道。

第二十五条 县级以上人民政府有关部门可以探索与金融机构设立基础设施和公用事业特许经营引导基金，并通过投资补助、财政补贴、贷款贴息等方式，支持有关特许经营项目建设运营。

第三章　特许经营协议履行

第二十六条　特许经营协议各方当事人应当遵循诚实信用原则，按照约定全面履行义务。除法律、行政法规另有规定外，实施机构和特许经营者任何一方不履行特许经营协议约定义务或者履行义务不符合约定要求的，应当根据协议继续履行、采取补救措施或者赔偿损失。

第二十七条　依法保护特许经营者合法权益。任何单位或者个人不得违反法律、行政法规和本办法规定，干涉特许经营者合法经营活动。

第二十八条　特许经营者应当根据特许经营协议，执行有关特许经营项目投融资安排，确保相应资金或资金来源落实。

第二十九条　特许经营项目涉及新建或改扩建有关基础设施和公用事业的，应当符合城乡规划、土地管理、环境保护、质量管理、安全生产等有关法律、行政法规规定的建设条件和建设标准。

第三十条　特许经营者应当根据有关法律、行政法规、标准规范和特许经营协议，提供优质、持续、高效、安全的公共产品或者公共服务。

第三十一条　特许经营者应当按照技术规范，定期对特许经营项目设施进行检修和保养，保证设施运转正常及经营期限届满后资产按规定进行移交。

第三十二条　特许经营者对涉及国家安全的事项负有保密义务，并应当建立和落实相应保密管理制度。实施机构、有关部门及其工作人员对在特许经营活动和监督管理工作中知悉的特许经营者商业秘密负有保密义务。

第三十三条　实施机构和特许经营者应当对特许经营项目建设、运营、维修、保养过程中有关资料，按照有关规定进行归档保存。

第三十四条　实施机构应当按照特许经营协议严格履行有关义务，为特许经营者建设运营特许经营项目提供便利和支持，提高公共服务水平。行政区划调整，政府换届、部门调整和负责人变更，不得影响特许经营协议履行。

第三十五条　需要政府提供可行性缺口补助的特许经营项目，应当严格按照预算法规定，综合考虑政府财政承受能力和债务风险状况，合理确定财政付费总额和分年度数额，并与政府年度预算和中期财政规划相衔接，确保资金拨付需要。

第三十六条　因法律、行政法规修改，或者政策调整损害特许经营者预期利益，或者根据公共利益需要，要求特许经营者提供协议约定以外的产品或服务的，应当给予特许经营者相应补偿。

第四章　特许经营协议变更和终止

第三十七条　在特许经营协议有效期内，协议内容确需变更的，协议当事人应当在协商一致基础上签订补充协议。如协议可能对特许经营项目的存续债务产生重大影响的，应当事先征求债权人同意。特许经营项目涉及直接融资行为的，应当及时做好相关信息披露。特许经营期限届满后确有必要延长的，按照有关规定经充分评估论证，协商一致并报批准后，可以延长。

第三十八条　在特许经营期限内，因特许经营协议一方严重违约或不可抗力等原因，导致特许经营者无法继续履行协议约定义务，或者出现特许经营协议约定的提前终止协议情形的，在与债权人协商一致后，可以提前终止协议。特许经营协议提前终止的，政府应当收回特许经营项目，并根据实际情况和协议约定给予原特许经营者相应补偿。

第三十九条 特许经营期限届满终止或提前终止的，协议当事人应当按照特许经营协议约定，以及有关法律、行政法规和规定办理有关设施、资料、档案等的性能测试、评估、移交、接管、验收等手续。

第四十条 特许经营期限届满终止或者提前终止，对该基础设施和公用事业继续采用特许经营方式的，实施机构应当根据本办法规定重新选择特许经营者。因特许经营期限届满重新选择特许经营者的，在同等条件下，原特许经营者优先获得特许经营。新的特许经营者选定之前，实施机构和原特许经营者应当制定预案，保障公共产品或公共服务的持续稳定提供。

第五章 监督管理和公共利益保障

第四十一条 县级以上人民政府有关部门应当根据各自职责，对特许经营者执行法律、行政法规、行业标准、产品或服务技术规范，以及其他有关监管要求进行监督管理，并依法加强成本监督审查。县级以上审计机关应当依法对特许经营活动进行审计。

第四十二条 县级以上人民政府及其有关部门应当根据法律、行政法规和国务院决定保留的行政审批项目对特许经营进行监督管理，不得以实施特许经营为名违法增设行政审批项目或审批环节。

第四十三条 实施机构应当根据特许经营协议，定期对特许经营项目建设运营情况进行监测分析，会同有关部门进行绩效评价，并建立根据绩效评价结果、按照特许经营协议约定对价格或财政补贴进行调整的机制，保障所提供公共产品或公共服务的质量和效率。实施机构应当将社会公众意见作为监测分析和绩效评价的重要内容。

第四十四条 社会公众有权对特许经营活动进行监督，向有关监管部门投诉，或者向实施机构和特许经营者提出意见建议。

第四十五条 县级以上人民政府应当将特许经营有关政策措施、特许经营部门协调机制组成以及职责等信息向社会公开。实施机构和特许经营者应当将特许经营项目实施方案、特许经营者选择、特许经营协议及其变更或终止、项目建设运营、所提供公共服务标准、监测分析和绩效评价、经过审计的上年度财务报表等有关信息按规定向社会公开。特许经营者应当公开有关会计数据、财务核算和其他有关财务指标，并依法接受年度财务审计。

第四十六条 特许经营者应当对特许经营协议约定服务区域内所有用户普遍地、无歧视地提供公共产品或公共服务，不得对新增用户实行差别待遇。

第四十七条 实施机构和特许经营者应当制定突发事件应急预案，按规定报有关部门。突发事件发生后，及时启动应急预案，保障公共产品或公共服务的正常提供。

第四十八条 特许经营者因不可抗力等原因确实无法继续履行特许经营协议的，实施机构应当采取措施，保证持续稳定提供公共产品或公共服务。

第六章 争议解决

第四十九条 实施机构和特许经营者就特许经营协议履行发生争议的，应当协商解决。协商达成一致的，应当签订补充协议并遵照执行。

第五十条 实施机构和特许经营者就特许经营协议中的专业技术问题发生争议的，可以共同聘请专家或第三方机构进行调解。调解达成一致的，应当签订补充协议并遵照执行。

第五十一条 特许经营者认为行政机关作出的具体行政行为侵犯其合法权益的，有陈述、申辩的权利，并可以依法提起行政复议或者行政诉讼。

第五十二条 特许经营协议存续期间发生争议，当事各方在争议解决过程中，应当继续履行特许经营协议义务，保证公共产品或公共服务的持续性和稳定性。

第七章 法律责任

第五十三条 特许经营者违反法律、行政法规和国家强制性标准，严重危害公共利益，或者造成重大质量、安全事故或者突发环境事件的，有关部门应当责令限期改正并依法予以行政处罚；拒不改正、情节严重的，可以终止特许经营协议；构成犯罪的，依法追究刑事责任。

第五十四条 以欺骗、贿赂等不正当手段取得特许经营项目的，应当依法收回特许经营项目，向社会公开。

第五十五条 实施机构、有关行政主管部门及其工作人员不履行法定职责、干预特许经营者正常经营活动、徇私舞弊、滥用职权、玩忽职守的，依法给予行政处分；构成犯罪的，依法追究刑事责任。

第五十六条 县级以上人民政府有关部门应当对特许经营者及其从业人员的不良行为建立信用记录，纳入全国统一的信用信息共享交换平台。对严重违法失信行为依法予以曝光，并会同有关部门实施联合惩戒。

第八章 附 则

第五十七条 基础设施和公用事业特许经营涉及国家安全审查的，按照国家有关规定执行。

第五十八条 法律、行政法规对基础设施和公用事业特许经营另有规定的，从其规定。本办法实施之前依法已经订立特许经营协议的，按照协议约定执行。

第五十九条 本办法由国务院发展改革部门会同有关部门负责解释。

第六十条 本办法自 2015 年 6 月 1 日起施行。

（二）《办法》内容解读

1.《办法》颁布的意义

这次选择在基础设施和公用事业领域大力推广特许经营，有利于撬动社会投资，激发社会资本特别是民营企业的投资热情，是对市场投资主体的制度保障。

早在 2004 年 3 月，原建设部就颁布了《市政公用事业特许经营管理办法》（建设部令第 126 号，以下简称“老办法”），主要在城市供水、供气、供热、公共交通、污水处理、垃圾处理等行业实施特许经营管理。“老办法”的颁布实施为规范市政公用事业特许经营活动，加快推进市政公用事业市场化起到积极的作用。

经过 10 多年的时间，我国基础设施领域投融资形势发生了巨大变化，在特许经营中积累的许多经验和教训，需要在原来实践的基础上对特许经营模式进行完善和深化。另外，随着修订的《预算法》和国发 43 号文实施及推进 PPP 模式等一系列政策颁布，许多省市也出台了结合自身实际情况的文件，政府的投融资模式需要重构，政府与融资平台公司的关系需要分离。因此，特许经营模式已经成为基础设施和公用事业甚至“两新一重”建设领域必不可少的模式，开展基础设施和公用事业特许经营是重要的改革与制度创新，是转变政府职能、强化政府与社会资本平等合作，以及稳增长、促改革的重要举措。

2. 怎样理解《办法》中特许经营的内涵要素

（1）内涵。基础设施和公用事业特许经营，是指政府采用竞争方式依法授权中华人民共和国境内外的法人或者其他组织，通过协议明确权利义务和风险分担，约定其在一定期限和范围内投资建设运营基础设施和公用事业并获得收益，提供公共产品或者公共服务。

从内涵中可知，政府可以在采用《政府采购法》及实施条例中采购方式进行市场化采购确定特许经营的经营主体后，授权从事某个领域的特许经营。对政府而言，可以利用特许经营方式开展某个领域引资投资，解决财政资金紧张短板。对市场主体而言，可以利用特许经营为自己的投资做保障，保障其在一定期限和范围内投资建设运营基础设施和公用事业并获得收益，因此，特许经营是一次重要的改革和创新。

（2）特许经营的实施主体。《办法》规定：“县级以上人民政府有关行业主管部门或政府授权部门（以下简称项目提出部门）可以根据经济社会发展需求，以及有关法人和其他组织提出的特许经营项目建议等，提出特许经营项目实施方案。”也就是说，实施主体可以是政府相关部门和有职能的事业单位代表当地政府开展特许经营。如市政公用事业项目实施主体一般为住建部门；交通项目实施主体一般为交通部门等。通常企业不能代表政府作为实施主体。

（3）特许经营的经营主体。经营主体为中华人民共和国境内外的法人或者其他组织，这就说明参与基础设施和公用事业特许经营的投资者是境内外企业法人及合伙企业等，包括国有企业、民营企业、外资企业及合伙制企业等，这些企业可以单独投资，也可以组成一个团队投资，也就是联合体。这里要重点强调一下，融资平台公司并没有被排除在外，它属于境内国企的范畴，但前提应该是转型后的国企，不能是债务和政府还没有分离的融资平台公司。

3. 怎样理解基础设施和公用事业特许经营方式

按照《办法》规定，基础设施和公用事业特许经营可以采取以下方式。

（1）在一定期限内，政府授予特许经营者投资新建或改扩建、运营基础设施和公用事业，期限届满移交政府；

（2）在一定期限内，政府授予特许经营者投资新建或改扩建、拥有并运营基础设施和公用事业，期限届满移交政府；

（3）特许经营者投资新建或改扩建基础设施和公用事业并移交政府后，由政府授予其在一定期限内运营；

（4）国家规定的其他方式。

上述第一种方式主要为 BOT 方式（建设—运营—移交）或 TOT、ROT 方式，这种模式是新建项目的基础模式，这些模式可变换为其他模式，BOT 在特许经营中占的比例很高。

上述第二种方式为 BOOT（建设—拥有—运营—移交），这种方式明确了 BOT 方式的所有权，项目公司在特许期内既有经营权又有所有权，是 BOT 方式的一种具体表现形式。

上述第三种方式为 BTO（建设—转让—运营），被视为 BOT 模式的一个变换。

4. 怎样理解特许经营期限可以超过 30 年

特许经营期限可以保护投资者合法权益，保证特许经营项目能够持续稳定。特许经营期限应当根据行业特点、规模、经营方式等因素确定。当年的“老办法”规定特许经营期限为 30 年，但《办法》在此基础上提出：“基础设施和公用事业特许经营期限应当根据行业特点、所提供公共产品或服务需求、项目生命周期、投资回收期等综合因素确定，最长不超过 30 年。对于投资规模大、回报周期长的基础设施和公用事业特许经营项目（以下简称特许经营项目）可以由政府或者其授权部门与特许经营者根据项目实际情况，约定超过前款规定的特许经营期限。”如深圳大运中心 2013 年采用 ROT（改建—运营—移交）方式，特许经营期限为 40 年。

5. 怎样理解特许经营项目范围

《办法》规定在能源、交通运输、水利、环境保护、市政工程等基础设施和公用事业领域开展特许经营活动。虽然相比于“老办法”特许经营的范围有了一定增加，但相比于《国家发展改革委关于开展政府和社会资本合作的指导意见》（发改投资〔2014〕2724 号），适用范围就有些窄了。该文件强调，政府负有提供责任且适宜市场化运作的公共服务、基础设施类项目就可以采用 PPP，具体包括燃气、供电、供水、供热、污水及垃圾处理等市政设施，公路、铁路、机场、城市轨道交通等交通设施，医疗、旅游、教育培训、健康养老等公共服务项目，以及水利、资源环境和生态保护等项目。

PPP 作为基础设施和公共服务领域的一种投融资模式，不仅包括特许经营方式，还包括其他方式。在实践中，超出上述范围的项目也可以采用特许经营，如地下管廊、路灯、桥梁、园林绿化、广场等。

6. 怎样理解政府为特许经营主体补偿方式

《办法》明确规定：“特许经营协议根据有关法律、行政法规和国家规定，可以约定特许经营者通过向用户收费等方式取得收益。向用户收费不足以覆盖特许经营建设、运营成本及合理收益的，可由政府提供可行性缺口补助，包括政府授予特许经营项目相关的其他开发经营权益。”

许多公益性项目收益有限，无法覆盖投资者成本，更谈不上经济利润，如果这些项目没有采用特许经营方式，就需要政府财政进行投资，对财政收入紧张的地方支出压力很大。若采用特许经营方式，便可缓解政府财政压力，但需要政府提供可行性缺口补助，政府的财政缺口补助需要按照特许经营期限纳入预算安排，综合考虑财政承受能力及债务率状况。有时政府为了缓解财政支出压力，也可配置一定资源，以及特许经营项目相关其他开发经营权益。

7. 有关特许经营协议内容

《办法》中有关特许经营协议占了很大篇幅，包含特许经营协议订立、特许经营协议履行、特许经营协议变更和终止。

以下有关特许经营协议解读内容，参考了上海燃气（集团）有限公司陈新松先生以能源企业为视角解读《办法》的部分内容。

在特许经营协议中，特别值得注意的是《办法》第十八条中的第五项和第十一项。在特许经营协议中要明确设施的权属，以及相应的维护和更新改造问题，这点值得天然气管网设施企业注意，需要明确区分政府投资资产、企业投资资产、用户投资资产，同时约定未来的维护和更新改造责任，避免对非自己权属的资产承担不必要的更新改造责任，或是放弃维护保养费用的权利。

政府承诺和保障，是特许经营协议中非常重要的条款。《办法》中的第二十一条进一步作出了解释，政府可以在特许经营协议中就防止不必要的同类竞争性项目建设、必要合理的财政补贴、有关配套公共服务和基础设施的提供等内容作出承诺，但不得承诺固定投资回报和其他法律、行政法规禁止的事项。

另外，《办法》第四十六条规定：“特许经营者应当对特许经营协议约定服务区域内所有用户普遍地、无歧视地提供公共产品或公共服务，不得对新增用户实行差别待遇。”

特许经营者在享受权利的同时，必须履行相应的义务。作为基础设施和公用事业的提供者，其必须履行普遍性服务要求，即在协议约定的区域内，实施普遍性服务，不得有差别待遇。

这条值得城市燃气企业关注。我们的业务规定是不是也有类似的规定，我们是不是对同类的客户有不同的价格，一些价格减免或是优惠的政策能否有足够的理由和证据支持。否则，对新增用户实行差别待遇，不仅违反《反垄断法》的要求，也违背了《办法》的规定。另外，《办法》第五十一条特别规定："特许经营者认为行政机关作出的具体行政行为侵犯其合法权益的，有陈述、申辩的权利，并可以依法提起行政复议或者行政诉讼。"

这一条在业内争议颇大。在《办法》的征求意见稿中规定："特许经营者与实施机关就特许经营协议发生争议并难以协商达成一致的，可以依法提起民事诉讼或仲裁。特许经营者认为有关人民政府及其有关部门不依法履行、未按照约定履行或者违法变更、解决政府特许经营协议作出的具体行政行为侵犯其合法权益的，有陈述、申辩的权利，并可以依法提起行政复议或者行政诉讼"。

由此可见，从征求意见稿到正式发文，特许经营者的权利救济方式发生了重大的变化。这就意味着特许经营协议产生争议时应适用行政复议和行政诉讼的程序，同时，在法律责任部分，也强调对特许经营者和特许经营方不履行协议时，应给予相应的行政处罚。

那么，这是否意味着已将特许经营行为和特许经营协议定义为单纯的行政许可行为？此种倾向性意见与财政部将 PPP 合同定义为平等主体间的民事合同似有不符，与之前征求意见稿中将特许经营法律关系解析为行政法律关系和民事法律关系两重关系的意见有别。

本书认为，更为恰当的区分是：政府方授予项目公司 PPP 项目经营权（特许经营权）及对项目公司进行的部分监管及介入（临时接管等）行为，应归属于行政许可行为，适用行政法律体系；而政府部门与特许经营者 / 社会资本约定在实施 PPP 项目过程中，作为两个平等民事主体之间的权利义务，如建设、收费、运营维护、回购等，应归属于民商事法律行为，更适用于民商事法律体系。因此，仅仅片面强调特许经营行为和特许经营协议的行政属性似有不妥。

缺少明确法律规范、合作前景难以预判，是让民营资本对特许经营模式望而却步的重要原因。应该说，《办法》相比"老办法"对特许经营的规定已经有了长足的进步，不论是在适用范围、期限方面还是在具体操作方面都有了相当大的提升，同时引进和借鉴了国家发展改革委和财政部两份 PPP 法律文件中一些有益的措施与方式，对于特许经营项目的实施可以起到更有效的指引作用。

8. 怎样理解产业投资基金投资特许经营项目资本金

《办法》明确国家鼓励通过设立产业基金等形式入股提供特许经营项目资本金。自 2015 年开始，政府热衷于产业投资基金，通过财政资金出资带动大量金融资本和企业投资，投资当地基础设施和公用事业项目。应该说产业投资基金对于政府而言是一种引导性的融资行为，具有撬动资本的作用，是一种有效的金融工具。《办法》也鼓励通过产业投资基金作为特许经营项目的资本金，形成多元化的股东，这既可以解决前期项目资本金不足的难点，也可以通过引入产业投资资金获得相应的增值服务，如后期项目融资、项目并购、股权退出等。

但从近几年的实践来看，产业投资基金也是一把“双刃剑”，如果产业投资基金通过保底承诺、回购安排等不规范运作，就会形成政府债务，甚至隐性债务。自2017年以来，国家相关部门出台了一些政策，规范产业投资基金运作，也就是避免名股实债，使产业投资基金回归本来面目。

9. 怎样理解对特许经营项目创新融资支持

《办法》中提到一些特许经营项目创新融资模式，允许利用特许经营项目预期收益质押贷款，鼓励通过设立产业基金等形式入股提供特许经营项目资本金，支持项目以成立私募基金方式引入战略投资者，项目公司发行企业债券、项目收益债券、公司债券、非金融企业债务融资工具等方式拓宽投融资渠道。

上述创新融资可以通过项目公司来融资，也可以通过项目公司股东筹资。项目公司为特许经营项目而设立，虽然没有历史沿革，也没有很高资信，但项目公司有一个能产生现金流收益的项目，可以通过预期收益抵押进行融资，这是典型的项目融资。

项目融资与传统的信贷融资是有明显区别的，项目融资是以项目为独立的系统和融资主体，打破了传统融资以企业资信为依据的风险控制措施，融资时更多关注母公司设立的项目公司（SPV）所具有的项目是否能产生稳定现金流，尤其是项目产生的第一现金流及融资主体自身具有的其他收益，在此基础上可以辅以母公司或集团公司担保增信。

二、中国银监会　国家发展改革委《关于银行业支持重点领域重大工程建设的指导意见》（银监发〔2015〕43号）

2015年8月10日，中国银监会、国家发展改革委联合出台《关于银行业支持重点领域重大工程建设的指导意见》（银监发〔2015〕43号）（以下简称《指导意见》）。

（一）《指导意见》原文

关于银行业支持重点领域重大工程建设的指导意见

银监发〔2015〕43号

各银监局，各省、自治区、直辖市及计划单列市、新疆生产建设兵团发展改革委，各政策性银行、大型银行、股份制银行，邮储银行，金融资产管理公司，各协会：

为全面贯彻落实党中央、国务院关于稳增长、促改革、调结构、惠民生、防风险的各项工作要求，持续推进“一带一路”、京津冀协同发展、长江经济带建设等重大战略的实施，切实发挥银行业金融机构对国家重点领域重大工程项目建设的支持作用，促进经济金融健康可持续发展，现提出以下指导意见：

一、总体要求

（一）指导思想。全面贯彻落实党中央、国务院有关国家重大战略和重大工程项目建设的文件精神，以重点领域重大工程为核心，强化政银企社合作及信息共享，完善工作机制和信贷政策，加强信贷管理和金融创新，全面做好国家重大战略部署的金融服务工作。立足银行业金融机构定位和自身优势，主动对接、积极支持重大工程项目建设，确保重大政策有效落地、金融风险有效防范，推动经济发展提质增效。

（二）基本原则。坚持落实国家战略与商业可持续相结合，坚持推进政策落实与优化金融服务相结合，坚持促进转型升级与金融创新相结合，坚持服务实体经济与防范金融风险相结合。

二、优化信贷管理与政策

（三）健全工作机制。加强组织领导，明确管理层、牵头部门有关职责，强化全行统筹安排，切实落实政策要求，加大推进力度。完善项目管理机制，做好重大工程项目的信贷政策、业务授权、产品创新、资源配置等系统安排。定期收集、主动跟进重大项目建设信息，与项目开展及时、有效对接。

（四）完善差别化信贷政策。制定完善重大工程项目信贷政策，科学设定重大工程项目信贷准入门槛，完善项目评价方法和模型，综合考虑项目所属行业、所处区域及发展的可持续性等因素，实施精细化、差别化的分类管理。

（五）优化信贷流程。进一步提高信贷管理水平，优化重大工程项目的受理审批流程和信贷评审方式，对符合一定条件的重大工程项目开展预评审，提高审批效率。对时效性较强的重大工程项目，可优先安排审批。科学测算项目投资规模和未来现金流回报，根据项目建设和运营周期，合理确定融资业务品种、规模和期限。

（六）增强信贷投放能力。扩大信贷资产证券化基础资产范围，加快信贷资产流转，盘活信贷存量。在依法合规的前提下，用足贷款核销等政策空间，积极采用市场化手段，多渠道、批量化处置不良贷款，为新增贷款腾出空间。通过贷款重组、发放并购贷款等方式，推动低效企业兼并重组，提高存量资金使用效率。

（七）推行绿色信贷。践行可持续发展的绿色理念，加强能力建设，积极创新绿色金融产品和服务，强化重大工程项目的绿色低碳化建设和运营管理，有效防范项目的环境和社会风险。

（八）提供差异化金融服务。根据发展定位，有区别有侧重地进行重点支持。开发性、政策性金融机构要发挥中长期投融资优势，在业务范围内以财务可持续为前提为生态环保、农林水利、中西部铁路和公路、城市基础设施等重大工程提供期限合理、稳定、低成本的资金支持。全国性商业银行要积极发挥网络渠道、业务功能协同等优势，为重大工程项目和核心企业提供综合性金融服务，引领新兴行业发展。地方法人机构要注重发挥管理半径短、经营机制灵活等优势，创新金融产品和服务，围绕重大工程项目、核心企业的上下游配套行业探索特色化金融服务。金融资产管理公司、信托公司、企业集团财务公司和金融租赁公司等非银行金融机构要发挥业务优势和创新优势，提供专业化金融服务。

三、持续推进金融创新

（九）积极开展信贷创新。根据项目的不同特点，积极开展信贷产品和服务创新。

鼓励实施银团贷款，为重大工程项目建设提供一揽子综合性金融服务。积极开展银行联合授信，有效满足项目资金需求。

（十）积极创新担保方式。按照《国务院关于创新重点领域投融资机制鼓励社会投资的指导意见》（国发〔2014〕60号）的有关精神，灵活运用排污权、收费权、特许经营权、购买服务协议预期收益、林权、集体土地承包经营权等进行抵质押贷款，不断创新担保方式。探索利用工程供水、供热、发电、污水垃圾处理等预期收益质押贷款，允许利用相关收益作为还款来源。

（十一）探索创新融资模式。加强融资模式创新研究，大力发展包括大型成套设备金融租赁等非信贷融资模式，满足重大项目建设融资需求。积极发挥信托功能，支持铁路发展基金募集。积极推进资产证券化，盘活重大项目信贷资产。

针对政府和社会资本合作（PPP）项目的特点，创新金融服务，拓展重大工程建设的融资渠道和方式。对已经建立现代企业制度、实现市场化运营，其承担的地方政府债务已纳入政府财政预算、得到妥善处置并明确公告今后不再承担地方政府举债融资职能的融资平台公司，对于其承担的重大工程项目建设或作为社会资本参与当地政府和社会资本合作项目建设，银行业金融机构可在依法合规、审慎测算还款能力和项目收益的前提下，予以信贷支持。

四、加强风险管理与防控

（十二）确保项目建设合规性。贷款发放与支付前，确保项目已正式取得投资、环保、土地、规划、安全生产等主管部门的审批（核准）文件；确保项目资本金足额到位并与贷款配套使用，确保项目实施进度与已投资额相匹配。

（十三）切实落实还款保障条件。按照自主经营，自担风险，自负盈亏，自我约束的商业化原则自主审贷，全面、深入评估项目风险，严格把关。审慎预测项目的未来收益和现金流，以其作为未来还款的主要保障，不得要求地方政府对重大工程项目融资承担还款责任，或提供任何形式的显性和隐性担保。

（十四）做好贷中贷后管理工作。严格按照贷款合同约定发放和使用贷款，坚持专款专用，防止贷款挪用。确定专门项目收入账户，加强对项目收入账户的监测和管理。定期对借款人和项目发起人的履约情况及信用状况、项目的建设和运营情况、宏观经济变化和市场波动情况、贷款担保的变动情况等进行监测分析，完善贷款质量监控制度，并对可能影响贷款安全的不利情形及时采取针对性措施。

（十五）推进风险管理体系建设。密切关注经济金融形势变化，加强风险监测和预警；全面了解客户和项目信息，强化项目全周期风险管理；合理运用担保以及项目收费权、合同收益权、保险权益转让等方式，完善风险缓释机制。防范外部风险与银行内生性风险的传染，防范银行机构表内风险与表外风险的传导。

五、强化监督指导与协作

（十六）确保项目建设可持续性。发展改革部门加强对重大工程项目的规划和指导，建设一批、核准一批、储备一批、谋划一批，提高项目投资的有效性和针对性。对于自身收益不足和经济性不强的重大项目，推动完善项目收益保障机制建设，提高项目经济性。

（十七）加强协调沟通。发展改革部门进一步健全项目清单，搭建重大工程项目信息平台，提高与银行业监管部门、银行业金融机构信息共享的时效性。

（十八）强化同业协作。各银监局要加强指导，推动当地银行业协会牵头，探索建立大额授信联合管理机制，强化银行间在项目规划、项目评审评级、授信额度核定、还款安排、贷款管理及风险化解等方面的合作协调，建立资源共享、运作顺畅、服务高效的同业合作机制，有效防范过度授信、多头授信及集团客户风险。

银监会
发展改革委
2015 年 8 月 10 日

（二）《指导意见》内容解读

以下关于《指导意见》的解读，摘自中国银监会政研局负责人、国家发展改革委投资司负责人、国家开发银行业务发展局负责人就《指导意见》答记者问。

1. 为何考虑制定和发布《指导意见》

答：2015 年是“十二五”时期最后一年，是我国经济结构战略性调整承上启下的关键时期。重点领域重大工程项目的建设，关系着国家“一带一路”、京津冀协同发展、长江经济带等重大战略的落地实施，对国民经济平稳健康发展有着重要支撑作用。银监会、发展改革委印发《指导意见》，主要是出于以下三个方面的考虑。

一是落实党中央、国务院工作部署，推动国家重大战略落地。2014 年底，中央经济工作会议明确提出，要重点实施“一带一路”、京津冀协同发展、长江经济带等三大战略。2015 年初，《政府工作报告》提出，要“启动实施一批新的重大工程项目”。随后，三大战略的顶层设计规划及重点领域投融资的相关政策依次出台。围绕党中央、国务院关于重大战略的工作部署，发展改革委先后推出了包括粮食水利、重大交通、油气及矿产资源保障、信息电网油气等重大网络、健康养老服务、生态环保、清洁能源、新兴产业等在内的重大项目工程包。此外，新的工程包也在筹划之中。适时出台《指导意见》是贯彻落实党中央、国务院重大战略工作部署，指导银行业服务实体经济平稳健康发展的重要举措。

二是促进经济健康可持续发展。发展改革委所确定的重点领域重大工程项目具有以下特点：第一，有利于调结构、补短板，加强薄弱环节建设，增加公共服务产品供给。第二，对经济社会发展具有全局性、基础性、战略性意义，可促进形成新的经济增长点。第三，符合“十二五”时期规划和相关规划要求，符合国家产业政策。第四，具备一定工作基础，能够尽早推进见效。因此，引导银行业支持重点领域重大工程项目建设，对遏制当前经济下行风险，实现稳增长、促改革、调结构、惠民生的目标有着重要意义。

三是加强风险防范，确保银行业金融机构可持续发展。《指导意见》明确要求银行业金融机构在支持重大项目建设中，要注重风险管控并切实承担风险防控的主体责任。要按照自主经营、自担风险、自负盈亏、自我约束的商业化原则自主审贷，从项目合规性的确认、还款保障条件的落实、贷中贷后管理工作的开展、风险管理体系的建设等方面，采取有效措施，控制项目授信风险，实现服务实体经济与防范金融风险相结合。

2.《指导意见》中所指重点领域重大工程的具体范围是什么

答：总体上看，与落实国家“一带一路”、京津冀协同发展、长江经济带等重大战略相关的重大项目，均属于《指导意见》引导银行业支持的范围。在实际操作中，以发展改革委发布的重大工程包为依托和对象开展重点支持。目前，已发布的工程包包括粮食水利、重大交通、油气及矿产资源保障、信息电网油气等重大网络、健康养老服务、生态环保、清洁能源、新兴产业等，今后还应会有新的工程包陆续推出。

3.《指导意见》会不会影响商业银行独立审贷并加大金融风险

答:《指导意见》强调银行业要坚持独立审贷，有效控制金融风险并承担相应的风险控制主体责任。首先，银行业金融机构要确保项目建设的合规性。在明确项目正式取得各类审批（核准）文件的同时，确保项目资本金足额到位并与贷款配套使用，确保项目实施进度与已投资额相匹配。其次，要切实落实还款保障条件。银行业金融机构要按照自主经营、自担风险、自负盈亏，自我约束的商业化原则自主审贷，全面、深入评估项目风险，严格把关。此外，要做好贷中贷后管理工作。严格按照贷款合同约定发放和使用贷款，坚持专款专用。对各类可能影响贷款质量的因素进行动态监测分析，对可能影响贷款安全的不利情形及时采取针对性措施。最后，要推进风险管理体系建设。通过加强风险监测和预警、强化项目全周期风险管理、完善风险缓释机制等手段，防范银行业内外部风险、表内外风险的交叉传导。

4.《指导意见》提出了哪些激励政策

答:《指导意见》中关于银行业激励政策的内容，可以分为以下三个方面。

一是鼓励金融创新。鼓励银行业金融机构在防范风险的前提下进行金融创新。通过实施银团贷款、联合授信等开展信贷创新；通过灵活运用排污权、各类预期收益权等进行抵质押担保方式创新；探索开展金融租赁、资产证券化等融资模式创新。鼓励发挥信托功能支持铁路发展基金募集；鼓励针对政府社会资本合作项目特点开展金融服务创新。

二是鼓励开展差异化的金融服务。鼓励银行业金融机构对于重大工程项目建设的信贷政策，综合考虑项目特点，实施精细化、差别化的分类管理。各类银行业金融机构可根据自身定位和优势特点，有区别、有侧重地对重大工程项目建设予以支持。

三是鼓励银行间同业协作。鼓励银行业在项目规划、项目评审评级、授信额度核定、还款安排、贷款管理及风险化解等方面的合作与协调，通过建立资源共享、运作顺畅、服务高效的同业合作机制，有效防范过度授信、多头授信及集团客户风险。

5. 如何加强部门间的沟通协作

答：一方面，发展改革部门将通过进一步健全项目清单、搭建重大工程项目信息平台等方式，加强与银行业监管部门、银行业金融机构信息共享的时效性。另一方面，银行业监管部门也将积极与发展改革部门进行沟通联系，配合做好相关工作。

三、《国家发展改革委　水利部关于印发〈政府和社会资本合作建设重大水利工程操作指南（试行）〉的通知》（发改农经〔2017〕2119 号）

2017 年 12 月 7 日，国家发展改革委、水利部联合发布《国家发展改革委　水利部关于印发〈政府和社会资本合作建设重大水利工程操作指南（试行）〉的通知》（发改农经〔2017〕2119 号）（以下简称发改农经〔2017〕2119 号文）。

（一）发改农经〔2017〕2119 号文原文

国家发展改革委　水利部关于印发《政府和社会资本合作建设重大水利工程操作指南（试行）》的通知

发改农经〔2017〕2119 号

各省、自治区、直辖市及计划单列市、新疆生产建设兵团发展改革委、水利（水务）厅（局），水利部各流域机构：

为进一步规范社会资本参与重大水利工程建设和运营操作流程，提升政府和社会资本合作质量和效果，我们编制了《政府和社会资本合作建设重大水利工程操作指南（试行）》。现印发给你们，供在工作中参考。实施中的重要情况和问题，请及时报告。

附件：政府和社会资本合作建设重大水利工程操作指南（试行）

国家发展改革委
水利部
2017 年 12 月 7 日

政府和社会资本合作建设重大水利工程操作指南（试行）

（2017 年 12 月）

第一章　总　则

第一条　为进一步规范社会资本参与重大水利工程建设运营，提升政府和社会资本合作（PPP）质量和效果，根据《中共中央　国务院关于深化投融资体制改革的意见》(中发〔2016〕18号)、《国务院关于创新重点领域投融资机制鼓励社会投资的指导意见》(国发〔2014〕60号)、《基础设施和公用事业特许经营管理办法》(国家发展改革委等部门令2015年第25号)、《国家发展改革委 财政部 水利部关于鼓励和引导社会资本参与重大水利工程建设运营的实施意见》(发改农经〔2015〕488号)等文件要求，结合重大水利工程建设运营实际，制定本指南。

第二条 本指南用于指引政府负有提供责任、需求长期稳定和较适宜市场化运作、采用PPP模式建设运营的重大水利工程项目(以下简称水利PPP项目)操作，包括重点水源工程、重大引调水工程、大型灌区工程、江河湖泊治理骨干工程等。采用PPP模式建设的其他水利工程可参照做好相关工作。

除特殊情形外，水利工程建设运营一律向社会资本开放，原则上优先考虑由社会资本参与建设运营。

第三条 水利PPP项目实施程序主要包括项目储备、项目论证、社会资本方选择、项目执行等。

第四条 各参与方按照依法合规、诚信守约、利益共享、风险共担、合理收益、公众受益的原则，规范、务实、高效实施水利PPP项目。

第五条 地方各级发展改革、水行政主管部门会同有关部门统筹做好水利PPP项目实施协调工作，包括加强规划引导、指导项目策划、组织PPP实施方案评估论证、给予政策支持、开展项目实施监督与绩效评价等。

国家发展改革委、水利部按职责加强指导和监督。

第二章 项目储备

第六条 水利PPP项目需具备相关规划依据。地方各级水行政主管部门汇总整理本地区水利PPP项目，并依托投资项目在线审批监管平台(国家重大项目库)，建立本地统一、共享的PPP项目库，及时向社会发布相关信息，做好项目储备、动态管理、滚动推进、实施监测等工作。

项目合作期低于10年及没有现金流，或通过保底承诺、回购安排等方式违法违规融资、变相举债的项目，不纳入PPP项目库。

第七条 对列入PPP项目库的水利PPP项目，计划当年推进实施的，需纳入本地PPP项目年度实施计划。使用各类政府投资资金的水利PPP项目，需纳入三年滚动政府投资计划。

第八条 水利PPP项目由项目所在地县级以上人民政府授权的部门或单位作为实施机构。

项目实施机构在授权范围内负责水利PPP项目实施方案编制、社会资本方选择、项目合同签署、项目组织实施和合作期满项目移交等工作。

第三章 项目论证

第九条 水利PPP项目实施方式根据各项目情况合理选择，灵活运用。

对新建项目，其中经济效益较好，能够通过使用者付费方式平衡建设经营成本并获取合理收益的经营性水利工程，一般采用特许经营合作方式。社会效益和生态效益显著，向社会公众提供公共服务为主的公益性水利工程，可通过与经营性较强项目组合开发、授予与项目实施相关的资源开发收益权、按流域或区域统一规划项目实施等方式，提高项目综合盈利能力，吸引社会资本参与工程建设与管护。既有显著的社会效益和生态效益，又具有一定经济效益的准公益性水利工程，一般采用政府特许经营附加部分投资补助、运营补贴或直接投资参股的合作方式，也可按照模块化设计的思路，在保持项目完整性、连续性的前提下，将主体工程、配套工程等不同建设内容划分为单独的模块，根据各模块的主要功能和投资收益水平，相应采用适宜的合作方式。对已建成项目，可通过项目资产转让、改建、委托运营、股权合作等方式将项目资产所有权、股权、经营权、收费权等全部或部分转让给社会资本，规范有序盘活基础设施存量资产，提高项目运营管理效率和效益。对在建项目，也可积极探索引入社会资本负责项目投资、建设、运营和管理。

第十条 对拟采用 PPP 模式的政府或企业投资新建重大水利工程项目，要将项目是否适用 PPP 模式的论证纳入项目可行性研究或项目申请报告论证和决策。对拟采用 PPP 模式的已建成项目和在建项目，涉及新增投资建设的，应依法依规履行投资管理程序。要充分考虑项目的战略价值、功能定位、预期收益、可融资性以及管理要求，科学分析项目采用 PPP 模式的必要性和可行性。

当前，优先选择以使用者付费为主的特许经营项目和盘活存量资产的已建成项目，严格防范地方政府债务风险。

第十一条 政府采用直接投资、资本金注入方式参与的新建水利 PPP 项目，按政府投资项目进行审批，由具有相应审批权限的发展改革部门审批可行性研究报告。

企业使用自己筹措资金建设，以及使用自己筹措的资金并申请使用政府投资补助或贷款贴息等的新建水利 PPP 项目，按企业投资项目履行核准制，由相应的核准机关办理核准手续。

第十二条 纳入 PPP 项目库及年度实施计划的水利 PPP 项目，由实施机构组织编制 PPP 项目实施方案。实施方案可以单独编制，也可在项目可行性研究报告或项目申请报告中包括 PPP 项目实施专章。

第十三条 水利 PPP 项目实施方案编制需符合相关法律法规、技术标准和政策文件要求，与项目可行性研究报告或项目申请报告等相衔接，采用最新、统一的数据。主要包括以下内容：

1. 项目概况。工程主要任务、建设规模、经济技术指标、征地移民数量、项目投资以及其他需要说明的情况等。

2. 实施方式。根据项目类型、收费定价机制、投资收益水平、融资需求等情况，合理确定水利 PPP 项目合作方式和期限。

3. 社会资本方选择方案。根据项目合作方式，明确社会资本方在资质、资本金、企业信用、项目实施经验等方面的准入要求，以及遴选的原则、程序和方法。

4. 投融资和财务方案。分析项目的投融资结构、主要融资方式和财务方案，初步明确项目产品（供水、发电等）的议定价格，以及政府投资补助、运营补贴和其他承诺支持事项等。鼓励符合条件的项目建设运营主体通过 IPO（首次公开发行股票并上市）、增发、资产证券化、企业债券、项目收益债券、公司债券、中期票据等市场化方式进行融资。鼓励各类投资基金、社保资金和保险资金按照市场化原则，创新运用债权投资计划、股权投资计划、项目资产支持计划等多种方式参与项目建设与运营。

5. 建设运营和移交方案。明确项目建设运营中的资产产权关系、责权利关系、建设运营要求、合作期限、服务标准和监管要求、收入来源及投资回报方式、项目移交安排等。

6. 合同体系和主要内容。提出政府和社会资本方合作的合同体系与主要内容，主要包括各方权利义务、资金投入与项目实施要求、投入回报机制、监管机制与违约责任等。

7. 风险识别与分担。分析识别合作周期内各阶段风险因素，遵循责权利对等和动态防控原则，在政府和社会资本方之间合理分配分担风险。原则上，项目建设、运营等商业风险由社会资本方承担，法律和政策调整风险由政府承担，自然灾害等不可抗力风险由双方共同承担。

8. 保障措施与监管架构。包括合作期内合同履约管理、行政监管、公众监督、退出机制等。

第十四条 水利 PPP 项目实施方案编制过程中，可视情况以发布公告等方式征询潜在社会资本方的意见和建议，引导社会资本方形成合理的收益预期，建立主要依靠市场的投资回报机制。涉及政府定价管理、投资补助、政府付费等事项的，应当征求相关主管部门的意见。

第十五条 水利 PPP 项目实施方案编制完成后，可由项目所在地发展改革部门和同级水行政主管部门牵头，按照“多评合一、统一评审”的要求，会同项目涉及的同级财政、规划、国土、价格、国有资产管理、公共资源交易管理、审计、法制等政府相关部门，对 PPP 项目实施方案进行联合评审。项目可行性研究报告或项目申请报告中包含 PPP 项目实施专章的，可结合项目审批或核准一并审查。

初审未通过的水利 PPP 项目，可进一步优化调整实施方案，重新报审。经重新报审仍不能通过的，原则上不再采用 PPP 模式。通过审查的水利 PPP 项目实施方案，应按程序报项目所在地政府审批。

第十六条 水利 PPP 项目实施机构依据经批准的实施方案，组织起草 PPP 项目合同草案。

（一）项目实施机构拟与中选社会资本方签署的 PPP 项目合同。主要确认双方的合作意向、内容和方式，约定项目公司组建、投资及实施主要事项，并明确项目实施机构与项目公司后续签署的 PPP 项目合同生效后是否承继该合同。

政府参股项目公司的，需约定政府持有股份享有的分配权益和股东代表在公司法人治理结构中的安排，如是否享有与其他股东同等权益，是否在利润分配顺序上予以优先安排，是否在特定事项上拥有否决权等。

（二）项目实施机构拟与项目公司签署的 PPP 项目合同。约定各方的责任、权利和义务，明确政府和社会资本合作的内容、期限、履约担保、分年度投资计划及融资方案、风险分担、项目建设和运营管理、回报方式、项目移交、违约处理、信息披露等事项。

根据水利 PPP 项目特点，PPP 项目合同通常包括以下关键条款和内容：（1）项目股权和资产处置。在合作期内，未经项目公司董事会研究并经项目实施机构同意，项目公司不得变更公司股权及经营权，不得自行处置和出让、转让、拍卖、质押项目任何重要资产。为合作项目融资而抵押或担保项目资产的，对外抵押和担保期限不得超出合作期限。（2）风险管理。针对不同阶段的主要风险因素，明确防控措施，通过加强工程建设和运营管理、优化资本结构、多元融资、建立项目最低需求照付不议机制、投资包干机制、完工担保机制、保险和专业机构增信机制等方式，最大限度控制、缓释和降低风险发生，减少风险损失。（3）排他性约定。对区域供水项目，如有必要，可作出合作期间的排他性约定，同时，明确项目公司承担相应的供水普遍服务义务，保证向特许经营区域内所有愿意接受服务并愿意支付服务价格的人提供连续、充足和符合水质要求的供水服务。（4）回报机制。明确项目收入范围、计算及结算方法，项目收费定价或财政补贴的调整周期、条件、触发机制和程序等，约定项目具体产出标准和绩效考核指标，明确项目付费与绩效评价结果挂钩等要求。对有经营现金流的项目，区别风险情况，合理确定预期投资回报率，既保障社会资本合理收益，又要防止不合理让利或利益输送。相关财政支出事项，需足额纳入预算，按照规定程序批准后，及时支付资金。（5）债务性质。水利 PPP 项目融资及偿债责任由项目公司或社会资本方承担，当地政府及其相关部门不能违规提供担保。（6）退出机制。针对不可抗力、违约、主动退出等社会资本方各种中途退出情形，区别实行不同的退出方式，明确相应的预案和应急接管流程及赔偿、清算措施。（7）其他相关承诺。如政府承诺负责协调落实工程外部建设条件，保障项目无开发权争议，负责工程移民安置规划组织实施，依法进行监管等。项目公司承诺在合作期内服从政府有关部门的防汛抗旱调度、水资源统一管理，任何情况下均不得出现恶意停止运营服务、中断供水等重大违约和损害公众利益的行为等。

第四章　社会资本方选择

第十七条　项目实施机构可依法采用公开招标、邀请招标、竞争性谈判等方式，综合考虑投资能力、管理经验、专业水平、融资实力以及信用状况等因素，公开公平公正择优选择社会资本方作为水利 PPP 项目合作伙伴。其中，拟由社会资本方自行承担工程项目勘察、设计、施工、监理以及与工程建设有关的重要设备、材料等采购的，按照《中华人民共和国招标投标法》规定，必须通过招标的方式选择社会资本方。

第十八条　项目实施机构根据水利 PPP 项目实施方案和项目合同草案，准备社会资本方遴选的相关法律文本，包括资格预审文件、招标文件等。

在社会资本方资格要求及评标标准设定等方面，需客观、公正、详细、透明，禁止排斥、限制或歧视民间资本和外商投资。对于具有较好投资收益的项目，在招标约定收入计算及价格机制等条件下，可将不同投标人项目收益等利益分享承诺作为主要评标因素；对于需要政府投资补助或运营补贴等政策支持的项目，可将不同投标人对支持政策的需求要价作为主要评标因素。

第十九条　项目实施机构可根据需要组织资格预审，验证项目能否获得社会资本响应和实现充分竞争，并将资格预审结果提交项目主管部门。预审合格社会资本方数量不满足相关法律法规规定的，可依法调整实施方案确定的社会资本方选取方式。

第二十条　项目实施机构可根据需要，在招标文件中明确项目公司组建、投资及实施等主要事项，作为社会资本方投标时必须响应的内容。开标、评标后，实施机构可组织项目谈判小组，与评标委员会推荐排名第一的中标候选人，进行确认谈判；中标候选人提出的主要条款与招标文件、中标人的投标文件内容不一致的，可终止其谈判资格并没收投标保证金，然后与评标委员会推荐排名第二的中标候选人进行确认谈判，依次类推。

确认谈判完成后，项目实施机构与谈判确认的社会资本方签署确认谈判备忘录，并根据信息公开相关规定公示招标结果和拟与社会资本方签署的项目合同文本及相关文件，明确相关申诉渠道和方式。

第二十一条 项目实施机构按相关规定做好公示期间异议的解释、澄清和回复等工作。公示期满无异议的，由项目实施机构将项目合同报经当地政府或其授权的部门和单位审核同意后，与谈判确认的社会资本方正式签署水利 PPP 项目合同。

项目可行性研究报告或项目申请报告批复、核准时已明确项目法人的，可以根据社会资本方选择结果依法变更。

第五章 项目执行

第二十二条 社会资本方与项目实施机构签署水利 PPP 项目合同后，按约定在规定期限内成立项目公司，负责项目建设与运营管理。

项目公司可由社会资本方单独出资组建，也可由政府授权单位（不包括项目实施机构）与社会资本方共同出资组建，作为水利 PPP 项目的直接实施主体。

第二十三条 项目公司成立后，由项目实施机构与项目公司签署水利 PPP 项目合同，或签署关于承继此前 PPP 项目合同的补充合同。对项目合同与项目实施方案核心内容有重大变更的，项目实施机构需报项目实施方案批准机构审核同意后再签署。

第二十四条 项目公司按照项目合同，履行约定的义务和职责，依法开展项目建设、经营和管理活动，自主经营、自负盈亏。按约定和相关法律法规要求接受项目实施机构、政府相关部门的监管，定期报告项目进展情况。

项目实施机构、相关政府部门根据水利 PPP 项目合同和有关规定，对项目公司履行 PPP 项目建设与运行管理责任进行监管。

第二十五条 水利 PPP 项目合作期满后，如需继续合作的，原合作方有优先续约权。合同约定期满移交的，及时组织开展项目移交工作，由项目公司按照约定的形式、内容和标准，将项目资产无偿移交指定的政府部门。

除另有约定外，合同期满前 12 个月为项目公司向政府移交项目的过渡期，项目实施机构或政府指定的其他机构与社会资本方在过渡期内共同组建项目移交工作组，启动移交准备工作。移交工作组按合同约定的移交标准，组织进行资产评估和性能测试，确保项目处于良好状态。经评估和性能测试，项目状况符合约定的移交条件和标准的，项目公司按合同要求及有关规定完成移交工作并办理移交手续；项目状况不符合约定的移交条件和标准的，项目公司按要求出具移交维修保函，对相关设施进行恢复性修理、更新重置，在满足移交条件和标准后，及时办理移交手续。

第二十六条 水利 PPP 项目移交完成后，政府有关主管部门可组织对项目开展后评价，对项目全生命周期的效率、效果、影响和可持续性等进行评价。评价结果及时反馈给项目利益相关方，并按有关规定公开。

第二十七条 除涉及国家秘密、商业秘密外，地方政府相关部门依法公开水利 PPP 项目入库、社会资本方选择、项目合同订立、工程建设进展、运营绩效等信息。

第六章 附 则

第二十八条 本指南由国家发展改革委、水利部负责解释。

第二十九条 本指南自印发之日起试行。相关法律、行政法规另有规定的，依照其规定。

（二）发改农经〔2017〕2119号文内容解读

1.发改农经〔2017〕2119号文实施的意义

在水利建设领域开展PPP模式的目的是推进水利领域投融资体制改革，国家发展改革委、水利部联合印发发改农经〔2017〕2119号文，是贯彻《中共中央 国务院关于深化投融资体制改革的意见》《国务院关于创新重点领域投融资机制鼓励社会投资的指导意见》在水利领域的具体实施，其意义：一是拓宽社会资本方进入水利领域的渠道，丰富投资者结构；二是发挥政府投资的引导和撬动作用，把有限的财政用于更多的民生项目；三是提升水利管理质量，推进水利工程运营管理体制改革。

2.怎样理解鼓励社会资本优先参与建设运营

据水利部相关部门负责人介绍，在此之前，我国水利投资主要以政府投资为主，社会资本参与程度较低，不足水利总投资的20%。发改农经〔2017〕2119号文提出："除特殊情形外，水利工程建设运营一律向社会资本开放，原则上优先考虑由社会资本参与建设运营。"也就是说，以后只要社会资本方（包括各类国企、民企、混合所有制企业及外商投资企业）愿意投资重大水利工程项目，原则上要优先参与建设运营。那么，社会资本方参与水利工程投资建设运营的方式主要是PPP模式，对于政府负有提供责任、需求长期稳定和较适宜市场化运作的水利项目可以开展PPP模式，按照发改农经〔2017〕2119号文要求，水源工程、重大引调水工程、大型灌区工程、江河湖泊治理骨干工程建设运营等可以开展政府和社会资本合作模式。

3.PPP项目统一入库并设置负面清单

发改农经〔2017〕2119号文明确："地方各级水行政主管部门汇总整理本地区水利PPP项目，并依托投资项目在线审批监管平台（国家重大项目库），建立本地统一、共享的PPP项目库，及时向社会发布相关信息，做好项目储备、动态管理、滚动推进、实施监测等工作。"投资项目在线审批监管平台按照《中共中央 国务院关于深化投融资体制改革的意见》（中发〔2016〕18号）和《企业投资项目核准和备案管理条例》（国务院令第673号）要求，除涉及国家秘密的项目外，项目审批、核准、备案以及所涉及的各类审批事项都必须通过在线平台办理，水利PPP项目也使用该平台审核入库。

发改农经〔2017〕2119号文还明确了水利PPP项目负面清单，即项目合作期低于10年及没有现金流，或通过保底承诺、回购安排等方式违法违规融资、变相举债的项目，不纳入PPP项目库。

4.根据项目不同，PPP实施方式更加灵活

发改农经〔2017〕2119号文根据水利PPP项目的特点，将项目分为新建项目、存量项目、在建项目，并提出了不同的实施模式。

（1）新建项目

一是特许经营方式。对新建项目，经济效益较好，能够通过使用者付费方式平衡建设经营成本并获取合理收益的经营性水利工程，一般采用特许经营合作方式，即采用 BOT 等模式。

二是组合开发方式。新建公益性水利项目可通过与经营性较强项目组合开发、授予与项目实施相关的资源开发收益权、按流域或区域统一规划项目实施等方式，提高项目综合盈利能力，吸引社会资本参与工程建设与管护，即把公益性和经营性进行组合，提高项目综合盈利能力。

三是特许经营 + 补助 / 补贴 / 政府参股方式。新建准公益性水利项目一般采用政府特许经营附加部分投资补助、运营补贴或直接投资参股的合作方式。补助和政府参股主要针对前期资本投资，而补贴主要针对运营期财政补贴。

四是模块化拆分方式。新建项目也可按照模块化设计的思路，在保持项目完整性、连续性的前提下，将主体工程、配套工程等不同建设内容划分为单独的模块，根据各模块的主要功能和投资收益水平，相应采用适宜的合作方式。

（2）存量项目

对已建成项目，可通过项目资产转让、改建、委托运营、股权合作等方式将项目资产所有权、股权、经营权、收费权等全部或部分转让给社会资本，规范有序盘活基础设施存量资产，提高项目运营管理效率和效益。采用 TOT（转让—运营—移交）方式，第一个 T 代表哪些？发改农经〔2017〕2119 号文已经回答，项目资产所有权、股权、经营权、收费权等全部或部分转让给社会资本。所有权或股权转让，有利于社会资本方后期融资运作，经营期结束后，社会资本方应无偿移交。

（3）在建项目

在建项目也可积极探索引入社会资本负责项目投资、建设、运营和管理。在建项目采用 PPP 模式，在实践中已得到运用，如 2017 年违规采用政府购买服务模式或融资平台公司采用的 BT 模式被叫停后，在建项目可转为 PPP 模式以避免烂尾工程。

5. PPP 的论证应纳入可研报告中

可研报告不仅要论证工程项目的可行性，对于采用 PPP 模式的水利项目，发改农经〔2017〕2119 号文要求：“对拟采用 PPP 模式的政府或企业投资新建重大水利工程项目，要将项目是否适用 PPP 模式的论证纳入项目可行性研究或项目申请报告论证和决策。”传统的项目可行性研究主要由规划设计院或工程咨询机构编制，侧重于工程本身建设的可行性，对投融资仅涉及投资收益的平衡性，发改农经〔2017〕2119 号文要求：“要充分考虑项目的战略价值、功能定位、预期收益、可融资性以及管理要求，科学分析项目采用 PPP 模式的必要性和可行性。”目前 PPP 可研论证大多由进入财政部 PPP 咨询机构库的专业机构编制，传统的可研论证与 PPP 可研论证要融合协调，并加大编制可研报告的工作难度。

6. 明确水利 PPP 模式的重点范围

尽管上述第 4 点已列出 PPP 在新建、存量和在建项目中的各种方式，但为了规范推进 PPP 模式，严防地方政府债务，发改农经〔2017〕2119 号文提出："优先选择以使用者付费为主的特许经营项目和盘活存量资产的已建成项目，严格防范地方政府债务风险。"选择经营性强、收入来自使用者付费的项目开展 PPP 模式，或将已经建成的项目、由政府管理的项目改为 PPP 模式，不仅可以减轻政府财政前期投资的压力，也可以化解存量项目减少政府的财政支出。因此，规范的 PPP 模式可以化解地方政府债务压力。

发改农经〔2017〕2119 号文还明确："政府采用直接投资、资本金注入方式参与的新建水利 PPP 项目，按政府投资项目进行审批，由具有相应审批权限的发展改革部门审批可行性研究报告。"明确政府投资项目包含政府直接投资和资本金注入方式是发改农经〔2017〕2119 号文的一个亮点，政府投资项目是 2019 年 1 月实施的《政府投资条例》的重点内容，而发改农经〔2017〕2119 号文在 2017 年底就提出此概念，是比较超前的。另外，政府投资项目采用审批制，而企业投资项目采用备案和核准制。发改农经〔2017〕2119 号文强调："企业使用自己筹措资金建设，以及使用自己筹措的资金并申请使用政府投资补助或贷款贴息等的新建水利 PPP 项目，按企业投资项目履行核准制，由相应的核准机关办理核准手续。"

7. 怎样理解关于社会资本方的选择程序的创新问题

发改农经〔2017〕2119 号文在选择社会资本方时强调："项目实施机构可依法采用公开招标、邀请招标、竞争性谈判等方式，综合考虑投资能力、管理经验、专业水平、融资实力以及信用状况等因素，公开公平公正择优选择社会资本方作为水利 PPP 项目合作伙伴。"而《政府和社会资本合作模式操作指南（试行）》则强调："项目采购应根据《中华人民共和国政府采购法》及相关规章制度执行，采购方式包括公开招标、竞争性谈判、邀请招标、竞争性磋商和单一来源采购。项目实施机构应根据项目采购需求特点，依法选择适当采购方式。"这体现了两个部门在对 PPP 模式中社会资本的选择程序方面存在差异，发改农经〔2017〕2119 号文中并没有提及采用竞争性磋商方式选择社会资本方。

8. 明确了两标并一标的条件

发改农经〔2017〕2119 号文明确："拟由社会资本方自行承担工程项目勘察、设计、施工、监理以及与工程建设有关的重要设备、材料等采购的，按照《中华人民共和国招标投标法》规定，必须通过招标的方式选择社会资本方。"这实际上是两标并一标的概念，两标并一标的前提是必须通过招标程序选择社会资本。《中华人民共和国招标投标法实施条例》第九条中规定：已通过招标方式选定的特许经营项目投资人依法能够自行建设、生产或者提供的情形可以不进行招标。

四、《国务院办公厅关于保持基础设施领域补短板力度的指导意见》（国发〔2018〕101号）

2018年10月11日，国务院办公厅印发《国务院办公厅关于保持基础设施领域补短板力度的指导意见》（国发〔2018〕101号）（以下简称《指导意见》）。

（一）《指导意见》原文

国务院办公厅关于保持基础设施领域补短板力度的指导意见

国发〔2018〕101号

各省、自治区、直辖市人民政府，国务院各部委、各直属机构：

补短板是深化供给侧结构性改革的重点任务。近年来，我国固定资产投资结构不断优化，为增强经济发展后劲、补齐基础设施短板、带动就业和改善民生提供了有力支撑。但今年以来整体投资增速放缓，特别是基础设施投资增速回落较多，一些领域和项目存在较大投资缺口，亟需聚焦基础设施领域突出短板，保持有效投资力度，促进内需扩大和结构调整，提升中长期供给能力，形成供需互促共进的良性循环，确保经济运行在合理区间。为贯彻落实党中央、国务院决策部署，深化供给侧结构性改革，进一步增强基础设施对促进城乡和区域协调发展、改善民生等方面的支撑作用，经国务院同意，现就保持基础设施领域补短板力度提出以下意见。

一、总体要求

（一）指导思想。

以习近平新时代中国特色社会主义思想为指导，全面贯彻党的十九大和十九届二中、三中全会精神，坚持稳中求进工作总基调，坚持以供给侧结构性改革为主线，围绕全面建成小康社会目标和高质量发展要求，坚持既不过度依赖投资也不能不要投资、防止大起大落的原则，聚焦关键领域和薄弱环节，保持基础设施领域补短板力度，进一步完善基础设施和公共服务，提升基础设施供给质量，更好发挥有效投资对优化供给结构的关键性作用，保持经济平稳健康发展。

（二）基本原则。

——聚焦短板。支持“一带一路”建设、京津冀协同发展、长江经济带发展、粤港澳大湾区建设等重大战略，围绕打好精准脱贫、污染防治攻坚战，着力补齐铁路、公路、水运、机场、水利、能源、农业农村、生态环保、公共服务、城乡基础设施、棚户区改造等领域短板，加快推进已纳入规划的重大项目。

——协同发力。充分发挥市场配置资源的决定性作用，积极鼓励民间资本参与补短板项目建设，调动各类市场主体的积极性、创造性。更好发挥政府作用，加强补短板重大项目储备，加快项目审核进度，积极发挥政府投资引导带动作用，为市场主体创造良好的投资环境。

——分类施策。加大对储备项目的协调调度力度，加快推进前期工作，推动项目尽早开工建设。在依法合规的前提下，统筹保障在建项目合理资金需求，推动在建项目顺利实施，确保工程质量安全，早日建成发挥效益，避免形成“半拉子”工程。

——防范风险。坚持尽力而为、量力而行，根据地方财政承受能力和地方政府投资能力，严格项目建设条件审核，合理安排工程项目建设，坚决避免盲目投资、重复建设。规范地方政府举债融资，管控好新增项目融资的金融“闸门”，牢牢守住不发生系统性风险的底线。

二、重点任务

（一）脱贫攻坚领域。深入推进易地扶贫搬迁工程，大力实施以工代赈，加强贫困地区特别是“三区三州”等深度贫困地区基础设施和基本公共服务设施建设。大力支持革命老区、民族地区、边疆地区和资源枯竭、产业衰退地区加快发展。（发展改革委、扶贫办按职责分工牵头负责）

（二）铁路领域。以中西部为重点，加快推进高速铁路“八纵八横”主通道项目，拓展区域铁路连接线，进一步完善铁路骨干网络。加快推动一批战略性、标志性重大铁路项目开工建设。推进京津冀、长三角、粤港澳大湾区等地区城际铁路规划建设。加快国土开发性铁路建设。实施一批集疏港铁路、铁路专用线建设和枢纽改造工程。（发展改革委、中国铁路总公司牵头负责，交通运输部、铁路局按职责分工负责）

（三）公路、水运领域。加快启动一批国家高速公路网待贯通路段项目和对“一带一路”建设、京津冀协同发展、长江经济带发展、粤港澳大湾区建设等重大战略有重要支撑作用的地方高速公路项目，加快推进重点省区沿边公路建设。加快推进三峡枢纽水运新通道和葛洲坝航运扩能工程前期工作，加快启动长江干线、京杭运河等一批干线航道整治工程，同步推动实施一批支线航道整治工程。（交通运输部、水利部按职责分工负责）

（四）机场领域。加快北京大兴国际机场建设，重点推进一批国际枢纽机场和中西部支线机场新建、迁建、改扩建项目前期工作，力争尽早启动建设，提升国际枢纽机场竞争力，扩大中西部地区航空运输覆盖范围。（民航局牵头负责）

（五）水利领域。加快建设一批引调水、重点水源、江河湖泊治理、大型灌区等重大水利工程，推进引江济淮、滇中引水、珠江三角洲水资源配置、碾盘山水利水电枢纽、向家坝灌区一期等重大水利工程建设，进一步完善水利基础设施网络。加快推进中小河流治理等灾后水利薄弱环节建设。（水利部牵头负责）

（六）能源领域。进一步加快金沙江拉哇水电站、雅砻江卡拉水电站等重大水电项目开工建设。加快推进跨省跨区输电，优化完善各省份电网主网架，推动实施一批特高压输电工程。加快实施新一轮农村电网改造升级工程。继续推进燃煤机组超低排放与节能改造，加大油气勘探开发力度，做好天然气产供储销体系和重点地区应急储气能力建设。积极推进一批油气产能、管网等重点项目。（能源局牵头负责）

（七）农业农村领域。大力实施乡村振兴战略，统筹加大高标准农田、特色农产品优势区、畜禽粪污资源化利用等农业基础设施建设力度，促进提升农业综合生产能力。持续推进农村产业融合发展。扎实推进农村人居环境整治三年行动，支持农村改厕工作，促进农村生活垃圾和污水处理设施建设，推进村庄综合建设。（中央农办、发展改

革委、农业农村部按职责分工负责）

（八）生态环保领域。加大对天然林资源保护、重点防护林体系建设、水土保持等生态保护重点工程支持力度。支持城镇生活污水、生活垃圾、危险废物处理设施建设，加快黑臭水体治理。支持煤炭减量替代等重大节能工程和循环经济发展项目。支持重点流域水环境综合治理。（发展改革委、生态环境部、住房城乡建设部、水利部、林草局按职责分工牵头负责）

（九）社会民生领域。支持教育、医疗卫生、文化、体育、养老、婴幼儿托育等设施建设，进一步推进基本公共服务均等化。推进保障性安居工程和城镇公共设施、城市排水防涝设施建设。加快推进“最后一公里”水电气路邮建设。（教育部、卫生健康委、文化和旅游部、体育总局、广电总局、民政部、住房城乡建设部、邮政局等按职责分工牵头负责）

三、配套政策措施

（一）加强重大项目储备。根据重大战略部署、国民经济和社会发展规划纲要、重大建设规划以及财政承受能力和政府投资能力等，对接经济发展和民生需要，依托国家重大建设项目库，分近期、中期、长期三类储备一批基础设施等重点领域补短板重大项目，形成项目储备和滚动接续机制。（发展改革委牵头负责，工业和信息化部、生态环境部、住房城乡建设部、交通运输部、水利部、农业农村部、能源局、林草局、铁路局、民航局、中国铁路总公司等按职责分工负责，地方各级人民政府负责）

（二）加快推进项目前期工作和开工建设。加强沟通协调，强化督促调度，加快规划选址、用地、用海、环评、水土保持等方面前期工作，加大征地拆迁、市政配套、水电接入、资金落实等推进力度，推动项目尽早开工建设。（发展改革委、工业和信息化部、自然资源部、生态环境部、住房城乡建设部、交通运输部、水利部、农业农村部、能源局、林草局、铁路局、民航局、中国铁路总公司等按职责分工负责）

（三）保障在建项目顺利实施，避免形成“半拉子”工程。坚决打好防范化解重大风险攻坚战，对确有必要、关系国计民生的在建项目，统筹采取有效措施保障合理融资需求，推动项目顺利建成，避免资金断供、工程烂尾，防止造成重大经济损失、影响社会稳定，有效防范“处置风险的风险”。（地方各级人民政府负责）

（四）加强地方政府专项债券资金和项目管理。财政部门要完善地方政府专项债券制度，优化专项债券发行程序，合理安排发行进度。分配地方政府专项债券规模时，在充分考虑债务水平基础上，还要考虑在建项目和补短板重大项目资金需求，以及国家重大建设项目库项目储备情况。允许有条件的地方在专项债券发行完成前，对预算已安排的专项债券资金项目通过先行调度库款的办法，加快项目建设进度，债券发行后及时归垫。地方政府建立专项债券项目安排协调机制，加强地方发展改革、财政部门间的沟通衔接，做好项目前期工作，按照财政部确定的专项债券额度，提出专项债券项目安排意见，确保专项债券发行收入可以迅速使用，重点用于在建项目和补短板重大项目。加大财政性资金支持力度，盘活各级财政存量资金，利用以往年度财政结余资金，保障项目建设。（发展改革委、财政部按职责分工负责，地方各级人民政府负责）

（五）加大对在建项目和补短板重大项目的金融支持力度。对已签订借款合同的必要在建项目，金融机构可在依法合规和切实有效防范风险的前提下继续保障融资，对有一定收益或稳定盈利模式的在建项目优先给予信贷支持。鼓励通过发行公司信用类债券、转为合规的政府和社会资本合作（PPP）等市场化方式开展后续融资。在不增加地方政府隐性债务规模的前提下，引导商业银行按照风险可控、商业可持续的原则加大对资本金到位、运作规范的必要在建项目和补短板重大项目的信贷投放力度，支持开发性金融机构、政策性银行结合各自职能定位和业务范围加大相关支持力度。发挥保险资金长期投资优势，通过债权、股权、股债结合、基金等多种形式，积极为在建项目和补短板重大项目提供融资。（银保监会牵头负责，发展改革委、财政部、人民银行、证监会按职责分工负责，地方各级人民政府负责）

（六）合理保障融资平台公司正常融资需求。金融机构要在采取必要风险缓释措施的基础上，按照市场化原则保障融资平台公司合理融资需求，不得盲目抽贷、压贷或停贷，防范存量隐性债务资金链断裂风险。在严格依法解除违法违规担保关系的基础上，对必要的在建项目，允许融资平台公司在不扩大建设规模和防范风险的前提下与金融机构协商继续融资，避免出现工程烂尾。按照一般企业标准对被划分为“退出为一般公司类”的融资平台公司审核放贷。在不增加地方政府隐性债务规模的前提下，对存量隐性债务难以偿还的，允许融资平台公司在与金融机构协商的基础上采取适当展期、债务重组等方式维持资金周转。支持转型中的融资平台公司和转型后市场化运作的国有企业，依法合规承接政府公益性项目，实行市场化经营、自负盈亏，地方政府以出资额为限承担责任。（银保监会、发展改革委、财政部等按职责分工负责）

（七）充分调动民间投资积极性。贯彻落实各项已出台的促进民间投资政策，细化配套措施，持续激发民间投资活力。尽快在交通、油气、电信等领域推介一批投资回报机制明确、商业潜力大的项目。引导社会力量增加学前教育、健康、养老等服务供给，积极依法合规参与扶贫、污染防治等领域基础设施建设。鼓励金融机构和全国信用信息共享平台、地方有关信息平台加强合作，充分运用民营企业纳税等数据，推动开展“银税互动”等。积极发挥国家融资担保基金作用，支持省级再担保公司开展业务，推动符合条件的民营企业参与补短板重大项目。（发展改革委、财政部、银保监会、税务总局按职责分工牵头负责）

（八）规范有序推进政府和社会资本合作（PPP）项目。鼓励地方依法合规采用政府和社会资本合作（PPP）等方式，撬动社会资本特别是民间投资投入补短板重大项目。对经核查符合规定的政府和社会资本合作（PPP）项目加大推进力度，严格兑现合法合规的政策承诺，尽快落实建设条件。积极推动符合条件的政府和社会资本合作（PPP）项目发行债券、规范开展资产证券化。加强政府和社会资本合作（PPP）项目可行性论证，合理确定项目主要内容和投资规模。规范政府和社会资本合作（PPP）操作，构建合理、清晰的权责利关系，发挥社会资本管理、运营优势，提高项目实施效率。规范有序盘活存量资产，鼓励采取转让—运营—移交（TOT）、改建—运营—移交（ROT）等方式，将回收资金用于在建项目和补短板重大项目建设。（发展改革委、财政部按职责分工牵头负责）

（九）深化投资领域“放管服”改革。依托全国投资项目在线审批监管平台，对各类投资审批事项实行“一码运转、一口受理、一网通办”，发挥在线平台电子监察、实时监控功能，切实压减审批时间。加大在线平台应用力度，推动投资管理向服务引导转型，优化投资环境。加快投资项目综合性咨询和工程全过程咨询改革，切实压减审批前的评价评估环节。推进工程建设项目审批制度改革，聚焦工程设计管理体制、施工许

可环节等，压减报建时间。（发展改革委、住房城乡建设部按职责分工牵头负责）

（十）防范化解地方政府隐性债务风险和金融风险。地方政府建设投资应当量力而行，加大财政约束力度，在建设项目可行性研究阶段充分论证资金筹措方案。严格项目建设条件审核，区分轻重缓急，科学有序推进。严禁违法违规融资担保行为，严禁以政府投资基金、政府和社会资本合作（PPP）、政府购买服务等名义变相举债。金融机构要审慎合规经营，尽职调查、严格把关，按照市场化原则评估借款人财务能力和还款来源，综合考虑项目现金流、抵质押物等审慎授信。（地方各级人民政府负责）

各地区、各部门要把基础设施领域补短板作为推进供给侧结构性改革、巩固经济稳中向好态势、促进就业和提升国家长期综合竞争力的重要举措，按照职责分工抓好贯彻落实，强化分类指导，层层压实责任，加强沟通协调，形成工作合力，确保各项政策及时落地生效。

国务院办公厅

2018 年 10 月 11 日

（二）《指导意见》内容解读

1.《指导意见》实施的意义

补短板是深化供给侧结构性改革的重点任务，近年来，虽然我国固定资产投资结构不断优化，对增强经济和保障民生起到有力支撑。但自 2018 年以来，固定资产投资增速和基础设施投资增速都在放缓，2017 年固定资产投资增长 7.2%，而 2018 年固定资产投资比上年增长 5.9%；2107 年我国基础设施投资比上年增长 19%，而 2018 年基础设施投资比上年增长 3.8%（2019 年基础设施投资增长也是 3.8%），两组数据都是近几年增速最低的。因此，《指导意见》指出：“但今年以来整体投资增速放缓，特别是基础设施投资增速回落较多，一些领域和项目存在较大投资缺口，亟需聚焦基础设施领域突出短板，保持有效投资力度，促进内需扩大和结构调整，提升中长期供给能力，形成供需互促共进的良性循环，确保经济运行在合理区间。”

针对基础设施领域存在的短板，《指导意见》提出要聚焦脱贫攻坚、铁路、公路、水运、机场、水利、能源、农业农村、生态环保、社会民生等重点领域短板，加快推进已纳入规划重大项目，鼓励地方依法合规采用政府和社会资本合作（PPP）等市场化方式开展后续融资，撬动社会资本特别是民间投资投入补短板重大项目。

2.《指导意见》提出聚焦三个短板

一是“一带一路”建设、京津冀协同发展、长江经济带发展、粤港澳大湾区建设等重大战略。

二是围绕打好精准脱贫、污染防治攻坚战。

三是铁路、公路、水运、机场、水利、能源、农业农村、生态环保、公共服务、城乡基础设施、棚户区改造等短板领域已纳入规划的重大项目，这些领域正符合目前的重大工程建设范围。

3.《指导意见》提出九大重点任务

一是脱贫攻坚。主要包括易地扶贫搬迁工程、大力实施以工代赈、加强贫困地区基础设施和基本公共服务设施建设。

二是铁路建设。主要包括高速铁路“八纵八横”和战略性、标志性重大铁路项目开工建设及京津冀、长三角、粤港澳大湾区等城际铁路规划建设。同时，加快国土开发性铁路建设和集疏港铁路、铁路专用线建设和枢纽改造工程。

三是公路、水运。主要包括对重大战略有重要支撑作用的地方高速公路项目和重点省区沿边公路建设。在水运建设方面包括三峡枢纽水运新通道和葛洲坝航运扩能前期工作及长江干线、京杭运河等一批干线航道整治工程。

四是机场建设。主要包括北京大兴国际机场建设与一批国际枢纽机场和中西部支线机场。

五是水利建设。包括一批引调水、重点水源、江河湖泊治理、大型灌区等重大水利工程。同时，引江济淮、滇中引水、珠三角水资源配置、碾盘山水利水电枢纽、向家坝灌区一期等重大水利工程建设。另外，还须加快推进中小河流治理等灾后水利薄弱环节建设。

六是能源建设。主要包括金沙江拉哇水电站、雅砻江卡拉水电站等重大水电项目及跨省跨区输电，优化完善各省主网架，特高压输电工程。同时，要加快实施新一轮农村电网改造升级工程；继续推进燃煤机组超低排放与节能改造；积极推进一批油气产能、管网等重点项目。

七是农业农村建设。主要包括大力实施乡村振兴战略，促进提升农业综合生产能力。持续推进农村产业融合发展。扎实推进农村人居环境整治三年行动，推进村庄综合建设。

八是生态环保建设。主要包括天然林资源保护、重点防护林体系建设、水土保持等生态保护重点工程支持力度。城镇生活污水 / 垃圾、危险废物处理设施建设，黑臭水体治理。煤炭减量替代等重大节能工程和循环经济发展项目。重点流域水环境综合治理。

九是社会民生。主要包括教育、医疗卫生、文化、体育、养老、婴幼儿托育等设施建设，进一步推进基本公共服务均等化。同时，推进保障性安居工程和城镇公共设施、城市排水防涝设施建设。另外，推进“最后一公里”水电气路邮建设。

4. 加大补短板重大项目的金融支持力度

基础设施补短板的落脚点是投资，资金从哪里来？金融机构需要对补短板重大项目给予有力支撑。

《指导意见》要求：“对已签订借款合同的必要在建项目，金融机构可在依法合规和切实有效防范风险的前提下继续保障融资，对有一定收益或稳定盈利模式的在建项目优先给予信贷支持。”这主要强调金融机构要在依法合规和有效防范控制风险前提下，因项目而定。

《指导意见》还提出：“鼓励通过发行公司信用类债券、转为合规的政府和社会资本合作（PPP）等市场化方式开展后续融资。在不增加地方政府隐性债务规模的前提下，引导商业银行按照风险可控、商业可持续的原则加大对资本金到位、运作规范的必要在建项目和补短板重大项目的信贷投放力度，支持开发性金融机构、政策性银行结合各自职能定位和业务范围加大相关支持力度。”

例如，农业银行推出城市基础设施专项信贷产品，并制定下发《中国农业银行城市基础设施贷款管理办法》（以下简称《办法》），旨在把握业务发展机遇，以市场化为原则，依法合规操作，统筹资源、有的放矢，加大对基础设施补短板重大项目建设的金融支持力度。

根据《办法》，农业银行将积极参与雄安新区、粤港澳大湾区、海南自由贸易区（港）、“一带一路”区域城市重大基础设施建设项目。对直辖市、省会城市、计划单列市、地方一般公共财政预算收入100亿元以上的地级市及全国经济百强县，具有持续经营性现金流或稳定盈利模式、且有充足财政资金支持的国家级、省级重点项目予以重点关注。同时，在不增加地方政府隐性债务规模的前提下，按照风险可控、商业可持续的原则，加大对资本金到位、运作规范的必要在建项目和补短板重大项目的支持力度。

除传统信贷业务外，农业银行还依托投行、基金、租赁、保险等综合化的金融服务平台优势，加强和深化公私联动、行司联动和投贷联动，为基础设施补短板项目提供全方位、可持续的金融服务，不断提升农业银行的市场影响力。

农业银行公司业务部有关负责人表示，城市基础设施是基础设施领域的重要组成部分，是基础设施领域补短板的重要任务之一，大力支持城市基础设施是农业银行贯彻落实国家补短板工作部署、积极服务实体经济的重要举措，也是农业银行调整优化信贷结构，推动对公业务转型发展的必然要求。近年来，农业银行基础设施类贷款年均增幅超过10%，在金融支持国家和地方基础设施建设方面走在了同业前列。（案例来源：中证网，作者：欧阳剑环）

5. 合理保障融资平台公司正常融资需求

《指导意见》明确要求：“金融机构要在采取必要风险缓释措施的基础上，按照市场化原则保障融资平台公司合理融资需求，不得盲目抽贷、压贷或停贷，防范存量隐性债务资金链断裂风险。在严格依法解除违法违规担保关系的基础上，对必要的在建项目，允许融资平台公司在不扩大建设规模和防范风险的前提下与金融机构协商继续融资，避免出现工程烂尾。按照一般企业标准对被划分为‘退出为一般公司类’的融资平台公司审核放贷。在不增加地方政府隐性债务规模的前提下，对存量隐性债务难以偿还的，允许融资平台公司在与金融机构协商的基础上采取适当展期、债务重组等方式维持资金周转。支持转型中的融资平台公司和转型后市场化运作的国有企业，依法合规承接政府公益性项目，实行市场化经营、自负盈亏，地方政府以出资额为限承担责任。”

上述在满足融资平台公司合理融资需求中体现以下几个内容。

一是虽然要坚持市场化原则对待融资平台公司融资需求，但不能像 2017 年处理地方政府债务所采取简单的停止贷款压缩贷款的处理方式，使有的项目处于停滞状态，造成新的风险，造成以后的几年内融资平台公司还在处理当时债务。《指导意见》并没有采取“一刀切”，避免对项目停贷、抽贷而引起新的风险，所以要求金融机构不得盲目抽贷、压贷或停贷，防范存量隐性债务资金链断裂风险。

二是在解除政府违规担保后，对在建项目还可以融资。此前，一些项目金融机构为了避免风险，要求地方政府给予担保后再放贷款。现在违规担保依法解除后，允许融资平台公司在不扩大建设规模和防范风险的前提下与金融机构协商继续融资，避免出现工程烂尾。这点对金融机构比较难处理，如果当初符合项目贷款条件，就不需要地方政府违规进行担保了，现在政府担保撤走了，要控制信贷风险，要么通过市场化担保，要么增加资产抵押力度等。

三是按照一般企业标准对被划分为“退出为一般公司类”的融资平台公司审核放贷。虽然有的融资平台公司退出“为一般公司类”，但在资产结构和盈利能力方面还与市场化运营的一般企业有差距。有的融资平台公司虽然转型了，经营收入的 60%，甚至 70% 还来自政府给予的结算。《指导意见》要求：按照一般企业标准对被划分为“退出为一般公司类”的融资平台公司审核放贷。在不增加地方政府隐性债务规模的前提下，对存量隐性债务难以偿还的，允许融资平台公司在与金融机构协商的基础上采取适当展期、债务重组等方式维持资金周转。

6. 调动民间投资补短板的积极性

根据 2018 年数据，全国城镇基建投资中，一般公共预算支出、政府性基金支出（专项债资金使用核算在内）、城投平台是三大主要资金来源，分别贡献投资额约 23%、25%、38%，合计贡献达 86%。私人部门对基建投资的贡献主要体现在 PPP 和电力企业自筹资金方面，估算其分别贡献 2018 年基建投资的 6% 和 8%，占比较小。

从上述数据可以看出，民间资本在基础设施领域投资份额较少，主要通过PPP项目及特许经营方式参与基础设施建设。比例小提升的空间就大，《指导意见》提出：“尽快在交通、油气、电信等领域推介一批投资回报机制明确、商业潜力大的项目。引导社会力量增加学前教育、健康、养老等服务供给，积极依法合规参与扶贫、污染防治等领域基础设施建设。鼓励金融机构和全国信用信息共享平台、地方有关信息平台加强合作，充分运用民营企业纳税等数据，推动开展‘银税互动’等。积极发挥国家融资担保基金作用，支持省级再担保公司开展业务，推动符合条件的民营企业参与补短板重大项目。”

交通、油气、电信等领域具有一定投资回报收益，可采用PPP模式或特许经营、EPC等方式。在学前教育、健康、养老等服务方面可以充分发挥民间投资灵活优势，促进符合条件的民营企业参与补短板重大项目。

7. 规范推进政府和社会资本合作（PPP）项目

按照《预算法》和国发〔2014〕43号文要求，除了地方政府发行债券融资外，PPP模式应该算是地方政府少有的合规融资方式了。在基础设施领域中，除了政府投资、城投公司融资外，PPP投资在基础设施建设中所占比重也逐渐提高，补短板离不开PPP。在基础设施领域，PPP已经成为一个有效投资工具，不仅解决项目前期投资，而且引入专业管理机构，在特许经营期提供专业化、精细化的服务。

但在基础设施补短板中不能降低标准，把PPP项目做成伪PPP、假PPP。《指导意见》提出：“鼓励地方依法合规采用政府和社会资本合作（PPP）等方式，撬动社会资本特别是民间投资投入补短板重大项目。”“规范有序盘活存量资产，鼓励采取转让—运营—移交（TOT）、改建—运营—移交（ROT）等方式，将回收资金用于在建项目和补短板重大项目建设。”

规范的PPP项目可按照《财政部关于推进政府和社会资本合作规范发展的实施意见》（财金〔2019〕10号）中的要求执行。

8. 处理好补短板与防范地方政府债务风险的关系

《指导意见》提出三项补短板和九大重点任务，短板在市县级普遍存在，尤其是在经济欠发达地区，补短板既是改革的重点任务，也是重大民生任务。针对基础设施领域存在的补短板，地方政府要区分轻重缓急，根据自身财政收支情况量力而行，不能为了补短板就多上项目、快上项目。有时在“多和快”的引导下，就容易盲目追求项目建设，在资金紧张的情况下就可能会出现违规甚至违法举借债务，虽然有的是为当地经济社会发展，有的是为当地民生发展，但违反《预算法》和有关政策规定，干部被会问责受处分，教训深刻。

笔者认为在补短板时：一是充分借势补短板政策支持，利用好中央和省市级专项资金；二是要清楚在基础设施领域融资中哪些属于绿线、黄线和红线，绿线可以大胆用，黄线需要注意，可先进行必要的调整再进行使用就不违规了，红线是绝对不能踩的。三是《指导意见》严禁违法违规融资担保行为，严禁以政府投资基金、政府和社会资本合作（PPP）、政府购买服务等名义变相举债。政府在利用政府投资基金、PPP及政府购买服务模式时需要谨慎从事，多问问、多研究，因为这三种模式是一把“双刃剑”，用得好就没问题，用得不好就会出现违规形成债务。

五、《重大行政决策程序暂行条例》（国务院令第713号）

2019年4月20日，国务院发布《重大行政决策程序暂行条例》（国务院令第713号）（以下简称《条例》）。

（一）《条例》原文

重大行政决策程序暂行条例

国务院令第713号

现公布《重大行政决策程序暂行条例》，自2019年9月1日起施行。

总　理　李克强

2019年4月20日

第一章　总　则

第一条　为了健全科学、民主、依法决策机制，规范重大行政决策程序，提高决策质量和效率，明确决策责任，根据宪法、地方各级人民代表大会和地方各级人民政府组织法等规定，制定本条例。

第二条　县级以上地方人民政府（以下称决策机关）重大行政决策的作出和调整程序，适用本条例。

第三条　本条例所称重大行政决策事项（以下简称决策事项）包括：

（一）制定有关公共服务、市场监管、社会管理、环境保护等方面的重大公共政策和措施；

（二）制定经济和社会发展等方面的重要规划；

（三）制定开发利用、保护重要自然资源和文化资源的重大公共政策和措施；

（四）决定在本行政区域实施的重大公共建设项目；

（五）决定对经济社会发展有重大影响、涉及重大公共利益或者社会公众切身利益的其他重大事项。

法律、行政法规对本条第一款规定事项的决策程序另有规定的，依照其规定。财政政策、货币政策等宏观调控决策，政府立法决策以及突发事件应急处置决策不适用本条例。

决策机关可以根据本条第一款的规定，结合职责权限和本地实际，确定决策事项目录、标准，经同级党委同意后向社会公布，并根据实际情况调整。

第四条 重大行政决策必须坚持和加强党的全面领导，全面贯彻党的路线方针政策和决策部署，发挥党的领导核心作用，把党的领导贯彻到重大行政决策全过程。

第五条 作出重大行政决策应当遵循科学决策原则，贯彻创新、协调、绿色、开放、共享的发展理念，坚持从实际出发，运用科学技术和方法，尊重客观规律，适应经济社会发展和全面深化改革要求。

第六条 作出重大行政决策应当遵循民主决策原则，充分听取各方面意见，保障人民群众通过多种途径和形式参与决策。

第七条 作出重大行政决策应当遵循依法决策原则，严格遵守法定权限，依法履行法定程序，保证决策内容符合法律、法规和规章等规定。

第八条 重大行政决策依法接受本级人民代表大会及其常务委员会的监督，根据法律、法规规定属于本级人民代表大会及其常务委员会讨论决定的重大事项范围或者应当在出台前向本级人民代表大会常务委员会报告的，按照有关规定办理。

上级行政机关应当加强对下级行政机关重大行政决策的监督。审计机关按照规定对重大行政决策进行监督。

第九条 重大行政决策情况应当作为考核评价决策机关及其领导人员的重要内容。

第二章 决策草案的形成

第一节 决策启动

第十条 对各方面提出的决策事项建议，按照下列规定进行研究论证后，报请决策机关决定是否启动决策程序：

（一）决策机关领导人员提出决策事项建议的，交有关单位研究论证；

（二）决策机关所属部门或者下一级人民政府提出决策事项建议的，应当论证拟解决的主要问题、建议理由和依据、解决问题的初步方案及其必要性、可行性等；

（三）人大代表、政协委员等通过建议、提案等方式提出决策事项建议，以及公民、法人或者其他组织提出书面决策事项建议的，交有关单位研究论证。

第十一条 决策机关决定启动决策程序的，应当明确决策事项的承办单位（以下简称决策承办单位），由决策承办单位负责重大行政决策草案的拟订等工作。决策事项需要两个以上单位承办的，应当明确牵头的决策承办单位。

第十二条 决策承办单位应当在广泛深入开展调查研究、全面准确掌握有关信息、充分协商协调的基础上，拟订决策草案。

决策承办单位应当全面梳理与决策事项有关的法律、法规、规章和政策，使决策草案合法合规、与有关政策相衔接。

决策承办单位根据需要对决策事项涉及的人财物投入、资源消耗、环境影响等成本和经济、社会、环境效益进行分析预测。

有关方面对决策事项存在较大分歧的，决策承办单位可以提出两个以上方案。

第十三条 决策事项涉及决策机关所属部门、下一级人民政府等单位的职责，或者与其关系紧密的，决策承办单位应当与其充分协商；不能取得一致意见的，应当向决策机关说明争议的主要问题，有关单位的意见，决策承办单位的意见、理由和依据。

第二节　公众参与

第十四条　决策承办单位应当采取便于社会公众参与的方式充分听取意见，依法不予公开的决策事项除外。

听取意见可以采取座谈会、听证会、实地走访、书面征求意见、向社会公开征求意见、问卷调查、民意调查等多种方式。

决策事项涉及特定群体利益的，决策承办单位应当与相关人民团体、社会组织以及群众代表进行沟通协商，充分听取相关群体的意见建议。

第十五条　决策事项向社会公开征求意见的，决策承办单位应当通过政府网站、政务新媒体以及报刊、广播、电视等便于社会公众知晓的途径，公布决策草案及其说明等材料，明确提出意见的方式和期限。公开征求意见的期限一般不少于 30 日；因情况紧急等原因需要缩短期限的，公开征求意见时应当予以说明。

对社会公众普遍关心或者专业性、技术性较强的问题，决策承办单位可以通过专家访谈等方式进行解释说明。

第十六条　决策事项直接涉及公民、法人、其他组织切身利益或者存在较大分歧的，可以召开听证会。法律、法规、规章对召开听证会另有规定的，依照其规定。

决策承办单位或者组织听证会的其他单位应当提前公布决策草案及其说明等材料，明确听证时间、地点等信息。

需要遴选听证参加人的，决策承办单位或者组织听证会的其他单位应当提前公布听证参加人遴选办法，公平公开组织遴选，保证相关各方都有代表参加听证会。听证参加人名单应当提前向社会公布。听证会材料应当于召开听证会 7 日前送达听证参加人。

第十七条　听证会应当按照下列程序公开举行：

（一）决策承办单位介绍决策草案、依据和有关情况；

（二）听证参加人陈述意见，进行询问、质证和辩论，必要时可以由决策承办单位或者有关专家进行解释说明；

（三）听证参加人确认听证会记录并签字。

第十八条　决策承办单位应当对社会各方面提出的意见进行归纳整理、研究论证，充分采纳合理意见，完善决策草案。

第三节　专家论证

第十九条　对专业性、技术性较强的决策事项，决策承办单位应当组织专家、专业机构论证其必要性、可行性、科学性等，并提供必要保障。

专家、专业机构应当独立开展论证工作，客观、公正、科学地提出论证意见，并对所知悉的国家秘密、商业秘密、个人隐私依法履行保密义务；提供书面论证意见的，应当署名、盖章。

第二十条　决策承办单位组织专家论证，可以采取论证会、书面咨询、委托咨询论证等方式。选择专家、专业机构参与论证，应当坚持专业性、代表性和中立性，注重选择持不同意见的专家、专业机构，不得选择与决策事项有直接利害关系的专家、专业机构。

第二十一条 省、自治区、直辖市人民政府应当建立决策咨询论证专家库，规范专家库运行管理制度，健全专家诚信考核和退出机制。

市、县级人民政府可以根据需要建立决策咨询论证专家库。

决策机关没有建立决策咨询论证专家库的，可以使用上级行政机关的专家库。

第四节 风险评估

第二十二条 重大行政决策的实施可能对社会稳定、公共安全等方面造成不利影响的，决策承办单位或者负责风险评估工作的其他单位应当组织评估决策草案的风险可控性。

按照有关规定已对有关风险进行评价、评估的，不作重复评估。

第二十三条 开展风险评估，可以通过舆情跟踪、重点走访、会商分析等方式，运用定性分析与定量分析等方法，对决策实施的风险进行科学预测、综合研判。

开展风险评估，应当听取有关部门的意见，形成风险评估报告，明确风险点，提出风险防范措施和处置预案。

开展风险评估，可以委托专业机构、社会组织等第三方进行。

第二十四条 风险评估结果应当作为重大行政决策的重要依据。决策机关认为风险可控的，可以作出决策；认为风险不可控的，在采取调整决策草案等措施确保风险可控后，可以作出决策。

第三章 合法性审查和集体讨论决定

第一节 合法性审查

第二十五条 决策草案提交决策机关讨论前，应当由负责合法性审查的部门进行合法性审查。不得以征求意见等方式代替合法性审查。

决策草案未经合法性审查或者经审查不合法的，不得提交决策机关讨论。对国家尚无明确规定的探索性改革决策事项，可以明示法律风险，提交决策机关讨论。

第二十六条 送请合法性审查，应当提供决策草案及相关材料，包括有关法律、法规、规章等依据和履行决策法定程序的说明等。提供的材料不符合要求的，负责合法性审查的部门可以退回，或者要求补充。

送请合法性审查，应当保证必要的审查时间，一般不少于 7 个工作日。

第二十七条 合法性审查的内容包括：

（一）决策事项是否符合法定权限；

（二）决策草案的形成是否履行相关法定程序；

（三）决策草案内容是否符合有关法律、法规、规章和国家政策的规定。

第二十八条 负责合法性审查的部门应当及时提出合法性审查意见，并对合法性审查意见负责。在合法性审查过程中，应当组织法律顾问、公职律师提出法律意见。决策承办单位根据合法性审查意见进行必要的调整或者补充。

第二节 集体讨论决定和决策公布

第二十九条 决策承办单位提交决策机关讨论决策草案，应当报送下列材料：

（一）决策草案及相关材料，决策草案涉及市场主体经济活动的，应当包含公平竞争审查的有关情况；

（二）履行公众参与程序的，同时报送社会公众提出的主要意见的研究采纳情况；

（三）履行专家论证程序的，同时报送专家论证意见的研究采纳情况；

（四）履行风险评估程序的，同时报送风险评估报告等有关材料；

（五）合法性审查意见；

（六）需要报送的其他材料。

第三十条 决策草案应当经决策机关常务会议或者全体会议讨论。决策机关行政首长在集体讨论的基础上作出决定。

讨论决策草案，会议组成人员应当充分发表意见，行政首长最后发表意见。行政首长拟作出的决定与会议组成人员多数人的意见不一致的，应当在会上说明理由。

集体讨论决定情况应当如实记录，不同意见应当如实载明。

第三十一条 重大行政决策出台前应当按照规定向同级党委请示报告。

第三十二条 决策机关应当通过本级人民政府公报和政府网站以及在本行政区域内发行的报纸等途径及时公布重大行政决策。对社会公众普遍关心或者专业性、技术性较强的重大行政决策，应当说明公众意见、专家论证意见的采纳情况，通过新闻发布会、接受访谈等方式进行宣传解读。依法不予公开的除外。

第三十三条 决策机关应当建立重大行政决策过程记录和材料归档制度，由有关单位将履行决策程序形成的记录、材料及时完整归档。

第四章 决策执行和调整

第三十四条 决策机关应当明确负责重大行政决策执行工作的单位（以下简称决策执行单位），并对决策执行情况进行督促检查。决策执行单位应当依法全面、及时、正确执行重大行政决策，并向决策机关报告决策执行情况。

第三十五条 决策执行单位发现重大行政决策存在问题、客观情况发生重大变化，或者决策执行中发生不可抗力等严重影响决策目标实现的，应当及时向决策机关报告。

公民、法人或者其他组织认为重大行政决策及其实施存在问题的，可以通过信件、电话、电子邮件等方式向决策机关或者决策执行单位提出意见建议。

第三十六条 有下列情形之一的，决策机关可以组织决策后评估，并确定承担评估具体工作的单位：

（一）重大行政决策实施后明显未达到预期效果；

（二）公民、法人或者其他组织提出较多意见；

（三）决策机关认为有必要。

开展决策后评估，可以委托专业机构、社会组织等第三方进行，决策作出前承担主要论证评估工作的单位除外。

开展决策后评估，应当注重听取社会公众的意见，吸收人大代表、政协委员、人民团体、基层组织、社会组织参与评估。

决策后评估结果应当作为调整重大行政决策的重要依据。

第三十七条 依法作出的重大行政决策，未经法定程序不得随意变更或者停止执行；执行中出现本条例第三十五条规定的情形、情况紧急的，决策机关行政首长可以先决定中止执行；需要作出重大调整的，应当依照本条例履行相关法定程序。

第五章　法律责任

第三十八条　决策机关违反本条例规定的，由上一级行政机关责令改正，对决策机关行政首长、负有责任的其他领导人员和直接责任人员依法追究责任。

决策机关违反本条例规定造成决策严重失误，或者依法应当及时作出决策而久拖不决，造成重大损失、恶劣影响的，应当倒查责任，实行终身责任追究，对决策机关行政首长、负有责任的其他领导人员和直接责任人员依法追究责任。

决策机关集体讨论决策草案时，有关人员对严重失误的决策表示不同意见的，按照规定减免责任。

第三十九条　决策承办单位或者承担决策有关工作的单位未按照本条例规定履行决策程序或者履行决策程序时失职渎职、弄虚作假的，由决策机关责令改正，对负有责任的领导人员和直接责任人员依法追究责任。

第四十条　决策执行单位拒不执行、推诿执行、拖延执行重大行政决策，或者对执行中发现的重大问题瞒报、谎报或者漏报的，由决策机关责令改正，对负有责任的领导人员和直接责任人员依法追究责任。

第四十一条　承担论证评估工作的专家、专业机构、社会组织等违反职业道德和本条例规定的，予以通报批评、责令限期整改；造成严重后果的，取消评估资格、承担相应责任。

第六章　附　则

第四十二条　县级以上人民政府部门和乡级人民政府重大行政决策的作出和调整程序，参照本条例规定执行。

第四十三条　省、自治区、直辖市人民政府根据本条例制定本行政区域重大行政决策程序的具体制度。

国务院有关部门参照本条例规定，制定本部门重大行政决策程序的具体制度。

第四十四条　本条例自 2019 年 9 月 1 日起施行。

（二）《条例》内容解读

下文对《条例》的解读，摘自国务院新闻办公室于 2019 年 5 月 16 日请司法部副部长熊选国介绍《条例》有关情况。该介绍指出，规范重大行政决策程序是建设法治国家、法治政府的必然要求，是完善中国特色社会主义法治体系、推进国家治理体系和治理能力现代化的重要举措。作为推进依法行政、加强政府自身建设的一部行政立法，《条例》的出台实施具有重要意义。

第一，有助于加快推进法治政府建设进程。行政机关能否做到科学民主依法决策，体现着依法行政的水平，关系到能否正确履行政府职能。《条例》以规范重大行政决策的程序为重要抓手，既对推进行政决策科学化、民主化、法治化起到“以点带面”的杠杆和牵引作用，又通过科学程序制度规范政府决策活动，提高政府公信力和执行力。这对深入推进依法行政，加快建设高效诚信的法治政府有着不可替代的现实意义。

第二，有助于更好地维护改革发展稳定大局。重大行政决策往往对经济社会发展有重大影响，涉及重大公共利益或者社会公众切身利益，事关改革发展稳定大局。《条例》通过规范重大行政决策程序制度，引导广大群众广泛有序参与政府决策，让重大行政决策过程成为集思广益、凝聚共识的过程，能够有效增强重大行政决策的可行性、稳定性。这对优化营商环境，维护经济持续健康发展和社会稳定大局具有重要的积极意义。

第三，有助于强化行政权力制约和监督。行政决策是行政权力运行的起点，也是规范行政权力的重点。通过《条例》的出台实施，可以起到以制度促规范、以参与促公开、以流程促优化、以监督堵漏洞、以责任强担当的作用，让行政决策权在阳光下运行，让决策者科学依法行使权力，能让约束权力的“制度笼子”扎得更加牢固，这对行政决策的权力行使者而言，既是约束，也是保护。所以，这次《条例》的出台，对于我们进一步加强法治政府建设，特别是推进社会治理体系和治理能力现代化，有非常重要的现实意义和针对性。

本书认为:《条例》的亮点在第三十八条的“追责”，提出了决策严重失误或久拖不决，造成重大损失的，要终身责任追究。这对于一些地方官员希望乱决策、拖而不决后调动到异地免责，有很大震慑力。“决策机关集体讨论决策草案时，有关人员对严重失误的决策表示不同意见的，按照规定减免责任”，这就鼓励决策时有不同意见，在促进民主、科学决策的同时，对提出不同意见的人员给予了将来减免责任的奖励。这一条款影响深远，对一些地方避免政治生态恶化有直接影响，或许能改变一些决策参会人员“不主动、不拒绝、不负责”的参会态度。

六、《关于支持民营企业参与交通基础设施建设发展的实施意见》（发改基础〔2020〕1008号）

2020年6月28日，国家发展改革委等12部门联合出台了《关于支持民营企业参与交通基础设施建设发展的实施意见》（发改基础〔2020〕1008号）（以下简称《实施意见》）。

（一）《实施意见》原文

关于支持民营企业参与交通基础设施建设发展的实施意见

发改基础〔2020〕1008号

各省、自治区、直辖市及计划单列市、新疆生产建设兵团发展改革委、财政厅（局）、住房城乡建设厅（局、委）、交通运输厅（局、委）、市场监管局、银保监局、证监局，中国人民银行上海总部，各分行、营业管理部、各省会（首府）城市中心支行、副省级城市中心支行，国家能源局各派出能源监管机构，各地区铁路监管局，民航各地区管理局，各铁路局集团公司：

为贯彻落实《中共中央　国务院关于营造更好发展环境支持民营企业改革发展的意见》（中发〔2019〕49号）精神，进一步激发民营企业活力和创造力，加快推进交通基础设施高质量发展，现就支持民营企业参与交通基础设施建设发展提出以下实施意见：

一、总体要求

以习近平新时代中国特色社会主义思想为指导，全面贯彻党的十九大和十九届二中、三中、四中全会精神，深入学习贯彻习近平总书记在民营企业座谈会上的重要讲话精神，统筹疫情防控和经济社会发展工作，坚持稳中求进工作总基调，坚持新发展理念，坚持以供给侧结构性改革为主线，坚持各类投资主体一视同仁，遵循交通基础设施经济属性和发展规律，聚焦重点领域，优化市场环境，强化要素支持，鼓励改革创新，减轻企业负担，切实解决民营企业参与交通基础设施建设发展的痛点堵点难点问题，构建民营企业合理盈利的参与机制，充分发挥民营企业作用，提升交通基础设施发展质量和效率，为经济社会高质量发展提供有力支撑。

二、破除市场准入壁垒，维护公平竞争秩序

合理设置资格条件，不得以任何形式对民营企业参与交通基础设施建设运营设置限制性门槛，不得以施工企业必须在施工所在地设立子公司为由限制民营企业参与项目投标，不得在招标文件中提出明显超出项目特点和实际需求的资质资格、业绩、奖项等要求。以平等对待各类市场主体为原则，全面清理交通基础设施领域现有资质资格限制性规定，分类提出处理措施。在不影响铁路路网完整统一的前提下，研究将部分路段或部分工程分开招标，单独组建项目公司。（国家发展改革委、交通运输部、市场监管总局、民航局、铁路局、国铁集团分工负责，地方各级人民政府有关部门、民航各地区管理局、铁路各地区监管局负责）

三、创新完善体制机制，营造良好政策环境

加快研究制定和完善符合市场原则的铁路行业调度、收费定价、财务清算等方面的规则和制度。健全运输企业间协商调度机制，平等协商处理相关事务。完善行业清算平台，制定公开透明、公平合理的铁路运输收入清算规则，完善清算收费标准体系，保证各类主体平等准入、公平竞争，调动企业参与建设投资积极性，切实保障投资者的合法权益。规范路网接轨技术标准和办理程序。公平配置航权时刻等资源，不得因企业性质不同对航线、时刻、航油、航材、飞行员、机场等要素实施差异化供给。推广站城融合开发新模式，以多层次轨道交通衔接枢纽为重点，将枢纽地上地下及周边区域开发作为一个整体，构建“一个主体”的建设开发新体制，建立各类开发主体公平合理的利益分配机制、风险分担机制和协商机制，鼓励民营企业通过独资、股权合作等方式参与依托既有枢纽的城市更新和新建枢纽区域综合开发。（国家发展改革委、交通运输部、住房城乡建设部、民航局、铁路局、国铁集团分工负责，地方各级人民政府有关部门、民航各地区管理局、铁路各地区监管局负责）

四、塑造新型商业模式，拓展企业参与领域

支持和鼓励民营企业参与重大铁路项目建设以及铁路客货站场经营开发、移动互联网服务、快递物流等业务经营，推动铁路站城融合投融资改革，因地制宜规划建设以铁路车站为载体的城市商业综合体，打造公铁、铁水联运中心。支持民营企业参与以货运功能为主的机场、通用机场、直升机起降点项目建设，获取航空货运国内和国际航权，与上下游产业链深度融合，加快国际物流供应链体系建设；参与机场服务配套设施建设运营，对机场周边物业、商业、广告等资源综合开发。研究支持从事航空货运的民营企业扩大货运飞机引进规模。鼓励具备专业经验的民营企业参与高速公路服务区经营活动。拓宽社会资本参与城市停车设施建设运营渠道，加快探索政府投入公共资源产权与社会资本共同开发的PPP模式，构建政府引导、市场主导的城市智慧停车发展模式，支持和鼓励民营企业推动5G、物联网、互联网等智能技术与停车设施建设、管理、运营深度融合。完善政府采购政策，推动民营企业提供拥堵治理、交通大数据平台建设等服务。引导、鼓励和支持民营企业参与绿色维修、绿色驾培、绿色物流、绿色公路、绿色航运等绿色交通发展。（国家发展改革委、交通运输部、住房城乡建设部、民航局、铁路局、国铁集团分工负责，地方各级人民政府有关部门、民航各地区管理局、铁路各地区监管局负责）

五、减轻企业实际负担，保障企业合法收入

优化营商环境，税费优惠政策平等对待各类所有制主体。不得向民营企业收取不合理的交通基础设施建设贷款承诺费、资金管理费等。对政府部门和国有企业拖欠民营企业账款情况实行台账管理，限期清零，对应收账款优先使用现金支付，暂无法现金支付的应主动使用商业汇票支付款项或对账款进行确权，为中小企业融资提供便利，切实杜绝新增拖欠款。对交工验收且投入运营的交通基础设施，符合验收条件的原则上不得晚于1年内开展竣工验收；竣工验收前，对工程尾款、保证金，可在第三方金融机构监管、确保承包企业有承担能力的前提下，由第三方金融机构按照业主指令先行支付给承包企业。（财政部、国家发展改革委、交通运输部、住房城乡建设部、人民银行、银保监会、市场监管总局分工负责，地方各级人民政府有关部门负责）

六、强化资源要素支持，解决企业实际困难

对民营企业投资建设的公益性交通基础设施项目，与其他市场主体享受相同投资支持政策。支持民营企业规范参与交通基础设施PPP项目，中国政企合作投资基金对符合条件的项目予以融资支持。对民营企业投资建设铁路，按有关规定程序审批由电网企业投资建设的铁路配套外部电源电力工程，相关建设成本费用纳入省级电网输配电成本，通过省级电网输配电价回收。吸引更多民营企业参与交通基础设施项目股改上市融资。支持符合条件的交通领域民营企业在科创板上市。支持符合条件的铁路企业实施债转股或资产股改上市融资。引导金融机构结合职能定位，按照市场化原则对民营企业参与交通基础设施项目提供信贷支持。（人民银行、证监会、财政部、国家发展改革委、能源局分工负责，地方各级人民政府有关部门、国家能源局各派出能源监管机构负责）

七、畅通信息获取渠道，强化有效沟通交流

建立民营企业参与交通基础设施建设发展沟通协商机制，加强对示范项目的全过程跟踪服务，定期组织召开协调推进会议，调度进展、协调解决困难问题。系统梳理交通基础设施项目，形成鼓励民营企业投资建设的项目库，定期向社会公开推介。发挥交通运输领域行业协会作用，引导民营企业参与标准制定和技术攻关，鼓励协会灵活采取多种形式定期听取本领域民营企业的意见建议，汇总后报送有关部门研究解决。（国家发展改革委、交通运输部、民航局、铁路局、国铁集团分工负责，地方各级人民政府有关部门、民航各地区管理局、铁路各地区监管局负责）

八、切实转变思想观念，加强宣传推广评估

进一步转变思想观念，提高思想认识，坚持“两个毫不动摇”，深刻认识发展民营经济的重要意义，深刻认识民营企业在创新交通基础设施发展体制机制、提升交通基础设施建设运营效率等方面的重要作用，在制定和实施重大战略、重大规划、重大政策过程中认真听取民营企业意见，推动民营企业不断提升企业发展质量、守法合规经营，积极参与交通基础设施建设发展。要分区分级分类统筹推进新冠肺炎疫情防控和企业复工达产，确保在建项目正常运转和新建项目按期开工。要组织落实好现有支持民营企业发展的政策措施，及时梳理总结支持民营企业参与交通基础设施建设发展的好经验、好做法，积极发掘和总结典型案例，通过召开现场经验交流会等形式，积极推广先进经验。（各部门各地方负责）

国家发展改革委
财政部
住房城乡建设部
交通运输部
人民银行
市场监管总局
银保监会
证监会
能源局
铁路局
民航局
中国国家铁路集团有限公司
2020年6月28日

（二）《实施意见》内容解读

对《实施意见》的解读，摘自国家发展改革委网站2020年7月16日消息。

国家发展改革委指出，为贯彻落实《中共中央　国务院关于营造更好发展环境支持民营企业改革发展的意见》（中发〔2019〕49号）精神，坚持毫不动摇鼓励、支持、引导非公有制经济发展，统筹推进疫情防控与经济社会发展工作，国家发展改革委等12个部门联合出台了《实施意见》。《实施意见》聚焦重点、直击痛点，提出多项精准实招，有利于增强民营企业投资建设交通基础设施积极性，激发民营企业活力和创造力，为经济社会高质量发展提供有力支撑。

1. 充分认识《实施意见》的重要意义

交通投资领域引入民营资本的制度设计客观上比较复杂，既是政策突破难点，又是社会关注热点。在当前推动经济社会高质量发展，统筹新冠肺炎疫情防控和经济社会发展背景下，《实施意见》的出台，意义重大而深远。

一是有利于激发民营企业发展活力。《实施意见》坚持各类投资主体一视同仁，破除市场准入隐性壁垒，保障民营企业平等享有资金、用能等要素支持，引入市场竞争，构建合理盈利参与机制。通过降低制度性交易成本，加大减税降费力度，进一步减轻民营企业实际负担。鼓励民营企业参与铁路场站、高速公路服务区、货运机场、通用机场等建设运营，积极拓展民营企业投资建设领域。可以预见，《实施意见》的出台将显著增强民营企业参与交通基础设施建设发展的积极性，充分激发民营企业活力和创造力，发挥民营企业在商业模式创新和技术创新方面的优势，拓展盈利模式和收益来源，提高交通基础设施发展质量和效率。

二是有利于推动交通基础设施高质量发展。《实施意见》鼓励民营企业参与交通大数据平台、城市智慧停车等融合新型基础设施建设以及绿色维修、绿色驾培、绿色物流、绿色公路、绿色航运等绿色交通发展，提供数字转型、智能升级、融合创新等服务，为交通基础设施智能绿色安全发展提供有力支撑。《实施意见》提出完善铁路运输收入清算规则，塑造新型商业模式，健全现代企业制度，深化投融资改革等针对性意见，切中体制机制改革重点、难点，是对重点领域和关键环节改革创新的有益探索，有利于提高交通基础设施运行效率、整体效益和服务品质。

三是有利于推动经济社会健康稳定发展。交通基础设施是国民经济和社会发展的基石，加大交通基础设施投资力度，提升投资质量效益，不仅是推动经济持续增长的重要动力，更是新冠肺炎疫情发生后拉动经济回升、稳定经济社会运行的强心剂。《实施意见》不仅为民营企业开展更广泛领域投资提供支持指引，也有利于破解交通基础设施建设发展面临的融资瓶颈，是对国家统筹疫情防控和经济社会发展，推出“两新一重”建设，扩大有效投资的积极回应。

2. 准确把握《实施意见》的特色亮点

《实施意见》坚持各类投资主体一视同仁，遵循交通基础设施经济属性和发展规律，聚焦重点领域，优化市场环境，强化要素支持，鼓励改革创新，减轻企业负担，针对民营企业参与交通基础设施建设发展的实际困难，提出有针对性、可操作、能解决问题的六大方面政策措施。一是破除市场准入隐性壁垒，创新完善招投标机制，维护公平竞争秩序。二是创新完善体制机制，深化铁路体制机制改革，营造良好政策环境。三是塑造新型商业模式，拓展企业参与领域。四是减轻企业实际负担，清理规范各类税费优惠政策，保障企业合法收入。五是加大资金、用能政策支持，优化融资条件，解决企业实际困难。六是畅通信息获取渠道，强化有效沟通交流。

《实施意见》突出一个“实”字，在既有政策落实和实践探索基础上，不求全责备，聚焦重点、难点，力求出实招，切实解决重点、难点、堵点问题。对于破除市场准入隐性障碍和地方保护主义，《实施意见》提出不得以施工企业必须在施工所在地设立子公司为由限制民营企业参与项目投标，全面清理处理现有资质资格限制性规定。对于铁路体制机制改革不到位问题，《实施意见》提出优化符合市场原则的铁路行业规则制度，完善行业清算平台，制定公开透明、公平合理的清算分配规则等意见。对于拖欠民营企业收入问题，《实施意见》提出开展项目竣工验收的条件、时间以及第三方金融机构将工程尾款、保证金先行支付给承包企业的相关要求。对于缓解项目用电保障困难，进一步减少企业投资建设铁路成本，《实施意见》明确了电网企业为铁路配套外部电源电力工程投资建设主体，相关建设成本费用纳入省级电网输配电成本并通过省级电网输配电价回收。对于民营企业获取项目信息难、表达诉求渠道有限等问题，《实施意见》提出引导行业协会建立发声渠道，各地梳理形成鼓励民营企业投资建设项目库，定期向社会公开推介等意见。

3. 转变思想观念，狠抓贯彻落实

《实施意见》要发挥实效，关键在于抓落实。国家发展改革委等相关部门应加强统筹协调和工作督导，充分发挥行业协会和社会公众力量，搭建政企合作桥梁，推动政策落实落地。

一是要切实转变思想观念。坚持“两个毫不动摇”，深刻认识民营经济和民营企业在交通基础设施建设发展中的意义作用，在重大战略、重大规划、重大政策制定实施中听取民营企业意见，推动民营企业积极参与交通基础设施建设发展。

二是要加强宣传推广评估。总结民营企业参与交通基础设施建设发展的好经验好做法，通过现场经验交流会等形式，总结推广先进经验，形成示范引领作用，各地区各部门营造良好环境支持民营企业参与基础设施建设。

三是要发挥协会服务作用。协会主动做好政策宣贯，让民营企业享受政策红利。引导民营企业参与标准制定和技术攻关，增强创新能力和核心竞争力。采取专项调研等形式，定期听取本领域民营企业基层一线声音和群众企盼，形成调研报告，报送国家有关部门研究解决。

第四篇 “两新一重”建设中地方政府专项债券融资政策及解读

写在前面：

地方政府专项债券是政府在基础设施建设投资中的一项政策工具，2020 年 7 月 15 日，国务院总理李克强主持召开国务院常务会议，要求各地用好地方政府专项债券，加强资金和项目对接、提高资金使用效益，重点支持“两新一重”、公共卫生设施建设。

2021 年地方政府债券发行规模可能相比 2020 年有所收缩，将加强发行专项债风险控制，但资金重点仍投向“两新一重”领域。在“十四五”的开局年，用好地方政府专项债券，发挥专项债券做项目资本金效果，撬动社会资本投资的规模，推进有经营收益的项目配套融资，可以更好地发挥有效投资拉动作用，做好“六稳”工作，落实“六保”任务。

本篇围绕土地专项债券、收费公路专项债券、棚改专项债券、项目收益专项债券、专项债券发行及项目配套融资政策，以及 2021 年地方政府专项债券政策导向等 9 个最新政策进行详细解读，以帮助读者学习理解“两新一重”项目建设中涉及的有关地方政府专项债券政策。

一、《关于印发〈地方政府土地储备专项债券管理办法（试行）〉的通知》（财预〔2017〕62 号）

2017 年 5 月 16 日，财政部、国土资源部联合出台《关于印发〈地方政府土地储备专项债券管理办法（试行）〉的通知》（财预〔2017〕62 号）（以下简称财预〔2017〕62 号文）。

（一）财预〔2017〕62号文原文

关于印发《地方政府土地储备专项债券管理办法（试行）》的通知

财预〔2017〕62号

各省、自治区、直辖市、计划单列市财政厅（局）、各省级国土资源主管部门：

根据《中华人民共和国预算法》和《国务院关于加强地方政府性债务管理的意见》（国发〔2014〕43号）等有关规定，为完善地方政府专项债券管理，逐步建立专项债券与项目资产、收益对应的制度，有效防范专项债务风险，2017年先从土地储备领域开展试点，发行土地储备专项债券，规范土地储备融资行为，促进土地储备事业持续健康发展，今后逐步扩大范围。为此，我们研究制订了《地方政府土地储备专项债券管理办法（试行）》。

2017年土地储备专项债券额度已经随同2017年分地区地方政府专项债务限额下达，请你们在本地区土地储备专项债券额度内组织做好土地储备专项债券额度管理、预算编制和执行等工作，尽快发挥债券资金效益。

现将《地方政府土地储备专项债券管理办法（试行）》印发给你们，请遵照执行。

附件：地方政府土地储备专项债券管理办法（试行）

财政部　国土资源部

2017年5月16日

附件：

地方政府土地储备专项债券管理办法（试行）

第一章　总　则

第一条　为完善地方政府专项债券管理，规范土地储备融资行为，建立土地储备专项债券与项目资产、收益对应的制度，促进土地储备事业持续健康发展，根据《中华人民共和国预算法》和《国务院关于加强地方政府性债务管理的意见》（国发〔2014〕43号）等有关规定，制订本办法。

第二条　本办法所称土地储备，是指地方政府为调控土地市场、促进土地资源合理利用，依法取得土地，进行前期开发、储存以备供应土地的行为。

土地储备由纳入国土资源部名录管理的土地储备机构负责实施。

第三条　本办法所称地方政府土地储备专项债券（以下简称土地储备专项债券）是地方政府专项债券的一个品种，是指地方政府为土地储备发行，以项目对应并纳入政府性基金预算管理的国有土地使用权出让收入或国有土地收益基金收入（以下统称土地出让收入）偿还的地方政府专项债券。

第四条　地方政府为土地储备举借、使用、偿还债务适用本办法。

第五条　地方政府为土地储备举借债务采取发行土地储备专项债券方式。省、自治区、直辖市政府（以下简称省级政府）为土地储备专项债券的发行主体。设区的市、自治州，县、自治县、不设区的市、市辖区级政府（以下简称市县级政府）确需发行土地储备专项债券的，由省级政府统一发行并转贷给市县级政府。经省级政府批准，计划单列市政府可以自办发行土地储备专项债券。

第六条 发行土地储备专项债券的土地储备项目应当有稳定的预期偿债资金来源，对应的政府性基金收入应当能够保障偿还债券本金和利息，实现项目收益和融资自求平衡。

第七条 土地储备专项债券纳入地方政府专项债务限额管理。土地储备专项债券收入、支出、还本、付息、发行费用等纳入政府性基金预算管理。

第八条 土地储备专项债券资金由财政部门纳入政府性基金预算管理，并由纳入国土资源部名录管理的土地储备机构专项用于土地储备，任何单位和个人不得截留、挤占和挪用，不得用于经常性支出。

第二章 额度管理

第九条 财政部在国务院批准的年度地方政府专项债务限额内，根据土地储备融资需求、土地出让收入状况等因素，确定年度全国土地储备专项债券总额度。

第十条 各省、自治区、直辖市年度土地储备专项债券额度应当在国务院批准的分地区专项债务限额内安排，由财政部下达各省级财政部门，抄送国土资源部。

第十一条 省、自治区、直辖市年度土地储备专项债券额度不足或者不需使用的部分，由省级财政部门会同国土资源部门于每年 8 月底前向财政部提出申请。财政部可以在国务院批准的该地区专项债务限额内统筹调剂额度并予批复，抄送国土资源部。

第三章 预算编制

第十二条 县级以上地方各级土地储备机构应当根据土地市场情况和下一年度土地储备计划，编制下一年度土地储备项目收支计划，提出下一年度土地储备资金需求，报本级国土资源部门审核、财政部门复核。市县级财政部门将复核后的下一年度土地储备资金需求，经本级政府批准后于每年 9 月底前报省级财政部门，抄送省级国土资源部门。

第十三条 省级财政部门会同本级国土资源部门汇总审核本地区下一年度土地储备专项债券需求，随同增加举借专项债务和安排公益性资本支出项目的建议，经省级政府批准后于每年 10 月底前报送财政部。

第十四条 省级财政部门在财政部下达的本地区土地储备专项债券额度内，根据市县近三年土地出让收入情况、市县申报的土地储备项目融资需求、专项债务风险、项目期限、项目收益和融资平衡情况等因素，提出本地区年度土地储备专项债券额度分配方案，报省级政府批准后将分配市县的额度下达各市县级财政部门，并抄送省级国土资源部门。

第十五条 市县级财政部门应当在省级财政部门下达的土地储备专项债券额度内，会同本级国土资源部门提出具体项目安排建议，连同年度土地储备专项债券发行建议报省级财政部门备案，抄送省级国土资源部门。

第十六条 增加举借的土地储备专项债券收入应当列入政府性基金预算调整方案。包括：

（一）省级政府在财政部下达的年度土地储备专项债券额度内发行专项债券收入；

（二）市县级政府收到的上级政府转贷土地储备专项债券收入。

第十七条 增加举借土地储备专项债券安排的支出应当列入预算调整方案，包括本级支出和转贷下级支出。土地储备专项债券支出应当明确到具体项目，在地方政府债务管理系统中统计，纳入财政支出预算项目库管理。

地方各级国土资源部门应当建立土地储备项目库，项目信息应当包括项目名称、地块区位、储备期限、项目投资计划、收益和融资平衡方案、预期土地出让收入等情况，并做好与地方政府债务管理系统的衔接。

第十八条 土地储备专项债券还本支出应当根据当年到期土地储备专项债券规模、土地出让收入等因素合理预计、妥善安排，列入年度政府性基金预算草案。

第十九条 土地储备专项债券利息和发行费用应当根据土地储备专项债券规模、利率、费率等情况合理预计，列入政府性基金预算支出统筹安排。

第二十条 土地储备专项债券收入、支出、还本付息、发行费用应当按照《地方政府专项债务预算管理办法》（财预〔2016〕155 号）规定列入相关预算科目。

第四章　预算执行和决算

第二十一条 省级财政部门应当根据本级人大常委会批准的预算调整方案，结合市县级财政部门会同本级国土资源部门提出的年度土地储备专项债券发行建议，审核确定年度土地储备专项债券发行方案，明确债券发行时间、批次、规模、期限等事项。

市县级财政部门应当会同本级国土资源部门、土地储备机构做好土地储备专项债券发行准备工作。

第二十二条 地方各级国土资源部门、土地储备机构应当配合做好本地区土地储备专项债券发行准备工作，及时准确提供相关材料，配合做好信息披露、信用评级、土地资产评估等工作。

第二十三条 土地储备专项债券应当遵循公开、公平、公正原则采取市场化方式发行，在银行间债券市场、证券交易所市场等交易场所发行和流通。

第二十四条 土地储备专项债券应当统一命名格式，冠以“×× 年 ×× 省、自治区、直辖市（本级或 ×× 市、县）土地储备专项债券（× 期）——× 年 ×× 省、自治区、直辖市政府专项债券（× 期）”名称，具体由省级财政部门商省级国土资源部门确定。

第二十五条 土地储备专项债券的发行和使用应当严格对应到项目。根据土地储备项目区位特点、实施期限等因素，土地储备专项债券可以对应单一项目发行，也可以对应同一地区多个项目集合发行，具体由市县级财政部门会同本级国土资源部门、土地储备机构提出建议，报省级财政部门确定。

第二十六条 土地储备专项债券期限应当与土地储备项目期限相适应，原则上不超过 5 年，具体由市县级财政部门会同本级国土资源部门、土地储备机构根据项目周期、债务管理要求等因素提出建议，报省级财政部门确定。

土地储备专项债券发行时，可以约定根据土地出让收入情况提前偿还债券本金的条款。鼓励地方政府通过结构化创新合理设计债券期限结构。

第二十七条 省级财政部门应当按照合同约定，及时偿还土地储备专项债券到期本金、利息以及支付发行费用。市县级财政部门应当及时向省级财政部门缴纳本地区或本级应当承担的还本付息、发行费用等资金。

第二十八条 土地储备项目取得的土地出让收入，应当按照该项目对应的土地储备专项债券余额统筹安排资金，专门用于偿还到期债券本金，不得通过其他项目对应的土地出让收入偿还到期债券本金。

因储备土地未能按计划出让、土地出让收入暂时难以实现，不能偿还到期债券本金时，可在专项债务限额内发行土地储备专项债券周转偿还，项目收入实现后予以归还。

第二十九条 年度终了，县级以上地方各级财政部门应当会同本级国土资源部门、土地储备机构编制土地储备专项债券收支决算，在政府性基金预算决算报告中全面、准确反映土地储备专项债券收入、安排的支出、还本付息和发行费用等情况。

第五章 监督管理

第三十条 地方各级财政部门应当会同本级国土资源部门建立和完善相关制度，加强对本地区土地储备专项债券发行、使用、偿还的管理和监督。

第三十一条 地方各级国土资源部门应当加强对土地储备项目的管理和监督，保障储备土地按期上市供应，确保项目收益和融资平衡。

第三十二条 地方各级政府不得以土地储备名义为非土地储备机构举借政府债务，不得通过地方政府债券以外的任何方式举借土地储备债务，不得以储备土地为任何单位和个人的债务以任何方式提供担保。

第三十三条 地方各级土地储备机构应当严格储备土地管理，切实理清土地产权，按照有关规定完成土地登记，及时评估储备土地资产价值。县级以上地方各级国土资源部门应当履行国有资产运营维护责任。

第三十四条 地方各级土地储备机构应当加强储备土地的动态监管和日常统计，及时在土地储备监测监管系统中填报相关信息，获得相应电子监管号，反映土地储备专项债券运行情况。

第三十五条 地方各级土地储备机构应当及时在土地储备监测监管系统填报相关信息，反映土地储备专项债券使用情况。

第三十六条 财政部驻各地财政监察专员办事处对土地储备专项债券额度、发行、使用、偿还等进行监督，发现违反法律法规和财政管理、土地储备资金管理等政策规定的行为，及时报告财政部，抄送国土资源部。

第三十七条 违反本办法规定情节严重的，财政部可以暂停其地方政府专项债券发行资格。违反法律、行政法规的，依法追究有关人员责任；涉嫌犯罪的，移送司法机关依法处理。

第六章 职责分工

第三十八条 财政部负责牵头制定和完善土地储备专项债券管理制度，下达分地区土地储备专项债券额度，对地方土地储备专项债券管理实施监督。

国土资源部配合财政部加强土地储备专项债券管理，指导和监督地方国土资源部门做好土地储备专项债券管理相关工作。

第三十九条 省级财政部门负责本地区土地储备专项债券额度管理和预算管理、组织做好债券发行、还本付息等工作，并按照专项债务风险防控要求审核项目资金需求。

省级国土资源部门负责审核本地区土地储备规模和资金需求（含成本测算等），

组织做好土地储备项目库与地方政府债务管理系统的衔接，配合做好本地区土地储备专项债券发行准备工作。

第四十条 市县级财政部门负责按照政府债务管理要求并根据本级国土资源部门建议以及专项债务风险、土地出让收入等因素，复核本地区土地储备资金需求，做好土地储备专项债券额度管理、预算管理、发行准备、资金监管等工作。

市县级国土资源部门负责按照土地储备管理要求并根据土地储备规模、成本等因素，审核本地区土地储备资金需求，做好土地储备项目库与政府债务管理系统的衔接，配合做好土地储备专项债券发行各项准备工作，监督本地区土地储备机构规范使用土地储备专项债券资金，合理控制土地出让节奏并做好与对应的专项债券还本付息的衔接，加强对项目实施情况的监控。

第四十一条 土地储备机构负责测算提出土地储备资金需求，配合提供土地储备专项债券发行相关材料，规范使用土地储备专项债券资金，提高资金使用效益。

第七章 附 则

第四十二条 省、自治区、直辖市财政部门可以根据本办法规定，结合本地区实际制定实施细则。

第四十三条 本办法由财政部会同国土资源部负责解释。

第四十四条 本办法自印发之日起实施。

（二）财预〔2017〕62号文内容解读

对《地方政府土地储备专项债券管理办法（试行）》（以下简称《办法》）的解读，引自财政部、国土资源部有关负责人就印发《办法》回答记者提问。

1. 土地储备制度是什么？发行土地储备专项债券的政策背景是什么

答：土地储备制度是指市县政府或国土资源部门委托土地储备机构，依据土地利用总体规划、城市总体规划和土地利用年度计划，将按照法定程序收回、收购、优先购买或征收的土地纳入政府储备，对储备土地进行必要的基础设施建设及管理，以备政府供应土地、调控市场的一种制度安排。土地储备是指地方政府为调控土地市场、促进土地资源合理利用，依法取得土地，进行前期开发、储存以备供应土地的行为，是稳定土地市场、落实调控职能的有效手段；有利于提供保障性安居工程用地，支持应对房价过快上涨，满足中低收入家庭住房需求；有利于保证土地利用总体规划和城市总体规划实施，促进土地节约集约利用，提高土地利用效率；有利于促进土地市场发育，为土地招标拍卖挂牌出让提供保障。依法依规解决土地储备资金问题，是保障土地储备工作健康发展的重要基础。

2015年以前，地方土地储备资金的来源以银行贷款为主。为加强对地方政府举债融资行为的监督、遏制政府债务过快增长势头、防范政府债务风险、保障地方政府合理融资需求，在借鉴和比较主要市场经济国家地方政府融资模式经验的基础上，立足我国国情和实践，从2015年起实施的《预算法》（2014年修订）规定，地方政府应当通过发行地方政府债券方式举借债务，除此之外不得以其他任何方式举债。按照《预算法》要求，财政部、国土资源部印发《关于规范土地储备和资金管理等相关问题的通知》（财综〔2016〕4号），明确各地不得再向银行业金融机构举借土地储备贷款，土地储备融资需求应当通过省级政府发行地方政府债券方式解决。

与此同时，为保障土地储备等重点领域筹资方式调整后合理融资需求，按照新修订的《预算法》和《国务院关于加强地方政府性债务管理的意见》（国发〔2014〕43号）有关精神，财政部积极研究推动完善地方政府专项债券管理，加快按照地方政府性基金收入项目分类发行专项债券步伐，着力发展实现项目收益和融资自求平衡的专项债券品种，并经第十二届全国人大第五次会议审议批准。根据地方政府性基金收入项目特点和相关工作进展，2017年拟选择土地储备等重点领域开展试点。据此，结合我国地方政府债务管理规定和地方土地储备管理工作实际，经广泛调研、论证和征求意见，财政部、国土资源部研究制定了《办法》。

2. 发行土地储备专项债券有什么积极意义

答：发行土地储备专项债券，是深入贯彻以习近平同志为核心的党中央关于全面推进依法治国的战略部署，严格按照《预算法》要求和国务院文件规定，完善地方政府专项债券管理、规范地方政府土地储备融资行为的重要举措。土地储备专项债券根据土地储备业务实际需要，在发行额度和期限、发行对象、项目管理、收益回报等方面"量身打造"，全面适应土地储备业务特点，有利于健全规范的地方政府举债融资机制，保障土地储备领域项目建设合理融资需求，防范专项债务风险，妥善处理好稳增长和防风险的关系，服务改革发展大局。

一是促进经济平稳健康发展。将完善专项债券管理与依法推进土地储备融资模式改革有机结合，通过专项债券管理模式创新，形成总量可控、动态可持续的资金保障机制，以合法规范方式保障土地储备项目合理融资需求，既促进土地市场规范、健康发展，又发挥国土资源对新型城镇化建设的服务保障作用，支持地方稳增长、补短板，助力全面建成小康社会目标的实现。

二是完善专项债券管理。依据《预算法》、国发〔2014〕43号文件确定的地方政府债券管理理念，借鉴国外市政债券管理经验，对以对应的政府性基金或专项收入偿还的专项债券，强化项目收益和融资自求平衡的管理理念，发挥专项债券项目对应专项收入、资产的偿债保障作用，主动防范化解潜在风险隐患。

三是遏制违法违规变相举债行为。在严格执行国发〔2014〕43号文件关于剥离融资平台公司政府融资职能、《国务院关于加强地方政府融资平台公司管理有关问题的通知》（国发〔2010〕19号）关于公益性资产不得作为资本注入融资平台公司等规定的同时，通过开"正门"发行土地储备专项债券，将用于偿还专项债务的土地储备资产及其预期土地出让收入显性化，债券资金由纳入国土资源部门名录管理的土地储备机构专项用于土地储备业务，从机制上堵住融资平台公司等企业冒用土地储备名义以储备土地进行抵押担保融资的“后门”“歪门”，防范违法违规举债或变相举债、挪用土地储备资金等行为发生。

四是深化财政与金融互动。选择土地储备等部分政府性基金收入项目分类发行专项债券，有利于丰富地方政府债券品种，完善地方政府债券市场，进一步增强地方政府债券透明度，保护投资者合法权益，支持对债券科学合理定价，提高地方政府债券市场化水平，吸引更多社会资本投资地方政府债券，带动民间资本支持重点领域项目建设，激发民间投资潜力。

3.《办法》的主要内容及土地储备专项债券管理的重点是什么

答:《办法》依据现行法律法规和地方政府债务管理规定，从额度管理、预算编制、预算执行和决算、监督管理、职责分工等方面，提出了地方政府土地储备专项债券管理的工作要求。在《地方政府专项债务预算管理办法》（财预〔2016〕155 号）基础上，土地储备专项债券管理进一步突出以下重点。

一是体现项目收益与融资自求平衡的理念。《办法》明确提出，土地储备专项债券是地方政府专项债券的一个品种，以项目对应并纳入政府性基金预算管理的国有土地使用权出让收入或国有土地收益基金收入偿还。《办法》强调，发行土地储备专项债券的土地储备项目应当有稳定的预期偿债资金来源，对应的政府性基金收入应当能够保障偿还债券本金和利息，实现项目收益和融资自求平衡。

二是落实市县政府管理责任、加强部门协调配合。《办法》规定，落实市县政府责任，通过统一土地储备专项债券命名格式，将债券偿还和资金管理责任一一对应到具体使用债券资金的市县政府；强化财政部门、国土资源部门协调配合，发挥部门各自优势，保障专项债券顺利发行、使用和偿还。

三是实现专项债券与项目严格对应。《办法》明确，土地储备专项债券发行严格对应项目实施；债券期限与项目实际相适应；债券安排的支出明确到具体项目；土地储备项目取得的土地出让收入，按照该项目对应的债券余额统筹安排资金。通过将原来集中发行和管理的专项债券，进一步完善为按项目发行和管理，便于投资者信息甄别，提高债券市场化水平。

四是加强债务对应资产管理。加强储备土地的动态监管和日常统计，及时评估储备土地资产价值；加强土地储备资产维护管理，确保土地储备资产保值增值；严格储备土地担保管理，地方政府不得以储备土地为任何单位和个人的债务以任何方式提供担保。

五是依法安排债券规模。土地储备专项债券额度依法不得突破地方政府专项债务限额。各省、自治区、直辖市年度土地储备专项债券额度应当在国务院批准的分地区专项债务限额内安排，由财政部下达各省级财政部门，抄送国土资源部门。

4. 土地储备专项债券如何实现与项目对应

答：一是债券发行对应项目实施。《办法》规定，土地储备专项债券可以对应单一项目发行，也可以对应同一地区多个项目集合发行，具体根据项目区位特点、实施期限等因素综合确定，便于投资者信息甄别，提高专项债券市场化水平。

二是债券期限与项目实际相适应。《办法》从土地储备工作属性和资金周转使用特点出发，规定土地储备专项债券原则上不超过 5 年，具体由省级政府结合项目实际自行确定；土地储备专项债券发行时，可以约定根据土地出让收入情况提前偿还债券本金的条款。鼓励地方政府通过结构化创新合理设计债券期限结构，既避免期限过短造成的错配风险，又解决期限过长带来的资金闲置问题。

三是债券使用明确到具体项目。《办法》要求，土地储备专项债券支出应当明确到具体项目，在地方政府债务管理系统中统计，纳入财政支出预算项目库管理。地方各级国土资源部门应当建立土地储备项目库，项目信息应当包括项目名称、地块区位、储备期限、项目投资计划、收益和融资平衡方案、预期土地出让收入等情况。

四是债券本金偿还与项目取得的土地出让收入相对应。《办法》要求，土地储备项目取得的土地出让收入，应当按照该项目对应的土地储备专项债券余额统筹安排资金，专门用于偿还到期债券本金，不得通过其他项目对应的土地出让收入偿还到期债券本金。因储备土地未能按计划出让、土地出让收入暂时难以实现，不能偿还到期债券本金时，可在专项债务限额内发行土地储备专项债券周转偿还，项目收入实现后予以归还。

5. 土地储备专项债券为什么要与资产对应？如何实现与资产对应

答：根据法定预算管理方式不同，国发〔2014〕43 号文件将地方政府债券分为一般债券和专项债券。其中，没有收益的公益性事业发展确需政府举借一般债务的，由地方政府发行一般债券融资，主要以一般公共预算收入偿还；有一定收益的公益性事业发展确需政府举借专项债务的，由地方政府通过发行专项债券融资，以对应的政府性基金或专项收入偿还。

建立专项债券与项目资产、收益对应的制度，是贯彻落实国发〔2014〕43 号文件精神的重要措施，有利于防范和化解专项债务风险，合理评估专项债务风险，也有利于加强国有资产管理，加快推进融资平台公司市场化转型，防止国有资产流失，有效确保国有资产保值增值。为此，《办法》从实施统计监测、加强维护管理、严格担保管理等方面提出了要求。

一是实施债务对应资产统计监测。《办法》要求，土地储备机构应当严格储备土地管理，理清土地产权，按照有关规定完成土地登记，加强储备土地的动态监管和日常统计，及时评估储备土地资产价值。

二是加强土地储备资产维护管理。《办法》要求，地方各级国土资源部门要履行国有资产运营维护责任，确保土地储备资产保值增值。

三是严格储备土地担保管理。《办法》依据法律和政策规定，明确地方政府不得以储备土地为任何单位和个人的债务以任何方式提供担保，防止地方政府违法违规使用储备土地资产为融资平台公司等企业债务融资进行抵质押担保。

6.《办法》如何更好地发挥市县政府和部门管理作用

答:《办法》从土地储备债券管理工作相关主体出发，明确了市县政府、财政和国土部门、土地储备机构等相关单位的监督管理责任。

一是强化财政和国土资源部门协调配合。《办法》明确，财政部门统一办理专项债券发行、还本付息；国土资源部门、土地储备机构配合做好债券发行准备、项目信息披露等工作，履行项目管理责任，发挥部门各自优势，保障专项债券顺利发行、使用和偿还。

二是落实市县政府管理责任。《办法》要求，土地储备专项债券冠以“××年××省、自治区、直辖市（本级或××市、县）土地储备专项债券（×期）——×年××省、自治区、直辖市政府专项债券（×期）”名称，落实市县政府债券偿还和资金管理责任。

三是明确土地储备机构责任。《办法》明确，土地储备机构负责测算提出土地储备资金需求，配合提供土地储备专项债券发行相关材料，同时加强储备土地的动态监管和日常统计，规范使用土地储备专项债券资金，提高资金使用效益。

四是发挥专员办监督作用。《办法》明确，财政部驻各地专员办对土地储备专项债券额度、发行、使用、偿还等进行监督，发现违反法律法规和财政管理、土地储备资金管理等政策规定的行为，及时报告财政部，抄送国土资源部门。

二、《财政部关于试点发展项目收益与融资自求平衡的地方政府专项债券品种的通知》（财预〔2017〕89号）

2017年6月2日，财政部出台《财政部关于试点发展项目收益与融资自求平衡的地方政府专项债券品种的通知》（财预〔2017〕89号）（以下简称财预〔2017〕89号文或《通知》）。

（一）财预〔2017〕89号文原文

财政部关于试点发展项目收益与融资自求平衡的地方政府专项债券品种的通知

财预〔2017〕89号

各省、自治区、直辖市、计划单列市财政厅（局）：

为落实《中华人民共和国预算法》和《国务院关于加强地方政府性债务管理的意见》（国发〔2014〕43号）精神，健全规范的地方政府举债融资机制，经十二届全国人大五次会议审议批准，完善地方政府专项债务（以下简称专项债务）管理，加快按照地方政府性基金收入项目分类发行专项债券步伐，发挥政府规范举债促进经济社会发展的积极作用。现将有关事项通知如下：

一、政策目标

坚持以推进供给侧结构性改革为主线，围绕健全规范的地方政府举债融资机制，依法完善专项债务管理，指导地方按照本地区政府性基金收入项目分类发行专项债券，着力发展实现项目收益与融资自求平衡的专项债券品种，加快建立专项债券与项目资产、收益相对应的制度，打造立足我国国情、从我国实际出发的地方政府“市政项目收益债”，防范化解地方政府专项债务风险，深化财政与金融互动，引导社会资本加大投入，保障重点领域合理融资需求，更好地发挥专项债券对地方稳增长、促改革、调结构、惠民生、防风险的支持作用。

二、主要内容

（一）依法安排专项债券规模

严格执行法定限额管理，地方政府专项债务余额不得突破专项债务限额。各地试点分类发行专项债券的规模，应当在国务院批准的本地区专项债务限额内统筹安排，包括当年新增专项债务限额、上年末专项债务余额低于限额的部分。

（二）科学制定实施方案

各省、自治区、直辖市、计划单列市（以下简称省级）财政部门负责制定分类发行专项债券试点工作实施方案，重点明确专项债券对应的项目概况、项目预期收益和融资平衡方案、分年度融资计划、年度拟发行专项债券规模和期限、发行计划安排等事项。分类发行专项债券建设的项目，应当能够产生持续稳定的反映为政府性基金收入或专项收入的现金流收入，且现金流收入应当能够完全覆盖专项债券还本付息的规模。

（三）加强部门协调配合

省级财政部门负责按照专项债务管理规定，审核确定分类发行专项债券实施方案和管理办法，组织做好信息披露、信用评级、资产评估等工作。行业主管部门、项目单位负责配合做好专项债券发行准备工作，包括制定项目收益和融资平衡方案、提供必需的项目信息等，合理评估分类发行专项债券对应项目风险，切实履行项目管理责任。

（四）明确市县管理责任

市县级政府确需举借相关专项债务的，依法由省级政府代为分类发行专项债券、转贷市县使用。专项债券可以对应单一项目发行，也可以对应同一地区多个项目集合发行，具体由市县级财政部门会同有关部门提出建议，报省级财政部门确定。市县级政府及其部门负责承担专项债券的发行前期准备、使用管理、还本付息、信息公开等工作。相关专项债券原则上冠以“××年××省、自治区、直辖市（本级或××市、县）××专项债券（×期）——×年××省、自治区、直辖市政府专项债券（×期）”名称。

（五）推进债券信息公开

分类发行专项债券的地方政府应当及时披露专项债券及其项目信息。财政部应当在门户网站等及时披露专项债券对应的项目概况、项目预期收益和融资平衡方案、专项债券规模和期限、发行计划安排、还本付息等信息。行业主管部门和项目单位应当及时披露项目进度、专项债券资金使用情况等信息。

（六）强化对应资产管理

省级财政部门应当按照财政部统一要求同步组织建立专项债券对应资产的统计报告制度。地方各级财政部门应当会同行业主管部门、项目单位等加强专项债券项目对应资产管理，严禁将专项债券对应的资产用于为融资平台公司等企业融资提供任何形式的担保。

（七）严格项目偿债责任

专项债券对应的项目取得的政府性基金或专项收入，应当按照该项目对应的专项债券余额统筹安排资金，专门用于偿还到期债券本金，不得通过其他项目对应的项目收益偿还到期债券本金。因项目取得的政府性基金或专项收入暂时难以实现，不能偿还到期债券本金时，可在专项债务限额内发行相关专项债券周转偿还，项目收入实现后予以归还。

三、工作安排

（一）选择重点领域先行试点。

2017年优先选择土地储备、政府收费公路2个领域在全国范围内开展试点。鼓励有条件的地方立足本地区实际，围绕省（自治区、直辖市）党委、政府确定的重大战略，积极探索在有一定收益的公益性事业领域分类发行专项债券，以对应的政府性基金或专项收入偿还，项目成熟一个、推进一个。

（二）明确管理程序和时间安排。

各地在国务院批准的专项债务限额内发行土地储备、政府收费公路专项债券的，按照财政部下达的额度及制定的统一办法执行。除土地储备、收费公路额度外，各地利用新增专项债务限额，以及利用上年末专项债务限额大于余额的部分自行选择重点项目试点分类发行专项债券的，由省级政府制定实施方案以及专项债券管理办法，提前报财政部备案后组织实施。为加快支出进度，实施方案应当于每年9月底前提交财政部。

试点发展项目收益与融资自求平衡的地方政府专项债券品种，是专项债务限额内依法开好“前门”、保障重点领域合理融资需求、支持地方经济社会可持续发展的重要管理创新，也有利于遏制违法违规融资担保行为、防范地方政府债务风险，机制新、任务重、工作量大。请你省（自治区、直辖市、计划单列市）高度重视，将其作为贯彻落实党中央、国务院精神，防控政府债务风险的重要工作，加强组织协调，充实人员配备，狠抓贯彻落实，确保工作取得实效。

特此通知。

附件：1. 实施方案参考框架；
2.×× 专项债募集资金管理办法参考框架

财政部
2017 年 6 月 2 日

附件（略）

（二）财预〔2017〕89 号文内容解读

1. 怎样理解收益与融资自求平衡专项债券是防范政府债务风险的创新

财预〔2017〕89 号文颁布的目的是指导地方在专项债务限额内，按照本地区政府性基金收入项目分类发行专项债券，发展项目收益与融资自求平衡的专项债券品种，从我国实际出发，打造中国版的地方政府“市政项目收益债”。

《预算法》规定了我国地方政府可以在国务院批准债务限额内发行地方政府债券融资，国发〔2014〕43 号文进一步明确了对有一定收益的公益性项目可发行专项债券融资，以对应的政府性基金收入或专项收入偿还，纳入政府性基金预算管理。这是探索我国地方政府通过债券融资、完善地方政府专项债券制度和防范地方债务风险的一次创新。

财政部有关负责人在回答记者提问时介绍，在法定专项债务限额内，试点发行项目收益专项债券，既与现行地方政府债务限额管理、预算管理政策高度衔接，又在规模管理、项目要求、发行方式、信息披露方面具有鲜明的特点。

项目收益与融资自求平衡的地方政府专项债券，是按照地方政府性基金收入项目分类发行专项债券，项目能够产生持续稳定、反映为政府性基金收入或专项收入的现金流，且现金流收益要能够覆盖债券还本付息，也就是项目能实现收益与融资自求平衡，如土地储备、政府收费公路、棚改项目、旧城改造、城乡供水项目、环保项目、城市停车场等。

2. 怎样理解发行项目收益专项债券的特点

项目收益专项债券是地方政府专项债券的一个重要品种，项目收益专项债券具有以下特点。

一是收益专项债券规模。严格执行法定限额管理，各地试点分类发行专项债券的规模，应当在国务院批准的本地区专项债务限额内统筹安排，包括当年新增专项债务限额、上年末专项债务余额低于限额的部分。例如，2019 年全国地方政府新增专项债 2.15 万亿元。截至 2020 年 4 月底已提前下达当年三批次专项债 2.29 亿元，2020 年《政府工作报告》已经明确，2020 年新增专项债券 3.75 万亿元。

二是分类发行债券的项目。分类发行专项债券建设的项目，应当能够产生持续稳定的反映为政府性基金收入或专项收入的现金流收入，且现金流收入应当能够完全覆盖专项债券还本付息的规模。如甘肃省发行政府专项债券（三期）共计34.1亿元，其中涉及兰州市项目，包括兰州市市本级2个子项目和兰州新区7个子项目，共9个子项目，偿债资金来源为原粮储备及轮换收入、原粮中转收入、汽车租赁收入、充电桩收入、供水收入、排污费收入、物流运费收入、城市设施配套费收入等。上述项目总投资额合计为26.30亿元，其中，财政资金3.06亿元，自筹资金1.41亿元，银行融资9.63亿元，本期发行专项债券9.95亿元，后期拟发行专项债券2.25亿元。上述项目在2020—2039年的20年运营期内预计实现的收入约为316.53亿元，可用于资金平衡的收益为52.45亿元；按照4.0%的利率测算，则上述子项目预期收益覆盖债券本息总额的保障倍数在1.14—3.40倍。整体来看，若资金平衡测算中的假设条件能够满足，则上述项目能够实现项目收益与融资自求平衡。

三是收益专项债券的发行。收益专项债券可以对应单一项目发行，也可以对应同一地区多个项目集合发行，具体由市县级财政部门会同有关部门提出建议，报省级财政部门确定。专项债券原则上冠以“××年××省、自治区、直辖市（本级或××市、县）××专项债券（×期）——×年××省、自治区、直辖市政府专项债券（×期）”名称，如2018年四川省政府专项债券（五期）。

四是收益专项债券偿还责任。收益专项债券对应的项目取得的政府性基金或专项收入，应当按照该项目对应的专项债券余额统筹安排资金，专门用于偿还到期债券本金，不得通过其他项目对应的项目收益偿还到期债券本金。严禁将专项债券对应的资产用于为融资平台公司等企业融资提供任何形式的担保。

五是收益专项债券信息披露。地方政府应当及时披露专项债券及其项目信息，包括披露专项债券对应的项目概况、项目预期收益和融资平衡方案、专项债券规模和期限、发行计划安排、还本付息等信息。例如，甘肃省财政厅披露的2020年甘肃省政府专项债券（一至四期）信息披露文件，分别披露了各期项目情况、债券规模、募集资金投向说明等情况。

3. 地方政府怎样发行项目收益债券

一是省级和计划单列市政府可以发行专项收益债券。省级财政部门负责按照专项债务管理规定，审核确定分类发行专项债券实施方案和管理办法，重点明确专项债券对应的项目概况、项目预期收益和融资平衡方案、分年度融资计划、年度拟发行专项债券规模和期限、发行计划安排等事项。

二是市县级政府需要发行项目收益债券的，由省级政府代为分类发行专项债券、转贷市县使用。根据谁举债谁偿还原则，市县级政府及其部门负责承担专项债券的发行前期准备、使用管理、还本付息、信息公开等工作。

三是市县级发行方式。按照财预〔2017〕89号文要求，专项债券可以对应单一项目发行，也可以对应同一地区多个项目集合发行，具体由市县级财政部门会同有关部门提出建议，报省级财政部门确定。例如，2020 年贵州省停车场建设专项债券（一期）——2020 年贵州省政府专项债券（四期）发行总额为 21.60 亿元，本期债券全部为新增债券，募集资金专项用于贵阳市、遵义市和铜仁市 9 个停车场建设项目，上述地市分别拟使用募集资金 15.10 亿元、4.50 亿元和 2.00 亿元。本期债券偿付资金主要来源于各募投项目产生的停车费收入等。本期债券收入、支出、还本、付息等纳入贵州省政府性基金预算管理。

四是做好部门协调配合。行业主管部门、项目单位负责配合做好专项债券发行准备工作，包括制订项目收益和融资平衡方案、提供必需的项目信息等，合理评估分类发行专项债券对应项目风险，切实履行项目管理责任。

4. 怎样理解项目收益债券偿债能力

根据财预〔2017〕89 号文，项目收益与融资自求平衡的地方政府专项债券对应的项目，应当能够产生持续稳定的反映为政府性基金收入或专项收入的现金流收入，且现金流收入应当能够完全覆盖专项债券还本付息的规模。项目收益债券的偿付由纳入政府性基金预算国有土地使用权收入和专项收入偿还。融资自求平衡专项债券虽然纳入政府性基金预算，其偿债来自项目收益，但现实中偿债资金更多地依赖项目所在地区土地出让收益及少数募投项目完工后实现的收益。因此，该地区土地出让收益实现时点和规模、项目建成后运营收益情况若达不到预期，均会对偿债资金产生一定影响。另外，有的项目投资建设资金可能来源不明或存在一定缺口，需要后续发行专项债券进行筹集，由此也会减弱对专项债券的偿债能力。

5. 怎样理解项目收益债券所对应资产的应用

项目收益专项债券投资所形成的资产是到期偿还本息的重要保障，必须加强管理。财政部有关负责人在回答记者提问时强调如下两点。

一是摸清底数，动态监测。专项债券形成的资产是国有资产的重要组成部分。省级财政部门要按照财政部统一要求，同步组织建立专项债券对应资产的统计报告制度，实现对专项债券对应资产的动态监测。

二是强化管理，合规使用。地方各级财政部门应当会同行业主管部门、项目单位等加强专项债券项目对应资产管理，严禁将专项债券对应的资产用于为融资平台公司等企业融资提供任何形式的担保。

6. 怎样理解项目收益与融资自平衡专项债券应用范围

从实践来看，收益与融资自平衡专项债券主要应用在以下领域。

（1）应用在土地收储项目。自 2017 年以来，土地储备专项债券作为收益与融资自平衡专项债券主要种类，债券偿还主要来自土地出让收入，也就是未来偿债有赖于土地出让价格的增长，这将加大地方政府对土地财政的依赖，不利于落实房地产长效管理机制。因此，2019 年 9 月 4 日，国务院常务会议决定，专项债资金不得用于土地储备和房地产相关领域、置换债务以及可完全商业化运作的产业项目。

（2）应用在棚户区改造项目。棚改专项债券自2018年下半年以来，作为收益与融资自平衡专项债券主要种类，当前还有一些地方棚改工作处在收尾阶段，如2020年山东省政府棚改专项债券（三期）——2020年山东省政府专项债券（五十三期）募集110.85亿元，全部为新增债券，募集资金专项用于12个市的棚改项目。

随着棚改任务接近尾声，老旧小区改造专项债券将随之发行，如2020年安徽省基础设施专项债券（七期）用于铜陵市94个老旧小区的雨污分流改造。

（3）应用于重点铁路项目。如2019年内蒙古自治区政府重点铁路建设专项债券（一期），债券发行总额为38.6亿元，品种为记账式固定利率附息债，资金全部用于内蒙古自治区内的4个铁路项目建设，对应的项目总投资为780.22亿元。一期债券的本息偿还资金主要来自对应铁路建设项目的预期经营性收入、沿线土地综合开发收益以及运营补贴收入，对应项目的预期收益能够覆盖本期债券的本息偿还。

（4）应用于城乡基础设施项目。如2020年四川省城乡基础设施建设专项债券（二期）——2020年四川省政府专项债券（四期）发行金额为66.30亿元，期限为10年期，涉及成都市、自贡市、泸州市、德阳市、绵阳市、广元市、遂宁市、内江市、乐山市、南充市、眉山市、宜宾市、广安市、达州市、雅安市、巴中市共60个项目。偿债资金主要来源于项目产生的房屋租售收入、管廊有偿使用收入、广告收入、商铺出租收入、场馆租售收入、停车场运营收入等。在本期债券存续期内，募投项目预期可实现收益1027.28亿元，对本期债券本息的保障倍数为11.07倍，保障程度较高。

（5）应用于城乡公用事业发展项目。如2019年吉林省城乡公用事业发展项目专项债券（四期）——2019年吉林省政府专项债券（二十六期），本批专项债券涉及3个项目，项目总投资10.26亿元，计划通过发行专项债券筹集资金5.80亿元，通过本批专项债券募集资金3.8亿元，预计债券融资本息合计12.42亿元。本批专项债券偿债资金主要来自供水和污水处理收入，募投项目预计可供偿债收益对融资本息的覆盖倍数为1.12—3.67倍，现金流收入应当能够完全覆盖专项债券还本付息的规模。

（6）应用在轨道交通项目。如2020年青岛市（本级）轨道交通专项债券（一期）——2020年青岛市政府专项债券（一期）。

（7）应用在园区建设项目。如2020年湖南省园区建设专项债券（一期至五期）——2020年湖南省政府专项债券（一期至五期），本次发行债券融资总额为159.16亿元，募集资金专项用于湖南省13个地市（州）的46个产业园区项目建设。偿债资金主要来自募投项目的房屋出租和出售收入等。

（8）应用在综合治理生态保护项目。如2019年天津市政府生态保护专项债券（八期）——2019年天津市政府专项债券（四十一期），本次共发行债券14亿元，资金主要用于渤海综合治理项目，项目预期收益主要来自土地出让收入，预计本期债券存续期内可以实现收益 20.5 亿元，对募投项目融资成本 16.8 亿元的覆盖倍数为 1.22 倍，项目可以实现自收益平衡。

（9）应用在收费公路项目。如 2019 年黑龙江省收费公路专项债券（四期）——2019 年黑龙江省政府专项债券（第十三期）。

（10）应用于水务建设项目。如 2020 年四川省水务建设专项债券（一期至三期）发行金额为 25.724 亿元，品种为记账式固定利率附息债，全部为新增债券，期限分别为 10 年期、15 年期和 30 年期，计划发行规模分别为 15.71 亿元、4.934 亿元和 5.08 亿元。在资金用途方面，本次公开发行债券专项用于四川省 16 个地市的 40 个水务项目建设。偿债资金来源主要为项目产生的供水收入及水务安装工程收入等，项目预期收益能够覆盖债券本息。

（11）应用在停车场或公交站场。如 2020 年青岛（区市级）停车场专项债券（一期）——2020 年青岛市专项债券（六期）青岛城阳区公交站场综合体。

（12）应用在医院建设项目。如 2020 年四川省医院建设专项债券（一期至二期），发行总额为 21.1348 亿元，品种为记账式固定利率附息债，全部为新增债券，期限分为 7 年期和 10 年期，计划发行规模分别为 3.95 亿元和 17.1848 亿元。在资金用途方面，本次公开发行债券专项用于四川省 18 个地市（州）的 43 个医院建设项目。

（13）应用在教育事业。如 2020 年天津市政府教育事业专项债券（一期）——2020 年天津市政府专项债券（三期），发行总额为 7000 万元，用于天津市职业大学信息资源中心（图书馆）项目，在项目收益与融资平衡方面，本项目建成后，通过其视听室、培训教室、报告厅、多功能厅、研究室等承接全市各类短训班、培训课。

三、《财政部　交通运输部关于印发〈地方政府收费公路专项债券管理办法（试行）〉的通知》（财预〔2017〕97 号）

2017 年 7 月 12 日，财政部、交通运输部公开发布《财政部　交通运输部关于印发〈地方政府收费公路专项债券管理办法（试行）〉的通知》（财预〔2017〕97 号）（以下简称财预〔2017〕97 号文）。

（一）财预〔2017〕97 号文原文

财政部　交通运输部关于印发《地方政府收费公路专项债券管理办法（试行）》的通知

财预〔2017〕97 号

各省、自治区、直辖市、计划单列市财政厅（局）、交通运输厅（局）：

根据《中华人民共和国预算法》和《国务院关于加强地方政府性债务管理的意见》（国发〔2014〕43 号）等有关规定，为完善地方政府专项债券管理，逐步建立专项债券与项目资产、收益对应的制度，有效防范专项债务风险，2017年在政府收费公路领域开展试点，发行收费公路专项债券，规范政府收费公路融资行为，促进政府收费公路事业持续健康发展，今后逐步扩大范围。为此，我们研究制订了《地方政府收费公路专项债券管理办法（试行）》。

2017年收费公路专项债券额度已经随同2017年分地区地方政府专项债务限额下达，请你们在本地区收费公路专项债券额度内组织做好收费公路专项债券额度管理、预算编制和执行等工作，尽快发挥债券资金效益。

现将《地方政府收费公路专项债券管理办法（试行）》印发给你们，请遵照执行。

附件：地方政府收费公路专项债券管理办法（试行）

财政部　交通运输部

2017年6月26日

附件：

地方政府收费公路专项债券管理办法（试行）

第一章　总　则

第一条　为完善地方政府专项债券管理，规范政府收费公路融资行为，建立收费公路专项债券与项目资产、收益对应的制度，促进政府收费公路事业持续健康发展，根据《中华人民共和国预算法》、《中华人民共和国公路法》和《国务院关于加强地方政府性债务管理的意见》（国发〔2014〕43号）等有关规定，制订本办法。

第二条　本办法所称的政府收费公路，是指根据相关法律法规，采取政府收取车辆通行费等方式偿还债务而建设的收费公路，主要包括国家高速公路、地方高速公路及收费一级公路等。

第三条　本办法所称地方政府收费公路专项债券（以下简称收费公路专项债券）是地方政府专项债券的一个品种，是指地方政府为发展政府收费公路举借，以项目对应并纳入政府性基金预算管理的车辆通行费收入、专项收入偿还的地方政府专项债券。

前款所称专项收入包括政府收费公路项目对应的广告收入、服务设施收入、收费公路权益转让收入等。

第四条　地方政府为政府收费公路发展举借、使用、偿还债务适用本办法。

第五条　地方政府为政府收费公路发展举借债务采取发行收费公路专项债券方式。省、自治区、直辖市政府（以下简称省级政府）为收费公路专项债券的发行主体。设区的市、自治州，县、自治县、不设区的市、市辖区级政府（以下简称市县级政府）确需发行收费公路专项债券的，由省级政府统一发行并转贷给市县级政府。经省级政府批准，计划单列市政府可以自办发行收费公路专项债券。

第六条　发行收费公路专项债券的政府收费公路项目应当有稳定的预期偿债资金来源，对应的政府性基金收入应当能够保障偿还债券本金和利息，实现项目收益和融资自求平衡。

第七条　收费公路专项债券纳入地方政府专项债务限额管理。收费公路专项债券收入、支出、还本、付息、发行费用等纳入政府性基金预算管理。

第八条　收费公路专项债券资金应当专项用于政府收费公路项目建设，优先用于国家高速公路项目建设，重点支持“一带一路”、京津冀协同发展、长江经济带三大战略规划的政府收费公路项目建设，不得用于非收费公路项目建设，不得用于经常性支出和公路养护支出。任何单位和个人不得截留、挤占和挪用收费公路专项债券资金。

第二章　额度管理

第九条　财政部在国务院批准的年度地方政府专项债务限额内，根据政府收费公路建设融资需求、纳入政府性基金预算管理的车辆通行费收入和专项收入状况等因素，确定年度全国收费公路专项债券总额度。

第十条　各省、自治区、直辖市年度收费公路专项债券额度应当在国务院批准的分地区专项债务限额内安排，由财政部下达各省级财政部门，抄送交通运输部。

第十一条　省、自治区、直辖市年度收费公路专项债券额度不足或者不需使用的部分，由省级财政部门会同交通运输部门于每年 7 月底前向财政部提出申请。财政部可以在国务院批准的该地区专项债务限额内统筹调剂额度并予批复，抄送交通运输部。

第十二条　省级财政部门应当加强对本地区收费公路专项债券额度使用情况的监控。

第三章　预算编制

第十三条　省级交通运输部门应当根据本地区政府收费公路发展规划、中央和地方财政资金投入、未来经营收支预测等，组织编制下一年度政府收费公路收支计划，结合纳入政府性基金预算管理的车辆通行费收入和专项收入、项目收益和融资平衡情况等因素，测算提出下一年度收费公路专项债券需求，于每年 9 月底前报送省级财政部门。

市县级交通运输部门确需使用收费公路专项债券资金的，应当及时测算提出本地区下一年度收费公路专项债券需求，提交同级财政部门审核，经同级政府批准后报送省级交通运输部门。

第十四条　省级财政部门汇总审核本地区下一年度收费公路专项债券需求，随同增加举借专项债务和安排公益性资本支出项目的建议，报经省级政府批准后于每年 10 月底前报送财政部、交通运输部。

第十五条　交通运输部结合国家公路发展规划、各地公路发展实际和完善路网的现实需求、车辆购置税专项资金投资政策等，对各地区下一年度收费公路专项债券项目和额度提出建议，报财政部。

第十六条　省级财政部门应当在财政部下达的本地区收费公路专项债券额度内，根据省级和市县级政府纳入政府性基金预算管理的车辆通行费收入和专项收入情况、政府收费公路建设融资需求、专项债务风险、项目期限结构及收益平衡情况等因素，提出本地区年度收费公路专项债券额度分配方案，报省级政府批准后，将分配市县的额度下达各市县级财政部门，并抄送省级交通运输部门。

省级交通运输部门应当及时向本级财政部门提供政府收费公路建设项目的相关信息，便于财政部门科学合理分配收费公路专项债券额度。

第十七条　县级以上地方各级财政部门应当在上级下达的收费公路专项债券额度

内，会同本级交通运输部门提出具体项目安排建议。

第十八条 增加举借的收费公路专项债券收入应当列入政府性基金预算调整方案。包括：

（一）省级政府在财政部下达的年度收费公路专项债券额度内发行专项债券收入；

（二）市县级政府收到的上级政府转贷收费公路专项债券收入。

第十九条 增加举借收费公路专项债券安排的支出应当列入预算调整方案，包括本级支出和转贷下级支出。收费公路专项债券支出应当明确到具体项目，在地方政府债务管理系统中统计，纳入财政支出预算项目库管理。

地方各级交通运输部门应当建立政府收费公路项目库，项目信息应当包括项目名称、立项依据、通车里程、建设期限、项目投资计划、收益和融资平衡方案、车辆购置税等一般公共预算收入安排的补助、车辆通行费征收标准及期限、预期专项收入等情况，并做好与地方政府债务管理系统的衔接。

第二十条 收费公路专项债券还本支出应当根据当年到期收费公路专项债务规模、车辆通行费收入、对应专项收入等因素合理预计、妥善安排，列入年度政府性基金预算草案。

第二十一条 收费公路专项债券利息和发行费用应当根据收费公路专项债券规模、利率、费率等情况合理预计，列入政府性基金预算支出统筹安排。

第二十二条 收费公路专项债券对应项目形成的广告收入、服务设施收入等专项收入，应当全部纳入政府性基金预算收入，除根据省级财政部门规定支付必需的日常运转经费外，专门用于偿还收费公路专项债券本息。

第二十三条 收费公路专项债券收入、支出、还本付息、发行费用应当按照《地方政府专项债务预算管理办法》（财预〔2016〕155号）规定列入相关预算科目。按照本办法第二十二条规定纳入政府性基金预算收入的专项收入，应当列入“专项债券项目对应的专项收入”下的“政府收费公路专项债券对应的专项收入”科目，在政府性基金预算收入合计线上反映。

第四章 预算执行和决算

第二十四条 省级财政部门应当根据本级人大常委会批准的预算调整方案，结合省级交通运输部门提出的年度收费公路专项债券发行建议，审核确定年度收费公路专项债券发行方案，明确债券发行时间、批次、规模、期限等事项。

市县级财政部门应当会同本级交通运输部门做好收费公路专项债券发行准备工作。

第二十五条 地方各级交通运输部门应当配合做好本地区政府收费公路专项债券发行准备工作，及时准确提供相关材料，配合做好信息披露、信用评级、资产评估等工作。

第二十六条 收费公路专项债券应当遵循公开、公平、公正原则采取市场化方式发行，在银行间债券市场、证券交易所市场等场所发行和流通。

第二十七条 收费公路专项债券应当统一命名格式，冠以“××年××省、自治区、直辖市（本级或××市、县）收费公路专项债券（×期）——××年××省、自治区、直辖市政府专项债券（×期）”名称，具体由省级财政部门商省级交通运输部门确定。

第二十八条 收费公路专项债券的发行和使用应当严格对应到项目。根据政府收费公路相关性、收费期限等因素，收费公路专项债券可以对应单一项目发行，也可以对应一个地区的多个项目集合发行，具体由省级财政部门会同省级交通运输部门确定。

第二十九条 收费公路专项债券期限应当与政府收费公路收费期限相适应，原则上单次发行不超过15年，具体由省级财政部门会同省级交通运输部门根据项目建设、运营、回收周期和债券市场状况等因素综合确定。

收费公路专项债券发行时，可以约定根据车辆通行费收入情况提前或延迟偿还债券本金的条款。鼓励地方政府通过结构化创新合理设计债券期限结构。

第三十条 省级财政部门应当会同交通运输部门及时向社会披露收费公路专项债券相关信息，包括收费公路专项债券规模、期限、利率、偿债计划及资金来源、项目名称、收益和融资平衡方案、建设期限、车辆通行费征收标准及期限等。省级交通运输部门应当积极配合提供相关材料。

省级交通运输部门应当于每年6月底前披露截至上一年度末收费公路专项债券对应项目的实施进度、债券资金使用等情况。

第三十一条 政府收费公路项目形成的专项收入，应当全部上缴国库。县级以上地方各级交通运输部门应当履行项目运营管理责任，加强成本控制，确保车辆通行费收入和项目形成的专项收入应收尽收，并按规定及时足额缴入国库。

第三十二条 省级财政部门应当按照合同约定，及时偿还收费公路专项债券到期本金、利息以及支付发行费用。市县级财政部门应当及时向省级财政部门缴纳本地区或本级应当承担的还本付息、发行费用等资金。

第三十三条 年度终了，县级以上地方各级财政部门应当会同本级交通运输部门编制收费公路专项债券收支决算，在政府性基金预算决算报告中全面、准确反映收费公路专项债券收入、安排的支出、还本付息和发行费用等情况。

第五章 监督管理

第三十四条 地方各级财政部门应当会同本级交通运输部门建立和完善相关制度，加强对本地区收费公路专项债券发行、使用、偿还的管理和监督。

第三十五条 地方各级交通运输部门应当加强收费公路专项债券对应项目的管理和监督，确保项目收益和融资平衡。

第三十六条 地方各级财政部门、交通运输部门不得通过企事业单位举借债务，不得通过地方政府债券以外的任何方式举借债务，不得为任何单位和个人的债务以任何方式提供担保。

第三十七条 地方各级财政部门应当会同本级交通运输部门，将收费公路专项债券对应项目形成的基础设施资产纳入国有资产管理。建立收费公路专项债券对应项目形成的资产登记和统计报告制度，加强资产日常统计和动态监控。县级以上地方各级交通运输部门及相关机构应当认真履行资产运营维护责任，并做好资产的会计核算管理工作。收费公路专项债券对应项目形成的基础设施资产和收费公路权益，应当严格按照债券发行时约定的用途使用，不得用于抵质押。

第三十八条 财政部驻各地财政监察专员办事处对收费公路专项债券额度、发行、使用、偿还等进行监督，发现违反法律法规和财政管理、收费公路等政策规定的行为，及时报告财政部，抄送交通运输部。

第三十九条 违反本办法规定情节严重的，财政部可以暂停其发行地方政府专项债券。违反法律、行政法规的，依法依规追究有关人员责任；涉嫌犯罪的，移送司法机关依法处理。

第四十条 各级财政部门、交通运输部门在地方政府收费公路专项债券监督和管理工作中，存在滥用职权、玩忽职守、徇私舞弊等违法违纪行为的，按照《中华人民共和国预算法》、《公务员法》、《行政监察法》、《财政违法行为处罚处分条例》等国家有关规定追究相应责任；涉嫌犯罪的，移送司法机关处理。

第六章 职责分工

第四十一条 财政部负责牵头制定和完善收费公路专项债券管理制度，下达分地区收费公路专项债券额度，对地方收费公路专项债券管理实施监督。

交通运输部配合财政部加强收费公路专项债券管理，指导和监督地方交通运输部门做好收费公路专项债券管理相关工作。

第四十二条 省级财政部门负责本地区收费公路专项债券额度管理和预算管理，组织做好债券发行、还本付息等工作，并按照专项债务风险防控要求审核项目资金需求。

省级交通运输部门负责审核汇总本地区国家公路网规划、省级公路网规划建设的政府收费公路资金需求，组织做好政府收费公路项目库与地方政府债务管理系统的衔接，配合做好本地区收费公路专项债券各项发行准备工作，规范使用收费公路专项债券资金，组织有关单位及时足额缴纳车辆通行费收入、相关专项收入等。

第四十三条 市县级政府规划建设政府收费公路确需发行专项债券的，市县级财政部门、交通运输部门应当参照省级相关部门职责分工，做好收费公路专项债券以及对应项目管理相关工作。

第七章 附 则

第四十四条 省、自治区、直辖市财政部门可以根据本办法规定，结合本地区实际制定实施细则。

第四十五条 本办法由财政部会同交通运输部负责解释。

第四十六条 本办法自印发之日起实施。

（二）财预〔2017〕97 号文内容解读

1. 怎样理解收费公路专项债券出台的意义

早在 1984 年国务院就出台了“贷款修路、收费还贷”的政府建设高速公路模式，这项政策结束了单纯依靠财政资金建设公路束缚，形成“国家投资、地方筹资、收费还贷”的格局，促进了我国公路基础设施建设与发展。但这种模式主要由政府交通融资平台替地方政府筹资，有的需要政府担保增信，因此，这种模式也造成了地方政府债务不断膨胀，偿债压力增加。

随着修订后的《预算法》的实施及国发〔2014〕43 号文的颁布，原有政府融资平台融资职能被剥离，使政府与企业债务相分离，传统的政府收费公路“贷款修路、收费还贷”模式转变为政府专项债券模式，收费公路专项债券成为政府投资收费公路的主要渠道，以此规范政府收费公路举债融资行为。当前，我国收费公路建设任务繁重，一部分收费公路也可采用社会资本投资的 PPP 模式管理经营。而政府投资的收费公路发行公路专项债券，具有信用等级高、融资规范、期限较长、成本较低的优势，是规范化、标准化、透明化的融资模式。政府投资的收费公路所对应的车辆通行费收入、专项收入，及项目对应的广告收入、服务设施收入等具有稳定收益，为及时偿还债券本息创造了更加有利的条件。

2. 怎样理解收费公路专项债券的特点

一是发行主体。省、自治区、直辖市政府为收费公路专项债券的发行主体。设区的市、自治州，县、自治县、不设区的市、市辖区级政府（以下简称市县级政府）确需发行收费公路专项债券的，由省级政府统一发行并转贷。经省级政府批准，计划单列市政府可以自办发行。如 2020 年安徽省收费公路专项债券（一期）——2020 年安徽省政府专项债券（五期），发行总额为 29.27 亿元，债券期限为 10 年，利息按半年支付，到期后一次性偿还本金。债券募集资金用于安徽省蚌埠市和滁州市的 3 个政府收费公路建设项目。

二是项目需实现收益自求平衡。收费公路专项债券的发行和使用应当严格对应到项目，以项目对应并纳入政府性基金预算管理的车辆通行费收入、专项收入进行偿还。因此，发行收费公路专项债券的政府收费公路项目应当有稳定的预期偿债资金来源，对应的政府性基金收入应当能够保障偿还债券本金和利息，实现项目收益和融资自求平衡。

如 2020 年辽宁省收费公路专项债券（一期）——2020 年辽宁省政府专项债券（一期），发行总额为 5.5 亿元，募集资金拟用于沈康线收费公路建设项目。因此，沈康线收费公路建设项目的债券本息偿还主要依靠项目对应的高速公路车辆通行费收入。根据辽宁省财政厅提供的实施方案，该项目预计实现高速公路收费收入为 909828.41 万元，扣除相关经营管理费、养护费、大修费和规费等营运费用后用于资金平衡项目相关收益为 686589.59 万元。该项目预计发行地方政府债券 155000 万元，计划发行期限 20 年，假设债券利率水平为 4.3%，预计项目到期还本付息金额为 288300.00 万元。高速公路收费收入对融资成本的覆盖倍数为 2.38 倍，能够实现项目收益与融资自求平衡。

三是募投资金可以投资多个项目。募投项目是采取政府收取车辆通行费等方式偿还债务而建设的收费公路，主要包括国家高速公路、地方高速公路及收费一级公路等。收费公路专项债可以对应单一项目发行，也可以对应一个地区的多个项目集合发行。如 2019 年湖南省收费公路专项债券（一期）——2019 年湖南省政府专项债券（二十二期），发行总额为 113 亿元，本期债券为多个项目集合发行，专项债券募投涉及 6 个项目，偿债资金来源主要为项目预期通行费净收入，项目预期收益能够覆盖债券本息。

四是公路专项债券期限较长。通常地方政府专项债券期限为 2 年、3 年、5 年、7 年和 10 年，而收费公路专项债券期限应当与政府收费公路收费期限相适应，由于政府收费公路收费期限较长，财预〔2017〕97 号文要求原则上单次发行不超过 15 年，但有的专项债券期限达到 20 年，甚至有的地方公路专项债券期限长达 30 年。同时，鼓励地方政府通过结构化创新合理设计债券期限结构。如 2019 年黑龙江省（本级）收费公路专项债券（四期）——2019 年黑龙江省政府专项债券（十三期），债券期限为 30 年。

五是公路专项债券发行额度。财预〔2017〕97 号文要求：根据省级和市县级政府纳入政府性基金预算管理的车辆通行费收入与专项收入情况、政府收费公路建设融资需求、专项债务风险、项目期限结构及收益平衡情况等因素，提出本地区年度收费公路专项债券额度分配方案。收费公路专项债纳入地方政府专项债务限额管理，占用地方政府专项债额度。

3. 怎样理解政府收费公路偿还能力与发债规模相匹配

收费公路专项债券是自土地储备专项债券以来引入的第二个专项债券品类，通过发行政府专项债券额度的调控，有效调整收费公路建设规模和建设节奏，在提高交通领域政府融资的透明度和债务的可控性的同时，明确公路专项债券投资的重点领域。财预〔2017〕97 号文明确规定：收费公路专项债券资金应当专项用于政府收费公路项目建设，优先用于国家高速公路项目建设，重点支持“一带一路”、京津冀协同发展、长江经济带三大战略规划的政府收费公路项目建设。财预〔2017〕97 号文还要求，收费公路专项债券资金不得用于非收费公路项目建设，不得用于经常性支出和公路养护支出，也不得用于偿还存量债务。另外，专项债券对应项目形成的广告收入、服务设施收入等专项收入，应当全部纳入政府性基金预算收入，接受人大监督；收费公路专项债券按照市场化原则发行，期限、结构明确合理，信息公开透明，便于市场和公众监督。

4. 怎样理解收费公路专项债偿债能力

公路专项债券是地方政府为发展政府收费公路而举借债务，也是实现项目收益自求平衡的专项债券品种要求的一项措施，收费公路专项债券与对应项目收益相联系，即以其公路项目所对应并纳入政府性基金预算管理的车辆通行费收入、专项收入偿还，且偿债资金产生与项目收益或形成的资产相对应，实现“封闭”运行管理。

公路专项债券发行主体为地方政府，地方政府作为债务人，对其发行的债券负有直接偿还责任，若政府以公路专项债券所对应项目不能还本付息，地方政府可以依法兜底偿还。

5. 怎样理解政府收费公路债券限额和预算管理

按照国发〔2014〕43号文要求，政府债务实行限额和预算管理，因此财预〔2017〕97号文明确：“收费公路专项债券纳入地方政府专项债务限额管理。收费公路专项债券收入、支出、还本、付息、发行费用等纳入政府性基金预算管理。”在这里，专项债券收入包括车辆通行费收入、专项收入，而专项收入包括收费公路项目附加的广告收入、服务设施收入以及收费公路权益转让收入。同时，政府交通运输主管部门要依据本地区收费公路发展规划、中央和地方财政资金投入、未来经营收支预测等，组织编制下一年度政府收费公路收支计划，结合纳入政府性基金预算管理的车辆通行费收入和专项收入、项目收益和融资平衡情况等因素，测算提出下一年度收费公路专项债券需求。另外，收费公路专项债券收支列入政府性基金预算调整方案，支出应明确到具体项目。债券资金必须用于收费公路项目建设中的公益性资本支出，不得用于经常性支出。

6. 财预〔2017〕97号文在债券的监督管理方面有哪些规定

一是明确政府及其所属相关部门的职责。财预〔2017〕97号文明确了政府财政部门和交通部门的管理职责，加强对本地区收费公路专项债券发行、使用、偿还的管理和监督。

二是规范政府举债。财预〔2017〕97号文明确：地方各级财政部门、交通运输部门不得通过企事业单位举借债务，不得通过地方政府债券以外的任何方式举借债务，不得为任何单位和个人的债务以任何方式提供担保。

三是加大违规处罚力度。财预〔2017〕97号文规定：违反本办法规定情节严重的，财政部可以暂停其发行地方政府专项债券。违反法律、行政法规的，依法依规追究有关人员责任；涉嫌犯罪的，移送司法机关依法处理。

四是财政专员办监督。财预〔2017〕97号文明确：财政部驻各地财政监察专员办事处对收费公路专项债券额度、发行、使用、偿还等进行监督，发现违反法律法规和财政管理、收费公路等政策规定的行为，及时报告财政部，抄送交通运输部。

四、《财政部　住房城乡建设部关于印发〈试点发行地方政府棚户区改造专项债券管理办法〉的通知》（财预〔2018〕28号）

2018年3月1日，财政部、住房城乡建设部出台《财政部　住房城乡建设部关于印发〈试点发行地方政府棚户区改造专项债券管理办法〉的通知》（财预〔2018〕28号）（以下简称财预〔2018〕28号文）。

（一）财预〔2018〕28号文原文

财政部　住房城乡建设部关于印发《试点发行地方政府棚户区改造专项债券管理办法》的通知

财预〔2018〕28号

各省、自治区、直辖市、计划单列市财政厅（局），住房城乡建设厅（局、委）：

按照党中央、国务院有关精神和要求，根据《中华人民共和国预算法》《国务院关于加强地方政府性债务管理的意见》（国发〔2014〕43号）等有关规定，为完善地方政府专项债券管理，规范棚户区改造融资行为，坚决遏制地方政府隐性债务增量，2018年在棚户区改造领域开展试点，有序推进试点发行地方政府棚户区改造专项债券工作，探索建立棚户区改造专项债券与项目资产、收益相对应的制度，发挥政府规范适度举债改善群众住房条件的积极作用。我们研究制订了《试点发行地方政府棚户区改造专项债券管理办法》，现予以印发，请遵照执行。

附件：试点发行地方政府棚户区改造专项债券管理办法

财政部　住房城乡建设部

2018年3月1日

附件：

试点发行地方政府棚户区改造专项债券管理办法

第一章　总　则

第一条　为完善地方政府专项债券管理，规范棚户区改造融资行为，坚决遏制地方政府隐性债务增量，有序推进试点发行地方政府棚户区改造专项债券工作，探索建立棚户区改造专项债券与项目资产、收益相对应的制度，发挥政府规范适度举债改善群众住房条件的积极作用，根据《中华人民共和国预算法》、《国务院关于加强地方政府性债务管理的意见》（国发〔2014〕43号）等有关规定，制订本办法。

第二条　本办法所称棚户区改造，是指纳入国家棚户区改造计划，依法实施棚户区征收拆迁、居民补偿安置以及相应的腾空土地开发利用等的系统性工程，包括城镇棚户区（含城中村、城市危房）、国有工矿（含煤矿）棚户区、国有林区（场）棚户区和危旧房、国有垦区危房改造项目等。

第三条　本办法所称地方政府棚户区改造专项债券（以下简称棚改专项债券）是地方政府专项债券的一个品种，是指遵循自愿原则、纳入试点的地方政府为推进棚户区改造发行，以项目对应并纳入政府性基金预算管理的国有土地使用权出让收入、专项收入偿还的地方政府专项债券。

前款所称专项收入包括属于政府的棚改项目配套商业设施销售、租赁收入以及其他收入。

第四条　试点期间地方政府为棚户区改造举借、使用、偿还专项债务适用本办法。

第五条　省、自治区、直辖市政府（以下简称省级政府）为棚改专项债券的发行主体。试点期间设区的市、自治州，县、自治县、不设区的市、市辖区级政府（以下简称市县级政府）确需棚改专项债券的，由其省级政府统一发行并转贷给市县级政府。

经省政府批准，计划单列市政府可以自办发行棚改专项债券。

第六条 试点发行棚改专项债券的棚户区改造项目应当有稳定的预期偿债资金来源，对应的纳入政府性基金的国有土地使用权出让收入、专项收入应当能够保障偿还债券本金和利息，实现项目收益和融资自求平衡。

第七条 棚改专项债券纳入地方政府专项债务限额管理。棚改专项债券收入、支出、还本、付息、发行费用等纳入政府性基金预算管理。

第八条 棚改专项债券资金由财政部门纳入政府性基金预算管理，并由本级棚改主管部门专项用于棚户区改造，严禁用于棚户区改造以外的项目，任何单位和个人不得截留、挤占和挪用，不得用于经常性支出。

本级棚改主管部门是指各级住房城乡建设部门以及市县级政府确定的棚改主管部门。

第二章 额度管理

第九条 财政部在国务院批准的年度地方政府专项债务限额内，根据地方棚户区改造融资需求及纳入政府性基金预算管理的国有土地使用权出让收入、专项收入状况等因素，确定年度全国棚改专项债券总额度。

第十条 各省、自治区、直辖市年度棚改专项债券额度应当在国务院批准的本地区专项债务限额内安排，由财政部下达各省级财政部门，并抄送住房城乡建设部。

第十一条 预算执行中，各省、自治区、直辖市年度棚改专项债券额度不足或者不需使用的部分，由省级财政部门会同住房城乡建设部门于每年 8 月 31 日前向财政部提出申请。财政部可以在国务院批准的该地区专项债务限额内统筹调剂额度并予批复，同时抄送住房城乡建设部。

第十二条 省级财政部门应当加强对本地区棚改专项债券额度使用情况的监督管理。

第三章 预算编制

第十三条 县级以上地方各级棚改主管部门应当根据本地区棚户区改造规划和分年改造任务等，结合项目收益与融资平衡情况等因素，测算提出下一年度棚改专项债券资金需求，报本级财政部门复核。市县级财政部门将复核后的下一年度棚改专项债券资金需求，经本级政府批准后，由市县政府于每年 9 月底前报省级财政部门和省级住房城乡建设部门。

第十四条 省级财政部门会同本级住房城乡建设部门汇总审核本地区下一年度棚改专项债券需求，随同增加举借专项债务和安排公益性资本支出项目的建议，经省级政府批准后于每年 10 月 31 日前报送财政部。

第十五条 省级财政部门在财政部下达的本地区棚改专项债券额度内，根据市县近三年纳入政府性基金预算管理的国有土地使用权出让收入和专项收入情况、申报的棚改项目融资需求、专项债务风险、项目期限、项目收益和融资平衡情况等因素，提出本地区年度棚改专项债券分配方案，报省级政府批准后下达各市县级财政部门，并抄送省级住房城乡建设部门。

第十六条 市县级财政部门应当在省级财政部门下达的棚改专项债券额度内，会同本级棚改主管部门提出具体项目安排建议，连同年度棚改专项债券发行建议报省级财政部门备案，抄送省级住房城乡建设部门。

第十七条 增加举借的棚改专项债券收入应当列入政府性基金预算调整方案。包括：

（一）省级政府在财政部下达的年度棚改专项债券额度内发行专项债券收入。

（二）市县级政府使用的上级政府转贷棚改专项债券收入。

第十八条 增加举借棚改专项债券安排的支出应当列入预算调整方案，包括本级支出和转贷下级支出。棚改专项债券支出应当明确到具体项目，在地方政府债务管理系统中统计，纳入财政支出预算项目库管理。

地方各级棚改主管部门应当建立试点发行地方政府棚户区改造专项债券项目库，项目库信息应当包括项目名称、棚改范围、规模（户数或面积）、标准、建设期限、投资计划、预算安排、预期收益和融资平衡方案等情况，并做好与地方政府债务管理系统的衔接。

第十九条 棚改专项债券还本支出应当根据当年到期棚改专项债券规模、棚户区改造项目收益等因素合理预计、妥善安排，列入年度政府性基金预算草案。

第二十条 棚改专项债券利息和发行费用应当根据棚改专项债券规模、利率、费率等情况合理预计，列入政府性基金预算支出统筹安排。

第二十一条 棚改专项债券收入、支出、还本付息、发行费用应当按照《地方政府专项债务预算管理办法》（财预〔2016〕155号）规定列入相关预算科目。

第四章 预算执行和决算

第二十二条 省级财政部门应当根据本级人大常委会批准的预算调整方案，结合市县级财政部门会同本级棚改主管部门提出的年度棚改专项债券发行建议，审核确定年度棚改专项债券发行方案，明确债券发行时间、批次、规模、期限等事项。

市县级财政部门应当会同本级棚改主管部门做好棚改专项债券发行准备工作。

第二十三条 地方各级棚改主管部门应当配合做好本地区棚改专项债券试点发行准备工作，及时准确提供相关材料，配合做好项目规划、信息披露、信用评级、资产评估等工作。

第二十四条 发行棚改专项债券应当披露项目概况、项目预期收益和融资平衡方案、第三方评估信息、专项债券规模和期限、分年投资计划、本金利息偿还安排等信息。项目实施过程中，棚改主管部门应当根据实际情况及时披露项目进度、专项债券资金使用情况等信息。

第二十五条 棚改专项债券应当遵循公开、公平、公正原则采取市场化方式发行，在银行间债券市场、证券交易所市场等交易场所发行和流通。

第二十六条 棚改专项债券应当统一命名格式，冠以“××年××省、自治区、直辖市（本级或××市、县）棚改专项债券（×期）——×年××省、自治区、直辖市政府专项债券（×期）”名称，具体由省级财政部门商省级住房城乡建设部门确定。

第二十七条 棚改专项债券的发行和使用应当严格对应到项目。根据项目地理位置、征拆户数、实施期限等因素，棚改专项债券可以对应单一项目发行，也可以对应同一地区多个项目集合发行，具体由市县级财政部门会同本级棚改主管部门提出建议，报省级财政部门确定。

第二十八条 棚改专项债券期限应当与棚户区改造项目的征迁和土地收储、出让期限相适应，原则上不超过15年，可根据项目实际适当延长，避免期限错配风险。具体由市县级财政部门会同本级棚改主管部门根据项目实施周期、债务管理要求等因素提出建议，报省级财政部门确定。

棚改专项债券发行时，可以约定根据项目收入情况提前偿还债券本金的条款。鼓励地方政府通过结构化设计合理确定债券期限。

第二十九条 棚户区改造项目征迁后腾空土地的国有土地使用权出让收入、专项收入，应当结合该项目对应的棚改专项债券余额统筹安排资金，专门用于偿还到期债券本金，不得通过其他项目对应的国有土地使用权出让收入、专项收入偿还到期债券本金。因项目对应的专项收入暂时难以实现，不能偿还到期债券本金时，可在专项债务限额内发行棚改专项债券周转偿还，项目收入实现后予以归还。

第三十条 省级财政部门应当按照合同约定，及时偿还棚改专项债券到期本金、利息以及支付发行费用。市县级财政部门应当及时向省级财政部门缴纳本地区或本级应当承担的还本付息、发行费用等资金。

第三十一条 年度终了，县级以上地方各级财政部门应当会同本级棚改主管部门编制棚改专项债券收支决算，在政府性基金预算决算报告中全面、准确反映当年棚改专项债券收入、安排的支出、还本付息和发行费用等情况。

第五章 监督管理

第三十二条 地方各级财政部门应当会同本级棚改主管部门建立和完善相关制度，加强对本地区棚改专项债券发行、使用、偿还的管理和监督。

第三十三条 地方各级棚改主管部门应当加强对使用棚改专项债券项目的管理和监督，确保项目收益和融资自求平衡。

地方各级棚改主管部门应当会同有关部门严格按照政策实施棚户区改造项目范围内的征迁工作，腾空的土地及时交由国土资源部门按照有关规定统一出让。

第三十四条 地方各级政府及其部门不得通过发行地方政府债券以外的任何方式举借债务，除法律另有规定外不得为任何单位和个人的债务以任何方式提供担保。

第三十五条 地方各级财政部门应当会同本级棚改主管部门等，将棚改专项债券对应项目形成的国有资产，纳入本级国有资产管理，建立相应的资产登记和统计报告制度，加强资产日常统计和动态监控。县级以上各级棚改主管部门应当认真履行资产运营维护责任，并做好资产的会计核算管理工作。棚改专项债券对应项目形成的国有资产，应当严格按照棚改专项债券发行时约定的用途使用，不得用于抵押、质押。

第三十六条 财政部驻各地财政监察专员办事处对棚改专项债券额度、发行、使用、偿还等进行监督，发现违反法律法规和财政管理、棚户区改造资金管理等政策规定的行为，及时报告财政部，并抄送住房城乡建设部。

第三十七条 违反本办法规定情节严重的，财政部可以暂停其发行棚改专项债券。违反法律、行政法规的，依法追究有关人员责任；涉嫌犯罪的，移送司法机关依法处理。

第三十八条 地方各级财政部门、棚改主管部门在地方政府棚改专项债券监督和管理工作中，存在滥用职权、玩忽职守、徇私舞弊等违法违纪行为的，按照《中华人民共和国预算法》《公务员法》《行政监察法》《财政违法行为处罚处分条例》等国家有关规定追究相应责任；涉嫌犯罪的，移送司法机关处理。

第六章 职责分工

第三十九条 财政部负责牵头制定和完善试点发行棚改专项债券管理办法，下达分地区棚改专项债券额度，对地方棚改专项债券管理实施监督。

第四十条 住房城乡建设部配合财政部指导和监督地方棚改主管部门做好试点发行棚改专项债券管理相关工作。

第四十一条 省级财政部门负责本地区棚改专项债券额度管理和预算管理、组织做好债券发行、还本付息等工作，并按照专项债务风险防控要求审核项目资金需求。

第四十二条 省级住房城乡建设部门负责审核本地区棚改专项债券项目和资金需求，组织做好试点发行棚户区改造专项债券项目库与地方政府债务管理系统的衔接，配合做好本地区棚改专项债券发行准备工作。

第四十三条 市县级财政部门负责按照政府债务管理要求并根据本级试点发行棚改专项债券项目，以及本级专项债务风险、政府性基金收入等因素，复核本地区试点发行棚改专项债券需求，做好棚改专项债券额度管理、预算管理、发行准备、资金使用监管等工作。

市县级棚改主管部门负责按照棚户区改造工作要求并根据棚户区改造任务、成本等因素，建立本地区试点发行棚户区改造专项债券项目库，做好入库棚改项目的规划期限、投资计划、收益和融资平衡方案、预期收入等测算，做好试点发行棚户区改造专项债券年度项目库与政府债务管理系统的衔接，配合做好棚改专项债券发行各项准备工作，加强对项目实施情况的监控，并统筹协调相关部门保障项目建设进度，如期实现专项收入。

第七章 附 则

第四十四条 省、自治区、直辖市财政部门可以根据本办法规定，结合本地区实际制定实施细则。

第四十五条 本办法由财政部会同住房城乡建设部负责解释。

第四十六条 本办法自 2018 年 3 月 1 日起实施。

（二）财预〔2018〕28 号文内容解读

1. 怎样理解财预〔2018〕28 号文出台的意义

棚户区改造是党中央、国务院确定的重大民生工程，是破解城市二元结构的突破口，是推进新型城镇化进程的一项重要任务，也是促进经济社会协调发展的有效途径。但棚户区改造政策性强、拆迁任务重、投资规模大、资金需求多，棚改资金除了财政投入外，央行通过 PSL 支持政策性银行专项贷款是棚改资金的主要来源，2016—2017 年两年，棚户区改造资金来源中，政策性银行贷款占比分别为 80% 和 71%，资金期限长达 25 年。而通过 PPP 模式引进社会资本和债券融资等其他资金占比较小。因此，在棚改融资中，融资主体是各级融资平台公司，出于收益性及风险性考虑，政策性银行通常要求政府购买融资平台对棚改提供的服务，以此通过政府购买服务对棚改债务进行兜底，政府购买服务这种方式在短期内可以完成棚改融资任务，但从长期来看，有些地方超出财力支出能力，有的将政府购买服务不断扩大范围，形成政府隐性债务。

2017 年，国家有关部委先后颁布财预〔2017〕50 号文和财预〔2017〕87 号文，分别强调地方政府不得利用 PPP、政府投资基金、违规担保等方式违法违规变相举债；不得将原材料、燃料、设备、产品等货物，以及建筑物和构筑物的新建、改建、扩建及其相关的装修、拆除、修缮等建设工程作为政府购买服务项目。2018 年《中共中央　国务院关于防范化解地方政府隐性债务风险的意见》中也明确，地方政府不能借棚改名义变相举债。因此，2019 年政府购买棚改服务模式被取消，棚改以发行专项债券为主，偿债来源必须是由棚改项目所产生的政府性基金收入或专项收入，并实现项目收益和融资的自求平衡，通过专项债券融资使棚改项目更加透明规范，对发挥政府规范适度举债改善民生起到积极作用。

2. 怎样理解棚改专项债券采取试点方式有序推进

前期土地收储债券和收费公路专项债券直接在全国推行，而财预〔2018〕28 号文明确：有序推进试点发行地方政府棚户区改造专项债券工作，探索建立棚户区改造专项债券与项目资产、收益相对应的制度。同时要求：试点发行棚改专项债券的棚户区改造项目应当有稳定的预期偿债资金来源，对应的纳入政府性基金的国有土地使用权出让收入、专项收入应当能够保障偿还债券本金和利息，实现项目收益和融资自求平衡。

大范围棚改项目自 2005 年开始实施，2013 年开始全国提速，分为前三年和后三年，2020 年将完成棚改任务。各地地段和收益较好的棚改项目早已完成，剩余的棚改项目多具有地段偏僻、收益较低的特点，发行棚改项目专项债券面临的首要问题是项目本身的收益与融资很难平衡，特别是林区、工矿区、垦区项目。

针对这一问题，笔者认为财预〔2018〕28 号文从以下三个方面提供了解决思路：一是延长了棚改专项债券的期限，文件中规定了棚改专项债的期限在 15 年的基础上还可适当延长，避免棚改项目融资与投资期限错配风险。这一规定突破了《地方政府专项债券发行管理暂行办法》（财库〔2015〕83 号）关于地方政府专项债券期限最长不超过 10 年的规定。二是发挥棚改项目收益多样性优势，除了通常采用国有土地使用权出让收入外，财预〔2018〕28 号文还规定可以利用专项收入的棚改项目配套商业设施销售、租赁收入以及其他收入，这一点很重要，在棚改项目投资额大，仅依靠国有土地使用权出让收益难以实现融资自求平衡时，以商业物业收益补足偿债需要实属必要。三是如因项目对应的专项收入暂时难以偿还债券到期的本金，可在专项债务限额内发行棚户区改造专项债券周转偿还，项目收入实现后予以归还。

3. 怎样理解从"棚改"到"旧改"

2020 年 4 月 14 日，国务院召开常务会议指出："推进城镇老旧小区改造，是改善居民居住条件、扩大内需的重要举措。"2020 年《政府工作报告》强调：新开工改造城镇老旧小区 3.9 万个，支持管网改造、加装电梯等，发展居家养老、用餐、保洁等多样社区服务。

中央要求到 2020 年底基本完成现有的城镇棚户区、城中村和危房改造。《中共中央　国务院关于进一步加强城市规划建设管理的若干意见》中明确提出：要稳步实施城中村改造，有序推进老旧住宅小区的综合治理、危房和非成套住房改造。旧城改造重点是完善小区配套和市政基础设施，提升社区养老、托育、医疗等公共服务水平。旧城改造中需要巨大的投资，但旧城改造一般不涉及房屋拆迁和安置补偿问题，主要是更新改造小区水电气路及光纤等基础设施，建设改造养老抚幼、无障碍设施、便民市场等服务设施，有条件的可加装电梯，配建停车设施，从而促进住户户内改造并带动消费。按照中央的要求，建立政府与居民、社会力量合理共担改造资金的机制，中央财政给予补助，地方政府专项债券给予倾斜，鼓励社会资本参与改造运营。

如 2020 年宁夏贺兰县老旧小区改造及小微公园建设项目，该项目建设内容包括三个子项目，具体建设内容如下：老旧小区改造工程，包括对县城内新生资楼、全保小区、文明小区、铝制品厂家属楼、豪威楼 5 个居民小区实施外墙保温、屋面防水、给排水、供暖工程，对小区内道路、单元门等进行改造提升，安装太阳能庭院灯；贺兰县望都太阳城 B 区北侧和祥和家园小微公园项目，包括绿化工程、景观工程、灌溉工程、照明工程和土方工程；贺兰县塞上名居小区南侧和滨河路南侧（花园南街、凤凰桥旁）小微公园项目，包括绿化工程、景观工程、灌溉工程、照明工程和土方工程。本项目总投资 3223.00 万元，其中来源于政府发行专项债券 1260.00 万元，建设单位自筹 1463.00 万元，区级补助 500.00 万元。贺兰县老旧小区改造及小微公园建设项目收入来源为土地出让金收益、承接小型活动、商业演出收益以及广告牌位租赁收益。债券存续期合计项目收入为 2851.80 万元。

五、《财政部关于开展通过商业银行柜台市场发行地方政府债券工作的通知》（财库〔2019〕11 号）

2019 年 2 月 27 日，财政部发布《财政部关于开展通过商业银行柜台市场发行地方政府债券工作的通知》（财库〔2019〕11 号）（以下简称财库〔2019〕11 号文）。

（一）财库〔2019〕11号文原文

财政部关于开展通过商业银行柜台市场发行地方政府债券工作的通知

财库〔2019〕11号

各省、自治区、直辖市、计划单列市财政厅（局），新疆生产建设兵团财政局，中央国债登记结算有限责任公司、中国证券登记结算有限责任公司，全国银行间同业拆借中心，上海证券交易所、深圳证券交易所，柜台业务开办机构：

为拓宽地方政府债券（以下简称地方债券）发行渠道，满足个人和中小机构投资者需求，丰富全国银行间债券市场柜台（以下简称商业银行柜台市场）业务品种，根据地方债券管理和商业银行柜台市场管理有关规定，现就开展通过商业银行柜台市场发行地方债券工作有关事宜通知如下：

一、地方政府公开发行的一般债券和专项债券，可通过商业银行柜台市场在本地区范围内（计划单列市政府债券在本省范围内）发行，并在发行通知中明确柜台最大发行额度、发行方式和分销期安排等。

地方政府应当通过商业银行柜台市场重点发行专项债券，更好发挥专项债券对稳投资、扩内需、补短板的作用，增强投资者对本地经济社会发展的参与度和获得感。

二、按照积极稳妥、分步推进的原则，由省级财政部门分批实施地方债券商业银行柜台市场发行业务。财政部综合考虑市场需求、债券期限、债券品种、项目收益、发行节奏等情况加强政策指导。

三、通过商业银行柜台市场发行的地方债券，发行利率（或价格）按照首场公开发行利率（或价格）确定，发行额度面向柜台业务开办机构通过数量招标方式确定。

四、通过商业银行柜台市场发行的地方债券，分销期一般为招标日次日起3个工作日。分销结束后，未售出的发行额由柜台开办机构包销。

五、通过商业银行柜台市场发行的地方债券，缴款日和起息日为招标日（T日）后第四个工作日（即T+4日）（续发行地方债券的起息日与之前发行的同期地方债券相同），债权登记日为招标日后第五个工作日（即T+5日），上市日为招标日后第六个工作日（即T+6日）。

六、地方财政部门应当与柜台业务开办机构签订分销协议，明确双方权利和义务。

七、地方财政部门原则上按照柜台业务开办机构柜台中标额度的千分之四向其支付分销费用。

八、柜台业务开办机构开展地方债券商业银行柜台市场发行业务前，应当告知中央国债登记结算有限责任公司、全国银行间同业拆借中心等配合开办业务。

九、中央国债登记结算有限责任公司、全国银行间同业拆借中心应当定期向财政部门提交地方债券柜台业务统计分析报告。

十、地方财政部门、柜台业务开办机构、中央国债登记结算有限责任公司、全国银行间同业拆借中心等应当加大宣传力度，增强社会认知，促进地方债券柜台业务平稳有序开展。

十一、本通知自印发之日起施行。

财政部

2019年2月27日

（二）财库〔2019〕11 号文内容解读

1. 地方政府债券通过商业银行柜台市场发行的意义

财库〔2019〕11 号文对地方政府债券的发行是一次创新。在此之前，地方政府债券主要通过全国银行间债券市场、证券交易所债券市场发行，投资者主要为商业银行、证券公司、基金公司、信托公司、保险公司等机构投资者。商业银行柜台市场是指银行通过营业网点（含电子银行系统）与投资人进行债券买卖，并办理相关托管与结算等业务的行为。开放商业银行柜台市场发行地方政府债券就标志着地方政府债券市场完全向个人及中小投资者打开，不仅可以丰富中小投资者的投资选择，也可以促进地方政府债券市场持续健康地发展。同时，资管新政的实施，打破了理财产品刚性兑付，地方政府债券作为一种安全性和收益性较好的产品，也是中小投资者和个人投资的必要选择。

对地方政府而言，政府债券通过银行柜台市场可直接向中小投资者和个人开放，不仅可以扩大地方政府债券的影响，使其投资价值有所上升，也使地方政府债券成为家庭金融配置资产的一部分。

对银行而言，通过商业银行柜台市场对个人及中小投资者开放则可以逐步缓解银行对于地方债券购买的压力，调整银行资产构成，有利于改变地方债券购买主体过于集中的现实。

2. 怎样理解专项债券发行机制创新对疫情之后稳投资的作用

财库〔2019〕11 号文明确，地方政府应当通过商业银行柜台市场重点发行专项债券，更好地发挥专项债券对稳投资、扩内需、补短板的作用。疫情之后，需要稳增长、传统和新型基建补短板、扩大内需，2020 年地方政府专项债券的发行规模进一步扩大，而银行柜台市场发行机制创新，拓宽了发行渠道，扩大了投资者范围，有利于完成地方政府债券发行计划，有利于充分发挥地方政府债券稳投资、稳增长的功能。如 2019 年 3 月四川省发行 5 年期土地储备专项债券 59.29 亿元，其中，15 亿元债券通过商业银行柜台面向省内个人和中小投资者发售，柜台发售额占比为 25%，柜台发行已经成为该只债券发行的主渠道之一。

3. 怎样理解债券柜台发行接通了普惠金融

通过商业银行柜台发行地方政府债券，一方面扩大了地方政府债券的社会影响力，让政府债券信用体现在中小投资者稳定收益中，以此拓宽政府债券融资渠道；另一方面为中小微企业、个人投资者提供了一项安全性高、收益稳定的金融产品选择，成为与惠民普惠金融相连的纽带。同时，这也营造了居民参与地方投资的获得感，2020 年政府专项债券不仅投资传统基础设施，如交通道路、供水、供气、供电、污水处理，还可能参与智慧城市、智慧交通、智慧水务等新基建，居民在获得投资收益的同时也享受了公共服务均等化提升带来的便利。如2019年浙江省棚改专项债券（一期），发行总额不超过22亿元，商业银行柜台发行11亿元，该债券为5年期记账式固定利率附息券，最低投资仅需100元，最小递增单位也是100元面值，投资者认购债券数量应为100元面值的整数倍。

六、中共中央办公厅、国务院办公厅印发《关于做好地方政府专项债券发行及项目配套融资工作的通知》（厅字〔2019〕33号）

2019年6月，中共中央办公厅、国务院办公厅印发《关于做好地方政府专项债券发行及项目配套融资工作的通知》（厅字〔2019〕33号）（以下简称《通知》）。

（一）《通知》原文

关于做好地方政府专项债券发行及项目配套融资工作的通知

厅字〔2019〕33号

为贯彻落实党中央、国务院决策部署，加大逆周期调节力度，更好发挥地方政府专项债券（以下简称专项债券）的重要作用，着力加大对重点领域和薄弱环节的支持力度，增加有效投资、优化经济结构、稳定总需求，保持经济持续健康发展，经中央领导同志同意，现就有关事项通知如下。

一、总体要求和基本原则

（一）总体要求。以习近平新时代中国特色社会主义思想为指导，全面贯彻党的十九大和十九届二中、三中全会精神，认真落实党中央、国务院决策部署，坚决打好防范化解重大风险攻坚战。坚持以供给侧结构性改革为主线不动摇，坚持结构性去杠杆的基本思路，按照坚定、可控、有序、适度要求，进一步健全地方政府举债融资机制，推进专项债券管理改革，在较大幅度增加专项债券规模基础上，加强宏观政策协调配合，保持市场流动性合理充裕，做好专项债券发行及项目配套融资工作，促进经济运行在合理区间。

（二）基本原则

——坚持疏堵结合。坚持用改革的办法解决发展中的矛盾和问题，把“开大前门”和“严堵后门”协调起来，在严控地方政府隐性债务（以下简称隐性债务）、坚决遏制隐性债务增量、坚决不走无序举债搞建设之路的同时，加大逆周期调节力度，厘清政府和市场边界，鼓励依法依规市场化融资，增加有效投资，促进宏观经济良性循环，提升经济社会发展质量和可持续性。

——坚持协同配合。科学实施政策“组合拳”，加强财政、货币、投资等政策协同配合。积极的财政政策要加力提效，充分发挥专项债券作用，支持有一定收益但难以商业化合规融资的重大公益性项目（以下简称重大项目）。稳健的货币政策要松紧适度，配合做好专项债券发行及项目配套融资，引导金融机构加强金融服务，按商业化原则依法合规保障重大项目合理融资需求。

——坚持突出重点。切实选准选好专项债券项目，集中资金支持重大在建工程建设和补短板并带动扩大消费，优先解决必要在建项目后续融资，尽快形成实物工作量，防止形成“半拉子”工程。

——坚持防控风险。始终从长期大势认识当前形势，坚持推动高质量发展，坚持举债要同偿债能力相匹配。专项债券必须用于有一定收益的重大项目，融资规模要保持与项目收益相平衡。地方政府加强专项债券风险防控和项目管理，金融机构按商业化原则独立审批、审慎决策，坚决防控风险。

——坚持稳定预期。既要强化宏观政策逆周期调节，主动预调微调，也要坚持稳中求进工作总基调，精准把握宏观调控的度，稳定和提振市场预期。必须坚持结构性去杠杆的改革方向，坚决不搞“大水漫灌”。对举借隐性债务上新项目、铺新摊子的要坚决问责、终身问责、倒查责任。

二、支持做好专项债券项目融资工作

（一）合理明确金融支持专项债券项目标准。发挥专项债券带动作用和金融机构市场化融资优势，依法合规推进专项债券支持的重大项目建设。对没有收益的重大项目，通过统筹财政预算资金和地方政府一般债券予以支持。对有一定收益且收益全部属于政府性基金收入的重大项目，由地方政府发行专项债券融资；收益兼有政府性基金收入和其他经营性专项收入（以下简称专项收入，包括交通票款收入等），且偿还专项债券本息后仍有剩余专项收入的重大项目，可以由有关企业法人项目单位（以下简称项目单位）根据剩余专项收入情况向金融机构市场化融资。

（二）精准聚焦重点领域和重大项目。鼓励地方政府和金融机构依法合规使用专项债券和其他市场化融资方式，重点支持京津冀协同发展、长江经济带发展、“一带一路”建设、粤港澳大湾区建设、长三角区域一体化发展、推进海南全面深化改革开放等重大战略和乡村振兴战略，以及推进棚户区改造等保障性安居工程、易地扶贫搬迁后续扶持、自然灾害防治体系建设、铁路、收费公路、机场、水利工程、生态环保、医疗健康、水电气热等公用事业、城镇基础设施、农业农村基础设施等领域以及其他纳入“十三五”规划符合条件的重大项目建设。

（三）积极鼓励金融机构提供配套融资支持。对于实行企业化经营管理的项目，鼓励和引导银行机构以项目贷款等方式支持符合标准的专项债券项目。鼓励保险机构为符合标准的中长期限专项债券项目提供融资支持。允许项目单位发行公司信用类债券，支持符合标准的专项债券项目。

（四）允许将专项债券作为符合条件的重大项目资本金。对于专项债券支持、符合中央重大决策部署、具有较大示范带动效应的重大项目，主要是国家重点支持的铁路、国家高速公路和支持推进国家重大战略的地方高速公路、供电、供气项目，在评估项目收益偿还专项债券本息后专项收入具备融资条件的，允许将部分专项债券作为一定比例的项目资本金，但不得超越项目收益实际水平过度融资。地方政府要按照一一对应原则，将专项债券严格落实到实体政府投资项目，不得将专项债券作为政府投资基金、产业投资基金等各类股权基金的资金来源，不得通过设立壳公司、多级子公司等中间环节注资，避免层层嵌套、层层放大杠杆。

（五）确保落实到期债务偿还责任。省级政府对专项债券依法承担全部偿还责任。组合使用专项债券和市场化融资的项目，项目收入实行分账管理。项目对应的政府性基金收入和用于偿还专项债券的专项收入及时足额缴入国库，纳入政府性基金预算管理，确保专项债券还本付息资金安全；项目单位依法对市场化融资承担全部偿还责任，在银行开立监管账户，将市场化融资资金以及项目对应可用于偿还市场化融资的专项收入，及时足额归集至监管账户，保障市场化融资到期偿付。市场化转型尚未完成、存量隐性债务尚未化解完毕的融资平台公司不得作为项目单位。严禁项目单位以任何方式新增隐性债务。

三、进一步完善专项债券管理及配套措施

（一）大力做好专项债券项目推介。地方政府通过印发项目清单、集中公告等方式，加大向金融机构推介符合标准专项债券项目力度。金融管理部门积极配合地方政府工作，组织和协调金融机构参与。金融机构按照商业化原则、自主自愿予以支持，加快专项债券推介项目落地。

（二）保障专项债券项目融资与偿债能力相匹配。地方政府、项目单位和金融机构加强对重大项目融资论证和风险评估，充分论证项目预期收益和融资期限及还本付息的匹配度，合理编制项目预期收益与融资平衡方案，反映项目全生命周期和年度收支平衡情况，使项目预期收益覆盖专项债券及市场化融资本息。需要金融机构市场化融资支持的，地方政府指导项目单位比照开展工作，向金融机构全面真实及时披露审批融资所需信息，准确反映偿还专项债券本息后的专项收入，使项目对应可用于偿还市场化融资的专项收入与市场化融资本息相平衡。金融机构严格按商业化原则审慎做好项目合规性和融资风险审核，在偿还专项债券本息后的专项收入确保市场化融资偿债来源的前提下，对符合条件的重大项目予以支持，自主决策是否提供融资及具体融资数量并自担风险。

（三）强化信用评级和差别定价。推进全国统一的地方政府债务信息公开平台建设，由地方政府定期公开债务限额、余额、债务率、偿债率以及经济财政状况、债券发行、存续期管理等信息，形成地方政府债券统计数据库，支持市场机构独立评级，根据政府债务实际风险水平，合理形成市场化的信用利差。加快建立地方政府信用评级体系，加强地方政府债务风险评估和预警结果在金融监管等方面的应用。

（四）提升地方政府债券发行定价市场化程度。坚持地方政府债券市场化发行，进一步减少行政干预和窗口指导，不得通过财政存款和国库现金管理操作等手段变相干预债券发行定价，促进债券发行利率合理反映地区差异和项目差异。严禁地方政府及其部门通过金融机构排名、财政资金存放、设立信贷目标等方式，直接或间接向金融机构施压。

（五）丰富地方政府债券投资群体。落实完善相关政策，推动地方政府债券通过商业银行柜台在本地区范围内向个人和中小机构投资者发售，扩大对个人投资者发售量，提高商业银行柜台发售比例。鼓励和引导商业银行、保险公司、基金公司、社会保险基金等机构投资者和个人投资者参与投资地方政府债券。合理确定地方政府债券柜台发售的定价机制，增强对个人投资者的吸引力。适时研究储蓄式地方政府债券。指导金融机构积极参与地方政府债券发行认购，鼓励资管产品等非法人投资者增加地方政府债券投资。积极利用证券交易所提高非金融机构和个人投资地方政府债券的便利性。推出地方政府债券交易型开放式指数基金，通过“债券通”等机制吸引更多境外投资者投资。推动登记结算机构等债券市场基础设施互联互通。

（六）合理提高长期专项债券期限比例。专项债券期限原则上与项目期限相匹配，并统筹考虑投资者需求、到期债务分布等因素科学确定，降低期限错配风险，防止资金闲置。逐步提高长期债券发行占比，对于铁路、城际交通、收费公路、水利工程等建设和运营期限较长的重大项目，鼓励发行10年期以上的长期专项债券，更好匹配项目资金需求和期限。组合使用专项债券和市场化融资的项目，专项债券、市场化融资期限与项目期限保持一致。合理确定再融资专项债券期限，原则上与同一项目剩余期限相匹配，避免频繁发债增加成本。完善专项债券本金偿还方式，在到期一次性偿还本金方式基础上，鼓励专项债券发行时采取本金分期偿还方式，既确保分期项目收益用于偿债，又平滑债券存续期内偿债压力。

（七）加快专项债券发行使用进度。地方政府要根据提前下达的部分新增专项债务限额，结合国务院批准下达的后续专项债券额度，抓紧启动新增债券发行。金融机构按市场化原则配合地方政府做好专项债券发行工作。对预算拟安排新增专项债券的项目通过先行调度库款的办法，加快项目建设进度，债券发行后及时回补。各地要均衡专项债券发行时间安排，力争当年9月底前发行完毕，尽早发挥资金使用效益。

四、依法合规推进重大项目融资

（一）支持重大项目市场化融资。对于部分实行企业化经营管理且有经营性收益的基础设施项目，包括已纳入国家和省市县级政府及部门印发的“十三五”规划并按规定权限完成审批或核准程序的项目，以及发展改革部门牵头提出的其他补短板重大项目，金融机构可按照商业化原则自主决策，在不新增隐性债务前提下给予融资支持，保障项目合理资金需求。

（二）合理保障必要在建项目后续融资。在严格依法解除违法违规担保关系基础上，对存量隐性债务中的必要在建项目，允许融资平台公司在不扩大建设规模和防范风险前提下与金融机构协商继续融资。鼓励地方政府合法合规增信，通过补充有效抵质押物或由第三方担保机构（含政府出资的融资担保公司）担保等方式，保障债权人合法权益。

（三）多渠道筹集重大项目资本金。鼓励地方政府通过统筹预算收入、上级转移支付、结转结余资金，以及按规定动用预算稳定调节基金等渠道筹集重大项目资本金。允许各地使用财政建设补助资金、中央预算内投资作为重大项目资本金，鼓励将发行地方政府债券后腾出的财力用于重大项目资本金。

五、加强组织保障

（一）严格落实工作责任。财政部、国家发展改革委和金融管理部门等按职责分工和本通知要求，抓紧组织落实相关工作。省级政府对组合使用专项债券和市场化融资的项目建立事前评审和批准机制，对允许专项债券作为资本金的项目要重点评估论证，加强督促检查。地方各级政府负责组织制定本级专项债券项目预期收益与融资平衡方案，客观评估项目预期收益和资产价值。金融机构按照商业化原则自主决策，在不新增隐性债务前提下给予融资支持。

（二）加强部门监管合作。在地方党委和政府领导下，建立财政、金融管理、发展改革等部门协同配合机制，健全专项债券项目安排协调机制，加强地方财政、发展改革等部门与金融单位之间的沟通衔接，支持做好专项债券发行及项目配套融资工作。财政部门及时向当地发展改革、金融管理部门及金融机构提供有关专项债券项目安排信息、存量隐性债务中的必要在建项目信息等。发展改革部门按职责分工做好建设项目审批或核准工作。金融管理部门指导金融机构做好补短板重大项目和有关专项债券项目配套融资工作。

（三）推进债券项目公开。地方各级政府按照有关规定，加大地方政府债券信息公开力度，依托全国统一的集中信息公开平台，加快推进专项债券项目库公开，全面详细公开专项债券项目信息，对组合使用专项债券和市场化融资的项目以及将专项债券作为资本金的项目要单独公开，支持金融机构开展授信风险评估，让信息"多跑路"、金融机构"少跑腿"。进一步发挥主承销商作用，不断加强专项债券信息公开和持续监管工作。出现更换项目单位等重大事项的，应当第一时间告知债权人。金融机构加强专项债券项目信息应用，按照商业化原则自主决策，及时遴选符合条件的项目予以支持；需要补充信息的，地方政府及其相关部门要给予配合。

（四）建立正向激励机制。研究建立正向激励机制，将做好专项债券发行及项目配套融资工作、加快专项债券发行使用进度与全年专项债券额度分配挂钩，对专项债券发行使用进度较快的地区予以适当倾斜支持。适当提高地方政府债券作为信贷政策支持再贷款担保品的质押率，进一步提高金融机构持有地方政府债券的积极性。

（五）依法合规予以免责。既要强化责任意识，谁举债谁负责、谁融资谁负责，从严整治举债乱象，也要明确政策界限，允许合法合规融资行为，避免各方因担心被问责而不作为。对金融机构依法合规支持专项债券项目配套融资，以及依法合规支持已纳入国家和省市县级政府及部门印发的"十三五"规划并按规定权限完成审批或核准程序的项目，发展改革部门牵头提出的其他补短板重大项目，凡偿债资金来源为经营性收入、不新增隐性债务的，不认定为隐性债务问责情形。对金融机构支持存量隐性债务中的必要在建项目后续融资且不新增隐性债务的，也不认定为隐性债务问责情形。

（六）强化跟踪评估监督。地方各级政府、地方金融监管部门、金融机构动态跟踪政策执行情况，总结经验做法，梳理存在问题，及时研究提出政策建议。国务院有关部门要加强政策解读和宣传培训，按职责加大政策执行情况监督力度，尤其要对将专项债券作为资本金的项目加强跟踪评估，重大事项及时按程序请示报告。

（二）《通知》内容解读

1. 怎样理解印发《通知》的意义

地方政府专项债券是地方政府在经济社会领域的重要融资方式，也是防范化解地方政府债务坚持疏堵并重的有效措施。党中央、国务院高度重视做好地方政府专项债券发行和使用工作，中共中央办公厅、国务院办公厅在 2019 年 6 月印发《通知》，目的是发挥地方政府专项债券引领作用，强化依法合规做好专项债券发行及项目配套融资工作，通过实施逆周期调节，增加有效投资，促进经济社会健康发展。

另外，地方政府专项债券是宏观经济调控的工具，可以投入国家重点支持的铁路、国家高速公路和支持推进国家重大战略实施的地方高速公路、供电、供气等基础设施和民生项目，对拉动经济增长、促进社会发展起到积极有效作用。2020 年 4 月 17 日召开的中央政治局会议强调："要以更大的宏观政策力度对冲疫情影响。积极的财政政策要更加积极有为，提高赤字率，发行抗疫特别国债，增加地方政府专项债券，提高资金使用效率，真正发挥稳定经济的关键作用。”因此，用好地方政府专项债券在当前具有重要的现实意义。

2. 怎样理解专项债券项目配套融资即专项债券 + 市场化融资

《通知》的标题中“项目配套融资”，即专项债券 + 市场化融资，是指政府专项债券所投资项目下开展的市场融资方式，融资方式主要为银行机构以项目贷款等方式支持符合标准的专项债券投资项目，及保险机构为专项债券项目所提供的中长期限融资支持。专项债券 + 市场化融资是《通知》的一个亮点，2020 年 4 月 17 日召开的中央政治局会议强调，要加大“六稳”工作力度，还首次提出“六保”任务——保居民就业、保基本民生、保市场主体、保粮食能源安全、保产业链供应链稳定、保基层运转，坚定实施扩大内需战略，维护经济社会稳定。疫情之后，稳投资作为稳经济的关键，与促内需消费等形成组合拳支持经济增长。因此，专项债券 + 市场化融资模式对“两新一重”项目建设具有重要作用。

《通知》根据重大项目不同将政府债券分为三类：一是政府一般债券，投资没有收益的重大项目；二是政府专项债券（普通专项债券），投资有一定收益的重大项目；三是项目收益专项债券，投资收益自平衡的重大项目。项目收益专项债券在《通知》中表述为：收益兼有政府性基金收入和其他经营性专项收入（简称专项收入，包括交通票款收入等），且偿还专项债券本息后仍有剩余专项收入的重大项目。第三类项目会涉及企业法人项目单位根据剩余专项收入情况在金融机构开展的市场化融资。

根据上述论述，就专项债发行及项目配套融资我们可以得出以下结论：一是专项债券发行和偿债主体是地方政府，发行纳入政府性基金预算；而市场化融资及偿债主体是企业化经营管理的项目法人，未脱钩的平台公司不能作为此类项目的项目法人。二是项目配套融资指的是项目本身为收益自平衡项目，也就是现金流收入应当能够完全覆盖专项债券还本付息。三是市场化融资额度与偿还专项债券本息后剩余的专项收入相吻合，可否融资、能融资多少由金融机构判断，即《通知》强调：金融机构严格按商业化原则审慎做好项目合规性和融资风险审核，在偿还专项债券本息后的专项收入确保市场化融资偿债来源的前提下，对符合条件的重大项目予以支持，自主决策是否提供融资及具体融资数量并自担风险。四是由省级政府对组合使用专项债券和市场化融资的项目进行事前评审与批准。五是各级政府制定本级专项债券项目预期收益与融资平衡方案，不新增地方政府隐性债务。

3. 怎样理解地方政府专项债券所对应的专项收入

《通知》明确指出：“对有一定收益且收益全部属于政府性基金收入的重大项目，由地方政府发行专项债券融资；收益兼有政府性基金收入和其他经营性专项收入（以下简称专项收入，包括交通票款收入等），且偿还专项债券本息后仍有剩余专项收入的重大项目，可以由有关企业法人项目单位（以下简称项目单位）根据剩余专项收入情况向金融机构市场化融资。”

这里应该清楚什么是专项债券所对应的专项收入。专项收入属于非税收入，是政府财政收入的组成部分。而专项债券属于政府专项债务，根据《地方政府专项债务预算管理办法》（财预〔2016〕155 号）规定，专项债务收入、安排的支出、还本付息、发行费用纳入政府性基金预算管理。因此，可以得出以下结论：地方专项债券所对应的项目专项收入属于非税收入，其收支应当纳入政府性基金预算管理。在《2020 年政府收支分类科目》中，“专项债券对应项目专项收入”被规定为“反映地方政府专项债券对应项目形成、可用于偿还专项债券本息的经营收入”。另外，根据财预〔2017〕89 号文要求，地方政府应按照本地区政府性基金收入项目分类发行专项债券，这就是说，地方政府拟发行专项债券的项目都应属于可以依法取得政府性基金收入的。

了解上述专项收入概念后，我们进一步分析专项收入归属问题。《政府非税收入管理办法》（财税〔2016〕33 号）对非税收入列出具体十二种收入：① 行政事业性收费收入；② 政府性基金收入；③ 罚没收入；④ 国有资源（资产）有偿使用收入；⑤ 国有资本收益；⑥ 彩票公益金收入；⑦ 特许经营收入；⑧ 中央银行收入；⑨ 以政府名义接受的捐赠收入；⑩ 主管部门集中收入；⑪ 政府收入的利息收入；⑫ 其他非税收入。

项目专项收入是 2017 年开始发行地方政府专项债后才出现的一种新的非税收入，应该属于《通知》中的“其他非税收入”。

另外，《通知》对使用专项债券和市场化融资的项目所产生的项目收入实行分账管理的安排。项目单位依法在市场化融资时在银行开立监管账户，及时足额归集至监管账户，保障市场化融资到期偿付。

4. 怎样理解地方政府专项债券聚焦重点领域和重大项目

《通知》指出：“鼓励地方政府和金融机构依法合规使用专项债券和其他市场化融资方式，重点支持京津冀协同发展、长江经济带发展、‘一带一路’建设、粤港澳大湾区建设、长三角区域一体化发展、推进海南全面深化改革开放等重大战略和乡村振兴战略，以及推进棚户区改造等保障性安居工程、易地扶贫搬迁后续扶持、自然灾害防治体系建设、铁路、收费公路、机场、水利工程、生态环保、医疗健康、水电气热等公用事业、城镇基础设施、农业农村基础设施等领域以及其他纳入‘十三五’规划符合条件的重大项目建设。”

近几年，地方政府专项债券逐年增加，2019 年发行专项债券 25882 亿元，2020 年为抗击疫情达到 3.75 万亿元。从发行实务来看，地方政府专项债券主要围绕土地收储、收费公路、棚改项目、供水和污水处理、城乡基础设施、园区建设、水利建设、城市停车场、防洪设施、城际铁路、轨道交通、生态环保。除了基础设施领域外，政府专项债券在公立医院、职业教育、文化旅游等社会领域也发挥了重要作用。2020年重点对城镇老旧小区改造、应急医疗救治、公共卫生等市政设施项目，以及加快建设5G网络、数据中心等新基建进行投资。

5. 怎样理解完善政府专项债券管理创新和配套措施

地方政府发行专项债券是财政资金使用管理的一次重要制度创新，专项债券的发行涉及法律、政策、财务、评估等。按照市场化改革方向，为进一步细化完善专项债券管理及配套措施，《通知》围绕专项债券项目推介、保障专项债券项目融资与偿债能力相匹配、强化专项债券信用评级和差别定价、提升地方政府债券发行定价市场化程度、丰富地方政府债券投资群体、提高长期专项债券期限比例、加快专项债券发行使用进度等方面提出要求。

一是大力做好专项债券项目推介。《通知》强调：地方政府通过印发项目清单、集中公告等方式，加大向金融机构推介符合标准专项债券项目的力度。

二是保障专项债券项目融资与偿债能力相匹配。《通知》强调：地方政府、项目单位和金融机构加强对重大项目融资论证与风险评估，充分论证项目预期收益和融资期限及还本付息的匹配度，合理编制项目预期收益与融资平衡方案，反映项目全生命周期和年度收支平衡情况，使项目预期收益覆盖专项债券及市场化融资本息。

三是强化专项债券信用评级和差别定价。《通知》要求：推进全国统一的地方政府债务信息公开平台建设，由地方政府定期公开债务限额、余额、债务率、偿债率以及经济财政状况、债券发行、存续期管理等信息，形成地方政府债券统计数据库，支持市场机构独立评级，根据政府债务实际风险水平，合理形成市场化的信用利差。

四是提升地方政府债券发行定价市场化程度。《通知》要求：坚持地方政府债券市场化发行，进一步减少行政干预和窗口指导，不得通过财政存款和国库现金管理操作等手段变相干预债券发行定价，促进债券发行利率合理反映地区差异和项目差异。

五是丰富地方政府债券投资群体。《通知》指出：推动地方政府债券通过商业银行柜台在本地区范围内向个人和中小机构投资者发售，扩大对个人投资者发售量，提高商业银行柜台发售比例。鼓励和引导商业银行、保险公司、基金公司、社会保险基金等机构投资者和个人投资者参与投资地方政府债券。合理确定地方政府债券柜台发售的定价机制，增强对个人投资者的吸引力。

六是合理提高长期专项债券期限比例。《通知》要求，专项债券期限原则上与项目期限相匹配，降低期限错配风险，防止资金闲置浪费。逐步提高长期债券发行占比，对于铁路、城际交通、收费公路、水利工程等建设和运营期限较长的重大项目，鼓励发行10年期以上的长期专项债券，更好匹配项目资金需求和期限。合理确定再融资专项债券期限，原则上与同一项目剩余期限相匹配，避免频繁发债增加成本。完善专项债券本金偿还方式，在到期一次性偿还本金方式的基础上，鼓励采取本金分期偿还方式，既确保分期项目收益用于偿债，又平滑债券存续期内偿债压力。

七是加快专项债券发行使用进度。《通知》要求：地方政府要根据提前下达的部分新增专项债务限额，结合国务院批准下达的后续专项债券额度，抓紧启动新增债券发行。金融机构按市场化原则配合地方政府做好专项债券发行工作。对预算拟安排新增专项债券的项目通过先行调度库款的办法，加快项目建设进度，债券发行后及时回补。各地要均衡专项债券发行时间安排，力争当年9月底前发行完毕，尽早发挥资金使用效益。

6. 怎样理解专项债券可以作为项目资本金

通常政府对经营性项目支持，会采用资本金注入方式投资项目，这会涉及一定比例项目资本金。前几年，项目出资运作不规范，其中是项目资本金出资有问题，最典型的就是采用“名股实债”、股东借贷、信贷资金等。《通知》允许将专项债券作为符合条件的重大项目资本金，突破了债务性资金不可以充当项目资本金的限制，这是《通知》的一个亮点，也是管理制度的创新，释放了较强的稳投资、稳增长的信号。

《通知》指出：对于专项债券支持、符合中央重大决策部署、具有较大示范带动效应的重大项目，主要是国家重点支持的铁路、国家高速公路和支持推进国家重大战略的地方高速公路、供电、供气项目，在评估项目收益偿还专项债券本息后专项收入具备融资条件的，允许将部分专项债券作为一定比例的项目资本金，但不得超越项目收益实际水平过度融资。地方政府要按照一一对应原则，将专项债券严格落实到实体政府投资项目，不得将专项债券作为政府投资基金、产业投资基金等各类股权基金的资金来源，不得通过设立壳公司、多级子公司等中间环节注资，避免层层嵌套、层层放大杠杆。

上述规定明确了专项债券作为项目资本金需要注意四个条件：一是专项债券用于重大项目，主要支持铁路、高速公路、供电、供气、供水、轨道交通等民生项目。二是项目在评估项目收益的基础上，用于收益情况较好的基础设施项目，达到收益自平衡并具备融资条件的，允许将部分专项债券作为一定比例的项目资本金。三是专项债券用于项目资本金只是部分资本金，而不是全部用专项债券作为项目资本金。疫情之后，为了稳投资，专项债券做项目资本金可以达到25%。四是专项债券只可以用于实体项目的投资，不得作为政府投资基金等各类股权基金的份额出资。专项债券可以作为项目资本金发挥政府出资的引导带动作用，但不得多重嵌套，放大杠杆。

7. 怎样理解多渠道筹集项目资本金

《通知》指出：鼓励地方政府通过统筹预算收入、上级转移支付、结转结余资金，以及按规定动用预算稳定调节基金等渠道筹集重大项目资本金。允许各地使用财政建设补助资金、中央预算内投资作为重大项目资本金，鼓励将发行地方政府债券后腾出的财力用于重大项目资本金。我们通过下面的案例来看一下政府如何多渠道筹资项目资本金。

呼和浩特新机场工程项目就是采取多渠道筹资项目资本金的，资金筹措分为财政资金、债券资金、融资资金三部分。国家发展改革委在 2019 年 1 月批复该工程时要求项目资本金比例达到 50%，财政资金为 100.24 亿元（作为资本金），其中国家安排中央预算内资金 7.6 亿元、民航发展基金 22.3 亿元。其余资本金由内蒙古自治区出资 37.67 亿元，呼和浩特市出资 32.67 亿元。呼和浩特市政府发行 5 亿元专项债券计入资本金，专项债券资金占资本金比例为 4.75%，项目资本金合计 105.24 亿元。

8. 怎样理解允许融资平台公司在不扩大建设规模和防范风险的前提下与金融机构协商继续融资

《通知》强调：增加有效投资，促进宏观经济良性循环，提升经济社会发展质量和可持续性。允许融资平台公司合理化融资主要体现在以下方面。

一是突出重点在建项目。融资平台公司承担许多当地重点项目，且属于在建项目，要防止为了防范风险而引发新的风险，造成现金流断流。因此，《通知》强调：集中资金支持重大在建工程建设和补短板并带动扩大消费，优先解决必要在建项目后续融资，尽快形成实物工作量，防止形成“半拉子”工程。

二是依法合规予以免责。对金融机构及融资平台公司应该强化各自的责任意识，积极有所作为。《通知》指出：要明确政策界限，允许合法合规融资行为，避免各方因担心被问责而不作为。对金融机构支持存量隐性债务中的必要在建项目后续融资且不新增隐性债务的，也不认定为隐性债务问责情形。

三是坚持商业化融资。《通知》指出：金融机构可按照商业化原则自主决策，在不新增隐性债务的前提下给予融资支持，保障项目合理资金需求。

四是严格限制违规担保。《通知》明确要求相关融资行为必须建立在严格依法解除违法违规担保关系的基础上，由融资平台公司和金融机构自主协商，金融机构可根据项目收益和风险决定是否贷款，而不是利用政府信用进行担保。

9. 怎样理解《通知》中防范地方政府的隐性债务

一是厘清政府与市场边界。新修订的《预算法》确定了政府债务要与融资平台公司债务相隔离，因此，《通知》要求：加大逆周期调节力度，厘清政府和市场边界，鼓励依法依规市场化融资，增加有效投资，促进宏观经济良性循环，提升经济社会发展质量和可持续性。

二是按照商业化原则依法合规保障重大项目合理融资需求。对于没有收益的重大项目，主要通过财政资金和政府发行一般债券进行融资。对于有收益的项目，《通知》强调：地方各级政府负责组织制定本级专项债券项目预期收益与融资平衡方案，客观评估项目预期收益和资产价值。金融机构按照商业化原则自主决策，在不新增隐性债务的前提下给予融资支持。

三是用改革的办法解决发展中的矛盾。坚持疏堵结合、开明渠堵暗道。《通知》指出：把“开大前门”和“严堵后门”协调起来，严控地方政府隐性债务，坚决遏制隐性债务增量。

四是对违规举债要问责。《通知》要求：必须坚持结构性去杠杆的改革方向，坚决不搞“大水漫灌”。对举借隐性债务上新项目、铺新摊子的要坚决问责、终身问责、倒查责任。

七、《关于加快地方政府专项债券发行使用有关工作的通知》（财预〔2020〕94号）

2020年7月29日，财政部公开发布《关于加快地方政府专项债券发行使用有关工作的通知》（财预〔2020〕94号）（以下简称财预〔2020〕94号文或《通知》）。

（一）财预〔2020〕94号文原文

关于加快地方政府专项债券发行使用有关工作的通知

财预〔2020〕94号

各省、自治区、直辖市、计划单列市财政厅（局），新疆生产建设兵团财政局：

为贯彻落实国务院常务会议部署，用好地方政府专项债券（以下简称专项债），加强资金和项目对接、提高资金使用效益，做好“六稳”工作、落实“六保”任务，现就加快地方政府专项债券发行使用有关工作通知如下：

一、合理把握专项债券发行节奏。对近期下达及后续拟下达的新增专项债券，抗疫特别国债、一般债券统筹把握发行节奏，妥善做好稳投资稳增长和维护债券市场稳定工作，确保专项债券有序稳妥发行，力争在10月底前发行完毕。

二、科学合理确定专项债券期限。专项债券期限原则上与项目期限相匹配，并统筹考虑投资者需求、到期债务分布等因素科学确定，降低期限错配风险，防止资金闲置。既要鼓励发行长期专项债券，支持铁路、城际交通、收费公路、水利工程等建设和运营期限较长的重大项目，更好匹配项目资金需求和期限，又要综合评估分年到期专项债券本息、可偿债财力以及融资成本等情况，合理确定专项债券期限，避免人为将偿债责任后移。

三、优化新增专项债券资金投向。坚持专项债券必须用于有一定收益的公益性项目，融资规模与项目收益相平衡。重点用于国务院常务会议确定的交通基础设施、能源项目、农林水利、生态环保项目、民生服务、冷链物流设施、市政和产业园区基础设施等七大领域。积极支持“两新一重”、公共卫生设施建设中符合条件的项目，可根据需要及时用于加强防灾减灾建设。

四、依法合规调整新增专项债券用途。赋予地方一定的自主权，对因准备不足短期内难以建设实施的项目，允许省级政府及时按程序调整用途，优先用于党中央、国务院明确的“两新一重”、城镇老旧小区改造、公共卫生设施建设等领域符合条件的重大项目。确需调整用途的，原则上应当于9月底前完成，合理简化程序，确保年内形成实物工作量。各地涉及依法合规调整专项债券用途的，应当将省级政府批准同意的相关文件按程序报财政部备案，并在地方政府债务管理信息系统全过程登记。

五、严格新增专项债券使用负面清单。严禁将新增专项债券资金用于置换存量债务，绝不允许搞形象工程、面子工程。新增专项债券资金依法不得用于经常性支出，严禁用于发放工资、单位运行经费、发放养老金、支付利息等，严禁用于商业化运作的产业项目、企业补贴等。同时，坚持不安排土地储备项目、不安排产业项目、不安排房地产相关项目。

六、加快新增专项债券资金使用进度。抓紧安排已发行未使用的新增专项债券资金投入使用，做好与近期下达批次的新增专项债券资金使用的衔接。要依托地方政府债务管理信息系统，对专项债券发行使用实行穿透式、全过程监控，动态监测地方财政、相关主管部门以及项目单位等各类参与主体，逐个环节跟踪进展，一级抓一级，层层压实相关主体责任，既要督促加快专项债券资金使用进度，尽快形成实物工作量，也要确保项目质量，提高债券资金使用绩效，绝不能乱花钱。

七、依法加大专项债券信息公开力度。发挥按中央要求建立的全国统一的地方政府债务信息公开平台（WWW.CELMA.ORG.CN）作用，全面详细公开发行专项债券对应项目信息，加快推进专项债券项目库公开，对组合使用专项债券和市场化融资的项目以及将专项债券作为资本金的项目要单独公开，发挥市场自律约束作用，以公开促规范、以公开防风险。

八、健全通报约谈机制和监督机制。要健全每月定期通报机制，对资金拨付进度快、安排使用合规有效的市县、相关主管部门和项目单位予以表扬，对资金拨付进度慢、安排使用不合规的市县、相关主管部门和项目单位予以通报或约谈，既要防止债券资金滞留国库，也要避免资金拨付后沉淀在项目单位，提高债券资金使用效益，尽快形成对经济的有效拉动。财政部各地监管局要加强属地监督。

特此通知。

财政部

2020年7月27日

（二）财预〔2020〕94号文内容解读

2020年新增地方政府专项债券3.75万亿元，提高专项债券资金使用效益，对做好“六稳”工作、落实“六保”任务至关重要。《通知》从合理把握专项债券发行节奏、科学合理确定专项债券期限、优化新增专项债券资金投向、依法合规调整新增专项债券用途、严格新增专项债券使用负面清单等8个方面，对加快地方政府债券发行使用、优化债券资金投向作出进一步规定。

1. 怎样理解合理把握专项债券发行节奏

财政部数据显示，截至 2020 年 7 月 14 日，2020 年全国各地发行新增专项债券 2.24 万亿元。2020 年债券市场除了专项债券外，还有抗疫特别国债和一般债券，债券规模扩大，债务增长速度必然过快，因此，需要优化专项债券发行期限、节奏及项目投向，确保专项债券有序稳妥发行，方可保证在专项债券规模扩大的同时兼顾到长期财政的可持续性。因此，《通知》要求，合理把握专项债券发行节奏，妥善做好稳投资稳增长和维护债券市场稳定工作，力争在 10 月底前发行完毕。

2. 怎样理解科学合理确定专项债券期限

根据《地方政府专项债券发行管理暂行办法》，专项债券期限为 1 年、2 年、3 年、5 年、7 年和 10 年，但 7 年和 10 年期债券的合计发行规模不得超过专项债券全年发行规模的 50%。2018 年后又增加 15 年、20 年，通过丰富债券产品期限更好地与项目资金需求匹配。当然，债券期限越长就意味着利率越高，关键是项目运营期限，轨道交通、收费公路等项目适合期限更长的，合理确定专项债券期限可以降低发行风险。《通知》提出：专项债券期限原则上与项目期限相匹配，并统筹考虑投资者需求、到期债务分布等因素科学确定，降低期限错配风险，防止资金闲置。

3. 怎样理解优化新增专项债券资金投向

《通知》要求：坚持专项债券必须用于有一定收益的公益性项目，融资规模与项目收益相平衡。这里有两层含义：一是地方政府专项债券要投向有一定收益的公益性项目，如轨道交通、高速公路等，要纳入政府性基金预算，以公益性项目对应的政府性基金或专项收入作为还本付息的保证。二是融资规模与项目收益相平衡。这实际上是项目收益专项债券，即按照本地区政府性基金收入项目分类发行，实现项目收益与融资自求平衡，由对应专属单一项目取得政府性基金或专项收入偿还本息。对于专项债券投向，《通知》明确：重点用于国务院常务会议确定的交通基础设施、能源项目、农林水利、生态环保项目、民生服务、冷链物流设施、市政和产业园区基础设施七大领域。

4. 怎样理解依法合规调整新增专项债券用途

《通知》还指出，依法合规调整新增专项债券用途。赋予地方一定的自主权，对因准备不足短期内难以建设实施的项目，允许省级政府及时按程序调整用途，优先用于党中央、国务院明确的“两新一重”、城镇老旧小区改造、公共卫生设施建设等领域符合条件的重大项目。

“两新一重”建设，主要是加强新型基础设施建设，发展新一代信息网络，拓展 5G 应用，建设数据中心，增加充电桩、换电站等设施，推广新能源汽车，激发新消费需求、助力产业升级。加强新型城镇化建设，大力提升县城公共设施和服务能力，以适应农民日益增加的到县城就业安家需求。新开工改造城镇老旧小区 3.9 万个，支持管网改造、加装电梯等，发展居家养老、用餐、保洁等多样社区服务。加强交通、水利等重大工程建设。根据各地实际情况，允许省级政府及时按程序调整用途，专项债券除了上述七大领域外，还可用于“两新一重”、城镇老旧小区改造、公共卫生设施建设等领域符合条件的重大项目。

5. 怎样理解严格新增专项债券使用负面清单

《通知》要求：严禁将新增专项债券资金用于置换存量债务，绝不允许搞形象工程、面子工程。新增专项债券资金依法不得用于经常性支出，严禁用于发放工资、单位运行经费、发放养老金、支付利息等，严禁用于商业化运作的产业项目、企业补贴等。同时，坚持不安排土地储备项目、不安排产业项目、不安排房地产相关项目。这些要求有以下含义。

一是严禁将新增专项债券资金用于置换存量债务。由《2015 年地方政府专项债券预算管理办法》可知，地方政府专项债券包括新增专项债券和置换专项债券，也就是说专项债券有两个作用：一个是投资有收益的公益性项目，一个是置换 2014 年年底前存量债务。《通知》明确：严禁将新增专项债券资金用于置换存量债务。这就好理解了，新增专项债券只能投资有收益的公益性项目。

二是新增专项债券绝不允许搞形象工程、面子工程。2020 年 7 月 15 日，李克强总理主持召开国务院常务会议强调：要优化债券资金投向，严禁用于置换存量债务，绝不允许搞形象工程、面子工程，但可以改投“两新一重”项目。

三是新增专项债券只能用于资本支出，不得用于经常性支出。严禁用于商业化运作的产业项目、企业补贴等。财政部政府债务研究和评估中心发布的《地方政府债券市场报告（2020 年 6 月）》显示，2020 年 6 月发行的新增地方政府债券资金，39.66% 用于教科文卫、社会保障，27.81% 用于市政建设和产业园区基础设施，18.74% 用于交通基础设施。

四是坚持不安排土地储备项目、不安排产业项目、不安排房地产相关项目。自 2019 年以来，严控专项债券用于土地收储项目，政府专项债券资金更不得用于产业项目，产业项目是企业债券投资的范畴，房地产项目也不能使用政府专项债券资金。

八、《关于印发〈地方政府债券发行管理办法〉的通知》（财库〔2020〕43 号）

2020 年 12 月 9 日，财政部出台《关于印发〈地方政府债券发行管理办法〉的通知》（财库〔2020〕43 号）（以下简称《办法》）。

（一）《办法》原文

关于印发《地方政府债券发行管理办法》的通知

财库〔2020〕43号

各省、自治区、直辖市、计划单列市财政厅（局），新疆生产建设兵团财政局，财政部各地监管局，中央国债登记结算有限责任公司、中国证券登记结算有限责任公司，上海证券交易所、深圳证券交易所，地方政府债券承销团成员，地方政府债券信用评级机构等第三方专业机构：

为规范地方政府债券发行管理，保护投资者合法权益，根据《中华人民共和国预算法》、《中共中央办公厅　国务院办公厅关于做好地方政府专项债券发行及项目配套融资工作的通知》和《国务院关于加强地方政府性债务管理的意见》（国发〔2014〕43号）等法律法规和相关规定，财政部制定了《地方政府债券发行管理办法》。现予以公布，请遵照执行。

《地方政府一般债券发行管理暂行办法》（财库〔2015〕64号）和《地方政府专项债券发行管理暂行办法》（财库〔2015〕83号）同时废止。

附件：地方政府债券发行管理办法

财政部

2020年12月9日

附件：

地方政府债券发行管理办法

第一章　总　则

第一条　为规范地方政府债券发行管理，保护投资者合法权益，根据《中华人民共和国预算法》、《中共中央办公厅　国务院办公厅关于做好地方政府专项债券发行及项目配套融资工作的通知》和《国务院关于加强地方政府性债务管理的意见》（国发〔2014〕43号）等法律法规和相关规定，制定本办法。

第二条　本办法所称地方政府债券，是指省、自治区、直辖市和经省级人民政府批准自办债券发行的计划单列市人民政府（以下称地方政府）发行的、约定一定期限内还本付息的政府债券。

地方政府债券包括一般债券和专项债券。一般债券是为没有收益的公益性项目发行，主要以一般公共预算收入作为还本付息资金来源的政府债券；专项债券是为有一定收益的公益性项目发行，以公益性项目对应的政府性基金收入或专项收入作为还本付息资金来源的政府债券。

第三条　地方政府依法自行组织本地区地方政府债券发行和还本付息工作。地方政府债券发行兑付工作由地方政府财政部门（以下称地方财政部门）负责办理。

第四条　地方财政部门应当切实履行偿债责任，及时支付债券本息，维护政府信誉。加强专项债券项目跟踪管理，严格落实项目收益与融资规模相平衡的有关要求，保障债券还本付息，防范专项债券偿付风险。

第五条　地方财政部门、地方政府债券承销团成员、信用评级机构及其他相关主体，应当按照市场化、规范化原则做好地方政府债券发行相关工作。

第二章　债券发行额度和期限

第六条　地方财政部门应当在国务院批准的分地区限额内发行地方政府债券。新增债券、再融资债券、置换债券发行规模不得超过财政部下达的当年本地区对应类别的债券限额或发行规模上限。

第七条　地方财政部门应当根据项目期限、融资成本、到期债务分布、投资者需求、债券市场状况等因素，合理确定债券期限结构。

第八条　地方财政部门可结合实际情况，在按照市场化原则保障债权人合法权益的前提下，采取到期偿还、提前偿还、分期偿还等本金偿还方式。

第九条　地方财政部门应当均衡一般债券期限结构，充分结合项目周期、债券市场需求等合理确定专项债券期限，专项债券期限应当与项目期限相匹配。专项债券期限与项目期限不匹配的，可在同一项目周期内以接续发行的方式进行融资。专项债券可以对应单一项目发行，也可以对应多个项目集合发行。财政部对地方政府债券发行期限进行必要的统筹协调。

第三章　信用评级和信息披露

第十条　地方财政部门应当按照公开、公平、公正原则，从具备中国境内债券市场评级资质的信用评级机构中依法竞争择优选择信用评级机构，并按规定及时披露所选定的信用评级机构。地方财政部门应当与信用评级机构签署信用评级协议，明确双方的权利和义务。

第十一条　信用评级机构应当按照独立、客观、公正和审慎性原则开展信用评级工作，严格遵守信用评级业管理有关办法、地方政府债券信用评级有关规定和行业自律规范，及时发布信用评级报告。

首次评级后，信用评级机构应当在评级结果有效期内每年开展一次跟踪评级，在债券存续期内发生可能影响偿债能力和偿债意愿的重大事项时，及时进行不定期跟踪评级，并公布跟踪评级结果。

第十二条　地方财政部门应当按照地方政府债券信息披露有关规定，及时公开地方政府债券发行安排、债券基本信息、本地区财政经济运行及债务情况、债券信用评级报告等。专项债券还应当全面详细公开项目信息、项目收益与融资平衡方案、债券对应的政府性基金或专项收入情况、由第三方专业机构出具的评估意见以及对投资者做出购买决策有重大影响的其他信息。

第十三条　地方财政部门应当在地方政府债券发行定价结束后，及时披露债券发行结果。

第十四条　地方政府债券到期前，地方财政部门应当按有关规定持续披露经济运行、财政收支、政府债务管理情况、跟踪评级报告以及可能影响债券偿还能力的重大事项等。专项债券还应当披露项目收益、对应的政府性基金或专项收入情况等。债券发行后确需调整债券资金用途的，地方财政部门应当按程序报批，经省级人民政府或省级人大常委会批准后及时披露相关信息。

第十五条　地方财政部门应当及时披露地方政府债券发行相关信息，对披露文件的合规性、完整性负责。

第十六条　信息披露遵循诚实信用原则，不得有虚假记载、误导性陈述或重大遗漏。

第十七条 地方财政部门披露债券发行时间后，因债券市场波动、市场资金面、承销团成员承销意愿、不可抗力等特殊因素需要推迟或取消地方政府债券发行时，应当按规定提前向财政部报告，并向市场披露推迟或取消发行信息。

第四章 债券发行与托管

第十八条 地方财政部门应当统筹债券发行、财政收支和库款管理等，结合资金需求科学安排地方政府债券发行节奏，提高债券资金使用效率。

第十九条 地方财政部门应当合理设置单只债券发行规模，公开发行的地方政府债券鼓励采用续发行方式。

第二十条 地方财政部门应当按照公开、公平、公正的原则组建地方政府债券承销团，根据市场环境和债券发行任务等因素，合理确定承销团成员和主承销商的数量、选择方式、组建流程等。

承销团成员应当是中国境内依法成立的金融机构，经营范围包括债券承销，财务稳健，资本充足率、偿付能力或者净资本状况等指标达到监管标准，具有较强的风险防控能力。除外国银行分行外，其他机构应当具备独立法人资格；外国银行分行参与承销地方政府债券，应当取得其总行对该事项的书面授权。

第二十一条 地方财政部门应当按照有关法律法规，在平等自愿基础上与地方政府债券承销团成员签署债券承销协议，明确双方权利和义务。承销团成员可以书面委托其分支机构代理签署并履行债券承销协议。地方财政部门可以在承销团成员中择优选择主承销商，主承销商发挥承销主力作用。

第二十二条 地方财政部门应当规范承销团管理，定期开展承销团考评，完善退出和增补机制，实现权利义务相匹配。

第二十三条 地方政府债券发行可以采用承销、招标等方式。

第二十四条 地方财政部门采用承销方式发行地方政府债券，应当与主承销商协商确定承销规则，明确承销方式和募集原则等。地方财政部门与主承销商协商确定利率（价格）区间，各承销商在规定时间内报送申购利率（价格）和数量意愿，按事先确定的定价和配售规则确定最终发行利率（价格）和各承销商债券承销额。

第二十五条 地方财政部门采用招标方式发行地方政府债券，应当科学制定招标规则，明确招标方式和中标原则，合理设定投标比例、承销比例等技术参数。地方财政部门通过财政部规定的电子招标系统，要求各承销商通过该系统在规定时间报送投标利率及投标额，按地方财政部门制定的招标发行规则，确定债券发行利率及各承销商债券中标额。地方财政部门可结合市场情况和自身需要，采用弹性招标方式发行地方政府债券。

第二十六条 地方财政部门应当按照财政部有关规定积极通过商业银行柜台市场发行地方政府债券，不断拓宽地方政府债券发行渠道，便利个人和非金融机构投资选择。

第二十七条 除财政部另有规定外，地方政府债券应当在中央国债登记结算有限责任公司办理总登记托管，在国家规定的登记托管机构办理分登记托管。地方政府债券在全国银行间债券市场（商业银行柜台市场除外）、证券交易所债券市场均实行一级托管，各类投资者直接在登记托管机构开立债券账户，实行穿透式管理。发行结束后，按有关规定及时上市交易。

第二十八条 发行服务机构、登记结算机构、代理还本付息机构等应当与地方财政部门商定合理的发行费用标准，原则上不得高于非政府债券标准。发行服务机构、登记结算机构、代理还本付息机构拟修改或新增收费标准的，应当提前报财政部核准后实施。

第五章　相关机构职责

第二十九条　地方财政部门应当加强地方政府债券发行现场管理，确保在发行定价过程中，不得有违反公平竞争、进行利益输送、谋取不正当利益以及其他破坏市场秩序的行为。

地方财政部门和地方政府债券发行服务机构应当按照地方政府债券发行现场管理有关规定，对发行现场的人员出入登记、通讯设备存放、无线电屏蔽和电话录音等方面进行严格管理。如遇特殊情况，应当及时向财政部报告。

第三十条　地方政府债券发行服务机构应当建立健全债券发行服务制度，优化发行服务工作流程，做好发行系统维护工作，强化内部控制，不断提升发行服务水平。

第三十一条　地方政府债券市场基础设施应当在财政部指导下，积极配合做好地方政府债券收益率曲线编制等工作。

第三十二条　地方政府债券市场基础设施应当加强市场跟踪分析，及时向财政部门报送数据信息及市场分析报告。

第三十三条　地方财政部门应当积极推动扩大地方政府债券投资者范围，鼓励各类机构投资者和个人投资者在符合法律法规等相关规定的前提下投资地方政府债券。

各交易场所和市场服务机构应当不断完善地方政府债券现券交易、回购、质押安排，促进地方政府债券流动性改善。鼓励各类机构在回购交易中更多接受地方政府债券作为质押品。

第六章　监督检查

第三十四条　财政部各地监管局应当加强对地方政府债券的监督检查，规范地方政府债券的发行、资金使用和偿还等行为。

第三十五条　登记结算机构、承销团成员、信用评级机构等第三方专业机构和人员应当勤勉尽责，严格遵守职业规范和相关规则，对弄虚作假、存在违法违规行为的，财政部将向地方财政部门通报。地方财政部门在组建承销团或选择第三方专业机构参与地方政府债券相关工作时，应当予以负面考虑。涉嫌犯罪的，依法移送有关国家机关处理。

第三十六条　地方财政部门应当按规定及时向财政部报送本地区地方政府债券发行计划。地方政府债券发行兑付过程中出现重大事项及时向财政部报告。

第七章　附　则

第三十七条　本办法自 2021 年 1 月 1 日起施行。

（二）《办法》内容解读

财政部宣布自 2021 年 1 月 1 日起施行新的《地方政府债券发行管理办法》，同时，执行近 5 年的《地方政府一般债券发行管理暂行办法》（财库〔2015〕64 号）和《地方政府专项债券发行管理暂行办法》（财库〔2015〕83 号）（以下统称

《暂行办法》）废止。《办法》对债券含义、发行额度和期限、信用评级和信息披露、债券发行与托管、相关机构职责等进行规定，是指导和规范2021年地方政府债券发行工作的直接政策，也是“十四五”期间为地方债券发行提供科学性、系统性的政策引领。

1.《办法》出台的背景

2015年实施新修订的《预算法》及2014年就颁布的国发43号文，明确规定地方政府融资只能通过发行债券和推广PPP模式，由此，地方政府投融资进入重构阶段。随后颁发的《地方政府一般债券发行管理暂行办法》属于配套政策体系，每年财政部也印发关于做好债券发行工作的通知。

2020年底中央经济工作会议提出：“积极的财政政策要提质增效、更可持续，保持适度支出强度，增强国家重大战略任务财力保障。”2021年是“十四五”开局之年，对此，中央经济工作会议也提出：“确保‘十四五’开好局、起好步，以优异成绩庆祝建党100周年。”经济社会要高质量发展，就要有高质量投资助力。面对严峻复杂形势，重要的是开好“前门”，积极发挥财政资金引导，合理确定政府债务规模，满足财政政策逆周期调节作用。此前的《暂行办法》已经不能完全适应当前的形势与债券市场趋势。正是在这种背景下，《办法》适时地颁布实施了。

2. 重新定义地方政府一般债券和专项债券

对比以前的《暂行办法》，这次《办法》对地方政府一般债券和专项债券的定义在原基础上更加注重聚焦偿债来源，而淡化“约定一定期限内”。《办法》明确：“地方政府债券包括一般债券和专项债券。一般债券是为没有收益的公益性项目发行，主要以一般公共预算收入作为还本付息资金来源的政府债券；专项债券是为有一定收益的公益性项目发行，以公益性项目对应的政府性基金收入或专项收入作为还本付息资金来源的政府债券。”

而《暂行办法》对一般债券的定义，“是指省、自治区、直辖市政府（含经省级政府批准自办债券发行的计划单列市政府）为没有收益的公益性项目发行的、约定一定期限内主要以一般公共预算收入还本付息的政府债券”；对专项债券的定义，“是指省、自治区、直辖市政府（含经省级政府批准自办债券发行的计划单列市政府）为有一定收益的公益性项目发行的、约定一定期限内以公益性项目对应的政府性基金或专项收入还本付息的政府债券”。

对比《办法》和《暂行办法》对地方政府债券的定义可知，最突出的变化是没有强调“约定一定期限内”，这正是《办法》的一个亮点，提出放开期限的要求，探索多方式偿还机制。

3. 债券按类别受到限额管理

《办法》规定：“地方财政部门应当在国务院批准的分地区限额内发行地方政府

债券。新增债券、再融资债券、置换债券发行规模不得超过财政部下达的当年本地区对应类别的债券限额或发行规模上限。”截至 2020 年 11 月末，地方政府债务余额为 25.59 万亿元，控制在全国人大批准的限额内。对地方政府债务总额要限额管理，同样，对债券类别也要进行分类限额管理，本次《办法》将地方债券的额度进行分类：新增债券额度是当年新增债券的额度；再融资债券额度是对到期一般债券或专项债券进行展期、发行债券进行置换的接续发行额度；置换债券额度是通过地方债券形式对存量政府债务进行置换的债券。

通过按类别限额管理，可对地方存量债务、新增债务、置换债务进行合理比例调控，以达到控制债务风险的目的。

4. 取消地方债券发行期限限制，避免期限错配

《办法》指出：“地方财政部门应当根据项目期限、融资成本、到期债务分布、投资者需求、债券市场状况等因素，合理确定债券期限结构。”而《暂行办法》中的要求是，“专项债券期限为 1 年、2 年、3 年、5 年、7 年和 10 年，由各地综合考虑项目建设、运营、回收周期和债券市场状况等合理确定，但 7 年和 10 年期债券的合计发行规模不得超过专项债券全年发行规模的 50%。”这次《办法》不再强调债券发行年限和期限，也没有要求 7 年和 10 年期债券发行规模占比，这实际上是取消了地方政府债券发行期限的限制。《办法》更强调根据项目情况及债务分布等因素，合理确定债券期限结构。

有资料显示：2020 年 1—10 月，地方政府债券平均发行期限为 14.89 年，比 2019 年同期延长 4.77 年。在“两新一重”项目建设中，可能受到项目运营、现金流收益、投资规模等影响，债券期限有的达到 15 年甚至更长年限。财信证券首席经济学家伍超明在接受采访时表示，取消地方债券发行期限的限制，一方面有利于保证专项债券融资期限与项目资金需求结构相匹配，降低期限错配风险，防止资金闲置浪费，另一方面也是财政政策跨周期设计的一个重要体现，提高长期限地方债券发行比重，既有利于平滑地方政府偿债压力，又能避免频繁发债增加成本。

5. 探索多元的政府债券偿债方式

当前，地方政府专项债券普遍采取按期付息、到期一次性还本的方式。如 2020 年内蒙古自治区政府专项债券（三十二期）为固定利率债券，期限为 10 年，票面利率为 3.54%，利息每半年支付一次；本期债券起息日为 2020 年 12 月 31 日，每年 12 月 31 日、6 月 30 日支付利息，2030 年 12 月 31 日偿还本金并支付最后一次利息。这种一次性偿还本金的方式，固然可以减轻政府短期偿债压力，但也存在资金有可能闲置在专项账户上的可能，另外，到期一次性还本不一定符合投资者倾向，政府债券期限较长，投资者回收资金受到制约。

因此，《办法》强调：“地方财政部门可结合实际情况，在按照市场化原则保障

债权人合法权益的前提下，采取到期偿还、提前偿还、分期偿还等本金偿还方式。”也就是说，可以根据项目运营收益情况，采用到期偿还、提前偿还、分期偿还三种偿还方式，若提前偿还部分本金，可以降低后期支付的利息压力。总之，《办法》规定更加灵活的偿债方式，更有利于地方政府投资公益性项目。

6. 首次提出政府债券要跟踪评级

《暂行办法》要求：“信用评级机构按照独立、客观、公正的原则开展信用评级工作，遵守信用评级规定与业务规范，及时发布信用评级报告。”在《暂行办法》的基础上，《办法》要求：“首次评级后，信用评级机构应当在评级结果有效期内每年开展一次跟踪评级，在债券存续期内发生可能影响偿债能力和偿债意愿的重大事项时，及时进行不定期跟踪评级，并公布跟踪评级结果。”因此，每年开展一次跟踪评级和及时进行不定期跟踪评级，将会提升投资者投资政府债券的信心。

九、2021 年地方政府专项债券发行最新政策导向

2021 年是“十四五”开局之年，要坚持稳中求进工作总基调，扎实做好“六稳”工作，全面落实“六保”任务，使积极的财政政策要更加积极有为。相较以往，特别是根据 2021 年财政工作会议，2021 年地方政府专项债券的特点主要体现在以下几个方面。

一是“两新一重”为专项债券投资重点。2020 年地方政府专项债券体现在积极发挥拉动经济增长、疫情防控及民生补短板方面。7 月，根据国务院常务会议精神，专项债券重点用于交通基础设施、能源项目、农林水利、生态环保项目、民生服务、冷链物流设施、市政和产业园区基础设施七大领域。积极支持“两新一重”、公共卫生设施建设中符合条件的项目，并可根据需要及时用于加强防灾减灾建设。中央在“十四五”建议中提出：推进新型基础设施、新型城镇化、交通水利等重大工程建设，支持有利于城乡区域协调发展的重大项目建设。因此，2021 年专项债券会重点支持既促消费惠民生又调结构增后劲的“两新一重”项目建设，以此拉动有效投资，促进地方经济稳步发展。

二是专项债券发行规模相较 2020 年有所减少。2020 年，面对突如其来的新冠肺炎疫情，按照党中央、国务院决策部署，要使积极的财政政策更加积极有为，提高赤字率，发行抗疫特别国债，增加地方政府专项债券，提高资金使用效率，真正发挥稳定经济的关键作用，2020 年地方政府专项债券发行规模明显扩容，创历史地发行了 3.75 万亿元。但在专项债券发行中也存在不少问题，比如资金沉淀时间较长，投资效果一般，甚至改变债券的投向等。因此，2021 年地方政府专项债券相较上一年发行规模会有减少，根据多数专业机构预测，2021 年地方政府专项债券发行规模可能在 3 万亿—3.3 万亿元。

三是严防专项债券风险，规范地方政府债务信息公开。2020 年专项债券发行规模大、发行节奏加快，虽然通过专项债券发行，带动了有效投资，但也出现专项债券余额增速超过政府性基金收入增速的问题，形成一定风险积聚。另外，有些地方还出现了违规将专项债券用于经常性支出、发放工资、资金沉淀等。为了推进地方政府债务信息公开的要求，财政部颁布的《地方政府债券信息公开平台管理办法》要求，财政部门按照谁制作、谁公开、谁负责的原则，对地方政府债务相关信息公开的真实性、准确性、完整性、规范性、及时性负责。因此，2021 年在专项债券发行中将会严控债务风险，加强地方政府债务相关信息披露。

四是地方政府债券利率或有所回升[①]。根据金融界网站消息，2020 年，受疫情冲击影响，央行多次降准释放流动性，地方政府债券发行利率整体下行。2020 年第三季度以来，在经济表现逐步回暖及政府债券供给压力相对集中的影响下，政府债融资成本系统性上行。预计 2021 年，在经济持续回温的状态下，地方政府债券发行利率将有所回升。政府债券利差则将在与同期限国债保持 25 个基点（指导区间下限）的基础上小幅波动；同时，随着政府债券定价进一步市场化，债券发行的区域分化或将加强。

① 资料来自金融界网站。

第五篇 《政府投资条例》《中华人民共和国预算法实施条例》原文及内容解读

写在前面：

“两新一重”项目投融资政策性强，涉及《政府投资条例》《中华人民共和国预算法实施条例》（以下简称《预算法实施条例》）。《政府投资条例》是我国政府投资领域第一部行政法规，也是投资建设领域的基本法规制度。政府投资是一项重要的政府职能，《政府投资条例》的实施对规范投资管理行为、充分发挥政府投资作用、提高政府投资效益具有十分重要的意义。

《预算法实施条例》的实施是对《预算法》相关规定的细化，进一步强化了“先有预算、后有支出”的法治理念，是推进国家治理体系和治理能力现代化的一项重要工作，也给规范、高效的预算执行提供了方向。

本篇围绕《政府投资条例》列出15个相关问题进行了详细解读。对《预算法实施条例》的解读摘自司法部、财政部负责人就《预算法实施条例》修订有关问题答记者问。

一、《政府投资条例》（中华人民共和国国务院令第712号）

《政府投资条例》（中华人民共和国国务院令第712号）于2019年5月5日发布，自2019年7月1日起施行。

（一）《政府投资条例》原文

政府投资条例

第一章 总 则

第一条 为了充分发挥政府投资作用，提高政府投资效益，规范政府投资行为，激发社会投资活力，制定本条例。

第二条 本条例所称政府投资，是指在中国境内使用预算安排的资金进行固定资产投资建设活动，包括新建、扩建、改建、技术改造等。

第三条 政府投资资金应当投向市场不能有效配置资源的社会公益服务、公共基础设施、农业农村、生态环境保护、重大科技进步、社会管理、国家安全等公共领域的项目，以非经营性项目为主。

国家完善有关政策措施，发挥政府投资资金的引导和带动作用，鼓励社会资金投向前款规定的领域。

国家建立政府投资范围定期评估调整机制，不断优化政府投资方向和结构。

第四条 政府投资应当遵循科学决策、规范管理、注重绩效、公开透明的原则。

第五条 政府投资应当与经济社会发展水平和财政收支状况相适应。

国家加强对政府投资资金的预算约束。政府及其有关部门不得违法违规举借债务筹措政府投资资金。

第六条 政府投资资金按项目安排，以直接投资方式为主；对确需支持的经营性项目，主要采取资本金注入方式，也可以适当采取投资补助、贷款贴息等方式。

安排政府投资资金，应当符合推进中央与地方财政事权和支出责任划分改革的有关要求，并平等对待各类投资主体，不得设置歧视性条件。

国家通过建立项目库等方式，加强对使用政府投资资金项目的储备。

第七条 国务院投资主管部门依照本条例和国务院的规定，履行政府投资综合管理职责。国务院其他有关部门依照本条例和国务院规定的职责分工，履行相应的政府投资管理职责。

县级以上地方人民政府投资主管部门和其他有关部门依照本条例和本级人民政府规定的职责分工，履行相应的政府投资管理职责。

第二章 政府投资决策

第八条 县级以上人民政府应当根据国民经济和社会发展规划、中期财政规划和国家宏观调控政策，结合财政收支状况，统筹安排使用政府投资资金的项目，规范使用各类政府投资资金。

第九条 政府采取直接投资方式、资本金注入方式投资的项目（以下统称政府投资项目），项目单位应当编制项目建议书、可行性研究报告、初步设计，按照政府投资管理权限和规定的程序，报投资主管部门或者其他有关部门审批。

项目单位应当加强政府投资项目的前期工作，保证前期工作的深度达到规定的要求，并对项目建议书、可行性研究报告、初步设计以及依法应当附具的其他文件的真实性负责。

第十条 除涉及国家秘密的项目外，投资主管部门和其他有关部门应当通过投资项目在线审批监管平台（以下简称在线平台），使用在线平台生成的项目代码办理政府投资项目审批手续。

投资主管部门和其他有关部门应当通过在线平台列明与政府投资有关的规划、产业政策等，公开政府投资项目审批的办理流程、办理时限等，并为项目单位提供相关咨询服务。

第十一条 投资主管部门或者其他有关部门应当根据国民经济和社会发展规划、相关领域专项规划、产业政策等，从下列方面对政府投资项目进行审查，作出是否批准的决定：

（一）项目建议书提出的项目建设的必要性；

（二）可行性研究报告分析的项目的技术经济可行性、社会效益以及项目资金等主要建设条件的落实情况；

（三）初步设计及其提出的投资概算是否符合可行性研究报告批复以及国家有关标准和规范的要求；

（四）依照法律、行政法规和国家有关规定应当审查的其他事项。

投资主管部门或者其他有关部门对政府投资项目不予批准的，应当书面通知项目单位并说明理由。

对经济社会发展、社会公众利益有重大影响或者投资规模较大的政府投资项目，投资主管部门或者其他有关部门应当在中介服务机构评估、公众参与、专家评议、风险评估的基础上作出是否批准的决定。

第十二条 经投资主管部门或者其他有关部门核定的投资概算是控制政府投资项目总投资的依据。

初步设计提出的投资概算超过经批准的可行性研究报告提出的投资估算10%的，项目单位应当向投资主管部门或者其他有关部门报告，投资主管部门或者其他有关部门可以要求项目单位重新报送可行性研究报告。

第十三条 对下列政府投资项目，可以按照国家有关规定简化需要报批的文件和审批程序：

（一）相关规划中已经明确的项目；

（二）部分扩建、改建项目；

（三）建设内容单一、投资规模较小、技术方案简单的项目；

（四）为应对自然灾害、事故灾难、公共卫生事件、社会安全事件等突发事件需要紧急建设的项目。

前款第三项所列项目的具体范围，由国务院投资主管部门会同国务院其他有关部门规定。

第十四条 采取投资补助、贷款贴息等方式安排政府投资资金的，项目单位应当按照国家有关规定办理手续。

第三章 政府投资年度计划

第十五条 国务院投资主管部门对其负责安排的政府投资编制政府投资年度计划，国务院其他有关部门对其负责安排的本行业、本领域的政府投资编制政府投资年度计划。

县级以上地方人民政府有关部门按照本级人民政府的规定，编制政府投资年度计划。

第十六条 政府投资年度计划应当明确项目名称、建设内容及规模、建设工期、项目总投资、年度投资额及资金来源等事项。

第十七条 列入政府投资年度计划的项目应当符合下列条件：

（一）采取直接投资方式、资本金注入方式的，可行性研究报告已经批准或者投资概算已经核定；

（二）采取投资补助、贷款贴息等方式的，已经按照国家有关规定办理手续；

（三）县级以上人民政府有关部门规定的其他条件。

第十八条 政府投资年度计划应当和本级预算相衔接。

第十九条 财政部门应当根据经批准的预算，按照法律、行政法规和国库管理的有关规定，及时、足额办理政府投资资金拨付。

第四章　政府投资项目实施

第二十条　政府投资项目开工建设，应当符合本条例和有关法律、行政法规规定的建设条件；不符合规定的建设条件的，不得开工建设。

国务院规定应当审批开工报告的重大政府投资项目，按照规定办理开工报告审批手续后方可开工建设。

第二十一条　政府投资项目应当按照投资主管部门或者其他有关部门批准的建设地点、建设规模和建设内容实施；拟变更建设地点或者拟对建设规模、建设内容等作较大变更的，应当按照规定的程序报原审批部门审批。

第二十二条　政府投资项目所需资金应当按照国家有关规定确保落实到位。

政府投资项目不得由施工单位垫资建设。

第二十三条　政府投资项目建设投资原则上不得超过经核定的投资概算。

因国家政策调整、价格上涨、地质条件发生重大变化等原因确需增加投资概算的，项目单位应当提出调整方案及资金来源，按照规定的程序报原初步设计审批部门或者投资概算核定部门核定；涉及预算调整或者调剂的，依照有关预算的法律、行政法规和国家有关规定办理。

第二十四条　政府投资项目应当按照国家有关规定合理确定并严格执行建设工期，任何单位和个人不得非法干预。

第二十五条　政府投资项目建成后，应当按照国家有关规定进行竣工验收，并在竣工验收合格后及时办理竣工财务决算。

政府投资项目结余的财政资金，应当按照国家有关规定缴回国库。

第二十六条　投资主管部门或者其他有关部门应当按照国家有关规定选择有代表性的已建成政府投资项目，委托中介服务机构对所选项目进行后评价。后评价应当根据项目建成后的实际效果，对项目审批和实施进行全面评价并提出明确意见。

第五章　监督管理

第二十七条　投资主管部门和依法对政府投资项目负有监督管理职责的其他部门应当采取在线监测、现场核查等方式，加强对政府投资项目实施情况的监督检查。

项目单位应当通过在线平台如实报送政府投资项目开工建设、建设进度、竣工的基本信息。

第二十八条　投资主管部门和依法对政府投资项目负有监督管理职责的其他部门应当建立政府投资项目信息共享机制，通过在线平台实现信息共享。

第二十九条　项目单位应当按照国家有关规定加强政府投资项目档案管理，将项目审批和实施过程中的有关文件、资料存档备查。

第三十条　政府投资年度计划、政府投资项目审批和实施以及监督检查的信息应当依法公开。

第三十一条　政府投资项目的绩效管理、建设工程质量管理、安全生产管理等事项，依照有关法律、行政法规和国家有关规定执行。

第六章　法律责任

第三十二条　有下列情形之一的，责令改正，对负有责任的领导人员和直接责任人员依法给予处分：

（一）超越审批权限审批政府投资项目；

（二）对不符合规定的政府投资项目予以批准；

（三）未按照规定核定或者调整政府投资项目的投资概算；

（四）为不符合规定的项目安排投资补助、贷款贴息等政府投资资金；

（五）履行政府投资管理职责中其他玩忽职守、滥用职权、徇私舞弊的情形。

第三十三条　有下列情形之一的，依照有关预算的法律、行政法规和国家有关规定追究法律责任：

（一）政府及其有关部门违法违规举借债务筹措政府投资资金；

（二）未按照规定及时、足额办理政府投资资金拨付；

（三）转移、侵占、挪用政府投资资金。

第三十四条　项目单位有下列情形之一的，责令改正，根据具体情况，暂停、停止拨付资金或者收回已拨付的资金，暂停或者停止建设活动，对负有责任的领导人员和直接责任人员依法给予处分：

（一）未经批准或者不符合规定的建设条件开工建设政府投资项目；

（二）弄虚作假骗取政府投资项目审批或者投资补助、贷款贴息等政府投资资金；

（三）未经批准变更政府投资项目的建设地点或者对建设规模、建设内容等作较大变更；

（四）擅自增加投资概算；

（五）要求施工单位对政府投资项目垫资建设；

（六）无正当理由不实施或者不按照建设工期实施已批准的政府投资项目。

第三十五条　项目单位未按照规定将政府投资项目审批和实施过程中的有关文件、资料存档备查，或者转移、隐匿、篡改、毁弃项目有关文件、资料的，责令改正，对负有责任的领导人员和直接责任人员依法给予处分。

第三十六条　违反本条例规定，构成犯罪的，依法追究刑事责任。

第七章　附　则

第三十七条　国防科技工业领域政府投资的管理办法，由国务院国防科技工业管理部门根据本条例规定的原则另行制定。

第三十八条　中国人民解放军和中国人民武装警察部队的固定资产投资管理，按照中央军事委员会的规定执行。

第三十九条　本条例自 2019 年 7 月 1 日起施行。

（二）《政府投资条例》内容解读

党的十九届五中全会强调："发展是解决我国一切问题的基础和关键，发展必须坚持新发展理念，在质量效益明显提升的基础上实现经济持续健康发展。""两新一重"不仅能带动相关产业发展，而且可为我国的长远发展奠定基础。由于"两新一重”项目不仅政策性强、投资额度大，且许多项目关系国计民生，社会关注度较高。政府在“两新一重”建设项目中不仅要引导调动社会资本积极参与，且在新型城镇化建设和交通、水利等重大工程建设中有着举足轻重的作用。但政府投资属于公共投资，是政府履行公共职能的重要手段之一，因此，建立和完善政府投资管理约束体系十分必要。《政府投资条例》是继 2016 年《中共中央　国务院关于投融资体制改革的意见》颁布后，进一步依法规范政府投资行为、提高政府投资效率的第一部行政法规。下面本书从实践应用的角度对《政府投资条例》若干方面进行系统解读。

1. 为何要制定《政府投资条例》

我国曾于 2010 年向社会公布《政府投资条例（征求意见稿）》，但因多种原因，10 年之后，在修改完善的基础上于 2019 年 7 月 1 日正式实施。

从 2010 年至今的 10 年，我国社会主义市场经济法制体系日益完善，配置资源方式发生深刻变化。随着修订后的《预算法》和国发〔2014〕43 号文实施，地方政府投融资模式进入重构阶段，融资平台公司剥离政府融资职能，实施市场化转型。但近几年，地方政府隐性债务不断膨胀，已引起中央高层高度重视，2018 年 8 月，《中共中央　国务院关于防范化解地方政府隐性债务风险的意见》（中发〔2018〕27 号）及《地方政府隐性债务问责办法》（中办发〔2018〕46 号）出台。这表明政府投资亟须纳入法治轨道，使政府投资从事前、事中到事后进行规范，因此，《政府投资条例》的实施对推进政府依法行政，推动政府投资治理法治化、现代化，提高政府投资效益，激发社会投资活力具有重大意义。

2.《政府投资条例》的架构和总体思路

《政府投资条例》架构条款除附则外主要有 6 章 36 条。一是总则中包括政府投资的定义、投资的范围、投资遵循的原则、政府投资方式及投资管理职责等；二是政府投资决策中包括量力而行统筹安排使用政府投资资金项目、政府投资项目的范围及决策程序、政府投资项目的在线审批及政府投资项目审核等；三是政府投资年度计划中包括年度计划负责部门、年度计划应当包括的内容、列入年度计划应符合的条件等；四是政府投资项目实施中包括政府投资项目开工建设、政府投资项目不得由施工单位垫资、政府投资项目的投资概算及政府投资项目工期和验收等；五是监督管理中包括政府投资项目的监督部门、监督方式及项目单位在监督中的职责等；六是法律责任中包括对违反《政府投资条例》负有责任的领导人员和直接责任人员依法给予处分的条款及追究法律责任的条款等。

按照国家发展改革委官方解读，《政府投资条例》制定的总体思路应该包括以下几个方面：一是坚持深化改革，认真贯彻落实党中央、国务院关于深化投融资体制改革和“放管服”改革的决策部署，确保立法与改革决策相衔接。二是坚持突出重点，围绕政府投资范围、投资决策、项目实施和事中事后监管等关键环节，确立基本制度规范，做到既要遵循又避免烦琐。三是坚持统筹兼顾，相关制度设计既立足当前实际，保持政府投资管理的连续性、稳定性，又为今后进一步深化政府投资体制改革以及地方层面政府投资管理留有空间。

3. 怎样理解政府投资的内涵

按照《政府投资条例》对政府投资的界定，政府投资是指在中国境内使用预算安排的资金进行固定资产投资建设活动，包括新建、扩建、改建、技术改造等。我们可以从以下方面理解政府投资的内涵。

一是应厘清《政府投资条例》中政府投资的概念。《政府投资条例》中出现了政府投资、政府投资资金、政府投资项目的概念。在此，先谈政府投资概念，其他两个概念后续解读。按照上述定义，政府投资应包含三个要素，即中国境内、预算资金、固定资产投资，或者说满足了这三个条件的投资称为政府投资。

二是政府投资只能使用预算资金。2011 年之前，政府有预算外资金，之后取消预算外资金，2014 年修订的《预算法》规定政府所有资金都要纳入预算。中发〔2018〕27 号文也要求：地方政府所有建设项目的财政支出要全部依法纳入预算管理，绝不允许脱离预算约束在法定限额外违法违规或变相举债。我们知道，政府预算分为一般公共预算、政府性基金预算、国有资本经营预算、社会保险基金预算。政府在基础设施领域的支出主要是一般公共预算和政府性基金预算。

三是政府资金投向固定资产投资建设。固定资产投资（不含农户）是指城镇和农村各种登记注册类型的企业、事业、行政单位及城镇个体户进行的计划总投资 500 万元及以上的建设项目投资和房地产开发投资。固定资产投资按登记注册类型分，主要包括企业、外商、政府、事业及城镇个体户等，对于政府而言，固定资产投资主要体现在基础设施和城市服务设施及社会民生补短板领域。

四是固定资产投资按照建设性质分类，有新建、扩建、改建和技术改造等。新建是指从无到有“平地起家”开始建设的项目。扩建是指在厂内或其他地点，为扩大原有产品的生产能力（或效益）或增加新的产品生产能力的建设项目。而行政、事业单位在原单位增建业务性用房（如学校增建教学用房、医院增建门诊部、病房等）也算作扩建。改建和技术改造指现有企业、事业单位对原有设施进行技术改造或更新（包括相应配套的辅助性生产、生活福利设施）的建设项目。

4. 怎样理解政府投资资金的投资范围

政府投资应该做到“有所为有所不为”，我们先比较 2016 年《中共中央　国务院关于深化投融资体制改革的意见》（以下简称《意见》）和《政府投资条例》有关政府投资资金、投资领域的不同。《意见》要求：“政府投资资金只投向市场不能有效配置资源的社会公益服务、公共基础设施、农业农村、生态环境保护和修复、重大科技进步、社会管理、国家安全等公共领域的项目，以非经营性项目为主，原则上不支持经营性项目。建立政府投资范围定期评估调整机制，不断优化投资方向和结构，提高投资效率。”《政府投资条例》要求：“政府投资资金应当投向市场不能有效配置资源的社会公益服务、公共基础设施、农业农村、生态环境保护、重大科技进步、社会管理、国家安全等公共领域的项目，以非经营性项目为主。”

《意见》要求政府投资资金“只”投向市场不能有效配置资源的领域，原则上不支持经营性项目。而《政府投资条例》要求政府投资资金“应当”投向市场不能有效配置资源的领域，以非经营性项目为主。因此，《政府投资条例》在《意见》的基础上，对政府投资资金的投资范围是稍有扩大、稍有“松绑”，即政府投资资金也就是财政预算安排的资金，可以投向非经营性项目和经营性项目。但政府投资资金不能投向商业化项目，这个领域归属企业投资范畴。

为了优化政府投资方向与结构，《政府投资条例》还规定建立政府投资范围定期评估调整机制，规范政府投融资行为，切实防范政府债务。

5. 怎样理解政府投资资金不能来源于违法违规举借债务

《政府投资条例》第五条要求：政府投资应当与经济社会发展水平和财政收支状况相适应。国家加强对政府投资资金的预算约束。政府及其有关部门不得违法违规举借债务筹措政府投资资金。

根据该条要求，需要明确以下几个问题。

一是政府投资资金来源渠道。《政府投资条例》明确，国家加强对政府投资资金的预算约束。也就是说，政府投资资金必须纳入财政预算安排，没有预算安排资金不能投资政府项目，即预算为先。另外，政府投资资金的主要来源为上级财政拨款及专项资金，还有本级政府财政自筹及发行专项债券。政府投资资金不能通过企业和事业单位举债，如 BT（建设—回购）就是通过企业或事业单位为政府项目融资，属于违规。

二是政府不得违法违规举债进行投资。在《政府投资条例》颁布之前，国务院及有关部委先后多次下发通知，强调不能通过融资平台公司、PPP 项目、政府购买服务、政府产业投资基金、违规担保等方式进行违规举债。PPP、政府购买服务、投资基金及违规担保往往是依附在某个项目上，若这些模式运作不规范，就会形成政府定期定量的固化支出责任，造成违规违法举债进行政府投资。

三是政府投资项目与财政收支相适应。按照《政府投资条例》要求，政府投资应当与经济社会发展水平和财政收支状况相适应。在“两新一重”项目规划中要根据当地财政收入水平，坚持尽力而为、量力而行，审慎论证项目建设可行性，财政承受能力，优化选择项目，不能盲目多上、快上项目，留下“后遗症”，甚至造成政府隐性债务。

6. 怎样理解政府投资方式

《政府投资条例》第六条要求：政府投资资金按项目安排，以直接投资方式为主；对确需支持的经营性项目，主要采取资本金注入方式，也可以适当采取投资补助、贷款贴息等方式。我们对政府投资方式做以下解析。

一是直接投资方式，是指政府安排政府投资资金投入非经营性项目，并由政府有关机构或其指定、委托的机关、团体、事业单位等作为项目法人单位组织建设实施的方式。这类项目是纯公益类项目，政府资金来源于上级财政拨款、本级财政预算资金及发行一般债券融资。如义务教育、市政道路、防洪设施、卫生防疫等项目就会采用直接投资方式，直接投资方式通常不需要项目资本金，也不要设立项目公司。

二是资本金注入方式，是指政府安排政府投资资金作为经营性项目的资本金，指定政府出资人代表行使所有者权益，项目建成后政府投资形成相应国有产权的方式。政府以财政预算资金对项目行使相应的股东权益，属于股权投入的一种方式，虽然这类项目有一定的收益或收益可以覆盖成本，但这些项目的性质属于公益性。如污水处理、高速公路等，还有大量的 PPP 项目都属于这类。

三是政府投资补助方式，是指政府安排政府投资资金，对市场不能有效配置资源、确需支持的经营性项目，适当予以补助的方式。投资补助是对符合条件的地方政府投资项目和企业投资项目给予的投资资金补助，有的项目政府没有投资本金，仅采取投资补助支持的，不属于政府投资项目。如有的地方在片区综合开发中采用“投资者 +EPC”模式，项目立项采用企业立项的方式，政府给予投资补助。

四是贷款贴息，是指政府安排政府投资资金，对使用贷款的投资项目贷款利息予以补贴的方式。如上海市未来三年新一轮的 48 项重大项目总投资大概 2700 亿元，其中各级政府投资 600 亿元左右，其余 2100 亿元都是社会投资。政府通过财政资金贴息等各种方式使得社会资本、社会建设主体能够获得低成本的长期融资。

另外，《政府投资条例》要求：安排政府投资资金，应当符合推进中央与地方财政事权和支出责任划分改革的有关要求，并平等对待各类投资主体，不得设置歧视性条件，即不得设置附加歧视条件，国企和民企的项目都可以是政府投资资金的接受主体。

7. 明确了政府投资管理职责

政府投资项目全部实行审批制。《政府投资条例》中多次提及投资主管部门，强调了政府投资主管部门在政府投资决策、政府投资年度计划、政府投资项目实施及监督管理等方面的职责。国家发展改革委作为国务院投资主管部门，履行政府投资综合管理职责；而地方人民政府投资主管部门和其他有关部门依照《政府投资条例》和本级人民政府规定的职责分工，履行相应的政府投资管理职责。

8.《政府投资条例》的实施对工程总承包模式（EPC）产生的影响[①]

国际咨询工程师联合会（FIDIC）在EPC模式中，并不强调在政府投资项目中推广工程总承包。住房城乡建设部《关于进一步推进工程总承包发展的若干意见》（建市〔2016〕93号）和《国务院办公厅关于促进建筑业持续健康发展的意见》（国办发〔2017〕19号）都要求，政府投资工程应完善建设管理模式，带头推行工程总承包。《政府投资条例》的实施将在以下方面对工程总承包产生影响。

一是将影响工程总承包模式的价格形式。根据最新实施的《房屋建筑和市政基础设施项目工程总承包管理办法》，工程总承包模式价格形式的确定方式为：企业投资项目的工程总承包宜采用总价合同，政府投资项目的工程总承包应当合理确定合同价格形式。虽然政府投资项目计价方式与FIDIC国际惯例的计价方式有所差异，但符合《政府投资条例》规定的透明原则及对投资概算的控制。

二是完成项目投资决策后进行工程总承包项目发包。在《政府投资条例》实施之前，工程总承包模式的发包阶段并未区分企业投资和政府投资项目，只是强调建设单位在可行性研究、方案设计或者初步设计完成后进行工程总承包项目发包。但《政府投资条例》的实施，要求政府投资项目需要项目建议书、可行性研究报告、初步设计，报投资主管部门审批立项后，方可进入工程建设实施阶段，即政府投资项目应完成投资决策审批后进行工程总承包项目发包。

三是将影响到工程总承包项目合同履行过程中的变更程序。《政府投资条例》规定：“政府投资项目应当按照投资主管部门或者其他有关部门批准的建设地点、建设规模和建设内容实施；拟变更建设地点或者拟对建设规模、建设内容等作较大变更的，应当按照规定的程序报原审批部门审批。”如果政府投资项目在建设内容和建设规模等方面发生变更，承包人应取得发包人项目相应的变更审批文件，避免先施工后审批，导致后期工程审计和结算的风险。

四是在提高效率的同时对合理工期的管控。《政府投资条例》还规定：“政府投资项目应当按照国家有关规定合理确定并严格执行建设工期，任何单位和个人不得非法干预。”虽然工程总承包比施工总承包模式工作效率有所提高，但在实践中，为压缩建设工期往往发生事故而给人以惨痛教训，如2016年11月24日江西丰城三期发电厂特别重大事故是在未经论证的情况下，建设单位提出“大干100天”的活动，将7号平台冷却塔的施工进度从合同约定的212天压缩到110天，发生了73人死亡的特别重大事故。签于这些血的教训，《政府投资条例》对建设工期提出“合理确定”“严格执行”，任何单位和个人不得非法干预。

① 该部分解读参考韩如波、郑冠红《〈政府投资条例〉对工程总承包模式的影响及总承包商的风险管理要点》一文。

9. 怎样理解政府投资项目与政府投资资金的关系

《政府投资条例》第九条明确提出：政府采取直接投资方式、资本金注入方式投资的项目（以下统称政府投资项目），项目单位应当编制项目建议书、可行性研究报告、初步设计，按照政府投资管理权限和规定的程序，报投资主管部门或者其他有关部门审批。这等于告诉我们政府投资项目的概念和范围，即政府投资项目包括直接投资方式和资本金注入方式。上面有了政府投资和政府投资资金的概念，现在也有了政府投资项目的概念，这三者是什么关系呢？笔者认为：政府投资基本等于政府投资资金，这两者的范围要大于政府投资项目，因此，政府投资项目一定属于政府投资，也要使用纳入预算的政府投资资金，但使用政府投资资金的项目不一定就是政府投资项目（直接投资和资本金注入），有一些非政府投资项目（企业投资的项目），政府采取投资补助、贷款贴息等方式，补助和贴息属于政府投资资金，但不属于政府投资项目。

另外，《政府投资条例》对项目单位提出明确要求，即项目单位应当加强政府投资项目的前期工作，保证前期工作的深度达到规定的要求，并对项目建议书、可行性研究报告、初步设计以及依法应当附具的其他文件的真实性负责。

10. 怎样理解规范政府投资决策程序和年度投资计划制度

《政府投资条例》的一大亮点是规范政府投资决策程序并建立政府投资年度计划制度，随着经济社会快速发展，政府投资数量和规模不断攀升，2019 年仅全国政府性基金预算支出就达 91365 亿元。

首先，《政府投资条例》第八条明确了政府投资决策的依据，即根据国民经济和社会发展规划、中期财政规划和国家宏观调控政策，以及本地区财政收支状况。今后政府投资要符合中期财政规划、国家宏观调控政策及当地财政收支状况，政府应统筹安排、规范使用各类政府投资资金，避免违规举借债务筹措政府投资资金。另外，以投资概算作为控制政府投资项目总投资的依据，即初步设计提出的投资概算超过经批准的可行性研究报告提出的投资估算 10% 的，项目单位重新报送可行性研究报告。

其次，规范了政府投资审批制度：一是除非涉及国家机密项目，通常其他项目实施在线审批监管平台，并使用在线平台生成的项目代码办理政府投资项目审批手续；二是明确对政府投资项目进行审查需提交的各类文件；三是明确重大项目要履行中介服务机构评估、公众参与、专家评议、风险评估。

最后，规范编制政府年度投资计划。编制和实施政府年度投资计划是《意见》中提出的明确要求，《政府投资条例》再次以行政立法的方式明确，体现了政府投资年度计划是统筹年度政府投资资金的重要手段，也是和本级预算相衔接的安排。

11.《政府投资条例》严格政府投资项目各阶段监管

《政府投资条例》从事前决策、事中实施、事后监管三个阶段对政府投资项目进行监管。

一是决策阶段。以财力确定政府投资项目，《政府投资条例》明确提出结合财政收支状况，统筹安排使用政府投资资金的项目，规范使用各类政府投资资金。另外，规范政府投资项目审批制度，《政府投资条例》明确了项目单位应当编制和报批的文件、投资主管部门或者其他有关部门审批项目的依据和审查事项。

二是实施阶段。不符合规定的建设项目，不得开工建设；项目建设投资原则上不得超过经核定的投资概算；项目建成后应当按规定进行竣工验收并及时办理竣工财务决算。

三是监管阶段。投资主管部门和依法对政府投资项目负有监督管理职责的其他部门应当采取在线监测、现场核查等方式确定项目实施情况；项目单位应当通过在线平台如实报送政府投资项目开工建设、建设进度、竣工的基本信息。

12. 怎样理解政府投资项目不得由施工企业垫资

《政府投资条例》第二十二条要求：政府投资项目所需资金应当按照国家有关规定确保落实到位。政府投资项目不得由施工单位垫资建设。第三十四条第五款明确规定施工单位对政府投资项目垫资建设属于违规行为。第二十二条实际上是要求政府投资项目所需的资金需纳入财政预算，按照国家有关规定进行筹资；第三十四条明令禁止施工单位为“政府投资项目”垫资，即政府采取直接投资方式、资本金注入方式投资的项目不能由施工单位为该项目先垫资建设。实践中，政府投资项目涉及违规垫资的主要有：一是 BT 模式。BT 模式早在 2002 年就已被六部委的 463 号文限制，之后国发〔2014〕43 号文进一步明确政府举债采取政府发行债券方式。因此，无论是政府部门自行主导的项目，还是通过政府融资平台公司或其他国企开展的 BT 项目，只要政府投资项目采取 BT 模式就存在合规性风险。二是近几年出现的“F+EPC”模式，即融资、设计、采购、施工，实际属于政府资金未按国家有关规定确保落实到位，没有纳入财政预算，由施工企业为政府投资项目垫资建设，违反了《政府投资条例》第二十二条和第三十四条的规定。

当然，使用了政府投资资金但不属于政府投资的项目，是企业投资项目，《政府投资条例》并未禁止施工企业垫资。

13.《政府投资条例》实施对融资平台公司产生积极影响

随着修订后的《预算法》和相关政策的实施，地方政府融资由过去的以融资平台替代政府融资模式，转换为将政府和企业债务分离，地方政府以发行政府债券和推广 PPP 模式融资。而融资平台公司实行市场化转型，自主经营、自负盈亏。因此，自 2014 年以来，地方政府投融资模式处于重构转型阶段，这期间，由于地方政府尤其是市及区县级政府财政资金紧张，发行债券额度有限，无法满足当地经济社会发展需求，出现了一些地区利用融资平台公司为纯公益性项目违规融资、违规担保的现象。

《政府投资条例》的实施会对融资平台公司产生积极的影响：一是减轻融资平台公司违规举债的压力。《政府投资条例》明确规定对违规举借政府投资资金的依照有关预算的法律、行政法规和国家有关规定追究法律责任，因此，在一定程度上减少了融资平台公司或转型后公益类国企为政府违规融资的压力。二是避免为纯公益类项目垫资的压力。《政府投资条例》明确规定施工单位不得对政府投资项目垫资建设，使融资平台公司为政府公益类项目垫资行为有法可依，在一定程度可以避免违规垫资行为的出现。

14. 对违规举债和拖延政府投资资金拨付的行为都要承担责任

《政府投资条例》规定，违规举债及未按规定及时、足额办理政府投资资金拨付的行为均须承担责任。

一是违规举借债务和未按规定及时、足额办理政府投资资金拨付。《政府投资条例》第三十三条列出下述三项：（一）政府及其有关部门违法违规举借债务筹措政府投资资金；（二）未按照规定及时、足额办理政府投资资金拨付；（三）转移、侵占、挪用政府投资资金。

二是违规审批政府投资项目及管理失职的。《政府投资条例》第三十二条列出下述五项：（一）超越审批权限审批政府投资项目；（二）对不符合规定的政府投资项目予以批准；（三）未按照规定核定或者调整政府投资项目的投资概算；（四）为不符合规定的项目安排投资补助、贷款贴息等政府投资资金；（五）履行政府投资管理职责中其他玩忽职守、滥用职权、徇私舞弊的情形。

三是对项目单位违规的。《政府投资条例》第三十四条列出下述六项：（一）未经批准或者不符合规定的建设条件开工建设政府投资项目；（二）弄虚作假骗取政府投资项目审批或者投资补助、贷款贴息等政府投资资金；（三）未经批准变更政府投资项目的建设地点或者对建设规模、建设内容等作较大变更；（四）擅自增加投资概算；（五）要求施工单位对政府投资项目垫资建设；（六）无正当理由不实施或者不按照建设工期实施已批准的政府投资项目。

另外，《政府投资条例》第三十五条还规定：项目单位未按照规定将政府投资项目审批和实施过程中的有关文件、资料存档备查，或者转移、隐匿、篡改、毁弃项目有关文件、资料的，责令改正，对负有责任的领导人员和直接责任人员依法给予处分。

15.《政府投资条例》与深化政府投融资体制改革

《政府投资条例》作为政府投资领域上位法，对政府投资的含义、投资范围、投资方式、投资决策、投资管理、项目实施、责任追究等方面做了全面规定，以《政府投资条例》为依据进一步完善政府投融资体制，是当前和今后深化投融资体制改革的重要任务。笔者认为《政府投资条例》从以下方面深化政府投融资体制改革。

一是从防范政府债务方面来看。长期以来，由于财权和事权不相对称，地方官员为了当地地区生产总值排名以及追求晋升政绩，再加上地方政府没有规范融资渠道，而通过政府所属的融资平台公司及国有企业为政府公益性项目融资，造成政府债务高企、政企不分，政府融资规模过度膨胀。《政府投资条例》规范了政府投资资金来源，严格依法依规筹措政府投资所需资金。虽然其只用了“使用预算安排的资金”的表述，但表明了政府投资资金来自各项预算安排的资金及政府通过依法合规举债筹措的资金。另外，其还强调政府投资应当与经济社会发展水平和财政收支状况相适应。

二是从政府投资方向和结构方面来看。《政府投资条例》的一个亮点是建立政府投资范围定期评估调整机制，不断优化政府投资方向和结构，发挥政府投资资金的引导和带动作用，激发社会投资活力。就“两新一重”项目而言，政府有限资金要做到“有所为有所不为”，对投资收益好、企业会争先去参与的投资，这类项目政府财政不要介入；对于有一定收益的项目，可能回报期略长些，只要政府财政资金做好引导，最终企业会参与投资的；而对于收益很低甚至没有收益的公益性项目，可能又关乎当地补短板惠民生，政府财政资金就要投向这类领域，把好钢用在刀刃上。

三是从规范和优化政府投资决策程序方面来看。《政府投资条例》规范和优化政府投资决策程序，确保政府投资科学决策。政府投资主管部门或者其他有关部门以核定的投资概算作为控制政府投资项目的依据，投资概算原则上不得超出批复的可行性研究报告投资估算的10%，投资概算超出批复的可行性研究报告投资估算10%的，可要求项目单位或项目实施机构重新编报可行性研究报告。另外，对于重大政府投资项目应当履行中介服务机构评估、公众参与、专家评议、风险评估等程序。

四是从严格政府投资监督管理来看。加强政府投资项目事前、事中、事后监督管理，确保政府投资活动依法合规。《政府投资条例》要求投资主管部门和依法负有监督管理职责的其他部门应当采取现场检测、现场核查等方式加强对项目实施情况的监督检查。同时，实行政府投资项目全过程监督，项目单位应当通过在线平台如实报送政府投资项目开工建设、建设进度、竣工的基本信息。

二、《中华人民共和国预算法实施条例》（中华人民共和国国务院令第729号修订）

2020年8月3日，修订后的《中华人民共和国预算法实施条例》（以下简称《条例》）公布，自2020年10月1日起施行。

（一）《条例》原文

中华人民共和国预算法实施条例

（1995年11月22日中华人民共和国国务院令第186号发布　2020年8月3日中华人民共和国国务院令第729号修订）

第一章　总　则

第一条　根据《中华人民共和国预算法》（以下简称预算法），制定本条例。

第二条　县级以上地方政府的派出机关根据本级政府授权进行预算管理活动，不作为一级预算，其收支纳入本级预算。

第三条　社会保险基金预算应当在精算平衡的基础上实现可持续运行，一般公共预算可以根据需要和财力适当安排资金补充社会保险基金预算。

第四条　预算法第六条第二款所称各部门，是指与本级政府财政部门直接发生预算缴拨款关系的国家机关、军队、政党组织、事业单位、社会团体和其他单位。

第五条　各部门预算应当反映一般公共预算、政府性基金预算、国有资本经营预算安排给本部门及其所属各单位的所有预算资金。

各部门预算收入包括本级财政安排给本部门及其所属各单位的预算拨款收入和其他收入。各部门预算支出为与部门预算收入相对应的支出，包括基本支出和项目支出。

本条第二款所称基本支出，是指各部门、各单位为保障其机构正常运转、完成日常工作任务所发生的支出，包括人员经费和公用经费；所称项目支出，是指各部门、各单位为完成其特定的工作任务和事业发展目标所发生的支出。

各部门及其所属各单位的本级预算拨款收入和其相对应的支出，应当在部门预算中单独反映。

部门预算编制、执行的具体办法，由本级政府财政部门依法作出规定。

第六条　一般性转移支付向社会公开应当细化到地区。专项转移支付向社会公开应当细化到地区和项目。

政府债务、机关运行经费、政府采购、财政专户资金等情况，按照有关规定向社会公开。

部门预算、决算应当公开基本支出和项目支出。部门预算、决算支出按其功能分类应当公开到项；按其经济性质分类，基本支出应当公开到款。

各部门所属单位的预算、决算及报表，应当在部门批复后20日内由单位向社会公开。单位预算、决算应当公开基本支出和项目支出。单位预算、决算支出按其功能分类应当公开到项；按其经济性质分类，基本支出应当公开到款。

第七条　预算法第十五条所称中央和地方分税制，是指在划分中央与地方事权的基础上，确定中央与地方财政支出范围，并按税种划分中央与地方预算收入的财政管理体制。

分税制财政管理体制的具体内容和实施办法，按照国务院的有关规定执行。

第八条　县级以上地方各级政府应当根据中央和地方分税制的原则和上级政府的有关规定，确定本级政府对下级政府的财政管理体制。

第九条 预算法第十六条第二款所称一般性转移支付，包括：

（一）均衡性转移支付；

（二）对革命老区、民族地区、边疆地区、贫困地区的财力补助；

（三）其他一般性转移支付。

第十条 预算法第十六条第三款所称专项转移支付，是指上级政府为了实现特定的经济和社会发展目标给予下级政府，并由下级政府按照上级政府规定的用途安排使用的预算资金。

县级以上各级政府财政部门应当会同有关部门建立健全专项转移支付定期评估和退出机制。对评估后的专项转移支付，按照下列情形分别予以处理：

（一）符合法律、行政法规和国务院规定，有必要继续执行的，可以继续执行；

（二）设立的有关要求变更，或者实际绩效与目标差距较大、管理不够完善的，应当予以调整；

（三）设立依据失效或者废止的，应当予以取消。

第十一条 预算收入和预算支出以人民币元为计算单位。预算收支以人民币以外的货币收纳和支付的，应当折合成人民币计算。

第二章 预算收支范围

第十二条 预算法第二十七条第一款所称行政事业性收费收入，是指国家机关、事业单位等依照法律法规规定，按照国务院规定的程序批准，在实施社会公共管理以及在向公民、法人和其他组织提供特定公共服务过程中，按照规定标准向特定对象收取费用形成的收入。

预算法第二十七条第一款所称国有资源（资产）有偿使用收入，是指矿藏、水流、海域、无居民海岛以及法律规定属于国家所有的森林、草原等国有资源有偿使用收入，按照规定纳入一般公共预算管理的国有资产收入等。

预算法第二十七条第一款所称转移性收入，是指上级税收返还和转移支付、下级上解收入、调入资金以及按照财政部规定列入转移性收入的无隶属关系政府的无偿援助。

第十三条 转移性支出包括上解上级支出、对下级的税收返还和转移支付、调出资金以及按照财政部规定列入转移性支出的给予无隶属关系政府的无偿援助。

第十四条 政府性基金预算收入包括政府性基金各项目收入和转移性收入。

政府性基金预算支出包括与政府性基金预算收入相对应的各项目支出和转移性支出。

第十五条 国有资本经营预算收入包括依照法律、行政法规和国务院规定应当纳入国有资本经营预算的国有独资企业和国有独资公司按照规定上缴国家的利润收入、从国有资本控股和参股公司获得的股息红利收入、国有产权转让收入、清算收入和其他收入。

国有资本经营预算支出包括资本性支出、费用性支出、向一般公共预算调出资金等转移性支出和其他支出。

第十六条 社会保险基金预算收入包括各项社会保险费收入、利息收入、投资收益、一般公共预算补助收入、集体补助收入、转移收入、上级补助收入、下级上解收入和其他收入。

社会保险基金预算支出包括各项社会保险待遇支出、转移支出、补助下级支出、上解上级支出和其他支出。

第十七条 地方各级预算上下级之间有关收入和支出项目的划分以及上解、返还或者转移支付的具体办法，由上级地方政府规定，报本级人民代表大会常务委员会备案。

第十八条 地方各级社会保险基金预算上下级之间有关收入和支出项目的划分以及上解、补助的具体办法，按照统筹层次由上级地方政府规定，报本级人民代表大会常务委员会备案。

第三章 预算编制

第十九条 预算法第三十一条所称预算草案，是指各级政府、各部门、各单位编制的未经法定程序审查和批准的预算。

第二十条 预算法第三十二条第一款所称绩效评价，是指根据设定的绩效目标，依据规范的程序，对预算资金的投入、使用过程、产出与效果进行系统和客观的评价。

绩效评价结果应当按照规定作为改进管理和编制以后年度预算的依据。

第二十一条 预算法第三十二条第三款所称预算支出标准，是指对预算事项合理分类并分别规定的支出预算编制标准，包括基本支出标准和项目支出标准。

地方各级政府财政部门应当根据财政部制定的预算支出标准，结合本地区经济社会发展水平、财力状况等，制定本地区或者本级的预算支出标准。

第二十二条 财政部于每年6月15日前部署编制下一年度预算草案的具体事项，规定报表格式、编报方法、报送期限等。

第二十三条 中央各部门应当按照国务院的要求和财政部的部署，结合本部门的具体情况，组织编制本部门及其所属各单位的预算草案。

中央各部门负责本部门所属各单位预算草案的审核，并汇总编制本部门的预算草案，按照规定报财政部审核。

第二十四条 财政部审核中央各部门的预算草案，具体编制中央预算草案；汇总地方预算草案或者地方预算，汇编中央和地方预算草案。

第二十五条 省、自治区、直辖市政府按照国务院的要求和财政部的部署，结合本地区的具体情况，提出本行政区域编制预算草案的要求。

县级以上地方各级政府财政部门应当于每年6月30日前部署本行政区域编制下一年度预算草案的具体事项，规定有关报表格式、编报方法、报送期限等。

第二十六条 县级以上地方各级政府各部门应当根据本级政府的要求和本级政府财政部门的部署，结合本部门的具体情况，组织编制本部门及其所属各单位的预算草案，按照规定报本级政府财政部门审核。

第二十七条 县级以上地方各级政府财政部门审核本级各部门的预算草案，具体编制本级预算草案，汇编本级总预算草案，经本级政府审定后，按照规定期限报上一级政府财政部门。

省、自治区、直辖市政府财政部门汇总的本级总预算草案或者本级总预算，应当于下一年度1月10日前报财政部。

第二十八条 县级以上各级政府财政部门审核本级各部门的预算草案时，发现不符合编制预算要求的，应当予以纠正；汇编本级总预算草案时，发现下级预算草案不符合上级政府或者本级政府编制预算要求的，应当及时向本级政府报告，由本级政府予以纠正。

第二十九条 各级政府财政部门编制收入预算草案时，应当征求税务、海关等预算收入征收部门和单位的意见。

预算收入征收部门和单位应当按照财政部门的要求提供下一年度预算收入征收预测情况。

第三十条 财政部门会同社会保险行政部门部署编制下一年度社会保险基金预算草案的具体事项。

社会保险经办机构具体编制下一年度社会保险基金预算草案，报本级社会保险行政部门审核汇总。社会保险基金收入预算草案由社会保险经办机构会同社会保险费征收机构具体编制。财政部门负责审核并汇总编制社会保险基金预算草案。

第三十一条 各级政府财政部门应当依照预算法和本条例规定，制定本级预算草案编制规程。

第三十二条 各部门、各单位在编制预算草案时，应当根据资产配置标准，结合存量资产情况编制相关支出预算。

第三十三条 中央一般公共预算收入编制内容包括本级一般公共预算收入、从国有资本经营预算调入资金、地方上解收入、从预算稳定调节基金调入资金、其他调入资金。

中央一般公共预算支出编制内容包括本级一般公共预算支出、对地方的税收返还和转移支付、补充预算稳定调节基金。

中央政府债务余额的限额应当在本级预算中单独列示。

第三十四条 地方各级一般公共预算收入编制内容包括本级一般公共预算收入、从国有资本经营预算调入资金、上级税收返还和转移支付、下级上解收入、从预算稳定调节基金调入资金、其他调入资金。

地方各级一般公共预算支出编制内容包括本级一般公共预算支出、上解上级支出、对下级的税收返还和转移支付、补充预算稳定调节基金。

第三十五条 中央政府性基金预算收入编制内容包括本级政府性基金各项目收入、上一年度结余、地方上解收入。

中央政府性基金预算支出编制内容包括本级政府性基金各项目支出、对地方的转移支付、调出资金。

第三十六条 地方政府性基金预算收入编制内容包括本级政府性基金各项目收入、上一年度结余、下级上解收入、上级转移支付。

地方政府性基金预算支出编制内容包括本级政府性基金各项目支出、上解上级支出、对下级的转移支付、调出资金。

第三十七条 中央国有资本经营预算收入编制内容包括本级收入、上一年度结余、地方上解收入。

中央国有资本经营预算支出编制内容包括本级支出、向一般公共预算调出资金、对地方特定事项的转移支付。

第三十八条 地方国有资本经营预算收入编制内容包括本级收入、上一年度结余、上级对特定事项的转移支付、下级上解收入。

地方国有资本经营预算支出编制内容包括本级支出、向一般公共预算调出资金、对下级特定事项的转移支付、上解上级支出。

第三十九条 中央和地方社会保险基金预算收入、支出编制内容包括本条例第十六条规定的各项收入和支出。

第四十条 各部门、各单位预算收入编制内容包括本级预算拨款收入、预算拨款结转和其他收入。

各部门、各单位预算支出编制内容包括基本支出和项目支出。

各部门、各单位的预算支出，按其功能分类应当编列到项，按其经济性质分类应当编列到款。

第四十一条 各级政府应当加强项目支出管理。各级政府财政部门应当建立和完善项目支出预算评审制度。各部门、各单位应当按照本级政府财政部门的规定开展预算评审。

项目支出实行项目库管理，并建立健全项目入库评审机制和项目滚动管理机制。

第四十二条 预算法第三十四条第二款所称余额管理，是指国务院在全国人民代表大会批准的中央一般公共预算债务的余额限额内，决定发债规模、品种、期限和时点的管理方式；所称余额，是指中央一般公共预算中举借债务未偿还的本金。

第四十三条 地方政府债务余额实行限额管理。各省、自治区、直辖市的政府债务限额，由财政部在全国人民代表大会或者其常务委员会批准的总限额内，根据各地区债务风险、财力状况等因素，并考虑国家宏观调控政策等需要，提出方案报国务院批准。

各省、自治区、直辖市的政府债务余额不得突破国务院批准的限额。

第四十四条 预算法第三十五条第二款所称举借债务的规模，是指各地方政府债务余额限额的总和，包括一般债务限额和专项债务限额。一般债务是指列入一般公共预算用于公益性事业发展的一般债券、地方政府负有偿还责任的外国政府和国际经济组织贷款转贷债务；专项债务是指列入政府性基金预算用于有收益的公益性事业发展的专项债券。

第四十五条 省、自治区、直辖市政府财政部门依照国务院下达的本地区地方政府债务限额，提出本级和转贷给下级政府的债务限额安排方案，报本级政府批准后，将增加举借的债务列入本级预算调整方案，报本级人民代表大会常务委员会批准。

接受转贷并向下级政府转贷的政府应当将转贷债务纳入本级预算管理。使用转贷并负有直接偿还责任的政府，应当将转贷债务列入本级预算调整方案，报本级人民代表大会常务委员会批准。

地方各级政府财政部门负责统一管理本地区政府债务。

第四十六条 国务院可以将举借的外国政府和国际经济组织贷款转贷给省、自治区、直辖市政府。

国务院向省、自治区、直辖市政府转贷的外国政府和国际经济组织贷款，省、自治区、直辖市政府负有直接偿还责任的，应当纳入本级预算管理。省、自治区、直辖市政府未能按时履行还款义务的，国务院可以相应抵扣对该地区的税收返还等资金。

省、自治区、直辖市政府可以将国务院转贷的外国政府和国际经济组织贷款再转贷给下级政府。

第四十七条 财政部和省、自治区、直辖市政府财政部门应当建立健全地方政府债务风险评估指标体系，组织评估地方政府债务风险状况，对债务高风险地区提出预警，并监督化解债务风险。

第四十八条 县级以上各级政府应当按照本年度转移支付预计执行数的一定比例将下一年度转移支付预计数提前下达至下一级政府，具体下达事宜由本级政府财政部门办理。

除据实结算等特殊项目的转移支付外，提前下达的一般性转移支付预计数的比例一般不低于90%；提前下达的专项转移支付预计数的比例一般不低于70%。其中，按照项目法管理分配的专项转移支付，应当一并明确下一年度组织实施的项目。

第四十九条 经本级政府批准，各级政府财政部门可以设置预算周转金，额度不得超过本级一般公共预算支出总额的1%。年度终了时，各级政府财政部门可以将预算周转金收回并用于补充预算稳定调节基金。

第五十条 预算法第四十二条第一款所称结转资金，是指预算安排项目的支出年度终了时尚未执行完毕，或者因故未执行但下一年度需要按原用途继续使用的资金；连续两年未用完的结转资金，是指预算安排项目的支出在下一年度终了时仍未用完的资金。

预算法第四十二条第一款所称结余资金，是指年度预算执行终了时，预算收入实际完成数扣除预算支出实际完成数和结转资金后剩余的资金。

第四章　预算执行

第五十一条 预算执行中，政府财政部门的主要职责：

（一）研究和落实财政税收政策措施，支持经济社会健康发展；

（二）制定组织预算收入、管理预算支出以及相关财务、会计、内部控制、监督等制度和办法；

（三）督促各预算收入征收部门和单位依法履行职责，征缴预算收入；

（四）根据年度支出预算和用款计划，合理调度、拨付预算资金，监督各部门、各单位预算资金使用管理情况；

（五）统一管理政府债务的举借、支出与偿还，监督债务资金使用情况；

（六）指导和监督各部门、各单位建立健全财务制度和会计核算体系，规范账户管理，健全内部控制机制，按照规定使用预算资金；

（七）汇总、编报分期的预算执行数据，分析预算执行情况，按照本级人民代表大会常务委员会、本级政府和上一级政府财政部门的要求定期报告预算执行情况，并提出相关政策建议；

（八）组织和指导预算资金绩效监控、绩效评价；

（九）协调预算收入征收部门和单位、国库以及其他有关部门的业务工作。

第五十二条 预算法第五十六条第二款所称财政专户，是指财政部门为履行财政管理职能，根据法律规定或者经国务院批准开设的用于管理核算特定专用资金的银行结算账户；所称特定专用资金，包括法律规定可以设立财政专户的资金，外国政府和国际经济组织的贷款、赠款，按照规定存储的人民币以外的货币，财政部会同有关部门报国务院批准的其他特定专用资金。

开设、变更财政专户应当经财政部核准，撤销财政专户应当报财政部备案，中国人民银行应当加强对银行业金融机构开户的核准、管理和监督工作。

财政专户资金由本级政府财政部门管理。除法律另有规定外，未经本级政府财政部门同意，任何部门、单位和个人都无权冻结、动用财政专户资金。

财政专户资金应当由本级政府财政部门纳入统一的会计核算，并在预算执行情况、决算和政府综合财务报告中单独反映。

第五十三条 预算执行中，各部门、各单位的主要职责：

（一）制定本部门、本单位预算执行制度，建立健全内部控制机制；

（二）依法组织收入，严格支出管理，实施绩效监控，开展绩效评价，提高资金使用效益；

（三）对单位的各项经济业务进行会计核算；

（四）汇总本部门、本单位的预算执行情况，定期向本级政府财政部门报送预算执行情况报告和绩效评价报告。

第五十四条 财政部门会同社会保险行政部门、社会保险费征收机构制定社会保险基金预算的收入、支出以及财务管理的具体办法。

社会保险基金预算由社会保险费征收机构和社会保险经办机构具体执行，并按照规定向本级政府财政部门和社会保险行政部门报告执行情况。

第五十五条 各级政府财政部门和税务、海关等预算收入征收部门和单位必须依法组织预算收入，按照财政管理体制、征收管理制度和国库集中收缴制度的规定征收预算收入，除依法缴入财政专户的社会保险基金等预算收入外，应当及时将预算收入缴入国库。

第五十六条 除依法缴入财政专户的社会保险基金等预算收入外，一切有预算收入上缴义务的部门和单位，必须将应当上缴的预算收入，按照规定的预算级次、政府收支分类科目、缴库方式和期限缴入国库，任何部门、单位和个人不得截留、占用、挪用或者拖欠。

第五十七条 各级政府财政部门应当加强对预算资金拨付的管理，并遵循下列原则：

（一）按照预算拨付，即按照批准的年度预算和用款计划拨付资金。除预算法第五十四条规定的在预算草案批准前可以安排支出的情形外，不得办理无预算、无用款计划、超预算或者超计划的资金拨付，不得擅自改变支出用途；

（二）按照规定的预算级次和程序拨付，即根据用款单位的申请，按照用款单位的预算级次、审定的用款计划和财政部门规定的预算资金拨付程序拨付资金；

（三）按照进度拨付，即根据用款单位的实际用款进度拨付资金。

第五十八条 财政部应当根据全国人民代表大会批准的中央政府债务余额限额，合理安排发行国债的品种、结构、期限和时点。

省、自治区、直辖市政府财政部门应当根据国务院批准的本地区政府债务限额，合理安排发行本地区政府债券的结构、期限和时点。

第五十九条 转移支付预算下达和资金拨付应当由财政部门办理，其他部门和单位不得对下级政府部门和单位下达转移支付预算或者拨付转移支付资金。

第六十条 各级政府、各部门、各单位应当加强对预算支出的管理，严格执行预算，遵守财政制度，强化预算约束，不得擅自扩大支出范围、提高开支标准；严格按照预算规定的支出用途使用资金，合理安排支出进度。

第六十一条 财政部负责制定与预算执行有关的财务规则、会计准则和会计制度。各部门、各单位应当按照本级政府财政部门的要求建立健全财务制度，加强会计核算。

第六十二条 国库是办理预算收入的收纳、划分、留解、退付和库款支拨的专门机构。国库分为中央国库和地方国库。

中央国库业务由中国人民银行经理。未设中国人民银行分支机构的地区，由中国人民银行商财政部后，委托有关银行业金融机构办理。

地方国库业务由中国人民银行分支机构经理。未设中国人民银行分支机构的地区，由上级中国人民银行分支机构商有关地方政府财政部门后，委托有关银行业金融机构办理。

具备条件的乡、民族乡、镇，应当设立国库。具体条件和标准由省、自治区、直辖市政府财政部门确定。

第六十三条 中央国库业务应当接受财政部的指导和监督，对中央财政负责。

地方国库业务应当接受本级政府财政部门的指导和监督，对地方财政负责。

省、自治区、直辖市制定的地方国库业务规程应当报财政部和中国人民银行备案。

第六十四条 各级国库应当及时向本级政府财政部门编报预算收入入库、解库、库款拨付以及库款余额情况的日报、旬报、月报和年报。

第六十五条 各级国库应当依照有关法律、行政法规、国务院以及财政部、中国人民银行的有关规定，加强对国库业务的管理，及时准确地办理预算收入的收纳、划分、留解、退付和预算支出的拨付。

各级国库和有关银行业金融机构必须遵守国家有关预算收入缴库的规定，不得延解、占压应当缴入国库的预算收入和国库库款。

第六十六条 各级国库必须凭本级政府财政部门签发的拨款凭证或者支付清算指令于当日办理资金拨付，并及时将款项转入收款单位的账户或者清算资金。

各级国库和有关银行业金融机构不得占压财政部门拨付的预算资金。

第六十七条 各级政府财政部门、预算收入征收部门和单位、国库应当建立健全相互之间的预算收入对账制度，在预算执行中按月、按年核对预算收入的收纳以及库款拨付情况，保证预算收入的征收入库、库款拨付和库存金额准确无误。

第六十八条 中央预算收入、中央和地方预算共享收入退库的办法，由财政部制定。地方预算收入退库的办法，由省、自治区、直辖市政府财政部门制定。

各级预算收入退库的审批权属于本级政府财政部门。中央预算收入、中央和地方预算共享收入的退库，由财政部或者财政部授权的机构批准。地方预算收入的退库，由地方政府财政部门或者其授权的机构批准。具体退库程序按照财政部的有关规定办理。

办理预算收入退库，应当直接退给申请单位或者申请个人，按照国家规定用途使用。任何部门、单位和个人不得截留、挪用退库款项。

第六十九条 各级政府应当加强对本级国库的管理和监督，各级政府财政部门负责协调本级预算收入征收部门和单位与国库的业务工作。

第七十条 国务院各部门制定的规章、文件，凡涉及减免应缴预算收入、设立和改变收入项目和标准、罚没财物处理、经费开支标准和范围、国有资产处置和收益分配以及会计核算等事项的，应当符合国家统一的规定；凡涉及增加或者减少财政收入或者支出的，应当征求财政部意见。

第七十一条 地方政府依据法定权限制定的规章和规定的行政措施，不得涉及减免中央预算收入、中央和地方预算共享收入，不得影响中央预算收入、中央和地方预算共享收入的征收；违反规定的，有关预算收入征收部门和单位有权拒绝执行，并应当向上级预算收入征收部门和单位以及财政部报告。

第七十二条 各级政府应当加强对预算执行工作的领导，定期听取财政部门有关预算执行情况的汇报，研究解决预算执行中出现的问题。

第七十三条 各级政府财政部门有权监督本级各部门及其所属各单位的预算管理有关工作，对各部门的预算执行情况和绩效进行评价、考核。

各级政府财政部门有权对与本级各预算收入相关的征收部门和单位征收本级预算收入的情况进行监督，对违反法律、行政法规规定多征、提前征收、减征、免征、缓征或者退还预算收入的，责令改正。

第七十四条 各级政府财政部门应当每月向本级政府报告预算执行情况，具体报告内容、方式和期限由本级政府规定。

第七十五条 地方各级政府财政部门应当定期向上一级政府财政部门报送本行政区域预算执行情况，包括预算执行旬报、月报、季报，政府债务余额统计报告，国库库款报告以及相关文字说明材料。具体报送内容、方式和期限由上一级政府财政部门规定。

第七十六条 各级税务、海关等预算收入征收部门和单位应当按照财政部门规定的期限和要求，向财政部门和上级主管部门报送有关预算收入征收情况，并附文字说明材料。

各级税务、海关等预算收入征收部门和单位应当与相关财政部门建立收入征管信息共享机制。

第七十七条 各部门应当按照本级政府财政部门规定的期限和要求，向本级政府财政部门报送本部门及其所属各单位的预算收支情况等报表和文字说明材料。

第七十八条 预算法第六十六条第一款所称超收收入，是指年度本级一般公共预算收入的实际完成数超过经本级人民代表大会或者其常务委员会批准的预算收入数的部分。

预算法第六十六条第三款所称短收，是指年度本级一般公共预算收入的实际完成数小于经本级人民代表大会或者其常务委员会批准的预算收入数的情形。

前两款所称实际完成数和预算收入数，不包括转移性收入和政府债务收入。

省、自治区、直辖市政府依照预算法第六十六条第三款规定增列的赤字，可以通过在国务院下达的本地区政府债务限额内发行地方政府一般债券予以平衡。

设区的市、自治州以下各级一般公共预算年度执行中出现短收的，应当通过调入预算稳定调节基金或者其他预算资金、减少支出等方式实现收支平衡；采取上述措施仍不能实现收支平衡的，可以通过申请上级政府临时救助平衡当年预算，并在下一年度预算中安排资金归还。

各级一般公共预算年度执行中厉行节约、节约开支，造成本级预算支出实际执行数小于预算总支出的，不属于预算调整的情形。

各级政府性基金预算年度执行中有超收收入的，应当在下一年度安排使用并优先用于偿还相应的专项债务；出现短收的，应当通过减少支出实现收支平衡。国务院另有规定的除外。

各级国有资本经营预算年度执行中有超收收入的，应当在下一年度安排使用；出现短收的，应当通过减少支出实现收支平衡。国务院另有规定的除外。

第七十九条 年度预算确定后，部门、单位改变隶属关系引起预算级次或者预算关系变化的，应当在改变财务关系的同时，相应办理预算、资产划转。

第五章 决 算

第八十条 预算法第七十四条所称决算草案，是指各级政府、各部门、各单位编制的未经法定程序审查和批准的预算收支和结余的年度执行结果。

第八十一条 财政部应当在每年第四季度部署编制决算草案的原则、要求、方法和报送期限，制发中央各部门决算、地方决算以及其他有关决算的报表格式。

省、自治区、直辖市政府按照国务院的要求和财政部的部署，结合本地区的具体情况，提出本行政区域编制决算草案的要求。

县级以上地方政府财政部门根据财政部的部署和省、自治区、直辖市政府的要求，部署编制本级政府各部门和下级政府决算草案的原则、要求、方法和报送期限，制发本级政府各部门决算、下级政府决算以及其他有关决算的报表格式。

第八十二条 地方政府财政部门根据上级政府财政部门的部署，制定本行政区域决算草案和本级各部门决算草案的具体编制办法。

各部门根据本级政府财政部门的部署，制定所属各单位决算草案的具体编制办法。

第八十三条 各级政府财政部门、各部门、各单位在每一预算年度终了时，应当清理核实全年预算收入、支出数据和往来款项，做好决算数据对账工作。

决算各项数据应当以经核实的各级政府、各部门、各单位会计数据为准，不得以估计数据替代，不得弄虚作假。

各部门、各单位决算应当列示结转、结余资金。

第八十四条 各单位应当按照主管部门的布置，认真编制本单位决算草案，在规定期限内上报。

各部门在审核汇总所属各单位决算草案基础上，连同本部门自身的决算收入和支出数据，汇编成本部门决算草案并附详细说明，经部门负责人签章后，在规定期限内报本级政府财政部门审核。

第八十五条 各级预算收入征收部门和单位应当按照财政部门的要求，及时编制收入年报以及有关资料并报送财政部门。

第八十六条 各级政府财政部门应当根据本级预算、预算会计核算数据等相关资料编制本级决算草案。

第八十七条 年度预算执行终了，对于上下级财政之间按照规定需要清算的事项，应当在决算时办理结算。

县级以上各级政府财政部门编制的决算草案应当及时报送本级政府审计部门审计。

第八十八条 县级以上地方各级政府应当自本级决算经批准之日起30日内，将本级决算以及下一级政府上报备案的决算汇总，报上一级政府备案；将下一级政府报送备案的决算汇总，报本级人民代表大会常务委员会备案。

乡、民族乡、镇政府应当自本级决算经批准之日起30日内，将本级决算报上一级政府备案。

第六章 监 督

第八十九条 县级以上各级政府应当接受本级和上级人民代表大会及其常务委员会对预算执行情况和决算的监督，乡、民族乡、镇政府应当接受本级人民代表大会和上级人民代表大会及其常务委员会对预算执行情况和决算的监督；按照本级人民代表大会或者其常务委员会的要求，报告预算执行情况；认真研究处理本级人民代表大会代表或者其常务委员会组成人员有关改进预算管理的建议、批评和意见，并及时答复。

第九十条 各级政府应当加强对下级政府预算执行情况的监督，对下级政府在预算执行中违反预算法、本条例和国家方针政策的行为，依法予以制止和纠正；对本级预算执行中出现的问题，及时采取处理措施。

下级政府应当接受上级政府对预算执行情况的监督；根据上级政府的要求，及时提供资料，如实反映情况，不得隐瞒、虚报；严格执行上级政府作出的有关决定，并将执行结果及时上报。

第九十一条 各部门及其所属各单位应当接受本级政府财政部门对预算管理有关工作的监督。

财政部派出机构根据职责和财政部的授权，依法开展工作。

第九十二条 各级政府审计部门应当依法对本级预算执行情况和决算草案，本级各部门、各单位和下级政府的预算执行情况和决算，进行审计监督。

第七章 法律责任

第九十三条 预算法第九十三条第六项所称违反本法规定冻结、动用国库库款或者以其他方式支配已入国库库款，是指：

（一）未经有关政府财政部门同意，冻结、动用国库库款；

（二）预算收入征收部门和单位违反规定将所收税款和其他预算收入存入国库之外的其他账户；

（三）未经有关政府财政部门或者财政部门授权的机构同意，办理资金拨付和退付；

（四）将国库库款挪作他用；

（五）延解、占压国库库款；

（六）占压政府财政部门拨付的预算资金。

第九十四条 各级政府、有关部门和单位有下列行为之一的，责令改正；对负有直接责任的主管人员和其他直接责任人员，依法给予处分：

（一）突破一般债务限额或者专项债务限额举借债务；

（二）违反本条例规定下达转移支付预算或者拨付转移支付资金；

（三）擅自开设、变更账户。

第八章 附 则

第九十五条 预算法第九十七条所称政府综合财务报告，是指以权责发生制为基础编制的反映各级政府整体财务状况、运行情况和财政中长期可持续性的报告。政府综合财务报告包括政府资产负债表、收入费用表等财务报表和报表附注，以及以此为基础进行的综合分析等。

第九十六条 政府投资年度计划应当和本级预算相衔接。政府投资决策、项目实施和监督管理按照政府投资有关行政法规执行。

第九十七条 本条例自2020年10月1日起施行。

（二）《条例》内容解读

以下解读摘自司法部、财政部负责人就《条例》修订有关问题答记者问。

2020年8月3日，国务院总理李克强签署国务院令，公布修订后的《中华人民共和国预算法实施条例》，自2020年10月1日起施行。

1.《条例》修订的背景和主要原则是什么

修订前的《条例》于1995年发布施行，在规范预算管理、增强预算编制和执行的科学性、深化分税制改革等方面发挥了重要作用。2014年全国人大常委会审议通过了《关于修改〈中华人民共和国预算法〉的决定》（以下简称预算法），增强了预算的完整性、科学性和透明度，强化了政府债务管理，完善了财政转移支付制度，规范了预算调整和执行，加强了预算审查监督。党的十九大报告提出，建立全面规范透明、标准科学、约束有力的预算制度，全面实施绩效管理。党的十九届四中全会决定进一步强调，完善标准科学、规范透明、约束有力的预算制度。党中央、国务院关于预算管理的重大决策部署和预算法的实施，为《条例》修订提供了根本遵循。近年来，财政预算改革实践不断深化，财政管理更加规范透明，财政体制更加科学合理，为《条例》修订提供了实践基础。

《条例》修订的主要原则：一是体现深化财税体制改革的成果，将预算法实施后出台的国务院关于深化预算管理制度改革等有关规定法治化；二是细化明确预算法有关规定，对授权国务院规定的事项作出具体规定；三是满足预算管理实际需要，根据近年来的实践对预算收支范围、转移支付、地方政府债务等事项作出相应规定。

2. 预算如何编制是社会各方面比较关注的问题，《条例》在预算编制方面做了哪些规定

预算法对预算编制主体、程序、内容、依据以及法律责任等做了规定。为落实预算法有关规定，《条例》主要从三个方面对预算编制做了细化规定：一是明确预算草案编制时间。《条例》分别规定了财政部和地方财政部门编制预算草案的时间。财政部于每年6月15日前部署编制下一年度预算草案的具体事项，县级以上地方各级政府财政部门于每年6月30日前部署本行政区域编制下一年度预算草案的具体事项，包括有关报表格式、编报方法、报送期限等。二是规范收入预算编

制。为提高收入预算编制的科学性、准确性，体现收入预算从约束性转向预期性的要求,《条例》规定，各级政府财政部门编制收入预算草案时，应当征求税务、海关等预算收入征收部门和单位的意见；预算收入征收部门和单位应当按照财政部门的要求提供下一年度预算收入征收预测情况，并与相关财政部门建立收入征管信息共享机制。三是明确预算收支编制内容。《条例》对中央和地方一般公共预算、政府性基金预算、国有资本经营预算、社会保险基金预算和各部门、各单位预算的编制内容做了规定。此外,《条例》对制定预算支出标准、编制社会保险基金预算草案、制定预算草案编制规程等做了规定。这些规定，使各级预算编制的具体程序和要求更加明确，有利于更好地规范预算编制，确保预算编制工作顺利进行。

3. 我国的部门预算改革已经推行 20 多年,《条例》在部门预算管理方面做了哪些规定

实行部门预算管理，是 20 世纪 90 年代末以来我国为加强财政支出管理推出的一项重大改革。20 多年来，各级财政部门、各部门不断深化部门预算改革，预算编制更加全面规范，管理措施更加丰富完善，运行机制更加顺畅高效，预算管理更加公开透明，为各政府部门履行职能和推动事业发展提供了重要保障。为落实预算法关于部门预算的组成、管理职权、编制等方面规定，在总结部门预算改革成效的基础上,《条例》主要从三个方面做了规定：一是统一部门预算管理口径。按照全口径预算管理要求，规定各部门预算应当反映一般公共预算、政府性基金预算、国有资本经营预算安排给本部门及其所属各单位的所有预算资金。二是明确部门预算收支范围。规定各部门预算收入包括本级财政安排给本部门及其所属各单位的预算拨款收入和其他收入；支出为与部门预算收入相对应的支出，包括基本支出和项目支出，并要求在部门预算中单独反映本级预算拨款收入和其相对应的支出。三是完善项目支出管理方式。规定项目支出实行项目库管理，建立健全项目入库评审机制和项目滚动管理机制；各级政府应当加强项目支出管理，各级政府财政部门应当建立和完善项目支出预算评审制度，各部门、各单位应当按规定开展预算评审。此外，还规定部门预算编制、执行的具体办法，由本级政府财政部门依法作出规定。

4.《条例》在规范预算公开方面做了哪些规定

《条例》主要从三个方面细化了预算法关于预算公开的内容：一是细化转移支付公开内容。规定一般性转移支付向社会公开应当细化到地区；专项转移支付向社会公开应当细化到地区和项目。二是明确政府债务、机关运行经费、政府采购、财政专户资金等需要按规定向社会公开。三是细化部门及所属单位预算、决算公开内容。规定部门预算、决算应当公开基本支出和项目支出；部门预算、决算支出按其功能

分类应当公开到项；按其经济性质分类，基本支出应当公开到款。各部门所属单位的预算、决算及报表，应当在部门批复后20日内由单位向社会公开；单位预算、决算应当公开基本支出和项目支出；单位预算、决算支出按其功能分类应当公开到项，按其经济性质分类，基本支出应当公开到款。

5. 随着我国财政收入稳步增长，转移支付资金规模也越来越大，《条例》在规范转移支付管理方面做了哪些规定

1994年实行分税制财政体制以来，我国逐步建立并不断完善财政转移支付制度，有力促进了区域协调发展和基本公共服务均等化。为规范转移支付制度，《条例》主要从三个方面做了规定：一是明确一般性转移支付范围。规定一般性转移支付包括均衡性转移支付，对革命老区、民族地区、边疆地区、贫困地区的财力补助，其他一般性转移支付。二是建立健全专项转移支付定期评估和退出机制。规定县级以上各级政府财政部门应当会同有关部门建立健全专项转移支付定期评估和退出机制，对评估后符合法律、行政法规和国务院规定，有必要继续执行的，可以继续执行；设立的有关要求变更，或者实际绩效与目标差距较大、管理不够完善的，应当予以调整；设立依据失效或者废止的，应当予以取消。三是规范转移支付预算下达。明确转移支付预计数提前下达、预算下达和资金拨付均由财政部门办理。同时，为提高预算编制的完整性、准确性，对转移支付预计数提前下达的比例和有关要求做了明确。

6. 社会各界对地方政府债务管理比较关注，《条例》在规范政府债务方面做了哪些规定

预算法对地方政府债务管理作出比较全面的规定，国务院据此印发了《国务院关于加强地方政府性债务管理的意见》等一系列文件，明确了地方政府债务管理的具体要求。《条例》主要从四个方面对政府债务管理做了规范：一是细化地方政府债务余额限额管理。明确各省、自治区、直辖市的政府债务限额由财政部在经全国人大或者其常委会批准的总限额内，提出方案报国务院批准；地方政府债务余额不得突破国务院批准的限额。二是明确转贷债务管理。规定省、自治区、直辖市政府可以将举借的政府债务转贷给下级政府，下级政府应当将转贷债务纳入本级预算管理，负有直接偿还责任的政府应当将转贷债务列入本级预算调整方案，报本级人大常委会批准。三是完善地方政府债务风险评估和预警机制。规定财政部和省、自治区、直辖市政府财政部门应当建立健全地方政府债务风险评估指标体系，组织评估地方政府债务风险状况，对债务高风险地区提出预警，并监督化解债务风险。四是合理安排发行政府债券。规定财政部应当根据全国人民代表大会批准的中央政府债务余额限额，合理安排发行国债的品种、结构、期限和时点；省、自治区、直辖市政府财政部门应当根据国务院批准的本地区政府债务限额，合理安排发行本地区政府债

券的结构、期限和时点。

7. 2018 年，中共中央、国务院印发《关于全面实施预算绩效管理的意见》,《条例》对预算绩效管理做了哪些规定

全面实施预算绩效管理是推进国家治理体系和治理能力现代化的内在要求，是深化财税体制改革、建立现代财政制度的重要内容。《条例》在预算管理各环节细化完善了绩效管理的有关要求，推动预算和绩效管理深度融合，主要从三个方面做了规定：一是完善预算绩效管理制度。规定预算执行中政府财政部门组织和指导预算资金绩效监控、绩效评价；各部门、各单位实施绩效监控，定期向本级政府财政部门报送预算执行情况报告和绩效评价报告。二是强化绩效结果应用。规定对评估后的专项转移支付，设立的有关要求变更，或者实际绩效与目标差距较大、管理不够完善的，应当予以调整。绩效评价结果应当按照规定作为改进管理和编制以后年度预算的依据。三是进一步明确职责。规定各级政府财政部门有权监督本级各部门及其所属各单位的预算管理有关工作，对各部门的预算执行情况和绩效进行评价、考核。

8. 近年来，在规范财政专户管理方面采取了很多有效措施，也取得了显著成效，《条例》对规范财政专户管理做了哪些规定

为严格规范财政专户管理，切实保障资金安全，2011 年以来财政部对地方财政专户组织了多次专项检查，并不断健全完善相关制度。《条例》对规范财政专户管理主要从三个方面做了规定：一是明确财政专户的含义和使用范围。财政专户是指财政部门为履行财政管理职能，根据法律规定或者经国务院批准开设的用于管理核算特定专用资金的银行结算账户。特定专用资金，包括法律规定可以设立财政专户的资金，外国政府和国际经济组织的贷款、赠款，按照规定存储的人民币以外的货币，财政部会同有关部门报国务院批准的其他特定专用资金。二是对财政专户的设立作出严格规定。规定开设、变更财政专户应当经财政部核准，撤销财政专户应当报财政部备案，中国人民银行应当加强对银行业金融机构开户的核准、管理和监督工作。三是规范财政专户资金管理。规定财政专户资金由本级政府财政部门管理。除法律另有规定外，未经本级政府财政部门同意，任何部门、单位和个人都无权冻结、动用财政专户资金。财政专户资金应当由本级政府财政部门纳入统一的会计核算，并在预算执行情况、决算和政府综合财务报告中单独反映。财政专户资金情况按照有关规定向社会公开。

9.《条例》公布施行对积极有为的财政政策有哪些促进作用

一是有利于加强预算执行管理。《条例》对加强预算支出管理、合理安排支出进度、加快转移支付预算资金下达等作出明确规定，同时规定对违反法律、行政法规规定多征、提前征收、减征、免征、缓征或者退还预算收入的，责令改正，防范地方征收“过头税”。二是有利于提高资金使用效益。《条例》对进一步加强绩效管理、

提高资金使用效益等作出规定，进一步构建了全方位预算绩效管理格局，健全了预算绩效管理制度，强化了预算绩效管理监督和约束，有利于各级财政进一步聚焦做好“六稳”工作、落实“六保”任务。三是有利于提高预算透明度。《条例》贯彻预算法关于预算公开的要求，对政府预算和部门预算公开工作做了细化规定，对各部门所属单位预算、决算公开的时限、细化程度也提出了具体要求，有利于增强预算透明度，促进透明政府、廉洁政府建设。

10. 有关部门将采取哪些措施确保《条例》的贯彻实施

一是抓好《条例》的宣传培训。按照“谁执法谁普法”的要求，各级财政部门要在做好自身培训学习的同时，组织预算单位有关人员深入学习。同时加大宣传力度，增强社会各界对《条例》的知晓度，进一步提升预算法治意识。二是着力抓好《条例》的实施。各级财政部门、各部门要严格执行预算法和《条例》，及时发布出台相关制度办法，确保《条例》各项规定落到实处。三是及时修订和清理预算管理规章制度。按照“谁制定谁清理”的原则，各部门、各有关单位要及时修订和清理与《条例》不一致的预算管理规章制度，确保规章制度依法合规。

第六篇　片区及园区综合开发有关政策及内容解读

写在前面：

片区开发是城市发展升级的重要途径，片区综合开发涉及土地征拆迁、安置补偿、公共设施工程、市政基础设施，还可能涉及安置房、学校、医院等公共服务项目。传统的片区开发模式受政府债务及土地一级、二级联动影响已被限制，且在财金〔2019〕10号文实施后，采用创新的PPP模式开展片区开发也受到政府性基金支出的限制。因此，当前各地正在积极探索片区开发新模式，许多央企、地产商都瞄准片区开发机遇，成为片区投资建设的参与者。

本篇筛选了涉及土地收储、开发区改革创新、高铁站周边区域建设及土地征收成片开发等6个相关政策进行详细解读。

一、《关于规范土地储备和资金管理等相关问题的通知》（财综〔2016〕4号）

2016年2月2日，财政部等四部门联合出台《关于规范土地储备和资金管理等相关问题的通知》（财综〔2016〕4号）（以下简称《通知》）。

（一）《通知》全文

关于规范土地储备和资金管理等相关问题的通知

财综〔2016〕4号

各省、自治区、直辖市、计划单列市财政厅（局）、国土资源主管部门，新疆生产建设兵团财务局、国土资源局，中国人民银行上海总部，各分行、营业管理部，省会（首府）城市中心支行、副省级城市中心支行，各省、自治区、直辖市银监局：

根据《预算法》以及《中共中央　国务院关于分类推进事业单位改革的指导意见》、《国务院关于加强地方政府性债务管理的意见》（国发〔2014〕43号）等有关规定，为规范土地储备和资金管理行为，促进土地储备健康发展，现就有关问题通知如下：

一、清理压缩现有土地储备机构

各地区应当结合事业单位分类改革，对现有土地储备机构进行全面清理。为提高土地储备工作效率，精简机构和人员，每个县级以上（含县级）法定行政区划原则上只能设置一个土地储备机构，统一隶属于所在行政区划国土资源主管部门管理。对于重复设置的土地储备机构，应当在压缩归并的基础上，按规定重新纳入土地储备名录管理。鉴于土地储备机构承担的依法取得土地、进行前期开发、储存以备供应土地等工作主要是为政府部门行使职能提供支持保障，不能或不宜由市场配置资源，因此，按照事业单位分类改革的原则，各地区应当将土地储备机构统一划为公益一类事业单位。各地区应当将现有土地储备机构中从事政府融资、土建、基础设施建设、土地二级开发业务部分，从现有土地储备机构中剥离出去或转为企业，上述业务对应的人员、资产和债务等也相应剥离或划转。上述工作由地方各级国土资源主管部门商同级财政部门、人民银行分支机构、银监部门等机构提出具体意见，经同级人民政府批准后实施，并于 2016 年 12 月 31 日前完成。

二、进一步规范土地储备行为

按照《国土资源部　财政部　人民银行关于印发〈土地储备管理办法〉的通知》（国土资发〔2007〕277 号）和《国土资源部　财政部　人民银行　银监会关于加强土地储备与融资管理的通知》（国土资发〔2012〕162 号）的规定，各地区应当进一步规范土地储备行为。土地储备工作只能由纳入名录管理的土地储备机构承担，各类城投公司等其他机构一律不得再从事新增土地储备工作。土地储备机构不得在土地储备职能之外，承担与土地储备职能无关的事务，包括城市基础设施建设、城镇保障性安居工程建设等事务，已经承担的上述事务应当按照本通知第一条规定限期剥离和划转。

三、合理确定土地储备总体规模

各地土地储备总体规模，应当根据当地经济发展水平、当地财力状况、年度土地供应量、年度地方政府债务限额、地方政府还款能力等因素确定。现有土地储备规模偏大的，要加快已储备土地的前期开发和供应进度，相应减少或停止新增以后年度土地储备规模，避免由于土地储备规模偏大而形成土地资源利用不充分和地方政府债务压力。

四、妥善处置存量土地储备债务

对清理甄别后认定为地方政府债务的截至 2014 年 12 月 31 日的存量土地储备贷款，应纳入政府性基金预算管理，偿债资金通过政府性基金预算统筹安排，并逐步发行地方政府债券予以置换。

五、调整土地储备筹资方式

土地储备机构新增土地储备项目所需资金，应当严格按照规定纳入政府性基金预算，从国有土地收益基金、土地出让收入和其他财政资金中统筹安排，不足部分在国家核定的债务限额内通过省级政府代发地方政府债券筹集资金解决。自 2016 年 1 月

1日起，各地不得再向银行业金融机构举借土地储备贷款。地方政府应在核定的债务限额内，根据本地区土地储备相关政府性基金收入、地方政府性债务风险等因素，合理安排年度用于土地储备的债券发行规模和期限。

六、规范土地储备资金使用管理

根据《预算法》等法律法规规定，从2016年1月1日起，土地储备资金从以下渠道筹集：一是财政部门从已供应储备土地产生的土地出让收入中安排给土地储备机构的征地和拆迁补偿费用、土地开发费用等储备土地过程中发生的相关费用。二是财政部门从国有土地收益基金中安排用于土地储备的资金。三是发行地方政府债券筹集的土地储备资金。四是经财政部门批准可用于土地储备的其他资金。五是上述资金产生的利息收入。土地储备资金主要用于征收、收购、优先购买、收回土地以及储备土地供应前的前期开发等土地储备开支，不得用于土地储备机构日常经费开支。土地储备机构所需的日常经费，应当与土地储备资金实行分账核算，不得相互混用。

土地储备资金的使用范围包括：

（一）征收、收购、优先购买或收回土地需要支付的土地价款或征地和拆迁补偿费用。包括土地补偿费和安置补助费、地上附着物和青苗补偿费、拆迁补偿费，以及依法需要支付的与征收、收购、优先购买或收回土地有关的其他费用。

（二）征收、收购、优先购买或收回土地后进行必要的前期土地开发费用。储备土地的前期开发，仅限于与储备宗地相关的道路、供水、供电、供气、排水、通讯、照明、绿化、土地平整等基础设施建设。各地不得借土地储备前期开发，搭车进行与储备宗地无关的上述相关基础设施建设。

（三）按照本通知规定需要偿还的土地储备存量贷款本金和利息支出。

（四）经同级财政部门批准的与土地储备有关的其他支出。包括土地储备工作中发生的地籍调查、土地登记、地价评估以及管护中围栏、围墙等建设等支出。

七、推动土地收储政府采购工作

地方国土资源主管部门应当积极探索政府购买土地征收、收购、收回涉及的拆迁安置补偿服务。土地储备机构应当积极探索通过政府采购实施储备土地的前期开发，包括与储备宗地相关的道路、供水、供电、供气、排水、通讯、照明、绿化、土地平整等基础设施建设。地方财政部门、国土资源主管部门应当会同辖区内土地储备机构制定项目管理办法，并向社会公布项目实施内容、承接主体或供应商条件、绩效评价标准、最终结果、取得成效等相关信息，严禁层层转包。项目承接主体或供应商应当严格履行合同义务，按合同约定数额获取报酬，不得与土地使用权出让收入挂钩，也不得以项目所涉及的土地名义融资或者变相融资。对于违反规定的行为，将按照《预算法》、《政府采购法》、《政府采购法实施条例》、《政府购买服务管理办法（暂行）》等规定进行处理。

八、加强土地储备项目收支预决算管理

土地储备机构应当于每年第三季度根据当地经济发展水平、上年度地方财力状况、近三年土地供应量、上年度地方政府债务限额、地方政府还款能力等因素，按照宗地编制下一年度土地储备资金收支项目预算，经主管部门审核后，报同级财政部门审定。其中：属于政府采购范围的应当按照规定编制政府采购预算，属于政府购买服务项目的应当同时编制政府购买服务预算，并严格按照有关规定执行。地方财政部门应当认真审核土地储备资金收支预算，统筹安排政府性基金预算、地方政府债券收入和存量贷款资金。土地储备支出首先从国有土地收益基金、土地出让收入、存量贷款资金中安排，不足部分再通过省级政府发行的地方政府债券筹集资金解决。财政部门应当及时批复土地储备机构土地储备项目收支预算。

土地储备机构应当严格按照同级财政部门批复的预算执行，并根据土地收购储备的工作进度，提出用款申请，经主管部门审核后，报同级财政部门审批。其中：属于财政性资金的土地储备支出，按照财政国库管理制度的有关规定执行。土地储备机构需要调整土地储备资金收支项目预算的，应当按照规定编制预算调整方案，经主管部门审核后，按照规定程序报同级财政部门批准后执行。

每年年度终了，土地储备机构要按照同级财政部门规定，向同级财政部门报送土地储备资金收支项目决算，并详细提供宗地支出情况。土地储备资金收支项目决算由同级财政部门负责审核或者由具有良好信誉、执业质量高的会计师事务所等相关中介机构进行审核。

土地储备机构应当按照国家关于资产管理的有关规定，做好土地储备资产的登记、核算、评估等各项工作。

九、落实好相关部门责任

规范土地储备和资金管理行为，是进一步完善土地储备制度，促进土地储备健康发展的重要举措。各级财政、国土资源部门和人民银行分支机构、银监部门等要高度重视，密切合作，周密部署，强化督导，确保上述各项工作顺利实施。

财政部、国土资源部、人民银行、银监会将按照职责分工，会同有关部门抓紧修订《土地储备管理办法》、《土地储备资金财务管理暂行办法》、《土地储备资金会计核算办法（试行）》、《土地储备统计报表》等相关制度。

省级财政、国土资源主管部门和人民银行分支机构、银监部门应当加强对市县土地储备和资金管理工作的指导，督促市县相关部门认真贯彻落实本通知规定，并于2017年3月31日前，将本地区贯彻落实情况以书面形式报告财政部、国土资源部、人民银行和银监会。

此前土地储备和资金管理的相关规定与本通知规定不一致的，以本通知规定为准。

财政部　国土资源部　中国人民银行　银监会

2016年2月2日

（二）《通知》内容解读

1. 四部委下发《通知》的意义

财政部、国土资源部、中国人民银行、银监会联合发布的《通知》，是继2012年四部委《关于加强土地储备与融资管理的通知》和2014年国务院《关于加强土地与政府性债务管理的意见》之后，又一个从土地储备融资角度规范地方政府投融资行为的重要文件，这不仅使地方政府和融资平台的融资模式及结构发生改变，而且导致金融机构尤其是商业银行与政府在土地收储中的合作方式无法再延续。《通知》从清理压缩机构、改变融资方式、优化储备规模等多方面提出新的规定和严格规范的事项，对土地储备的过程具有很强的指导性和可操作性。

笔者认为：该文件虽然规范了土地储备融资行为，但在土地储备过程中突出了两个亮点：一是土地征收、收购、收回涉及的安置补偿服务可采用政府购买服务模式。二是可实施政府采购进行土地的前期开发，包括道路、供水、供电、供气、排水、通讯、照明、绿化、土地平整等基础设施建设。这两项业务为转型市场化运营的城投公司提供了空间，详细见下述解读。

2. 怎样理解土地储备和土地一级开发

土地储备主要出现在国务院及有关部委的文件中。土地储备是指地方政府为调控土地市场、促进土地资源合理利用，依法取得土地，进行前期开发、储存以备供应土地的行为。从定义中可以理解土地储备是一种政府行为，主要有三层意思。

一是依法取得土地。要依法取得土地的前提就需要完成拆迁安置补偿，拆迁安置这项工作政策性强、难度大，涉及许多实际问题。

二是组织前期开发。要对生地进行开发，完成道路、供水、供电、供气、排水、通讯、照明、绿化等七通一平。

三是储存土地以备供应。生地变为熟地后，进行储备，以备政府供地。

土地一级开发概念主要出现在地方政府文件中，如《北京市土地储备和一级开发暂行办法》规定，土地储备和一级开发，是指政府依法通过收购、收回、征收等方式储备国有建设用地，并组织实施拆迁和市政基础设施建设，达到土地供应条件的行为。

上述土地储备和土地一级开发的概念与内涵基本相同，只是叫法不同而已。

3. 明确了土地储备机构的性质为公益一类事业单位

《通知》要求：“各地区应当结合事业单位分类改革，对现有土地储备机构进行全面清理。”“按照事业单位分类改革的原则，各地区应当将土地储备机构统一划为公益一类事业单位。”公益一类事业单位的性质是承担基本公益服务的单位、机构，且不得开展经营活动，其经费需由国家财政予以支撑。土地储备机构具有一定行政职能，原则上一个行政区域只能设置一个土地储备机构，统一隶属所在行政区划国土资源主管部门管理。另外，《通知》还明确要求土地储备只能由纳入名录管理的土地储备机构承担，土地储备机构不得在土地储备职能之外，承担与土地储备职能无关的事务。诸如政府融资、城市基础设施建设、城镇保障性安居工程建设、土地二级开发业务要从现有土地储备机构中剥离出去或转为企业实施。

4. 怎样理解土地储备前期开发的两类主体

《通知》要求：“土地储备工作只能由纳入名录管理的土地储备机构承担，各类城投公司等其他机构一律不得再从事新增土地储备工作。”这就是说在土地储备（土地一级开发）中，土地储备机构应作为项目主体或实施主体，且该机构应列入全国土地储备机构名录，而城投公司、社会资本方、PPP 项目主体都不能担任项目主体。

由于土地储备机构是事业单位，不会再进行土地收储、挖沟、铺路、埋管等工作，而原先土地储备机构下设或挂靠的工程建设机构都按照政策要求已经脱钩，那么土地储备前期工程建设由谁来干呢？需要承接主体或供应商来完成，承接主体或者施工主体可以由具有一定资质的城投公司、施工企业和房地产公司担任。

因此，土地储备（土地一级开发）需要两个主体：项目主体和承接主体。

5.《通知》出台之前，土地收储的主要模式有哪些

《通知》明确：土地储备工作只能由纳入名录管理的土地储备机构承担，各类城投公司等其他机构一律不得再从事新增土地储备工作。这里有必要了解《通知》实施前，我国土地一级开发的几种模式。

一是 BT（建设—回购）模式。BT 模式即土地储备机构通过委托或其他方式，确定城投公司作为土地储备项目的融资及开发主体，城投公司承担项目投融资及项目组织实施工作，在土地项目完工后政府按照 BT 回购协议进行回购，城投公司收回成本和利润。该模式违反了国发〔2014〕43 号文中“政府债务只能通过政府及其部门举借，不得通过企事业单位等举借”的规定。因此，该模式自国发〔2014〕43 号文颁布后就被禁止了。

二是政府或土地储备机构委托授权开发模式。该模式即地方政府就某区域地块收储开发直接授权给某个城投公司作为开发主体，或是土地储备机构委托城投公司进行开发。待土地项目收储完成并经过招拍挂出让后，城投公司从政府方按照一定比例分配，从分配中获得支出成本和利润，或者土地储备机构向城投公司返还所支出成本及利润。该模式的本质是城投公司替代政府融资，也违反了国发〔2014〕43 号文中“明确政府和企业的责任，政府债务不得通过企业举借，企业债务不得推给政府偿还，切实做到谁借谁还、风险自担”的有关规定。因此，该模式自国发〔2014〕43 号文颁布后就被禁止了。

三是 PPP 模式。PPP 模式是基础设施和公共服务领域投融资创新举措，国家鼓励通过 PPP 模式为基础设施领域补短板。但自 2014 年以来，一些地方将 PPP 模式运用在纯粹土地收储项目中，土地收储只有投资开发阶段，缺少运营环节，没有运营环节是不完整的 PPP。因此，财金〔2016〕91 号文明确要求：“PPP 项目主体或其他社会资本，除通过规范的土地市场取得合法土地权益外，不得违规取得未供应的土地使用权或变相取得土地收益，不得作为项目主体参与土地收储和前期开发等工作，

不得借未供应的土地进行融资。”另外，财办金〔2017〕92号文也规定：仅涉及工程建设，无运营内容的PPP项目，不得入库。自2017年以后，纯粹土地收储项目已不适合采取PPP模式。

上述三种模式主要是解决土地收储阶段资金来源问题，但在新规下都已经不适应。BT模式和授权开发的模式有增加地方政府隐性债务的风险，PPP模式应用在土地收储项目中，因仅有工程建设而不符合规范的PPP模式要求。

那么，新规下土地储备资金如何筹集呢？我们看下面的解读。

6.《通知》改变以往的土地储备筹资方式

在2016年之前，按照《关于加强土地储备与融资管理的通知》（国土资发〔2012〕162号）要求，列入名录的土地储备机构可以向银行业金融机构贷款，银行业金融机构应按照相关法律法规及监管要求，遵循市场化原则，在风险可控的前提下，向列入名录的土地储备机构发放并管理土地储备贷款。当年储备土地贷款已成为土地收储中资金的重要来源，虽然前提是风险可控，但因金融机构过度依赖土地资产及地方政府信用，不仅使储备土地价值人为攀高，也会降低金融机构风险控制意识。

本次《通知》明确规定：“自2016年1月1日起，各地不得再向银行业金融机构举借土地储备贷款。”这无疑是成为《通知》中最有力度的一条规定，停止了储备土地中土地抵押贷款的路径，隔离了金融机构与土地经营的风险，规范了土地储备筹资渠道。

7. 土地储备有哪些规范的筹资渠道

《通知》明确：从2016年1月1日起，土地储备资金从以下渠道筹集：

一是财政部门从已供应储备土地产生的土地出让收入中安排给土地储备机构的征地和拆迁补偿费用、土地开发费用等储备土地过程中发生的相关费用。

二是财政部门从国有土地收益基金中安排用于土地储备的资金。

三是发行地方政府债券筹集的土地储备资金。

四是经财政部门批准可用于土地储备的其他资金。

五是上述资金产生的利息收入。

上述规定提出了土地储备资金以下主要来源。

其一是早期已供应土地产生的收入。土地通过招拍挂取得土地出让收入用于土地一级开发中所涉及的费用，包括征地和拆迁补偿费用，以及“五通一平”或“七通一平”后达到建设条件所涉及的费用。

其二是国有土地收益基金安排资金。国有土地收益基金是现存土地储备制度下，为防止一些地方政府存在的短期行为而设立的专项政府性基金，通常从招标、拍卖、挂牌和协议方式出让国有土地使用权取得的总成交价款中划出一定比例（有的省份是5%），用于建立国有土地收益基金，实行分账核算。

其三是在资金不足时可发行一定限额的土地债券。《关于印发〈地方政府土地储备专项债券管理办法（试行）〉的通知》（财预〔2017〕62号）规定，土地储备专项债券，是指地方政府为土地储备发行，以项目对应并纳入政府性基金预算管理的国有土地使用权出让收入或国有土地收益基金收入偿还的地方政府专项债券。新增土地储备项目所需资金严格按照规定纳入政府性资金预算，可以在债务限额内通过省级政府代发土地专项债券融资。

8. 怎样理解土地安置补偿服务可采用政府购买服务模式

土地收储行为属于政府职责范围，通过收储可以调节土地市场，促进土地资源合理利用，同时，通过出让土地使用权政府可获得相当可观的财政收益，弥补其财政收益不足的问题。《通知》的一个亮点就是推动土地收储政府采购工作，其中在开展前期的拆迁安置补偿服务时，《通知》明确：“地方国土资源主管部门应当积极探索政府购买土地征收、收购、收回涉及的拆迁安置补偿服务。”如何理解拆迁安置补偿服务？就是在土地收储开始前，需要到片区内入户调查，尤其是对拆迁居民做好政策宣讲、咨询服务等，土地储备机构作为一类事业单位，受到事业编制影响，人员有限，对土地收储前的入户调查、咨询工作需要付出大量人力的辅助性服务。因此，国土资源主管部门可采取政府购买服务方式完成拆迁安置补偿服务。需要注意的是，社会力量在这里只是提供“服务”，属于人力密集的轻资产，而不是代替地方政府支付拆迁安置补偿款，拆迁安置补偿款可按照本解读第7点中的方式落实资金。

之后颁布的《关于坚决制止地方以政府购买服务名义违法违规融资的通知》（财预〔2017〕87号）也明确提出：“政府购买服务内容应当严格限制在属于政府职责范围、适合采取市场化方式提供、社会力量能够承担的服务事项，重点是有预算安排的基本公共服务项目。”土地收储属于政府职责范围，拆迁安置补偿服务适合采取市场化方式提供，社会力量包括城投公司可以承担此类服务，要做到“先预算、后购买”。

9. 怎样理解储备土地前期开发采用政府采购工程

储备土地中前期的安置补偿服务可以采用政府购买服务方式完成。《通知》另一个亮点是通过政府采购工程引入社会资本方进行储备土地前期开发。《通知》规定：“土地储备机构应当积极探索通过政府采购实施储备土地的前期开发，包括与储备宗地相关的道路、供水、供电、供气、排水、通讯、照明、绿化、土地平整等基础设施建设。”政府采购储备土地前期开发要注意以下几点。

一是不得变相进行举债。在土地收储中，在名录里的土地储备机构作为项目实施主体，社会资本方或转型后城投公司作为项目承接主体。储备土地前期开发采用政府采购工程，并不是指以政府采购工程名义由社会资本方或城投公司替代政府融资。因此，《通知》明确规定：项目承接主体或供应商应当严格履行合同义务，按合同约定数额获取报酬，不得与土地使用权出让收入挂钩，也不得以项目所涉及的土地名义融资或者变相融资。对于违反规定的行为，将按照《预算法》《政府采购法》《政府采购法实施条例》《政府购买服务管理办法（暂行）》等规定进行处理。

二是通过市场化方式选择项目承建主体。《国务院关于促进节约集约用地的通知》要求土地前期开发要引入市场机制，按照有关规定，通过公开招标方式选择实施单位。《关于加强土地储备与融资管理的通知》也要求：前期开发中，涉及道路、供水、供电、供气、排水、通讯、照明、绿化、土地平整等基础设施建设的，应通过公开招标方式选择工程设计、施工和监理等单位。但实际中，地方政府对土地储备中的采购政策不够一致，有的采取招投标方式，有的则采取竞争性谈判方式。

10. 怎样理解土地储备前期开发业务收益模式的变化

在《通知》颁布之前，一些地区由政府负责土地征用，由城投公司替代政府承担前期征地补偿费用，城投公司还负责土地拆迁、补偿工作，以及基础设施建设并承担相关费用，但城投公司与政府对土地出让最终净收益按照各 50% 的比例进行分成。如某城市环湖东路沿线土地一级开发项目中，省城投公司负责筹措和垫付土地一级开发所需资金，包括建设工程费、征地补偿费、拆迁补偿和安置费、土地调查费、评估费、测绘费、资料费、土地报批相关税费、土地开发整理工程费、新农村建设费等，省城投公司与市政府对土地出让最终净收益按照各 50% 的比例进行分成。

《通知》规定："项目承接主体或供应商应当严格履行合同义务，按合同约定数额获取报酬，不得与土地使用权出让收入挂钩。"承接主体参与"七通一平"时可在收回工程建设成本的基础上再获得合理利润，但不与土地使用权出让相挂钩，改变了以前土地储备前期开发业务收益分配模式。

二、《国务院办公厅关于促进开发区改革和创新发展的若干意见》（国办发〔2017〕7号）

2017 年 1 月 19 日，《国务院办公厅关于促进开发区改革和创新发展的若干意见》（国办发〔2017〕7 号）（以下简称《意见》或国办发〔2017〕7 号文）出台。

（一）《意见》全文

国务院办公厅关于促进开发区改革和创新发展的若干意见

国办发〔2017〕7 号

各省、自治区、直辖市人民政府，国务院各部委、各直属机构：

开发区建设是我国改革开放的成功实践，对促进体制改革、改善投资环境、引导产业集聚、发展开放型经济发挥了不可替代的作用，开发区已成为推动我国工业化、城镇化快速发展和对外开放的重要平台。当前，全球经济和产业格局正在发生深刻变化，我国经济发展进入新常态，面对新形势，必须进一步发挥开发区作为改革开放排头兵的作用，形成新的集聚效应和增长动力，引领经济结构优化调整和发展方式转变。为深入贯彻落实《中共中央　国务院关于构建开放型经济新体制的若干意见》，经国务院同意，现就促进开发区改革和创新发展提出以下意见。

一、总体要求

（一）指导思想。全面贯彻党的十八大和十八届三中、四中、五中、六中全会精神，深入贯彻习近平总书记系列重要讲话精神和治国理政新理念新思想新战略，认真落实党中央、国务院决策部署，紧紧围绕统筹推进“五位一体”总体布局和协调推进“四个全面”战略布局，牢固树立创新、协调、绿色、开放、共享的发展理念，加强对各类开发区的统筹规划，加快开发区转型升级，促进开发区体制机制创新，完善开发区管理制度和政策体系，进一步增强开发区功能优势，把各类开发区建设成为新型工业化发展的引领区、高水平营商环境的示范区、大众创业万众创新的集聚区、开放型经济和体制创新的先行区，推进供给侧结构性改革，形成经济增长的新动力。

（二）基本原则。坚持改革创新。强化开发区精简高效的管理特色，创新开发区运营模式，以改革创新激发新时期开发区发展的动力和活力。坚持规划引领。完善开发区空间布局和数量规模，形成布局合理、错位发展、功能协调的全国开发区发展格局，切实提高经济发展质量和效益。坚持集聚集约。完善公共设施和服务体系，引导工业项目向开发区集中，促进产业集聚、资源集约、绿色发展，切实发挥开发区规模经济效应。坚持发展导向。构建促进开发区发展的长效机制，以规范促发展，正确把握发展和规范的关系，不断探索开发区发展新路径、新经验。

二、优化开发区形态和布局

（三）科学把握开发区功能定位。开发区要坚持以产业发展为主，成为本地区制造业、高新技术产业和生产性服务业集聚发展平台，成为实施制造强国战略和创新驱动发展战略的重要载体。开发区要科学规划功能布局，突出生产功能，统筹生活区、商务区、办公区等城市功能建设，促进新型城镇化发展。开发区要继续把优化营商环境作为首要任务，着力为企业投资经营提供优质高效的服务、配套完备的设施、共享便捷的资源，着力推进经济体制改革和政府职能转变。

（四）明确各类开发区发展方向。经济技术开发区、高新技术产业开发区、海关特殊监管区域等国家级开发区要发挥示范引领作用，突出先进制造业、战略性新兴产业、加工贸易等产业特色，主动对接国际通行规则，建设具有国际竞争力的高水平园区，打造具有国际影响力的园区品牌。经济开发区、工业园区、高新技术产业园区等省级开发区要依托区域资源优势，推动产业要素集聚，提升营商环境国际化水平，向主导产业明确、延伸产业链条、综合配套完备的方向发展，成为区域经济增长极，带动区域经济结构优化升级。

（五）推动各区域开发区协调发展。推进东部地区现有开发区转型升级，增强开发区发展的内生动力，培育有全球影响力的制造研发基地，提高我国产业在全球价值链中的地位。支持中西部地区、东北地区进一步完善开发区软硬件环境，加强开发区承接产业转移的能力建设，增强产业发展动力。鼓励东部地区开发区输出品牌、人才、技术、资金和管理经验，按照优势互补、产业联动、市场导向、利益共享的原则，与中西部地区、东北地区合作共建开发区。围绕“一带一路”建设、京津冀协同发展、长江经济带发展，推动沿海沿江沿线开发区良性互动发展，建设一批具有辐射带动效应的转型升级示范开发区，引导产业优化布局和分工协作。

三、加快开发区转型升级

（六）推进开发区创新驱动发展。开发区要贯彻落实创新驱动发展战略，促进科技创新、制度创新，吸引集聚创新资源，提高创新服务水平，推动由要素驱动向创新驱动转变。支持开发区内企业技术中心建设，在有条件的开发区优先布局工程（技术）研究中心、工程实验室、国家（部门）重点实验室、国家地方联合创新平台、制造业创新中心。鼓励开发区加快发展众创空间、大学科技园、科技企业孵化器等创业服务平台，构建公共技术服务平台，设立科技创新发展基金、创业投资基金、产业投资基金，完善融资、咨询、培训、场所等创新服务，培育创新创业生态，创新人才培养和引进机制，营造大众创业、万众创新良好氛围。支持有条件的国家高新技术产业开发区创建国家自主创新示范区，为在全国范围内完善科技创新政策提供可复制经验。

（七）加快开发区产业结构优化。开发区要适应新一轮产业变革趋势，加快实施“中国制造2025”战略，通过优化园区功能、强化产业链条、扶持重大项目、支持科技研发、腾笼换鸟等措施，支持传统制造业通过技术改造向中高端迈进，促进信息技术与制造业结合；主动培育高端装备、机器人、新一代信息技术、生物技术、新能源、新材料、数字创意等战略性新兴产业；促进生产型制造向服务型制造转变，大力发展研发设计、科技咨询、第三方物流、知识产权服务、检验检测认证、融资租赁、人力资源服务等生产性服务业。以开发区为载体，努力形成一批战略性新兴产业集聚区、国家高（新）技术产业（化）基地、国家新型工业化产业示范基地，打造世界级产业集群。

（八）促进开发区开放型经济发展。开发区要不断提高对外开放水平，继续发挥开放型经济主力军作用。支持开发区完善外贸综合服务体系和促进体系，鼓励开发区积极吸引外商投资和承接国际产业转移。支持开发区内符合条件的跨国企业集团开展跨境双向人民币资金池业务。允许符合条件的开发区内企业在全口径外债和资本流动审慎管理框架下，通过贷款、发行债券等形式从境外融入本外币资金。促进海关特殊监管区域整合优化，将符合条件的出口加工区、保税港区等类型的海关特殊监管区域逐步整合为综合保税区。

（九）推动开发区实现绿色发展。开发区要积极推行低碳化、循环化、集约化发展，推进产业耦合，推广合同能源管理模式，积极参加全国碳交易市场建设和运行。鼓励开发区推进绿色工厂建设，实现厂房集约化、原料无害化、生产洁净化、废物资源化、能源低碳化。推进园区循环化改造，按照循环经济“减量化、再利用、资源化”的理念，推动企业循环式生产、产业循环式组合，搭建资源共享、废物处理、服务高效的公共平台，促进废物交换利用、能量梯级利用、水的分类利用和循环使用，实现绿色循环低碳发展。

（十）提升开发区基础设施水平。开发区基础设施建设要整体规划，配套电力、燃气、供热、供水、通信、道路、消防、防汛、人防、治污等设施，并将为企业服务的公共信息、技术、物流等服务平台和必要的社会事业建设项目统一纳入整体规划。推进海绵型开发区建设，增强防涝能力。开发区新建道路要按规划同步建设地下综合管廊，加快实施既有路面城市电网、通信网络架空线入地工程。推进实施“互联网+”行动，建设智慧、智能园区。积极利用专项建设基金，鼓励政策性、开发性、商业性金融机构创新金融产品和服务，支持开发区基础设施建设。

四、全面深化开发区体制改革

（十一）完善开发区管理体制。开发区管理机构作为所在地人民政府的派出机关，要按照精简高效的原则，进一步整合归并内设机构，集中精力抓好经济管理和投资服务，焕发体制机制活力。各地要加强对开发区与行政区的统筹协调，完善开发区财政预算管理和独立核算机制，充分依托所在地各级人民政府开展社会管理、公共服务和市场监管，减少向开发区派驻的部门，逐步理顺开发区与代管乡镇、街道的关系，依据行政区划管理有关规定确定开发区管理机构管辖范围。对于开发区管理机构与行政区人民政府合并的开发区，应完善政府职能设置，体现开发区精简高效的管理特点。对于区域合作共建的开发区，共建双方应理顺管理、投入、分配机制。各类开发区要积极推行政企分开、政资分开，实行管理机构与开发运营企业分离。各地要及时总结开发区发展经验，积极探索开发区法规规章建设。

（十二）促进开发区整合优化发展。各省（区、市）人民政府要积极探索建立开发区统一协调机制，避免开发区同质化和低水平恶性竞争，形成各具特色、差异化的开发区发展格局。鼓励以国家级开发区和发展水平高的省级开发区为主体，整合区位相邻、相近的开发区，对小而散的各类开发区进行清理、整合、撤销，建立统一的管理机构、实行统一管理。被整合的开发区的地区生产总值、财政收入等经济统计数据，可按属地原则进行分成。对于位于中心城区、工业比重低的开发区，积极推动向城市综合功能区转型。

（十三）提高开发区行政管理效能。各省（区、市）人民政府要加大简政放权力度，将能够下放的经济管理权限，依照法定程序下放给开发区。对于开发区内企业投资经营过程中需要由所在地人民政府有关部门逐级转报的审批事项，探索取消预审环节，简化申报程序，可由开发区管理机构直接向审批部门转报。对于具有公共属性的审批事项，探索由开发区内企业分别申报调整为以开发区为单位进行整体申报或转报。科学制定开发区权责清单，优化开发区行政管理流程，积极推进并联审批、网上办理等模式创新，提高审批效率。

（十四）做好开发区投资促进工作。开发区要把投资促进作为重要任务，推进相关体制机制创新，营造国际化营商环境。鼓励开发区设立综合服务平台，为投资者提供行政审批一站式服务。开发区要积极主动开展招商引资活动，创新招商引资方式，从政府主导向政府招商与市场化招商相结合转变，加强招商引资人员培训，提升招商引资工作专业化水平。开发区可结合产业发展方向，在政策允许和权限范围内制定相应的招商引资优惠政策。

（十五）推进开发区建设和运营模式创新。引导社会资本参与开发区建设，探索多元化的开发区运营模式。支持以各种所有制企业为主体，按照国家有关规定投资建设、运营开发区，或者托管现有的开发区，享受开发区相关政策。鼓励以政府和社会资本合作（PPP）模式进行开发区公共服务、基础设施类项目建设，鼓励社会资本在现有的开发区中投资建设、运营特色产业园，积极探索合作办园区的发展模式。支持符合条件的开发区开发运营企业在境内外上市、发行债券融资。充分发挥开发区相关协会组织作用，制订开发区服务规范，促进开发区自律发展。

五、完善开发区土地利用机制

（十六）优化开发区土地利用政策。对发展较好、用地集约的开发区，在安排年度新增建设用地指标时给予适度倾斜。适应开发区转型升级需要，加强开发区公共配套服务、基础设施建设等用地保障，提高生产性服务业用地比例，适当增加生活性服务业用地供给。利用存量工业房产发展生产性服务业以及兴办创客空间、创新工场等众创空间的，可在5年内继续按原用途和土地权利类型使用土地，5年期满或涉及转让需办理相关用地手续的，可按新用途、新权利类型、市场价，以协议方式办理。允许工业用地使用权人按照有关规定经批准后对土地进行再开发，涉及原划拨土地使用权转让需补办出让手续的，可采取规定方式办理并按照市场价缴纳土地出让价款。

（十七）严格开发区土地利用管理。各类开发区用地均须纳入所在市、县用地统一供应管理，并依据开发区用地和建设规划，合理确定用地结构。严格执行土地出让制度和用地标准、国家工业项目建设用地控制指标。推动开发区集约利用土地、提高土地利用效率，从建设用地开发强度、土地投资强度、人均用地指标的管控和综合效益等方面加强开发区土地集约利用评价。积极推行在开发区建设多层标准厂房，并充分利用地下空间。

六、完善开发区管理制度

（十八）加强开发区发展的规划指导。开发区建设应符合国民经济和社会发展规划、主体功能区规划、土地利用总体规划、城镇体系规划、城市总体规划和生态环境保护规划。提升开发区规划水平，增强规划的科学性和权威性，促进“多规合一”。为促进各类开发区合理有序良性发展，各省（区、市）人民政府要组织编制开发区总体发展规划，综合考虑本地区经济发展现状、资源和环境条件、产业基础和特点，科学确定开发区的区域布局，明确开发区的数量、产业定位、管理体制和未来发展方向。

（十九）规范开发区设立、扩区和升级管理。各省（区、市）人民政府要根据开发区总体发展规划和当地经济发展需要，稳步有序推进开发区设立、扩区和升级工作，原则上每个县（市、区）的开发区不超过1家。限制开发区域原则上不得建设开发区，禁止开发区域严禁建设开发区。对于按照核准面积和用途已基本建成的现有开发区，在达到依法、合理、集约用地标准后，方可申请扩区。发展较好的省级开发区可按规定程序升级为国家级开发区。

（二十）完善开发区审批程序和公告制度。国家级开发区的设立、扩区和省级开发区升级为国家级开发区，由省（区、市）人民政府向国务院提出申请，由科技部、商务部、海关总署等会同有关部门共同研究、通盘考虑，提出审核意见报国务院审批。省级开发区的设立、扩区、调区，由所在地人民政府提出申请，报省（区、市）人民政府审批，并报国务院备案。国家发展改革委会同国土资源部、住房城乡建设部等部门定期修订全国开发区审核公告目录，向社会公布符合条件的开发区名称、面积、主导产业等，接受社会监督。

（二十一）强化开发区环境、资源、安全监管。开发区布局和建设必须依法执行环境影响评价制度，在空间布局、总量管控、环境准入等方面运用环境影响评价成果，对入区企业或项目设定环境准入要求，积极推行环境污染第三方治理。落实最严格水资源管理制度，实行水资源消耗总量和强度双控，严格执行水资源论证制度，严格水土保持监督管理，防控废弃渣土水土流失危害，加强节约用水管理。推动现有开发区全面完成污水集中处理，新建开发区必须同步配套污水集中处理设施和污染在线监控系统。开发区规划、建设要加强安全管理，严格执行安全设施“三同时”制度，强化安全执法能力建设和安全监管责任体系建设。加强开发区各相关规划的衔接，严格落实安全生产和环境保护所需的防护距离，促进产业发展与人居环境相和谐。

（二十二）完善开发区评价考核制度。有关主管部门和各省（区、市）人民政府要建立健全开发区综合评价考核体系，统计部门要积极支持建立健全开发区统计体系，全面反映开发区的开发程度、产业集聚度、技术创新能力、创新创业环境、单位土地投资强度、产出率、带动就业能力、经济效益、环境保护、循环经济发展水平、能源利用效率、低碳发展、社会效益、债务风险等情况。

（二十三）建立开发区动态管理机制。开发区考核结果要与奖惩措施挂钩，对考核结果好的开发区优先考虑扩区、升级，加大政策支持力度；对考核结果不合格的开发区，要限制新增土地指标，提出警告，限期整改；对整改不力，特别是长期圈占土地、开发程度低的开发区，要核减面积或予以降级、撤销，不允许纳入全国开发区审核公告目录。

加强新形势下开发区的改革发展，是适应我国经济发展新常态、加快转变经济发展方式的重要举措，对于推进供给侧结构性改革、推动经济持续健康发展具有重要意义。各地区、各部门要高度重视，上下配合，按照职责分工，加强对开发区工作的指导和监督，营造有利的政策环境，共同开创开发区持续健康发展的新局面。

国务院办公厅

2017 年 1 月 19 日

（二）《意见》内容解读

1.《意见》以体制改革激发开发区活力

开发区是我国改革开放的产物，也是改革开放的成功实践，开发区不仅在我国经济崛起中发挥不可替代的作用，而且是技术创新、管理创新、体制创新重要的聚集地。通过 30 多年的发展，我国的开发区数量大，而质量却是良莠不齐，尤其体制机制不够健全，投资环境有待提升。因此，《意见》是我国第一个关于各类开发区改革方向的总体指导文件，对新形势下做好开发区发展提升工作作出全面部署，将“改革创新”列入四大基本原则的首要原则，强调“坚持改革创新。强化开发区精简高效的管理特色，创新开发区运营模式，以改革创新激发新时期开发区发展的动力和活力”。其意义如下。

一是强化开发区精简高效的管理。在开发区管理中应该具有差异化，开发区主要有工业园区和科技园区，工业园区建设可提高发展当地工业化水平，随之也会增加就业。而科技园区突出的是创新能力，主导不是政府，而是高校及科研院所。政府不应过多干预科技园区，制定好规则就行，把管理交给专业的管理委员会负责。因此，在开发区的管理中只有简政放权，才能提高效能管理。

二是创新开发区运营模式。要推进相关体制机制创新，就要在运营模式上创新，探索多元化、市场化的开发区运营模式。比如 PPP 模式，廊坊全市采取 PPP 模式建设的开发区已有 11 个，内含“区中园”17 个。再比如 PFI 模式，邯郸经济技术开发区推进北方智能制造及新材料产业园、东区战略性新兴产业基地等一批重大项目，就是探索运用 PFI 等模式进行项目融资。

三是改革创新激发新时期开发区发展的动力和活力。我国正处在经济结构调整、新旧动能转换期，开发区是改革创新的重要领域。如盘锦市积极推行以“管委会 + 公司”为核心的体制机制改革，实现管理体制、运行机制、人员编制优化调整，瘦身强体、回归本位，充分释放科技创新、制度创新“双轮驱动”活力，形成新的集聚效应和增长动力。

2.《意见》要求对开发区进行整合优化

有的地区各类开发区数量过多、布局不合理、低水平重复建设、恶性竞争等问题较为严重，除了国家级开发区、省级开发区外，镇办、村办工业园区数量攀高。针对这些问题，《意见》提出开发区整合与分化。

一是开发区整合。《意见》要求“各省（区、市）人民政府要组织编制开发区总体发展规划”“原则上每个县（市、区）的开发区不超过 1 家”“鼓励以国家级开发区和发展水平高的省级开发区为主体，整合区位相邻、相近的开发区，对小而散的各类开发区进行清理、整合、撤销，建立统一的管理机构、实行统一管理”。这意味着，未来会将采取优化组合措施，一些开发区规模更大，有的开发区将被停止。

二是开发区优化。《意见》提出国家级开发区要发挥示范引领作用，主动对接国际通行规则，建设具有国际竞争力的高水平园区，打造具有国际影响力的园区品牌。省级开发区要向主导产业明确、延伸产业链条、综合配套完备的方向发展，成为区域经济增长极，带动区域经济结构优化升级。

3. 开发区需要提升传统基建和新基建的水平

开发区要突出服务意识、提升服务质量，其中基础设施建设至关重要。前几年地方政府债务率攀高，与实施开发区建设发展有直接关系，有许多违规融资就发生在开发区建设中。但是，开发区需要发展，需要招商引资，传统基建和新型基建是关键。

《意见》提出传统基建和新型基建（新型基建是 2018 年中央提出的，《通知》是 2017 年颁布的，文件中使用“互联网 +”行动）。开发区的传统基础设施建设与城市基础设施建设是有差异的，开发区要注重整体规划和协调发展，《意见》要求：“开发区基础设施建设要整体规划，配套电力、燃气、供热、供水、通信、道路、消防、防汛、人防、治污等设施，并将为企业服务的公共信息、技术、物流等服务平台和必要的社会事业建设项目统一纳入整体规划。”

在新基建发展中，《意见》提出：“推进实施‘互联网+’行动，建设智慧、智能园区。”目前，建设智慧园区、智能园区、数字化园区助力传统园区转型升级，提升园区服务品质和效率是大势所趋，是园区未来新的增长点。如重庆市通过完善信息基础设施及智能化平台，提供统一运行监测的智能化管理服务，提高工业园区内企业智能化水平。2019年，全市48个开发区和工业园区已全面启动智慧园区建设，共吸引138家智能企业投资落户。

另外，《意见》强调：“积极利用专项建设基金，鼓励政策性、开发性、商业性金融机构创新金融产品和服务，支持开发区基础设施建设。”笔者认为：在政府债务强监管背景下，在金融机构如何创新金融产品和服务支持开发区基础设施建设方面，资产证券化、REITs、政府引导基金及ABO等模式是可应用的创新模式，尤其开发区新基建更是未来金融服务重点领域，新基建的投资主体应该是市场主体，通过金融创新服务支持建设智慧、智能园区、海绵型开发区等项目建设。

4.《意见》强调通过招商引资促进开发区投资工作

几年前，针对招商引资的竞争日益加剧，有的地方招商引资工作冒进，忽视质量，地区之间存在不当竞争行为，招商中出现“零地价”“负地价”“过度税收减免”等招商方式“策略”，对此，《国务院关于清理规范税收等优惠政策的通知》（国发〔2014〕62号）规定：“除依据专门税收法律法规和《中华人民共和国民族区域自治法》规定的税政管理权限外，各地区一律不得自行制定税收优惠政策；未经国务院批准，各部门起草其他法律、法规、规章、发展规划和区域政策都不得规定具体税收优惠政策。”

在经济下行压力加大的情况下，《意见》似乎有意为地方招商引资正名，《意见》提出：“开发区要把投资促进作为重要任务”“开发区可结合产业发展方向，在政策允许和权限范围内制定相应的招商引资优惠政策”。《意见》还强调：“创新招商引资方式，从政府主导向政府招商与市场化招商相结合转变，加强招商引资人员培训，提升招商引资工作专业化水平。”

5.鼓励多元化开发区建设和运营模式

开发区的主要任务就是招商引资、促进经济发展，同时还承担公共事务及社会事务管理职能和开发运营职能。当前，我国开发区治理模式主要包括政府治理模式、企业治理模式和政企合作治理模式三种。政府主导是开发区最主要的治理模式，政府治理模式由财政出资投资建设，开发整体性较强且协调性强、效率高，但也存在财政支出压力较大，违规融资较多的问题，以及开发运营职能与社会管理职能相矛盾、规划建设方案与实际情况脱节等问题。因此，开发区体制机制改革是开发区转型升级的关键。

《意见》提出："引导社会资本参与开发区建设，探索多元化的开发区运营模式。支持以各种所有制企业为主体，按照国家有关规定投资建设、运营开发区，或者托管现有的开发区，享受开发区相关政策。鼓励以政府和社会资本合作（PPP）模式进行开发区公共服务、基础设施类项目建设，鼓励社会资本在现有的开发区中投资建设、运营特色产业园，积极探索合作办园区的发展模式。支持符合条件的开发区开发运营企业在境内外上市、发行债券融资。充分发挥开发区相关协会组织作用，制订开发区服务规范，促进开发区自律发展。"对此，笔者从以下几个方面进一步解读此内容。

一是有关社会资本参与开发区建设，探索多元化的开发区运营模式问题。目前，在开发区治理模式中，政企分立型的治理模式更符合开发区市场化运营的发展情况，即地方政府派出管委会，在开发区行政管理、公共服务和协调方面行使政府管理职能，对开发区的经营活动不进行过多行政干预。开发总公司或向社会选择专业运营机构作为独立的经济法人按市场化原则运作。如 2019 年 4 月，山西省推行开发区管理和运营分离改革，政府派出管委会负责行政管理、公共事务和监管职能，开发区向社会公开选择运营机构，运营机构负责开发区基础设施投资、招商引资、资本运作和公共服务等事务。同样，2019 年 7 月，山东省通过改革，剥离开发区管委会的社会事务管理职能和开发运营职能，加强经济管理职能。由专门公司承担开发区的开发建设、产业培育、招商引资等专业化服务职能。

二是支持以各种所有制企业为主体，按照国家有关规定投资建设、运营开发区。在开发区治理中可采用企业治理模式，企业治理模式是通过设立开发公司作为园区的开发者和管理者，对开发区进行规划治理，该模式可细分为国企型、外商型和联合型。国企型管理模式中典型的就是招商局蛇口工业区控股股份有限公司（招商蛇口 001979）作为城市及园区开发与运营商。外商型管理模式则不设管委会，由外商企业进行统一管理，如上海漕河泾高新区就不设管委会，而是通过引入港商投资，成立漕河泾发展总公司进行规划管理，成立漕河泾物业管理公司提供公共服务。联合型管理模式是以国有企业为主、中外企业参股进行联合管理，如闵行经济技术开发区就是由上海闵行虹桥开发公司、中银香港和中国银行分别出资 65%、25%、10% 组建并进行统一规划管理的。

三是以政府和社会资本合作（PPP）进行开发区建设及产业导入。开发区建设和扩张涉及大量公共服务、基础设施类项目建设，需要的资金庞大，一些财政收入较少的地区难以承受，可通过 PPP 模式解决政府资金短板，并通过企业专业管理运营提升开发区服务质量。如河北固安工业园区在新型城镇化建设中，采用市场机制引入民间资金，与华夏幸福确立政府和社会资本合作（PPP）模式，驱动资本帮助园区发展。

三、《国土资源部　财政部　中国人民银行　中国银行业监督管理委员会关于印发〈土地储备管理办法〉的通知》（国土资规〔2017〕17号）

《国土资源部　财政部　中国人民银行　中国银行业监督管理委员会关于印发〈土地储备管理办法〉的通知》（国土资规〔2017〕17号）（以下简称《通知》）于2018年1月3日印发，自发布之日起实施。

（一）《通知》原文

国土资源部　财政部　中国人民银行　中国银行业监督管理委员会
关于印发《土地储备管理办法》的通知

国土资规〔2017〕17号

各省、自治区、直辖市、副省级城市国土资源主管部门、财政厅（局），新疆生产建设兵团国土资源局、财务局，中国人民银行上海总部、各分行、营业管理部、省会（首府）城市中心支行、副省级城市中心支行，各省、自治区、直辖市银监局：

为加强和规范土地储备管理，根据相关法律法规和国务院有关文件的规定，国土资源部、财政部、中国人民银行、中国银行业监督管理委员会联合修订了《土地储备管理办法》。现予印发，请遵照执行。

国土资源部
财政部
中国人民银行
中国银行业监督管理委员会
2018年1月3日

土地储备管理办法

一、总体要求

（一）为贯彻落实党的十九大精神，落实加强自然资源资产管理和防范风险的要求，进一步规范土地储备管理，增强政府对城乡统一建设用地市场的调控和保障能力，促进土地资源的高效配置和合理利用，根据《国务院关于加强国有土地资产管理的通知》（国发〔2001〕15号）、《国务院关于促进节约集约用地的通知》（国发〔2008〕3号）、《国务院关于加强地方政府性债务管理的意见》（国发〔2014〕43号）、《国务院办公厅关于规范国有土地使用权出让收支管理的通知》（国办发〔2006〕100号），制定本办法。

（二）土地储备是指县级（含）以上国土资源主管部门为调控土地市场、促进土地资源合理利用，依法取得土地，组织前期开发、储存以备供应的行为。土地储备工作统一归口国土资源主管部门管理，土地储备机构承担土地储备的具体实施工作。财政部门负责土地储备资金及形成资产的监管。

（三）土地储备机构应为县级（含）以上人民政府批准成立、具有独立的法人资格、隶属于所在行政区划的国土资源主管部门、承担本行政辖区内土地储备工作的事业单位。国土资源主管部门对土地储备机构实施名录制管理。市、县级国土资源主管部门应将符合规定的机构信息逐级上报至省级国土资源主管部门，经省级国土资源主管部门审核后报国土资源部，列入全国土地储备机构名录，并定期更新。

二、储备计划

（四）各地应根据国民经济和社会发展规划、国土规划、土地利用总体规划、城乡规划等，编制土地储备三年滚动计划，合理确定未来三年土地储备规模，对三年内可收储的土地资源，在总量、结构、布局、时序等方面做出统筹安排，优先储备空闲、低效利用等存量建设用地。

（五）各地应根据城市建设发展和土地市场调控的需要，结合当地社会发展规划、土地储备三年滚动计划、年度土地供应计划、地方政府债务限额等因素，合理制定年度土地储备计划。年度土地储备计划内容应包括：

1. 上年度末储备土地结转情况（含上年度末的拟收储土地及入库储备土地的地块清单）；

2. 年度新增储备土地计划（含当年新增拟收储土地和新增入库储备土地规模及地块清单）；

3. 年度储备土地前期开发计划（含当年前期开发地块清单）；

4. 年度储备土地供应计划（含当年拟供应地块清单）；

5. 年度储备土地临时管护计划；

6. 年度土地储备资金需求总量。

其中，拟收储土地，是指已纳入土地储备计划或经县级（含）以上人民政府批准，目前已启动收回、收购、征收等工作，但未取得完整产权的土地；入库储备土地，是指土地储备机构已取得完整产权，纳入储备土地库管理的土地。

（六）国土资源主管部门应会同财政部门于每年第三季度，组织编制完成下一年度土地储备计划，提交省级国土资源主管部门备案后，报同级人民政府批准。因土地市场调控政策变化或低效用地再开发等原因，确需调整年度土地储备计划的，每年中期可调整一次，按原审批程序备案、报批。

三、入库储备标准

（七）储备土地必须符合土地利用总体规划和城乡规划。存在污染、文物遗存、矿产压覆、洪涝隐患、地质灾害风险等情况的土地，在按照有关规定由相关单位完成核查、评估和治理之前，不得入库储备。

（八）下列土地可以纳入储备范围：

1. 依法收回的国有土地；

2. 收购的土地；

3. 行使优先购买权取得的土地；

4. 已办理农用地转用、征收批准手续并完成征收的土地；

5. 其他依法取得的土地。

入库储备土地必须是产权清晰的土地。土地储备机构应对土地取得方式及程序的合规性、经济补偿、土地权利（包括用益物权和担保物权）等情况进行审核，不得为了收储而强制征收土地。对于取得方式及程序不合规、补偿不到位、土地权属不清晰、应办理相关不动产登记手续而尚未办理的土地，不得入库储备。

（九）收购土地的补偿标准，由土地储备机构与土地使用权人根据土地评估结果协商，经同级国土资源主管部门和财政部门确认，或地方法规规定的其他机构确认。

（十）储备土地入库前，土地储备机构应向不动产登记机构申请办理登记手续。储备土地登记的使用权类型统一确定为“其他（政府储备）”，登记的用途应符合相关法律法规的规定。

四、前期开发、管护与供应

（十一）土地储备机构负责理清入库储备土地产权，评估入库储备土地的资产价值。

（十二）土地储备机构应组织开展对储备土地必要的前期开发，为政府供应土地提供必要保障。

储备土地的前期开发应按照该地块的规划，完成地块内的道路、供水、供电、供气、排水、通讯、围挡等基础设施建设，并进行土地平整，满足必要的“通平”要求。具体工程要按照有关规定，选择工程勘察、设计、施工和监理等单位进行建设。

前期开发工程施工期间，土地储备机构应对工程实施监督管理。工程完成后，土地储备机构应按规定组织开展验收或委托专业机构进行验收，并按有关规定报所属国土资源主管部门备案。

（十三）土地储备机构应对纳入储备的土地采取自行管护、委托管护、临时利用等方式进行管护；建立巡查制度，对侵害储备土地权利的行为要做到早发现、早制止、早处理。对储备土地的管护，可以由土地储备机构的内设机构负责，也可由土地储备机构按照相关规定选择管护单位。

（十四）在储备土地未供应前，土地储备机构可将储备土地或连同地上建（构）筑物，通过出租、临时使用等方式加以利用。储备土地的临时利用，一般不超过两年，且不能影响土地供应。储备土地的临时利用应报同级国土资源主管部门同意。其中，在城市规划区内储备土地的临时使用，需搭建建（构）筑物的，在报批前，应当先经城市规划行政主管部门同意，不得修建永久性建筑物。

（十五）储备土地完成前期开发，并具备供应条件后，应纳入当地市、县土地供应计划，由市、县国土资源主管部门统一组织土地供应。供应已发证的储备土地之前，应收回并注销其不动产权证书及不动产登记证明，并在不动产登记簿中予以注销。

五、资金管理

（十六）土地储备资金收支管理严格执行财政部、国土资源部关于土地储备资金财务管理的规定。土地储备资金通过政府预算安排，实行专款专用。

（十七）土地储备机构应当严格按照规定用途使用土地储备资金，不得挪用。土地储备机构所需的日常经费，纳入政府预算，与土地储备资金实行分账核算，不得相互混用。

（十八）土地储备机构按规定编制土地储备资金收支项目预算，经同级国土资源主管部门审核，报同级财政部门审定后执行。年度终了，土地储备机构向同级财政部门报送土地储备资金收支项目决算，由同级财政部门审核或者由同级财政部门指定具有良好信誉、执业质量高的会计师事务所等相关中介机构进行审核。

（十九）土地储备资金应当建立绩效评价制度，绩效评价结果作为财政部门安排年度土地储备资金收支项目预算的依据。

（二十）土地储备专项债券资金管理执行财政部、国土资源部有关地方政府土地储备专项债券管理的规定。

六、监管责任

（二十一）信息化监管。国土资源部利用土地储备监测监管系统，监测监管土地储备机构业务开展情况。

列入全国土地储备机构名录的机构应按要求在土地储备监测监管系统中填报储备土地、已供储备土地、储备土地资产存量和增量、储备资金收支、土地储备专项债券等相关信息，接受主管部门监督管理。土地储备机构应按相关法律法规和规范性文件开展工作，违反相关要求的，将被给予警示直至退出名录。

（二十二）部门分工监管。各级国土资源主管部门及财政部门应按照职责分工，互相配合，保证土地储备工作顺利开展。

市县级国土资源主管部门应制定相关管理办法，监管土地储备机构、业务运行、资产管理及资金使用，定期考核，加强对土地储备机构的管理与指导；及时核准上传土地储备机构在土地储备监测监管系统中的信息，审核调整土地储备计划及资金需求，并配合财政部门做好土地储备专项债券额度管理及发行等相关工作。

省级国土资源主管部门负责制定本行政辖区内土地储备监管制度，对土地储备业务进行政策和业务指导，监管土地储备机构及本地区土地储备业务运行情况，审核土地储备机构名录、土地储备规模、资金及专项债券的需求，配合财政部门做好土地储备专项债券额度分配及发行等相关工作。

财政部门负责审核土地储备资金收支预决算、监督管理资金支付和收缴及土地储备专项债券发行、还本付息等工作。

（二十三）各级国土资源主管部门、财政部门、中国人民银行分支机构和银行业监督管理部门应建立符合本地实际的联合监管机制。按照职责分工，对储备土地、资产、资金、专项债券进行监督和指导。

七、其他要求

（二十四）各省、自治区、直辖市及计划单列市国土资源主管部门可依据本办法规定，结合当地实际，会同当地同级财政部门、人民银行及银行业监督管理部门制定具体实施办法。

（二十五）本办法由国土资源部会同财政部、中国人民银行及中国银行业监督管理委员会负责解释。

（二十六）本办法自发布之日起实施，有效期5年。《国土资源部　财政部　中国人民银行关于印发〈土地储备管理办法〉的通知》（国土资发〔2007〕277号）同时废止。

（二）《通知》内容解读[①]

2018 年 1 月 3 日，国土资源部、财政部、人民银行、银监会对原《土地储备管理办法》进行了修订，联合印发了新的《土地储备管理办法》（以下简称《办法》），以进一步规范土地储备管理，落实党的十九大关于加强自然资源资产管理和防范化解重大风险的要求。

本政策解读摘自国土资源部土地利用管理司相关负责人接受记者采访。

1. 保障和规范土地储备工作健康运行

土地储备在调控土地市场、推动节约集约用地、落实规划、保障民生用地等方面发挥着重大作用。原《土地储备管理办法》自 2007 年实施以来，总体上有效可行，对土地储备的规范健康发展起到了重要的推动和保障作用。随着经济社会发展和政策调整，其中部分内容与国务院和国土资源部、财政部等相关部门近年来出台的新政策新要求，在机构、职能、融资、信息监管等方面存在一些不衔接之处。特别是《国务院关于加强地方政府性债务管理的意见》规定地方政府停止新增贷款，对土地储备机构的职能和融资方式产生了直接影响。各地国土资源部门和土地储备机构在推进贷款转为土地储备专项债券过程中，亟须新的规范性文件作为依据。为此，国土资源部会同财政部、人民银行、银监会等部门，在总结原《土地储备管理办法》实施成效的基础上，对照新出台的一系列相关文件政策要求，修订形成《办法》，以保障和规范土地储备工作健康运行。

《办法》内容包括总体要求、储备计划、入库储备标准、前期开发、管护与供应、资金管理、监管责任等 7 个部分，共 26 条。《办法》特别明确了土地储备实行名录制管理，深化和健全土地储备全流程管理，推进土地储备资金管理和融资方式调整，要求构建多部门联合的监管体系。

2. 土地储备实行业务全流程管理

《办法》对土地储备业务全流程管理做了四个方面的规定。

一是加强土地储备计划管理。年度土地储备计划是指导土地储备工作的重要基础，也是测算资金需求以及土地储备专项债券额度的主要依据。《办法》细化了年度土地储备计划的编制内容，规定了报批程序，提出各地应编制土地储备 3 年滚动计划，作为指导未来 3 年土地储备工作的依据。

二是明晰土地入库储备的标准。为保证“净地”供应，《办法》规定存在污染、文物遗存、矿产压覆、洪涝隐患、地质灾害风险等问题的地块不得入库储备。土地储备机构要审核入库土地的取得方式和补偿情况，理清权属关系，确保地块产权清晰。

① 资料来源：《中国国土资源报》。

三是明确储备土地不动产登记管理。依据《不动产登记暂行条例》,《办法》对储备土地办理不动产登记进行了规范表述。

四是细化了前期开发与管护的具体规定。《办法》详细规定了储备土地前期开发、管护、临时利用的内容、方式和程序，提出了评估入库储备土地资产的要求。

3. 土地储备资金实行“专款专用”

为提高土地储备的前瞻性、规范性、科学性，指导土地储备工作稳定、有序、高效开展，为土地储备资金需求和融资额度的测算提供合理依据,《办法》增加了编制土地储备 3 年滚动计划的规定，要求对未来 3 年的土地储备总量、结构、布局、时序等方面作出统筹安排，以指导土地储备年度计划的编制和执行。后续，国土资源管理部门将研究制订年度土地储备计划以及 3 年滚动计划的编制技术标准，对内容和规范做进一步要求。

《办法》要求加强土地储备资金管理，资金收支严格执行财政部、国土资源部关于土地储备资金财务管理的规定，通过财政预算安排，实行“专款专用”。

一是严格按照规定用途使用土地储备资金，不得挪用。土地储备机构所需的日常经费与土地储备资金实行分账核算，不得相互混用。

二是按规定编制土地储备资金收支预算，年终时报送收支决算，由财政部门审核或者由同级财政部门指定具有良好信誉、执业质量高的会计师事务所等相关中介机构进行审核。

三是土地储备专项债券资金管理执行财政部、国土资源部联合印发的《地方政府土地储备专项债券管理办法》等规定。

4. 强化土地储备债务风险防控

《办法》进一步细化了国土资源部门的监管职责，国土资源部建立土地储备监测监管信息系统，全面监管全国土地储备机构、土地储备业务及土地储备资金情况。各级国土资源部门要及时制定监管制度，加强对土地储备机构的管理和指导，做好年度计划和资金需求审核等工作。同时建立国土资源、财政、人民银行和银监等多部门联合的监管制度。

为认真贯彻落实党中央关于防范化解重大风险，守住不发生系统性金融风险的底线要求,《办法》确保土地储备业务和融资方式切实调整到位，明确相关部门应按照《地方政府土地储备专项债券管理办法》的有关规定，加强部门协作，打好政策组合拳，通过“四个控制”强化对土地储备债务风险的防控。

一是控制债券资金使用主体。严格执行《地方政府土地储备专项债券管理办法》的有关规定，列入名录的土地储备机构是土地储备专项债券资金的使用主体。名录外的机构不能使用债券资金，各级政府和财政部门也不得挪用债券资金。

二是控制债券额度规模。土地储备专项债券额度是在全国人大批准的地方政府专项债券总额内单列的。债券额度自上而下进行分解，在市县层级分解时，财政和国土资源部门共同确定分解方案，这样既确保土地储备债务不突破地方债总额，又保证了土地储备专项债券不受其他种类债券的影响。

三是控制债券资金用途。土地储备专项债券资金只能用于发债项目涉及的取得土地费用、前期开发费用以及项目管理费用。执行中，通过资金预决算审核、实地检查、定期听取汇报等方式进行监管。各级国土资源部门可通过土地储备信息监管系统，对土地储备机构每一笔资金支出的具体使用方向进行查询、统计、分析，并与同级财政等部门进行信息沟通对接。

四是控制投入收益平衡。土地储备专项债券资金只能用于发债项目，偿债资金也来自项目产生的收益。发债前，需详细测算发债项目的投入成本和未来收益，做到投入和收益自求平衡。对于一些地区确实无法自求平衡的项目或地块，一般通过其他财政资金予以保障，暂不举债。

四、《关于推进高铁站周边区域合理开发建设的指导意见》（发改基础〔2018〕514号）

2018年4月24日，国家发展改革委、自然资源部、住房城乡建设部、中国铁路总公司四部门联合出台了《关于推进高铁站周边区域合理开发建设的指导意见》（发改基础〔2018〕514号）（以下简称《意见》）。

（一）《意见》原文

关于推进高铁站周边区域合理开发建设的指导意见

发改基础〔2018〕514号

各省、自治区、直辖市人民政府，新疆生产建设兵团：

随着我国高速铁路快速发展，沿线地区人民群众出行服务水平得到显著提升。依托高铁车站推进周边区域开发建设，有利于城市空间有效拓展和内部结构整合优化，有利于调整完善产业布局，促进交通、产业、城镇融合发展。近年来，一些地方依托高铁建设的有利条件，积极探索推进高铁车站周边区域开发建设，取得了一定发展成效，有的高铁车站周边区域已经成为城市最具人气和活力、发展最快的地区。但总体上看，我国高铁车站周边区域整体开发建设仍处于起步阶段，各方面对高铁建设和城镇化融合发展研究还不深入，个别地方高铁车站周边开发建设不同程度地存在初期规模过大、功能定位偏高、发展模式较单一、综合配套不完善等问题，对人口和产业吸引力不够，持续健康发展的基础不够牢固，潜藏着一定的社会经济风险。为推进高铁车站周边区域合理开发建设，提出如下意见。

一、总体要求

（一）指导思想。

深入学习贯彻习近平新时代中国特色社会主义思想和党的十九大精神，坚持以人民为中心，坚持稳中求进工作总基调，坚持新发展理念，按照高质量发展要求，深化供给侧结构性改革，加强规划统筹和衔接，严控金融和地方政府债务风险，遵循城镇化发展规律，因地制宜、规范有序推进高铁车站周边区域开发建设，不断提升设施服务、产业发展、人口集聚、政策配套等支撑能力，促进高铁沿线城镇空间合理布局和城市空间结构优化，推动高铁建设与城市发展良性互动、有机协调。

（二）基本原则。

规划协调、布局合理。统一规划，整体部署，严格依据城市总体规划、土地利用总体规划、综合交通规划等编制高铁车站周边开发建设规划，合理确定开发规模和边界，优化车站选址方案及车站周边区域空间结构、人口产业分布，杜绝边建设、边规划。

量力而行、有序建设。结合城市功能区划、区位优势、财力可能、人口资源环境条件等发展实际，根据规划确定开发目标、建设任务，兼顾当前和长远，合理把握建设节奏和时序，量力而行、循序渐进、有序发展，防止盲目追求规模和大干快上。

站城一体、综合配套。充分发挥高铁车站的辐射带动作用，围绕人的城镇化，统筹生产、生活、生态空间布局，走特色化、差异化发展之路，完善基础设施及公共服务设施配套，促进产城融合、宜居宜业，避免高铁沿线产业布局同质化和单一房地产功能开发。

市场运作、防范风险。按照市场化原则运作，创新投资、建设、运营、管理体制机制，强化政策支持保障，充分调动企业和社会资本的积极性，推进项目共建、资源共享，提升开发建设质量水平和效益，防范各种隐患、风险和损失。

二、重点任务

（三）强化规划引导和管控作用。

坚持规划引领，充分论证高铁车站周边开发建设可行性、必要性，因城施策、因站而异推进高铁车站周边区域合理有序开发建设。对于既有站改造的高铁车站、位于中心城区或与既有产业园区等结合较好的高铁车站，有关城市要严格按照既有城市规划，结合城市功能提升和结构布局优化做好车站周边综合开发。对于城市外围新建的高铁车站周边具有开发潜力的，相关城市要依据城市总体规划、土地利用总体规划等统一布局，合理确定车站周边开发建设的功能定位、规模和边界，做好规划预留和控制，按照规划规范有序推进开发建设。要严格审查规划的合理性，定期评估规划实施情况和综合开发效益，把评估结果作为控制建设时序和分期建设的依据。

（四）合理确定高铁车站选址和规模。

高铁车站选址要符合土地利用总体规划和城市总体规划，切实处理好高铁通达性和高铁车站周边开发建设之间的关系，既要满足技术标准条件，又要服务地方发展。铁路总公司和地方政府要依据相关规范要求，在城市枢纽总图规划编制及项目实施阶段，深入研究论证高铁车站与城市发展衔接问题，合理确定建设标准、线路走向、车站分布和建设规模。新建铁路选线应尽量减少对城市的分割，新建车站选址尽可能在中心城区或靠近城市建成区，确保人民群众乘坐高铁出行便利。高铁车站建设要规模适当、经济适用，切忌贪大求洋、追求奢华。

（五）严格节约集约用地。

高铁车站周边开发建设要落实最严格的耕地保护制度和节约用地制度，依法办理建设用地审批手续。有关城市要综合考虑人口集聚规模和吸纳就业情况，按照城镇建设用地增加规模同吸纳农业转移人口落户数量相挂钩要求，合理确定高铁车站周边用地规模、结构、布局及土地开发和供应时序，坚决防控单纯房地产化倾向。统筹地上地下空间复合利用，积极推广地下空间开发利用、轨道交通上盖物业综合开发等节地技术和模式，提升节约集约用地水平。要按照“框定总量、限定容量、盘活存量、做优增量、提高质量”要求，依据城市规划、土地利用总体规划和土地使用标准对高铁站周边建设用地加强审查，严格土地用途管制。

（六）促进站城一体融合发展。

高铁车站周边开发建设要突出产城融合、站城一体，与城市建成区合理分工，在城市功能布局、综合交通运输体系建设、基础设施共建共享等方面同步规划、协调推进。有关城市要结合自身资源禀赋、优势特色、发展定位等，甄选出发展基础条件优越、城市特色鲜明和发展潜力较大的产业，构建枢纽偏好型产业体系，避免沿线临近站点形成无序竞争、相互制约的局面。大城市高铁车站周边可研究有序发展高端服务业、商贸物流、商务会展等产业功能，中、小城市高铁车站应合理布局周边产业，稳妥发展商业零售、酒店、餐饮等产业功能。

（七）提升综合配套保障能力。

高铁车站周边开发建设必须贯彻落实以人为本的新型城镇化发展理念，营造宜居宜业环境，提高交通便利性和公共服务能力，增强产业、人口集聚效应。强化城市内外交通衔接，加强新建高铁车站城市公共交通配套线路和换乘设施建设，实现与城市建成区、城市其他重要综合交通枢纽之间的快速连接、便捷直达。同时，完善公共服务体系，配套建设医疗、教育、休闲、娱乐等场所和设施，增强生活服务功能，使人“愿意来”“留得下”“活得好”，不断提升人民群众的幸福感和获得感。

（八）合理把握开发建设时序。

尊重城市发展的客观规律，树立正确的政绩观和功成不必在我的理念，不追求短期的形象效果，量力而行，尽力而为，严禁借高铁车站周边开发建设名义盲目搞城市扩张。有关城市要根据相关规划、发展实际和财力可能，分阶段、分步骤地有序推进高铁车站周边区域开发建设，做到开发一片、成熟一片、成功一片。大城市初期应重点开发新建高铁车站周边 2 公里以内区域，可适当控制预留远期发展空间，避免摊子铺得过大、粗放低效发展。中小城市不宜过高预估高铁带动作用，避免照搬照抄大城市开发经验，硬造特色、盲目造城。新建铁路站场实施土地综合开发的，应当严格执行土地综合开发的边界和规模要求，扣除站场用地后，同一铁路建设项目的综合开发用地总量按单个站场平均规模不超过 50 公顷控制，少数站场综合开发用地规模不超过 100 公顷。

（九）防范地方政府债务风险。

充分认识防范化解地方政府债务风险的重要性和紧迫性，牢牢守住不发生系统性金融风险的底线，切实防范高铁车站周边开发建设带来的地方政府债务风险。有关地方要进一步完善高铁车站周边开发建设项目和资金管理，加强成本收益分析评估，合理控制建设规模和节奏，防止脱离地方财力实际搞开发；严格执行预算法和担保法，落实地方政府债务限额管理和预算管理制度，依法规范举债，坚决遏制隐性债务增量，列入地方政府债务风险预警范围的高风险地区原则上不得举债搞建设。

（十）创新开发建设体制机制。

进一步理顺政府与市场关系，充分发挥市场对资源配置的决定性作用，支持地方政府引入社会资本参与高铁车站周边开发建设。鼓励地方政府牵头建立投资建设主体、管理运营主体、综合开发主体等多方合作开发机制，完善支持高铁建设投资主体及出资人参与高铁车站周边区域综合开发的政策措施，发挥政府规划引导、政策支持、搭建发展平台、提供公共服务等作用，加强对市场的引导，切忌政府大包大揽。理清权责关系，完善综合开发、运营管理及收益分配机制，形成促进发展的多种合力。

三、组织实施

（十一）明确责任主体。

地方政府要强化主体责任意识，各有关方面要严格按照本意见要求，进一步梳理既有高铁车站周边开发建设情况，对存在的问题加快整改落实，优化新建高铁车站选址，规范有序推进高铁周边开发建设，提升发展质量和综合效益。

（十二）严格监督管理。

自然资源、住房城乡建设主管部门要依法依规对高铁车站周边开发建设严格进行管理，适时组织评估，严控建设规模和时序，加强用地监测，严肃查处违法违规批地用地行为和建设行为，并进一步做好房地产市场监督和管理。

（十三）强化协同联动。

发展改革委、自然资源部、住房城乡建设部将与铁路总公司、相关地方政府和有关部门加强沟通协调和纵横联动，认真总结和梳理高铁车站周边开发建设中存在的困难和问题，及时规范纠偏，完善相关政策措施。

（十四）加强宣传引导。

地方政府有关部门要准确把握高铁对经济社会发展的带动作用，主动加强政策解读，充分发挥媒体的舆论引导作用，及时总结和推广典型经验，形成客观、公正的舆论导向和氛围。

国家发展改革委
自然资源部
住房城乡建设部
中国铁路总公司
2018 年 4 月 24 日

（二）《意见》内容解读

1.《意见》实施的意义和作用

高铁时代为人们出行提供极大的便利，也可以带动区域经济发展，在新型城镇化建设背景下，以某个区域或片区作为统一规划，在片区内进行土地开发、资本投资、产业导入等，对拉动当地经济社会发展起到更大作用。随着高铁时代到来，一些地方依托高铁车站推进周边区域开发建设，以人流、物流、资本、信息等要素组合，加快该区域的发展，已成为地方城市中最具人气和活力、发展最快的地区。片区与高铁站相结合发展，有利于城市空间有效拓展和内部结构整合优化。由于我国高铁车站周边区域整体开发建设仍处于起步阶段，各方面对高铁建设和城镇化融合发展研究还不深入，个别地方高铁车站周边开发建设不同程度地存在初期规模过大、功能定位偏高、发展模式较单一、综合配套不完善等问题。

为了总结过去几年高铁车站片区规划建设经验教训和指导地方推进高铁车站周边区域合理开发建设，国家发展改革委等四部门联合发布《意见》，将强化规划引导和管控作用、合理确定高铁车站选址和规模、严格节约集约用地、促进站城一体融合发展、提升综合配套保障能力、合理把握开发建设时序、防范地方政府债务风险、创新开发建设体制机制八个方面作为重点任务，通过刚性管控、系统整合及动态监控进行规范并提出相应要求。

2. 怎样理解《意见》提出的四个原则

《意见》对高铁周边区域发展提出四个原则。

一是规划协调、布局合理。《意见》提出：“统一规划，整体部署，严格依据城市总体规划、土地利用总体规划、综合交通规划等编制高铁车站周边开发建设规划，合理确定开发规模和边界，优化车站选址方案及车站周边区域空间结构、人口产业分布，杜绝边建设、边规划。”高铁站片区开发要规划为先，政府要针对重点领域编制专项规划，专项规划要展望未来，更要立足现实，同时，必要时引入市场化主体参与专项规划编制。除了做好专项规划外，还要做好投融资规划，投融资规划是项目推进关键。

二是量力而行、有序建设。《意见》要求：“结合城市功能区划、区位优势、财力可能、人口资源环境条件等发展实际，根据规划确定开发目标、建设任务，兼顾当前和长远，合理把握建设节奏和时序，量力而行、循序渐进、有序发展，防止盲目追求规模和大干快上。”高铁发展不仅能带动上下游产业，还是新型城镇化的重要推手，针对一些地区以高铁周边建设名义搞城市扩张、“大干快上”，《意见》特别强调量力而行、循序渐进、有序发展，防止盲目追求规模和大干快上。

三是站城一体、综合配套。《意见》要求：“充分发挥高铁车站的辐射带动作用，围绕人的城镇化，统筹生产、生活、生态空间布局，走特色化、差异化发展之路，完善基础设施及公共服务设施配套，促进产城融合、宜居宜业，避免高铁沿线产业布局同质化和单一房地产功能开发。”高铁是城市门户，融商业、商务、宜居、物流集散为一体，但需要根据当地经济社会特征，走特色化、差异化发展之路，避免高铁沿线产业布局同质化和单一房地产功能开发。

四是市场运作、防范风险。《意见》指出:“按照市场化原则运作,创新投资、建设、运营、管理体制机制,强化政策支持保障,充分调动企业和社会资本的积极性,推进项目共建、资源共享,提升开发建设质量水平和效益,防范各种隐患、风险和损失。”高铁片区的开发建设要按照市场化机制进行投资、建设、运营、管理,防范政府债务风险。

3. 高铁片区建设八项重点任务

(1)强化规划引导和管控作用。高铁片区开发建设投资额大、建设期长、社会关注点高,应规划为先、因城施策,合理确定车站周边开发建设的功能定位、规模和边界,做好规划预留和控制,按照规划规范有序推进开发建设。

(2)合理确定高铁车站选址和规模。在高铁车站选址中,国家发展改革委要求高铁车站选址和规模避免“高铁很近、车站很远”的问题,为此,《意见》中强调:“新建车站选址尽可能在中心城区或靠近城市建成区,确保人民群众乘坐高铁出行便利。”

(3)严格节约集约用地。2018 年 5 月 16 日,国家发展改革委新闻发言人回答央广网记者提问时表示,“集约”就是树立和贯彻节约集约用地理念。分阶段、分步骤推进高铁车站周边区域开发建设,对大城市来说,初期开发的重点是新建高铁车站周边 2 公里以内的区域,适当控制预留远期发展空间;对中、小城市来说,要避免“盲目造城”。

(4)促进站城一体融合发展。融合就是促进站城一体融合发展,做到同步布局、同步规划,将综合交通运输体系建设、基础设施共建共享等方面同步规划、协调推进。在高铁片区建设中,大城市通过高铁站区实现发展高端服务业、商贸物流、商务会展等产业功能,中、小城市高铁车站应合理布局周边产业,稳妥发展商业零售、酒店、餐饮等产业功能。

(5)提升综合配套保障能力。高铁站作为城市交通的综合枢纽,不仅汇集人气、聚集商气,还可提升公共服务能力,增强产业、人口集聚效应,高铁周边涉及餐饮、酒店、交通、游览、购物、商业、娱乐等。《意见》指出:“完善公共服务体系,配套建设医疗、教育、休闲、娱乐等场所和设施,增强生活服务功能,使人‘愿意来’‘留得下’‘活得好’,不断提升人民群众的幸福感和获得感。”

(6)合理把握开发建设时序。合理把握开发建设时序,是体现高铁片区建设中的量力而行、有序建设的原则。片区建设投资额大,可以分阶段、分步骤地进行开发建设,不求大、不贪大,不能借站区开发建设名义盲目搞城市扩张。做到开发一片、成熟一片、成功一片,使高铁片区真正成为城市发展价值高地。

(7)防范地方政府债务风险。高铁片区开发建设是“两新一重”建设的重要内容，高铁片区或其他片区对城市经济具有明显升级作用，但要防范高铁车站周边开发建设带来的地方政府债务风险，需要做到以下几点：一是依法规范政府的举债，政府债务不能由企事业举借；二是应用合规的投融资模式；三是合理控制建设规模避免财政压力；四是严格执行预算法和担保法，做到先有预算才可支出；五是列入地方政府债务风险预警范围的高风险地区原则上不得举债搞建设。

（8）创新开发建设体制机制。《意见》要求：“鼓励地方政府牵头建立投资建设主体、管理运营主体、综合开发主体等多方合作开发机制，完善支持高铁建设投资主体及出资人参与高铁车站周边区域综合开发的政策措施，发挥政府规划引导、政策支持、搭建发展平台、提供公共服务等作用，加强对市场的引导，切忌政府大包大揽。”目前，在高铁片区和其他片区开发中，典型的市场化模式为 PPP 模式，在 PPP 模式受到财金〔2019〕10 号文限制的情况下，地方普遍采用 ABO 模式和投资人 +EPC 模式或投资合作 +EPC 模式，这些模式既是探索创新，一定程度上也可以隔离政府和企业债务。

五、《国务院关于推进国家级经济技术开发区创新提升打造改革开放新高地的意见》（国发〔2019〕11 号）

2019 年 5 月 18 日，国务院出台《国务院关于推进国家级经济技术开发区创新提升打造改革开放新高地的意见》（国发〔2019〕11 号）（以下简称《意见》）。

（一）《意见》原文

国务院关于推进国家级经济技术开发区创新提升打造改革开放新高地的意见

国发〔2019〕11 号

各省、自治区、直辖市人民政府，国务院各部委、各直属机构：

为着力构建国家级经济技术开发区（以下简称国家级经开区）开放发展新体制，发展更高层次的开放型经济，加快形成国际竞争新优势，充分发挥产业优势和制度优势，带动地区经济发展，现提出以下意见。

一、总体要求

（一）指导思想。

以习近平新时代中国特色社会主义思想为指导，全面贯彻党的十九大和十九届二中、三中全会精神，按照党中央、国务院决策部署，坚持稳中求进工作总基调，坚持新发展理念，以供给侧结构性改革为主线，以高质量发展为核心目标，以激发对外经济活力为突破口，着力推进国家级经开区开放创新、科技创新、制度创新，提升对外合作水平、提升经济发展质量，打造改革开放新高地。

（二）基本原则。

——坚持开放引领、改革创新。充分发挥国家级经开区的对外开放平台作用，坚定不移深化改革，持续优化投资环境，激发对外经济活力，打造体制机制新优势。

——坚持质量第一、效益优先。集聚知识、技术、信息、数据等生产要素，推动质量变革、效率变革、动力变革，提高全要素生产率，促进产业升级，拓展发展新空间。

——坚持市场主导、政府引导。充分发挥市场在资源配置中的决定性作用，更好发挥政府作用，弘扬企业家精神，激发市场活力和创造力，培育经济发展新动能。

二、提升开放型经济质量

（三）拓展利用外资方式。支持国家级经开区提高引资质量，重点引进跨国公司地区总部、研发、财务、采购、销售、物流、结算等功能性机构。地方人民政府可依法、合规在外商投资项目前期准备等方面给予支持。支持区内企业开展上市、业务重组等。（商务部、证监会等单位与地方各级人民政府按职责分工负责）

（四）优化外商投资导向。对在中西部和东北地区国家级经开区内从事鼓励类项目且在完善产业链等方面发挥重要作用的外商投资企业，可按规定予以支持。（各有关省级人民政府按职责分工负责）实行差异化的区域政策，相关中央预算内投资和中央财政专项转移支付继续向中西部欠发达地区和东北地区老工业基地倾斜。（发展改革委、财政部等单位按职责分工负责）地方人民政府可统筹上级转移支付资金和自有资金，对符合条件的中西部欠发达地区和东北地区老工业基地区域内国家级经开区基础设施建设、物流交通、承接产业转移、优化投资环境等项目，提供相应支持。（发展改革委、财政部、商务部等单位与地方各级人民政府按职责分工负责）

（五）提升对外贸易质量。支持符合条件的国家级经开区申请设立综合保税区。（商务部、海关总署等单位按职责分工负责）充分运用外经贸发展专项资金等，支持符合条件的国家级经开区建设外贸转型升级基地和外贸公共服务平台。（财政部、商务部等单位与地方各级人民政府按职责分工负责）支持国家级经开区推进关税保证保险改革。（海关总署、税务总局、银保监会等单位按职责分工负责）

三、赋予更大改革自主权

（六）深化“放管服”改革。支持国家级经开区优化营商环境，推动其在“放管服”改革方面走在前列，依法精简投资项目准入手续，简化审批程序，下放省市级经济管理审批权限，实施先建后验管理新模式。深化投资项目审批全流程改革，推行容缺审批、告知承诺制等管理方式。全面开展工程建设项目审批制度改革，统一审批流程，统一信息数据平台，统一审批管理体系，统一监管方式。（发展改革委、住房城乡建设部、市场监管总局等单位与地方各级人民政府按职责分工负责）

（七）优化机构职能。允许国家级经开区按照机构编制管理相关规定，调整内设机构、职能、人员等，推进机构设置和职能配置优化协同高效。优化国家级经开区管理机构设置，结合地方机构改革逐步加强对区域内经济开发区的整合规范。地方人民政府可根据国家级经开区发展需要，按规定统筹使用各类编制资源。（中央编办、财政部等单位与地方各级人民政府按职责分工负责）

（八）优化开发建设主体和运营主体管理机制。支持地方人民政府对有条件的国家级经开区开发建设主体进行资产重组、股权结构调整优化，引入民营资本和外国投资者，开发运营特色产业园等园区，并在准入、投融资、服务便利化等方面给予支持。（商务部等单位与地方各级人民政府按职责分工负责）积极支持符合条件的国家级经开区开发建设主体申请首次公开发行股票并上市。（证监会等单位负责）

（九）健全完善绩效激励机制。支持国家级经开区创新选人用人机制，经批准可实行聘任制、绩效考核制等，允许实行兼职兼薪、年薪制、协议工资制等多种分配方式。支持国家级经开区按市场化原则开展招商、企业入驻服务等，允许国家级经开区制定业绩考核办法时将招商成果、服务成效等纳入考核激励。（财政部、人力资源社会保障部等单位与地方各级人民政府按职责分工负责）

（十）支持开展自贸试验区相关改革试点。支持国家级经开区按程序开展符合其发展方向的自贸试验区相关改革试点。在政府职能转变、投资贸易便利化等重点领域加大改革力度，充分发挥国家级经开区辐射带动作用。（商务部等单位与地方各级人民政府按职责分工负责）

四、打造现代产业体系

（十一）加强产业布局统筹协调。加强上下游产业布局规划，推动国家级经开区形成共生互补的产业生态体系。国家重大产业项目优先规划布局在国家级经开区。充分发挥中央层面现有各类产业投资基金作用，支持发展重大产业项目。地方人民政府要对国家级经开区推进主导产业升级予以适当支持。（发展改革委、工业和信息化部、财政部等单位与地方各级人民政府按职责分工负责）

（十二）实施先进制造业集群培育行动。支持国家级经开区创建国家新型工业化产业示范基地，坚持市场化运作、内外资企业一视同仁，培育先进制造业集群。加快引进先进制造业企业、专业化“小巨人”企业、关键零部件和中间品制造企业，支持企业建设新兴产业发展联盟和产业技术创新战略联盟。（发展改革委、工业和信息化部等单位与地方各级人民政府按职责分工负责）加强与相关投资基金合作，充分发挥产业基金、银行信贷、证券市场、保险资金以及国家融资担保基金等作用，拓展国家级经开区发展产业集群的投融资渠道。（发展改革委、工业和信息化部、财政部、人民银行、银保监会、证监会等单位按职责分工负责）鼓励国家级经开区内企业承担智能制造试点示范项目，鼓励企业研发、采购先进设备、引进人才、国际化发展等。（地方各级人民政府按职责分工负责）

（十三）实施现代服务业优化升级行动。地方人民政府可结合地方服务业发展实际，利用现有政策和资金渠道，支持在符合条件的国家级经开区内发展医疗健康、社区服务等生活性服务业，以及工业设计、物流、会展等生产性服务业。（发展改革委、民政部、财政部、商务部、卫生健康委等单位与各省级人民政府按职责分工负责）

（十四）加快推进园区绿色升级。充分发挥政府投资基金作用，支持国家级经开区加大循环化改造力度，实施环境优化改造项目。（发展改革委、财政部、商务部等单位与各省级人民政府按职责分工负责）支持国家级经开区创建国家生态工业示范园区，省级人民政府相应予以政策支持。在符合园区规划环评结论和审查要求的基础上，对国家生态工业示范园区内的重大项目依法简化项目环评内容，提高审批效率。依法推进国家级经开区规划环境影响评价工作。（生态环境部、商务部等单位与各省级人民政府按职责分工负责）

（十五）推动发展数字经济。鼓励各类资本在具备条件的国家级经开区投资建设信息技术基础设施，省级人民政府可将此类投资纳入当地数字经济发展规划并予以支持。支持国家级经开区内企业创建数字产业创新中心、智能工厂、智能车间等。（中央网信办、发展改革委、工业和信息化部等单位与地方各级人民政府按职责分工负责）

（十六）提升产业创新能力。鼓励国家级经开区复制推广自贸试验区、自主创新示范区等试点经验，率先将国家科技创新政策落实到位，成效明显的可加大政策先行先试力度，打造成为科技创新集聚区。在服务业开放、科技成果转化、科技金融发展等方面加强制度创新。对新兴产业实行包容审慎监管。（科技部、商务部、人民银行、市场监管总局、知识产权局等单位与地方各级人民政府按职责分工负责）支持国家级经开区建设国家大科学装置和国家科技创新基地。支持符合条件的国家级经开区打造特色创新创业载体，推动中小企业创新创业升级。（发展改革委、科技部、工业和信息化部、财政部、商务部等单位与地方各级人民政府按职责分工负责）国家级经开区内科研院所转化职务发明成果收益给予参与研发的科技人员的现金奖励，符合税收政策相关规定的，可减按50%计入科技人员工资、薪金所得缴纳个人所得税。（财政部、税务总局等单位与地方各级人民政府按职责分工负责）鼓励国家级经开区对区内企业开展专利导航、知识产权运营、知识产权维权援助等给予支持。（市场监管总局、知识产权局等单位与地方各级人民政府按职责分工负责）支持在有条件的国家级经开区开展资本项目收入结汇支付便利化、不动产投资信托基金等试点。（人民银行、证监会、外汇局等单位与地方各级人民政府按职责分工负责）

五、完善对内对外合作平台功能

（十七）积极参与国际合作。支持国家级经开区积极探索与境外经贸合作区开展合作。支持中西部地区有关国家级经开区参与中国—新加坡（重庆）战略性互联互通示范项目“国际陆海贸易新通道”建设。（外交部、发展改革委、交通运输部、商务部、海关总署等单位与地方各级人民政府按职责分工负责）

（十八）打造国际合作新载体。在科技人才集聚、产业体系较为完备的国家级经开区建设一批国际合作园区，鼓励港澳地区及外国机构、企业、资本参与国际合作园区运营。支持金融机构按照风险可控、商业可持续原则，做好国际合作园区的金融服务。鼓励地方人民政府用足用好现有政策，依法、合规支持国家级经开区建设国际合作园区。（财政部、商务部、人民银行、港澳办、银保监会、证监会、进出口银行、开发银行等单位与地方各级人民政府按职责分工负责）

（十九）拓展对内开放新空间。鼓励地方人民政府依法完善财政、产业政策，支持国家级经开区根据所在区域产业布局，增强产业转移承载能力，开展项目对接。充分发挥外经贸发展专项资金作用，支持国家级经开区与边境经济合作区、跨境经济合作区开展合作，共同建设项目孵化、人才培养、市场拓展等服务平台和产业园区，为边境经济合作区、跨境经济合作区承接产业转移项目创造条件。省级人民政府要加大对共建园区基础设施建设的支持力度。（发展改革委、财政部、自然资源部、商务部、人民银行、银保监会等单位与地方各级人民政府按职责分工负责）

（二十）促进与所在城市互动发展。在保障信息安全的前提下，支持国家级经开区与所在地人民政府相关机构共享公共资源交易、人口、交通、空间地理等信息。国家级经开区可在国土空间基础信息平台的基础上建设城市空间基础信息平台。（公安部、自然资源部、住房城乡建设部、交通运输部等单位与地方各级人民政府按职责分工负责）推动国家级经开区完善高水平商贸旅游、医疗养老、文化教育等功能配套，规划建设城市综合体、中央商务区、专家公寓等。对公共服务重点项目，地方人民政府和国家级经开区可提供运营支持。支持有条件的国家级经开区建设国际化社区和外籍人员子女学校。（教育部、民政部、商务部、卫生健康委等单位与地方各级人民政府按职责分工负责）

六、加强要素保障和资源集约利用

（二十一）强化集约用地导向。支持国家级经开区开展旧城镇、旧厂房、旧村庄等改造，并按规定完善历史用地手续。积极落实产业用地政策，支持国家级经开区内企业利用现有存量土地发展医疗、教育、科研等项目。原划拨土地改造开发后用途符合《划拨用地目录》的，仍可继续按划拨方式使用。对符合协议出让条件的，可依法采取协议方式办理用地手续。鼓励地方人民政府通过创新产业用地分类、鼓励土地混合使用、提高产业用地土地利用效率、实行用地弹性出让、长期租赁、先租后让、租让结合供地等，满足国家级经开区的产业项目用地需求。加强国家级经开区存量用地二次开发，促进低效闲置土地的处置利用。鼓励新入区企业和土地使用权权属企业合作，允许对具备土地独立分宗条件的工业物业产权进行分割，用以引进优质项目。省级人民政府对国家级经开区盘活利用存量土地的，可给予用地指标奖励。除地方人民政府已分层设立建设用地使用权的地下空间外，现有项目开发地下空间作为自用的，其地下空间新增建筑面积可以补缴土地价款的方式办理用地手续。（自然资源部等单位与地方各级人民政府按职责分工负责）

（二十二）降低能源资源成本。支持省级人民政府在国家级经开区开展电力市场化交易，支持国家级经开区内企业集体与发电企业直接交易，支持区内电力用户优先参与电力市场化交易。支持国家级经开区按规定开展非居民用天然气价格市场化改革，加强天然气输配价格监管，减少或取消直接供气区域内国家级经开区省级管网输配服务加价。（发展改革委、能源局等单位与地方各级人民政府按职责分工负责）

（二十三）完善人才政策保障。支持国家级经开区引进急需的各类人才，提供户籍办理、出入境、子女入学、医疗保险、创业投资等方面“一站式”服务。允许具有硕士及以上学位的优秀外国留学生毕业后直接在国家级经开区工作。对国家级经开区内企业急需的外国专业人才，按照规定适当放宽申请工作许可的年龄限制。对国家级经开区引进外籍高端人才，提供入境、居留和永久居留便利。（教育部、科技部、公安部、财政部、人力资源社会保障部、住房城乡建设部、移民局等单位与地方各级人民政府按职责分工负责）

（二十四）促进就业创业。对符合条件且未享受实物保障的在国家级经开区内就业或创业的人员，可提供一定的购房、租房补贴，按规定落实创业担保贷款政策。（财政部、人力资源社会保障部、住房城乡建设部、人民银行等单位与地方各级人民政府按职责分工负责）鼓励地方人民政府提高国家级经开区内企业培养重点行业紧缺高技能人才补助标准，对国家级经开区与职业院校（含技工院校）共建人才培养基地、创业孵化基地等按规定给予支持。（教育部、财政部、人力资源社会保障部等单位与地方各级人民政府按职责分工负责）

各地区、各部门要深刻认识推进国家级经开区创新提升、打造改革开放新高地的重大意义，采取有效措施，加快推进国家级经开区高水平开放、高质量发展。商务部要会同有关部门加强督促检查，确保各项措施落到实处。涉及调整行政法规、国务院文件和经国务院批准的部门规章的，按规定程序办理。

国务院

2019 年 5 月 18 日

（二）《意见》内容解读

1. 国家级经济技术开发区体系

我国的开发区体系可以分为国家级开发区和省级开发区。国家级开发区包括经济技术开发区、高新技术产业开发区、海关特殊监管区和其他类型开发区四大类。

国家级经济技术开发区（以下简称国家级经开区）是由国务院批准成立的现代化工业、产业园区，大多位于各省、自治区、直辖市的省会（首府）等中心城市，在沿海开放城市和其他开放城市划定小块的区域，国家级经济技术开发区在推进对外开放、培育创新体系、优化产业结构等方面发挥了举足轻重的作用，成为所在城市及周围地区经济发展的重要区域。

商务部信息显示：截至目前，全国共有 218 家国家级经开区，遍布 31 个省（自治区、直辖市），其中，东部地区有 107 家、中部地区有 63 家、西部地区有 48 家。

2019 年，全国 218 家国家级经开区实现地区生产总值 10.8 万亿元，同比增长 8.3%，增幅高于同期全国平均水平（6.1%）2.2 个百分点，占同期国内生产总值比重为 10.9%。其中：第二产业增加值 6.7 万亿元，同比增长 4.5%，占同期全国第二产业增加值比重为 17.4%；第三产业增加值 3.9 万亿元，同比增长 16.9%，占同期全国第三产业增加值的比重为 7.4%。

218 家国家级经开区实现财政收入 2.1 万亿元，同比增长 5.6%，增幅高于同期全国平均水平（3.8%）1.8 个百分点，占全国财政收入的比重为 10.9%。实现税收收入 1.9 万亿元，同比增长 2.9%，增幅高于同期全国平均水平（1%）1.9 个百分点，占全国税收收入的比重为 11.7%。

218 家国家级经开区实际使用外资和外商投资企业再投资金额 532 亿美元，同比增长 8.5%，占全国吸收外资（含外商直接投资和其他投资）比重约 1/5。实现进出口总额 6.3 万亿元（其中，出口 3.5 万亿元，进口 2.8 万亿元），同比增长 1.6%，占全国进出口总额的比重为 19.9%。

通过上述数据可知，国家级经开区在促进地方经济发展、发展更高层次的开放型经济方面作出了巨大贡献。

2. 再次明确国家级经开区建设坚持市场主导、政府引导

《意见》明确：“坚持市场主导、政府引导。充分发挥市场在资源配置中的决定性作用，更好发挥政府作用，弘扬企业家精神，激发市场活力和创造力，培育经济发展新动能。”

深化开发区体制机制改革，是开发区转型的核心和关键，自国办发〔2017〕7号文实施以来，各类开发区要积极推行政企分开、政资分开，实行管理机构与开发运营企业分离，由此，各地纷纷进行开发区管理体制市场化改革。本次《意见》再次明确提出国家级经开区建设的原则之一，是市场主导、政府引导。坚持政企分开，实行管委会管理与公司专业运营相分离，运营公司承担园区开发建设、招商引资、投资运营、专业化服务等功能，充分发挥市场化手段配置资源。

例如，2018年1月，滨海新区泰达街道工作委员会正式挂牌成立，将天津经济技术开发区的社会管理职能剥离出来，由泰达街道工作委员会行使社会管理、公共服务和市场监管等职责。这是落实《国务院办公厅关于促进开发区改革和创新发展的若干意见》的具体行动，也是功能区重新聚焦经济发展主业的有力举措。

2018年8月，福建省在创新开发区管理体制和运行机制中提出，要构建精简高效的开发区管委会机构，内部实行扁平化管理。理顺开发区与所在县（市、区）关系。推动开发区通过成立运营公司实行市场化运作。运营公司建立现代企业制度，完善法人治理结构。

3.《意见》提出国家级经开区提升开放型经济质量

一是拓展利用外资方式。《意见》提出：“支持国家级经开区提高引资质量，重点引进跨国公司地区总部、研发、财务、采购、销售、物流、结算等功能性机构。地方人民政府可依法、合规在外商投资项目前期准备等方面给予支持。”国家级经开区主要任务是招商引资促进当地经济发展，这些年一些经开区在吸引外商投资的方式上主要集中在直接投资方式，有数据显示，发达国家在直接利用外资中80%以上属于跨国并购的形式。目前，我国部分开发区尤其是东北和西北地区利用引入外资与东部和沿海地区相比有很大差距。

二是优化外商投资导向。《意见》提出：对在中西部和东北地区国家级经开区内从事鼓励类项目且在完善产业链等方面发挥重要作用的外商投资企业，可按规定予以支持。实行差异化的区域政策，相关中央预算内投资和中央财政专项转移支付继续向中西部欠发达地区和东北地区老工业基地倾斜。这表明中央想通过差异化的区域政策，支持中西部和东北地区通过招商引资吸引外商投资企业。

三是提升对外贸易质量。《意见》提出：支持符合条件的国家级经开区申请设立综合保税区。充分运用外经贸发展专项资金等，支持符合条件的国家级经开区建设外贸转型升级基地和外贸公共服务平台。

4.《意见》提出赋予国家级经开区更大改革自主权

一是深化“放管服”改革，推进高质量发展。《意见》要求：“支持国家级经开区优化营商环境，推动其在‘放管服’改革方面走在前列，依法精简投资项目准入手续，简化审批程序。”目前，一些地方加大向国家级经开区赋权力度，支持国家级经开区在“放管服”改革方面走在前列，高质量发展。如《关于由北京经济技术开发区管理委员会行使部分行政权力和办理部分公共服务事项的决定》（京政发〔2019〕23 号），明确由北京经济技术开发区管理委员会承接 2509 项行政权力，其中市级 163 项、区级 2346 项，承接 17 项公共服务事项，其中市级 2 项、区级 15 项，赋予北京经济技术开发区更大自主管理权。

二是优化机构职能。通过优化国家级经开区管理机构设置，推动经开区管理机制创新，提高行政效率。2019 年 7 月，中央编办三司、商务部外资司相关人员到浙江省调研经开区体制创新问题。中央编办三司相关人员在座谈时强调：“目前部分开发区还存在功能不够清晰、社会管理任务繁重、精简高效的管理架构向‘大而全’体制回归等问题。我们要认真贯彻落实国发〔2019〕11 号文件，加快推进开发区管理体制改革。①明确职责定位。适当剥离管理机构承担的社会职能，将主责和主业回归到推动经济发展、产业集聚上来，着力构建职责定位清晰合理、履职程序便捷高效的开发区职责体系。②推进整合提升。优化国家级经开区管理机构设置，结合地方机构改革逐步加强对区域内经济开发区的整合规范。③优化机构职能。允许国家级经开区按照机构编制管理相关规定，调整内设机构、职能、人员等，推进机构设置和职能配置优化协同高效。地方人民政府可根据国家级经开区发展需要，按规定统筹使用各类编制资源。”

三是优化开发建设主体和运营主体管理机制。《意见》明确：支持地方人民政府对有条件的国家级经开区开发建设主体进行资产重组、股权结构调整优化，引入民营资本和外国投资者，开发运营特色产业园等园区，并在准入、投融资、服务便利化等方面给予支持。积极支持符合条件的国家级经开区开发建设主体申请首次公开发行股票并上市。

国家级经开区建设和运营主体就是园区城投公司，城投公司通过资产重组、股权结构优化，引入战略投资者和财务投资者进行股份制改造成为拟上市的主体，国家支持符合条件开发建设主体公开发行股票并上市。如云南省城市建设投资集团（云南城投集团）有限公司的子公司云南城投置业股份有限公司（云南城投）是上市公司，上市的云南城投的资产是云南城投集团资产的一部分，经营良好的上市子公司会对城投母公司的融资成本、利润及偿债能力等方面产生积极影响。

四是健全完善绩效激励机制。《意见》强调：“支持国家级经开区创新选人用人机制，经批准可实行聘任制、绩效考核制等，允许实行兼职兼薪、年薪制、协议工资制等多种分配方式。”如日照经开区先行先试、大胆探索，在山东省率先启动实施职员制改革，探索建立以岗位和绩效为主体的人事管理与分配制度，初步建立起人员能进能出、职务能上能下、工资能高能低和考核严格、奖惩分明、分层管理的职员制管理模式。

五是支持开展自贸试验区相关改革试点。《意见》强调：“支持国家级经开区按程序开展符合其发展方向的自贸试验区相关改革试点。在政府职能转变、投资贸易便利化等重点领域加大改革力度，充分发挥国家级经开区辐射带动作用。”建设自贸试验区是以习近平同志为核心的党中央在新时代全面深化改革、扩大开放的重要战略举措。目前，自贸区就是依托国家级经开区而建设起来的，12 个自贸试验区基本上都以国家级经开区作为区域依托来发展建设的。如上海自贸试验区就包括上海金桥经开区，广东自贸试验区就包括广州南沙经开区，河南自贸试验区就包括开封经开区，所以国家级经开区和自贸试验区具备联动发展的良好基础。

5.《意见》提出打造现代产业体系

一是加强产业布局统筹协调。《意见》强调：“加强上下游产业布局规划，推动国家级经开区形成共生互补的产业生态体系。国家重大产业项目优先规划布局在国家级经开区。充分发挥中央层面现有各类产业投资基金作用，支持发展重大产业项目。”如国家集成电路产业基金自成立以来，以低成本资金扶持芯片产业链上的相关企业，在应对中美贸易摩擦中发挥重要作用。

二是实施先进制造业集群培育行动。《意见》强调：“支持国家级经开区创建国家新型工业化产业示范基地，坚持市场化运作、内外资企业一视同仁，培育先进制造业集群。”近几年，国家发展改革委、工信部都在力推制造业高质量发展，将培育发展先进制造业集群作为重点。同样，地方政府也在制订培育先进制造业集群方案和专项行动计划。如江苏省 2018 年率先出台了《关于加快培育先进制造业集群的指导意见》，明确重点培育 13 个先进制造业集群。

三是实施现代服务业优化升级行动。《意见》指出：“地方人民政府可结合地方服务业发展实际，利用现有政策和资金渠道，支持在符合条件的国家级经开区内发展医疗健康、社区服务等生活性服务业，以及工业设计、物流、会展等生产性服务业。”随着产业结构调整，经开区内传统制造业被现代金融、科研、信息等生产型服务业所取代。如苏州工业园区通过发展现代服务业，助力高端制造业转型，园区内已建成完善的现代化物流服务体系；并聚集了各类准金融机构 924 家，园区基金管理规模超过 1800 亿元；同时，已有 30 多家涉及移动支付安全、交易系统、普惠金融等领域的金融科技公司落户园区，形成了多层次的现代服务业体系。2018 年，苏州工业园区实现地区生产总值 2570.27 亿元，服务业占比高达 44.2%。

四是加快推进园区绿色升级。《意见》强调：“充分发挥政府投资基金作用，支持国家级经开区加大循环化改造力度，实施环境优化改造项目。”2019 年 7 月 12 日，经生态环境部、商务部、科技部研究，批准上海青浦工业园区为国家生态工业示范园区。园区重点推进能源高效多级利用体系、水资源多层面梯级利用体系以及一体化的废物收集和循环利用工程，促进企业间废物交换利用、能量梯级利用和废水循环利用。

六、《自然资源部关于印发〈土地征收成片开发标准（试行）〉的通知》（自然资规〔2020〕5 号）

2020 年 11 月 5 日，自然资源部出台《自然资源部关于印发〈土地征收成片开发标准（试行）〉的通知》（自然资规〔2020〕5 号）（以下简称《通知》）。

（一）《通知》原文

自然资源部关于印发《土地征收成片开发标准（试行）》的通知

自然资规〔2020〕5 号

各省、自治区、直辖市自然资源主管部门，新疆生产建设兵团自然资源主管部门，各派驻地方的国家自然资源督察局：

《土地征收成片开发标准（试行）》已经部审议通过，现印发执行。

自然资源部

2020 年 11 月 5 日

土地征收成片开发标准（试行）

一、根据《土地管理法》第 45 条的规定，制定本标准。

本标准所称成片开发，是指在国土空间规划确定的城镇开发边界内的集中建设区，由县级以上地方人民政府组织的对一定范围的土地进行的综合性开发建设活动。

二、土地征收成片开发应当坚持新发展理念，以人民为中心，注重保护耕地，注重维护农民合法权益，注重节约集约用地，注重生态环境保护，促进当地经济社会可持续发展。

三、县级以上地方人民政府应当按照《土地管理法》第 45 条规定，依据当地国民经济和社会发展规划、国土空间规划，组织编制土地征收成片开发方案，纳入当地国民经济和社会发展年度计划，并报省级人民政府批准。

土地征收成片开发方案应当包括下列内容：

（一）成片开发的位置、面积、范围和基础设施条件等基本情况；

（二）成片开发的必要性、主要用途和实现的功能；

（三）成片开发拟安排的建设项目、开发时序和年度实施计划；

（四）依据国土空间规划确定的一个完整的土地征收成片开发范围内基础设施、公共服务设施以及其他公益性用地比例；

（五）成片开发的土地利用效益以及经济、社会、生态效益评估。

前款第（四）项规定的比例一般不低于40%，各市县的具体比例由省级人民政府根据各地情况差异确定。

县级以上地方人民政府编制土地征收成片开发方案时，应当充分听取人大代表、政协委员、社会公众和有关专家学者的意见。

四、土地征收成片开发方案应当充分征求成片开发范围内农村集体经济组织和农民的意见，并经集体经济组织成员的村民会议三分之二以上成员或者三分之二以上村民代表同意。未经集体经济组织的村民会议三分之二以上成员或者三分之二以上村民代表同意，不得申请土地征收成片开发。

五、省级人民政府应当组织人大代表、政协委员和土地、规划、经济、法律、环保、产业等方面的专家组成专家委员会，对土地征收成片开发方案的科学性、必要性进行论证。论证结论应当作为批准土地征收成片开发方案的重要依据。

国家自然资源督察机构、自然资源部、省级人民政府应当加强对土地征收成片开发工作的监管。

六、有下列情形之一的，不得批准土地征收成片开发方案：

（一）涉及占用永久基本农田的；

（二）市县区域内存在大量批而未供或者闲置土地的；

（三）各类开发区、城市新区土地利用效率低下的；

（四）已批准实施的土地征收成片开发连续两年未完成方案安排的年度实施计划的。

七、本标准自公布之日施行，有效期三年。

（二）《通知》内容解读

继国家发展改革委出台支持新型城镇化建设及县城补短板强弱项的指导意见后，2020年11月，自然资源部印发《土地征收成片开发标准（试行）》（以下简称《成片开发标准》），提出土地征收成片开发应当坚持新发展理念，支持县级以上地方人民政府对一定范围的土地进行综合性开发建设，并统筹进行方案设计、产业导入、土地整理及集中建设。

1. 土地征收成片开发

土地征收成片开发是片区综合开发的基础，涉及土地征收制度的改革，也关系到广大农民的切身利益。关于土地成片开发，先是2020年1月施行的新修订的《中华人民共和国土地管理法》（以下简称《土地管理法》）有严格限制，然后自然资源部又颁布《成片开发标准》，其目的是以新发展理念，为节约集约农村用地服务。

所谓土地征收成片开发，按照《成片开发标准》界定，是指在国土空间规划确定的城镇开发边界内的集中建设区，由县级以上地方人民政府组织的对一定范围的土地进行的综合性开发建设活动。关于上述概念，应该明确以下几个问题。

一是国土空间规划要依法依规编制和审批，不在此范围内的不能作为土地成片开发。二是成片开发是在城镇开发边界划定范围内的集中建设区进行的开发建设活动,《土地管理法》中提及的成片开发主要是指征收农民集体所有土地。三是对土地进行的综合性开发建设活动包括地上和地下的基础设施建设、公共服务项目及商业项目。

2. 土地征收成片开发有严格的限制

土地征收成片开发是有严格限制的，根据《土地管理法》第四十五条的规定，为了公共利益的需要，有下列情形之一，确需征收农民集体所有的土地的，可以依法实施征收：

①军事和外交需要用地的；

②由政府组织实施的能源、交通、水利、通信、邮政等基础设施建设需要用地的；

③由政府组织实施的科技、教育、文化、卫生、体育、生态环境和资源保护、防灾减灾、文物保护、社区综合服务、社会福利、市政公用、优抚安置、英烈保护等公共事业需要用地的；

④由政府组织实施的扶贫搬迁、保障性安居工程建设需要用地的；

⑤在土地利用总体规划确定的城镇建设用地范围内，经省级以上人民政府批准由县级以上地方人民政府组织实施的成片开发建设需要用地的；

⑥法律规定为公共利益需要可以征收农民集体所有的土地的其他情形。

上述第①②③④⑥项都是公益性建设项目需要而征收农民集体所有的土地，只有第⑤项在政府组织实施的成片开发建设内，片区开发必然包含提供居住的房地产开发，但须经过省级人民政府批准才可征收农民集体所有的土地。

3. 突出专家学者对成片开发方案进行论证

《成片开发标准》在程序审批中有一个亮点，即听取人大代表、政协委员、专家学者的意见。

一是“县级以上地方人民政府编制土地征收成片开发方案时，应当充分听取人大代表、政协委员、社会公众和有关专家学者的意见”。

二是“省级人民政府应当组织人大代表、政协委员和土地、规划、经济、法律、环保、产业等方面的专家组成专家委员会，对土地征收成片开发方案的科学性、必要性进行论证。论证结论应当作为批准土地征收成片开发方案的重要依据”。

《成片开发标准》在此做了原则性规定，各地在落实中应该对专家委员会构成比例做详细规定，比如对专家委员会组成人数、各方比例应具体明确，防止专家委员会是摆设、走过场。有资料显示：韩国土地征收委员会中，要求非公务员身份委员过半数，而且要有经验丰富的土地征收专家，任期 2 年。我国青海省也规定：专家委员会从专家库中按行业、专业等领域随机抽取专家组成，人数为不少于 9 人的单数。

4. 成片开发方案须经农村集体经济组织和村民代表同意

《成片开发标准》在程序审批中规定：“土地征收成片开发方案应当充分征求成片开发范围内农村集体经济组织和农民的意见，并经集体经济组织成员的村民会议三分之二以上成员或者三分之二以上村民代表同意。未经集体经济组织的村民会议三分之二以上成员或者三分之二以上村民代表同意，不得申请土地征收成片开发。”

上述规定既是程序性要求，也是成片开发方案能够实施的底线规定。我国农村建设的所有权属于集体，农村建设用地包括公益性公共设施用地、经营性用地和宅基地，而成片开发的对象是城镇开发边界内的集中建设区的土地，可能涵盖公共设施用地和经营性用地。近几年，因农村土地征收引发的矛盾较多，有的甚至引发群体性上访，因此，此规定在一定程度上限制地方在土地成片开发方面滥用权力的现象。

5. 区域内存在大量批而未供或者闲置土地的不得批准土地征收成片开发方案

区域内存在大量闲置土地或未供应土地，说明其土地利用效率低下，《成片开发标准》对未供或者闲置土地只是原则性规定，没有具体标准，这也可以理解，我国幅员辽阔，各省份的情况相差较大。地方政府在实施《成片开发标准》时可以明确具体要求，如青海省自然资源厅《关于实施土地征收成片开发标准有关事项的通知》规定：市、县级区域内以下情形为存在大量批而未供和闲置土地、土地利用效率低下，不予批准土地征收成片开发方案。

①批而未供和闲置土地未完成上级下达的上一年度“增存挂钩”处置任务的；

②近五年平均供地率不足60%，闲置土地不降反增，土地利用动态巡查率不足95%的；

③本区域以及城市、各类开发区年度建设用地节约集约评价结果为“土地利用集约度低”的。

6. 土地征收成片开发不得占用永久基本农田

早在2008年党的十七届三中全会就提出了永久基本农田的概念。永久基本农田是指无论什么情况下都不能改变其用途，不得以任何方式挪作他用的基本农田。新修订的《土地管理法》也规定：国家实行永久基本农田保护制度；永久基本农田转为建设用地的，由国务院批准；各省、自治区、直辖市划定的永久基本农田一般应当占本行政区域内耕地的百分之八十以上。

另外，《成片开发标准》也强调，涉及占用永久基本农田的不得批准土地征收成片开发方案。这与将永久基本农田征收审批权保留在国务院的精神是一致的。

第七篇　PPP 模式有关政策及内容解读

写在前面：

按照国发〔2014〕43 号文规定，PPP 模式被视为除地方政府发行债券融资之外唯一合规的投融资模式。近几年，PPP 模式已经成为我国基础设施和公共服务领域主要投融资方式，截至 2021 年 1 月 29 日，管理库项目 9905 个，项目金额 15.21 亿元。但自 2014 年以来，我国 PPP 模式发展也经历了快速发展、清理整顿、规范发展几个阶段。

“两新一重”项目投资额大、投资周期长，只有充分发挥市场化投融资机制，利用 PPP 模式激发社会资本尤其是民营投资活力，才能加快“两新一重”项目建设的落地。本篇选择 PPP 模式的 5 个相关政策进行详细解读。

一、《国家发展改革委关于切实做好传统基础设施领域政府和社会资本合作有关工作的通知》（发改投资〔2016〕1744 号）

2016 年 8 月 10 日，国家发展改革委出台《国家发展改革委关于切实做好传统基础设施领域政府和社会资本合作有关工作的通知》（发改投资〔2016〕1744 号）（以下简称发改投资〔2016〕1744 号文或《通知》）。

（一）《通知》原文

国家发展改革委关于切实做好传统基础设施领域政府和社会资本合作有关工作的通知

发改投资〔2016〕1744 号

各省、自治区、直辖市及计划单列市发展改革委，新疆生产建设兵团发展改革委：

根据 2016 年 7 月 7 日国务院常务会议明确的政府和社会资本合作部门职责分工，按照《中共中央　国务院关于深化投融资体制改革的意见》（中发〔2016〕18 号）、《国务院关于创新重点领域投融资机制鼓励社会投资的指导意见》（国发〔2014〕60 号）等文件精神，现就进一步做好传统基础设施领域政府和社会资本合作（PPP）相关工作、积极鼓励和引导民间投资提出以下要求。

一、充分认识做好基础设施领域 PPP 工作的重要意义

上世纪80年代，我国就开始在基础设施领域引入PPP模式，经过30多年发展，为持续提高我国基础设施水平发挥了积极作用。经济新常态下，继续做好基础设施领域PPP有关工作，有利于推进结构性改革尤其是供给侧结构性改革，增加有效供给，实施创新驱动发展战略，促进稳增长、补短板、扩就业、惠民生；有利于打破基础设施领域准入限制，鼓励引导民间投资，提高基础设施项目建设、运营和管理效率，激发经济活力，增强发展动力；有利于创新投融资机制，推动各类资本相互融合、优势互补，积极发展混合所有制经济；有利于理顺政府与市场关系，加快政府职能转变，充分发挥市场配置资源的决定性作用和更好发挥政府作用。

各地发展改革部门要会同有关行业主管部门等，切实做好能源、交通运输、水利、环境保护、农业、林业以及重大市政工程等基础设施领域PPP推进工作，进一步加强协调配合，形成政策合力，确保政令统一、政策协同、组织高效、精准发力，共同推动政府和社会资本合作工作顺利开展。

二、加强项目储备

各地发展改革部门要会同有关行业主管部门，根据经济社会发展需要，按照项目合理布局、政府投资有效配置等原则，切实做好基础设施领域PPP项目的总体规划、综合平衡和储备管理等工作，充分掌握了解各行业PPP项目总体情况。要在投资项目在线审批监管平台及重大建设项目库基础上，建立基础设施PPP项目库，切实做好项目储备、动态管理、实施监测等各项工作。

三、推行项目联审

积极推行多评合一、统一评审的工作模式，提高审核效率。各地发展改革部门要会同相关部门建立PPP项目联审机制，积极引入第三方评估机构，从项目建设的必要性、合规性、规划衔接性、PPP模式适用性、财务可负担性以及价格和收费的合理性等方面，对项目进行综合评估。

四、做好项目决策

加强项目可行性研究，依法依规履行投资管理程序。对拟采用PPP模式的项目，要将项目是否适用PPP模式的论证纳入项目可行性研究论证和决策。充分考虑项目的战略价值、经济价值、商务模式、可融资性以及管理能力，科学分析项目采用PPP模式的必要性和可行性，不断优化工程建设规模、建设内容、建设标准、技术方案及工程投资等。

五、建立合理投资回报机制

积极探索优化基础设施项目的多种付费模式，采取资本金注入、直接投资、投资补助、贷款贴息，以及政府投资股权少分红、不分红等多种方式支持项目实施，提高社会资本投资回报，增强项目吸引力。鼓励加大项目前期资本金投入，减轻项目运营期间政府支出压力。鼓励社会资本创新商业模式及体制机制，提高运营效率，降低项目成本。

推进基础设施领域的价格改革，合理确定价格收费标准，依法适当延长特许经营年限，提供广告、土地等资源配置，充分挖掘项目运营商业价值，建立使用者付费和可行性缺口补贴类项目的合理投资回报机制，既要使社会资本获得合理投资回报，也要有效防止政府和使用者负担过重。

六、规范项目实施

对确定采用 PPP 模式的项目，要按照《招标投标法》等法律法规，通过公开招标、邀请招标等多种方式，公平择优选择具有相应管理经验、专业能力、融资实力以及信用状况良好的社会资本作为合作伙伴。依法签订规范的项目合同，明确服务标准、价格管理、回报方式、风险分担、履约监督、信息披露等内容，细化完善合同文本，确保合同内容全面、规范、有效。项目实施期间社会投资人出现重大违约，或发生重大不可抗力等事项，需要政府提前回购的，要合理划分各方责任，妥善做好项目移交。项目结束后，适时对项目效率、效果、影响和可持续性等进行后评价，科学评价项目绩效，不断完善 PPP 模式制度体系。

七、构建多元化退出机制

政府和社会资本合作期满后，按照合同约定的移交形式、移交内容和移交标准，及时组织开展项目验收、资产交割等工作。推动 PPP 项目与资本市场深化发展相结合，依托各类产权、股权交易市场，通过股权转让、资产证券化等方式，丰富 PPP 项目投资退出渠道。提高 PPP 项目收费权等未来收益变现能力，为社会资本提供多元化、规范化、市场化的退出机制，增强 PPP 项目的流动性，提升项目价值，吸引更多社会资本参与。

八、积极发挥金融机构作用

各地发展改革部门要会同有关部门，与金融机构加强合作对接，完善保险资金等参与 PPP 项目的投资机制，鼓励金融机构通过债权、股权、资产支持计划等多种方式，支持基础设施 PPP 项目建设。发挥各类金融机构专业优势，鼓励金融机构向政府提供规划咨询、融资顾问、财务顾问等服务，提前介入并帮助各地做好 PPP 项目策划、融资方案设计、融资风险控制、社会资本引荐等工作，切实提高 PPP 项目融资效率。

九、鼓励引导民间投资和外商投资

树立平等合作观念，多推介含金量高的项目，给予各类投资主体公平参与机会，鼓励和引导民营企业、外资企业参与 PPP 项目。招标选择社会资本方时，要合理设定投标资格和评标标准，消除隐性壁垒，确保一视同仁、公平竞争。探索在 PPP 项目中发展混合所有制，组建国有资本、民营资本、外商资本共同参与的项目公司，发挥各自优势，推动项目顺利实施。引导民间资本、外商资本参与 PPP 基金等，拓宽民间资本、外商资本参与 PPP 项目渠道。鼓励不同类型的民营企业、外资企业，通过组建联合体等方式共同参与 PPP 项目。

十、优化信用环境

各地发展改革部门要会同有关部门，加快推进社会信用体系建设，建立健全投融资领域相关主体信用记录，强化并提升政府和投资者的契约意识和诚信意识，规范履约行为，形成守信激励、失信惩戒的约束机制，促使相关主体切实强化责任，履行法定义务。加强政务诚信建设，提高政府履约能力，优化社会资本参与PPP项目的信用环境。

各地发展改革部门要高度重视，切实加强组织领导，认真做好统筹规划、综合协调等工作，形成合力，抓好落实。进一步推进简政放权、放管结合、优化服务，对各类社会资本一视同仁。加强PPP政策解读和宣传力度，提高各方对PPP的认知程度，培育积极的合作理念，建立规范的合作机制，营造良好的合作氛围，充分发挥政府、市场和社会资本的合力，保障基础设施领域政府和社会资本合作模式顺利推进。对其他领域的政府和社会资本合作项目，要积极配合有关部门开展相关工作。

附件：传统基础设施领域推广PPP模式重点项目

国家发展改革委
2016年8月10日

附件

传统基础设施领域推广PPP模式重点项目

一、能源领域

电力及新能源类：供电/城市配电网建设改造、农村电网改造升级、资产界面清晰的输电项目、充电基础设施建设运营、分布式能源发电项目、微电网建设改造、智能电网项目、储能项目、光伏扶贫项目、水电站项目、热电联产、电能替代项目等。

石油和天然气类：油气管网主干/支线、城市配气管网和城市储气设施、液化天然气（LNG）接收站、石油和天然气储备设施等项目。

煤炭类：煤层气输气管网、压缩/液化站、储气库、瓦斯发电等项目。

二、交通运输领域

铁路运输类：列入中长期铁路网规划、国家批准的专项规划和区域规划的各类铁路项目。重点鼓励社会资本投资建设和运营城际铁路、市域（郊）铁路、资源开发性铁路以及支线铁路，鼓励社会资本参与投资铁路客货运输服务业务和铁路“走出去”项目。

道路运输类：公路建设、养护、运营和管理项目。城市地铁、轻轨、有轨电车等城市轨道交通项目。

水上运输类：港口码头、航道等水运基础设施建设、养护、运营和管理等项目。

航空运输类：民用运输机场、通用机场及配套基础设施建设等项目。

综合类：综合运输枢纽、物流园区、运输站场等建设、运营和管理项目，交通运输物流公共信息平台等项目。

三、水利领域

引调水工程、水生态治理工程、供水工程、江河湖泊治理工程、灌区工程、农业节水工程、水土保持等项目。

四、环境保护领域

水污染治理项目、大气污染治理项目、固体废物治理项目、危险废物治理项目、放射性废物治理项目、土壤污染治理项目。

湖泊、森林、海洋等生态建设、修复及保护项目。

五、农业领域

高标准农田、种子工程、易地扶贫搬迁、规模化大型沼气等“三农”基础设施建设项目。

现代渔港、农业废弃物资源化利用、示范园区、国家级农产品批发市场等项目。旅游农业、休闲农业基础设施建设等项目。

六、林业领域

京津风沙源治理工程、岩溶地区石漠化治理工程、重点防护林体系建设、国家储备林、湿地保护与修复工程、林木种质资源保护、森林公园等项目。

七、重大市政工程领域

采取特许经营方式建设的城市供水、供热、供气、污水垃圾处理、地下综合管廊、园区基础设施、道路桥梁以及公共停车场等项目。

（二）《通知》内容解读

目前，在我国 PPP 模式主要应用在基础设施和公共服务领域，而发改投资〔2016〕1744 号文加上此后颁布的《传统基础设施领域实施政府和社会资本合作项目工作导则》作为传统基础设施领域应用 PPP 模式重要的基础性文件。

1. 基础设施领域开展 PPP 模式的重要意义

一是《通知》明确了 30 年前我国开展的特许经营项目就是 PPP 模式。20 世纪 80 年代，我国就开始在基础设施领域引入 PPP 模式，经过 30 多年的发展，为持续提高我国基础设施水平发挥了积极作用。在经济新常态下，继续做好基础设施领域 PPP 模式有关工作，有利于推进结构性改革尤其是供给侧结构性改革。

二是有利于打破基础设施领域准入限制。从以前基础设施领域投资结构可以看出，这些项目主要是政府和政府融资平台在投资管理，这样缺乏竞争机制，管理效率也比较低下。通过在基础设施领域引入 PPP 模式，在引入竞争的前提下，可以丰富资本结构，提高管理质量和水平。因此，《通知》提出：鼓励引导民间投资，提高基础设施项目建设、运营和管理效率，激发经济活力，增强发展动力。

三是积极发展混合所有制经济。基础设施项目在缺乏民间投资时，其经济结构基本是国有资本，资本结构单一、缺乏活力。若在基础设施领域引入 PPP 模式，项目公司就是天然的混合所有制企业，各种所有制投资主体在项目中相互融合发展。为此，《通知》强调，基础设施领域引入 PPP 模式，有利于创新投融资机制，推动各类资本相互融合、优势互补，积极发展混合所有制经济。

四是加快政府职能转变。缺乏 PPP 模式时代，基础设施领域是政府和国有企业“一股独大，一家说了算”，缺乏市场化机制，当然效率也不高。引入 PPP 模式，就是引入市场机制，政府采购、政府投资、监督管理等都要按照法律、法规行事。这也就是《通知》中所讲的：有利于理顺政府与市场关系，加快政府职能转变，充分发挥市场配置资源的决定性作用和更好发挥政府作用。

2. 概括传统基础设施的范围

《通知》系统地概括了传统基础设施七大领域。

一是能源领域，包括电力及新能源类、石油和天然气类、煤炭类。

二是交通运输领域，包括铁路运输类、道路运输类、水上运输类、航空运输类及综合类。

三是水利领域，包括引调水工程、水生态治理工程、供水工程、江河湖泊治理工程、灌区工程、农业节水工程、水土保持等项目。

四是环境保护领域，包括水污染治理项目、大气污染治理项目、固体废物治理项目、危险废物治理项目、放射性废物治理项目、土壤污染治理项目，以及湖泊、森林、海洋等生态建设、修复及保护项目。

五是农业领域，包括高标准农田、种子工程、易地扶贫搬迁、规模化大型沼气等“三农”基础设施建设项目，还包括现代渔港、农业废弃物资源化利用、示范园区、国家级农产品批发市场等项目，以及旅游农业、休闲农业基础设施建设等项目。

六是林业领域，包括京津风沙源治理工程、岩溶地区石漠化治理工程、重点防护林体系建设、国家储备林、湿地保护与修复工程、林木种质资源保护、森林公园等项目。

七是重大市政工程领域，包括采取特许经营方式建设的城市供水、供热、供气、污水垃圾处理、地下综合管廊、园区基础设施、道路桥梁以及公共停车场等项目。

3. 建立 PPP 项目合理的投资回报机制

回报机制是社会资本尤其民间资本参与基础设施建设首先考虑的问题，《通知》在建立合理投资回报机制中，主要以资本和资源两个方面为抓手，鼓励地方政府灵活运用，通过资本和资源利用建立合理投资回报机制，吸引社会资本尤其是民间投资。

一是从资本的视角考虑。政府可探索优化对基础设施项目的多种支持方式，如前期资本金投资、项目投资补助、项目贷款贴息。《通知》明确指出：采取资本金注入、直接投资、投资补助、贷款贴息，以及政府投资股权少分红、不分红等多种方式支持项目实施，提高社会资本投资回报，增强项目吸引力。同时，在 PPP 项目中，鼓励社会资本创新商业模式及体制机制，提高运营效率，降低项目成本。

二是从资源的视角考虑。一些地方政府预算资金有限，有时难以承担现金补贴，可以从收费价格及掌控资源着手，解决 PPP 项目回报机制问题。尤其是通过资源开发利用，弥补项目收益不足。《通知》提出：依法适当延长特许经营年限，提供广告、土地等资源配置，充分挖掘项目运营商业价值，建立使用者付费和可行性缺口补贴类项目的合理投资回报机制，既要使社会资本获得合理投资回报，也要有效防止政府和使用者负担过重。

4. 关于构建 PPP 项目多元化退出机制

PPP 项目退出机制是政府和社会资本方都非常关心的重要环节。政府方希望 PPP 项目的股东相对稳定，通常在 PPP 协议中都有约定，项目公司股权相对稳定，在没有得到政府方书面同意时，不能转让所持股权。即使得到政府方同意，股权承接方也应该具有项目的运营能力，不影响项目服务质量。社会资本方则希望项目建成后尽早通过股权退出，实现投资收益。

PPP 项目股东退出的方式通常有股权转让、PPP 资产证券化及 2021 年开始推出的 REITs。《通知》指出："推动 PPP 项目与资本市场深化发展相结合，依托各类产权、股权交易市场，通过股权转让、资产证券化等方式，丰富 PPP 项目投资退出渠道。提高 PPP 项目收费权等未来收益变现能力，为社会资本提供多元化、规范化、市场化的退出机制，增强 PPP 项目的流动性，提升项目价值，吸引更多社会资本参与。"

5. 优化 PPP 信用环境

《通知》要求："各地发展改革部门要会同有关部门，加快推进社会信用体系建设，建立健全投融资领域相关主体信用记录，强化并提升政府和投资者的契约意识和诚信意识，规范履约行为，形成守信激励、失信惩戒的约束机制，促使相关主体切实强化责任，履行法定义务。加强政务诚信建设，提高政府履约能力，优化社会资本参与 PPP 项目的信用环境。"

PPP 信用环境也包括政府信用和社会资本信用，对政府而言，涉及政府每年度的支出是否按时支付，虽然在前期都是政府财政承受压力，但在实际中，有时会延期支付，给社会资本尤其是民营企业造成很大压力。对社会资本而言，应该按照 PPP 协议认真履行投资建设和运营职责，提高项目服务能力。

二、《关于加强中央企业 PPP 业务风险管控的通知》（国资发财管〔2017〕192 号）

2017 年 11 月 17 日，国务院国资委出台《关于加强中央企业 PPP 业务风险管控的通知》（国资发财管〔2017〕192 号）（以下简称国资发财管〔2017〕192 号文或《通知》）。

（一）《通知》原文

关于加强中央企业PPP业务风险管控的通知

国资发财管〔2017〕192号

各中央企业：

PPP（政府与社会资本合作）模式是我国基础设施和公共服务供给机制的重大创新，对于推进供给侧结构性改革、创新投融资机制、提升公共服务的供给质量和效率具有重要意义。

近年来，中央企业主动适应改革要求，努力拓展市场，积极探索开展PPP业务，在推动自身业务快速发展的同时，有力支持了地方经济发展，取得了良好成效。

为贯彻新发展理念，提高中央企业境内PPP业务经营管理水平，有效防范经营风险，实现规范有序可持续发展，现将有关工作要求通知如下：

一、坚持战略引领，强化集团管控。

各中央企业要紧密围绕企业发展战略和规划，建立健全本企业PPP业务管控体系，稳妥开展PPP业务。

一是加强战略引领。立足企业功能界定与分类定位，结合企业战略和发展方向，充分考虑企业财务资源和业务能力，规划本企业PPP业务发展。PPP业务较为集中的企业应编制PPP业务专项规划，优化PPP业务布局和结构。

二是完善全过程管控体系。建立健全PPP项目管理制度，从预算约束、事前可研决策、事中项目实施管理、事后投资评价等方面细化管控流程，构建权责明晰的管理机制，加强企业投资、财务、法务、审计等部门的协同配合，形成管控合力。

三是加强集团管控。明确集团对PPP业务管控的主体责任和各级子企业的具体管理责任，由集团总部（含整体上市的上市公司总部）负责统一审批PPP业务。

四是依法依规操作。加强投标管理及合同谈判，严格执行合规审查程序，切实防范PPP业务中的违法违规风险，妥善处理并及时报备重大法律纠纷案件。

二、严格准入条件，提高项目质量。

各中央企业要将源头管控作为加强PPP业务管理的重中之重，细化PPP项目选择标准，优中选优，规范有序参与市场竞争，有效应对项目占用资金规模大、回报周期长带来的潜在风险。

一是聚焦主业。根据项目投资、建设、运营等环节特征准确界定集团主业投资领域，认真筛选符合集团发展方向、具备竞争优势的项目。将PPP项目纳入企业年度投资计划管理，严控非主业领域PPP项目投资。

二是坚持“事前算赢”原则，在项目决策前充分开展可行性分析，参考本企业平均投资回报水平合理设定PPP投资财务管控指标，投资回报率原则上不应低于本企业相同或相近期限债务融资成本，严禁开展不具备经济性的项目，严厉杜绝盲目决策，坚决遏制短期行为。

三是认真评估PPP项目中合作各方的履约能力。在通过财政承受能力论证的项目中，优先选择发展改革、财政等部门入库项目，不得参与付费来源缺乏保障的项目。

三、严格规模控制，防止推高债务风险。

各中央企业要高度关注 PPP 业务对企业财务结构平衡的影响，综合分析本企业长期盈利能力、偿债能力、现金流量和资产负债状况等，量力而行，对 PPP 业务实行总量管控，从严设定 PPP 业务规模上限，防止过度推高杠杆水平。

一是纳入中央企业债务风险管控范围的企业集团，累计对 PPP 项目的净投资（直接或间接投入的股权和债权资金、由企业提供担保或增信的其他资金之和，减去企业通过分红、转让等收回的资金）原则上不得超过上一年度集团合并净资产的 50%，不得因开展 PPP 业务推高资产负债率。

二是集团要做好内部风险隔离，明确相关子企业 PPP 业务规模上限；资产负债率高于 85% 或近 2 年连续亏损的子企业不得单独投资 PPP 项目。

三是集团应加强对非投资金融类子企业的管控，严格执行国家有关监管政策，不得参与仅为项目提供融资、不参与建设或运营的项目。

四、优化合作安排，实现风险共担。

各中央企业在 PPP 项目中应充分发挥项目各合作方在融资、建设、运营等方面的比较优势，合理确定股权比例、融资比例，努力降低综合融资成本，切实做好项目运营合作安排，实现合作共赢。

一是落实股权投资资金来源。各企业要严格遵守国家重大项目资本金制度，合理控制杠杆比例，做好拟开展 PPP 项目的自有资金安排，根据项目需要积极引入优势互补、协同度高的其他非金融投资方，吸引各类股权类受托管理资金、保险资金、基本养老保险基金等参与投资，多措并举加大项目资本金投入，但不得通过引入“名股实债”类股权资金或购买劣后级份额等方式承担本应由其他方承担的风险。

二是优化债权资金安排。积极与各类金融机构建立 PPP 业务合作关系，争取长期低成本资金支持，匹配好债务融资与项目生命周期。

三是规范融资增信。在 PPP 项目股权合作中，不得为其他方股权出资提供担保、承诺收益等；项目债务融资需要增信的，原则上应由项目自身权益、资产或股权投资担保，确需股东担保的应由各方股东按照出资比例共同担保。

四是做好运营安排，探索多元化的项目回报机制。结合企业发展需要，不断提高 PPP 项目专业化运营管理能力，对于尚不具备专业化运营管理能力的项目，通过合资合作、引入专业化管理机构等措施，确保项目安全高效运营。

五是积极盘活存量投资，完善退出机制。根据自身和项目需要，持续优化资金安排，积极通过出让项目股份、增资扩股、上市融资、资产证券化等多渠道盘活资产、收回资金，实现 PPP 业务资金平衡和良性循环。

五、规范会计核算，准确反映 PPP 业务状况。

各中央企业应当根据《企业会计准则》相关规定规范 PPP 业务会计核算。

一是规范界定合并范围。根据股权出资比例、合作方投资性质、与合作方关联关系（如合营、担保、提供劣后级出资等），对项目融资、建设和运营的参与程度，风险回报分担机制，合作协议或章程约定等，按照“实质重于形式”原则综合判断对 PPP 项目的控制程度，规范界定合并范围；对确属无控制权的 PPP 项目，应当建立单独台账，动态监控项目的经营和风险状况，严防表外业务风险。

二是足额计提资产减值准备。定期对PPP项目长期股权投资、取得的收费权、股东借款等资产进行减值测试，重点关注实际运营情况与项目可研预期差距较大、合作方付款逾期等减值迹象，及时足额计提减值准备，防范资产价值不实。

三是规范核算项目收益。同时参与PPP项目投资、建设或运营的企业，应当合理划分和规范核算各阶段收益。

六、严肃责任追究，防范违规经营投资行为。

各中央企业要切实承担起对PPP业务管控的主体责任，加强对全集团PPP业务的审计与监督检查，不断提高PPP业务投资经营管理水平。要对PPP业务经营投资责任实施规范化、科学化、全周期管理，完善决策事项履职记录。

对违反本通知要求，未履行或未正确履行投资管理职责造成国有资产损失以及其他严重不良后果的各级经营管理人员，要严肃追究责任，同时对PPP业务重大决策实施终身责任追究制度。

各中央企业要对照本通知要求，全面梳理已签约PPP项目，根据发现的风险和问题，及时完善制度，加强管控，提出应对措施。

对存在瑕疵的项目，要积极与合作方协商完善；对不具备经济性或存在其他重大问题的项目，要逐一制定处置方案，风险化解前，该停坚决停止，未开工项目不得开工。

国资委

2017年11月17日

（二）《通知》内容解读

1.《通知》颁布的现实意义

《通知》指出：PPP模式是我国基础设施和公共服务供给机制的重大创新，对于推进供给侧结构性改革、创新投融资机制、提升公共服务的供给质量和效率具有重要意义。随着PPP模式的不断深入，中央企业在PPP项目中虽然发挥积极的作用，但也存在一些突出问题：一是在PPP项目中，中央企业和国有企业投资占比接近七成，不利于民营资本的投资发展；二是部分PPP项目投资不实，过度利用央企资信对项目提供担保，在某种程度上加大了央企财务风险；三是缺乏功能定位及分类定位，一些项目出现盲目竞争，有的地方甚至泛化滥用PPP模式。因此，国资委适时颁布了《通知》，《通知》重点从六个方面提出要求，对央企PPP业务规模从严设定上限，加强央企投资的管控，并明确提出对PPP业务重大决策实施终身责任追究制度，这些规定有助于PPP项目规范投资和运作，也是防控地方政府隐性债务增量的重要手段。同时，民营资本会有更多参与PPP项目投资的机会。

2.坚持战略引领，强化央企集团管控职能

这里有两层意思。

一是坚持战略引领。坚持战略引领，就是要求企业立足企业功能界定与分类定位，结合企业自身战略、业务及财务情况，规划本企业 PPP 业务发展。并不是所有的中央企业都可以开展 PPP 项目投资。

二是强化集团管控，就是明确集团对 PPP 业务管控的主体责任和各级子企业的具体管理责任，由集团总部（含整体上市的上市公司总部）负责统一审批 PPP 业务。也就是说，中央企业开展的所有 PPP 项目必须由集团总部统一审批，这是集团管控的核心点。

《通知》对于完善全过程管控体系提出以下两点。

一是建立健全 PPP 项目管理制度，从预算约束、事前可研决策、事中项目实施管理、事后投资评价等方面细化管控流程。

二是构建权责明晰的管理机制，加强企业投资、财务、法务、审计等部门的协同配合，形成管控合力。

3. 严控非主业领域 PPP 项目投资

前几年，中央企业在 PPP 领域是社会资本方主力军。有资料显示，中国中铁、中国铁建、中国交建、中国建筑、中国中冶、中国电建等工程类央企在 PPP 市场投资占比超过 45%，近半壁江山。但在实际中，有的企业为了追求市场占有率，出现了超越自身承受能力的投资行为；有的单纯追求做大 PPP 规模，参与不具备回报性的 PPP 项目，甚至造成政府隐性债务。因此，《通知》强调："聚焦主业。根据项目投资、建设、运营等环节特征准确界定集团主业投资领域，认真筛选符合集团发展方向、具备竞争优势的项目。将 PPP 项目纳入企业年度投资计划管理，严控非主业领域 PPP 项目投资。"这里的核心要义是聚焦主业投资，严控非主业领域投资，通过审批权统一收回集团总部，控制中央企业参与 PPP 项目的风险。

4. 对中央企业投资 PPP 项目回报率有要求

投资回报率是指投资而应返回的价值，即企业从一项投资活动中得到的经济回报。《通知》对中央企业参与 PPP 项目投资提出投资回报率的原则性要求，《通知》要求："参考本企业平均投资回报水平合理设定 PPP 投资财务管控指标，投资回报率原则上不应低于本企业相同或相近期限债务融资成本。"这主要针对一些企业在 PPP 项目投资中，盲目决策、恶性竞争等短期的行为而制定的，要求中央投资 PPP 项目前充分开展可行性分析，合理地设定指标，投资回报率不应低于本企业相同或相近期限债务融资成本，参考本企业平均投资回报水平，合理设定。

"两新一重"为中央企业提供巨大投资机遇，但"两新一重"所属领域公益性较强，收益性偏弱，当前许多中央企业热衷于片区综合开发，这类项目投资额大、期限长，又面临合规性及收益性两大难点，提醒中央企业在参与片区综合开发时注意防范风险。

5. 对投资 PPP 项目从严设定业务规模上限

《通知》要求，各中央企业量力而行，对 PPP 业务实行总量管控，从严设定 PPP 业务规模上限防止过度推高杠杆水平。为此，《通知》中提出三条要求。

一是纳入中央企业债务风险管控范围的企业集团，累计对 PPP 项目的净投资原则上不得超过上一年度集团合并净资产的 50%，不得因开展 PPP 业务推高资产负债率。这两点对中央企业参与 PPP 项目确实有较大影响，从总量上控制投资规模不能超过 50%，再就是不得因开展 PPP 业务推高资产负债率，众所周知，开展 PPP 业务若涉及母公司债务融资及担保势必会影响其负债率。

二是集团要做好内部风险隔离，明确相关子企业 PPP 业务规模上限；资产负债率高于 85% 或近 2 年连续亏损的子企业不得单独投资 PPP 项目，即子公司或孙公司资产负债率高于 85% 或近 2 年连续亏损的企业不得独立投资 PPP 项目。

三是集团应加强对非投资金融类子企业的管控，严格执行国家有关监管政策，不得参与仅为项目提供融资、不参与建设或运营的项目。

6. 股东出资要实，不能有名股实债

2017 年 PPP 项目库清理整顿中就有一些项目属于股东出资不实、采用名股实债的项目被清理或整改。《通知》也明确要求：“各企业要严格遵守国家重大项目资本金制度，合理控制杠杆比例，做好拟开展 PPP 项目的自有资金安排，根据项目需要积极引入优势互补、协同度高的其他非金融投资方，吸引各类股权类受托管理资金、保险资金、基本养老保险基金等参与投资，多措并举加大项目资本金投入，但不得通过引入‘名股实债’类股权资金或购买劣后级份额等方式承担本应由其他方承担的风险。”这个规定要注意以下两点：一是中央企业需遵守国家固定资产投资项目资本金制度，足额按期将项目资本金出资到位。二是项目资本金通常是自有资金出资，也可以吸引各类股权类受托管理资金、保险资金、基本养老保险基金等参与投资，但要体现同股同权，不能采用名股实债，中央企业也不得以购买劣后级份额等方式替其他方承担风险。

中央企业参与 PPP 项目投资要遵守上述规定，当前“两新一重”项目投资建设面临同样的问题，项目资本金要足额按期到位是基本要求，依照国发〔2019〕26 号文要求，可依法依规筹措重大投资项目资本金，但通过发行金融工具等方式筹措的各类资金不得超过资本金总额的 50%，且不能有名股实债、回购承诺、兜底保障等。

7. 规范融资增信，实现风险共担

PPP 项目公司在资本金到位后需要开展债务融资，融资时除了资产抵押增信外，主要依靠担保增信，由于项目公司固定资产有限，担保增信是 PPP 项目公司融资通常的做法。为了控制中央企业融资增信的风险，《通知》明确：“在 PPP 项目股权合作中，不得为其他方股权出资提供担保、承诺收益等；项目债务融资需要增信的，原则上应由项目自身权益、资产或股权投资担保，确需股东担保的应由各方股东按照出资比例共同担保。”这里有两层意思：一是中央企业不得为其他股东出资提供担保，也不能为其他小股东承诺未来的收益，即股东出资是自己的义务，不能由其他股东担保，PPP 投资体现风险自担的理念。二是债务融资需要增信时可由项目公司自身权益及资产担保，若权益和资产不能满足金融机构要求，需要股东担保的，应按照项目公司的股权比例共同提供担保。

8. 按照“实质重于形式”原则判断合并报表问题

中央企业参与 PPP 项目投资建设，通常会设立一个 SPV 公司。关于 SPV 公司是否与投资方合并财务报表的问题，《通知》要求中央企业应当根据《企业会计准则》相关规定规范 PPP 业务会计核算，并提出具体要求：“根据股权出资比例、合作方投资性质、与合作方关联关系（如合营、担保、提供劣后级出资等），对项目融资、建设和运营的参与程度，风险回报分担机制，合作协议或章程约定等，按照‘实质重于形式’原则综合判断对 PPP 项目的控制程度，规范界定合并范围。”通常合并 PPP 项目公司报表会使中央企业资产负债率上升，中央企业受国资委负债率考核制约，不愿意合并 SPV 公司财务报表，现实中会采用许多方式规避合并报表。本次国资委要求按照“实质重于形式”原则，在有的项目中，中央企业虽然股权比例小，但确实拥有对项目的控制权，恐怕也难以逃避合并报表的现实。

三、《关于规范政府和社会资本合作（PPP）综合信息平台项目库管理的通知》（财办金〔2017〕92 号）

2017 年 11 月 10 日，财政部出台了《关于规范政府和社会资本合作（PPP）综合信息平台项目库管理的通知》（财办金〔2017〕92 号）（以下简称财办金〔2017〕92 号文或《通知》）。

（一）《通知》原文

关于规范政府和社会资本合作（PPP）综合信息平台项目库管理的通知

财办金〔2017〕92 号

各省、自治区、直辖市、计划单列市财政厅（局），新疆生产建设兵团财务局：

为深入贯彻落实全国金融工作会议精神，进一步规范政府和社会资本合作（PPP）项目运作，防止 PPP 异化为新的融资平台，坚决遏制隐性债务风险增量，现将规范全国 PPP 综合信息平台项目库（以下简称“项目库”）管理有关事项通知如下：

一、总体要求

（一）统一认识。各级财政部门要深刻认识当前规范项目库管理的重要意义，及时纠正PPP泛化滥用现象，进一步推进PPP规范发展，着力推动PPP回归公共服务创新供给机制的本源，促进实现公共服务提质增效目标，夯实PPP可持续发展的基础。

（二）分类施策。各级财政部门应按项目所处阶段将项目库分为项目储备清单和项目管理库，将处于识别阶段的项目，纳入项目储备清单，重点进行项目孵化和推介；将处于准备、采购、执行、移交阶段的项目，纳入项目管理库，按照PPP相关法律法规和制度要求，实施全生命周期管理，确保规范运作。

（三）严格管理。各级财政部门应严格项目管理库入库标准和管理要求，建立健全专人负责、持续跟踪、动态调整的常态化管理机制，及时将条件不符合、操作不规范、信息不完善的项目清理出库，不断提高项目管理库信息质量和管理水平。

二、严格新项目入库标准

各级财政部门应认真落实相关法律法规及政策要求，对新申请纳入项目管理库的项目进行严格把关，优先支持存量项目，审慎开展政府付费类项目，确保入库项目质量。存在下列情形之一的项目，不得入库：

（一）不适宜采用PPP模式实施。包括不属于公共服务领域，政府不负有提供义务的，如商业地产开发、招商引资项目等；因涉及国家安全或重大公共利益等，不适宜由社会资本承担的；仅涉及工程建设，无运营内容的；其他不适宜采用PPP模式实施的情形。

（二）前期准备工作不到位。包括新建、改扩建项目未按规定履行相关立项审批手续的；涉及国有资产权益转移的存量项目未按规定履行相关国有资产审批、评估手续的；未通过物有所值评价和财政承受能力论证的。

（三）未建立按效付费机制。包括通过政府付费或可行性缺口补助方式获得回报，但未建立与项目产出绩效相挂钩的付费机制的；政府付费或可行性缺口补助在项目合作期内未连续、平滑支付，导致某一时期内财政支出压力激增的；项目建设成本不参与绩效考核，或实际与绩效考核结果挂钩部分占比不足30%，固化政府支出责任的。

三、集中清理已入库项目

各级财政部门应组织开展项目管理库入库项目集中清理工作，全面核实项目信息及实施方案、物有所值评价报告、财政承受能力论证报告、采购文件、PPP项目合同等重要文件资料。属于上述第（一）、（二）项不得入库情形或存在下列情形之一的项目，应予以清退：

（一）未按规定开展“两个论证”。包括已进入采购阶段但未开展物有所值评价或财政承受能力论证的（2015年4月7日前进入采购阶段但未开展财政承受能力论证以及2015年12月18日前进入采购阶段但未开展物有所值评价的项目除外）；虽已开展物有所值评价和财政承受能力论证，但评价方法和程序不符合规定的。

（二）不宜继续采用PPP模式实施。包括入库之日起一年内无任何实质性进展的；尚未进入采购阶段但所属本级政府当前及以后年度财政承受能力已超过10%上限的；项目发起人或实施机构已书面确认不再采用PPP模式实施的。

（三）不符合规范运作要求。包括未按规定转型的融资平台公司作为社会资本方的；采用建设—移交（BT）方式实施的；采购文件中设置歧视性条款、影响社会资本平等参与的；未按合同约定落实项目债权融资的；违反相关法律和政策规定，未按时足额缴纳项目资本金、以债务性资金充当资本金或由第三方代持社会资本方股份的。

（四）构成违法违规举债担保。包括由政府或政府指定机构回购社会资本投资本金或兜底本金损失的；政府向社会资本承诺固定收益回报的；政府及其部门为项目债务提供任何形式担保的；存在其他违法违规举债担保行为的。

（五）未按规定进行信息公开。包括违反国家有关法律法规，所公开信息与党的路线方针政策不一致或涉及国家秘密、商业秘密、个人隐私和知识产权，可能危及国家安全、公共安全、经济安全和社会稳定或损害公民、法人或其他组织合法权益的；未准确完整填写项目信息，入库之日起一年内未更新任何信息，或未及时充分披露项目实施方案、物有所值评价、财政承受能力论证、政府采购等关键信息的。

四、组织实施

（一）落实责任主体。各省级财政部门要切实履行项目库管理主体责任，统一部署辖内市、区、县财政部门开展集中清理工作。财政部政府和社会资本合作中心（以下称“财政部 PPP 中心”）负责开展财政部 PPP 示范项目的核查清理工作，并对各地项目管理库清理工作进行业务指导。

（二）健全工作机制。各省级财政部门应成立集中清理专项工作组，制定工作方案，明确任务分工、工作要求和时间进度，落实专人负责，并可邀请专家参与。地方各级财政部门应当会同有关方面加强政策宣传和舆论引导，重要情况及时向财政部报告。

（三）明确完成时限。各省级财政部门应于 2018 年 3 月 31 日前完成本地区项目管理库集中清理工作，并将清理工作完成情况报财政部金融司备案。

（四）确保整改到位。对于逾期未完成清理工作的地区，由财政部 PPP 中心指导并督促其于 30 日内完成整改。逾期未完成整改或整改不到位的，将暂停该地区新项目入库直至整改完成。

财政部办公厅

2017 年 11 月 10 日

（二）《通知》内容解读

1.《通知》出台的背景和目的

我国自 2014 年开始全面在基础设施和公共服务领域推广政府和社会资本合作（PPP）模式，经过多年多实践，在 PPP 的政策制定、运作环境优化、解决政府资金短缺等方面都发挥了积极的作用。但与此同时，一些地区对 PPP 的认识还不够深刻，只是简单把地 PPP 当作一种筹资模式，泛化滥用 PPP 甚至借 PPP 变相融资等不规范操作的问题日益凸显，加大了地方政府隐性债务风险。自 2017 年开始，党中央、国务院要求将防风险放在突出重要位置，中央经济工作会议确定了三年内三大攻坚战，其中很重要一个方面是防控地方政府隐性债务风险。有关部门为纠正 PPP 项目运作中的不规范行为作出了明确部署，在颁发财预〔2017〕50号文的基础上，为纠正PPP泛化乱用现象，印发了《通知》,《通知》是PPP项目走向规范运作的阶段性文件，通过清库退库进一步规范PPP项目运作，防止PPP异化为新的融资平台，遏制隐性债务风险增量，推动PPP回归公共服务创新供给机制的本源。

2. 怎样理解新PPP项目入库原则

《通知》要求："各级财政部门应认真落实相关法律法规及政策要求，对新申请纳入项目管理库的项目进行严格把关，优先支持存量项目，审慎开展政府付费类项目，确保入库项目质量。"

一是严格把关才可入库。PPP项目做得规范可以缓解财政压力和化解政府债务，但若不规范，就会形成政府隐性债务，因此，从入库开始就要按照政策法规要求，严格入库标准。

二是优先支持存量项目。存量项目往往在政府部门或城投公司名下，这些项目可能还有一定的现金流收益，但每年需要大量政府财政投入。另外，有的项目也可能需要通过加大投资进行技术升级，如污水处理厂，政府因财力有限难以推进。通过把存量项目转换为PPP模式，由社会资本方投资运营可解决上述问题。

三是审慎开展政府付费类项目。政府付费类项目属于纯公益性项目，没有项目收益，但这些往往涉及民生问题。应该说政府付费类项目是属于PPP范畴的一类，英国的PPP项目基本上都是政府付费类项目。《通知》要求审慎开展政府付费类项目，并不是不允许政府付费类项目入库，可根据当地实际开展政府付费类项目。

3. 怎样理解严格PPP入库的标准

《通知》要求有以下情形的PPP项目不能入库。

一是不适宜采用PPP模式的项目。因为PPP模式适合基础设施和公共服务领域，政府负有提供责任，且适合市场化运作的项目。也就是说，商业性项目不适合用PPP，政府不负有提供责任的项目不能采用PPP，不适合进行市场化运作的项目不能采用PPP。

二是仅涉及工程建设，无运营内容的项目。PPP区别于其他模式的突出特点是有运营期，即特许经营期，若项目只是工程建设，没有运营内容，实际上就是变相开展BT模式，这就是伪PPP、假PPP。

三是相关立项审批手续不齐全的项目。PPP项目需要有立项审批或核准程序，项目立项应该有立项说明书、可研报告及初步设计和概算审查。政府投资项目要经过发改部门审批，企业项目也应进行备案和核准。

四是未通过物有所值评价和财政承受能力论证的项目。PPP项目在立项审核的基础上，还应该通过物有所值评价和财政承受能力论证，保证PPP项目全生命周期过程的财政支出责任可靠、可控，因此，规范的PPP项目长期支出责任不属于政府债务。

五是未建立绩效考核机制的项目。政府向社会资本方支出补贴就需要有依据，这个依据就是建立绩效考核机制，未建立与项目产出绩效相挂钩的付费机制的项目不能入库。项目建设成本涉及政府支出责任但不参与绩效考核，或实际与绩效考核结果挂钩部分占比不足 30% 的情形，属于固化政府支出责任，可能形成政府隐性债务。

4. 怎么理解 PPP 项目库的分类与标准解析

《通知》要求："各级财政部门应按项目所处阶段将项目库分为项目储备清单和项目管理库，将处于识别阶段的项目，纳入项目储备清单，重点进行项目孵化和推介；将处于准备、采购、执行、移交阶段的项目，纳入项目管理库，按照 PPP 相关法律法规和制度要求，实施全生命周期管理，确保规范运作。"这里我们对 PPP 项目库分类及标准进行解析。

（1）储备项目库。储备项目库包含意向项目库、备选项目库、推介项目库。

意向项目库入库条件：

一是新建、改建项目具有初步实施方案，存量项目具有存量公共资产的历史资料和初步实施方案；

二是提交项目产出物说明；

三是通过财政部综合信息系统和省财政厅 PPP 中心信息采集系统网上同时申报。

备选项目库是指已列入意向项目库、财政厅按照一定条件和程序筛选的推介备选项目。

备选项目库入库条件：

一是项目符合城市总体规划和各类专项规划；

二是新建项目应按规定程序做好立项、可行性论证等项目前期工作；

三是已经委托中介咨询机构编制完成物有所值评价、财政承受能力论证报告。

推介项目库是指已列入备选项目库、财政厅按照一定条件和程序筛选并经财政厅公开推介的重大 PPP 项目。

推介项目库入库条件：

一是项目投资额较大、落地成功率较高、具有行业代表性；

二是同级（省、市、县）财政部门对物有所值评价和财政承受能力出具论证通过的意见；

三是同级政府对正式实施方案出具审核通过的意见或实施方案已报政府审核，已经进入或近期可以进入项目采购阶段；

四是已列入年度开发计划。

（2）执行项目库，是指已列入推介项目库，并完成正式 PPP 合同签署或已经成立项目公司，进入执行阶段的项目。

（3）示范项目库，是指经财政厅或相关机构从执行项目库中择优选择并适时向社会公开推广的项目。

示范项目库入库条件：

一是项目运作程序规范，项目资料齐备；

二是项目已经落地签约，运作情况良好；

三是项目成熟度和行业可示范度高。

5. 怎样理解对不符合规范运作要求的 PPP 项目需要清退

《通知》提出，以下情形为不符合规范运作要求的，需要退库：未按规定转型的融资平台公司作为社会资本方的；采用建设—移交（BT）方式实施的；采购文件中设置歧视性条款、影响社会资本平等参与的；未按合同约定落实项目债权融资的；违反相关法律和政策规定，未按时足额缴纳项目资本金、以债务性资金充当资本金或由第三方代持社会资本方股份的。相关解析如下。

一是未按规定转型的融资平台公司作为社会资本方的。PPP 模式是公私合作的一类模式，社会资本为私人资本，对融资平台公司能否作为社会资本方存在争议，但国办发〔2015〕42 号文明确只有转型为市场化运作的公益性国企可以作为社会资本方参与 PPP 项目。但实践中，一些地方融资平台公司还没有剥离政府融资职能，自身债务也没有落实就作为社会资本方参与 PPP 项目，显然是不妥的。

二是采用建设—移交（BT）方式实施的。BT 模式早在 2012 年六部委联合下发的财预〔2012〕463 号文中就被限制，之后财政部在相关文件中已经明确，BT 模式不属于 PPP 模式。BT 模式在国发〔2014〕43 号文中被视为违法违规举债，违反了“政府债务只能通过政府及其部门举借，不得通过企事业单位等举借”的规定。《通知》明确，对采用建设—移交（BT）方式实施的 PPP 项目必须清退。

三是采购文件中设置歧视性条款、影响社会资本平等参与的。在此我们先了解政策法规怎样说。①《中华人民共和国政府采购法》（以下简称《政府采购法》）第三条规定，政府采购应当遵循公开透明原则、公平竞争原则、公正原则和诚实信用原则。②国家发展改革委《关于鼓励民间资本参与政府和社会资本合作（PPP）项目的指导意见》（发改投资〔2017〕2059 号）规定，应按照《中华人民共和国招标投法》（以下简称《招标投标法》）和《政府采购法》的规定，通过公开招标等竞争性方式选择 PPP 项目的社会资本方。③《政府和社会资本合作项目政府采购管理办法》（财库〔2014〕215 号）第二条也相应规定，PPP 项目采购社会资本合作者应当遵循公开、公平、公正和诚实信用原则。

由上述分析可知，公开、公平、公正是 PPP 采购最基本的原则，若文件中设置歧视性条款、影响社会资本平等参与是违规的，有这样条款的 PPP 项目肯定是需要清理的。

四是未按合同约定落实项目债权融资的。有些入库项目，由于项目自身或股东的原因，或者规范性得不到金融机构认同，或者项目现金流不充足影响第一还款来源，或者项目公司母公司或集团公司存在影响后期融资的障碍等，入库几年无法按合同约定落实项目债权融资，不得已只能退库，改为其他投融资模式。

五是违反相关法律和政策规定，未按时足额缴纳项目资本金的。PPP 模式是市场化运作模式，也就是由企业进行投资运营的模式。因此，入库项目需要足额缴纳项目资本金，在此需要明确几点：①入库 PPP 项目，不分政府付费、财政缺口补贴及使用者付费项目，都应该按时足额缴纳资本金。② PPP 项目虽然由企业投资运营，但通常由政府部门作为立项主体，那么项目资本金比例应由发展改革部门根据国家相关政策确定，这是最低资本金比例要求，实际资本金比例需要企业和后期融资的金融机构协商确定。③ PPP 项目资本金不一定一次性缴纳，可以分期完成，若过期仍未缴纳，要么尽快补足，要么退库。

六是以债务性资金充当资本金或由第三方代持社会资本方股份的。在《通知》颁布之前，在 PPP 项目中存在许多以债务性资金充当资本金或由第三方代持社会资本方股份的现象，债务性资金主要是名股实债、股东借款、信贷借款等，这些都是违规操作，不符合新规对 PPP 项目的要求。

6. 怎样理解《通知》对已入库不规范项目的整改标准

审核情形：

一是审核物有所值评价方法和程序是否符合《PPP 物有所值评价指引（试行）》（六项基本评价指标权重为 80%，其中任一指标权重一般不超过 20%）；是否组织召开专家评审会，专家类型是否全面。

二是审核财政承受能力论证评价方法和程序是否符合《政府和社会资本合作项目财政承受能力论证指引》；是否采用定量和定性分析方法，是否树立全生命周期财政支出责任意识。

整改：物有所值评分结果在 60 分（含）以上的，通过定性评价；否则，未通过定性评价。年度 PPP 项目财政支出占一般公共预算支出比例不超过 10%。

7.《通知》对超限项目和超值项目及政府主动退出项目的规定

一是自入库之日起一年内无任何实质性进展的项目，已无继续留库的价值；

二是尚未进入采购阶段但所属本级政府当前及以后年度财政承受能力已超过 10% 上限的项目；

三是项目发起人或实施机构已书面确认不再采用 PPP 模式实施的。

整改：出现上述情形，项目应停止采用 PPP 模式，并在双方谈判基础上，寻求采取其他合作模式。

四、《财政部关于推进政府和社会资本合作规范发展的实施意见》（财金〔2019〕10号）

2019年3月7日，财政部出台《财政部关于推进政府和社会资本合作规范发展的实施意见》（财金〔2019〕10号）（以下简称《通知》）。

（一）《通知》原文

财政部关于推进政府和社会资本合作规范发展的实施意见

财金〔2019〕10号

各省、自治区、直辖市、计划单列市财政厅（局），新疆生产建设兵团财政局，财政部驻各省、自治区、直辖市、计划单列市财政监察专员办事处：

在公共服务领域推广运用政府和社会资本合作（PPP）模式，引入社会力量参与公共服务供给，提升供给质量和效率，是党中央、国务院作出的一项重大决策部署。为贯彻落实中央经济工作会议和全国财政工作会议精神，有效防控地方政府隐性债务风险，充分发挥PPP模式积极作用，落实好“六稳”工作要求，补齐基础设施短板，推动经济高质量发展，现提出如下意见：

一、牢牢把握推动PPP规范发展的总体要求

近年来，各级财政部门会同有关方面大力推进PPP工作，在稳增长、促改革、惠民生方面发挥了积极作用，但也存在超出自身财力、固化政府支出责任、泛化运用范围等问题。各级财政部门要进一步提高认识，遵循“规范运行、严格监管、公开透明、诚信履约”的原则，切实防控地方政府隐性债务风险，坚决打好防范化解重大风险攻坚战，扎实推进PPP规范发展。

（一）规范运行。健全制度体系，明确“正负面”清单，明确全生命周期管理要求，严格项目入库，完善“能进能出”动态调整机制，落实项目绩效激励考核。

（二）严格监管。坚持必要、可承受的财政投入原则，审慎科学决策，健全财政支出责任监测和风险预警机制，防止政府支出责任过多、过重加大财政支出压力，切实防控假借PPP名义增加地方政府隐性债务。

（三）公开透明。公平、公正、公开择优采购社会资本方。用好全国PPP综合信息平台，充分披露PPP项目全生命周期信息，保障公众知情权，对参与各方形成有效监督和约束。

（四）诚信履约。加强地方政府诚信建设，增强契约理念，充分体现平等合作原则，保障社会资本合法权益。依法依规将符合条件的PPP项目财政支出责任纳入预算管理，按照合同约定及时履约，增强社会资本长期投资信心。

二、规范推进PPP项目实施

（一）规范的PPP项目应当符合以下条件：

1.属于公共服务领域的公益性项目，合作期限原则上在10年以上，按规定履行物有所值评价、财政承受能力论证程序；

2. 社会资本负责项目投资、建设、运营并承担相应风险，政府承担政策、法律等风险；

3. 建立完全与项目产出绩效相挂钩的付费机制，不得通过降低考核标准等方式，提前锁定、固化政府支出责任；

4. 项目资本金符合国家规定比例，项目公司股东以自有资金按时足额缴纳资本金；

5. 政府方签约主体应为县级及县级以上人民政府或其授权的机关或事业单位；

6. 按规定纳入全国 PPP 综合信息平台项目库，及时充分披露项目信息，主动接受社会监督。

（二）在符合上述条件的同时，新上政府付费项目原则上还应符合以下审慎要求：

1. 财政支出责任占比超过 5% 的地区，不得新上政府付费项目。按照“实质重于形式”原则，污水、垃圾处理等依照收支两条线管理、表现为政府付费形式的 PPP 项目除外；

2. 采用公开招标、邀请招标、竞争性磋商、竞争性谈判等竞争性方式选择社会资本方；

3. 严格控制项目投资、建设、运营成本，加强跟踪审计。

对于规避上述限制条件，将新上政府付费项目打捆、包装为少量使用者付费项目，项目内容无实质关联、使用者付费比例低于 10% 的，不予入库。

（三）强化财政支出责任监管。确保每一年度本级全部 PPP 项目从一般公共预算列支的财政支出责任，不超过当年本级一般公共预算支出的 10%。新签约项目不得从政府性基金预算、国有资本经营预算安排 PPP 项目运营补贴支出。建立 PPP 项目支出责任预警机制，对财政支出责任占比超过 7% 的地区进行风险提示，对超过 10% 的地区严禁新项目入库。

三、加强项目规范管理

各级财政部门要将规范运作放在首位，严格按照要求实施规范的 PPP 项目，不得出现以下行为：

（一）存在政府方或政府方出资代表向社会资本回购投资本金、承诺固定回报或保障最低收益的。通过签订阴阳合同，或由政府方或政府方出资代表为项目融资提供各种形式的担保、还款承诺等方式，由政府实际兜底项目投资建设运营风险的。

（二）本级政府所属的各类融资平台公司、融资平台公司参股并能对其经营活动构成实质性影响的国有企业作为社会资本参与本级 PPP 项目的。社会资本方实际只承担项目建设、不承担项目运营责任，或政府支出事项与项目产出绩效脱钩的。

（三）未经法定程序选择社会资本方的。未按规定通过物有所值评价、财政承受能力论证或规避财政承受能力 10% 红线，自行以 PPP 名义实施的。

（四）以债务性资金充当项目资本金，虚假出资或出资不实的。

（五）未按规定及时充分披露项目信息或披露虚假项目信息，严重影响行使公众知情权和社会监督权的。

对于存在本条（一）项情形，已入库项目应当予以清退，项目形成的财政支出责任，应当认定为地方政府隐性债务，依法依规提请有关部门对相关单位及个人予以严肃问责。

对于存在本条（二）至（五）项情形的，应在限期内进行整改。无法整改或逾期整改不到位的，已入库项目应当予以清退，涉及增加地方政府隐性债务的，依法依规提请有关部门予以问责和妥善处置。

四、营造规范发展的良好环境

各级财政部门要会同有关部门，多措并举，加强规范管理和分类指导，对重点领域、重点项目加大政策支持力度。

（一）鼓励民资和外资参与。加大对民营企业、外资企业参与PPP项目的支持力度，向民营企业推介政府信用良好、项目收益稳定的优质项目，并在同等条件下对民营企业参与项目给予优先支持。中央财政公共服务领域相关专项转移支付资金优先支持符合条件的民营企业参与的PPP项目。研究完善中国PPP基金绩效考核办法，将投资民营企业参与项目作为重要考核指标，引导中国PPP基金加大支持力度。各地在开展PPP项目时，不得对外资企业、中资境外分支机构参与设置歧视性条款或附加条件。提倡优质优价采购，应当根据采购项目需求特点，合理选择采购方式，进一步加强采购需求和履约验收管理，提高采购质量。

（二）加大融资支持。结合自身财力状况，因地制宜采取注入资本金、运营补贴等方式支持规范的PPP项目。引导保险资金、中国PPP基金加大项目股权投资力度，拓宽项目资本金来源。鼓励通过股权转让、资产交易、资产证券化等方式，盘活项目存量资产，丰富社会资本进入和退出渠道。

（三）聚焦重点领域。优先支持基础设施补短板以及健康、养老、文化、体育、旅游等基本公共服务均等化领域有一定收益的公益性项目。加快实施符合经济社会发展需要、决策程序完备、回报机制清晰、融资结构合理的项目。

（四）保障合理支出。符合条件的PPP项目形成的政府支出事项，以公众享受符合约定条件的公共服务为支付依据，是政府为公众享受公共服务提供运营补贴形成的经常性支出。各地要依法依规将规范的PPP项目财政支出纳入预算管理，重诺守约，稳定市场预期。

（五）加强信息披露。依托全国PPP综合信息平台，对PPP项目信息进行全流程公开披露、汇总统计和分析监测，完善项目库“能进能出”的动态调整机制，不以入库为项目合规“背书”，不以入库作为商业银行贷款条件。

（六）加强分类指导。对于在建项目，督促各方严格履约，保障出资到位，推动项目按期完工，避免出现“半拉子”项目。对于尚未开工的项目，督促各方严格按照要求加强合同条款审核，规范融资安排。对于进入采购阶段的项目，加强宣传推介和信息披露，吸引各类市场主体特别是民营企业和外资企业平等参与。同时，加强重大项目储备，扎实做好项目前期论证，推动形成远近结合、梯次接续的项目开发格局。

（七）强化PPP咨询机构库和专家库管理。咨询机构和专家要发挥专业作用，遵守职业操守，依法合规提供PPP项目咨询服务。对于包装不规范PPP项目增加隐性债务风险、出具咨询意见违反相关政策规定、收费标准偏离市场合理水平、对PPP项目实施造成消极影响和严重后果的咨询机构和专家，要按照规定严肃追究责任。

五、协同配合抓好落实

各级财政部门要提高站位，主动作为，加快推动建立协同配合、保障有力、措施到位的工作机制。

（一）加强部门协作，强化项目前期识别、论证和入库等环节的沟通协调与信息共享，扎实做好项目前期准备工作，夯实项目实施基础，推进科学决策。

（二）强化跟踪监测。加强对项目全生命周期的跟踪指导和监督检查，建立健全政策落实和项目实施督查机制。加大信息公开力度，主动接受审计监督和社会监督，推动项目规范有序实施。

（三）鼓励地方和部门因地制宜创新工作机制、加大政策扶持力度，加强经验总结和案例推广，工作推进中形成的经验做法和发现的重大问题，及时向财政部报告。

财政部

2019 年 3 月 7 日

（二）《通知》内容解读

1. 要毫不动摇地推广 PPP 模式

自 2014 年在基础设施和公共服务领域推广 PPP 模式以来，一些地区泛化滥用 PPP 模式，有的利用 PPP 模式变相举债融资，加大了地方政府债务风险。自 2018 年开始，对 PPP 模式应用出现不同声音，认为 PPP 模式是造成地方政府隐性债务的“源头”，有的地方的 PPP 项目被地方政府定为隐性债务，有的甚至要停止 PPP 模式在公共服务领域的应用。早在 2000 年，在联合国 193 个成员国以及至少 23 个国际机构通过的“千年发展目标”框架中，PPP 被认为是确保经济社会实现公平发展的最佳模式。

PPP 模式本身是一种优化的投融资模式，规范的 PPP 模式本身并不会形成政府隐性债务，应该坚定信心，持续规范地推广 PPP 模式。因此，《通知》开始就明确强调：“在公共服务领域推广运用政府和社会资本合作（PPP）模式，引入社会力量参与公共服务供给，提升供给质量和效率，是党中央、国务院作出的一项重大决策部署。”

2. 要做规范的 PPP，鼓励做规范的 PPP

回归 PPP 本源就是按照其流程认真规范去做，不能为了多上项目而超出自身财力，或为了吸引投资者而固化政府支出责任，或者为了筹集项目资本金而设置名股实债。因此，《通知》强调：遵循“规范运行、严格监管、公开透明、诚信履约”的原则，落实好“六稳”工作要求，补齐基础设施短板，切实防控地方政府隐性债务风险，扎实有序推进 PPP 规范发展。

在财办金〔2017〕92 号文之后，《通知》进一步明确 PPP 的正负面清单，即明确什么是规范 PPP 的条件，不规范的 PPP 可能产生政府隐性债务就不能入库。

因为规范的 PPP 项目都要严格规范地做财政承受能力论证，是在自身财力范围内开展项目运作，风险是可控的，规范的 PPP 项目虽然构成中长期财政支出责任，但不会形成政府隐性债务。《通知》的重点是规范有序推进 PPP，文中还强调：健全财政支出责任监测和风险预警机制，防止政府支出责任过多、过重加大财政支出压力，切实防控假借 PPP 名义增加地方政府隐性债务。

3. 规范的 PPP 项目应该怎么做

《通知》回答了规范的 PPP 模式应满足以下条件。

（1）属于公共服务领域的公益性项目，合作期限原则上在 10 年以上，按规定履行物有所值评价、财政承受能力论证程序。

符合公益性项目、合作期限 10 年以上、实施两个评价是开展 PPP 项目基本的要求，满足不了这些基本要求，PPP 模式无从谈起。

（2）社会资本负责项目投资、建设、运营并承担相应风险，政府承担政策、法律等风险。

谁投资谁获利谁，也应该承担风险，政府不能过度承担投资和经营风险，如果是这样，就没有体现 PPP 模式的风险分担机制，和以往政府投资项目由企业垫资投资没有多大区别。

（3）建立完全与项目产出绩效相挂钩的付费机制，不得通过降低考核标准等方式，提前锁定、固化政府支出责任。

PPP 项目不一定都是使用者付费，针对政府付费和财政缺口补贴项目，如果政府对社会资本管理运营缺乏必要绩效考核机制，固化政府支出责任，那就和 BT 模式相近了。

（4）项目资本金符合国家规定比例，项目公司股东以自有资金按时足额缴纳资本金。

《国务院关于加强固定资产投资项目资本金管理的通知》（国发〔2019〕26 号）是有关项目资本金的最新政策，社会资本应该以自有资金进行项目资本金出资，不能采取名股实债、股东借款等方式出资。项目资本可以分期缴纳，但应按照比例足额到位。

（5）政府方签约主体应为县级及县级以上人民政府或其授权的机关或事业单位。

县级政府可以独立开展 PPP 项目，并由授权的机关或事业单位代表县级及县级以上人民政府与社会资本方签署协议。融资平台公司及转型后的公益类国企不能作为政府方签约主体。

（6）按规定纳入全国 PPP 综合信息平台项目库，及时充分披露项目信息，主动接受社会监督。

信息披露是 PPP 模式区别于其他基础设施投融资模式的特点，通过充分披露项目信息，接受社会监督。

4.《通知》提出审慎性要求

在符合上述条件的同时，《通知》规定新上政府付费项目原则上还应符合以下审慎要求。

（1）财政支出责任占比超过 5% 的地区，不得新上政府付费项目，污水、垃圾处理项目除外；

（2）政府付费项目不得采用单一来源采购方式选择社会资本方；

（3）严格控制项目投资、建设、运营成本，加强跟踪审计。

另外，要强化财政支出责任监管，也就是说一个地区每年 PPP 项目财政支出不超过当年本级一般公共预算支出的 10%，即上限支出为一般公共预算支出 ×10%。

5. 再次明确 PPP 项目负面清单

一是不得通过政府方出资代表进行回购、承诺而变相举债。此前的财预〔2017〕50 号文强调地方政府及其所属部门参与 PPP 项目时要做到“四个不得”。针对之后出现的新情况，《通知》又提出要求：不得由政府方或政府方出资代表向社会资本回购投资本金、承诺固定回报或保障最低收益。不得通过签订阴阳合同，或由政府方或政府方出资代表为项目融资提供各种形式的担保、还款承诺等方式，由政府实际兜底项目投资建设运营风险。

二是未转型的各类融资平台公司、融资平台公司参股并能对其经营活动构成实质性影响的国有企业，不得作为社会资本参与本级 PPP 项目。按照国办发〔2015〕42 号文的要求，转型后建立现代企业制度的公益类国企可以作为社会资本方参与本地区 PPP 项目，但没有通过市场化转型的融资平台公司不能作为社会资本方。现实中有的融资平台公司通过设立子公司方式变相地做社会资本方，因此，《通知》明确要求：融资平台公司参股并能对其经营活动构成实质性影响的国有企业，不得作为社会资本参与本级 PPP 项目。

三是未经法定程序选择社会资本方；未按规定通过物有所值评价、财政承受能力论证；规避财政承受能力 10% 红线。社会资本方的选择要按照招投标和政府采购相关法律法规进行；两个评价是 PPP 模式的主要特点，且财政支出能力不能超过本级一般公共预算的 10%，控制财政支出风险，因此，规范 PPP 政府长期支出责任不构成债务。

四是以债务性资金充当项目资本金，虚假出资或出资不实。社会资本方及政府出资方对项目资本金的出资应以自有资金出资，不能采取名股实债、股东借款等方式违规出资，也不能有虚假出资或出资不实的情况。

五是未按规定及时充分披露项目信息或披露虚假项目信息，严重影响行使公众知情权和社会监督权。

对于存在上述第二至第五项情形的，应在限期内进行整改。无法整改或逾期整改不到位的，已入库项目应当予以清退，涉及增加地方政府隐性债务的，依法依规提请有关部门予以问责和妥善处置。

6.《通知》颁布后园区、片区开发采用PPP模式将受限

《通知》规定：“确保每一年度本级全部PPP项目从一般公共预算列支的财政支出责任，不超过当年本级一般公共预算支出的10%。新签约项目不得从政府性基金预算、国有资本经营预算安排PPP项目运营补贴支出。”

《通知》突出了四个要点：一是财政支出责任占一般公共预算达到5%，就不能再上政府付费项目。二是继续强化PPP项目占一般公共预算支出10%的红线约束。三是政府性基金“以收定支”，不能作为PPP项目支出，腾出额度为地方政府专项债券偿还保驾护航。四是专款专用的污水处理、垃圾处理费等，可以使用政府性基金预算。

针对片区开发建设而言，在《通知》出台之前，地方在片区开发中应用PPP模式主要集中在产业园区建设、园区标准化厂房及配套基建、产业新城、新型城镇化建设、特色小镇、康养小镇、旧城改造、交通枢纽等。这些项目在投资建设中能获得收益自求平衡，重要因素是把土地收储及开发利用的收入作为政府付费或可行性缺口补助的来源。《通知》出台之后，新签约项目被禁止用政府性基金预算作为PPP项目财政支出，而土地出让收入占据绝大多数政府性预算。因此，《通知》实施后，片区综合开发难以再应用PPP模式，受影响最大的是城市运营商企业以及中央企业、施工企业等。

目前，片区综合开发是新型城镇化发展与基础设施建设中优化城市布局、调整产业结构的一种创新发展方式，是城市发展升级的重要途径，有的片区开发投资额高达上百亿元，建设周期长达十几年，涉及旧城改造、新城开发、城市更新、扶贫及城中村改造、文化旅游开发等，既可以促进消费又涉及民生。随着我国“十四五”序幕的拉开，各地正在陆续发起片区综合开发，可以说片区开发是“十四五”时期的热点。有关片区开发实务问题将在本丛书第二部中详细论述。

7.营造PPP规范发展的良好环境

一是鼓励民资和外资参与。以前在PPP项目投资中，中央企业、国有企业扮演主角，民营资本投资比例很低。随着国资委《关于加强中央企业PPP业务风险管控的通知》（国资发财管〔2017〕192号）的实施，中央企业投资PPP项目比例会有所下降，今后中央企业、地方国有企业与民营企业一起建立联合体共同投资PPP项目的机会更多。《通知》提出：“加大对民营企业、外资企业参与PPP项目的支持力度，向民营企业推介政府信用良好、项目收益稳定的优质项目，并在同等条件下对民营企业参与项目给予优先支持。”

二是加大融资支持。PPP项目融资一直是难题，首先面临的就是资本金的筹集问题，企业是否能拿得出足够的资金，能拿出来资金是否愿意被锁定那么长时间。还有就是后期的融资，一般要通过项目贷款来解决，也有少量通过发行PPP专项债券

解决，但项目贷款面临抵押担保的难点，以前中央企业、地方国有企业可以做担保，现在为控制风险，不能做全额担保增信了，银行也很谨慎放贷。《通知》更多地强调资本金退出渠道，而对后期融资没有涉及。

三是提出重点支持领域。《通知》提出：优先支持基础设施补短板以及健康、养老、文化、体育、旅游等基本公共服务均等化领域有一定收益的公益性项目。

四是完善项目库“能进能出”机制。《通知》提出：“不以入库为项目合规‘背书’，不以入库作为商业银行贷款条件。”从实际看，不入库肯定不合规，不入库的 PPP 项目也难以进行融资，入库是 PPP 项目规范的先决条件。按照 PPP 项目库“能进能出”的原则，2020 年 6 月各省级财政部门审核通过的地方退出管理库项目共有 64 个。

五、《财政部办公厅关于梳理 PPP 项目增加地方政府隐性债务情况的通知》（财办金〔2019〕40 号）解读

《财政部办公厅关于梳理 PPP 项目增加地方政府隐性债务情况的通知》（以下简称财办金〔2019〕40 号文）是财政部内部发文，信息公开选项为“不予公开”。因此，本书对该政策只进行内容解读。

1. 以财金〔2019〕10 号文为依据核查 PPP 是否构成隐性债务

最近几年来，一些地方政府借 PPP 模式变相举债引起审计部门、财政部门警惕，2017 年的财预〔2017〕50 号文、财办金〔2017〕92 号文，都对 PPP 模式进行了规范，严禁地方政府利用 PPP 模式变相举债，遏制隐性债务增长。但对于 PPP 项目是否属于“隐性债务”范围，一直没有明确的文件依据。2019 年 3 月，财金〔2019〕10 号文提出规范的 PPP 项目应当具备 6 个条件，财办金〔2019〕40 号文作为财政系统内部文件，面向各省级财政部门提出：隐性债务检查和认定的依据为 2019 年 3 月下发的财金〔2019〕10 号文。

2. 对形成隐性债务 PPP 项目的处理方式

在对 PPP 项目隐性债务检查和认定后，财政部提出了入库 PPP 项目增加地方政府隐性债务的后续处理方式，明确了应当中止实施或转为其他合法合规方式继续实施，但也要确保项目平稳实施，防止出现“半拉子工程”，如果继续实施，应按照地方政府隐性债务管理有关规定妥善整改并做好地方政府隐性债务化解工作。

3. 对形成隐性债务项目要清库并可能追究咨询机构和专家责任

财办金〔2019〕40 号文提出：增加地方政府隐性债务的项目，省级财政部门应主动从项目库中清除，并核查项目咨询机构和专家是否存在违法违规行为。这里主要体现两层含义：一是按照文件附表中隐性债务具体依据，通过审查 PPP 项目的实施方案、采购文件、合同文件，若存在“承诺固定回报、回购安排、保障最低收益”

等违规情形的会被认定为政府隐性债务，省级财政部门应主动从项目库中清除。二是对增加地方政府隐性债务的项目，应核查项目咨询机构和专家是否存在违法违规行为并上报，财政部按照相关政策规定将对咨询机构和专家进行处理。

4. 债务监测与地方政府隐性债务防范

为了防范地方政府隐性债务，2018 年财政部建立地方融资平台债务和政府中长期支出事项监测平台，监测平台动态收集融资平台债务和政府中长期支出事项等相关信息，对融资平台实行名录管理和中长期支出事项风险评估，实现融资平台债务和政府中长期支出事项全面动态监控。PPP 项目属于政府中长期支出事项，对于已经纳入政府性债务监测平台但认定存在争议的项目，财政部门要按照财金〔2019〕10 号文有关规定甄别 PPP 项目是否增加地方政府隐性债务；对经过充分论证未增加地方政府隐性债务的规范 PPP 项目，应继续推进项目有序实施。

第八篇　基础设施 REITs 有关政策及内容解读

写在前面：

在基础设施领域开展公募 REITs 是贯彻落实党中央、国务院关于防风险、去杠杆、稳投资、补短板决策部署的有效政策工具，是基础设施投融资领域一次重大创新，也是我国资本市场里程碑式的事件。在基础设施领域开展 REITs 可以有效盘活存量资产，有望带动上万亿元的投资，有利于基础设施高质量发展。

本篇以 2020 年颁布的三个政策《中国证监会　国家发展改革委关于推进基础设施领域不动产投资信托基金（REITs）试点相关工作的通知》（证监发〔2020〕40 号）、《公开募集基础设施证券投资基金指引（试行）》和《关于做好基础设施领域不动产投资信托基金（REITs）试点项目申报工作的通知》（发改办投资〔2020〕586 号）以及 2021 年 1 月颁布的《国家发展改革委办公厅关于建立全国基础设施领域不动产投资信托基金（REITs）试点项目库的通知》（发改办投资〔2021〕35 号）为基础进行详细解读，以期对读者有所帮助。

一、《中国证监会　国家发展改革委关于推进基础设施领域不动产投资信托基金（REITs）试点相关工作的通知》（证监发〔2020〕40 号）

2020 年 4 月 30 日，中国证监会、国家发展改革委联合发布了《中国证监会　国家发展改革委关于推进基础设施领域不动产投资信托基金（REITs）试点相关工作的通知》（证监发〔2020〕40 号）（以下简称证监发〔2020〕40 号文或《通知》）。

（一）证监发〔2020〕40 号文原文

中国证监会　国家发展改革委关于推进基础设施领域不动产投资信托基金（REITs）试点相关工作的通知

证监发〔2020〕40 号

中国证监会各派出机构，上海证券交易所、深圳证券交易所，中国证券业协会，中国证券投资基金业协会，各省、自治区、直辖市、计划单列市发展改革委，新疆生产建设兵团发展改革委：

为贯彻落实党中央、国务院关于防风险、去杠杆、稳投资、补短板的决策部署，积极支持国家重大战略实施，深化金融供给侧结构性改革，强化资本市场服务实体经济能力，进一步创新投融资机制，有效盘活存量资产，促进基础设施高质量发展，现就推进基础设施领域不动产投资信托基金（以下简称基础设施 REITs）试点工作通知如下：

一、充分认识推进基础设施 REITs 试点的重要意义

基础设施 REITs 是国际通行的配置资产，具有流动性较高、收益相对稳定、安全性较强等特点，能有效盘活存量资产，填补当前金融产品空白，拓宽社会资本投资渠道，提升直接融资比重，增强资本市场服务实体经济质效。短期看有利于广泛筹集项目资本金，降低债务风险，是稳投资、补短板的有效政策工具；长期看有利于完善储蓄转化投资机制，降低实体经济杠杆，推动基础设施投融资市场化、规范化健康发展。

各相关单位应充分认识推进基础设施 REITs 试点的重要意义，加强合作，推动基础设施 REITs 在证券交易所公开发行交易，盘活存量资产、形成投资良性循环，吸引更专业的市场机构参与运营管理，提高投资建设和运营管理效率，提升投资收益水平。

二、推进基础设施 REITs 试点的基本原则

（一）符合国家政策，聚焦优质资产。推动国家重大战略实施，服务实体经济，支持重点领域符合国家政策导向、社会效益良好、投资收益率稳定且运营管理水平较好的项目开展基础设施 REITs 试点。

（二）遵循市场原则，坚持权益导向。结合投融资双方需求，按照市场化原则推进基础设施 REITs，依托基础设施项目持续、稳定的收益，通过 REITs 实现权益份额公开上市交易。

（三）创新规范并举，提升运营能力。加强对基础设施资产持续运营能力、管理水平的考核、监督，充分发挥管理人的专业管理职能，确保基础设施项目持续健康运营，努力提升运营效率和服务质量，推动基础设施投融资机制和运营管理模式创新。

（四）规则先行，稳妥开展试点。借鉴成熟国际经验，在现行法律法规框架下，在重点领域以个案方式先行开展基础设施 REITs 试点，稳妥起步，及时总结试点经验，优化工作流程，适时稳步推广。

（五）强化机构主体责任，推动归位尽责。明确管理人、托管人及相关中介机构的职责边界，加强监督管理，严格落实诚实守信、勤勉尽责义务，推动相关参与主体归位尽责。

（六）完善相关政策，有效防控风险。健全法律制度保障与相关配套政策，把握好基础资产质量，夯实业务基础，有效防范市场风险。借鉴境外成熟市场标准，系统构建基础设施 REITs 审核、监督、管理制度，推动制度化、规范化发展。

三、基础设施 REITs 试点项目要求

（一）聚焦重点区域。优先支持京津冀、长江经济带、雄安新区、粤港澳大湾区、海南、长江三角洲等重点区域，支持国家级新区、有条件的国家级经济技术开发区开展试点。

（二）聚焦重点行业。优先支持基础设施补短板行业，包括仓储物流、收费公路等交通设施，水电气热等市政工程，城镇污水垃圾处理、固废危废处理等污染治理项目。鼓励信息网络等新型基础设施，以及国家战略性新兴产业集群、高科技产业园区、特色产业园区等开展试点。

（三）聚焦优质项目。基础设施 REITs 试点项目应符合以下条件：

1. 项目权属清晰，已按规定履行项目投资管理，以及规划、环评和用地等相关手续，已通过竣工验收。PPP 项目应依法依规履行政府和社会资本管理相关规定，收入来源以使用者付费为主，未出现重大问题和合同纠纷。

2. 具有成熟的经营模式及市场化运营能力，已产生持续、稳定的收益及现金流，投资回报良好，并具有持续经营能力、较好的增长潜力。

3. 发起人（原始权益人）及基础设施运营企业信用稳健、内部控制制度健全，具有持续经营能力，最近 3 年无重大违法违规行为。基础设施运营企业还应当具有丰富的运营管理能力。

（四）加强融资用途管理。发起人（原始权益人）通过转让基础设施取得资金的用途应符合国家产业政策，鼓励将回收资金用于新的基础设施和公用事业建设，重点支持补短板项目，形成投资良性循环。

四、基础设施 REITs 试点工作安排

（一）试点初期，由符合条件的取得公募基金管理资格的证券公司或基金管理公司，依法依规设立公开募集基础设施证券投资基金，经中国证监会注册后，公开发售基金份额募集资金，通过购买同一实际控制人所属的管理人设立发行的基础设施资产支持证券，完成对标的基础设施的收购，开展基础设施 REITs 业务。公开募集基础设施证券投资基金符合《证券法》《证券投资基金法》规定的，可以申请在证券交易所上市交易。

（二）各省级发展改革委主要从项目是否符合国家重大战略、宏观调控政策、产业政策、固定资产投资管理法规制度，以及鼓励回收资金用于基础设施补短板领域等方面出具专项意见。各省级发展改革委要加强指导，推动盘活存量资产，促进回收资金用于基础设施补短板项目建设，形成投资良性循环。在省级发展改革委出具专项意见基础上，国家发展改革委将符合条件的项目推荐至中国证监会，由中国证监会、沪深证券交易所依法依规，并遵循市场化原则，独立履行注册、审查程序，自主决策。中国证监会各派出机构、沪深证券交易所与省级发展改革委加强协作，做好项目遴选与推荐工作。

（三）中国证监会制定公开募集基础设施证券投资基金相关规则，对基金管理人等参与主体履职要求、产品注册、份额发售、投资运作、信息披露等进行规范。沪深证券交易所比照公开发行证券相关要求建立基础设施资产支持证券发行审查制度。中国证监会各派出机构、沪深证券交易所、中国证券业协会、中国证券投资基金业协会等有关单位要抓紧建立基础设施资产支持证券受理、审核、备案、信息披露和持续监管的工作机制，做好投资者教育和市场培育，参照公开发行证券相关要求强化对基础设施资产支持证券发行等环节相关参与主体的监督管理，压实中介机构责任，落实各项监管要求。

中国证监会指导各派出机构、沪深证券交易所、中国证券业协会与中国证券投资基金业协会制定完善试点项目遴选相关配套措施，加强基础设施 REITs 的业务过程监管，并结合实践情况，适时完善法律制度保障。

（四）中国证监会、国家发展改革委密切沟通协作、加强信息共享，协调解决基础设施 REITs 试点过程中存在的问题与困难，并依据职责分工，不断优化流程、提高效率，推动基础设施 REITs 试点工作顺利开展，并支持探索开展基础设施 REITs 试点的其他可行模式。

有关单位应按照本《通知》要求，做好项目储备等前期工作，待相关配套规则明确后，按规定报送相关材料。

中国证监会　国家发展改革委

2020 年 4 月 24 日

（二）证监发〔2020〕40 号文内容解读

1. 在基础设施领域推出 REITs 的意义

为贯彻落实党中央、国务院关于防风险、去杠杆、稳投资、补短板的决策部署，盘活基础设施存量资产，进一步提升资本市场服务实体经济能力，促进基础设施高质量发展，2020 年 4 月，中国证监会与国家发展改革委联合发布了《通知》，标志着我国酝酿已久的基础设施领域公募 REITs 试点正式起步，将对基础设施投融资体制带来一次重大影响。具体有以下意义：一是我国基础设施投融资体制改革的重大创新；二是增加中小投资者参与基础设施的投资渠道；三是筹集“两新一重”建设项目的资本金；四是为地方政府化解债务提供资金来源。

2. 推进基础设施 REITs 试点的基本原则

《通知》在基础设施 REITs 试点中提出以下六项原则。

一是符合国家政策，聚焦优质资产。支持符合国家政策的重点领域，且社会效益和经营比较稳定的优质项目。

二是遵循市场原则，坚持权益导向。按照市场化原则推进基础设施 REITs，对于存量具有稳定现金流项目，通过 REITs 实现权益份额公开上市交易。

三是创新规范并举，提升运营能力。以 REITs 运营为契机，确保基础设施项目持续健康运营，推动基础设施投融资机制和运营管理模式创新。

四是规则先行，稳妥开展试点。REITs 作为基础设施领域新生事物、创新产品，须稳妥起步，在总结基础上适时稳步推广。

五是强化机构主体责任，推动归位尽责。REITs 发行涉及管理人、托管人及相关中介机构等，推动相关参与主体归位尽责。

六是完善相关政策，有效防控风险。通过 REITs 试点，健全法律制度保障与相关配套政策，系统构建基础设施 REITs 审核、监督、管理制度，推动制度化、规范化发展。

3.《通知》对试点 REITs 的重点区域、重点行业和项目条件提出哪些要求

表 8.1 《通知》对试点 REITs 的重点区域、重点行业和项目条件的要求

试点要求	具体内容
重点区域	优先支持：京津冀、长江经济带、雄安新区、粤港澳大湾区、海南、长江三角洲等重点区域 支持：国家级新区、有条件的国家级经济技术开发区开展试点
重点行业	优先支持：交通设施　收费公路 市政工程　水电气热 污染治理　城镇污水垃圾处理 仓储物流　固废危废处理
	鼓　励：信息网络　国家战略性新兴产业集群 新型基础设施　高科技产业园区 新兴产业　特色产业园区等开展试点
项目条件	1. 权属：权属清晰。已按规定履行项目投资管理，以及规划、环评和用地等相关手续，已通过竣工验收。PPP 项目应依法依规履行政府和社会资本管理相关规定，收入来源以使用者付费为主，未出现重大问题和合同纠纷
	2. 运营状况：具有成熟的经营模式及市场化运营能力，已产生持续、稳定的收益及现金流，投资回报良好，并具有持续经营能力、较好的增长潜力
	3. 发起人：发起人（原始权益人）及基础设施运营企业信用稳健、内部控制制度健全，具有持续经营能力，最近 3 年无重大违法违规行为。基础设施运营企业还应当具有丰富的运营管理能力
	4. 融资用途。发起人（原始权益人）通过转让基础设施取得资金的用途应符合国家产业政策，鼓励将回收资金用于新的基础设施和公用事业建设，重点支持补短板项目，形成投资良性循环

4. 基础设施 REITs 试点工作安排

一是注册公开募集基金。《通知》要求：试点初期，由符合条件的取得公募基金管理资格的证券公司或基金管理公司，依法依规设立公开募集基础设施证券投资基金，经中国证监会注册后，公开发售基金份额募集资金，通过购买同一实际控制人所属的管理人设立发行的基础设施资产支持证券，完成对标的基础设施的收购，开展基础设施 REITs 业务。公开募集基础设施证券投资基金符合《证券法》《证券投资基金法》规定的，可以申请在证券交易所上市交易。

二是由发展改革部门选出优质基础设施项目。《通知》要求：各省级发展改革委主要从项目是否符合国家重大战略、宏观调控政策、产业政策、固定资产投资管理法规制度，以及鼓励回收资金用于基础设施补短板领域等方面出具专项意见。在省级发展改革委出具专项意见的基础上，国家发展改革委将符合条件的项目推荐至中

国证监会，由中国证监会、沪深证券交易所依法依规，并遵循市场化原则，独立履行注册、审查程序，自主决策。中国证监会各派出机构、沪深证券交易所与省级发展改革委加强协作，做好项目遴选与推荐工作。

三是中国证监会制定规则、交易所发行审查。《通知》明确：中国证监会制定公开募集基础设施证券投资基金相关规则，对基金管理人等参与主体履职要求、产品注册、份额发售、投资运作、信息披露等进行规范。沪深证券交易所比照公开发行证券相关要求建立基础设施资产支持证券发行审查制度。中国证监会各派出机构、沪深证券交易所、中国证券业协会、中国证券投资基金业协会等有关单位要抓紧建立基础设施资产支持证券受理、审核、备案、信息披露和持续监管的工作机制，做好投资者教育和市场培育，参照公开发行证券相关要求强化对基础设施资产支持证券发行等环节相关参与主体的监督管理，压实中介机构责任，落实各项监管要求。

四是密切沟通协作、加强信息共享。《通知》明确：中国证监会、国家发展改革委密切沟通协作、加强信息共享，协调解决基础设施 REITs 试点过程中存在的问题与困难，并支持探索开展基础设施 REITs 试点的其他可行模式。

二、《公开募集基础设施证券投资基金指引（试行）》（中国证券监督管理委员会公告〔2020〕54 号）

2020 年 8 月 6 日，中国证监会发布《公开募集基础设施证券投资基金指引（试行）》（中国证券监督管理委员会公告〔2020〕54 号）（以下简称《指引》）。

（一）《指引》原文

公开募集基础设施证券投资基金指引（试行）

中国证券监督管理委员会公告〔2020〕54 号

第一条 为了规范公开募集基础设施证券投资基金（以下简称基础设施基金）设立、运作等相关活动，保护投资者合法权益，根据《证券法》《证券投资基金法》及其他有关法律法规，制定本指引。

第二条 本指引所称基础设施基金，是指同时符合下列特征的基金产品：

（一）80% 以上基金资产投资于基础设施资产支持证券，并持有其全部份额；基金通过基础设施资产支持证券持有基础设施项目公司全部股权；

（二）基金通过资产支持证券和项目公司等载体（以下统称特殊目的载体）取得基础设施项目完全所有权或经营权利；

（三）基金管理人主动运营管理基础设施项目，以获取基础设施项目租金、收费等稳定现金流为主要目的；

（四）采取封闭式运作，收益分配比例不低于合并后基金年度可供分配金额的

90%。

第三条 基金管理人、基金托管人从事基础设施基金活动应当恪尽职守，履行诚实信用、谨慎勤勉的义务，遵守持有人利益优先的基本原则，有效防范利益冲突，实现专业化管理和托管。

为基础设施基金提供服务的专业机构应当严格遵守法律法规，恪守职业道德、执业准则和行为规范，诚实守信、勤勉尽责、专业审慎，出具的专业意见不得存在虚假记载、误导性陈述或重大遗漏。

第四条 因基础设施基金的管理、运用或者其他情形而取得的财产和收益，归入基础设施基金财产。基础设施基金财产的债务由基础设施基金财产承担。

基础设施基金财产独立于原始权益人、基金管理人、基金托管人及其他参与机构的固有财产。

原始权益人、基金管理人、基金托管人及其他参与机构因依法解散、被依法撤销或者被依法宣告破产等原因进行清算的，基础设施基金财产不属于其清算财产。

基础设施基金财产的债权，不得与原始权益人、基金管理人、基金托管人及其他参与机构的固有财产产生的债务相抵消。不同基础设施基金财产的债权债务，不得相互抵消。

第五条 申请募集基础设施基金，拟任基金管理人应当符合《证券投资基金法》《公开募集证券投资基金运作管理办法》规定的相关条件，并满足下列要求：

（一）公司成立满 3 年，资产管理经验丰富，公司治理健全，内控制度完善；

（二）设置独立的基础设施基金投资管理部门，配备不少于 3 名具有 5 年以上基础设施项目运营或基础设施项目投资管理经验的主要负责人员，其中至少 2 名具备 5 年以上基础设施项目运营经验；

（三）财务状况良好，能满足公司持续运营、业务发展和风险防范的需要；

（四）具有良好的社会声誉，在金融监管、工商、税务等方面不存在重大不良记录；

（五）具备健全有效的基础设施基金投资管理、项目运营、内部控制与风险管理制度和流程；

（六）中国证监会规定的其他要求。

拟任基金管理人或其同一控制下的关联方应当具有不动产研究经验，配备充足的专业研究人员；具有同类产品或业务投资管理或运营专业经验，且同类产品或业务不存在重大未决风险事项。

第六条 申请募集基础设施基金，拟任基金托管人应当符合《证券投资基金法》《公开募集证券投资基金运作管理办法》规定的相关条件，并满足下列要求：

（一）财务状况良好，风险控制指标符合监管部门相关规定；

（二）具有良好的社会声誉，在金融监管、工商、税务等方面不存在重大不良记录；

（三）具有基础设施领域资产管理产品托管经验；

（四）为开展基础设施基金托管业务配备充足的专业人员；

（五）中国证监会规定的其他要求。

基础设施基金托管人与基础设施资产支持证券托管人应当为同一人。

第七条 申请注册基础设施基金前，基金管理人应当对拟持有的基础设施项目进行全面的尽职调查，聘请符合规定的专业机构提供评估、法律、审计等专业服务，与基础设施资产支持证券管理人协商确定基础设施资产支持证券设立、发行等相关事宜，确保基金注册、份额发售、投资运作与资产支持证券设立、发行之间有效衔接。

第八条 基础设施基金拟持有的基础设施项目应当符合下列要求：

（一）原始权益人享有完全所有权或经营权利，不存在重大经济或法律纠纷，且不存在他项权利设定，基础设施基金成立后能够解除他项权利的除外；

（二）主要原始权益人企业信用稳健、内部控制健全，最近 3 年无重大违法违规行为；

（三）原则上运营 3 年以上，已产生持续、稳定的现金流，投资回报良好，并具有持续经营能力、较好增长潜力；

（四）现金流来源合理分散，且主要由市场化运营产生，不依赖第三方补贴等非经常性收入；

（五）中国证监会规定的其他要求。

第九条 基金管理人应当制定完善的尽职调查内部管理制度，建立健全业务流程，对基础设施项目出具的尽职调查报告应当包括下列内容：

（一）基础设施项目原始权益人及其控股股东、实际控制 5 人，项目管理机构等主要参与机构情况；

（二）基础设施项目财务情况；

（三）基础设施项目对外借款情况，及基础设施基金成立后保留对外借款相关情况（如适用）；

（四）基础设施项目现金流的稳定性和历史记录，及未来现金流的合理测算和分析；

（五）已签署正在履行期内及拟签署的全部重要协议；

（六）安全生产及环境保护情况，及是否符合城市规划要求；

（七）基础设施项目法律权属，及是否存在抵押、查封、扣押、冻结等他项权利限制和应付未付义务；

（八）是否已购买基础设施项目保险，及承保范围和保险金额；

（九）同业竞争、关联关系及关联交易等潜在利益冲突情况；

（十）基础设施基金是否可合法取得基础设施项目的所有权或经营权利；

（十一）可能影响基础设施项目运营的其他重要事项。

第十条 基金管理人可以与资产支持证券管理人联合开展尽职调查，必要时还可以聘请财务顾问开展尽职调查，但基金管理人与资产支持证券管理人依法应当承担的责任不因聘请财务顾问而免除。基金管理人或其关联方与原始权益人存在关联关系，或享有基础设施项目权益时，应当聘请第三方财务顾问独立开展尽职调查，并出具财务顾问报告。

财务顾问应当由取得保荐业务资格的证券公司担任。基金管理人、财务顾问应按照法律法规及中国证监会有关规定对基础设施项目进行尽职调查，充分了解基础设施项目的经营状况及其面临的风险和问题。

第十一条 申请注册基础设施基金前，基金管理人应当聘请独立的评估机构对拟持有的基础设施项目进行评估，并出具评估报告。

评估机构应当按照《证券投资基金法》第九十七条规定经中国证监会备案，并符合国家主管部门相关要求，具备良好资质和稳健的内部控制机制，合规运作、诚信经营、声誉良好，不得存在可能影响其独立性的行为。评估机构为同一只基础设施基金提供评估服务不得连续超过 3 年。评估机构在评估过程中应当客观、独立、公正，遵守一致性、一贯性及公开、透明、可校验原则，不得随意调整评估方法和评估结果。

第十二条 评估报告包括下列内容：

（一）评估基础及所用假设的全部重要信息；

（二）所采用的评估方法及评估方法的选择依据和合理性说明；

（三）基础设施项目详细信息，包括基础设施项目地址、权属性质、现有用途、经营现状等，每期运营收入、应缴税收、各项支出等收益情况及其他相关事项；

（四）基础设施项目的市场情况，包括供求情况、市场趋势等；

（五）影响评估结果的重要参数，包括土地使用权或经营权利剩余期限、运营收入、运营成本、运营净收益、资本性支出、未来现金流变动预期、折现率等；

（六）评估机构独立性及评估报告公允性的相关说明；

（七）调整所采用评估方法或重要参数情况及理由（如有）；

（八）可能影响基础设施项目评估的其他事项。

基础设施基金份额首次发售，评估基准日距离基金份额发售公告日不得超过 6 个月；基金运作过程中发生购入或出售基础设施项目等情形时，评估基准日距离签署购入或出售协议等情形发生日不得超过 6 个月。

第十三条 申请注册基础设施基金前，基金管理人应当聘请符合条件的律师事务所就基础设施项目合法合规性、基础设施项目转让行为合法性、主要参与机构资质等出具法律意见书，聘请符合条件的会计师事务所对基础设施项目财务情况进行审计并出具报告。

第十四条 申请注册基础设施基金，基金管理人应当向中国证监会提交下列材料：

（一）《证券投资基金法》《公开募集证券投资基金运作管理办法》要求的公开募集证券投资基金注册申请文件；

（二）基金管理人及资产支持证券管理人相关说明材料，包括但不限于：投资管理、项目运营、内部控制与风险管理制度和流程，部门设置与人员配备，同类产品与业务管理情况等；

（三）拟投资基础设施资产支持证券相关说明材料，包括但不限于：资产支持专项计划说明书、法律意见书、拟提交中国证券投资基金业协会备案材料等；

（四）拟投资基础设施资产支持证券认购协议；

（五）基金管理人与主要参与机构签订的协议文件；

（六）中国证监会规定提交的其他材料。

基础设施基金拟在证券交易所上市的，基金管理人应当同步向证券交易所提交相关上市申请。证券交易所同意基础设施资产支持证券挂牌和基础设施基金上市的，应当将无异议函在产品注册前报送中国证监会。

第十五条 基础设施基金经中国证监会注册后，基金管理人应当在基金份额公开发售 3 日前，依法披露基金合同、托管协议、招募说明书、基金份额发售公告、基金产品资料概要等法律文件。

基金招募说明书除按照法律法规要求披露相关信息外，还应当披露下列信息：

（一）基础设施基金整体架构及拟持有特殊目的载体情况；

（二）基金份额发售安排；

（三）预期上市时间表；

（四）基础设施基金募集及存续期相关费用，并说明费用收取的合理性；

（五）募集资金用途；

（六）基础设施资产支持证券基本情况；

（七）基础设施项目基本情况，包括项目所在地区宏观经济概况、基础设施项目所属行业和市场概况、项目概况、运营数据、合规情况、风险情况等；

（八）基础设施项目财务状况及经营业绩分析；

（九）基础设施项目现金流测算分析；

（十）基础设施项目运营未来展望；

（十一）为管理基础设施基金配备的主要负责人员情况；

（十二）基础设施项目运营管理安排，聘请外部管理机构的，应当披露外部管理机构基本信息、人员配备、项目资金收支及风险管控安排等；

（十三）借款安排，基础设施基金成立后保留基础设施项目已存在对外借款的，应当充分说明理由，详细说明保留借款的金额、比例、偿付安排、符合法定条件的说明及对基础设施项目收益的影响，并充分揭示相关风险；

（十四）关联关系、关联交易等潜在利益冲突及防控措施，包括基金管理人与原始权益人关联关系情况，基金管理人运用基金财产买卖基础设施资产支持证券涉及的关联交易及其他关联交易概况，基金管理人就关联交易采取的内控措施等；

（十五）基础设施项目原始权益人基本情况，及原始权益人或其同一控制下的关联方拟认购基础设施基金份额情况；

（十六）基础设施基金募集失败的情形和处理安排；

（十七）基础设施基金拟持有的基础设施项目权属到期、处置等相关安排；

（十八）主要原始权益人及其控股股东、实际控制人对相关事项的承诺；

（十九）基础设施项目最近3年及一期的财务报告及审计报告，最近一期财务报告截止日距离招募说明书披露日不超过6个月。如无法提供上述材料，则应当充分说明理由，并提供基础设施项目财务状况和运营情况；

（二十）经会计师事务所审阅的基金可供分配金额测算报告，测算期限不超过2年且不晚于第二年年度最后一日；

（二十一）基础设施项目尽职调查报告、财务顾问报告（如有）；

（二十二）基础设施项目评估报告；

（二十三）主要参与机构基本情况，包括名称、注册地址与办公地址、成立日期、通讯方式、法定代表人、主要业务负责人等；

（二十四）可能影响投资者决策的其他重要信息。

第十六条 基础设施基金份额认购价格应当通过向网下投资者询价的方式确定。基金管理人或其聘请的财务顾问受委托办理基础设施基金份额发售的路演推介、询价、定价、配售等相关业务活动。

第十七条 网下投资者为证券公司、基金管理公司、信托公司、财务公司、保险公司、合格境外机构投资者、商业银行及其理财子公司、符合规定的私募基金管理人以及其他中国证监会认可的专业机构投资者。全国社会保障基金、基本养老保险基金、年金基金等。可根据有关规定参与基础设施基金网下询价。

第十八条 基础设施项目原始权益人或其同一控制下的关联方参与基础设施基金份额战略配售的比例合计不得低于本次基金份额发售数量的20%，其中基金份额发售总量的20%持有期自上市之日起不少于60个月，超过20%部分持有期自上市之日起不少于36个月，基金份额持有期间不允许质押。原始权益人或其同一控制下的关联方拟卖出战略配售取得的基础设施基金份额的，应当按照相关规定履行信息披露义务。

基础设施项目原始权益人或其同一控制下的关联方以外的专业机构投资者可以参与基础设施基金份额战略配售，战略配售比例由基金管理人合理确定，持有基础设施基金份额期限自上市之日起不少于12个月。

基金管理人应当与战略投资者事先签署配售协议，且应当在基金合同、招募说明书等法律文件中披露战略投资者选择标准、向战略投资者配售的基金份额总量、占本次基金份额发售比例及持有期限等。

第十九条 扣除向战略投资者配售部分后，基础设施基金份额向网下投资者发售比例不得低于本次公开发售数量的70%。

对网下投资者进行分类配售的，同类投资者获得的配售比例应当相同。

第二十条 网下询价结束后，基金管理人应当及时向公众投资者公告基金份额认购价格。

公众投资者通过基金销售机构以询价确定的认购价格参与基础设施基金份额认购。

第二十一条 基金管理人应当严格落实投资者适当性管理制度，会同基金销售机构认真做好产品风险评价、投资者风险承受能力与投资目标识别、适当性匹配等投资者适当性管理工作，将适当的产品销售给适合的投资者。

第二十二条 基金管理人应当制作基础设施基金产品资料概要，简明清晰说明基金产品结构及风险收益特征，在基金合同、招募说明书及产品资料概要显著位置，充分揭示基础设施基金投资运作、交易等环节的主要风险。

第二十三条 基金管理人及基金销售机构应当加强投资者教育，引导投资者充分认识基础设施基金风险特征，要求普通投资者在首次购买环节以纸质或电子形式确认其了解基础设施基金产品特征及主要风险。

第二十四条 基金募集期限届满，出现下列情形之一的，基础设施基金募集失败：

（一）基金份额总额未达到准予注册规模的80%；

（二）募集资金规模不足2亿元，或投资人少于1000人；

（三）原始权益人或其同一控制下的关联方未按规定参与战略配售；

（四）扣除战略配售部分后，向网下投资者发售比例低于本次公开发售数量的70%；

（五）导致基金募集失败的其他情形。

基金募集失败的，基金管理人应当在募集期限届满后30日内返还投资人已交纳的款项，并加计银行同期存款利息。

第二十五条 基础设施基金成立后，基金管理人应当将80%以上基金资产投资于与其存在实际控制关系或受同一控制人控制的管理人设立发行的基础设施资产支持证券全部份额，并通过特殊目的载体获得基础设施项目全部所有权或经营权利，拥有特殊目的载体及基础设施项目完全的控制权和处置权。前述行为应当按照相关法律法规关于重大关联交易要求履行适当程序、依法披露。

基础设施基金投资基础设施资产支持证券的比例不受《公开募集证券投资基金运作管理办法》第三十二条第（一）项、第（二）项限制。

第二十六条 基础设施基金除投资基础设施资产支持证券外，其余基金资产应当依法投资于利率债，AAA级信用债，或货币市场工具。

第二十七条 基础设施基金应当采取封闭式运作，符合法定条件并经证券交易所依法审核同意后，可上市交易。

第二十八条 基础设施基金成立前，基础设施项目已存在对外借款的，应当在基础设施基金成立后以募集资金予以偿还，满足本条第二款规定且不存在他项权利设定的对外借款除外。

基础设施基金直接或间接对外借入款项，应当遵循基金份额持有人利益优先原则，不得依赖外部增信，借款用途限于基础设施项目日常运营、维修改造、项目收购等，且基金总资产不得超过基金净资产的140%。其中，用于基础设施项目收购的借款应当符合下列条件：

（一）借款金额不得超过基金净资产的20%；

（二）基础设施基金运作稳健，未发生重大法律、财务、经营等风险；

（三）基础设施基金已持基础设施和拟收购基础设施相关资产变现能力较强且可以分拆转让以满足偿还借款要求，偿付安排不影响基金持续稳定运作；

（四）基础设施基金可支配现金流足以支付已借款和拟借款本息支出，并能保障基金分红稳定性；

（五）基础设施基金具有完善的融资安排及风险应对预案；

（六）中国证监会规定的其他要求。

基础设施基金总资产被动超过基金净资产140%的，基础设施基金不得新增借款，基金管理人应当及时向中国证监会报告相关情况及拟采取的措施等。

第二十九条 基金管理人运用基金财产收购基础设施项目后从事其他重大关联交易的，除应当按照相关法律法规要求防范利益冲突、健全内部制度、履行适当程序外，还应当按照《证券投资基金法》《公开募集证券投资基金运作管理办法》和本指引要求召开基金份额持有人大会。

基金管理人董事会应至少每半年对关联交易事项进行审查。

第三十条 基础设施基金应当将90%以上合并后基金年度可供分配金额以现金形式分配给投资者。基础设施基金的收益分配在符合分配条件的情况下每年不得少于1次。

可供分配金额是在净利润基础上进行合理调整后的金额，相关计算调整项目至少包括基础设施项目资产的公允价值变动损益、折旧与摊销，同时应当综合考虑项目公司持续发展、偿债能力和经营现金流等因素，具体由中国证券投资基金业协会另行规定。

基础设施基金进行分配的，应当至少在权益登记日前2个交易日公告权益登记日、收益分配基准日、现金红利发放日、可供分配金额（含净利润、调整项目及调整原因）、按照基金合同约定应分配金额等事项。

第三十一条 基础设施基金募集期间产生的评估费、财务顾问费（如有）、会计师费、律师费等各项费用不得从基金财产中列支。如基础设施基金募集失败，上述相关费用不得从投资者认购款项中支付。

基础设施基金存续期间发生的与基金有关的下列费用可以从基金财产中列支：

（一）基金管理费、托管费；

（二）为基金提供专业服务的会计师事务所、律师事务所等收取的服务费用；

（三）由基金财产承担的其他费用。

第三十二条 除《证券投资基金法》规定的情形外，发生下列情形的，应当经参加大会的基金份额持有人所持表决权的二分之一以上表决通过：

（一）金额超过基金净资产 20% 且低于基金净资产 50% 的基础设施项目购入或出售；

（二）金额低于基金净资产 50% 的基础设施基金扩募；

（三）基础设施基金成立后发生的金额超过基金净资产 5% 且低于基金净资产 20% 的关联交易；

（四）除基金合同约定解聘外部管理机构的法定情形外，基金管理人解聘外部管理机构的。

除《证券投资基金法》规定的情形外，发生下列情形的，应当经参加大会的基金份额持有人所持表决权的三分之二以上表决通过：

（一）对基础设施基金的投资目标、投资策略等作出重大调整；

（二）金额占基金净资产 50% 及以上的基础设施项目购入或出售；

（三）金额占基金净资产 50% 及以上的扩募；

（四）基础设施基金成立后发生的金额占基金净资产 20% 及以上的关联交易。

基金份额持有人与表决事项存在关联关系的，应当回避表决，其所持份额不计入有表决权的基金份额总数。证券交易所应当为基金份额持有人大会提供网络投票系统。

基础设施基金就扩募、项目购入或出售等重大事项召开基金份额持有人大会的，相关信息披露义务人应当依法公告持有人大会事项，披露相关重大事项的详细方案及法律意见书等文件，方案内容包括但不限于：交易概况、交易标的及交易对手方的基本情况、交易标的定价方式、交易主要风险、交易各方声明与承诺等。

第三十三条 基础设施基金存续期间拟购入基础设施项目的，应当按照《公开募集证券投资基金运作管理办法》第四十条相关规定履行变更注册等程序。需提交基金份额持有人大会投票表决的，应当事先履行变更注册程序。

基础设施基金存续期间拟购入基础设施项目的标准和要求、战略配售安排、尽职调查要求、信息披露等应当与基础设施基金首次发售要求一致，中国证监会认定的情形除外。

第三十四条 基础设施基金存续期间，基金管理人应当聘请评估机构对基础设施项目资产每年进行 1 次评估。出现下列情形之一的，基金管理人应当及时聘请评估机构对基础设施项目资产进行评估：

（一）基础设施项目购入或出售；

（二）基础设施基金扩募；

（三）提前终止基金合同拟进行资产处置；

（四）基础设施项目现金流发生重大变化且对持有人利益有实质性影响；

（五）对基金份额持有人利益有重大影响的其他情形。

第三十五条 除《公开募集证券投资基金信息披露管理办法》规定的情形外，发生下列情形之一的，基金管理人应当依法编制并发布临时公告：

（一）基础设施基金发生重大关联交易；

（二）基础设施项目公司对外借入款项或者基金总资产被动超过基金净资产140%；

（三）金额占基金净资产10%及以上的交易；

（四）金额占基金净资产10%及以上的损失；

（五）基础设施项目购入或出售；

（六）基础设施基金扩募；

（七）基础设施项目运营情况、现金流或产生现金流能力发生重大变化；

（八）基金管理人、基础设施资产支持证券管理人发生重大变化或管理基础设施基金的主要负责人员发生变动；

（九）更换评估机构、律师事务所、会计师事务所等专业机构；

（十）原始权益人或其同一控制下的关联方卖出战略配售取得的基金份额；

（十一）可能对基础设施基金份额持有人利益或基金资产净值产生重大影响的其他事项。

第三十六条 基金管理人应当按照法律法规及中国证监会相关规定，编制并披露基础设施基金定期报告，内容包括：

（一）基础设施基金产品概况及主要财务指标。季度报告主要财务指标包括基金本期收入、本期净利润、本期经营活动产生的现金流量、本期可供分配金额和单位可供分配金额及计算过程、本期及过往实际分配金额（如有）和单位实际分配金额（如有）等；中期报告和年度报告主要财务指标除前述指标外还应当包括期末基金总资产、期末基金净资产、期末基金份额净值、基金总资产占基金净资产比例等，年度报告需说明实际可供分配金额与测算可供分配金额差异情况（如有）；

（二）基础设施项目明细及相关运营情况；

（三）基础设施基金财务报告及基础设施项目财务状况、业绩表现、未来展望情况；

（四）基础设施项目现金流归集、管理、使用及变化情况，如单一客户占比较高的，应当说明该收入的公允性和稳定性；

（五）基础设施项目公司对外借入款项及使用情况，包括不符合本指引借款要求的情况说明；

（六）基础设施基金与资产支持证券管理人和托管人、外部管理机构等履职情况；

（七）基础设施基金与资产支持证券管理人、托管人及参与机构费用收取情况；

（八）报告期内购入或出售基础设施项目情况；

（九）关联关系、报告期内发生的关联交易及相关利益冲突防范措施；

（十）报告期内基础设施基金份额持有人结构变化情况，并说明关联方持有基础设施基金份额及变化情况；

（十一）可能影响投资者决策的其他重要信息。

基础设施基金季度报告披露内容可不包括前款第（三）（六）（九）（十）项，基础设施基金年度报告应当载有年度审计报告和评估报告。

基础设施基金应当充分披露与产品特征相关的重要信息。确不适用的常规基金信息披露事项，基础设施基金可不予披露，包括但不限于：每周基金资产净值和基金份额净值，半年度和年度最后一个交易日基金份额净值和基金份额累计净值，定期报告基金净值增长率及相关比较信息。

基金信息披露文件涉及评估报告相关事项的，应在显著位置特别声明相关评估结果不代表基础设施项目资产的真实市场价值，也不代表基础设施项目资产能够按照评估结果进行转让。

第三十七条 基金管理人应当按照法律法规、企业会计准则及中国证监会相关规定进行资产负债确认计量，编制基础设施基金中期与年度合并及单独财务报表，财务报表至少包括资产负债表、利润表、现金流量表、所有者权益变动表及报表附注。基金托管人复核基金信息披露文件时，应当加强对基金管理人资产确认计量过程的复核。会计师事务所在年度审计中应当评价基金管理人和评估机构采用的评估方法和参数的合理性。

第三十八条 基础设施基金运作过程中，基金管理人应当按照法律法规规定和基金合同约定主动履行基础设施项目运营管理职责，包括：

（一）及时办理基础设施项目、印章证照、账册合同、账户管理权限交割等；

（二）建立账户和现金流管理机制，有效管理基础设施项目租赁、运营等产生的现金流，防止现金流流失、挪用等；

（三）建立印章管理、使用机制，妥善管理基础设施项目各种印章；

（四）为基础设施项目购买足够的财产保险和公众责任保险；

（五）制定及落实基础设施项目运营策略；

（六）签署并执行基础设施项目运营的相关协议；

（七）收取基础设施项目租赁、运营等产生的收益，追收欠缴款项等；

（八）执行日常运营服务，如安保、消防、通讯及紧急事故管理等；

（九）实施基础设施项目维修、改造等；

（十）基础设施项目档案归集管理等；

（十一）按照本指引要求聘请评估机构、审计机构进行评估与审计；

（十二）依法披露基础设施项目运营情况；

（十三）提供公共产品和服务的基础设施资产的运营管理，应符合国家有关监管要求，严格履行运营管理义务，保障公共利益；

（十四）建立相关机制防范外部管理机构的履约风险、基础设施项目经营风险、关联交易及利益冲突风险、利益输送和内部人控制风险等基础设施项目运营过程中的风险；

（十五）按照基金合同约定和持有人利益优先的原则，专业审慎处置资产；

（十六）中国证监会规定的其他职责。

第三十九条 基金管理人可以设立专门的子公司承担基础设施项目运营管理职责，也可以委托外部管理机构负责第三十八条第（四）至（九）项运营管理职责，其依法应当承担的责任不因委托而免除。

基金管理人委托外部管理机构运营管理基础设施项目的，应当自行派员负责基础设施项目公司财务管理。基金管理人与外部管理机构应当签订基础设施项目运营管理服务协议，明确双方的权利义务、费用收取、外部管理机构考核安排、外部管理机构解聘情形和程序、协议终止情形和程序等事项。

第四十条 外部管理机构应当按照《证券投资基金法》第九十七条规定经中国证监会备案，并持续符合下列要求：

（一）具有符合国家规定的不动产运营管理资质（如有）；

（二）具备丰富的基础设施项目运营管理经验，配备充足的具有基础设施项目运营经验的专业人员，其中具有5年以上基础设施项目运营经验的专业人员不少于2名；

（三）公司治理与财务状况良好；

（四）中国证监会规定的其他要求。

外部管理机构受委托从事基础设施项目运营管理的，不得泄露因职务便利获取的未公开信息，不得利用该信息从事或者明示、暗示他人从事相关交易活动。外部管理机构同时向其他机构提供基础设施项目运营管理服务的，应当采取充分、适当的措施避免可能出现的利益冲突。外部管理机构不得将受委托运营管理基础设施的主要职责转委托给其他机构。外部管理机构应当配合基金管理人等机构履行信息披露义务，确保提供的文件资料真实、准确、完整。

第四十一条 基金管理人应当对接受委托的外部管理机构进行充分的尽职调查，确保其在专业资质（如有）、人员配备、公司治理等方面符合法律法规要求，具备充分的履职能力。

基金管理人应当持续加强对外部管理机构履职情况的监督，至少每年对其履职情况进行评估，确保其勤勉尽责履行运营管理职责。基金管理人应当定期检查外部管理机构就其获委托从事基础设施项目运营管理活动而保存的记录、合同等文件，检查频率不少于每半年1次。

委托事项终止后，基金管理人应当妥善保管基础设施项目运营维护相关档案。

第四十二条 外部管理机构应当勤勉尽责、专业审慎运营管理基础设施项目，发生下列情形之一的，基金管理人应当解聘外部管理机构：

（一）外部管理机构因故意或重大过失给基础设施基金造成重大损失；

（二）外部管理机构依法解散、被依法撤销、被依法宣告破产或者出现重大违法违规行为；

（三）外部管理机构专业资质、人员配备等发生重大不利变化已无法继续履职。

基金管理人应当在基金合同等法律文件中明确约定上述解聘外部管理机构的法定情形。除上述法定情形外，基金管理人解聘、更换外部管理机构的，应当提交基金份额持有人大会投票表决。与外部管理机构存在关联关系的基金份额持有人就解聘、更换外部管理机构事项无需回避表决，中国证监会认可的特殊情形除外。

第四十三条 基础设施基金原始权益人不得侵占、损害基础设施基金所持有的基础设施项目，并应当履行下列义务：

（一）配合基金管理人、基金托管人以及其他为基础设施基金提供服务的专业机构履行职责；

（二）确保基础设施项目真实、合法，确保向基金管理人等机构提供的文件资料真实、准确、完整，不存在虚假记载、误导性陈述或者重大遗漏；

（三）依据法律法规、基金合同及相关协议约定及时移交基础设施项目及相关印章证照、账册合同、账户管理权限等；

（四）法律法规及相关协议约定的其他义务。

主要原始权益人及其控股股东、实际控制人应当承诺，提供的文件资料存在隐瞒重要事实或者编造重大虚假内容等重大违法违规行为的，应当购回全部基金份额或基础设施项目权益。

第四十四条 基金托管人应当依照法律法规规定、基金合同和托管协议约定履行下列职责：

（一）安全保管基础设施基金财产、权属证书及相关文件；

（二）监督基础设施基金资金账户、基础设施项目运营收支账户等重要资金账户及资金流向，确保符合法律法规规定和基金合同约定，保证基金资产在监督账户内封闭运行；

（三）监督、复核基金管理人按照法律法规规定和基金合同约定进行投资运作、收益分配、信息披露等；

（四）监督基金管理人为基础设施项目购买足够的保险；

（五）监督基础设施项目公司借入款项安排，确保符合法律法规规定及约定用途；

（六）法律法规及中国证监会规定的其他职责。

第四十五条 基金管理人应当在基金合同中明确约定基金合同终止的情形。触发基金合同终止情形的，基金管理人应当按照法律法规规定和基金合同约定组织清算组对基金财产进行清算。

基金清算涉及基础设施项目处置的，基金管理人应当遵循基金份额持有人利益优先的原则，按照法律法规规定进行资产处置，并尽快完成剩余财产的分配。资产处置期间，清算组应当按照法律法规规定和基金合同约定履行信息披露义务。

第四十六条 证券交易所应当比照公开发行证券要求建立基础设施资产支持证券挂牌及基金上市审查制度，制定基础设施基金份额发售、上市、交易、收购、信息披露、退市等具体业务规则，强化对相关参与主体的自律管理。

中国证券业协会按照自律规则对网下投资者进行注册，并实施自律管理；中国证券投资基金业协会对基础设施基金人员管理、项目尽职调查、信息披露等行为进行自律管理。

第四十七条 中国证监会及其派出机构对基金管理人、基金托管人、基础设施资产支持证券管理人、相关专业机构等从事基础设施基金运作活动进行定期或不定期检查，相关主体应当予以配合。

第四十八条 基金管理人、基金托管人、基础设施资产支持证券管理人及其从业人员等违反法律、行政法规及中国证监会规定的，中国证监会及相关派出机构可依法对其采取行政监管措施；依法应予行政处罚的，依照有关规定进行行政处罚；涉嫌犯罪的，依法移送司法机关，追究刑事责任。

第四十九条 律师事务所、会计师事务所、评估机构、财务顾问、外部管理机构等专业机构及其从业人员违反本指引，并构成违反《证券法》《证券投资基金法》《证券公司监督管理条例》《律师事务所从事证券法律业务管理办法》《证券发行上市保荐业务管理办法》等规定的违法情形的，中国证监会及相关派出机构可依法采取责令改正、监管谈话、出具警示函、限制业务活动等行政监管措施，并按照相关法律法规的规定进行处罚。

第五十条 本指引相关用语的含义如下：

（一）基础设施基金是指基金通过特殊目的载体持有基础设施项目的整体架构。

（二）基础设施资产支持证券是指依据《证券公司及基金管理公司子公司资产证券化业务管理规定》等有关规定，以基础设施项目产生的现金流为偿付来源，以基础设施资产支持专项计划为载体，向投资者发行的代表基础设施财产或财产权益份额的有价证券。基础设施包括仓储物流，收费公路、机场港口等交通设施，水电气热等市政设施，污染治理、信息网络、产业园区等其他基础设施，不含住宅和商业地产。

（三）原始权益人是指基础设施基金持有的基础设施项目的原所有人。

（四）参与机构是指为基础设施基金提供专业服务的评估机构、会计师事务所、律师事务所、外部管理机构等专业机构。

（五）基金总资产与基金净资产均指合并报表层面的基金总资产与基金净资产。

（六）本指引第三十二条所述相关金额是指连续12个月内累计发生金额。

第五十一条 本指引自公布之日起施行。

（二）《指引》内容解读

在证监发〔2020〕40号文下发后，中国证监会向社会公开征求意见，于2020年8月6日发布了《指引》，标志着公募基金又迎来划时代的新产品，《指引》共五十一条，是公募基金REITs首份规范运作的文件，主要内容包括以下几个方面。

1. 明确基础设施REITs的定义和运作模式

所谓公开募集的基础设施REITs应具备以下条件：一是80%以上基金资产投资于基础设施资产支持证券，并持有基础设施项目公司全部股权；二是基金管理人主动运营管理基础设施项目，以获取基础设施项目稳定现金流；三是将90%以上合并后基金年度可供分配收益按要求分配给投资者，即要求基金采取封闭式运作，收益分配比例不低于基金年度可供分配利润的90%。

2. 发挥中介机构作用，严控基础设施项目质量

《指引》强化基金管理人、基金托管人从事基础设施基金活动应当恪尽职守，履行诚实信用、谨慎勤勉的义务，实现专业化管理和托管。同时要求为基础设施基金提供专业服务的会计师事务所、律师事务所、外部管理机构等专业机构，严格遵守法律法规，恪守职业道德、执业准则和行为规范，诚实守信、勤勉尽责、专业审慎，以保证基础设施项目的质量。

3. 基础设施REITs财产是独立的

《指引》强调：基础设施基金财产独立于原始权益人、基金管理人、基金托管人及其他参与机构的固有财产。同时，基础设施基金财产不属于破产清算财产，即原始权益人、基金管理人、基金托管人及其他参与机构因依法解散、被依法撤销或者被依法宣告破产等原因进行清算的，基础设施基金财产不属于其清算财产。

4. 对基金管理人、托管人提出明确任职要求

《指引》不仅对基金管理人有要求，对托管人也有要求。拟任基金管理人应当符合有关规定，并满足下列要求。

（一）公司成立满 3 年，资产管理经验丰富，公司治理健全，内控制度完善；

（二）设置独立的基础设施基金投资管理部门，配备不少于 3 名具有 5 年以上基础设施项目运营或基础设施项目投资管理经验的主要负责人员，其中至少 2 名具备 5 年以上基础设施项目运营经验；

（三）财务状况良好，能满足公司持续运营、业务发展和风险防范的需要；

（四）具有良好的社会声誉，在金融监管、工商、税务等方面不存在重大不良记录；

（五）具备健全有效的基础设施基金投资管理、项目运营、内部控制与风险管理制度和流程；

（六）中国证监会规定的其他要求。

拟任基金管理人或其同一控制下的关联方应当具有不动产研究经验，配备充足的专业研究人员；具有同类产品或业务投资管理或运营专业经验，且同类产品或业务不存在重大未决风险事项。

基础设施基金托管人与基础设施资产支持证券托管人应当为同一人。

5. 对所持有基础资产的要求

基础资产是开展 REITs 的重要条件和基础，《指引》对原始权益人及基金所投资的基础设施项目都提出了明确要求，具体如下。

（一）原始权益人享有完全所有权或经营权利，不存在重大经济或法律纠纷，且不存在他项权利设定，基础设施基金成立后能够解除他项权利的除外；

（二）主要原始权益人企业信用稳健、内部控制健全，最近 3 年无重大违法违规行为；

（三）原则上运营 3 年以上，已产生持续、稳定的现金流，投资回报良好，并具有持续经营能力、较好增长潜力；

（四）现金流来源合理分散，且主要由市场化运营产生，不依赖第三方补贴等非经常性收入；

（五）中国证监会规定的其他要求。

6. 注册基础设施基金前应聘请独立评估机构评估

与其他公募基金运作有一定区别，基础设施公募 REITs 应聘请独立的评估机构对拟持有的基础设施项目进行评估。

《指引》第十一条规定：申请注册基础设施基金前，基金管理人应当聘请独立的评估机构对拟持有的基础设施项目进行评估，并出具评估报告。

评估机构应当按照《证券投资基金法》第九十七条规定经中国证监会备案，并符合国家主管部门相关要求，具备良好资质和稳健的内部控制机制，合规运作、诚信经营、声誉良好，不得存在可能影响其独立性的行为。评估机构为同一只基础设施基金提供评估服务不得连续超过3年。评估机构在评估过程中应当客观、独立、公正，遵守一致性、一贯性及公开、透明、可校验原则，不得随意调整评估方法和评估结果。

7. 明确基金的定价方式及认购安排

《指引》借鉴境外市场公募REITs成熟做法，采用网下投资者询价的方式确定基金份额认购价格。

网下投资者包括：证券公司、基金管理公司、信托公司、财务公司、保险公司、合格境外机构投资者、商业银行及其理财子公司、符合规定的私募基金管理人以及其他中国证监会认可的专业机构投资者。

公众投资者通过基金销售机构以询价确定的认购价格参与基础设施基金份额认购。

8. 明确原始权益人及专业投资者配售基金比例

《指引》第十八条要求，基础设施项目原始权益人或其同一控制下的关联方参与基础设施基金份额战略配售的比例合计不得低于本次基金份额发售数量的20%，其中基金份额发售总量的20%持有期自上市之日起不少于60个月，超过20%部分持有期自上市之日起不少于36个月，基金份额持有期间不允许质押。

其他专业投资者可以参与基金份额战略配售，战略配售比例由基金管理人合理确定，持有期限自上市之日起不少于12个月。

9. 规范公募基金的投资运作

《指引》要求基础设施REITs采取封闭式运作，符合条件可以在交易所上市交易。基金管理人应当将80%以上基金资产投资于资产支持证券产品，且基金管理人资产支持证券管理人存在实际控制关系或受同一控制人控制，并通过特殊目的载体获得基础设施项目全部所有权或经营权利。

10. 基础设施REITs成立的门槛不少于1000人

普通公募基金份额不少于2亿份，基金份额持有人人数达到200人以上，而基础设施REITs首发投资者要求不少于1000人。

《指引》第二十四条指出：基金募集期限届满，出现下列情形之一的，基础设施基金募集失败：

（一）基金份额总额未达到准予注册规模的80%；

（二）募集资金规模不足2亿元，或投资人少于1000人；

（三）原始权益人或其同一控制下的关联方未按规定参与战略配售；

（四）扣除战略配售部分后，向网下投资者发售比例低于本次公开发售数量的

70%；

（五）导致基金募集失败的其他情形。

11. 对基金负债管理的要求

《指引》第二十八条要求，基础设施基金成立前，基础设施项目已存在对外借款的，应当在基础设施基金成立后以募集资金予以偿还，满足本条第二款规定且不存在他项权利设定的对外借款除外。

基础设施基金直接或间接对外借入款项，应当遵循基金份额持有人利益优先原则，不得依赖外部增信，借款用途限于基础设施项目日常运营、维修改造、项目收购等，且基金总资产不得超过基金净资产的 140%。其中，用于基础设施项目收购的借款应当符合下列条件：

（一）借款金额不得超过基金净资产的 20%；

（二）基础设施基金运作稳健，未发生重大法律、财务、经营等风险；

（三）基础设施基金已持基础设施和拟收购基础设施相关资产变现能力较强且可以分拆转让以满足偿还借款要求，偿付安排不影响基金持续稳定运作；

（四）基础设施基金可支配现金流足以支付已借款和拟借款本息支出，并能保障基金分红稳定性；

（五）基础设施基金具有完善的融资安排及风险应对预案；

（六）中国证监会规定的其他要求。

12. 相关费用不能在募集期间从基金财产列支

为了保护投资者的利益，《指引》对基金在募集期间限制部分费用列支作出了规定，具体如下：

基础设施基金募集期间产生的评估费、财务顾问费（如有）、会计师费、律师费等各项费用不得从基金财产中列支。如基础设施基金募集失败，上述相关费用不得从投资者认购款项中支付。

基础设施基金存续期间发生的与基金有关的下列费用可以从基金财产中列支：

（一）基金管理费、托管费；

（二）为基金提供专业服务的会计师事务所、律师事务所等收取的服务费用；

（三）由基金财产承担的其他费用。

13.《指引》对于基金运作中重大事项的表决做了规定

《指引》规定，除《证券投资基金法》规定的情形外，发生下列情形的，应当经参加大会的基金份额持有人所持表决权的二分之一以上表决通过：

（一）金额超过基金净资产 20% 且低于基金净资产 50% 的基础设施项目购入或出售；

（二）金额低于基金净资产 50% 的基础设施基金扩募；

（三）基础设施基金成立后发生的金额超过基金净资产 5% 且低于基金净资产 20% 的关联交易；

（四）除基金合同约定解聘外部管理机构的法定情形外，基金管理人解聘外部管理机构的。

除《证券投资基金法》规定的情形外，发生下列情形的，应当经参加大会的基金份额持有人所持表决权的三分之二以上表决通过：

（一）对基础设施基金的投资目标、投资策略等作出重大调整；

（二）金额占基金净资产 50% 及以上的基础设施项目购入或出售；

（三）金额占基金净资产 50% 及以上的扩募；

（四）基础设施基金成立后发生的金额占基金净资产 20% 及以上的关联交易。

14. 可设立专门子公司承担项目运营管理

基础设施项目运营管理直接涉及投资者收益回报和风险控制，基金管理人可以设置专门子公司管理，也可委托外部专业机构管理。

《指引》要求，基金管理人可以设立专门的子公司承担基础设施项目运营管理职责，也可以委托外部管理机构负责第三十八条第（四）至第（九）项运营管理职责，其依法应当承担的责任不因委托而免除。

基金管理人委托外部管理机构运营管理基础设施项目的，应当自行派员负责基础设施项目公司财务管理。基金管理人与外部管理机构应当签订基础设施项目运营管理服务协议，明确双方的权利义务、费用收取、外部管理机构考核安排、外部管理机构解聘情形和程序、协议终止情形和程序等事项。

15. 基金运营期加强重大事项临时披露

信息披露是公募基金的重要制度，《指引》规定，除《公开募集证券投资基金信息披露管理办法》规定的情形外，发生下列情形之一的，基金管理人应当依法编制并发布临时公告：

（一）基础设施基金发生重大关联交易；

（二）基础设施项目公司对外借入款项或者基金总资产被动超过基金净资产 140%；

（三）金额占基金净资产 10% 及以上的交易；

（四）金额占基金净资产 10% 及以上的损失；

（五）基础设施项目购入或出售；

（六）基础设施基金扩募；

（七）基础设施项目运营情况、现金流或产生现金流能力发生重大变化；

（八）基金管理人、基础设施资产支持证券管理人发生重大变化或管理基础设施基金的主要负责人员发生变动；

（九）更换评估机构、律师事务所、会计师事务所等专业机构；

（十）原始权益人或其同一控制下的关联方卖出战略配售取得的基金份额；

（十一）可能对基础设施基金份额持有人利益或基金资产净值产生重大影响的其他事项。

三、《国家发展改革委办公厅关于做好基础设施领域不动产投资信托基金（REITs）试点项目申报工作的通知》（发改办投资〔2020〕586 号）

2020 年 8 月 3 日，国家发展改革委办公厅发布了《国家发展改革委办公厅关于做好基础设施领域不动产投资信托基金（REITs）试点项目申报工作的通知》（发改办投资〔2020〕586 号）（以下简称《通知》）。

（一）《通知》原文

国家发展改革委办公厅关于做好基础设施领域不动产投资信托基金（REITs）试点项目申报工作的通知

发改办投资〔2020〕586 号

各省、自治区、直辖市、计划单列市发展改革委，新疆生产建设兵团发展改革委：

按照我委与中国证监会联合印发的《关于推进基础设施领域不动产投资信托基金（REITs）试点相关工作的通知》（以下简称《通知》）要求，为做好试点项目申报工作，现就有关事项通知如下：

一、高度重视，切实做好试点项目组织申报工作

（一）开展基础设施 REITs 试点，是贯彻落实党中央、国务院关于防风险、去杠杆、稳投资、补短板决策部署的有效政策工具，是投融资机制的重大创新，有助于盘活存量资产，广泛调动各类社会资本积极性，促进基础设施高质量发展。各地发展改革委要高度重视、精心组织、统筹协调，按要求稳妥推进试点项目申报工作。

（二）基础设施项目手续依法合规是试点工作顺利开展的必要前提；基础设施项目持续健康平稳运营是衡量试点工作成功与否的关键标准。各地发展改革委要严格审查把关，确保项目符合国家重大战略、宏观调控政策、产业政策、固定资产投资管理法规制度，促进项目持续健康平稳运营，推动形成良性投资循环，为试点工作顺利开展奠定坚实基础。

二、聚焦重点，准确把握试点项目的地区和行业范围

（三）聚焦重点区域。优先支持位于《京津冀协同发展规划纲要》《河北雄安新区规划纲要》《长江经济带发展规划纲要》《粤港澳大湾区发展规划纲要》《长江三角洲区域一体化发展规划纲要》《海南自由贸易港建设总体方案》等国家重大战略区域范围内的基础设施项目。支持位于国务院批准设立的国家级新区、国家级经济技术开发区范围内的基础设施项目。

（四）聚焦重点行业。优先支持基础设施补短板项目，鼓励新型基础设施项目开展试点。主要包括：

1. 仓储物流项目。

2. 收费公路、铁路、机场、港口项目。

3. 城镇污水垃圾处理及资源化利用、固废危废医废处理、大宗固体废弃物综合利用项目。

4. 城镇供水、供电、供气、供热项目。

5. 数据中心、人工智能、智能计算中心项目。

6. 5G、通信铁塔、物联网、工业互联网、宽带网络、有线电视网络项目。

7. 智能交通、智慧能源、智慧城市项目。

（五）鼓励国家战略性新兴产业集群、高科技产业园、特色产业园等开展试点。项目应满足以下条件：

1. 位于国家发展改革委确定的战略性新兴产业集群，或《中国开发区审核公告目录（2018 年版）》确定的开发区范围内。

2. 业态为研发、创新设计及中试平台，工业厂房，创业孵化器和产业加速器，产业发展服务平台等园区基础设施。

3. 项目用地性质为非商业、非住宅用地。

（六）酒店、商场、写字楼、公寓、住宅等房地产项目不属于试点范围。

三、确保试点项目满足基本条件

（七）基础设施项目权属清晰、资产范围明确，发起人（原始权益人）依法合规拥有项目所有权、特许经营权或运营收费权，相关股东已协商一致同意转让。

（八）项目运营时间原则上不低于 3 年。

（九）现金流持续稳定且来源合理分散，投资回报良好，近 3 年内总体保持盈利或经营性净现金流为正。预计未来 3 年净现金流分派率（预计年度可分配现金流 / 目标不动产评估净值）原则上不低于 4%。

（十）基础设施运营管理机构具备丰富的同类项目运营管理经验，配备充足的运营管理人员，公司治理与财务状况良好，具有持续经营能力。

（十一）发起人（原始权益人）、基金管理人、基础设施运营管理机构近 3 年在投资建设、生产运营、金融监管、工商、税务等方面无重大违法违规记录，项目运营期间未出现安全、质量、环保等方面的重大问题。

四、明确试点项目申请材料要求

（十二）发起人（原始权益人）应按要求准备项目申请材料，并对申请材料的真实性负责。申请材料包括：

1. 基本情况。包括发起人（原始权益人）情况；项目及运营情况；REITs 发行总体方案；基础设施运营管理机构情况；市场机构参与等情况（详见附件 1）。

2. 合规情况。包括项目符合国家重大战略、宏观调控政策、产业政策情况；依法依规取得固定资产投资管理相关手续情况；PPP 项目合规情况、项目收益和收入来源情况；筹集资金用途情况；基础设施项目持续健康运营保障条件等情况（详见附件 2）。

3. 证明材料。项目可行性研究报告批复或核准、备案文件复印件；规划、用地、环评、施工许可证书或批复文件复印件；项目竣工验收文件和产权文件（如有）复印件；PPP 项目实施方案及批复文件、招标采购文件、PPP 合同或特许经营协议复印件；项目经审计的财务报告或备考财务报表；律师事务所就项目权属和资产范围、项目合法合规性、转让行为合法性等出具的法律意见书（向国家发展改革委正式申报前出具即可）；发起人（原始权益人）承诺材料等（详见附件 3）。

4. 国家发展改革委要求提供的其他相关材料。

五、规范试点项目申报程序

（十三）发起人（原始权益人）向项目所在地省级发展改革委报送试点项目申请材料。省级发展改革委按照"聚焦合规优质资产"的试点原则，严格把握试点项目质量。不满足试点项目基本条件或重要手续材料缺失的，不予受理。

（十四）发起人（原始权益人）拟整合跨地区的多个项目一次性发行 REITs 产品的：

1. 发起人（原始权益人）向注册地省级发展改革委报送完整的项目申请材料，并分别向相关省级发展改革委报送涉及该地区的项目材料。

2. 发起人（原始权益人）注册地省级发展改革委对本地区项目和 REITs 发行总体方案审查把关，其他相关省级发展改革委对本地区项目审查把关。

3. 对于项目收益是否满足试点基本条件，需以打包后项目整体收益进行判断。

（十五）对符合相关条件、拟推荐开展试点的项目，省级发展改革委需向我委出具无异议专项意见，文字内容需包含"经初步审核，所推荐项目符合国家重大战略、发展规划、宏观调控政策、产业政策、固定资产投资管理法规制度，以及试点区域、行业等相关要求，推荐该项目开展基础设施 REITs 试点"的表述，同时一并报送试点项目申请材料。

六、严格开展项目合规性审查

（十六）试点项目应符合相关政策要求，主要包括：

1. 符合京津冀协同发展、雄安新区建设、长江经济带发展、粤港澳大湾区建设、长三角区域一体化发展、推进海南全面深化改革开放等国家重大战略。

2. 符合国家宏观调控政策和产业政策。

3. 符合国家和当地的国民经济和社会发展规划、有关专项规划。

（十七）试点项目已依法依规取得固定资产投资管理相关手续。主要包括：

1. 项目审批、核准或备案手续。

2. 规划、用地、环评、施工许可手续。

3. 竣工验收报告（或建设、勘察、设计、施工、监理"五方验收单"，或政府批复的项目转入商运文件）。

4. 依据相关法律法规必须办理的其他重要许可手续（例如，有关项目应按照《固定资产投资项目节能审查办法》要求进行节能审查；涉及经营增值电信业务的数据中心项目应取得增值电信业务经营许可）。

应以手续办理时的法律法规、规章制度、国家政策等为依据，判定相关手续的合法合规性。

（十八）PPP 项目还需满足以下条件：

1. 2015 年以后批复实施的 PPP 项目，应符合国家关于规范有序推广 PPP 模式的规定。包括：（1）依法依规履行项目审批、核准或备案手续。（2）批复 PPP 项目实施方案。（3）通过公开招标等竞争方式确定社会资本方。（4）依照法定程序规范签订 PPP 合同。

2. 2015 年 6 月以后批复实施的特许经营项目，应符合《基础设施和公用事业特许经营管理办法》（国家发展改革委等 6 部委第 25 号令）有关规定。此前采用 BOT、TOT、股权投资等模式实施的特许经营项目，应符合当时国家关于固定资产投资建设、特许经营管理等相关规定。

3. 收入来源以使用者付费（包括按照穿透原则实质为使用者支付的费用）为主。收入来源含地方政府补贴的，需在依法依规签订的 PPP 合同或特许经营协议中有明确约定。

4. PPP 项目运营稳健、正常，未出现暂停运营等重大问题或重大合同纠纷。

（十九）鼓励将回收资金用于基础设施补短板建设。

1. 回收资金的使用应符合国家产业政策，需明确具体用途和相应金额。

2. 在符合国家政策及企业主营业务要求的条件下，回收资金可跨区域、跨行业使用。

3. 鼓励将回收资金用于国家重大战略区域范围内的重大战略项目、新的基础设施和公用事业项目建设，鼓励将回收资金用于前期工作成熟的基础设施补短板项目和新型基础设施项目建设，形成良性投资循环。

（二十）试点项目的资产范围、REITs 产品架构设计，以及基金管理人、基础设施运营管理机构等主要参与方，需符合国家固定资产投资管理相关规定和监管要求。基金合同、运营管理服务协议等法律文件中，需合理界定运营管理相关各方的权责利关系和奖惩机制，明确约定解聘、更换外部管理机构的条件和程序，促进基础设施项目持续健康平稳运营，保障公共利益。

（二十一）涉及外商投资的项目，应符合国家利用外资有关法律法规。

七、其他工作要求

（二十二）项目申报和审查工作对各种所有制企业、本地和外埠企业应一视同仁、公平对待，试点项目成熟一个申报一个。

（二十三）各省级发展改革委要与证监等部门加强沟通衔接，统筹做好试点项目储备、遴选与申报工作。涉及国有资产转让的项目，应符合国有资产管理相关规定。PPP 项目的股权转让，应获得合作政府方的同意。

（二十四）对于盘活存量资产、促进投资良性循环、推动基础设施高质量发展具有特殊示范意义的项目，各省级发展改革委在与有关方面充分沟通并达成一致的基础上，可按上述规定和要求，向我委报送申请材料。

在省级发展改革委出具专项意见基础上，国家发展改革委将严格按照《通知》要求，支持符合国家政策导向、社会效益良好、投资收益率稳定且运营管理水平较好的项目，开展基础设施 REITs 试点，将符合条件的项目推荐至中国证监会。

特此通知。

国家发展改革委办公厅
2020 年 7 月 31 日

（二）《通知》内容解读

2020 年 8 月 3 日，国家发展改革委发布《通知》，标志着基础设施开展 REITs 试点工作进入申报试点阶段。笔者从九个方面对《通知》进行系统解读，期望对读者有所帮助。

1. 怎样理解基础设施公募 REITs 的试点意义和作用

2020 年 4 月 30 日，中国证监会与国家发展改革委联合发布《关于推进基础设施领域不动产投资信托基金（REITs）试点相关工作的通知》；6 月 4 日，国家发展改革委投资司召开基础设施 REITs 试点工作座谈会，听取有关方面对试点项目申报工作的意见和建议，包括原始权益人、工程咨询机构、基金公司、证券公司、律师事务所、研究单位的意见；在此基础上，8 月 3 日国家发展改革委发布了《通知》，本次通知的内容更加注重申报细节，对申报项目的基本条件、申请材料、申报程序及合规性审查等指出明确目标和要求，距离基础设施发行 REITs 产品又前进了一步。与 4 月 30 日发布的通知相比，在聚焦重点区域和试点行业方面更加具体明了，有可操作性，并明确将 5G、通信铁塔、物联网、工业互联网、宽带网络、有线电视网络新基建项目作为重点支持行业。

公募 REITs 在基础设施领域试点推广是我国资本市场里程碑式的事件，对基础设施建设有着深远的影响。《通知》指出：开展基础设施 REITs 试点，是贯彻落实党中央、国务院关于防风险、去杠杆、稳投资、补短板决策部署的有效政策工具，是投融资机制的重大创新，有助于盘活存量资产，广泛调动各类社会资本积极性，促进基础设施高质量发展。各地发展改革委要高度重视、精心组织、统筹协调，按要求稳妥推进试点项目申报工作。

2. 怎样理解开展 REITs 试点的必要前提条件及关键标准

《通知》明确指出：基础设施项目手续依法合规是试点工作顺利开展的必要前提；基础设施项目持续健康平稳运营是衡量试点工作成功与否的关键标准。各地发展改革委要严格审查把关，确保项目符合国家重大战略、宏观调控政策、产业政策、固定资产投资管理法规制度，促进项目持续健康平稳运营，推动形成良性投资循环，为试点工作顺利开展奠定坚实基础。从上述规定可以再引申理解。

一是开展 REITs 试点的必要前提是基础设施项目手续依法合规，因为 REITs 既是资本市场标准化产品，又是公募基金形式，面对的是众多的投资者，只有依法合规的项目才可在资本市场公开募集资金，REITs 要运作规范，同样 REITs 所投资的标的项目当然也要依法合规。但这并不是说私募投资项目就不需要依法合规，依法合规及规范运作也是私募股权投资首先需要强调的内容。

二是开展 REITs 试点的关键标准是基础设施项目持续健康平稳运营。有了依法合规项目还不够，项目还应持续健康平稳运营，也就是说要有持续稳定的收益，保障项目未来可以有连续经营的现金流。REITs 是公募基金，按照规则 90% 的收入应该分配给 REITs 股东，也就是投资者。PPP 项目开展 REITs 就比较适合，在特许经营期内会有持续稳定收益，因此，PPP 与 REITs 具有高度的契合性，特别是大量使用者付费的 PPP 项目，属于 REITs 不动产投资范畴。

三是开展 REITs 符合国家重大战略、宏观和产业政策。前面已经讲了，在基础设施领域开展 REITs 试点，是贯彻落实党中央、国务院关于防风险、去杠杆、稳投资、补短板决策部署的有效政策工具。在疫情之后，经济下行压力巨大，推出政策金融工具——REITs 产品，一定会对经济起到拉动作用，REITs 要聚焦到国家重大战略、宏观和产业政策支持的项目地区与行业范围。

3. 怎样理解开展 REITs 试点要聚焦重点区域

开展 REITs 试点既然是基础设施投融资的一次重大创新，那么，就要和国家战略相结合，支持国家战略布局发展，支持重点领域发展。

一是 REITs 支持国家发展战略。当前，国家发展战略应包括京津冀协同发展、雄安新区发展、长江经济带发展、粤港澳大湾区发展、长江三角洲区域一体化发展、海南自由贸易港建设。因此，《通知》指出：优先支持位于《京津冀协同发展规划纲要》《河北雄安新区规划纲要》《长江经济带发展规划纲要》《粤港澳大湾区发展规划纲要》《长江三角洲区域一体化发展规划纲要》《海南自由贸易港建设总体方案》等国家重大战略区域范围内的基础设施项目。

二是 REITs 支持国务院批准设立的国家级新区的基础设施项目。资料显示：国家级新区是由国务院批准设立，承担国家重大发展和改革开放战略任务的综合功能区。截至 2018 年 12 月，国家级新区共有 19 个，其中 8 个在东部，2 个在中部，6 个在西部，3 个在东北。《通知》要求支持国家级新区内的基础设施项目建设，将对这些地区的基础设施建设起到积极作用。

三是 REITs 支持国家级经济技术开发区范围内的基础设施项目。国家级经济技术开发区是由国务院批准成立的经济技术开发区，在我国现存经济技术开发区中居于最高地位。截至 2019 年 10 月，全国共有 219 家国家级经济技术开发区，经济技术开发区已经成为地方经济结构优化升级的主战场。《通知》强调支持国家级经济技术开发区范围内的基础设施项目，而 REITs 是基础设施投融资领域创新的金融产品。

4. 怎样理解 REITs 试点要聚焦重点行业

自 2018 年以来，基础设施投资大幅下滑，连续两年增长仅为 3.8%，其原因有政府债务去杠杆、资管新规使非标融资规模下滑等。因此，基础设施发展战略应该是传统基建要补短板，新型基建要出亮点。《通知》提出，优先支持基础设施补短板项目，鼓励新型基础设施项目开展试点。

一是 REITs 支持传统基建补短板的问题。2018 年 10 月，国务院办公厅发布了《关于保持基础设施领域补短板力度的指导意见》（以下简称《意见》）。与《意见》相比，《通知》在传统基建领域补短板聚焦的重点行业更加具体细分，并在“铁公基”的基础上，拓宽到仓储物流项目、城镇污水垃圾处理及资源化利用、固废危废医废处理、大宗固体废弃物综合利用项目，这表明把提高资源综合利用效率、推动资源综合利用产业高质量发展放在重要位置。

二是鼓励新型基础设施项目开展 REITs 试点。在疫情冲击下，经济下行压力加大，中央将新基建作为新动能，是新一轮有效投资的亮点。《通知》将新基建拓展到数据中心、人工智能、智能计算中心项目、5G、通信铁塔、物联网、工业互联网、宽带网络、有线电视网络项目、智能交通、智慧能源、智慧城市项目，鼓励开展 REITs 试点。

5. 怎样理解在新兴产业集群、高科技产业园、特色产业园等开展 REITs 试点

《通知》指出：鼓励国家战略性新兴产业集群、高科技产业园、特色产业园等开展 REITs 试点。项目应满足以下条件：①位于国家发展改革委确定的战略性新兴产业集群，或《中国开发区审核公告目录（2018 年版）》确定的开发区范围内。②业态为研发、创新设计及中试平台，工业厂房，创业孵化器和产业加速器，产业发展服务平台等园区基础设施。③项目用地性质为非商业、非住宅用地。

有关战略性新兴产业集群：2019 年 12 月，国家发展改革委下发《关于加快推进战略性新兴产业产业集群建设有关工作的通知》，公布第一批 66 个国家级战略性新兴产业集群名单。对于入选名单的产业集群，国家发展改革委联合有关金融机构创新金融产品和服务，对产业集群重大项目给予较大额度和较长期优质信贷支持；推动在条件成熟地区设立专项金融服务机构；引导国家级战略性新兴产业发展基金等设立子基金。因此，《通知》鼓励国家战略性新兴产业集群开展 REITs 试点，与此前的通知一脉相承、有机统一。

另外，《中国开发区审核公告目录（2018 年版）》确定在开发区范围内开展 REITs 试点。我国的经济技术开发区、高新技术产业区、保税区等作为推动我国工业化、城镇化快速发展和对外开放的重要平台，对促进体制改革、改善投资环境、引导产业集聚发挥了重要作用。2018 年版目录包括 2543 家开发区，其中国家级开发区 552 家、省级开发区 1991 家。

在上述国家战略性新兴产业集群和开发区内的研发、创新设计及中试平台，工业厂房，创业孵化器和产业加速器，产业发展服务平台等园区基础设施可以开展 REITs 试点，但项目用地性质为非商业、非住宅用地。酒店、商场、写字楼、公寓、住宅等房地产项目不属于试点范围。

6. 怎样理解 REITs 试点需满足的基本条件

一是股东已协商一致同意转让。由于基础设施项目股权往往是多方持股，REITs 产品采用“公募基金 + 资产证券化”模式，会涉及原始权益人的基础资产真实转让。《通知》要求相关股东已协商一致同意转让。同时，还要求项目权属清晰、资产范围明确，发起人（原始权益人）依法合规拥有项目所有权、特许经营权或运营收费权，这些是开展 REITs 试点基本的权属问题。

二是项目运营时间原则上不低于 3 年。相比于 PPP 项目，资产证券化要求项目运营两年以上，而基础设施 REITs 要求不低于 3 年，这是为了确保 REITs 项目现金流的稳定性、可预测性，降低投资者的风险。

三是预计未来 3 年净现金流分派率。谈到净现金流分派率会涉及两个概念，即年度可分配现金流和目标不动产评估净值。与公司分配不同，REITs 为信托基金，更强调的是净现金流分配。《通知》要求：近 3 年内总体保持盈利或经营性净现金流为正。预计未来 3 年净现金流分派率（预计年度可分配现金流 / 目标不动产评估净值）原则上不低于 4%。资料显示，新加坡市场上的 REITs 净现金流分派率达 6.8%，中国香港市场上的 REITs 净现金流分派率达 6.2%。

7. 怎样理解严格 REITs 试点项目合规性审查

（1）符合相关政策要求

一是在支持的重点区域方面，延续证监发〔2020〕40 号文优先支持京津冀、长江经济带、雄安新区、粤港澳大湾区、海南、长江三角洲六大区域的政策。

二是符合国家宏观调控政策和产业政策并符合国家与当地的国民经济和社会发展规划、有关专项规划。

（2）依法依规取得固定资产投资管理相关手续

REITs 是不动产投资信托基金，与固定资产投资管理密不可分，《通知》要求依法依规取得固定资产投资管理相关手续，即项目审批、核准或备案手续、规划、用地、环评、施工许可手续及竣工验收报告。

8. 怎样理解 REITs 与 PPP 项目规范相结合

当前，许多 PPP 项目建设完工进入稳定运营期，这本身就是一个巨大存量市场，政府、中央企业、建筑类企业、民营企业在项目中都有投资，政府对化解债务和企业对投资退出都有需求。因此，在运营期 PPP 项目中开展 REITs 试点，可形成良性投资的循环，能有效地盘活存量资产，也有利于投资者投资收回，无疑具有非常重要的现实意义。

但也有些地方政府担心，当原始投资者退出时，如何保障 PPP 项目运营质量，公募基金从制度设计上对 PPP 项目的运营有所保障，《公开募集基础设施证券投资基金指引（试行）》（征求意见稿）第三十六条规定，“基金管理人可以设立专门的子公司或委托第三方管理机构负责基础设施日常运营维护、档案归集管理等，基金管理人依法应当承担的责任不因委托而免除”。也就是说，基金管理人可通过设立子公司自行运营，对于专业性较强、运营要求较高的 PPP 项目，采取委托第三方专业机构运营管理方式来保障 PPP 项目运营质量。

《通知》要求 2015 年以后批复实施的 PPP 项目，在符合国家关于规范有序推广 PPP 模式规定的前提下，可以开展 REITs 试点工作。2015 年 6 月以后批复实施的特许经营项目，应符合《基础设施和公用事业特许经营管理办法》（国家发展改革委等 6 部门令第 25 号）有关规定。此前采用 BOT、TOT、股权投资等模式实施的特许经营项目，应符合当时国家关于固定资产投资建设、特许经营管理等相关规定。

另外，PPP 项目收入来源以使用者付费为主，如固废收集和处理、供水、供热、污水收集和处理、轨道交通、燃气供应等项目更适合开展 REITs 试点。

9. 怎样理解对项目申报事宜的相关要求

本次《通知》的一个亮点是允许将多个同类型项目打包发行 REITs，这对于《通知》中鼓励试点的固废收集、仓储物流、数据中心等具有分散性特征的项目是一大利好。《通知》具体要求如下。

一是发起人（原始权益人）向注册地省级发展改革委报送完整的项目申请材料，并分别向相关省级发展改革委报送涉及该地区的项目材料。

二是发起人（原始权益人）注册地省级发展改革委对本地区项目和 REITs 发行总体方案审查把关，其他相关省级发展改革委对本地区项目审查把关。

三是对于项目收益是否满足试点基本条件，需以打包后项目整体收益进行判断。

对符合相关条件、拟推荐开展试点的项目，省级发展改革委需向国家发展改革委出具无异议专项意见，文字内容需包含“经初步审核，所推荐项目符合国家重大战略、发展规划、宏观调控政策、产业政策、固定资产投资管理法规制度，以及试点区域、行业等相关要求，推荐该项目开展基础设施 REITs 试点”的表述，同时一并报送试点项目申请材料。

四、《国家发展改革委办公厅关于建立全国基础设施领域不动产投资信托基金（REITs）试点项目库的通知》（发改办投资〔2021〕35 号）

2020 年 1 月 13 日，国家发展改革委办公厅发布了《国家发展改革委办公厅关于建立全国基础设施领域不动产投资信托基金（REITs）试点项目库的通知》（发改办投资〔2021〕35 号）（以下简称《通知》）。

（一）《通知》原文

国家发展改革委办公厅关于建立全国基础设施领域不动产投资信托基金（REITs）试点项目库的通知

发改办投资〔2021〕35 号

各省、自治区、直辖市及计划单列市、新疆生产建设兵团发展改革委：

为贯彻落实党中央、国务院决策部署，根据《中国证监会 国家发展改革委关于推进基础设施领域不动产投资信托基金（REITs）试点相关工作的通知》《国家发展改革委办公厅关于做好基础设施领域不动产投资信托基金（REITs）试点项目申报工作的通知》和中国证监会《公开募集基础设施证券投资基金指引（试行）》（以下分别简称“40 号文”、“586 号文”和“指引”）等文件要求，切实保障试点项目质量，有效防范市场风险，推动基础设施领域不动产投资信托基金（以下简称“基础设施 REITs”）试点工作高质量推进，我委决定建立全国基础设施 REITs 试点项目库。现就有关工作通知如下：

一、充分认识稳妥推进基础设施 REITs 试点的重要意义

稳妥推进基础设施 REITs 试点，把握好基础资产质量，及时总结经验，健全规章制度，优化工作流程，夯实业务基础，对于推动基础设施 REITs 试点工作制度化、规范化发展至关重要。各地发展改革委对此要有充分认识，要严格执行 40 号文、586 号文、指引以及中国证监会、国家发展改革委相关文件要求，按照统一的政策规定、操作规范、审核条件和工作程序，与中国证监会各派出机构密切沟通协作、加强信息共享，共同稳妥推进试点工作。同时，切实采取有效措施防范风险隐患，避免对试点工作造成不利影响，促进基础设施 REITs 试点工作平稳顺利开展。

二、切实加强基础设施 REITs 试点项目储备管理

基础设施 REITs 试点项目社会关注度高、示范性强，切实加强项目储备管理，选准选好试点项目，对推进基础设施 REITs 试点工作平稳顺利开展十分重要。为切实保障基础设施 REITs 试点项目质量，我委将按照统一标准和规则，设立覆盖试点各区域、各行业的全国基础设施 REITs 试点项目库，并作为全国盘活存量项目库的一个重要组成部分。各地发展改革委对此要高度重视、精心组织，积极做好统筹协调工作，推动落实相关条件，在严格审核把关的基础上，将符合条件的项目纳入基础设施 REITs 试点项目库，为稳妥开展基础设施 REITs 试点工作奠定坚实基础。

三、严格把握入库项目条件

基础设施 REITs 试点项目库包含意向项目、储备项目和存续项目 3 类项目。入库项目应分别满足下列条件：

（一）意向项目。

属于基础设施项目，基本符合基础设施 REITs 发行条件，原始权益人具有发行 REITs 产品的明确意向。如所在地区、行业等暂不属于基础设施 REITs 试点范围，可单独备注说明。

（二）储备项目。

项目发起人（原始权益人）已正式启动发行 REITs 产品准备工作。比如，已开始目标资产重组工作，或已基本确定公募基金管理人和资产支持专项计划管理人，或已筹备成立项目公司，或相关股东已协商一致同意转让，或有权主管部门同意发行 REITs 产品等。入库项目应符合中国证监会、国家发展改革委关于推进基础设施 REITs 试点工作有关要求和规定。

（三）存续项目。

项目已成功发行 REITs 产品，设立的基础设施基金进入存续期管理。

四、强化入库项目政策支持和协调服务

（一）对入库的意向项目，要综合考虑国家重大战略要求、地方经济社会发展需要、项目自身条件与前期工作准备情况等，加强指导协调，推动做好发行 REITs 各项准备工作。

（二）对入库的储备项目，要深入了解项目工作进展，及时掌握项目情况，联合当地有关部门，加强统筹协调，做好咨询服务，帮助落实各项条件，并与当地中国证监会派出机构、相关证券交易所加强沟通，帮助项目做好相关准备。向国家发展改革委推荐基础设施 REITs 试点的项目，应从储备库中统一选取，未入库项目不得推荐。

（三）对符合条件的入库储备项目和使用募集资金投资的新项目，我委将采取投资补助等方式安排中央预算内投资，支持项目顺利实施。

（四）对使用募集资金投资的新项目，在安排其他中央预算内投资专项、地方政府专项债券时，可在同等条件下优先支持，推动盘活存量资产、形成投资良性循环。

五、做好入库项目梳理和报送工作

（一）请各地抓紧梳理汇总本地区基础设施 REITs 试点项目，及时将符合条件的项目分类纳入基础设施 REITs 试点项目库，并按照附件 1、附件 2、附件 3 填写相关项目情况。

（二）为便于及时掌握项目情况，请按照入库项目和资产编码规则（见附件 4）编制有关入库项目和资产代码。其中，“项目”是指原始权益人拟申报基础设施 REITs 试点的项目，“资产”是指项目中位于不同地理位置的独立资产（或称子项目）。

（三）涉及跨区域或打包项目的，请原始权益人注册地省份填报该项目的所有资产（子项目）情况，请注册地以外省份填报该项目在本地区的资产（子项目）情况。

（四）请于 3 月 5 日前将首批入库项目报送我委投资司，并于每月 5 日前更新并报送截至上月末的项目信息。

六、统一规则、加强协作，切实做好基础设施 REITs 试点工作

（一）为稳妥推进试点工作，切实规范试点项目管理，各地发展改革委要与当地中国证监会派出机构、有关部门积极沟通、加强协作，切实贯彻落实好 40 号文、586 号文、指引和中国证监会、国家发展改革委相关工作要求，不得出台不符合 40 号文等精神的配套文件，不得违反 40 号文等明确的规则、规范、条件和程序推荐项目，确保基础设施 REITs 试点工作稳妥推进。

（二）各地发展改革委对不符合 40 号文等精神、未纳入基础设施 REITs 试点项目库的项目，要主动作为、及时制止，防止扰乱试点进程；必要时应从国家重大战略、宏观调控政策、产业政策、发展规划、投资管理法规制度等方面进行审核，对于发现的问题要责令项目单位及时改进，并抄送当地中国证监会派出机构和有关部门，情节严重的要及时报告国家发展改革委。对向不符合40号文等精神的项目提供发行REITs相关服务的各类中介机构，各地发展改革委要及时进行提醒和约谈。

（三）国家发展改革委将对各地发展改革委执行40号文等政策精神，以及建立基础设施REITs试点项目库有关情况加强监督指导，对执行不力的及时予以提醒，对问题突出、造成严重不良影响的将通报批评，并视情况采取其他惩戒措施。对违反40号文等政策精神的有关情况，及时通报中国证监会和相关部门，必要时采取适当方式向社会公开。

特此通知。

附件：1. 全国基础设施REITs试点项目库——意向项目表
2. 全国基础设施REITs试点项目库——储备项目表
3. 全国基础设施REITs试点项目库——存续项目表
4. 入库项目和资产编码规则

国家发展改革委办公厅
2021年1月13日

附件（略）

（二）《通知》内容解读[①]

1. 充分认识稳妥推进基础设施REITs试点的重要意义

2020年4月底，国家发展改革委和中国证监会联合印发证监发〔2020〕40号文，布置开展基础设施领域REITs试点工作。对此，各方面广泛关注，给予积极评价，普遍认为这是投融资机制的重大创新，有利于落实中央关于防风险、去杠杆、稳投资、补短板决策部署，促进基础设施高质量发展。关于试点工作，再强调两方面的意义和作用。

一是有利于构建以国内大循环为主体、国内国际双循环相互促进的新发展格局。一方面，优质存量资产是沉淀的财富、隐藏的资源。开展基础设施REITs试点，盘活存量资产、广泛募集各类资金，可用于新的补短板和新型基础设施建设，培育新的优质资产并在条件成熟时再进行盘活，从而形成投资内部的良性循环。另一方面，投资作为总需求的重要组成部分，其内部的良性循环是构建国内大循环的重要内容，将为形成国内国际双循环相互促进的新发展格局发挥积极作用。

二是有利于落实新发展理念，促进社会公众共享改革发展成果。改革开放40多年来，我国已在基础设施领域形成了大量优质资产，其中很多项目收益稳定、回报率相对较高。依托这些项目发行基础设施REITs，形成标准化产品并强制90%以上

① 引自国家发展改革委投资司负责人对《通知》的解读。

收益用于分红，开辟了社保、理财、社会公众等各类资金参与基础设施投资的新渠道，大幅降低了投资门槛，有利于促进广大人民群众共享改革发展成果，贯彻创新、协调、绿色、开放、共享的新发展理念。

2. 为何要建立 REITs 试点项目储备库管理

一是为了平稳顺利开展 REITs 试点工作。国家发展改革委和中国证监会 2020 年 4 月发布了证监发〔2020〕40 号文，在此基础上又实施了发改办投资〔2020〕586 号文，由于基础设施 REITs 试点项目社会关注度高、示范性强，加强项目储备管理，选准选好试点项目，对推进基础设施 REITs 试点工作平稳顺利开展十分重要。

二是为了提高 REITs 试点项目质量。国家发展改革委将按照统一标准和规则，设立覆盖试点各区域、各行业的全国基础设施 REITs 试点项目库，并作为全国盘活存量项目库的一个重要组成部分。

三是提出明确要求。《通知》要求："各地发展改革委对此要高度重视、精心组织，积极做好统筹协调工作，推动落实相关条件，在严格审核把关的基础上，将符合条件的项目纳入基础设施 REITs 试点项目库，为稳妥开展基础设施 REITs 试点工作奠定坚实基础。"

3. 基础设施 REITs 试点项目库分类及条件

《通知》明确，基础设施 REITs 试点项目库包含意向项目、储备项目和存续项目 3 类项目。入库项目应该满足各类条件，具体如下。

（1）意向项目。这属于基础设施项目，基本符合基础设施 REITs 发行条件，原始权益人具有发行 REITs 产品的明确意向。如所在地区、行业等暂不属于基础设施 REITs 试点范围，可单独备注说明。

（2）储备项目。项目发起人（原始权益人）已正式启动发行 REITs 产品准备工作。比如，已开始目标资产重组工作，或已基本确定公募基金管理人和资产支持专项计划管理人，或已筹备成立项目公司，或相关股东已协商一致同意转让，或有权主管部门同意发行 REITs 产品等。入库项目应符合中国证监会、国家发展改革委关于推进基础设施 REITs 试点工作有关要求和规定。

（3）存续项目。这是指项目已成功发行 REITs 产品，设立的基础设施基金进入存续期管理。

4. 强化入库项目政策支持和协调服务

《通知》提出：对入库的意向项目，要综合考虑国家重大战略要求、地方经济社会发展需要、项目自身条件与前期工作准备情况等，加强指导协调，推动做好发行 REITs 各项准备工作。

对入库的储备项目，要深入了解项目工作进展，及时掌握项目情况，联合当地有关部门，加强统筹协调，做好咨询服务，帮助落实各项条件，并与当地中国证监会派出机构、相关证券交易所加强沟通，帮助项目做好相关准备。向国家发展改革委推荐基础设施 REITs 试点的项目，应从储备库中统一选取，未入库项目不得推荐。

对符合条件的入库储备项目和使用募集资金投资的新项目，国家发展改革委将采取投资补助等方式安排中央预算内投资，支持项目顺利实施。对使用募集资金投资的新项目，在安排其他中央预算内投资专项、地方政府专项债券时，可在同等条件下优先支持，推动盘活存量资产、形成投资良性循环。

第九篇　融资平台市场化转型及参与“两新一重”有关政策及内容解读

写在前面：

中发〔2018〕27号文要求：“支持转型中的融资平台公司及转型后市场化运作的国有企业依法合规承接政府公益性项目，实行市场化经营、自负盈亏，地方政府以出资额为限承担责任。”目前，“两新一重”项目多数为公益性项目，城投公司也承担了部分基础设施和重大工程的建设任务，因此，城投公司应认真领会国家相关投融资政策精髓，以国企改革为契机，把握好国家重点支持“两新一重”建设机遇，做好自身战略布局并提升业务能力，深度参与到“两新一重”建设中。

本篇列入了近十年来中央和地方涉及融资平台转型相关政策，虽然有的文件距今已有十多年，但文件中的资产注入、政府担保、融资方式、募资投向等核心要义仍没过时，对今天融资平台公司转型具有很强的指导意义。同时，本篇还列入2017年以来在化解政府债务风险的背景下出台的一系列政策及解读，对各级融资平台转型发展更具有现实意义。

一、近十年涉及融资平台公司转型相关政策节选及内容解读

（一）《国家发展改革委办公厅关于进一步规范地方政府投融资平台公司发行债券行为有关问题的通知》（发改办财金〔2010〕2881号）

节选一：继续支持符合《国务院关于加强地方政府融资平台公司管理有关问题的通知》（国发〔2010〕19号）文件规定、符合企业债券发行条件的投融资平台公司发行企业债券，提高直接融资的比重。

解读：2010年，地方政府还没有规范的融资渠道，只能依托融资平台公司在债券市场开展直接融资，因此，《国家发展改革委办公厅关于进一步规范地方政府投融资平台公司发行债券有关问题的通知》（以下简称《通知》）要求政府融资平台公司符合国发〔2010〕19号文规定及企业债券发行条件的就可以发行企业债券，债券融

资更多地为政府公益性项目筹资。

> **节选二：**凡是申请发行企业债券的投融资平台公司，其偿债资金来源70%以上（含70%）必须来自公司自身收益，且公司资产构成等必须符合国发〔2010〕19号文件的要求。经营收入主要来自承担政府公益性或准公益性项目建设，且占企业收入比重超过30%的投融资平台公司发行企业债券，除满足现行法律法规规定的企业债券发行条件外，还必须向债券发行核准机构提供本级政府债务余额和综合财力的完整信息（政府债务余额和综合财力的统计口径见附表），作为核准投融资平台公司发行企业债券的参考。如果该类投融资平台公司所在地政府负债水平超过100%，其发行企业债券的申请将不予受理。

解读：《通知》强调了发债融资平台公司偿债资金来源70%以上（含70%）必须来自公司自身收益，也就是债券融资投资的项目要有一定的收益性，不能是纯公益性项目。公司资产构成等必须符合国发〔2010〕19号文件的要求，该文要求：必须严格依照有关法律法规办理，足额注入资本金，学校、医院、公园等公益性资产不得作为资本注入融资平台公司。另外，发行企业债券要参考融资平台公司所在地政府负债水平，当地政府负债率超过100%时，其发行企业债券的申请将不予受理。这个时期，政府债务和企业债务并没有分离，融资平台公司政府融资职能还没有被剥离。

> **节选三：**除法律法规和国务院另有规定外，各级政府及其所属部门、机构和主要依靠财政拨款的经费补助事业单位，均不得以财政性资金、行政事业单位等的国有资产，或其他任何直接、间接方式，为投融资平台公司发行债券提供担保或增信。以资产抵（质）押方式为投融资平台公司发债提供增信的，其抵（质）押资产必须是可依法合规变现的非公益性有效资产。

解读：按照《中华人民共和国担保法》相应规定，国家机关不得为保证人，国家机关对企业的融资担保属于无效担保。国发〔2010〕19号文和《通知》都要求，政府及其所属部门、机构和主要依靠财政拨款的经费补助事业单位，均不得以财政性收入、行政事业等单位的国有资产，或其他任何直接、间接形式为融资平台公司融资行为提供担保。虽然多次强调不能违规担保，但现实中又屡禁不止，主要原因是在财权和事权不对称情况下，地方政府没有建立新的融资机制。2015年新修订的《预算法》实施后，地方政府可以在一定限额内发行政府债券融资，但仍有些地方通过违规担保等方式形成政府隐性债务，直到2018年中央发布文件，对地方债务终身问责，倒查责任，才将违规担保控制住。

节选四：必须依法严格确保公司资产的真实有效，必须具备真实足额的资本金注入，不得将公立学校、公立医院、公园、事业单位资产等公益性资产作为资本注入投融资平台公司。“公益性资产”是指主要为社会公共利益服务，且依据国家有关法律法规不得或不宜变现的资产。对于已将上述资产注入投融资平台公司的，在计算发债规模时，必须从净资产规模中予以扣除。

解读：无论是国发〔2010〕19号文和《通知》以及2104年实施的国发〔2014〕43号文，政策的主线都是一致的，即纯公益性资产诸如公立学校、公立医院、防洪设施、公园等资产不能注入融资平台公司，这些资产仅能增加企业的总资产规模而已，不能形成资产收益，甚至使企业净资产收益率下降。有些地方为了符合发债总额不能超过净资产40%的要求，就采用注入纯公益性资产方式扩大净资产。由于纯公益性资产不能为企业带来收益，《通知》要求对于已将上述资产注入投融资平台公司的，在计算发债规模时，必须从净资产规模中予以扣除。

（二）《中国银监会关于加强融资平台贷款风险管理的指导意见》（银监发〔2010〕110号）

节选一：近年来，银行业金融机构（以下简称金融机构）为支持地方经济发展，比较集中地发放了地方政府融资平台公司（指由地方政府及其部门或机构、所属事业单位等通过财政拨款或注入土地、股权等资产设立，具有政府公益性项目投融资功能，并拥有独立企业法人资格的经济实体）贷款，对加强地方基础设施建设以及应对国际金融危机冲击发挥了积极的作用，但在贷款风险管理上也暴露了一些薄弱环节。

解读：国发〔2010〕19号文将融资平台定义为由地方政府及其部门和机构等通过财政拨款或注入土地、股权等资产设立，承担政府投资项目融资功能，并拥有独立法人资格的经济实体。《中国银监会关于加强融资平台贷款风险管理的指导意见》（以下简称《意见》）与国发〔2010〕19号文相比，增加所属事业单位通过财政拨款或注入土地、股权等资产设立，具有政府公益性项目投融资功能，并拥有独立企业法人资格的经济实体，主要有城市建设投资公司（城投）、交通投资公司（交投）、水务投资公司（水投）和国有资本经营公司等。

节选二：金融机构不得接受地方政府及其所属部门、机构和主要依靠财政拨款的事业单位违规以财政性收入、行政事业等单位国有资产或其他任何直接、间接形式为融资平台贷款提供的担保。担保主体的责任不随融资平台贷款形态的变化而改变。

解读：国发〔2010〕19号文、发改办财金〔2010〕2881号文及《意见》都对融资平台公司融资担保作出相同规定，即金融机构不得接受政府及其所属部门、机构和主要依靠财政拨款的经费补助事业单位，均不得以财政性收入、行政事业等单位的国有资产，或其他任何直接、间接形式为融资平台公司融资行为提供担保。

之后出台的财金〔2018〕23号文对金融机构提出更加明确的要求，即不得违规新增地方政府融资平台公司贷款，不得要求地方政府违法违规提供担保或承担偿债责任。

（三）《国务院关于加强地方政府性债务管理的意见》（国发〔2014〕43号）

> **节选一：**分清责任。明确政府和企业的责任，政府债务不得通过企业举借，企业债务不得推给政府偿还，切实做到谁借谁还、风险自担。政府与社会资本合作的，按约定规则依法承担相关责任。

解读：由于长期以来，政府和融资平台公司责任不明、债务不清，融资平台公司为纯公益项目举债融资，还款由财政资金支付。《国务院关于加强地方政府性债务管理的意见》（国发〔2014〕43号）（以下简称国发〔2014〕43号文）要求分清责任，切实做到谁借款谁偿还，也就是政府举借通过发行政府债券融资，以纳入一般公共预算和政府性基金预算资金偿还。而融资平台公司市场化转型后，实行自负盈亏、自主经营。

> **节选二：**赋予地方政府依法适度举债权限。经国务院批准，省、自治区、直辖市政府可以适度举借债务，市县级政府确需举借债务的由省、自治区、直辖市政府代为举借。明确划清政府与企业界限，政府债务只能通过政府及其部门举借，不得通过企事业单位等举借。

解读：国发〔2014〕43号文再次强调划清政府与企业界限，政府债务只能通过发行债券举借，而不能通过企事业单位等举借。如果企事业单位为纯公益性项目举债融资，偿还资金来源一定是财政资金，又形成了企业债务推给政府偿还的套路。BT（建设—回购）就是属于政府债务通过企事业单位等举借，因此，该模式被叫停。

> **节选三：**剥离融资平台公司政府融资职能，融资平台公司不得新增政府债务。

解读：所谓剥离融资平台公司政府融资职能主要体现在两个方面：一是融资平台公司不能替代政府为无收益公益性项目融资；二是政府及其部门等不能为融资平台公司融资提供任何形式的担保。

融资平台公司不得新增政府债务，自新修订的《预算法》实施后，政府债务基本等于政府发行债券额度，融资平台公司如果新增政府债务，要么是为纯公益性项目融资，由财政资金偿还，要么是政府或部门为融资平台提供担保，增加政府或有债务，这些债务通常称为政府隐性债务。

> **节选四**：金融机构等不得违法违规向地方政府提供融资，不得要求地方政府违法违规提供担保。

解读：《意见》对金融机构提出明确要求，金融机构等不得违法违规向地方政府提供融资，不得要求地方政府违法违规提供担保。

（四）《国务院办公厅转发财政部　发展改革委　人民银行关于在公共服务领域推广政府和社会资本合作模式指导意见的通知》（国办发〔2015〕42号）

> **节选一**：化解地方政府性债务风险。积极运用转让—运营—移交（TOT）、改建—运营—移交（ROT）等方式，将融资平台公司存量公共服务项目转型为政府和社会资本合作项目，引入社会资本参与改造和运营，在征得债权人同意的前提下，将政府性债务转换为非政府性债务，减轻地方政府的债务压力，腾出资金用于重点民生项目建设。大力推动融资平台公司与政府脱钩，进行市场化改制，健全完善公司治理结构，对已经建立现代企业制度、实现市场化运营的，在其承担的地方政府债务已纳入政府财政预算、得到妥善处置并明确公告今后不再承担地方政府举债融资职能的前提下，可作为社会资本参与当地政府和社会资本合作项目，通过与政府签订合同方式，明确责权利关系。严禁融资平台公司通过保底承诺等方式参与政府和社会资本合作项目，进行变相融资。

解读：《国务院办公厅转发财政部　发展改革委　人民银行关于在公共服务领域推广政府和社会资本合作模式指导意见的通知》（以下简称国办发〔2015〕42号文）关于化解地方政府性债务风险中与融资平台相关的内容，主要有三个方面。

一是运用TOT、ROT将融资平台有现金流存量项目转型为PPP模式，以此可化解政府债务。对符合条件、规范实施转型为PPP项目的地方融资平台公司存量项目，财政部将在择优评选后，按照项目转型实际化解地方政府存量债务规模的2%给予奖励，奖励资金纳入相关融资平台公司收入统一核算。2018年10月，财政部发布《关于下达2018年度普惠金融发展专项资金预算的通知》显示，11个地方政府融资平台公司存量项目获得PPP项目以奖代补资金，总金额为2.02亿元。

表9.1　11个地方政府融资平台公司存量项目情况　　单位：万元

序号	省份	项目名称	以奖代补额
1	辽宁	营口市辽宁沿海经济带营口沿海产业基地公用设施整体运营项目	1160
2	宁波	“五路四桥”存量项目	16882
3	福建	南平市“武夷水务”项目	40

续表

序号	省份	项目名称	以奖代补额
4	福建	宁德市福安市住房保障民生工程 PPP 项目	40
5	福建	宁德市福安市市政道路（一期）PPP 项目	150
6	湖南	衡阳市松亭（城西）污水处理厂	1026
7	四川	荣县污水处理厂二期 TOT 项目	45
8	四川	自贡市富顺县城市生活污水处理厂项目	133
9	四川	内江市资中县城区污水处理厂 PPP 项目	39
10	四川	资阳市雁江区停车场 PPP 项目	619
11	贵州	桐梓县城乡生活垃圾收运项目	80

二是明确了融资平台公司作为社会资本方条件。对于融资平台公司能否作为社会资本方参与本地区 PPP 项目，之前是存在争议的。如《政府和社会资本合作模式操作指南（试行）》（财金〔2014〕113 号）中对社会资本的界定：本指南所称社会资本是指已建立现代企业制度的境内外企业法人，但不包括本级政府所属融资平台公司及其他控股国有企业。对此，许多融资平台公司存在不满情绪，让融资平台市场化转型，又不让其作为社会资本方。因此，国办发〔2015〕42 号文明确了符合条件的融资平台公司可以作为社会资本参与 PPP 项目，这个条件就是建立现代企业制度，市场化运营，自负盈亏，在其承担的地方政府债务已纳入政府财政预算、得到妥善处置并明确公告今后不再承担地方政府举债融资职能的前提下，可作为社会资本参与当地政府和社会资本合作项目。这也是非名单内融资平台公司转型的程序及条件。

三是明确了不能通过 PPP 项目变相举债融资。因为 PPP 模式也是一把“双刃剑”，运作规范可以化解政府债务，缓解政府财力不足，但若运作不规范，就会形成债务。因此，国办发〔2015〕42 号文明确规定：“严禁融资平台公司通过保底承诺等方式参与政府和社会资本合作项目，进行变相融资。”

二、《国务院关于加强地方政府融资平台公司管理有关问题的通知》（国发〔2010〕19 号）

2010 年 6 月 10 日，国务院发布《国务院关于加强地方政府融资平台公司管理有关问题的通知》（国发〔2010〕19 号）（以下简称国发〔2010〕19 号文）。

（一）国发〔2010〕19号文原文

国务院关于加强地方政府融资平台公司管理有关问题的通知

国发〔2010〕19号

各省、自治区、直辖市人民政府，国务院各部委、各直属机构：

近年来，地方政府融资平台公司（指由地方政府及其部门和机构等通过财政拨款或注入土地、股权等资产设立，承担政府投资项目融资功能，并拥有独立法人资格的经济实体）通过举债融资，为地方经济和社会发展筹集资金，在加强基础设施建设以及应对国际金融危机冲击中发挥了积极作用。但与此同时，也出现了一些亟须高度关注的问题，主要是融资平台公司举债融资规模迅速膨胀，运作不够规范；地方政府违规或变相提供担保，偿债风险日益加大；部分银行业金融机构风险意识薄弱，对融资平台公司信贷管理缺失等。为有效防范财政金融风险，加强对地方政府融资平台公司管理，保持经济持续健康发展和社会稳定，现就有关问题通知如下：

一、抓紧清理核实并妥善处理融资平台公司债务

地方各级政府要对融资平台公司债务进行一次全面清理，并按照分类管理、区别对待的原则，妥善处理债务偿还和在建项目后续融资问题。

纳入此次清理范围的债务，包括融资平台公司直接借入、拖欠或因提供担保、回购等信用支持形成的债务。债务经清理核实后按以下原则分类：（1）融资平台公司因承担公益性项目建设举借、主要依靠财政性资金偿还的债务；（2）融资平台公司因承担公益性项目建设举借、项目本身有稳定经营性收入并主要依靠自身收益偿还的债务；（3）融资平台公司因承担非公益性项目建设举借的债务。

对原计划由融资平台公司承担融资的在建项目，对其后续资金应根据不同情况妥善处理。地方各级政府要严格审核项目投资预算和资金来源，各类资金要集中用于项目续建和收尾，严格控制新开工项目，防止出现“半拉子”工程。经地方政府审核后，对还款来源主要依靠财政性资金的公益性在建项目，除法律和国务院另有规定外，不得再继续通过融资平台公司融资，应通过财政预算等渠道，或采取市场化方式引导社会资金解决建设资金问题。对使用债务资金的其他在建项目，原贷款银行等要重新进行审核，凡符合国家产业政策、土地政策、环境保护政策、信贷审慎管理规定及宏观调控政策等要求的项目，要继续按协议提供贷款，推进项目建设；对不符合上述要求的项目，地方政府要尽快进行清理，妥善处置。

对融资平台公司贷款，银行业金融机构要坚持按照“逐包打开、逐笔核对、重新评估、整改保全”的原则进行全面清理，及时采取补救措施，确保信贷资产安全。

地方各级政府要采取有效措施，落实有关债务人偿债责任。对融资平台公司存量债务，要按照协议约定偿还，不得单方面改变原有债权债务关系，不得转嫁偿债责任和逃废债务。融资平台公司等要统筹安排资金，制定偿债计划，明确偿债时限，切实承担还本付息责任。

二、对融资平台公司进行清理规范

在本通知下发前已经设立的融资平台公司，要按以下要求进行清理规范：对只承担公益性项目融资任务且主要依靠财政性资金偿还债务的融资平台公司，今后不得再承担融资任务，相关地方政府要在明确还债责任，落实还款措施后，对公司做出妥善处理；对承担上述公益性项目融资任务，同时还承担公益性项目建设、运营任务的融资平台公司，要在落实偿债责任和措施后剥离融资业务，不再保留融资平台职能。对承担有稳定经营性收入的公益性项目融资任务并主要依靠自身收益偿还债务的融资平台公司，以及承担非公益性项目融资任务的融资平台公司，要按照《中华人民共和国公司法》等有关规定，充实公司资本金，完善治理结构，实现商业运作；要通过引进民间投资等市场化途径，促进投资主体多元化，改善融资平台公司的股权结构。对其他兼有不同类型融资功能的融资平台公司，也要按照上述原则进行清理规范。

今后地方政府确需设立融资平台公司的，必须严格依照有关法律法规办理，足额注入资本金，学校、医院、公园等公益性资产不得作为资本注入融资平台公司。

三、加强对融资平台公司的融资管理和银行业金融机构等的信贷管理

融资平台公司融资和担保要严格执行相关规定。经清理整合后保留的融资平台公司，其融资行为必须规范，向银行业金融机构申请贷款须落实到项目，以项目法人公司作为承贷主体，并符合有关贷款条件的规定。融资项目必须符合国家宏观调控政策、发展规划、行业规划、产业政策、行业准入标准和土地利用总体规划等要求，按照国家有关规定履行项目审批、核准或备案手续。要严格按照规定用途使用资金，讲求效益，稳健经营。

银行业金融机构等要严格规范信贷管理，切实加强风险识别和风险管理。要落实借款人准入条件，按商业化原则履行审批程序，审慎评估借款人财务能力和还款来源。凡没有稳定现金流作为还款来源的，不得发放贷款。向融资平台公司新发贷款要直接对应项目，并严格执行国家有关项目资本金的规定。严格执行贷款集中度要求，加强贷款风险控制，坚持授信审批的原则、程序与标准。要按照要求将符合抵质押条件的项目资产或项目预期收益等权利作为贷款担保。要认真审查贷款投向，确保贷款符合国家规划和产业发展政策要求。要加强贷后管理，加大监督和检查力度。适当提高融资平台公司贷款的风险权重，按照不同情况严格进行贷款质量分类。

四、坚决制止地方政府违规担保承诺行为

地方政府在出资范围内对融资平台公司承担有限责任，实现融资平台公司债务风险内部化。要严格执行《中华人民共和国担保法》等有关法律法规规定，除法律和国务院另有规定外，地方各级政府及其所属部门、机构和主要依靠财政拨款的经费补助事业单位，均不得以财政性收入、行政事业等单位的国有资产，或其他任何直接、间接形式为融资平台公司融资行为提供担保。

五、加强组织领导，确保工作落实

各地区、各部门要从大局出发，牢固树立科学发展观和正确政绩观，充分认识加强融资平台公司管理工作的重要性和紧迫性，统一思想，加强领导，精心组织，结合本地区、本部门实际认真抓好落实。财政部、发展改革委、人民银行、银监会等部门和机构，要抓紧制定具体实施方案，完善相关政策，加强对这项工作的指导监督。财政部要会同有关部门加快建立融资平台公司债务管理信息系统、会计核算和统计报告制度，以及融资平台公司债务信息定期通报制度，实现对融资平台公司债务的全口径管理和动态监控。审计部门要加强对融资平台公司的审计监督。要研究建立地方政府债务规模管理和风险预警机制，将地方政府债务收支纳入预算管理，逐步形成与社会主义市场经济体制相适应、管理规范、运行高效的地方政府举债融资机制。

地方各级政府和有关部门、单位都要严格遵守法律制度规定，确保有法必依，违法必究。对清理规范中检查出来的问题要及时予以纠正，对清理规范后仍然违反《中华人民共和国预算法》、《中华人民共和国担保法》、《中华人民共和国商业银行法》等规定的要依法依规严肃处理，并追究相关责任人的责任。

各省（区、市）人民政府要切实履行职责，抓紧落实相关工作，并将工作落实情况于 2010 年 12 月 31 日前上报国务院，抄送财政部、发展改革委、人民银行和银监会。

国务院

2010 年 6 月 10 日

（二）国发〔2010〕19 号文内容解读

国发〔2010〕19 号文是推动融资平台公司转型的纲领性文件，虽然已经过去十年了，但仍有很强的指导性。十年前政府就尖锐提出对融资平台公司进行清理规范，并要求坚决制止地方政府违规担保，以此达到地方政府与融资平台的债务分离。但当时地方政府缺乏规范的融资渠道，随着城镇化步伐的加快，基础设施和公共服务领域缺乏建设资金，地方政府不能没有融资平台这个工具，在此背景下，国发〔2010〕19 号文在执行中大打折扣。

1. 当年融资平台公司的经营风险

一是融资平台公司的数量与日俱增。为了应对 2008 年国际金融危机，2009 年初，央行和银监会联合提出“支持有条件的地方政府组建融资平台，发行企业债、中期票据等融资工具，拓宽中央政府投资项目的配套资金融资渠道”后，地方政府融资平台公司数量大幅增加。在新增加的公司中，有的没有实际业务，只是空壳公司，且当年许多融资平台公司注册时主要依靠政府划拨土地方式，有的土地甚至是没有权证的“生地”，从注册开始就不规范。

二是融资平台公司资产规模不断膨胀。2008 年掀起了一轮“投资热”，国家开始放松了地方融资，以此来刺激经济增长。地方借机掀起一轮“增资热”，为何要扩大增资呢？为了提高融资平台公司资产规模，可以多发行债券融资。用何资产为融资平台公司增资？主要是土地资产。有资料显示：某个城投公司发行城投债，2008 年注入土地资产20亿元，这也使其总资产达到了59.78亿元。同样，另一个城投公司，2007年资产额是71.62亿元，2008年就达到112.19亿元，政府用两块土地的使用权26.35亿元，以及在建工程10.88亿元为企业增资。

三是BT回购盛行政，府偿债压力加大。融资平台公司为纯公益性项目融资，偿债资金来源肯定是财政资金，当时，融资平台公司在银行信贷融资及债券市场发行城投债时，一个关键的增信是政府采用BT模式回购。也就是说，项目建设资金由企业从银行或债券市场取得，最后由政府回购方式偿还，回购款一般包括融资成本、投资利息和投资回报三部分。比如，某个城投公司的融资是要投入十里河综合整治工程，项目总投资是22.47亿元，融资成本、投资利息加上回报，总价是44亿元，政府回购的期限是10年。

四是城投公司经营收益过度依赖土地。当年城投公司最大的经营收入来源就是土地。而城投公司基本上是被政府授权的土地一级储备开发业务，有些城市是将土地储备中心直接纳入地方城投公司。例如有资料显示：某个城投公司2008年土地出让收入占收入的97%以上，得到2.74亿元，土地收入占其利润的93.6%，为2699万元，旗下的其他若干公司，利润只有183万元，占其利润的6.36%。另外，城投公司承担纯公益性项目建设任务，有些地方政府给予的财政补贴也是来自土地。

因此，房地产市场的震荡对城投公司的经营收益影响很大，高负债经营，一旦土地链条难以维持，就会面临巨大财政风险。另外，一个市、一个县都有几个融资平台公司，公司自身经营不好，互为担保又使风险叠加。

2. 当年对融资平台公司进行的清理规范

由于融资平台公司数量较多，且贷款的确存在一定风险，因此，国发〔2010〕19号文要求：对只承担公益性项目融资任务且主要依靠财政性资金偿还债务的融资平台公司，今后不得再承担融资任务；对承担上述公益性项目融资任务，同时还承担公益性项目建设、运营任务的融资平台公司，要在落实偿债责任和措施后剥离融资业务，不再保留融资平台职能。这两条对于现在融资平台公司市场化转型仍然适用，但对于当时缺乏规范稳定融资渠道的地方政府而言，可以说是致命打击，在此因素的作用下实际清理效果并不理想。尤其是对于还款来源主要依靠财政性资金的公益性项目，不得再继续通过融资平台公司融资，非经营性公益项目一直是地方政府难以破解的难题，特别是农村道路、生态建设等项目财政预算无法满足，专项建设资金有限，民生需求强烈。十年之后，非经营性项目的投资资金来源仍然是一些财力薄弱的地方政府需要解决的一道难题。

2018年，浙江省财政厅、发展改革委发布的《关于规范政府投资项目资金来源和风险评估工作的通知》提出解决非经营性项目的一些思路，即在项目立项和可行性研究阶段，将项目投资资金的落实责任分摊交由各市、县级财政预算予以安排，明确项目总投资的资金来源构成情况、分年度投资额的资金来源以及本级可用财力可承受该项目建设资金。另外，将非经营性项目与经营性项目相结合或通过产业化运作的思路，从源头上落实非经营性项目的投融资规划，从而实现项目投资、建设和运营全周期管理运作的可持续性。

3. 加强对融资平台公司管理

国发〔2010〕19 号文对加强融资平台管理做了全面部署，具体包括：一是清理核实并妥善处理融资平台公司债务，并按照分类管理、区别对待的原则，妥善处理债务偿还和在建项目后续融资问题。二是防止出现“半拉子”工程，对原计划由融资平台公司承担融资的在建项目，对其后续资金应根据不同情况妥善处理。“半拉子”工程是新政策出台都要防止的，不能因防控风险而出现新风险。三是公益性资产不能注入平台公司名下，国发〔2010〕19 号文要求：今后地方政府确需设立融资平台公司的，必须严格依照有关法律法规办理，足额注入资本金，学校、医院、公园等公益性资产不得作为资本注入融资平台公司。除了这些资产外，现在政策还要求：收储土地不能注入融资平台公司，不得承诺将收储土地预期出让收入作为融资平台公司偿债资金来源。四是加强融资平台公司的融资管理和银行业金融机构等的放贷管理。融资平台公司融资和担保要严格执行相关规定，融资项目必须符合有关政策要求，融资资金要严格按照规定用途使用；银行业金融机构等要严格规范对融资平台公司放贷管理，切实加强还本付息现金流缺失等各种风险识别和风险管理。

4. 制止地方政府违规担保行为

国发〔2010〕19 号文要求：“地方政府在出资范围内对融资平台公司承担有限责任，实现融资平台公司债务风险内部化。要严格执行《中华人民共和国担保法》等有关法律法规规定，除法律和国务院另有规定外，地方各级政府及其所属部门、机构和主要依靠财政拨款的经费补助事业单位，均不得以财政性收入、行政事业等单位的国有资产，或其他任何直接、间接形式为融资平台公司融资行为提供担保。”

对于违规担保，在十年前就有明确要求，但在实践中仍屡禁不止，直到 2018 年党中央、国务院印发的中发〔2018〕27 号文，对政府隐性债务实行终身追责、倒查责任。在此之前，国务院有关部委也印发通知，坚决制止地方政府违法违规融资行为，通过建立财政部驻各地专员办对地方政府债务建立日常监督机制，依法加大查处和曝光力度，对违法违规的地方政府、金融机构，转请省级政府和有关监管部门依法追究有关责任人的责任。

三、《中国银监会关于加强 2013 年地方政府融资平台贷款风险监管的指导意见》（银监发〔2013〕10 号）

2013 年 4 月 9 日，中国银监会发布《中国银监会关于加强 2013 年地方政府融资平台贷款风险监管的指导意见》(银监发〔2013〕10号)(以下简称银监发〔2013〕10号文)。

(一)银监发〔2013〕10号文原文

中国银监会关于加强2013年地方政府融资平台贷款风险监管的指导意见

银监发〔2013〕10号

各银监局,各政策性银行、国有商业银行、股份制商业银行、金融资产管理公司,邮政储蓄银行,各省级农村信用联社,银监会直接监管的信托公司、企业集团财务公司、金融租赁公司:

2013年,各银行业金融机构要遵循"总量控制、分类管理、区别对待、逐步化解"的总体原则,以控制总量、优化结构、隔离风险、明晰职责为重点,继续推进地方政府融资平台(简称"融资平台")贷款风险管控。现就2013年融资平台贷款风险监管提出如下指导意见:

一、总体要求

(一)严格把握定义。地方政府融资平台是指由地方政府出资设立并承担连带还款责任的机关、事业、企业三类法人。

(二)完善"名单制"管理。各银行要继续完善融资平台"名单制"管理信息系统,及时更新客户信息,并按季报送监管机构。

(三)动态调整风险定性。各银行要继续按照融资平台自身现金流覆盖债务本息的情况,将融资平台分为"全覆盖"、"基本覆盖"、"半覆盖"、"无覆盖"。"全覆盖"是指借款人自有现金流量占其全部应还债务本息的比例为100%(含)以上;"基本覆盖"是指借款人自有现金流占其全部应还债务本息的比例为70%(含)至100%之间;"半覆盖"是指借款人自有现金流占其全部应还债务本息的比例为30%(含)至70%之间;"无覆盖"是指借款人自有现金流占其全部应还债务本息的比例为30%以下。各银行应审慎合理测算融资平台自身现金流,并对分类结果进行动态调整,及时报牵头行汇总形成一致性意见,并按季上报监管机构。

(四)坚持退出分类制度。各银行要继续将融资平台划分为"仍按平台管理类"和"退出为一般公司类"(以下简称"退出类"。如无特殊说明,本指导意见所称融资平台均含这两类),加强对两类融资平台的统一监测和分类管理。

"退出类",是指经核查评估和整改后,已具备商业化贷款条件,自身具有充足稳定的经营性现金流,能够全额偿还贷款本息,整体转化为一般公司类客户管理的融资平台。

凡不符合退出条件以及未完成退出流程的融资平台,均作为"仍按平台管理类"管理。

二、化解到期

(五)制订到期还款方案。对于今年到期的融资平台贷款,各银行要与融资平台、地方政府制订详细的还款方案,逐笔明确还款日期、还款金额和偿债资金来源,并于5月30日前报各银监局和各银行总行。

（六）密切监测到期贷款风险。各银行、各银监局要共同对今年到期的融资平台贷款逐笔建立统计监测制度，逐月统计到期金额和偿债资金来源。各银监局要汇总辖内融资平台贷款偿还情况，按季进行风险分析。对于不能按方案落实资金来源、未能按期偿还到期贷款或存在以贷还贷问题的，各银行要立即向监管机构报告，并及时与地方政府进行沟通，采取措施及时处置，避免出现重大违约事件。

三、控制总量

（七）控制平台贷款总量。按照“保在建、压重建、控新建”的基本要求，继续坚持总量控制。各银行业金融机构法人不得新增融资平台贷款规模。

四、优化结构

（八）实施平台层级差异化管理。新增贷款应主要支持符合条件的省级融资平台、保障性住房和国家重点在建续建项目的合理融资需求。对于现金流覆盖率低于100%或资产负债率高于80%的融资平台，各银行要确保其贷款占本行全部平台贷款的比例不高于上年水平，并采取措施逐步减少贷款发放，加大贷款清收力度。

五、严控新增

（九）严格新发放平台贷款条件。融资平台新发放贷款必须满足六个前提条件：一是现金流全覆盖；二是抵押担保符合现行规定，不存在地方政府及所属事业单位、社会团体直接或间接担保，且存量贷款已在抵押担保、贷款期限、还款方式等方面整改合格；三是融资平台存量贷款中需要财政偿还的部分已纳入地方财政预算管理，并已落实预算资金来源；四是借款人为本地融资平台；五是资产负债率低于80%；六是符合《关于制止地方政府违法违规融资行为的通知》（财预〔2012〕463号）文件有关要求。

（十）控制平台贷款投向。对于“仍按平台管理类”，新发放贷款的投向主要为五个方面：一是符合《公路法》的收费公路项目；二是国务院审批或核准通过且资本金到位的重大项目；三是符合《关于加强土地储备与融资管理的通知》（国土资发〔2012〕162号）要求，已列入国土资源部名录的土地储备机构的土地储备贷款；四是保障性安居工程建设项目；五是工程进度达到60%以上，且现金流测算达到全覆盖的在建项目。

农业发展银行的平台贷款投向还包括符合中央政策的农田水利类项目。

（十一）强化贷款审批制度。各银行应按照“统一授信、总量控制、逐笔审批、监督支付”的原则，加强总行对“仍按平台管理类”贷款的集中审批和管理，对于新增贷款，由总行统一授信和审批，加强支付监督，防止贷款挪用。

六、缓释存量

（十二）持续推进存量平台贷款整改。各银行要加强抵押担保整改，严格执行《担保法》、《物权法》、《预算法》等法律法规规定，及时落实和追加合法、有效、足值的抵质押品。要加强贷款合同整改，根据项目预期现金流情况和实际建设期、达产期及运营期，限期整改贷款合同中的整借整还和期限过长问题。对于整借整还的中长期贷款，原则上按照等额分摊的方式，每年至少两次偿还本金，利随本清。

要加强贷款条件整改，全面核实存量平台贷款的合同条款和信贷条件，采取措施限期整改借款人资质不健全、项目资本金不达标、审批文件和手续不合法不齐全等问题。

（十三）分类缓释存量贷款风险。各银行应根据融资平台现金流能否达到全覆盖、项目建设进度等情况，采取"及时收贷、收回再贷、据实定贷、引资还贷、只收不贷"的方式，逐步缓释存量平台贷款风险。

"及时收贷"是指对于融资平台现金流全覆盖、已经完工达产且形成现金流收入的项目，要封闭现金流，对回笼款进行专户管理，按照原来的约定及时清收贷款。

"收回再贷"是指对于融资平台现金流全覆盖、已建成但还没有产生足够现金流偿还贷款本息（没有经济建成）的项目，可以在原有贷款额度内进行再融资。

"据实定贷"是指对于融资平台现金流全覆盖、已经确定工期但因有不可抗拒的因素导致不能如期完工，但贷款已经到期的项目，要一次性修改贷款合同，根据实际工期重新确定贷款期限。

"引资还贷"是指对于融资平台现金流不能够全覆盖，能够吸引社会资金投资的项目，在现有贷款余额不增加的前提下，可以通过资产重组、引入新投资者、项目出售等方式，引进资金用于还贷。

"只收不贷"是指对于融资平台现金流不能够全覆盖，不宜吸引社会资金投资的项目，银行只能只收不贷，并要求地方政府将偿债资金纳入预算，明确偿债资金来源。

（十四）严格把握实施条件。各银行要严格执行融资平台存量贷款风险缓释的各项要求。实施"收回再贷"和"据实定贷"的，借款人必须满足抵押担保、还款方式等方面整改合格的前提条件，必须经各银行总行审批同意，并及时向属地监管机构备案。

七、隔离风险

（十五）建立全口径融资平台负债统计制度。各银行和各级监管机构均要建立包括银行贷款、企业债券、中期票据、短期融资券、信托计划、理财产品等在内的全口径融资平台负债统计制度。各银行要统筹考虑融资平台总负债规模与其偿债能力的匹配程度，加强对融资平台的全面风险管理。

（十六）审慎持有融资平台债券。各银行应将购买持有融资平台发行债券的审批权限上收至总行，并参照新增融资平台贷款条件，制定相应的融资平台债券管理制度，实行总行统一授信、全口径监控和逐笔审批。各银行不得为融资平台发行债券提供担保。

（十七）防范融资平台变相融资。继续严格执行"名单制"管理制度，符合国发〔2010〕19号、财预〔2010〕412号及财预〔2012〕463号文件规定继续保留和新设的融资平台，必须纳入"名单制"进行统计。各银行不得对未纳入"名单制"管理的融资平台发放任何形式由财政性资金承担直接或间接还款责任的贷款。

八、审慎退出

（十八）严格平台退出条件。融资平台退出需满足五个条件：一是符合现代公司治理要求，属于按照商业化原则运作的企业法人；二是资产负债率在70%以下，财务报告经过会计师事务所审计；三是各债权银行对融资平台的风险定性均为全覆盖；四是存量贷款中需要财政偿还的部分已纳入地方财政预算管理并已落实预算资金来源，且存量贷款的抵押担保、贷款期限、还款方式等已整改合格；五是诚信经营，无违约记录，可持续独立发展。

（十九）严格平台退出程序。融资平台退出继续按照以下程序进行：一是牵头行发起。由牵头行发起，各债权银行认真审核并形成一致性退出意见。二是各总行审批。各债权银行分支机构将融资平台退出申请报各总行审核批准。三是三方签字。各债权银行获总行退出审批通过后，与地方政府相关部门、平台公司进行沟通协商并由三方签字确认。四是退出承诺。在三方签字的同时，地方政府及相关部门应明确承诺不再为“退出类”平台新增贷款提供任何担保；各银行应明确承诺按审慎信贷原则进行贷款管理，并独立承担新增贷款风险。五是监管备案。牵头行将有关资料收集完整后向融资平台属地监管机构报备，监管机构在融资平台报表中标示退出。平台退出时间以三方签字时间为准。

（二十）严格平台退后管理。“退出类”新增贷款应严格遵循产业政策、信贷政策和一般公司贷款条件，实行“谁贷款，谁承担风险”的责任追究机制。各银行总行应于2013年6月30日和12月31日前对已实施退出的融资平台的合规性和风险性进行检查，对于五项指标低于本指导意见有关退出条件监管要求、违背退出程序和贷款承诺的，应及时向融资平台属地监管机构反馈并重新纳入平台管理。各银行不得向“退出类”平台发放保障性住房和其他公益性项目贷款。

九、明晰职责

（二十一）明确各方职责。各银行作为融资平台贷款风险管控的第一责任人，要自主判定融资平台贷款是否存有风险，并应建立融资平台贷款风险问责机制。出现问题的，要严格按照规定追究责任。监管机构负责风险监管政策的制定，指导银行实施，并通过现场检查和非现场监管及时发现银行在融资平台贷款经营活动中的各种违法违规问题。

（二十二）实施现场检查。各银监局要结合2013年现场检查计划，按照属地原则对平台贷款开展现场检查，上下半年各进行一次，由各银监局、银监分局分别组织实施。其中，上半年检查重点为2012年末“退出类”平台贷款余额最大的一户，下半年检查重点为2013年上半年“仍按平台管理类”新增贷款最多的一户。检查对象原则上不与2011年、2012年重复。现场检查报告由各银监局收集汇总后，分别于2013年7月31日和2014年1月31日前报送银监会。银监会于年中开展一次针对“退出类”平台合规性的检查（形式为现场检查或抽查），重点检查已退出平台是否存在突破本指导意见有关退出条件要求以及违反退出程序的情形，一经发现，将直接重新纳入“仍按平台类管理”，并严格处理银行的相关责任人。

（二十三）加强问责机制。对于非现场监管和现场检查中发现的违规问题，要严肃追究银行相关责任人的责任，并采取监管通报、约见高级管理人员、暂停所有市场准入等监管措施。

请各银行将本指导意见尽快传达至本系统各级分支机构，并结合本行实际制定具体的落实措施及管理办法。各银监局要向地方政府做好政策汇报和解释工作。如在执行过程中发现问题，请及时向银监会报告。

中国银监会

2013年4月9日

(二)银监发〔2013〕10号文内容解读

1. 银监发〔2013〕10号文希望通过名单管理进行总量控制[①]

银监会针对地方政府融资平台的监管,主要以融资平台名单为基础进行,管理制度相对完善,目前主要依托银监发〔2013〕10号文。实际上,2013年之后,银监会并未再针对政府融资平台专门出台监管文件,比较多的情况是与其他部委联合发文,比如财预〔2017〕50号文。

银监会对融资平台贷款管理的主要原则是"总量控制、分类管理、区别对待、逐步化解",核心要求是"各银行业金融机构法人不得新增融资平台贷款规模"。银监发〔2013〕10号文的相关要求不只是针对银行贷款,受该文件约束的金融机构还包括"银监会直接监管的信托公司、企业集团财务公司、金融租赁公司",这也就意味着,非标中的信托贷款和融资租赁贷款也需要遵循银监会的平台名单管理要求。此外,银监会融资平台名单也被其他监管机构广为借鉴。

证券交易所明确要求银监会城投平台名单内的企业不能发行公司债;

按照对2015年5月19日发布的《关于在公共服务领域推广政府和社会资本合作模式的指导意见》(国办发〔2015〕42号)的理解,银监会名单内的城投平台不能作为PPP中的社会资本方;

国家发展改革委在企业债监管中,曾要求对银监会平台名单中的发行人不再审批发债(目前已经放松)。

财预〔2017〕50号文明确要求城投平台发债时主动声明不再承担政府融资职能,而在实际操作中,我们会发现,大多数城投平台的公告声明中,还会强调已经退出融资平台名单,实际上也是融资过程中需要遵循的一种监管要求。

在城投平台的融资监管中,国家发展改革委的企业债监管政策在相当程度上发挥了"风向标"的作用,企业债发行放松,意味着对城投平台的监管趋于宽松,反之则意味着监管收紧。

除了针对发债企业自身的要求外,根据国家发展改革委监管政策的侧重点,其对城投平台发行企业债的监管可以大体分为两个阶段。

第一阶段侧重"区域监管",国家发展改革委对发债企业所属区域有明确的指标限制,也就是常说的"21111"原则,"省会可以有2家融资平台发债,国家级开发区、保税区和地级市1家,百强县1家,直辖市没有限制,但所属区仅1家"。伴随着监管的逐步变化,这一原则逐渐放开,直至2015年《国家发展改革委办公厅关于简化企业债券审报程序加强风险防范和改革监管方式的意见》(发改办财金〔2015〕3127号)规定"债项AA及以上发债主体(含县域企业)不受发债企业数量指标限制",基本放

① 孙彬彬,高志刚. 城投融资面临哪些监管[N]. 固收彬法,2018-04-16.

开了区域指标限制。

第二阶段侧重“项目监管”，2014 年《国务院关于加强地方政府性债务管理的意见》（国发〔2014〕43 号）发布之后，国家发展改革委从 2015 年开始逐渐侧重于鼓励发行项目收益债和各类专项债券，监管的重点倾向于具体募集项目。2015 年 4 月，其发布地下综合管廊、战略性新兴产业、养老、城市停车场四大专项债券发行指引，这类专项债券不受当时的数量指标限制；2015 年 7 月发布《项目收益债券管理暂行办法》，在当时企业债发行条件的基础上，放宽了对发债企业的条件限制；之后又连续发布双创孵化、配电网建设改造、绿色债券、债转股专项债券、PPP 项目专项债券、社会领域产业专项债券、农村产业融合发展专项债券等专项债券发布指引。

2. 融资平台公司实行名单制监督管理

2008 年国际金融危机后，政府融资平台的数量与贷款规模迅速膨胀，为了防范通过融资平台公司引发地方政府债务风险，国务院发布了《国务院关于加强地方政府融资平台公司管理有关问题的通知》（国发〔2010〕19 号），国务院有关部委也印发财预〔2010〕412 号文等文件，对融资平台公司进行清理，对存续融资平台公司进行规范。为了掌握融资平台公司风险情况，银监会相继印发了银监办发〔2010〕244 号文、银监办发〔2010〕309 号文、银监办发〔2010〕338 号文，进一步核清平台贷款详细数据，分别建立融资平台贷款台账统计，逐步形成融资平台公司“名单制”监督管理系统。

表 9.2 “名单制”的形成与强化管理

文号	文件名称	主要内容
银监办发〔2010〕338 号	《中国银监会办公厅关于开展地方政府融资平台贷款台账调查统计的通知》	开展地方政府融资平台贷款台账调查统计
银监办发〔2010〕110 号	《中国银监会关于加强融资平台贷款风险管理的指导意见》	应在清查规范的基础上，尽快建立完善的融资平台贷款台账，健全融资平台贷款统计分析制度，明确借款主体、贷款金额、还款方式及还款来源，详细记录贷款状况，及时反映贷款变化情况
银监办发〔2011〕34 号	《中国银监会关于切实做好 2011 年地方政府融资平台贷款风险监管工作的通知》	明确按照企业法人、事业法人和机关法人三类融资平台的情况建立“名单制”信息管理系统，并将平台贷款审批权限统一上收至总行
银监办发〔2011〕190 号	《中国银监会关于进一步加强地方政府融资平台数据报送的通知》	在全口径填报平台贷款台账调查表的基础上，凡确定退出平台按照一般公司类贷款管理的，银监局要逐户加注“调出平台时间”，并规范填报平台基本情况各项指标

续表

文号	文件名称	主要内容
银监办发〔2011〕191号	《关于地方政府融资平台贷款监管有关问题的说明》	各银行应建立符合自身经营实际情况的融资平台“名单制”管理系统，由银行法人总行（部）统一规划，合理确定融资平台客户名单，适时动态调整，并向监管部门备案
银监发〔2012〕12号	《关于加强2012年地方政府融资平台贷款风险监管的指导意见》	各银行应在原有“名单制”管理的基础上，对融资平台按照“支持类、维持类、压缩类”进行信贷分类
银监发〔2013〕10号	《中国银监会关于加强2013年地方政府融资平台贷款风险监管的指导意见》	各银行要继续完善融资平台“名单制”管理信息系统，及时更新客户信息，并按季报送监管机构

3. 政府融资平台公司相继退出银监会名单的动因

银监会实行名单制管理对于防止融资平台债务风险及规范化管理起到较大的作用。按照成熟一家、退出一家的原则，截至2018年3月，共有2527家平台公司从银监会名单中调出。自2015年以来，各地融资平台密集退出融资平台名单，其原因主要有以下三点。

一是国家法律及政策要求平台公司转型退出。①《预算法》、国发〔2014〕43号文明确提出剥离融资平台公司政府融资职能，融资平台公司不得新增政府债务。这意味着融资平台利用政府职能承担政府融资任务无法再继续。②财金〔2018〕23号文限制了国有金融企业为地方融资平台公司的融资渠道，这意味着以前国有金融机构与地方融资平台公司合作模式受到限制。

二是平台公司不转型退出参与项目受到限制。①《国务院关于进一步做好城镇棚户区和城乡危房改造及配套基础设施建设有关工作的意见》（国发〔2015〕37号）要求：“各地原融资平台公司可通过市场化改制，建立现代企业制度，实现市场化运营，在明确公告今后不再承担政府融资职能的前提下，作为实施主体承接棚改任务。”这意味着融资平台公司不转型退出就无法承接棚改项目。②《关于规范政府和社会资本合作（PPP）综合信息平台项目库管理的通知》（财办金〔2017〕92号）规定：未按规定转型的融资平台公司作为社会资本方的项目属于不合规的项目。③《关于做好地方政府专项债券发行及项目配套融资工作的通知》在支持做好专项债券项目融资工作中强调：市场化转型尚未完成、存量隐性债务尚未化解完毕的融资平台公司不得作为项目单位。

三是不转型退出难以融资。①2015年版的《公司债券发行与交易管理办法》第六十九条规定：本办法规定的发行人不包括地方政府融资平台公司，为非“退出类”，不得发行公司债。②国家发展改革委也要求，融资平台公司发债时，在名单内平台若能获得地方银监局出具的证明文件就可以发行企业债，对于监管类平台，只要风险定性为全覆盖，就可以申请。③中国银行间市场交易商协会发布《关于进一步完善债务融资工具注册发行工作的通知》，总体原则是不新增地方政府债务、募投项目应为具有经营性现金流的非公益性项目，并明确规定要参考审计署、银监会以及财政部的融资平台名单，并以此进行排除。

4. 融资平台公司退出银监会名单的条件

根据银监发〔2013〕10 号文的要求，融资平台退出银监会监管名单需满足以下五个条件。

一是符合现代公司治理要求，属于按照商业化原则运作的企业法人；

二是资产负债率在 70% 以下，财务报告经过会计师事务所审计；

三是各债权银行对融资平台的风险定性均为全覆盖；

四是存量贷款中需要财政偿还的部分已纳入地方财政预算管理并已落实预算资金来源，且存量贷款的抵押担保、贷款期限、还款方式等已整改合格；

五是诚信经营，无违约记录，可持续独立发展。

5. 融资平台公司退出银监会名单的程序

根据银监发〔2013〕10 号文的要求，融资平台退出银监会监管名单应严格按照以下程序进行。

一是牵头行发起。由牵头行发起，各债权银行认真审核并形成一致性退出意见。

二是各总行审核。各债权银行分支机构将融资平台退出申请报各总行审核批准。

三是三方签字。各债权银行获总行退出审批通过后，与地方政府相关部门、平台公司进行沟通协商并由三方签字确认。

四是退出承诺。在三方签字的同时，地方政府及相关部门应明确承诺不再为“退出类”平台新增贷款提供任何担保；各银行应明确承诺按审慎信贷原则进行贷款管理，并独立承担新增贷款风险。

五是监管备案。牵头行将有关资料收集完整后向融资平台属地监管机构报备，监管机构在融资平台报表中标示退出。平台退出时间以三方签字时间为准。

四、《关于国有资本加大对公益性行业投入的指导意见》（财建〔2017〕743 号）

2017 年 11 月 16 日，财政部出台《关于国有资本加大对公益性行业投入的指导意见》（财建〔2017〕743 号）（以下简称财建〔2017〕743 号文）。

（一）财建〔2017〕743号文原文

关于国有资本加大对公益性行业投入的指导意见

财建〔2017〕743号

各省、自治区、直辖市、计划单列市财政厅（局），新疆生产建设兵团财务局，有关中央管理企业：

近年来，国有资产管理体制改革稳步推进，国有资本布局结构不断优化、运营和配置效率不断提高，但目前部分公共服务领域仍然存在供给不足问题。以多种形式加大国有资本对公益性行业的投入，在提供公共服务方面做出更大贡献，有利于改革发展成果更多惠及广大人民群众。按照《中共中央关于全面深化改革若干重大问题的决定》有关部署，现提出以下指导意见。

一、总体要求

（一）指导思想

全面贯彻党的十八大和十九大精神，认真学习贯彻习近平新时代中国特色社会主义思想，统筹推进"五位一体"总体布局和协调推进"四个全面"战略布局，牢固树立新发展理念，按照"稳中求进"的工作总基调，坚持社会主义市场经济改革方向，正确处理好政府与市场的关系，以改善服务、保障民生为目标，以深化改革为动力，以多种形式加大国有资本对公益性行业的投入，在提供公共服务方面做出更大贡献。

（二）基本原则

合理定位。处理好政府和市场的关系，使市场在资源配置中起决定性作用和更好发挥政府作用。对于市场调节机制失灵的公益性行业，公共财政应当加大投入。

综合施策。综合采取安排财政资金、划拨政府资产、国有资本投资运营公司资本配置、政府投资基金、政府和社会资本合作等方式，加大对公益性行业投入。

绩效导向。发挥好现有政策对于国有资本向公益性行业投入的激励约束作用，加强国有企业提供公共服务质量和效率的考核。

完善监管。加强行业监管，将相关国有企业提供公共产品、公共服务的质量和效率作为重要监管内容，加大信息公开力度，接受社会监督。

二、国有资本加大对公益性行业投入的主要形式

（三）鼓励中央企业对节能环保、科研以及党中央、国务院文件明确规定的其他公益性行业加大投入。各地可根据发展实际，鼓励地方国有企业对城市管理基础设施等公益性行业加大投入。

（四）按照预算管理、财政事权和支出责任划分等有关规定，中央财政与地方财政通过安排预算资金、划拨政府资产等，支持包括国有企业在内的各类主体更好地在公益性行业发挥作用。

（五）发挥国有资本投资运营公司资本配置功能，坚持市场化运作，探索有效的运营模式，通过开展投资融资、产业培育、资本整合，推动产业聚集和转型升级，优化国有资本布局结构。

（六）发挥税收等政策引导作用，国有企业发生符合条件的研发费用依法享受税前加计扣除优惠，从事公共基础设施、环境保护、节能节水项目的所得，按有关规定享受税收优惠政策。

（七）充分发挥政府投资基金引导作用，坚持市场化运作，鼓励和引导包括国有企业在内的社会资本，促进实现支持关键领域重点产业转型升级和发展等政策目标。

（八）推广政府和社会资本合作，在财政、价格、土地、金融等方面加大支持力度。通过资本市场和开发性、政策性金融等多元融资渠道，吸引国有企业等社会资本参与公共产品和公共服务项目的投资、运营和管理，充分发挥市场机制作用，提高公共产品和公共服务供给管理与效率。

（九）通过深化国有企业混合所有制改革，放大国有资本功能，引导民间资本投入公益性行业。在水电气热、公共交通、公共设施等提供公共产品和服务的行业和领域，根据不同业务特点，加强分类指导，推进具备条件的企业实现投资主体多元化。通过购买服务、特许经营、委托代理等方式，鼓励非国有企业参与运营。

三、保障措施

（十）建立国有资本布局和结构调整机制。国有资产监管机构根据政府宏观政策和有关管理要求，建立健全国有资本进退机制，制定国有资本投资负面清单，推动国有资本更多投向关系国家安全、国民经济命脉和国计民生的重要行业和关键领域。

（十一）实行有针对性的考核措施。对公益类国有企业，重点考核成本控制、产品服务质量、营运效率和保障能力，根据企业不同特点有区别地考核经营业绩指标和国有资产保值增值情况，对社会效益指标引入第三方评价。对主业处于关系国家安全、国民经济命脉的重要行业和关键领域、主要承担重大专项任务的商业类国有企业，在考核经营业绩指标和国有资产保值增值情况的同时，加强对服务国家战略、保障国家安全和国民经济运行、发展前瞻性战略性产业以及完成特殊任务的考核。

（十二）规范地方政府注资行为。地方政府向包括国有企业在内的各类主体注资后不得以任何形式要求其替政府融资，不得新增各类隐性债务，地方政府不得将公益性资产、储备土地等注入国有企业等各类主体。

（十三）发挥社会参与和监督作用。财政部门要继续扎实推进预决算公开工作，特别要做好与民生密切相关的预算支出的公开和政策解读。相关企业应完善提供公共产品和公共服务信息披露机制。

金融、文化等国有企业，中央另有规定的依其规定执行。

财政部

2017 年 11 月 16 日

（二）财建〔2017〕743 号文内容解读

财建〔2017〕743 号文对于“两新一重”领域来说，是一个十分利好的政策。众所周知，“两新一重”所属领域几乎为公益性行业，鉴于国有资本的自身特性，其在公益性行业的作用和优势均十分明显，财建〔2017〕743 号文从正面加强了对国有资本的政策支持和保障力度，在国有资本自发性参与公益性项目的同时，更是激发了国有资本的积极性，进一步增加了对国有资本的吸引力，必将有力地促进包括“两新一重”领域在内的公益性行业的发展。

1. 财建〔2017〕743 号文出台的目的

财建〔2017〕743 号文是一个针对性很强的规范性文件，它旗帜鲜明地提出了鼓励国有资本对公益性行业的投入。本文件将我国目前的实际情况与国有资本的特殊性进行了充分的结合与分析，提出：目前我国部分公共服务领域仍然存在供给不足问题，以多种形式加大国有资本对公益性行业的投入，在提供公共服务方面作出更大贡献，有利于改革发展成果更多惠及广大人民群众。尤其对于市场调节机制失灵的公益性行业，公共财政应当加大投入。

一方面，公益性行业是一个具有明显的特殊性的行业，之所以部分公共服务领域仍然存在供给不足，主要是因为公益性行业的市场化运作和收益的效果不明显，有些领域甚至从直接效益角度难以开展市场化运营，当然就难以吸引包括国有企业在内的各种社会资本的进入。另一方面，国有企业因其自身的国家投资的属性，本身就应当负有对投资收益不明显的公益性行业投入的社会责任，并且其独有的股东背景使其容易获得金融机构的认可从而获得更多的融资。因此，加大国有企业对公益性行业的投入具有其历史必然性，更是符合经济规律的。

这里我们还要重点阐述一下，财建〔2017〕743 号文从主体角度表述为“国有资本”，在很多具体规定中又表述为“国有企业”，两者具有一定的区别：国有资本是从投资角度进行的阐述，国有资本包括财政资金、国有实物资产等方面的能够形成投资的国有属性资产，如果国有资本全资投入、控股投入或者虽未明确控股但是通过各种结构安排能够对被投资企业形成控制力的合资企业，应认定为国有企业；但是，如果国有资本以参股形式投入某一个企业中，其在该企业中仅根据股权比例获得表决权及分红权，则不应被认定为国有企业，但仍属于拥有国有成分的企业。因此，归结来说，国有资本投资所形成的企业实体，其范围是大于国有企业的。因此，财建〔2017〕743 号文在具体规定中，既指向了国有企业，也指向了其他国有成分企业。但是，显然国有企业是国有资本最为重要的和具有普遍性的物化形态，因此，本解读也主要是站在国有企业的角度来加以分析的。

2. 鼓励中央企业对公益性行业投入

从中央企业角度看，财建〔2017〕743 号文鼓励中央企业对节能环保、科研以及党中央、国务院文件明确规定的其他公益性行业加大投入。显然，财建〔2017〕743 号文的出台体现了很明显的前瞻性，近年来我国推出的“两新一重”领域恰好属于鼓励范围的，而且从实践来看，随着“两新一重”国策的出台，很多电子信息类中央企业、传统施工类中央企业等纷纷成立了自己的信息化、智能化公司，由此可见中央企业紧跟国家战略布局的脚步异常明显。

3. 鼓励地方国有企业对基础设施等公益性行业投入

从地方国有企业角度看，财建〔2017〕743号文规定，各地可根据发展实际，鼓励地方国有企业对城市管理基础设施等公益性行业加大投入。这显然是体现了国家的一种务实严谨的态度：对于经济发达地区或者企业本身具有明显运营优势的地方国有企业，鼓励其对城市管理基础设施等公益性行业加大投入；但是，对于不具备重点投入能力和条件的地区，地方政府仍应量力而行，可以通过引入各种社会资本（包括中央企业和地方政府所属国有企业）来实施对公益性行业的投入。关于“城市管理基础设施等公益性行业”，目前从全国范围来看并没有明确的概念性阐述，但从其内涵理解，显然包括城市发展所涉及的各类基础设施，既涵盖了传统的领域，当然也涵盖了新型基础设施建设和新型城镇化建设的诸多细分领域。

4. 支持政府以财政和国有资产对国有企业投入

财建〔2017〕743号文规定，按照预算管理、财政事权和支出责任划分等有关规定，中央财政与地方财政通过安排预算资金、划拨政府资产等，支持包括国有企业在内的各类主体更好地在公益性行业发挥作用。结合《关于加强国有企业资产负债约束的指导意见》可知，在支持国有企业对公益性行业投入的过程中，加大财政对国有企业自身的投资力度，从而使国有企业具有对外投资的能力和融资能力，是核心环节之一。从地方政府的实际角度出发，应注重灵活运用《预算法》及其他关于财政预算的有关规定，统一处理和安排好一般公共预算、政府性基金预算和国有资本经营之间的相互协同关系，适度加大对国有资本经营预算的收入和支出安排，以使国有企业能够切实地获得更多的资金投入和优质的国有资产。

5. 加大国有资本的资本效应

财建〔2017〕743号文提出了建设性的指引，发挥国有资本投资运营公司资本配置功能，坚持市场化运作，探索有效的运营模式，通过开展投资融资、产业培育、资本整合，推动产业聚集和转型升级，优化国有资本布局结构。此项规定不仅是针对国有资本成立国有企业来说的，也是从国有资本如何更多地参与市场投资和经营角度进行的阐述。其中明确谈到了鼓励利用国有资本的优势进行产业聚集、促进地区产业链的深度融合，同时也鼓励了对部分有发展潜力的产业进行转型升级，从产业培育和资本整合角度进行了明确的引导。其中：①产业培育，更多的是鼓励国有资本对初创型企业、中小微企业等具有明显发展前景的产业进行资本投入，以促进这些行业的发展壮大；②资本整合，通过国有资本对相关产业的上下游企业进行投资，通过资本的力量和市场的规则，对产业链企业进行有效整合，以形成本地的优势产业。我们应当注意到，“两新一重”领域明显具有行业发展潜力巨大、相关产业之间配合度高、涉及企业（尤其是信息化、智能化企业）分散且大部分规模实力有限等特点，国有资本在“两新一重”领域，在培育优质企业、整合细分领域的相关产业等方面无疑都能够发挥重要的作用，从而形成地方政府的两个拳头：一方面，通过地方国有企业自身的经营直接支持“两新一重”的发展；另一方面，通过国有资本的投资引导性作用，促进各相关企业乃至相关产业在“两新一重”领域起到更大的作用。

除国有资本自身加大资本配置力度外，财建〔2017〕743号文也同样鼓励充分发挥政府投资基金引导作用，通过杠杆放大效应，以国有资本为基础，吸引更多的包括国有企业在内的社会资金共同参与政府投资基金，更进一步地发挥出国有资本的引导性作用。

6. 鼓励国有企业参与PPP项目

财建〔2017〕743号文明确提出，通过在财政、价格、土地、金融等方面加大支持力度，吸引国有企业等社会资本参与政府与社会资本合作项目。此项规定显然是基于我国经济结构的实际情况提出的。国有企业是公共领域的产品和服务的重要提供者与参与者，财建〔2017〕743号文正是基于此，为国有企业广泛参与PPP项目起到了重要的促进作用。关于国有企业如何参与PPP项目，我们从以下方面加以阐述。

（1）国有企业作为地方政府的出资代表，与其他社会资本方成立PPP项目公司。在这种情况下，虽然国有企业也参与了PPP项目的实际投资、建设、运营全过程，但是就其本质来看，国有企业的性质仅体现为地方政府的“通道”作用，并没有体现国有企业的主观能动性。在实际PPP项目的开展过程中（尤其是在前期），国有企业通常很少参与项目的前期论证、两评一案的编制与研讨（物有所值评价、政府财政承受能力论证、实施方案的编制）和对社会资本方的选择等重要工作，因此，从狭义角度看，国有企业在此种情况下参与PPP项目，并非发挥了国有企业自身的优势和能力，显然也不是财建〔2017〕743号文的目的所指。

（2）国有企业作为社会资本方参与PPP项目。这种情况显然是国有企业在PPP项目中真正价值的体现，国有企业作为重要的社会投资主体深度参与到公共领域的投资、建设、运营当中。但是，由于国有企业和政府之间的特殊关系，国有企业参与PPP项目的主体资格较为复杂。

①中央企业可以作为社会资本方广泛参与各地方政府的PPP项目，此种情况无论是从理论上还是从实践上都已经形成了社会共识，我们不再赘述。

②地方国有企业作为社会资本方参与其他地方政府的PPP项目，包括参与其投资主体所属的地方政府的下级地方政府的PPP项目（例如地市级政府成立的国有企业参与所属的区县级政府的PPP项目）。这与中央企业参与PPP项目的性质相同。因此，我们也自不必多谈。

③地方国有企业作为社会资本方参与本级政府的PPP项目。此种情况是最为复杂的。财政部《政府和社会资本合作模式操作指南（试行）》（财金〔2014〕113号）

（该文件尽管已经失效，但是核心思想仍然被沿用）、《国务院办公厅转发财政部 发展改革委 人民银行关于在公共服务领域推广政府和社会资本合作模式指导意见的通知》（国办发〔2015〕42 号 ）和《财政部关于推进政府和社会资本合作规范发展的实施意见》（财金〔2019〕10 号）分别对此进行了阐述，鉴于本部分解读并非针对 PPP 模式展开的，因此，我们仅归结结论如下：一是本地融资平台公司和本地其他国有企业不得作为社会资本方参与本地 PPP 项目；二是本地融资平台公司经过了市场化转型，可以作为社会资本方参与 PPP 项目。但是，我们也要注意不同的地区也可能会有单独的规定，例如山东省规定了本地政府所属的国有企业都不得作为社会资本方参与本地 PPP 项目。当然，随着 PPP 立法进程的加快，地方国有企业的参与方式也必然将随之调整。

④针对地方国有企业是否可以参与所属的地方政府的上级地方政府的 PPP 项目，目前我国没有明确的规定。从过去一段时间看，我国绝大部分的 PPP 项目以大量施工成分为主，显然较低层次的地方政府所属的国有企业单从自身投资能力和建设运营能力来看，难以企及更高层次的 PPP 项目，因此，这种情况几乎没有出现过，也就很少被讨论。但是，随着 PPP 项目的普及，尤其是针对“两新一重”这种新领域的项目，比如部分用新型智能化、信息化技术开展的医养、文旅等项目，很多地方国有企业很可能会弯道超车，成为区域内乃至全国具有一定竞争力的运营商，那么，其参与本市、本省相关类型的 PPP 项目将成为可能性。因此，我们认为在 PPP 未来的立法过程中，应针对此种情况加以明确约定，以更好地规范和引导 PPP 市场的发展。

7. 鼓励国有企业的混合所有制改革

财建〔2017〕743 号文明确提出，通过深化国有企业混合所有制改革，放大国有资本功能，引导民间资本投入公益性行业，尤其水电气热、公共交通、公共设施等提供公共产品和服务的行业与领域。2015 年 9 月 23 日，国务院发布了《国务院关于国有企业发展混合所有制经济的意见》（国发〔2015〕54 号），明确将国有企业混合所有制改革作为深化我国国有企业改革的重要举措。结合财建〔2017〕743 号文我们可以看到，“两新一重”作为公共交通、公共设施等领域中未来的重要发展方向，自然也成为混合所有制改革的重要创新领域。同时，从现实角度看，鉴于“两新一重”需要更先进的科技水平、发展理念、投资和建设能力，很多地方国有企业自身难以承担此项重任，因此，大力发展混合所有制改革，引入各种类型的社会资本与本地国有企业进行股权投资合作，是有效地吸引社会力量为本地“两新一重”发展输送动能的重要手段。因此，财建〔2017〕743 号文十分合时宜地提出了在公共领域的混合所有制改革，无疑对促进本地的“两新一重”发展提供了重要的政策支持。

8. 完善国有企业考核指标

作为市场主体，经营业绩通常作为投资人对企业经营考核的重要指标，而对于国有企业来说，业绩考核更是关系到了企业负责人和员工的切身利益。考核指标是否科学，将直接对团队的凝聚力和未来发展动力产生关键性影响。而公益性行业本身利润微薄甚至难以获得投资收益的平衡，因此，国家在鼓励国有企业参与此类行业的同时，更应注意如何为企业设定好合理的考核指标。对此，财建〔2017〕743 号文明确地提出，对公益类国有企业，重点考核成本控制、产品服务质量、营运效率和保障能力，而并不是以企业的经营收入和经营利润作为考核指标。同时，此项规定也与 2015 年发布的《关于国有企业功能界定与分类的指导意见》（国资委、财政部、发展改革委联合发布）的内容交相辉映。我们在之前解读中已经多次阐明，很多的“两新一重”项目从直接效益角度看其营业收入和利润难以满足正常企业的经济诉求，也难以满足投资人对企业的收益预期，因此，作为企业的经营团队来说，只有作为投资人的政府以更为合理的考核标准来评价企业经营团队的贡献，才能让经营团队有更大的信心和动力继续全身心地投入企业发展中。财建〔2017〕743 号文无疑充分地考虑到了这个问题，因此，未来对国有企业参与“两新一重”项目中的企业绩效考核标准，将是一个重中之重的环节。

五、《陕西省财政厅关于印发〈关于推进我省融资平台公司转型发展的意见〉的通知》（陕财办预〔2018〕66 号）

2018 年 7 月 6 日，陕西省财政厅出台《陕西省财政厅关于印发〈关于推进我省融资平台公司转型发展的意见〉的通知》（陕财办预〔2018〕66 号）（以下简称《意见》）。

（一）《意见》原文

陕西省财政厅关于印发《关于推进我省融资平台公司转型发展的意见》的通知

陕财办预〔2018〕66 号

各市、县、区人民政府，省级相关部门：

根据《国务院关于加强地方政府性债务管理的意见》（国发〔2014〕43 号）以及财政部等六部委《关于进一步规范地方政府举债融资行为的通知》（财预〔2017〕50 号）精神，为推进我省融资平台公司转型发展，经省政府同意，现将《关于推进我省融资平台公司转型发展的意见》印发你们，请贯彻执行。

陕西省财政厅

2018 年 7 月 6 日

关于推进我省融资平台公司转型发展的意见

为了认真贯彻落实党的十九大精神，打好防范化解重大风险攻坚战，解决融资平台政企不分、责权不清问题，加快推进融资平台公司市场化转型，切实提高转型后融资平台公司参与公益性项目的能力，提出以下意见。

一、全面清理规范各级政府融资平台公司

（一）摸清现有政府融资平台公司底数。地方政府融资平台公司是指由地方政府及其部门和机构等通过财政拨款或注入土地、股权等资产设立，承担政府投资项目融资功能，并拥有独立法人资格的经济实体。根据国务院要求，各级政府应对已经设立的融资平台公司进行清理规范。各市县务必尽快逐笔审核，摸清政府融资平台公司的资产、负债等具体情况，把政府和企业的责任分清，原则上年底前完成清理摸底工作、提出清理整改方案。

（二）坚决停止平台公司以政府信用融资。根据财政部等六部委《关于进一步规范地方政府举债融资行为的通知》（财预〔2017〕50号），加快政府职能转变，处理好政府和市场的关系，进一步规范融资平台公司融资行为管理。原承担政府融资功能的各类平台公司，不得再以政府信用融资筹资，必须全部转型为“自主经营、自负盈亏、自担风险、自我发展”的市场化运营主体，通过完善现代企业制度，健全公司法人治理结构，依法合规开展市场化融资。禁止地方新设立具有政府融资功能的融资平台公司。禁止以学校、医院等事业单位为中介，变相为政府举借债务。

（三）规范政府公益性资产管理。依据预算法和国务院要求精神，学校、医院、公园、广场、党政机关及享受财政经费补助的事业单位办公楼以及无经营性收入的市政道路、水利设施、非收费管网设施等公益性资产，不得作为资本注入各类企业。对2010年7月1日以后注入融资平台公司的公益性资产、储备土地等资产，必须进行清理并对可确认资产限期1年从融资平台公司剥离。

二、推进政府融资平台公司市场化转型

（四）分类推进融资平台公司市场化转型。对现有融资平台公司依法分类实施市场化转型，对只承担公益性项目融资任务，且主要依靠财政性资金偿还债务的“空壳类”融资平台公司，要按照法定程序予以清理撤销；对兼有政府融资和公益性项目建设、运营职能的“实体类”融资平台公司，要剥离其政府融资职能，通过兼并重组、整合归并同类业务等方式，转型为公益类国有企业，承接政府委托实施的基础设施、公用事业、土地开发等公益性项目建设；对按市场化方式承担一定政府融资职能的“商业类”国有企业，鼓励其继续为地方经济发挥积极主动作用，但不得再替政府或受政府委托融资。对其他兼有不同类型融资功能的融资平台公司，也要按照上述原则进行市场化转型。

（五）剥离融资平台原承担的政府性债务。为支持转型后公益类国有企业加快发展，各级政府及相关部门要对原融资平台公司已形成的政府性债务进行清理剥离，确保融资平台公司市场化转型后轻装上阵。其中，纳入债务限额管理的政府债务，应由政府偿还或通过发行政府债券进行置换；政府负有担保或救济责任的债务，应根据项目的实际情况，通过转化为偿还责任债务进行置换，或政府一定付费，或直接转化为企业债务等方式分类以处置。对其他因公益性项目建设形成的债务，应加强与银行业金融机构的财务对账，按原有协议合理确定债务性质并进行处置。鼓励各级政府运用PPP模式化解政府性债务，积极运用TOT、ROT等方式，将融资平台公司存量公共服务项目转型为PPP项目，引入社会资本参与改造和运营，在征得债权人同意的前提下，将政府性债务转换为非政府性债务。

（六）清晰界定政府与转型后融资平台的关系。各级政府根据出资情况，对融资平台公司转型后的公益类国有企业承担有限责任。各级政府不得以任何形式要求公益类国有企业替政府融资，也不得为转型后的公益类国有企业融资行为提供任何形式的承诺、担保。转型后的公益类国有企业在开展市场化融资时，必须在相关融资协议中注明不承担政府融资职能，保证其形成的企业债务与政府债务无关。

三、支持融资平台公司转型后做强做大

（七）鼓励转型后的融资平台公司加大对公益行业投入。按市场化转型后的“实体类”融资平台公司，应是具有独立法人资格、实行独立核算的公益类国有企业。鼓励转型后的融资平台公司对公益性行业加大投入，鼓励转型后的融资平台公司积极承接棚户区改造、移民搬迁、脱贫攻坚等公共基础设施以及环境保护、节能节水、市政公用事业、土地开发等公益性项目建设业务。各级政府通过依法公开招标，以项目代建、工程总承包、委托经营等方式，在同等条件下优先选择专业化的公益类国有企业参与地方社会公共事业和公益性项目建设，支持转型后融资平台公司不断壮大自身实力。

（八）加大对转型后融资平台公司的优质资产注入。各级政府要整合国有资源、国有资产、国有资金、国有资本，通过安排预算资金、划拨矿产资源等非公益性政府资产、归并整合等多种方式，增强转型后融资平台公司的资信和融资能力，提升公益类国有企业投融资水平。充分发挥我省部分地区公租房资产较多的优势，将园区配建公租房、县城乡镇公租房、长期停建的公租房，在确保本地区保障水平不降低，中、省补助资金不流失的前提下，可采用分类处置和盘活等方式并按照陕政办〔2017〕59号文件规定的程序，注入公益类企业转化为建设资本。

（九）提升公益类国有企业市场化融资能力。融资平台转型后，各级政府及相关部门要加快培育地方融资担保体系，通过制度创新支持公益类国有企业继续为地方经济社会建设发挥积极作用。一是加快推进融资担保行业发展。省级通过资本金注入、资产整合等方式，力争在3年内培育2–3个资产在50亿元左右的大型骨干担保企业，担保能力达到1000亿元以上。支持市县政府结合财力可能设立或参股担保企业（含各类融资担保基金公司），切实发挥增信职能，提升公益类国有企业融资能力。二是积极支持转型后公益类国有企业上市融资。在财政专项资金、贴息、建设用地供给等方面给予拟上市公益类国有企业大力支持，鼓励已上市公益类国有企业通过增发、配股、公司债等形式实施再融资。三是支持转型后公益类国有企业创新融资方式。鼓励和支持公益类国有企业通过银行贷款、企业债、项目收益债券、中期票据、资产证券化等市场化方式融资，拓宽投资项目资金来源。

（十）加强对转型后公益类国有企业融资的财政引导支持力度。发挥财政税收政策引导支持作用，对转型后的公益类国有企业从事公共基础设施、环境保护、节能节水项目的所得，按有关规定享受税收优惠政策。建立完善水、电、气等公益性产品合理的价格调整机制，解决好价格倒挂问题，提升公益性国有企业经营效益。对公益类国有企业为实施中、省重点公益项目进行的融资，由各级财政根据资金投向、融资渠道、资金规模等，给予一定的财政贴息或中介费用补助。为支持全省公益类国有企业积极发挥市场化融资功能，为地方公益性项目建设贡献力量，省财政建立对公益类国有企业实施公益性项目融资的奖励激励机制。具体贴息办法和奖励认定办法由省财政厅另行制定。

四、构建适应转型后融资平台公司发展的政策环境

（十一）建立促进融资平台公司转型后参与公益行业的政策机制。各级政府及相关部门应制定公益性国有企业的投融资负面清单，推动融资平台公司转型为公益类国有企业后，更多地参与到关系国计民生的公益性行业和领域。同时，各级政府和部门按隶属关系，对转型后的公益类国有企业全面实施绩效考核管理，依据公益性行业特点，对不同主业的公益类国有企业开展成本控制、产品服务质量、营运效率、保障能力和债务风险控制等方面的绩效考核，引入第三方评价，提升融资平台公司市场化转型后主动参与公益性行业的积极性和主动性。

（十二）切实维护公益类国有企业的市场主体地位。坚持“政企分开、政资分开、所有权与经营权相分离”的原则，依法保障转型后公益类国有企业法人财产权和经营自主权，在融资贷款、项目运营等方面实现独立化、市场化、规范化运作。各级政府及相关部门依法委托公益类国有企业实施公益性项目建设，要按照权责对等的原则，与公益类国有企业签订规范的合作协议，明确双方的权利、义务，并按照协议约定履行责任，切实维护公益类国有企业发展利益。

（十三）进一步加强对融资平台公司转型后的监管。要从防范化解重大风险的高度，切实加强对转型后公益类国有企业的监管。一是强化转型后公益类国有企业债务和资产管理。各级国有资产管理部门和财政部门要对转型后的公益类国有企业实施目录管理，建立债务和资产情况季报制度，对公益类国有企业债务和资产管理情况履行出资监管和行业监管职责。在融资平台市场化转型过程中制定相应资产管理制度，明晰政府与公益类国有企业的产权关系，做好相关资产处置、移交、运营和监管。二是全面实施公益类国有企业融资行为监管。各级政府国有资产管理部门和金融监管机构，要加强政策监管，引导公益类国有企业合理确定融资规模和信用支持方式，督促金融机构合法执业，防止违法违规融资。三是健全债务风险预警机制。各级国有资产管理部门应会同财政部门，建立转型后公益类国有企业债务风险预警及应急处置制度，强化债务甄别和管控，切实防范政府隐性债务风险。四是推进公益类国有企业投融资信息公开。各级国有资产管理部门要扎实推进国有企业预决算公开工作，督促公益类国有企业完善投融资信息披露机制，强化社会和舆论监督。

陕西省财政厅办公室 2018 年 7 月 6 日印发

（二）《意见》内容解读

1.《意见》颁布的意义

近年来，由于政府和融资平台公司仍然政企不分、权责不明，融资平台公司在运作中出现许多违规违法举债问题，积聚了财政金融风险，这里既有政府为政绩举债的原因，也有融资平台自身运作不够规范的原因。为了理顺政府和融资平台公司关系，分离政府和企业债务，陕西省财政厅颁布《意见》。《意见》共 13 条，包括全面清理规范各级政府融资平台公司、推进政府融资平台公司市场化转型、支持融资平台公司转型后做强做大、构建适应转型后融资平台公司发展的政策环境四个方面的内容。

《意见》思路清晰、操作性强，是在国发〔2014〕43 号文和财预〔2017〕50 号文之后，结合陕西省融资平台公司实际情况，为陕西省全面规范政府融资平台管理，打好防范化解重大风险攻坚战，以及促进融资平台继续做好公益性项目建设提供积极的政策引导。《意见》的实施将加速陕西省各地市平台体制重构及资产重组的进度。

2. 怎样理解摸清现有政府融资平台公司底数

首先，《意见》对融资平台公司的界定采用了国发〔2010〕19 号文中的定义，即地方政府融资平台公司是指由地方政府及其部门和机构等通过财政拨款或注入土地、股权等资产设立，承担政府投资项目融资功能，并拥有独立法人资格的经济实体。这个定义比较准确，也具有权威性，虽然至今有 10 多年，但仍有很强的指导性。其次，《意见》指出：根据国务院要求，各级政府应对已经设立的融资平台公司进行清理规范。这点早在国发〔2010〕19 号文中就要求对已有的融资平台公司进行清理规范，对只承担公益性项目融资任务的平台不再保留融资平台职能。最后，《意见》要求各市县务必尽快逐笔审核，摸清政府融资平台公司的资产、负债等具体情况，把政府和企业的责任分清，原则上 2018 年底前完成清理摸底工作，提出清理整改方案。

3. 怎样理解停止平台公司以政府信用融资

《意见》中明确要求：“原承担政府融资功能的各类平台公司，不得再以政府信用融资筹资，必须全部转型为‘自主经营、自负盈亏、自担风险、自我发展’的市场化运营主体，通过完善现代企业制度，健全公司法人治理结构，依法合规开展市场化融资。”

在政企不分、债务没有隔离时期，融资平台公司具有政府融资职能，企业为纯公益性项目融资，由财政资金为企业偿还债务，融资时常常借用政府信用进行筹资。国发〔2014〕43 号文要求剥离融资平台的政府融资职能，政府也不能违规为融资主体提供任何形式的担保。财预〔2017〕50 号文也要求推动融资平台公司尽快转型为市场化运营的国有企业，依法合规开展市场化融资，地方政府及其所属部门不得干预融资平台公司日常运营和市场化融资。

因此，转型后的城投公司要依法合规开展市场化融资，通过市场化方式开展银行信贷、发行企业债券、公司债券等融资，政府对转型后的城投公司所承担的准公益性项目提供必要的财政补贴，并纳入预算安排。

4. 怎样理解规范公益性资产管理

公益性资产是指为社会公共利益服务，且依据有关法律法规不能或不宜变现的资产，如学校、医院、公园、广场、党政机关及经费补助事业单位办公楼等，以及市政道路、水利设施、非收费管网设施等不能带来经营性收入的基础设施等。早在10多年前国发〔2010〕19号文就规定地方政府设立融资平台公司时要足额注入资本金，公益性资产不得作为资本注入融资平台公司。《关于进一步增强企业债券服务实体经济能力严格防范地方债务风险的通知》（发改办财金〔2018〕194号）也明确：严禁将公立学校、公立医院、公共文化设施、公园、公共广场、机关事业单位办公楼、市政道路、非收费桥梁、非经营性水利设施、非收费管网设施等公益性资产及储备土地使用权计入申报企业资产。《意见》进一步明确上述规定，并强调对2010年7月1日以后注入融资平台公司的公益性资产、储备土地等资产，必须进行清理并对可确认资产限期1年从融资平台公司剥离，即纯公益性资产交政府相应部门，纯公益性资产不能成为企业名下资产。

5. 怎样理解分类推进融资平台公司市场化转型

《意见》将融资平台公司转型分为四类，这点与国发〔2010〕19号文一脉相承，但《意见》在继承国发〔2010〕19号文分类基础上，又有所发展，对各类型融资平台公司转型方式指出明确方向，操作性很强。比如，对只承担公益性项目融资任务，且主要依靠财政性资金偿还债务的融资平台公司，国发〔2010〕19号文只是规定落实还款措施后，对公司作出妥善处理。而《意见》则明确要求按照法定程序予以清理撤销。又比如，对于承担公益性项目融资任务，同时还承担公益性项目建设、运营任务的实体类融资平台公司，国发〔2010〕19号文只强调不再保留融资平台职能，并没有指出今后发展路径。而《意见》则按照党中央、国务院关于国有企业改革分类政策，明确指出这类企业转型为公益类国有企业，可以承接政府委托实施的基础设施、公用事业、土地开发等公益性项目建设。另外，对于承担有稳定经营性收入的公益性项目融资任务，并主要依靠自身收益偿还债务的融资平台公司，国发〔2010〕19号文提出要促进投资主体多元化，改善融资平台公司的股权结构。但10多年之后，地方融资平台公司股权大多仍是国有独资，只有少数上市公司实现股权多元化。因此，《意见》对这类企业并没有提出股权多元化，而是强调今后不得再替政府或受政府委托融资。

表9.3是《意见》对四类融资平台公司转型目标分类。

表9.3　四类融资平台公司转型目标分类

类型	职能	转型方式
空壳类	只承担公益性项目融资任务，且主要依靠财政性资金偿还债务	清理撤销
实体类	兼有政府融资和公益性项目建设、运营职能的“实体类”融资平台公司	剥离政府融资职能，通过兼并重组、整合归并同类业务等方式，转型为公益类国有企业

续表

类型	职能	转型方式
商业类	按市场化方式承担一定政府融资职能的“商业类”国有企业，鼓励其继续为地方经济发挥积极主动作用	不得再替政府或受政府委托融资
其他类	其他兼有不同类型融资功能的融资平台公司	要按照上述原则进行市场化转型

6. 怎样理解剥离融资平台原承担的政府性债务

《意见》提出：“纳入债务限额管理的政府债务，应由政府偿还或通过发行政府债券进行置换；政府负有担保或救济责任的债务，应根据项目的实际情况，通过转化为偿还责任债务进行置换，或政府一定付费，或直接转化为企业债务等方式分类以处置。对其他因公益性项目建设形成的债务，应加强与银行业金融机构的财务对账，按原有协议合理确定债务性质并进行处置。鼓励各级政府运用 PPP 模式化解政府性债务，积极运用 TOT、ROT 等方式，将融资平台公司存量公共服务项目转型为 PPP 项目，引入社会资本参与改造和运营，在征得债权人同意的前提下，将政府性债务转化为非政府性债务。”

融资平台公司债务是其市场化转型面临的棘手问题、复杂问题，许多债务涉及政府性债务。当前，各级政府融资平台公司存量债务主要包括政府性债务、隐性债务及企业自身债务。其中，有关政府性债务本应由政府来偿还，但因种种原因造成其没有被纳入限额内，或者说有部分游离在限额外，这类债务主要是在 2015 年 1 月之前形成的，造成融资平台公司压力很大，有的已到期或即将到期。有关隐性债务的问题更复杂，是 2015 年后违规形成的，既有政府的原因，也有平台公司自身的原因。至于企业经营中形成的企业自身债务理所当然由融资平台自己解决。

针对上述问题，笔者认为可寻求以下途径解决。

一是理清政府与融资平台公司权责，通过明确协议落实责任，如果融资平台公司是为纯公益性项目融资，此债务由政府负有偿还责任，政府应尽快纳入预算或用少部分地方政府债券置换。另外，按照《政府投资条例》规范今后政府项目立项有的关规定，纯公益性项目不能由城投公司立项，企业也不能作为项目主体开展融资。

二是政府为融资平台公司融资提供担保或具有救助责任的债务，即救助类债务归入关注类债务，担保形成或有债务往往是为公益性项目融资而形成的。解决债务的思路是，如果债务存在一定偿还风险，那么通过政府给予一定付费，或转化为企业债务等方式分类以处置。

三是对于 2015 年之后形成的政府隐性债务，属于违规融资造成的，国家已经明确中央政府不救助，地方政府不兜底，主要采用市场化方式解决，即盘活存量、资产变现、债务重组等，其中 TOT、ROT 等方式是盘活存量资产解决债务的方式。

7. 怎样理解政府与转型后融资平台的关系

《意见》明确要求：“各级政府根据出资情况，对融资平台公司转型后的公益类国有企业承担有限责任。各级政府不得以任何形式要求公益类国有企业替政府融资，也不得为转型后的公益类国有企业融资行为提供任何形式的承诺、担保。转型后的公益类国有企业在开展市场化融资时，必须在相关融资协议中注明不承担政府融资职能，保证其形成的企业债务与政府债务无关。”

笔者认为：融资平台公司市场化转型两个突出特征就是企业停止为纯公益性项目融资，政府停止为市场化融资主体提供任何形式担保。转型后的融资平台公司可定位为公益类国有企业，当然，有的也定位为商业类国有企业。公益类国有企业多数为国有独资，政府以出资额为限对公司债务承担有限责任，公益类国有企业可以承担纯公益类项目，但只能作为承接主体（代建主体），不能作为项目主体，当然更不能利用政府信用为项目在金融机构开展项目贷款，可以向金融机构申请一定额度的流动资金贷款。

8. 怎样理解转型后的融资平台公司加大对公益行业投入

《意见》提出，鼓励转型后的“实体类”公益类国有企业对公益性行业加大投入，要积极承接棚户区改造、移民搬迁、脱贫攻坚等公共基础设施以及环境保护、节能节水、市政公用事业、土地开发等公益性项目建设业务。公共基础设施及环境保护、节能节水、市政公用事业都属于“两新一重”领域，当前，“两新一重”项目建设已经成为拉动经济惠及民生的重要抓手，有些领域的项目与城投公司业务密切相关，城投公司应该积极对标“两新一重”建设内容，加快自身转型，可从以下几个方面着手：一是积极与社会资本方合作开展新基建投资建设，借双方合作契机培养人才、储备人才，同时，可依法合规地进行新基建数据共享，助力自身产业布局和转型升级。二是利用在棚改、扶贫、移民搬迁、旧城改造等项目积累的丰富业务资源和投融资经验，向“两新一重”领域的老旧小区改造和县城城镇化建设等领域继续发力，抢抓机遇布局这些业务。三是城投公司仍是地方基础设施补短板强弱项的重要力量，在城市重大工程建设中，要积极谋划发挥公益性企业的优势，采用合规的投融资模式，通过发挥督查考核、项目管理评价机制的作用推进重大工程项目顺利建设及稳定运营。

9. 怎样理解政府对转型后融资平台公司的优质资产注入

《意见》提出：“各级政府要整合国有资源、国有资产、国有资金、国有资本，通过安排预算资金、划拨矿产资源等非公益性政府资产、归并整合等多种方式，增强转型后融资平台公司的资信和融资能力，提升公益类国有企业投融资水平。”

融资平台转型及转型后开展市场化运作，需要优质的资产注入，政府作为公司的股东，应该通盘考虑。打破部门间的界限，要树立全市、全区、全县一盘棋的意识，通过划拨和整合当地优质资产，提高转型后融资平台公司资产质量，有了资产质量，才谈得上扩大融资渠道。比如，旅游资产、砂石资源、矿产资源、工业企业、公用事业等资产。

10. 怎样理解提升公益类国有企业市场化融资能力

转型为公益类国有企业市场化融资主要有如下方式。

一是传统的信贷融资。这类融资除了有上述资产可以抵押外，还要有具有现金流的项目。虽然政府不能为企业融资直接提供担保，但可采取市场化担保，通过设立国有控股担保公司或担保性基金实现市场化担保。

二是创新融资方式，主要是企业债、公司债、项目收益债券等，还有基础设施 REITs 及县城城镇化专项债等。这类融资主要是看项目未来的收益性，同时，也要有增信担保。

三是股权融资。对于转型后国有企业进行股权融资，要么进行公募股权融资，即在证券市场上市；要么进行私募股权融资，即公司股权多元化，股权融资投资者主要看未来公司盈利能力及企业估值等。

针对上述融资模式，《意见》重点提出：一是加快推进融资担保行业发展。省级通过资本金注入、资产整合等方式，力争在 3 年内培育 2–3 个资产在 50 亿元左右的大型骨干担保企业，担保能力达到 1000 亿元以上。二是积极支持转型后公益类国有企业上市融资。在财政专项资金、贴息、建设用地供给等方面给予拟上市公益类国有企业大力支持，鼓励已上市公益类国有企业通过增发、配股、公司债等形式实施再融资。三是支持转型后公益类国有企业创新融资方式。鼓励和支持公益类国有企业通过银行贷款、企业债、项目收益债券、中期票据、资产证券化等市场化方式融资，拓宽投资项目资金来源。

11. 怎样理解维护公益类国有企业的市场主体地位

中共中央、国务院《关于深化国有企业改革的指导意见》提出：“公益类国有企业以保障民生、服务社会、提供公共产品和服务为主要目标，引入市场机制，提高公共服务效率和能力。”但现实中，公益类的国有企业市场主体地位没有真正确立，现代企业制度也不健全，政府对企业干预较多，企业对政府的依赖还很多，自主经营、自负盈亏意识不强。

《意见》中明确要求：坚持“政企分开、政资分开、所有权与经营权相分离”的原则，依法保障转型后公益类国有企业法人财产权和经营自主权，在融资贷款、项目运营等方面实现独立化、市场化、规范化运作。政府与公益类国有企业签订规范的合作协议，明确双方的权利、义务，并按照协议约定履行责任，切实维护公益类国有企业的利益。

六、《关于印发〈关于加快市县融资平台公司整合升级推动市场化投融资的意见〉的通知》（陕发改投资〔2020〕1441号）

2020年10月19日，陕西省发展改革委、陕西省财政厅联合出台了《关于印发〈关于加快市县融资平台公司整合升级推动市场化投融资的意见〉的通知》（陕发改投资〔2020〕1441号）（以下简称《通知》）。

（一）《通知》原文

关于印发《关于加快市县融资平台公司整合升级推动市场化投融资的意见》的通知

陕发改投资〔2020〕1441号

各设区市人民政府、韩城市人民政府，杨凌示范区管委会，西咸新区管委会，省级有关部门：

为进一步加快我省市县融资平台公司转型升级，提高市场化投融资能力，经省政府同意，现将《关于加快市县融资平台公司整合升级推动市场化投融资的意见》印发你们，请贯彻执行。

附件：关于加快市县融资平台公司整合升级推动市场化投融资的意见

陕西省发展和改革委员会
陕西省财政厅
2020年10月19日

附件

关于加快市县融资平台公司整合升级推动市场化投融资的意见

为进一步加快我省市县融资平台公司转型升级，提高市场化投融资能力，有效防范化解政府性债务风险，破解新型城镇化融资瓶颈，全力扩大有效投资，现提出以下意见。

一、总体要求

（一）基本原则。

1. 分类施策，资源整合。根据融资平台公司业务类型划分，采取资源整合、资产注入、清理撤销、整合归并等方式，将现有融资平台公司转型为权属清晰、多元经营、自负盈亏的市场化综合性国有资本运营集团公司。

2. 统筹兼顾，一体推进。注重把握稳增长与防风险、扩规模与优结构的平衡，在推进融资平台公司转型升级过程中，同步推动政府性债务化解。剥离融资平台公司已形成的政府性债务，确保融资平台公司市场化转型后轻装上阵。

3. 市场引领，开拓创新。融资平台公司完成转型后，凭借优质资源、政策支持和专业优势，按照市场化运营模式，积极参与地方基础设施和公益性、准公益性项目建设，使转型后的融资平台公司成为带动区域经济发展的重要力量。

（二）工作目标。

有序推动市县政府性债务化解，加快融资平台公司市场化转型，进一步提升市场化投融资能力，将融资平台公司打造成为市县政府谋划实施建设项目的重要依托、支撑高质量发展的重要载体。原则上每个市（区）打造一个总资产500亿元级以上综合性国有资本运营集团，每个县（区）打造一个总资产50亿元级以上综合性国有资本运营公司（对陕南地区，市级平台资产规模为200亿级，县级平台资产规模为20亿级）。到2022年底，市县融资平台直接融资规模较目前至少翻一番；全省县级融资平台中，评级达AA级及以上的比例达到全国平均水平。

二、重点工作

（一）推进融资平台公司整合。

摸清现有融资平台公司底数，分类推进整合升级，全面清理撤销“空壳类”平台。除西安市、西咸新区外，原则上市级平台不超过4家，国家级开发区平台不超过3家，省级开发区和县（区）级平台不超过2家。2019年一般公共预算收入少于2亿元的区县原则上只保留1家平台。积极推行“以市带县”模式，由市级平台通过参股、业务整合等方式带动县级平台公司；鼓励将县级平台并入市级平台，向县级平台多渠道增信，探索通过市级统贷、县级用款模式扩大融资规模。（责任单位：各设区市人民政府、韩城市人民政府，杨凌示范区、西咸新区管委会）

（二）加强资产盘活整合注入。

市县要理清国有资产权属关系，可将年度预算资金、国资经营收入、特许经营权、收费权、优质国企股权等注入平台，条件成熟的可引入社会资本作为战略投资者，优化平台资产负债表。市县要全面清查已建成的非公益性资产，按照“应划尽划”的原则逐步划入平台。积极依托平台实施政府投资项目，市县本级政府投资预算资金可注入平台作为资本金，增加平台资产规模和现金流。通过处置政府投资项目，转让国企部分股权等方式，筹集资金用于增加平台注册资本或新建项目资本金，选择部分高速公路、地铁、水厂、污水处理厂、物流仓储等现金流比较充沛的项目，采取REITs、PPP、ABS等方式盘活，形成示范效应。（责任单位：各设区市人民政府、韩城市人民政府，杨凌示范区、西咸新区管委会）

（三）提升平台专业化能力。

整合后的融资平台公司要健全现代企业制度，实行“自主经营、自负盈亏、自担风险、自我发展”的专业化、实体化、多元化、市场化运营模式。市县要选强配齐平台公司主要负责人，按照市场化原则推行职业经理人制度，政府工作人员原则上不得兼任公司管理职务。平台要成立专业投融资团队，引入有丰富投融资经验的人员作为融资专员，投融资团队和融资专员薪酬与市场化融资规模及质量挂钩。由发展改革、财政、行业管理、金融监管等部门负责，常态化开展项目谋划、直接融资、企业管理等方面的培训。（责任单位：各设区市人民政府、韩城市人民政府，杨凌示范区、西咸新区管委会，省发展改革委、省财政厅、省地方金融监管局及省级行业管理部门）

（四）充分利用多渠道融资。

1. 发挥银行主渠道作用。完善现有政银企对接机制，鼓励银行按照市场化原则加大对市县平台融资支持力度，严防盲目抽贷、压贷或停贷。省发展改革委会同国开行陕西省分行等银行建立信贷支持县城城镇化对接机制。市县对平台投资实施的基础设施类项目，通过直接投资、资本金注入、投资补助、贷款贴息等方式，安排财政性资金或地方政府专项债券，促进项目的经营性现金流与贷款条件相匹配。（责任单位：各设区市人民政府、韩城市人民政府，杨凌示范区、西咸新区管委会，省发展改革委、省财政厅、省地方金融监管局、人民银行西安分行、陕西银保监局）

2. 加大直接融资力度。鼓励平台公司充分运用企业债券、公司债券、银行间债券市场非金融企业债务融资工具加大直接融资规模。研究对市县平台新增发债进行补贴，具体补贴办法另行制定。按照市场化原则，省级探索建立市场化的债务风险化解周转金，妥善应对融资平台流动性风险。引导金融机构积极认购平台公司发行的各类债券，并给予一定政策支持。（责任单位：各设区市人民政府、韩城市人民政府，杨凌示范区、西咸新区管委会，省财政厅、省发展改革委、省地方金融监管局、人民银行西安分行、陕西证监局）

3. 拓展信托和保险功能。支持信托公司，特别是省属信托公司参与省内重大项目投资评估、资本运作和后期管理。省属信托公司要积极通过政策宣讲、战略合作等方式，拓展省内业务，提高省内业务占比。支持信托公司以省内经营性资产为标的，发行信托理财产品，募集基础设施建设资金，加强信托公司在重大项目投资中的融资引领作用。鼓励保险资金通过债权投资计划、股权投资计划等方式，投资基础设施、社会民生等重大工程。（责任单位：各设区市人民政府、韩城市人民政府，杨凌示范区、西咸新区管委会，省地方金融监管局、陕西银保监局）

4. 大力提升信用评级。积极发挥省信用增进公司作用，推动省内优质国企为市县融资平台公司提供担保，提升平台公司信用评级。一般公共预算收入超过12亿元的县区平台公开市场信用级别原则上要达到AA，一般公共预算收入超过5亿元的县区平台原则上要达到AA−。（责任单位：各设区市人民政府、韩城市人民政府，杨凌示范区、西咸新区管委会，省财政厅、省国资委、省发展改革委）

（五）强化策划实施项目。

融资平台公司要加大项目谋划储备力度，依托高端智库、咨询机构、金融机构力量，从项目谋划、融资方案制定、风险管理、项目运营等方面，充分挖掘提升项目商业价值，提高项目可融资性，动态储备一批符合高质量发展要求的重点项目。市县政府要主动依托平台实施项目，承接公益性项目和准公益性项目。平台公司要并购或组建专业化子公司，依法开展片区开发、产业园区、房产开发、工程承包、公用事业、污水垃圾、停车场、医疗养老、文化旅游等经营性业务，运营要实现现金流整体平衡。（责任单位：各设区市人民政府、韩城市人民政府，杨凌示范区、西咸新区管委会）

（六）防范化解政府性债务风险。

1. 禁止融资平台公司承担政府融资职能，严禁新设具有政府融资功能的平台公司。加快剥离融资平台公司存量政府性债务和公益性资产。转型后的公益类国有企业开展市场化融资时，必须在相关融资协议中注明不承担政府融资职能，坚决不新增政府隐性债务。（责任单位：各设区市人民政府、韩城市人民政府，杨凌示范区、西咸新区管委会）

2. 要按照既定的政府性债务化解方案，落实债务风险化解责任，统筹运用多种财政和金融手段，有效压减债务规模，降低债务风险水平。对暂时难以偿还的融资平台到期存量政府性债务，融资平台公司可以在与金融机构协商的基础上采取适当展期、续贷、债务重组、债务置换等方式，拉长债务期限，降低利息成本，缓释短期偿债压力。要科学合理安排债务缓释期限，避免将风险简单后移。（责任单位：各设区市人民政府、韩城市人民政府，杨凌示范区、西咸新区管委会）

三、保障措施

（一）加强组织领导。

1. 市县政府要将推动融资平台公司转型作为“一把手”工程，按照本意见要求，明确财政、发改、国资及行业部门职责分工，主动加强与金融机构合作，抓紧制定本地区融资平台整合和市场化融资方案，并采取有力举措，确保取得工作实效。（责任单位：各设区市人民政府、韩城市人民政府，杨凌示范区、西咸新区管委会）

2. 市县政府加强对转型后融资平台公司的资产和债务管理，对其投资行为和融资举债实施绩效考核管理，将成本控制、服务质量、运营效率、风险识别和控制列入绩效考核范围。健全债务风险预警机制，严格按照融资平台公司管理部门设置的资产负债比例对融资规模进行控制，引导融资平台公司将债务规模控制在合理范围内。（责任单位：各设区市人民政府、韩城市人民政府，杨凌示范区、西咸新区管委会）

3. 各市（区）政府要按季度向省财政厅和省发展改革委上报公司转型和投融资情况，融资平台公司的出资单位和主管部门应履行出资监管和行业监管职责，重点关注融资平台公司的资金使用状况、资产运营收益等内容。省级有关部门、金融机构要加强对市县业务指导，积极创造有利条件，全力推动融资平台整合升级。（责任单位：各设区市人民政府、韩城市人民政府，杨凌示范区、西咸新区管委会，省财政厅、省发展改革委、省地方金融监管局、人民银行西安分行、陕西银保监局、陕西证监局等）

（二）建立金融机构与市（区）协作机制。

省属企业和金融机构各选择 1–2 个市（区）开展对口协作，选拔业务骨干组建服务团队，重点推动平台优化整合有关工作，通过管理培训、咨询顾问、人员交流等方式创新开展工作。金融机构与协作地市共同制定整合发展工作方案，明确工作计划。省政府稳投资专班及时听取协作工作进展，将协作成效纳入相关省属企业和金融机构的考核范围，确保协作取得实效。（责任单位：各设区市人民政府、韩城市人民政府，杨凌示范区、西咸新区管委会，省发展改革委、省财政厅、省地方金融监管局、人民银行西安分行、陕西银保监局、陕西证监局）

（三）优化金融专业服务。

1. 成立由金融机构、会计师事务所、咨询机构等组成的金融专家组，由省属金融企业负责人作为专家组组长，各机构专业人员为专家组成员。省稳投资专班办公室作为办事机构，统筹做好相关工作。（责任单位：省发展改革委、省财政厅、省地方金融监管局、人民银行西安分行、陕西银保监局、陕西证监局）

2. 针对拟实施的由省级政府主导的重大工程项目，在项目前期谋划阶段，项目主管部门要主动引入金融专家组协助拟定项目综合金融服务方案，加强与各类金融机构的沟通对接，解决项目市场化融资问题，降低财政出资压力。（责任单位：省发展改革委、省财政厅、省地方金融监管局、人民银行西安分行、陕西银保监局、陕西证监局）

3. 由专家组负责，赴市县对党政领导干部和平台公司负责人进行培训，帮助市县政府设计平台转型和资产整合方案，协助完成相关调研策划、资产整合，促进产融投协同发展。充分发挥专业机构力量，为融资平台公司提供专业化的审计、评估、律师、担保、评级、承销等中介服务。（责任单位：省发展改革委、省财政厅、人民银行西安分行、陕西银保监局、陕西证监局）

（二）《通知》内容解读

1. 国有资本投资运营公司是融资平台公司的转型方向

《通知》提出，融资平台公司转型的方向是国有资本投资运营公司。《通知》明确提出对融资平台公司要分类施策，资源整合。根据融资平台公司业务类型划分，采取资源整合、资产注入、清理撤销、整合归并等方式，将现有融资平台公司转型为权属清晰、多元经营、自负盈亏的市场化综合性国有资本运营集团公司。《通知》在工作目标里明确提出了组建国有资本运营公司的目标是“原则上每个市（区）打造一个总资产500亿元级以上综合性国有资本运营集团，每个县（区）打造一个总资产50亿元级以上综合性国有资本运营公司（对陕南地区，市级平台资产规模为200亿级，县级平台资产规模为20亿级）”。

国有资本运营公司是两类公司之一（国有资本投资公司、国有资本运营公司），是国有企业授权经营体制改革的主要方向。陕西省将融资平台公司改组为国有资本运营公司，就是将融资平台公司的市场化转型与国有资本授权经营体制改革结合在一起，将融资平台公司工作融入国有企业改革的整体工作部署之中，是陕西省深化国有企业改革的战略措施。

根据《国务院关于推进国有资本投资、运营公司改革试点的实施意见》（国发〔2018〕23号），国有资本运营公司是国有资本市场化运作的专业平台，主要以提升国有资本运营效率、提高国有资本回报为目标，以财务性持股为主，通过股权运作、基金投资、培育孵化、价值管理、有序进退等方式，盘活国有资产存量，引导和带动社会资本共同发展，实现国有资本合理流动和保值增值。显然，陕西省将融资平台公司改组为国有资本运营公司，是将单一的融资平台转变为国有资本运营平台，以其为平台进行业务重组、资产债务重组，这对于融资平台公司重组后的定位、职责界定具有重要的指导意义。

2. 推动公司重组、专业化发展是融资平台公司持续发展的基础

《通知》明确提到要摸清现有融资平台公司底数，分类推进整合升级，全面清理撤销“空壳类”平台。除西安市、西咸新区外，原则上市级平台不超过4家，国家级开发区平台不超过3家，省级开发区和县（区）级平台不超过2家。2019年一般公共预算收入少于2亿元的区县原则上只保留1家平台。积极推行“以市带县”模式，由市级平台通过参股、业务整合等方式带动县级平台公司；鼓励将县级平台并入市级平台，向县级平台多渠道增信，探索通过市级统贷、县级用款模式扩大融资规模。

显然，重组整合是融资平台公司发展的必由之路。从《通知》中我们可以看出，融资平台公司贵精不贵多，要打造有实力、有规模、有质量的融资平台公司，根据

融资平台公司的情况对空壳类公司进行清理、合并、注销等，从而打造专业化的国有资本运营公司，推动资本运营与业务运营相分离。从全国范围看，融资平台公司减少数量、提高质量是发展的必然趋势。一方面，融资平台公司要减少；另一方面，融资平台公司要做强。做强的途径就是打造精品的国有资本运营公司，然后通过股权方式打造各个专业业务线的业务类公司，将管控与业务运作分开，实现业务协同、专业化发展。唯有如此，才能真正让融资平台公司具备持续发展的基础。

3. 强化市场化融资的职责与防范、化解政府性债务的有机结合是融资平台公司必须承担的使命

《通知》将融资平台公司转型后的融资功能与防范地方隐性债务的工作有机结合起来。简单说，转型后融资平台公司必须要市场化投融资，推动政企分开，与政府之间以市场化方式合作。

在市场化投融资方面，《通知》强调“进一步提升市场化投融资能力”“充分利用多渠道融资”。一方面，要发挥银行主渠道作用，完善现有政银企对接机制，鼓励银行按照市场化原则加大对市县平台融资支持力度，严防盲目抽贷、压贷或停贷。另一方面，加大直接融资力度。鼓励融资平台公司充分运用企业债券、公司债券、银行间债券市场非金融企业债务融资工具加大直接融资规模。另外，《通知》强调要重视信用评级工作，大力提升信用评级。积极发挥省信用增进公司作用，推动省内优质国有企业为市县融资平台公司提供担保，提升平台公司信用评级。

同时，融资平台公司要市场化融资，严格防范政府债务风险。一方面，《通知》强调禁止融资平台公司承担政府融资职能，严禁新设具有政府融资功能的平台公司。加快剥离融资平台公司存量政府性债务和公益性资产，并且坚决不新增政府隐性债务。另一方面，《通知》强调要按照既定的政府性债务化解方案，落实债务风险化解责任，统筹运用多种财政和金融手段，有效压减债务规模，降低债务风险水平。

4.“两新一重”项目是融资平台公司发展的核心抓手

《通知》将项目放到重中之重的地位。项目是融资平台公司未来市场化经营的核心抓手，也是融资平台公司市场化投融资功能发挥的重要保障。

《通知》明确提出，融资平台公司要按照市场化运营模式，积极参与地方基础设施和公益性、准公益性项目建设，使转型后的融资平台公司成为带动区域经济发展的重要力量。因此，各市县要全面清查已建成的非公益性资产，按照“应划尽划”的原则逐步划入平台。积极依托平台实施政府投资项目。同时，要通过处置政府投资项目、转让国企部分股权等方式，筹集资金用于增加平台注册资本或新建项目资本金，选择部分高速公路、地铁、水厂、污水处理厂、物流仓储等现金流比较充沛的项目，采取 REITs、PPP、ABS 等方式盘活，形成示范效应。因此，融资平台公司

完全可以以市场化方式在政府投资的“两新一重”类项目上发挥更大的作用，以资本为纽带，以“两新一重”项目为抓手，以市场化方式全面推动项目落地、实施。

另外，《通知》特地强调融资平台公司要加大项目谋划储备力度，从项目谋划、融资方案制订、风险管理、项目运营等方面，充分挖掘提升项目商业价值，提高项目可融资性，动态储备一批符合高质量发展要求的重点项目。市县政府要主动依托平台实施项目，承接公益性项目和准公益性项目。融资平台公司要并购或组建专业化子公司，依法开展片区开发、产业园区、房产开发、工程承包、公用事业、污水垃圾、停车场、医疗养老、文化旅游等经营性业务，运营要实现现金流整体平衡。显然，《通知》的发布对于融资平台公司积极融入地方政府“两新一重”的各项工作具有重要的指导意义，也对于推动融资平台公司积极筹划“两新一重”项目具有重要作用。

5. 现代企业制度建设是融资平台公司成功转型的保障

《通知》认为，要加强融资平台公司专业化能力。简单来说，融资平台公司整合转型后要按照国有企业改革的要求及部署建立健全现代企业制度，真正成为“自主经营、自负盈亏、自担风险、自我发展”的市场化主体，选强配齐融资平台公司主要负责人，按照市场化原则推行职业经理人制度。同时，要推进队伍的专业化、职业化建设，政府工作人员原则上不得兼任公司管理职务。融资平台公司要成立专业投融资团队，引入有丰富投融资经验的人员作为融资专员，投融资团队和融资专员薪酬与市场化融资规模及质量挂钩。

显然，《通知》将融资平台公司看作市场化运营的国有企业，要求按照深化国有企业改革的要求建立健全现代企业制度。推动融资平台公司转型为有竞争力的国有企业，就要建立中国特色现代国有企业制度。把党的领导融入公司治理各环节，坚持党建引领，建立一套以市场化机制为核心的经营管理体系，打造市场化的“干部能上能下、员工能进能出、收入能增能减”的“三能”机制，激发干部职工的活力，真正推动融资平台公司快速发展。

因此，融资平台公司也就必须在实现重组整合过程中高度重视现代企业制度的构建，从党建、战略规划、授权体系、法人治理体系、企业文化、组织管理体系、人力资源管理体系等各个方面建立高效、规范的流程，实行职业经理人制度，创新中长期激励模式，确保融资平台公司各项经营活动有序进行，防范系统性经营风险，打造具有一流竞争力的国有资本运营公司。

七、《山东省财政厅等 4 部门关于推进政府融资平台公司市场化转型发展的意见》（鲁财债〔2020〕17 号）

2020 年 2 月 27 日，山东省财政厅等 4 部门出台了《山东省财政厅等 4 部门关于推进政府融资平台公司市场化转型发展的意见》(鲁财债〔2020〕17号)(以下简称鲁财债〔2020〕17号文或《意见》)。

(一)鲁财债〔2020〕17号文原文

山东省财政厅等4部门关于推进政府融资平台公司市场化转型发展的意见

鲁财债〔2020〕17号

各市人民政府:

为加快推进政府融资平台公司市场化转型发展,有效防范化解政府债务风险,经省政府同意,现提出如下意见。

一、明确融资平台公司市场化转型目标任务。各级融资平台公司主管部门要坚决贯彻落实中央和省委、省政府关于加强地方政府债务管理、防范化解隐性债务风险各项决策部署,坚持市场化、法治化原则,理顺政府与融资平台公司关系,剥离融资平台公司政府融资职能,注入优质经营性资产,增强融资平台公司“造血”功能,有序消化存量隐性债务,提升财务管理水平,力争用3–5年时间逐步建立起融资平台公司“自主经营、自负盈亏、自担风险、自我发展”的市场化运营模式,全面完成融资平台公司市场化转型任务,切实防范化解政府债务风险。(各市政府,省财政厅、省国资委、山东银保监局、省地方金融监管局;力争2024年12月底前完成)

二、依法剥离融资平台公司政府融资职能。从严规范融资平台公司融资行为,原承担政府融资职能的各类融资平台公司,不得以政府信用进行融资。严禁新设具有政府融资功能的各类融资平台公司,严禁通过公立学校、公立医院等公益性事业单位变相为融资平台公司建设项目融资。严禁融资平台公司利用没有收益的公益性资产抵质押贷款或发行信托、企业债券等各类金融产品。融资平台公司因参与公益性项目建设而在境内外融资时,须在相关借款合同、信息披露文件中声明其新增债务依法不属于政府债务,政府不承担任何偿债责任。(各市政府,省财政厅、山东银保监局、省地方金融监管局;力争2024年12月底前完成)

三、严格规范融资平台公司公益性资产管理。严禁将公立学校、公立医院、公共文化设施、公园、公共广场、机关事业单位办公楼、市政道路、非收费桥梁、非经营性水利设施、非收费管网设施等公益性资产注入融资平台公司,不得将储备土地作为资产注入融资平台公司,不得承诺将储备土地预期出让收入作为融资平台公司偿债资金来源。对以前年度注入融资平台公司的公益性资产、储备土地等不合规资产,要及时进行清理核实,对经核实确认的不合规资产应逐步从融资平台公司中剥离。市、县(市、区)政府作为融资平台公司出资人,按照出资额对其债务承担有限责任。(各市政府,省财政厅、省国资委;力争2024年12月底前完成)

四、妥善处置融资平台公司存量债务。清理核实融资平台公司各类资产与债务情况,严格区分政府与融资平台公司之间的偿债责任,合理出让部分政府股权以及经营性国有资产权益偿还存量债务。对经营性项目形成的债务,融资平台公司应通过改善经营状况、提高资产收益、盘活存量资产等方式,按照市场化原则进行融资偿还。对无现金流的纯公益性项目,可由财政出资偿还或通过发行债券予以置换。对具有一定现金流的公益性项目,合规转化为企业经营性债务;现金流不足以覆盖成本的部分，可通过配置优质资产、财政补贴等方式予以支持。对存量隐性债务中的必要在建项目，鼓励融资平台公司与金融机构通过市场化融资方式，保障在建项目后续融资。（各市政府，省财政厅、省国资委；力争 2024 年 12 月底前完成）

五、分类推进融资平台公司市场化转型。对主要承担公益性项目融资功能、依靠财政性资金偿还债务的“空壳类”融资平台公司，应在妥善处置存量债务、资产和人员等基础上，依法清理注销。对兼有政府融资和公益性项目建设运营职能的“复合类”融资平台公司，剥离其政府融资功能，通过兼并重组等方式整合同类业务，推动融资平台公司转型为公益性事业领域市场化运作的公益类国有企业。对具有相关专业资质、市场竞争性较强、规模较大、管理规范的“市场类”融资平台公司，在妥善处置存量债务的基础上，支持其转型为商业类国有企业。对其他兼有不同类型融资功能的融资平台公司，也要按照上述原则进行市场化转型。（各市政府，省财政厅、省国资委；力争 2024 年 12 月底前完成）

六、加快建立健全现代企业制度。加快融资平台公司去行政化，减少不合理行政干预，强化独立法人地位。加强融资平台公司党组织领导，推进融资平台公司法人治理结构规范化，加快建立股东会、董事会、监事会等现代企业管理体系。政府工作人员不再兼任公司管理人员职务，健全行政、人事、财务、内控等管理制度，做到产权明晰、权责分明、管理科学。建立科学化的决策机制，融资平台公司的经营方针、投资计划等重大决议，须经股东大会或董事会批准方可进行。政府作为出资人，不能以文件、会议纪要等行政命令代替融资平台公司决策机制。（各市政府，省国资委；力争 2024 年 12 月底前完成）

七、加大对融资平台公司优质资产注入。各级融资平台公司主管部门要优化组合各类国有资源资产，通过注入资本金、划拨非公益性政府资产、推进优质国有资产整合、支持国有资本运作、推动混合所有制改革等方式，给予转型后的融资平台公司支持，提高其市场化融资水平及运营能力。积极引进省内外战略合作伙伴及社会资本投入，逐步将融资平台公司打造成产权主体多元化、治理结构完善、符合现代企业制度要求的国有企业。（各市政府，省财政厅；力争 2024 年 12 月底前完成）

八、提升融资平台公司市场化融资能力。鼓励金融机构按照商业化原则自主决策为融资平台公司融资，保障重点项目合理资金需求。支持转型后公益类国有企业创新融资方式，通过银行贷款、企业债、中期票据等市场化方式融资，拓宽项目资金来源。鼓励已上市公益类国有企业灵活运用资本市场，通过增发、配股、公司债等形式实施再融资。支持融资担保企业发挥增信职能，为公益类国有企业增信，提升其市场化融资能力。（山东银保监局、省地方金融监管局、省财政厅，各市政府；力争 2024 年 12 月底前完成）

九、加大对转型后融资平台公司的政策支持。发挥财税政策引导作用，对转型后的融资平台公司从事公共基础设施、环境保护、节能节水等项目，按照有关规定享受相关税收优惠政策。通过政府和社会资本合作（PPP）等模式，鼓励转型后的融资平台公司以市场化主体身份，依法合规参与政府公共基础设施和公益性项目建设，承接棚户区改造、老旧小区改造等公共基础设施以及环境保护、市政公用事业、土地开发等公益性项目建设业务。（各市政府，省财政厅；力争 2024 年 12 月底前完成）

十、加强对融资平台公司的监督管理。各级财政、国资、金融监管部门，要加强对融资平台公司市场化转型监督管理。国资部门要履行监管职责，在融资平台公司市场化转型过程中制定相应国有资产管理制度，明晰政府与公益类国有企业的产权关系，做好相关资产处置、移交、运营和监管。财政部门要督导转型后各类融资平台公司建立债务风险预警及应急处置机制，切实防范隐性债务风险。金融监管机构加强政策监管，督促金融机构密切关注公益类国有企业融资规模和信用支持方式，坚决防止违法违规举债融资。（省财政厅、省国资委、山东银保监局、省地方金融监管局，各市政府；力争2024年12月底前完成）

十一、建立融资平台公司统计监测制度。各级财政部门要加强与国资、金融监管等部门信息共享和数据校验，形成统一管理、协同高效的统计监测机制。重点强化对转型后的公益类国有企业实施目录管理，建立资产和债务情况动态统计制度。各级融资平台公司要按季度向本级财政部门报送融资平台公司资产与债务变动情况，并对报送数据的真实性、完整性、准确性负责。（省财政厅、省国资委、山东银保监局、省地方金融监管局，2020年12月底前完成）

十二、强化对转型工作的考核监督。建立融资平台公司市场化转型工作考评机制，各市财政部门要每半年评估总结所属县（市、区）融资平台公司市场化转型工作进展及成效情况。对继续违法违规举债融资的融资平台公司，依法依规追究相关单位和责任人的责任。各市、县（市、区）融资平台公司市场化转型实施方案及本地区融资平台基本情况（见附件），经主管部门审核并报同级政府审定后，经市县级财政部门汇总，以市为单位于2020年6月底前报省财政厅备案，并抄送省国资委、省地方金融监管局、山东银保监局。（各市政府，省财政厅、省国资委、山东银保监局、省地方金融监管局；2020年6月底前完成）

附件：×× 市政府融资平台公司基本情况表

山东省财政厅
山东省人民政府国有资产监督管理委员会
中国银行保险监督管理委员会山东监管局
山东省地方金融监督管理局
2020年2月27日

附件（略）

（二）鲁财债〔2020〕17号文内容解读[①]

加快推进政府融资平台公司市场化转型，是山东省深入贯彻党中央、国务院决策部署，加快构建政府举债融资机制的重要举措，对于防范化解政府债务风险，促进全省经济平稳健康发展具有重要意义。经省政府同意，省财政厅、省国资委、省银保监局、省地方金融监管局联合出台的《意见》，明确了加快融资平台公司转型的目标任务、转型路径和政策措施，将为市县政府加快融资平台公司市场化脱钩改制提供有力支持。

① 本解读摘自山东省人民政府网站。

1. 政策制定背景

根据中央有关文件要求，剥离平台政府融资职能，分类推进平台市场化转型。省委、省政府相关实施意见（鲁发〔2018〕46号）也要求加快推进融资平台转型。目前，市县融资平台公司在为地方经济发展筹集大量建设资金的同时，也面临一些突出问题。主要表现在：缺少实体产业支撑，资产质量不高，市场化运营水平低，自身“造血”能力弱；举债融资行为不规范，背负大量政府隐性债务，长期依赖财政资金和“借新还旧”维持运转，积聚了较大债务风险；等等。这些问题，助长了一些地区政府债务膨胀，影响了存量隐性债务化解，加剧了政府债务风险，迫切需要通过市场化转型升级建立自主经营、自负盈亏的市场化运营模式，防范化解政府债务风险。

2. 把握的主要原则

在政策设计上，《意见》坚持了以下原则：一是注重厘清职责边界。划清政府与融资平台公司职责范围，平台不承担政府融资职能，政府不承担平台偿债责任。二是突出市场化导向。支持平台通过市场化方式，做大做强实体产业，增强自身“造血”能力，依法合规进行融资建设。三是坚持分类施策。立足各地实际，区分平台不同类型，采取差异化方式分类推进平台市场化转型。四是注重可操作性。明确平台转型目标和工作重点，在剥离政府融资职能、加强资产管理、处置存量债务、健全工作推进机制等方面提出具体要求与措施。

3. 政策的主要内容

本着“市场主导、分类施策、依法合规、有序推进”的精神，《意见》重点围绕剥离政府融资职能、增强“造血”功能、消化存量债务三大目标，提出了12条具体措施，力争用3–5年时间逐步完成融资平台市场化转型任务。《意见》主要有四个方面的创新政策。

（1）划清边界“剥职能”。划清政府与融资平台公司职责范围，加快平台公司去行政化，依法剥离政府融资职能，政府不承担平台偿债责任。严禁新设各类融资平台公司，从严规范平台公益性资产管理，严禁将公立学校、公立医院、公共文化设施、机关事业单位办公楼等公益性资产注入平台公司，清理剥离平台公司不合规资产。

（2）分类施策“促转型”。全面核实平台资产负债情况，分类推进平台转型。对“空壳类”公司，在妥善处置存量债务、资产和人员等基础上，依法清理注销；对“复合类”公司，剥离其政府融资功能，推动转型为公益类国有企业；对“市场类”公司，在妥善处置存量债务的基础上，转型为商业类国有企业。对转型后的平台公司，通过加大优质资产注入等方式，提升市场化融资运营能力。

（3）区分性质“化存量”。严格区分政府与平台公司之间的偿债责任，逐步消化平台存量债务。对经营性项目形成的企业债务，由平台公司按照市场化原则进行融资偿还；对无现金流的纯公益性项目，由财政出资偿还或通过发行债券予以置换；对具有一定现金流的公益性项目形成的政府债务，合规转化为企业经营性债务，现金流不足以覆盖成本的部分，通过配置优质资产、财政补贴等方式予以支持。

（4）压实责任“强监管”。建立由财政、国资、金融监管部门共同参加的跨部门联合监管机制，加强部门间信息共享和数据校验，动态监控平台债务风险状况，健全平台债务风险预警应急处置机制；强化对转型工作的考核监督，对继续参与违法违规举债融资活动的平台公司，依法依规严肃问责。

第十篇 “两新一重”投资与政府债务防范有关政策及内容解读

写在前面：

作为当前扩大有效投资的重要抓手，“两新一重”项目正成为各地投资的重点，不仅有利于发挥对稳投资、补短板的作用，也对“十四五”期间经济社会发展形成强有力支撑，起到拉动作用。但在推进“两新一重”项目过程中，坚持依法合规运用投融资模式是根本，避免违规举债和以中长期支出事项形成政府隐性债务风险是底线。因此，在谋划推进“两新一重”项目时，要准确把握国家投融资相关政策导向，根据党中央、国务院及相关部委等一系列政策文件，在不增加隐性债务前提下如何开展投融资方面，给出明确规定和指引。

本篇从防范地方政府债务风险的纲领性文件国发〔2014〕43号文入手，分析PPP、政府投资基金、政府购买服务等领域容易形成的地方政府隐性债务问题。同时，鉴于中发27号文、中办发46号文这两个文件在实施“两新一重”建设过程中也发挥了重要的作用。本篇收集9个相关政策做了详细解读，以期对读者有所帮助。

一、《国务院关于加强地方政府性债务管理的意见》（国发〔2014〕43号）

2014年9月21日，国务院出台《国务院关于加强地方政府性债务管理的意见》（国发〔2014〕43号）（以下简称国发〔2014〕43号文）。

（一）国发〔2014〕43号文原文

国务院关于加强地方政府性债务管理的意见

国发〔2014〕43号

各省、自治区、直辖市人民政府，国务院各部委、各直属机构：

为加强地方政府性债务管理，促进国民经济持续健康发展，根据党的十八大、十八届三中全会精神，现提出以下意见：

一、总体要求

（一）指导思想。以邓小平理论、“三个代表”重要思想、科学发展观为指导，全面贯彻落实党的十八大、十八届三中全会精神，按照党中央、国务院决策部署，建立“借、用、还”相统一的地方政府性债务管理机制，有效发挥地方政府规范举债的积极作用，切实防范化解财政金融风险，促进国民经济持续健康发展。

（二）基本原则。

疏堵结合。修明渠、堵暗道，赋予地方政府依法适度举债融资权限，加快建立规范的地方政府举债融资机制。同时，坚决制止地方政府违法违规举债。

分清责任。明确政府和企业的责任，政府债务不得通过企业举借，企业债务不得推给政府偿还，切实做到谁借谁还、风险自担。政府与社会资本合作的，按约定规则依法承担相关责任。

规范管理。对地方政府债务实行规模控制，严格限定政府举债程序和资金用途，把地方政府债务分门别类纳入全口径预算管理，实现“借、用、还”相统一。

防范风险。牢牢守住不发生区域性和系统性风险的底线，切实防范和化解财政金融风险。

稳步推进。加强债务管理，既要积极推进，又要谨慎稳健。在规范管理的同时，要妥善处理存量债务，确保在建项目有序推进。

二、加快建立规范的地方政府举债融资机制

（一）赋予地方政府依法适度举债权限。经国务院批准，省、自治区、直辖市政府可以适度举借债务，市县级政府确需举借债务的由省、自治区、直辖市政府代为举借。明确划清政府与企业界限，政府债务只能通过政府及其部门举借，不得通过企事业单位等举借。

（二）建立规范的地方政府举债融资机制。地方政府举债采取政府债券方式。没有收益的公益性事业发展确需政府举借一般债务的，由地方政府发行一般债券融资，主要以一般公共预算收入偿还。有一定收益的公益性事业发展确需政府举借专项债务的，由地方政府通过发行专项债券融资，以对应的政府性基金或专项收入偿还。

（三）推广使用政府与社会资本合作模式。鼓励社会资本通过特许经营等方式，参与城市基础设施等有一定收益的公益性事业投资和运营。政府通过特许经营权、合理定价、财政补贴等事先公开的收益约定规则，使投资者有长期稳定收益。投资者按照市场化原则出资，按约定规则独自或与政府共同成立特别目的公司建设和运营合作项目。投资者或特别目的公司可以通过银行贷款、企业债、项目收益债券、资产证券化等市场化方式举债并承担偿债责任。政府对投资者或特别目的公司按约定规则依法承担特许经营权、合理定价、财政补贴等相关责任，不承担投资者或特别目的公司的偿债责任。

（四）加强政府或有债务监管。剥离融资平台公司政府融资职能，融资平台公司不得新增政府债务。地方政府新发生或有债务，要严格限定在依法担保的范围内，并根据担保合同依法承担相关责任。地方政府要加强对或有债务的统计分析和风险防控，做好相关监管工作。

三、对地方政府债务实行规模控制和预算管理

（一）对地方政府债务实行规模控制。地方政府债务规模实行限额管理，地方政府举债不得突破批准的限额。地方政府一般债务和专项债务规模纳入限额管理，由国务院确定并报全国人大或其常委会批准，分地区限额由财政部在全国人大或其常委会批准的地方政府债务规模内根据各地区债务风险、财力状况等因素测算并报国务院批准。

（二）严格限定地方政府举债程序和资金用途。地方政府在国务院批准的分地区限额内举借债务，必须报本级人大或其常委会批准。地方政府不得通过企事业单位等举借债务。地方政府举借债务要遵循市场化原则。建立地方政府信用评级制度，逐步完善地方政府债券市场。地方政府举借的债务，只能用于公益性资本支出和适度归还存量债务，不得用于经常性支出。

（三）把地方政府债务分门别类纳入全口径预算管理。地方政府要将一般债务收支纳入一般公共预算管理，将专项债务收支纳入政府性基金预算管理，将政府与社会资本合作项目中的财政补贴等支出按性质纳入相应政府预算管理。地方政府各部门、各单位要将债务收支纳入部门和单位预算管理。或有债务确需地方政府或其部门、单位依法承担偿债责任的，偿债资金要纳入相应预算管理。

四、控制和化解地方政府性债务风险

（一）建立地方政府性债务风险预警机制。财政部根据各地区一般债务、专项债务、或有债务等情况，测算债务率、新增债务率、偿债率、逾期债务率等指标，评估各地区债务风险状况，对债务高风险地区进行风险预警。列入风险预警范围的债务高风险地区，要积极采取措施，逐步降低风险。债务风险相对较低的地区，要合理控制债务余额的规模和增长速度。

（二）建立债务风险应急处置机制。要硬化预算约束，防范道德风险，地方政府对其举借的债务负有偿还责任，中央政府实行不救助原则。各级政府要制定应急处置预案，建立责任追究机制。地方政府出现偿债困难时，要通过控制项目规模、压缩公用经费、处置存量资产等方式，多渠道筹集资金偿还债务。地方政府难以自行偿还债务时，要及时上报，本级和上级政府要启动债务风险应急处置预案和责任追究机制，切实化解债务风险，并追究相关人员责任。

（三）严肃财经纪律。建立对违法违规融资和违规使用政府性债务资金的惩罚机制，加大对地方政府性债务管理的监督检查力度。地方政府及其所属部门不得在预算之外违法违规举借债务，不得以支持公益性事业发展名义举借债务用于经常性支出或楼堂馆所建设，不得挪用债务资金或改变既定资金用途；对企业的注资、财政补贴等行为必须依法合规，不得违法为任何单位和个人的债务以任何方式提供担保；不得违规干预金融机构等正常经营活动，不得强制金融机构等提供政府性融资。地方政府要进一步规范土地出让管理，坚决制止违法违规出让土地及融资行为。

五、完善配套制度

（一）完善债务报告和公开制度。完善地方政府性债务统计报告制度，加快建立权责发生制的政府综合财务报告制度，全面反映政府的资产负债情况。对于中央出台的重大政策措施如棚户区改造等形成的政府性债务，应当单独统计、单独核算、单独检查、单独考核。建立地方政府性债务公开制度，加强政府信用体系建设。各地区要定期向社会公开政府性债务及其项目建设情况，自觉接受社会监督。

（二）建立考核问责机制。把政府性债务作为一个硬指标纳入政绩考核。明确责任落实，各省、自治区、直辖市政府要对本地区地方政府性债务负责任。强化教育和考核，纠正不正确的政绩导向。对脱离实际过度举债、违法违规举债或担保、违规使用债务资金、恶意逃废债务等行为，要追究相关责任人责任。

（三）强化债权人约束。金融机构等不得违法违规向地方政府提供融资，不得要求地方政府违法违规提供担保。金融机构等购买地方政府债券要符合监管规定，向属于政府或有债务举借主体的企业法人等提供融资要严格规范信贷管理，切实加强风险识别和风险管理。金融机构等违法违规提供政府性融资的，应自行承担相应损失，并按照商业银行法、银行业监督管理法等法律法规追究相关机构和人员的责任。

六、妥善处理存量债务和在建项目后续融资

（一）抓紧将存量债务纳入预算管理。以 2013 年政府性债务审计结果为基础，结合审计后债务增减变化情况，经债权人与债务人共同协商确认，对地方政府性债务存量进行甄别。对地方政府及其部门举借的债务，相应纳入一般债务和专项债务。对企事业单位举借的债务，凡属于政府应当偿还的债务，相应纳入一般债务和专项债务。地方政府将甄别后的政府存量债务逐级汇总上报国务院批准后，分类纳入预算管理。纳入预算管理的债务原有债权债务关系不变，偿债资金要按照预算管理要求规范管理。

（二）积极降低存量债务利息负担。对甄别后纳入预算管理的地方政府存量债务，各地区可申请发行地方政府债券置换，以降低利息负担，优化期限结构，腾出更多资金用于重点项目建设。

（三）妥善偿还存量债务。处置到期存量债务要遵循市场规则，减少行政干预。对项目自身运营收入能够按时还本付息的债务，应继续通过项目收入偿还。对项目自身运营收入不足以还本付息的债务，可以通过依法注入优质资产、加强经营管理、加大改革力度等措施，提高项目盈利能力，增强偿债能力。地方政府应指导和督促有关债务举借单位加强财务管理、拓宽偿债资金渠道、统筹安排偿债资金。对确需地方政府偿还的债务，地方政府要切实履行偿债责任，必要时可以处置政府资产偿还债务。对确需地方政府履行担保或救助责任的债务，地方政府要切实依法履行协议约定，作出妥善安排。有关债务举借单位和连带责任人要按照协议认真落实偿债责任，明确偿债时限，按时还本付息，不得单方面改变原有债权债务关系，不得转嫁偿债责任和逃废债务。对确已形成损失的存量债务，债权人应按照商业化原则承担相应责任和损失。

（四）确保在建项目后续融资。地方政府要统筹各类资金，优先保障在建项目续建和收尾。对使用债务资金的在建项目，原贷款银行等要重新进行审核，凡符合国家有关规定的项目，要继续按协议提供贷款，推进项目建设；对在建项目确实没有其他建设资金来源的，应主要通过政府与社会资本合作模式和地方政府债券解决后续融资。

七、加强组织领导

各地区、各部门要高度重视，把思想和行动统一到党中央、国务院决策部署上来。地方政府要切实担负起加强地方政府性债务管理、防范化解财政金融风险的责任，结合实际制定具体方案，政府主要负责人要作为第一责任人，认真抓好政策落

> 实。要建立地方政府性债务协调机制，统筹加强地方政府性债务管理。财政部门作为地方政府性债务归口管理部门，要完善债务管理制度，充实债务管理力量，做好债务规模控制、债券发行、预算管理、统计分析和风险监控等工作；发展改革部门要加强政府投资计划管理和项目审批，从严审批债务风险较高地区的新开工项目；金融监管部门要加强监管、正确引导，制止金融机构等违法违规提供融资；审计部门要依法加强对地方政府性债务的审计监督，促进完善债务管理制度，防范风险，规范管理，提高资金使用效益。各地区、各部门要切实履行职责，加强协调配合，全面做好加强地方政府性债务管理各项工作，确保政策贯彻落实到位。
>
> 国务院
>
> 2014 年 9 月 21 日

（二）国发〔2014〕43 号文内容解读

1. 怎样理解颁布国发〔2014〕43 号文的意义

国发〔2014〕43 号文的颁布在业界产生了广泛的影响。这是我国地方政府债务性管理的一个纲领性和顶层设计文件，基本建立了我国地方政府债务的运行管理机制，对地方政府的债务规模、资金用途、风险预警、配套制度等都提出了完整的可操作性的具体的规则，可以说是《预算法》的具体化。同时，国发〔2014〕43 号文对于我国政府管理体制改革、构建现代政府治理体系、重塑政府与企业关系、银行等金融机构与政府的关系也具有十分重要的意义。另外，该文件围绕“修明渠、堵暗道”的基本原则，对后来地方政府债务政策制定具有很强的指导性，在《预算法》和国发〔2014〕43 号文指导下，经过多年的努力，我国对地方政府性债务的管理工作已取得明显的成效，基本建立起我国管理地方政府性债务的政策体系。

2. 怎样理解“修明渠、堵暗道”规范地方政府债务

国发〔2014〕43 号文对地方政府债务采取疏堵结合的原则，修明渠、堵暗道的含义是赋予地方政府依法适度举债融资权限，使债券成为地方政府主要融资渠道，建立规范透明的地方政府举债融资机制，以取代地方政府通过融资平台公司融资等形成的政府性债务。

近几年，地方债券发行使用进度逐年增加，发行品种和渠道更加多元，平均发行利率降低，平均发行期限延长。财政部网站数据显示：2020 年 1—12 月，全国发行地方政府新增债券 45525 亿元，其中一般债券 9506 亿元，专项债券 36019 亿元；地方政府债券平均发行期限为 14.7 年，其中，一般债券 14.7 年，专项债券 14.6 年；地方政府债券平均发行利率为 3.40%，其中，一般债券为 3.34%，专项债券为 3.44%。

同时，国发〔2014〕43 号文强调要坚决制止地方政府违法违规举债，也就是堵住融资暗道，要规范政府和社会资本合作模式（PPP）及政府购买服务模式，尤其是要推动融资平台公司市场化转型，厘清政府与企业债务的边界。

3. 怎样理解国发〔2014〕43 号文中有关地方政府举债还债要点

举借债务：只能通过政府及其部门举借债务，不得通过企事业单位等举借，举债方式只能通过政府发行债券，即“经国务院批准，省、自治区、直辖市政府可以适度举借债务，市县级政府确需举借债务的由省、自治区、直辖市政府代为举借”。另外，地方政府债务规模实行限额管理，地方政府举债不得突破批准的限额，债务限额由全国人大或全国人大常委会批准。

债务用途：国发〔2014〕43 号文要求，地方政府举借的债务，只能用于公益性资本支出和适度归还存量债务，不得用于经常性支出。也就是说，政府发行债券的融资不能用于政府公共部门的日常支出，如教育、国防、卫生、外交、政府管理等方面需要支出的项目。另外，对于债务使用建立监督机制，对违法违规融资和违规使用政府性债务资金实施惩罚机制。

债务偿还：国发〔2014〕43 号文强调，切实做到谁借谁还、风险自担；地方政府对其举借的债务负有偿还责任，中央政府实行不救助原则。明确了谁举债谁负责偿还并建立债务的责任追究机制。近几年，地方政府隐性债务化解，就是采用本级财政年度预算或盘活财政存量、处置存量股权和资产、发行债券等方式偿还，无论采用哪种方式，都是本级政府偿还，上级政府和中央政府不救助。

4. 怎样理解地方政府性债务、地方政府债务、政府或有债务

国发〔2014〕43 号文中多次出现地方政府性债务、地方政府债务、政府或有债务，这里就介绍一下这三个概念的区别与联系。

地方政府性债务是指在新修订的《预算法》执行之前，地方政府举债机制尚未建立时出现的，由政府部门、事业单位、公用事业单位及融资平台公司举借，确定由财政资金直接偿还的债务；也包括地方政府违规担保形成的及有一定救助责任的或有债务。

由此可知，政府性债务包括政府直接偿还的债务和政府或有债务，政府或有债务包含违规担保形成的负有担保责任的债务和有一定救助责任的债务。

所谓地方政府负有直接偿还责任的债务，也就是地方政府债务，主要是指由政府债券、融资平台公司为纯公益性项目融资、BT 业务、部分城投债等形成的并确定由财政资金偿还的债务。

地方政府违规担保形成的负有担保责任的债务是指地方政府违规为融资主体提供直接或间接担保，当债务人无法偿还债务时，政府负有连带偿债责任的债务。这里所讲的融资主体主要是指融资平台公司、经费补助事业单位、公用事业单位和其他单位。另外，政府或相关部门举债，以非财政资金偿还的债务，视同政府担保债务。

所谓地方政府有一定救助责任的债务，是指融资平台公司、经费补助事业单位和公用事业单位为公益性项目举债，由非财政资金偿还，且地方政府未提供担保，

从法律上政府可不承担这部分债务责任，但由于政府和融资主体具有权属关系，当债务人出现债务危机时，政府可能需要承担一定救助责任的债务。

由上述可知，地方政府性债务包含政府负有偿还责任的债务，即政府债务和政府或有债务，或有债务又包括负有担保责任所形成的债务及有一定救助责任的债务。

5. 怎样理解国发〔2014〕43 号文所规定的地方政府融资机制

按照国发〔2014〕43 号文要求，规范的地方政府融资机制有以下方式。

（1）政府发行债券举债

一是地方政府发行债券举债有额度限制，由全国人大或全国人大常委会批准。作为逆周期的政府融资工具之一，自 2019 年开始，国务院可提前下达新增专项债券规模。2020 年《政府工作报告》明确新增 3.75 万亿元政府专项债券。

二是明确划清政府与企业界限，政府债务只能通过政府及其部门举借，不得通过企事业单位等举借。企事业单位可以申请发行公司债券、企业债券及项目收益债券等，以企事业单位的经营收益、事业收入偿还，政府不能为其提供任何担保。

（2）开展 PPP 模式融资

国发〔2014〕43 号文强调：鼓励社会资本通过特许经营等方式，参与城市基础设施等有一定收益的公益性事业投资和运营。政府通过特许经营权、合理定价、财政补贴等事先公开的收益约定规则，使投资者有长期稳定收益。

PPP 是地方政府在基础设施和公共服务领域创新的投融资工具，在开展 PPP 项目时，社会资本独自或者与政府共同成立特别目的公司（SPV），SPV 可以通过银行贷款、企业债券、项目收益债券、资产证券化等市场化方式为项目举债并承担偿债责任。政府只依法承担项目特许经营权、合理定价、财政补贴等责任，不承担 SPV 债务责任。

（3）规范的或有债务

国发〔2014〕43 号文要求：“地方政府新发生或有债务，要严格限定在依法担保的范围内，并根据担保合同依法承担相关责任。”《担保法》第八条规定：“国家机关不得为保证人，但经国务院批准为使用外国政府或者国际经济组织贷款进行转贷的除外。”由这些法规政策可知，地方政府依法担保范围仅限经国务院批准为使用外国政府或者国际经济组织贷款进行转贷的担保行为。

地方政府除了上述融资外，还可以与社会资本方共同设立政府投资基金，发挥政府财政资金的引导作用，撬动更多的社会资本投向当地的经济和社会，但政府投资基金应该规范运营，不能利用“名股实债”使投资者保本保收益，从而形成地方政府隐性债务。

6. 怎样理解剥离融资平台公司政府融资职能

国发〔2014〕43 号文要求：“剥离融资平台公司政府融资职能，融资平台公司不得新增政府债务。”要理解剥离融资平台公司的政府融资职能，就要清楚什么是融资平台公司政府融资职能。笔者认为：融资平台公司政府融资职能是指负责为政府投资项目进行融资且偿债资金来源为财政资金，或者负责政府投资项目的融资并由政府提供直接或间接担保。

具体而言这包含两点：一是为政府投资项目，也就是公益性项目融资，但债务由财政资金偿还；二是政府为融资平台公司融资行为提供直接或间接担保，担保主要体现在以下几个方面：①为融资平台公司融资行为出具担保函；②承诺在融资平台公司偿债出现困难时，给予流动性支持，提供临时性偿债资金；③承诺当融资平台公司不能偿付债务时，承担部分偿债责任；④承诺将融资平台公司的偿债资金安排纳入政府预算。

剥离融资平台公司政府融资职能，主要应从融资平台融资建设的项目着手。财政部关于国发〔2014〕43号文的答记者问指出：对以前主要通过融资平台公司融资建设的项目，规范后主要有三个渠道：一是商业房地产开发等经营性项目，要与政府脱钩，完全推向市场，债务转化为一般企业债务；二是供水供气、垃圾处理等可以吸引社会资本参与的公益性项目，要积极推广PPP模式，其债务由项目公司按照市场化原则举借和偿还，政府按照事先约定，承担特许经营权给予、财政补贴、合理定价等责任，不承担偿债责任；三是对难以吸引社会资本参与、确实需要政府举债的公益性项目，由政府发行债券融资，并置换融资平台公司的债务。

二、《财政部关于印发〈新增地方政府债务限额分配管理暂行办法〉的通知》（财预〔2017〕35号）

2017年3月23日，财政部出台了《财政部关于印发〈新增地方政府债务限额分配管理暂行办法〉的通知》（财预〔2017〕35号）（以下简称财预〔2017〕35号文）。

（一）财预〔2017〕35号文原文

财政部关于印发《新增地方政府债务限额分配管理暂行办法》的通知

财预〔2017〕35号

各省、自治区、直辖市、计划单列市财政厅（局）：

为规范新增地方政府债务限额管理，我们制定了《新增地方政府债务限额分配管理暂行办法》，现予印发。

附件：新增地方政府债务限额分配管理暂行办法

财政部

2017年3月23日

附件：

新增地方政府债务限额分配管理暂行办法

第一章　总　则

第一条　为健全地方政府债务限额管理机制，规范新增地方政府债务限额分配管理，发挥地方政府债务促进经济社会发展的积极作用，防范财政金融风险，根据《中华人民共和国预算法》、《国务院关于加强地方政府性债务管理的意见》（国发〔2014〕43号）、《财政部关于对地方政府债务实行限额管理的通知》（财预〔2015〕225号）等规定，制定本办法。

第二条　新增地方政府一般债务限额、新增地方政府专项债务限额（以下均简称新增限额）分别按照一般公共预算、政府性基金预算管理方式不同，单独测算。

第三条　新增限额分配管理应当遵循立足财力水平、防范债务风险、保障融资需求、注重资金效益、公平公开透明的原则。

第二章　管理权限和程序

第四条　各省、自治区、直辖市、计划单列市新增限额由财政部在全国人大或其常委会批准的地方政府债务规模内测算，报国务院批准后下达地方。

第五条　省本级及市县新增限额由省级财政部门在财政部下达的本地区新增限额内测算，报经省级政府批准后，按照财政管理级次向省本级及市县级财政部门下达。

第三章　新增限额分配

第六条　新增限额分配选取影响政府债务规模的客观因素，根据各地区债务风险、财力状况等，并统筹考虑中央确定的重大项目支出、地方融资需求等情况，采用因素法测算。各客观因素数据来源于统计年鉴、地方财政预决算及相关部门提供的资料。

第七条　新增限额分配应当体现正向激励原则，财政实力强、举债空间大、债务风险低、债务管理绩效好的地区多安排，财政实力弱、举债空间小、债务风险高、债务管理绩效差的地区少安排或不安排。新增限额分配用公式表示为：

某地区新增限额＝［该地区财力×系数1+该地区重大项目支出×系数2］×该地区债务风险系数×波动系数＋债务管理绩效因素调整＋地方申请因素调整。

系数1和系数2根据各地区财力、重大项目支出以及当年全国新增地方政府债务限额规模计算确定。用公式表示为：

系数1=（某年新增限额－某年新增限额中用于支持重大项目支出额度）/（∑i各地政府财力）

i=省、自治区、直辖市、计划单列市

某地区政府财力＝某地区一般公共预算财力＋某地区政府性基金预算财力

系数2=（某年新增债务限额中用于支持重大项目支出额度）÷（∑i各地重大项目支出额度）

i=省、自治区、直辖市、计划单列市

第八条 本办法第七条所称地区财力分别为一般公共预算财力和政府性基金预算财力，按照政府收支分类科目分项测算，部分收入项目结合每年政府收支分类科目变动作适当调整。公式表示为：

某地区一般公共预算财力＝本级一般公共预算收入＋中央一般公共预算补助收入－地方一般公共预算上解

某地区政府性基金预算财力＝本级政府性基金预算收入＋中央政府性基金预算补助收入－地方政府性基金预算上解

第九条 重大项目支出主要根据各地区落实党中央、国务院确定的"一带一路"、京津冀协同发展、长江经济带等国家重大战略以及打赢脱贫攻坚战、推进农业供给侧结构性改革、棚户区改造等重点方向的融资需求测算。

根据经济社会发展程度、基本公共服务保障程度等差异，各地区部分项目额度可以作适当调整。

第十条 债务风险系数反映地方政府举债空间和偿债风险，根据各地区上年度政府债务限额与标准限额等比较测算。

某地区地方政府债务标准限额＝该地区可以用于偿债的财力状况 × 全国地方政府债务平均年限。

全国地方政府债务平均年限是全国地方政府债券余额平均年限和非债券形式债务余额平均年限的加权平均值。用公式表示：

全国地方政府债务平均年限＝（地方政府债券余额 × 地方政府债券平均年限＋非政府债券形式债务余额 × 非政府债券形式债务平均年限）÷ 地方政府债务余额

第十一条 为防范地方政府债务风险，避免债务过快增长和异常波动，保障年度间地方财政运行的稳定性，以全国人大批准的新增限额平均增长率为基准确定波动系数区间，即各地区新增限额增长率最高不超过波动系数区间上限，最低不低于波动系数区间下限。

第十二条 为促进地方加强政府债务管理，保障债权人合法权益，提高债务资金使用效益，财政部应当根据地方政府债务收支预算编制、项目管理、执行进度、存量债务化解等因素，加快开展地方政府债务管理绩效评估，根据管理绩效情况对该地区予以适当调整。

第十三条 为合理反映各地区公益性项目建设融资需求，各地区的新增限额不应超过本地区申请额。

第十四条 按本办法第六条至第十三条测算分地区新增限额后，对一般债务率、专项债务率超过风险警戒线标准的地区，在分配该地区新增限额总量不变的前提下，应当优化其一般债务、专项债务结构，防控地方政府债务风险。

第十五条 按照地方政府性基金收入项目分类发行专项债券的，在年度地方政府专项债务新增限额内，根据相关领域融资需求、项目期限、政府性基金收入项目规模等因素，测算确定分地区分类专项债务额度，报国务院批准后在下达分地区专项债务新增限额时单独列示。

第四章　附　则

第十六条 各级财政部门及其工作人员在新增地方政府债务限额分配管理工作中，存在违反本办法规定的行为，以及其他滥用职权、玩忽职守、徇私舞弊等违法违纪行为的，按照《预算法》、《公务员法》、《行政监察法》、《财政违法行为处罚处分条例》等国家有关规定追究相应责任；涉嫌犯罪的，移送司法机关处理。

第十七条 省级财政部门可以参照本办法，综合考虑本地区各级政府融资需求、财政实力、项目管理、风险防控等情况，制定本地区新增限额分配管理的具体规定，报财政部备案。

第十八条 本办法由财政部负责解释，自公布之日起施行。

（二）财预〔2017〕35 号文内容解读

1. 怎样理解对地方政府债务实行限额管理

国发〔2014〕43 号文要求对地方政府债务规模实行限额管理，为健全地方政府债务限额管理机制，财政部颁布了财预〔2017〕35 号文。财预〔2017〕35 号文对新增地方政府债务限额进行分类管理，分为一般债务限额和专项债务限额。对于不同的债务类型，政府的偿还资金来源不同，其中，一般债务纳入一般公共预算管理，主要以一般公共预算收入偿还，当赤字不能减少时可采取借新还旧的办法。专项债务纳入政府性基金预算管理，通过对应的政府性基金或专项收入偿还；政府性基金或专项收入暂时难以实现，如收储土地未能按计划出让的，可先通过借新还旧周转，收入实现后即予归还。

2. 地方政府新增债务管理权限

财预〔2017〕35 号文要求：“省、自治区、直辖市、计划单列市新增限额由财政部在全国人大或其常委会批准的地方政府债务规模内测算，报国务院批准后下达地方。”省级以下政府新增债务管理权限“由省级财政部门在财政部下达的本地区新增限额内测算，报经省级政府批准后，按照财政管理级次向省本级及市县级财政部门下达”。

3. 怎样理解地方政府新增限额分配

新增债务限额的分配管理，主要是根据各地财力状况、债务额度、债务风险，并统筹考虑中央确定的重大项目支出、地方融资需求等情况，采用因素法测算。在分配上采取正向激励原则，对财政实力强、举债空间大、债务风险低、债务管理绩效好的地区多安排；反之则少安排或不安排。具体采取以下公式计算：

某地区新增限额 =［该地区财力 × 系数 1+ 该地区重大项目支出 × 系数 2］× 该地区债务风险系数 × 波动系数 + 债务管理绩效因素调整 + 地方申请因素调整

系数 1 和系数 2 根据各地区财力、重大项目支出以及当年全国新增地方政府债务限额规模计算确定。用公式表示为

系数 1=（某年新增限额 – 某年新增限额中用于支持重大项目支出额度）/（Σ i 各地政府财力）

i= 省、自治区、直辖市、计划单列市

某地区政府财力 = 某地区一般公共预算财力 + 某地区政府性基金预算财力

系数 2=（某年新增债务限额中用于支持重大项目支出额度）÷（∑i 各地重大项目支出额度）

i= 省、自治区、直辖市、计划单列市

如经全国人大审议通过，2017 年地方政府债务上限提高到 18.8 万亿元，比 2016 年增加约 1.63 万亿元。增加的额度，就是该年地方政府新增债券规模。2017 年，地方政府新增发行一般债券为 8300 亿元，专项债券为 8000 亿元。

如财政部正式核定下达给宁波市 2019 年政府债务限额为 2160 亿元（一般债务限额为 1235.1 亿元，专项债务限额为 924.9 亿元），2019 年新增政府债务限额为 123 亿元（一般债务限额为 12 亿元，专项债务限额为 111 亿元），其中，市级为 47 亿元（市本级为 39 亿元，市属相关开发园区为 8 亿元）。

4. 怎样理解地方政府债务平均年限

全国地方政府债务平均年限 =（地方政府债券余额 × 地方政府债券平均年限 + 非政府债券形式债务余额 × 非政府债券形式债务平均年限）/ 地方政府债务余额

如宁波市新增政府债券 3 年、5 年、10 年期分别为 8.4 亿元、19.6 亿元、95 亿元，其中一般债券为 12 亿元，均为 10 年期，专项债券 3 年、5 年、10 年期分别为 8.4 亿元、19.6 亿元、83 亿元。

三、《关于进一步规范地方政府举债融资行为的通知》（财预〔2017〕50 号）

2017 年 4 月 26 日，财政部等六部门联合出台了《关于进一步规范地方政府举债融资行为的通知》（财预〔2017〕50 号）（以下简称财预〔2017〕50 号文）。

（一）财预〔2017〕50 号文原文

关于进一步规范地方政府举债融资行为的通知

财预〔2017〕50 号

各省、自治区、直辖市、计划单列市财政厅（局）、发展改革委、司法厅（局），中国人民银行上海总部、各分行、营业管理部、省会（首府）城市中心支行、副省级城市中心支行，各银监局、证监局：

2014 年修订的预算法和《国务院关于加强地方政府性债务管理的意见》（国发〔2014〕43 号）实施以来，地方各级政府加快建立规范的举债融资机制，积极发挥政府规范举债对经济社会发展的支持作用，防范化解财政金融风险，取得了阶段性成效。但个别地区违法违规举债担保时有发生，局部风险不容忽视。为贯彻落实党中央、国务院决策部署，牢牢守住不发生区域性系统性风险的底线，现就进一步规范地方政府举债融资行为有关事项通知如下：

一、全面组织开展地方政府融资担保清理整改工作

各省级政府要认真落实国务院办公厅印发的《地方政府性债务风险应急处置预案》（国办函〔2016〕88号）要求，抓紧设立政府性债务管理领导小组，指导督促本级各部门和市县政府进一步完善风险防范机制，结合2016年开展的融资平台公司债务等统计情况，尽快组织一次地方政府及其部门融资担保行为摸底排查，督促相关部门、市县政府加强与社会资本方的平等协商，依法完善合同条款，分类妥善处置，全面改正地方政府不规范的融资担保行为。上述工作应当于2017年7月31日前清理整改到位，对逾期不改正或改正不到位的相关部门、市县政府，省级政府性债务管理领导小组应当提请省级政府依法依规追究相关责任人的责任。财政部驻各地财政监察专员办事处要密切跟踪地方工作进展，发现问题及时报告。

二、切实加强融资平台公司融资管理

加快政府职能转变，处理好政府和市场的关系，进一步规范融资平台公司融资行为管理，推动融资平台公司尽快转型为市场化运营的国有企业、依法合规开展市场化融资，地方政府及其所属部门不得干预融资平台公司日常运营和市场化融资。地方政府不得将公益性资产、储备土地注入融资平台公司，不得承诺将储备土地预期出让收入作为融资平台公司偿债资金来源，不得利用政府性资源干预金融机构正常经营行为。金融机构应当依法合规支持融资平台公司市场化融资，服务实体经济发展。进一步健全信息披露机制，融资平台公司在境内外举债融资时，应当向债权人主动书面声明不承担政府融资职能，并明确自2015年1月1日起其新增债务依法不属于地方政府债务。金融机构应当严格规范融资管理，切实加强风险识别和防范，落实企业举债准入条件，按商业化原则履行相关程序，审慎评估举债人财务能力和还款来源。金融机构为融资平台公司等企业提供融资时，不得要求或接受地方政府及其所属部门以担保函、承诺函、安慰函等任何形式提供担保。对地方政府违法违规举债担保形成的债务，按照《国务院办公厅关于印发地方政府性债务风险应急处置预案的通知》（国办函〔2016〕88号）、《财政部关于印发〈地方政府性债务风险分类处置指南〉的通知》（财预〔2016〕152号）依法妥善处理。

三、规范政府与社会资本方的合作行为

地方政府应当规范政府和社会资本合作（PPP）。允许地方政府以单独出资或与社会资本共同出资方式设立各类投资基金，依法实行规范的市场化运作，按照利益共享、风险共担的原则，引导社会资本投资经济社会发展的重点领域和薄弱环节，政府可适当让利。地方政府不得以借贷资金出资设立各类投资基金，严禁地方政府利用PPP、政府出资的各类投资基金等方式违法违规变相举债，除国务院另有规定外，地方政府及其所属部门参与PPP项目、设立政府出资的各类投资基金时，不得以任何方式承诺回购社会资本方的投资本金，不得以任何方式承担社会资本方的投资本金损失，不得以任何方式向社会资本方承诺最低收益，不得对有限合伙制基金等任何股权投资方式额外附加条款变相举债。

四、进一步健全规范的地方政府举债融资机制

全面贯彻落实依法治国战略，严格执行预算法和国发〔2014〕43号文件规定，健全规范的地方政府举债融资机制，地方政府举债一律采取在国务院批准的限额内发行地方政府债券方式，除此以外地方政府及其所属部门不得以任何方式举借债务。地方政府及其所属部门不得以文件、会议纪要、领导批示等任何形式，要求或决定企业为政府举债或变相为政府举债。允许地方政府结合财力可能设立或参股担保公司（含各类融资担保基金公司），构建市场化运作的融资担保体系，鼓励政府出资的担保公司依法依规提供融资担保服务，地方政府依法在出资范围内对担保公司承担责任。除外国政府和国际经济组织贷款转贷外，地方政府及其所属部门不得为任何单位和个人的债务以任何方式提供担保，不得承诺为其他任何单位和个人的融资承担偿债责任。地方政府应当科学制定债券发行计划，根据实际需求合理控制节奏和规模，提高债券透明度和资金使用效益，建立信息共享机制。

五、建立跨部门联合监测和防控机制

完善统计监测机制，由财政部门会同发展改革、人民银行、银监、证监等部门建设大数据监测平台，统计监测政府中长期支出事项以及融资平台公司举借或发行的银行贷款、资产管理产品、企业债券、公司债券、非金融企业债务融资工具等情况，加强部门信息共享和数据校验，定期通报监测结果。开展跨部门联合监管，建立财政、发展改革、司法行政机关、人民银行、银监、证监等部门以及注册会计师协会、资产评估协会、律师协会等行业自律组织参加的监管机制，对地方政府及其所属部门、融资平台公司、金融机构、中介机构、法律服务机构等的违法违规行为加强跨部门联合惩戒，形成监管合力。对地方政府及其所属部门违法违规举债或担保的，依法依规追究负有直接责任的主管人员和其他直接责任人员的责任；对融资平台公司从事或参与违法违规融资活动的，依法依规追究企业及其相关负责人责任；对金融机构违法违规向地方政府提供融资、要求或接受地方政府提供担保承诺的，依法依规追究金融机构及其相关负责人和授信审批人员责任；对中介机构、法律服务机构违法违规为融资平台公司出具审计报告、资产评估报告、信用评级报告、法律意见书等的，依法依规追究中介机构、法律服务机构及相关从业人员的责任。

六、大力推进信息公开

地方各级政府要贯彻落实中共中央办公厅、国务院办公厅《关于全面推进政务公开工作的意见》等规定和要求，全面推进地方政府及其所属部门举债融资行为的决策、执行、管理、结果等公开，严格公开责任追究，回应社会关切，主动接受社会监督。继续完善地方政府债务信息公开制度，县级以上地方各级政府应当重点公开本地区政府债务限额和余额，以及本级政府债务的规模、种类、利率、期限、还本付息、用途等内容。省级财政部门应当参考国债发行做法，提前公布地方政府债务发行计划。推进政府购买服务公开，地方政府及其所属部门应当重点公开政府购买服务决策主体、购买主体、承接主体、服务内容、合同资金规模、分年财政资金安排、合同期限、绩效评价等内容。推进政府和社会资本合作（PPP）项目信息公开，地方政府及其所属部门应当重点公开政府和社会资本合作（PPP）项目决策主体、政府方和社会资本方信息、合作项目内容和财政承受能力论证、社会资本方采购信息、项目回报机制、合同期限、绩效评价等内容。推进融资平台公司名录公开。

各地区要充分认识规范地方政府举债融资行为的重要性，把防范风险放在更加重要的位置，省级政府性债务管理领导小组要切实担负起地方政府债务管理责任，进一步健全制度和机制，自觉维护总体国家安全，牢牢守住不发生区域性系统性风险的底线。各省（自治区、直辖市、计划单列市）政府性债务管理领导小组办公室应当汇总本地区举债融资行为清理整改工作情况，报省级政府同意后，于2017年8月31日前反馈财政部，抄送发展改革委、人民银行、银监会、证监会。

特此通知。

财政部　发展改革委　司法部　人民银行　银监会　证监会

2017年4月26日

（二）财预〔2017〕50号文内容解读

1. 怎样理解财预〔2017〕50号文出台的背景

在财预〔2017〕50号文颁布前，截至2016年末，我国地方政府债务15.32万亿元，地方政府债务率（债务余额/综合财力）为80.5%。加上纳入预算管理的中央政府债务12.01万亿元，两项合计，我国政府债务27.33万亿元。以国家统计局公布的我国2016年GDP初步核算数74.41万亿元计算，我国政府债务负债率（债务余额/GDP）为36.7%。按照世界银行安全负债率不高于60%来衡量，我国政府显性债务比较合理。但我国一些地方政府通过违规担保、不规范购买服务、伪PPP等违法违规举债融资，形成大量的隐性债务，造成潜在金融风险。

针对地方政府违规举债问题，财政部会同发展改革委、司法部、人民银行、银监会、证监会专门印发财预〔2017〕50号文，通过进一步规范地方政府举债融行为，建立明确的举债融资的政策依据，并对政府担保、政府投资基金、PPP模式列出了负面清单，牢牢守住不发生区域性系统性风险底线。

2. 财预〔2017〕50号文的主要内容有哪些

财预〔2017〕50号文严格依据《预算法》和国发〔2014〕43号文精神，坚持问题导向，以防范化解财政金融风险为目标，建立规范的地方政府举债融资机制，具体从以下七个方面规范地方政府举债融资行为。

一是全面组织开展地方政府融资担保清理整改工作。文件要求省级政府设立政府性债务管理领导小组，全面改正不规范的政府融资担保行为，对逾期不改正或改正不到位的，依法依规追究相关责任人的责任。以前，个别地方政府法治观念薄弱，违法违规担保时有发生。从实践中来看，自财预〔2017〕50号文颁布实施以来，地方政府防范违规担保的意识有了明显加强。

二是切实加强融资平台公司融资管理。财预〔2017〕50号文要求，推动融资平台公司尽快转型为市场化运营的国有企业、依法合规开展市场化融资；地方政府不得将公益性资产、储备土地注入融资平台公司，不得承诺将储备土地预期出让收入作为融资平台公司偿债资金来源。应该说，地方政府融资平台公司规范运营是地方政府规范融资的重点，文件中对融资平台做了详细规定，内容翔实，关键是实践中需遵守和落实。

三是规范政府与社会资本方的合作行为。PPP 模式是解决政府在基础设施和公共服务领域资金短缺的创新投融资与管理模式，近几年，一些地方政府利用 PPP 模式变相举债。因此，文件强调：“地方政府及其所属部门参与 PPP 项目、设立政府出资的各类投资基金时，不得以任何方式承诺回购社会资本方的投资本金，不得以任何方式承担社会资本方的投资本金损失，不得以任何方式向社会资本方承诺最低收益，不得对有限合伙制基金等任何股权投资方式额外附加条款变相举债。”也就是说，不能通过违规 PPP 项目或政府引导基金形成保本保收益的政府责任。

四是规范政府投资基金行为。前几年，一些地方政府为了追求快速发展，不顾政府承受能力，通过政府投资基金不断举债融资，形成一定的债务。财预〔2017〕50 号文明确要求：“允许地方政府以单独出资或与社会资本共同出资方式设立各类投资基金，依法实行规范的市场化运作，按照利益共享、风险共担的原则，引导社会资本投资经济社会发展的重点领域和薄弱环节，政府可适当让利。地方政府不得以借贷资金出资设立各类投资基金。”这里的重要环节是同股同权，政府从收益中可适当让利，但不能过度支出政府责任，形成隐性债务。

五是进一步健全规范的地方政府举债融资机制。财预〔2017〕50 号文强调：“严格执行预算法和国发〔2014〕43 号文件规定，健全规范的地方政府举债融资机制，地方政府举债一律采取在国务院批准的限额内发行地方政府债券方式，除此以外地方政府及其所属部门不得以任何方式举借债务。”按照上述规定，政府及其所属部门的融资只能采取发行债券形式，除此之外，可以开展规范 PPP 项目，通过社会资本投资解决政府财政资金的不足，另外，也可以通过设立政府引导基金，发挥财政资金的引导和撬动作用，起到杠杆融资效果，但需规范运作。在“两新一重”建设中还可以通过特许经营与其他模式组合方式，充分利用转型后城投公司市场化运作，与央企、地方国企、上市公司、民企等开展项目合作，以较为合规的投融资方式解决项目建设资金。

六是建立跨部门联合监测和防控机制。财预〔2017〕50 号文要求：“开展跨部门联合监管，建立财政、发展改革、司法行政机关、人民银行、银监、证监等部门以及注册会计师协会、资产评估协会、律师协会等行业自律组织参加的监管机制，对地方政府及其所属部门、融资平台公司、金融机构、中介机构、法律服务机构等的违法违规行为加强跨部门联合惩戒，形成监管合力。”财预〔2017〕50 号文是六个部门联合颁发的，其效力较强，财政部门会同发展改革委、人民银行、银监、证监等部门建设大数据监测平台，监测地方融资平台公司各类举债融资情况。另外，政府部门或融资平台公司融资需要金融机构和中介机构参与，财预〔2017〕50号文也规定依法依规追究金融机构及中介机构责任，建立债务监测和防控机制。

七是大力推进信息公开。文件要求：依据现行法律法规和政策规定，全面推进地方政府及其所属部门举债融资行为的信息公开，严格公开责任追究，主动回应社会关切，主动接受社会监督。有消息显示，自2017年以来涉及违规融资被问责的有18个省份，从违规事件的类型来看，涉及政府出函违规担保占47.83%，财政收入作假占17.39%，政府直接融资占8.7%，政府购买服务占8.7%，向企事业单位举债占4.35%，债务数据作假占4.35%，承诺回购股权占4.35%，其他占4.35%。

3. 怎样理解政府违规担保行为

清理政府违规担保是财预〔2017〕50号文要求的重点工作，从上述违规融资类型来看，政府出具各类函担保占比较高，即地方政府部门出具承诺函、担保函承诺债务由财政兜底偿还，或将部分债务还款纳入政府财政预算。有关资料显示，许多省份的市县级都出现了违规担保融资方式问题，为遏制这一违规行为，2017年财政部等六个部门颁布财预〔2017〕50号文，要求地方政府及其所属部门不得以担保函、承诺函、安慰函等任何形式提供担保。在此文件作用下，许多地区陆续宣布作废政府部门出具的所有担保函、承诺函。可以看出，在一系列文件颁布之后，政府违规担保行为将会明显减少。同时，融资平台公司以前依靠政府信用进行融资已难以实施。

4. 怎样理解切实加强融资平台公司融资管理

地方融资平台公司是地方政府债务主要来源渠道，有资料显示，融资平台债务占地方总债务接近七成，因此，财预〔2017〕50号文依据国家有关法律和政策规定，从以下几个方面加强对融资平台公司融资规范管理。

一是厘清地方政府与融资平台公司债务边界。在《预算法》修订之前，地方政府与融资平台公司政企不分、债务混淆，政府债务由平台公司举借，企业债务由财政资金偿还，且政府为融资平台公司融资提供担保。因此，推动融资平台公司转型为市场化运营的国有企业，依法合规开展市场化融资是解决政府债务的关键。财预〔2017〕50号文要求：“加快政府职能转变，处理好政府和市场的关系，进一步规范融资平台公司融资行为管理，推动融资平台公司尽快转型为市场化运营的国有企业、依法合规开展市场化融资，地方政府及其所属部门不得干预融资平台公司日常运营和市场化融资。”

二是规范地方政府向融资平台公司注资行为。在此之前，有的地方政府为了扩大融资平台公司资产规模，不分资产属性和功能，将纯公益性资产注入平台公司，如广场绿地、政府办公大楼、防洪设施等。财预〔2017〕50号文提出“三个不得”，即地方政府不得将公益性资产、储备土地注入融资平台公司，不得承诺将储备土地预期出让收入作为融资平台公司偿债资金来源，不得利用政府性资源干预金融机构正常经营行为。

三是规范金融机构为融资平台公司融资行为。金融机构是融资平台公司资金提供者，金融机构应该支持融资平台公司合理的融资需求，但要坚持市场化和商业化融资。财预〔2017〕50号文要求：首先，金融机构应当依法合规支持融资平台公司市场化融资，服务实体经济；其次，金融机构应当切实加强风险识别和防范，落实企业举债准入条件，按商业化原则履行相关程序，审慎评估举债人财务能力和还款来源、防范经营风险；最后，金融机构为融资平台公司等企业提供融资时，不得违法违规要求或接受地方政府及所属部门以担保函、承诺函、安慰函等任何形式提供担保。

四是依法处理违法违规举债担保债务。文件要求：金融机构为融资平台公司等企业提供融资时，不得要求或接受地方政府及其所属部门以担保函、承诺函、安慰函等任何形式提供担保。对地方政府违法违规举债担保形成的债务，按照《国务院办公厅关于印发地方政府性债务风险应急处置预案的通知》（国办函〔2016〕88号）、《财政部关于印发〈地方政府性债务风险分类处置指南〉的通知》（财预〔2016〕152号）依法妥善处理。

5. 怎样理解规范政府与社会资本方的合作行为

当前，政府与社会资本方合作行为，主要包括政府和社会资本合作模式（PPP）及设立各类政府投资基金。财预〔2017〕50号文依据有关法律和政策规定，对政府与社会资本方合作行为进行规范。

一是地方政府应当规范政府和社会资本合作模式（PPP）。从实践来看，PPP模式是一把"双刃剑"，若规范运营，可以化解政府债务，但开展得不规范，就会形成债务。财预〔2017〕50号文明确要求："严禁地方政府利用PPP、政府出资的各类投资基金等方式违法违规变相举债，除国务院另有规定外，地方政府及其所属部门参与PPP项目、设立政府出资的各类投资基金时，不得以任何方式承诺回购社会资本方的投资本金，不得以任何方式承担社会资本方的投资本金损失，不得以任何方式向社会资本方承诺最低收益，不得对有限合伙制基金等任何股权投资方式额外附加条款变相举债。"

二是允许地方政府通过各类投资基金规范开展融资。这里需要注意的是要通过投资基金规范开展融资，财预〔2017〕50号文对规范政府投资基金提出要求："允许地方政府以单独出资或与社会资本共同出资方式设立各类投资基金，依法实行规范的市场化运作，按照利益共享、风险共担的原则，引导社会资本投资经济社会发展的重点领域和薄弱环节，政府可适当让利。"也就是说，设立政府投资基金时要体现同股同权，风险共担；政府可适当让利，但不能采取保本保收益的做法。

6. 怎样理解健全规范的地方政府举债融资机制

财预〔2017〕50 号文再次重申了《预算法》和国发〔2014〕43 号文的规定，具体有以下几个方面。

一是在批准的限额内发行地方政府债券方式。债券是地方政府的融资方式，除此之外地方政府及其所属部门不得以任何方式举借债务。因此，政府要充分利用债券，特别是专项债券及项目收益债券融资。疫情期间，根据 2020 年 3 月 27 日中央政治局会议精神，增加地方政府专项债券规模，加快地方政府专项债券发行和使用，发挥积极的财政政策。

二是鼓励地方政府开展市场化担保方式。文件明确：“允许地方政府结合财力可能设立或参股担保公司（含各类融资担保基金公司），构建市场化运作的融资担保体系，鼓励政府出资的担保公司依法依规提供融资担保服务，地方政府依法在出资范围内对担保公司承担责任。”政府通过担保公司为市场化主体提供担保增信，替代以前承诺函和担保函方式，使隐性债务转换为显性的有限债务。

三是严禁地方政府违法违规担保。文件再次强调不能违规担保增信，即除外国政府和国际经济组织贷款转贷外，地方政府及其所属部门不得为任何单位和个人的债务以任何方式提供担保，不得承诺为其他任何单位和个人的融资承担偿债责任。

四、《财政部关于坚决制止地方以政府购买服务名义违法违规融资的通知》（财预〔2017〕87 号）

2017 年 5 月 28 日，财政部出台《财政部关于坚决制止地方以政府购买服务名义违法违规融资的通知》（财预〔2017〕87 号）（以下简称财预〔2017〕87 号文）。

（一）财预〔2017〕87 号文原文

财政部关于坚决制止地方以政府购买服务名义违法违规融资的通知

财预〔2017〕87 号

各省、自治区、直辖市、计划单列市财政厅（局）：

《国务院办公厅关于政府向社会力量购买服务的指导意见》（国办发〔2013〕96 号）印发后，各地稳步推进政府购买服务工作，取得了良好成效。同时，一些地区存在违法违规扩大政府购买服务范围、超越管理权限延长购买服务期限等问题，加剧了财政金融风险。根据《中华人民共和国预算法》、《中华人民共和国政府采购法》、《国务院关于实行中期财政规划管理的意见》（国发〔2015〕3 号）、国办发〔2013〕96 号文件等规定，为规范政府购买服务管理，制止地方政府违法违规举债融资行为，防范化解财政金融风险，现就有关事项通知如下：

一、坚持政府购买服务改革正确方向。推广政府购买服务是党的十八届三中全会决定明确的一项重要改革任务，有利于加快转变政府职能、改善公共服务供给、推进财政支出方式改革。政府购买服务所需资金应当在年度预算和中期财政规划中据实足额安排。实施政府购买服务改革，要坚持费随事转，注重与事业单位改革、行业协会商会与行政主管部门脱钩转制改革、支持社会组织培育发展等政策相衔接，带动和促进政事分开、政社分开。地方政府及其所属部门要始终准确把握并牢固坚持政府购买服务改革的正确方向，依法依规、积极稳妥地加以推进。

二、严格按照规定范围实施政府购买服务。政府购买服务内容应当严格限制在属于政府职责范围、适合采取市场化方式提供、社会力量能够承担的服务事项，重点是有预算安排的基本公共服务项目。科学制定并适时完善分级分部门政府购买服务指导性目录，增强指导性目录的约束力。对暂时未纳入指导性目录又确需购买的服务事项，应当报财政部门审核备案后调整实施。

严格按照《中华人民共和国政府采购法》确定的服务范围实施政府购买服务，不得将原材料、燃料、设备、产品等货物，以及建筑物和构筑物的新建、改建、扩建及其相关的装修、拆除、修缮等建设工程作为政府购买服务项目。严禁将铁路、公路、机场、通讯、水电煤气，以及教育、科技、医疗卫生、文化、体育等领域的基础设施建设，储备土地前期开发，农田水利等建设工程作为政府购买服务项目。严禁将建设工程与服务打包作为政府购买服务项目。严禁将金融机构、融资租赁公司等非金融机构提供的融资行为纳入政府购买服务范围。政府建设工程项目确需使用财政资金，应当依照《中华人民共和国政府采购法》及其实施条例、《中华人民共和国招标投标法》规范实施。

三、严格规范政府购买服务预算管理。政府购买服务要坚持先有预算、后购买服务，所需资金应当在既有年度预算中统筹考虑，不得把政府购买服务作为增加预算单位财政支出的依据。地方各级财政部门应当充分考虑实际财力水平，妥善做好政府购买服务支出与年度预算、中期财政规划的衔接，足额安排资金，保障服务承接主体合法权益。年度预算未安排资金的，不得实施政府购买服务。购买主体应当按照批准的预算执行，从部门预算经费或经批准的专项资金等既有年度预算中统筹安排购买服务资金。购买主体签订购买服务合同，应当确认涉及的财政支出已在年度预算和中期财政规划中安排。政府购买服务期限应严格限定在年度预算和中期财政规划期限内。党中央、国务院统一部署的棚户区改造、易地扶贫搬迁工作中涉及的政府购买服务事项，按照相关规定执行。

四、严禁利用或虚构政府购买服务合同违法违规融资。金融机构涉及政府购买服务的融资审查，必须符合政府预算管理制度相关要求，做到依法合规。承接主体利用政府购买服务合同向金融机构融资时，应当配合金融机构做好合规性管理，相关合同在购买内容和期限等方面必须符合政府购买服务有关法律和制度规定。地方政府及其部门不得利用或虚构政府购买服务合同为建设工程变相举债，不得通过政府购买服务向金融机构、融资租赁公司等非金融机构进行融资，不得以任何方式虚构或超越权限签订应付（收）账款合同帮助融资平台公司等企业融资。

五、切实做好政府购买服务信息公开。各地应当将年度预算中政府购买服务总金额、纳入中期财政规划的政府购买服务总金额以及政府购买服务项目有关预算信息，按规定及时向社会公开，提高预算透明度。购买主体应当依法在中国政府采购网及其地方分网及时公开政府购买服务项目相关信息，包括政府购买服务内容、购买方式、承接主体、合同金额、分年财政资金安排、合同期限、绩效评价等，确保政府购买服务项目信息真实准确，可查询、可追溯。坚决防止借政府购买服务名义进行利益输送等违法违规行为。

各省级财政部门要充分认识规范政府购买服务管理、防范财政金融风险的重要性，统一思想，加强领导，周密部署，报经省级政府批准后，会同相关部门组织全面摸底排查本地区政府购买服务情况，发现违法违规问题的，督促相关地区和单位限期依法依规整改到位，并将排查和整改结果于2017年10月底前报送财政部。

特此通知。

财政部

2017年5月28日

（二）财预〔2017〕87号文内容解读

1. 怎样理解政府购买服务内涵

财预〔2017〕87号文强调：“政府购买服务内容应当严格限制在属于政府职责范围、适合采取市场化方式提供、社会力量能够承担的服务事项，重点是有预算安排的基本公共服务项目。”

所谓政府购买服务，是指把属于政府职责范围且适合通过市场化方式提供的服务事项，按照一定的方式和程序，交由符合条件的社会力量和事业单位承担，并由预算安排资金根据服务数量和质量及合同等约定向其支付费用的行为。上述定义应该从三个方面理解：第一，政府购买服务要属于政府职责范围的事项，不属于政府职责范围的不能购买。第二，通过市场化方式。市场化一是体现在政府采用市场化方式向社会力量采购，二是体现在根据服务数量和质量向其支付购买费用。第三，先预算、后购买。政府购买服务事项一定要纳入预算，没有纳入预算，政府不能进行购买服务。

2. 怎样理解政府购买服务中的社会力量范围

文件强调由社会力量能够承担的服务事项，政府通过预算资金向社会力量购买服务。那么，社会力量都包括哪些？社会力量与社会资本有哪些区别？

政府购买服务中的社会力量的界定依据的是《国务院办公厅关于政府向社会力量购买服务的指导意见》（国办发〔2013〕96号）对承接主体的界定：“承接政府购买服务的主体包括依法在民政部门登记成立或经国务院批准免予登记的社会组织，以及依法在工商管理或行业主管部门登记成立的企业、机构等社会力量。”根据此定义，笔者理解主要包括以下四类：一是自收自支或非全额拨款事业单位（公益二类），通常全额拨款事业单位是纳入行政管理职能的事业单位，是政府购买服务主体的一部分，不得作为社会力量范畴。二是协会和商会，随着社会组织改革的深入，协会、商会与政府脱钩，将协会和商会推向市场，政府购买服务中社会力量包括各类协会和商会。三是民办非企业单位，是指企业事业单位、社会团体和其他社会力量以及公民个人利用非国有资产举办的，从事非营利性社会服务活动的社会组织，这类机构主要是指在民政部、民政厅、民政局注册的学校、医院、科研单位、服务中心、研发中心等。如北京市石景山区寿山福海养老服务中心。四是设计院、勘察院及国有公司和非国有公司等。

上述社会力量为政府提供的服务主要是轻资产、智力服务、人力服务等，有的是劳动密集型服务，而不是为政府提供工程建设、垫资或重资产服务。这是社会力量和社会资本方的重要区别。

3. 怎样理解政府购买服务纳入预算管理的实施

财预〔2017〕87 号文强调：“政府购买服务要坚持先有预算、后购买服务，所需资金应当在既有年度预算中统筹考虑，不得把政府购买服务作为增加预算单位财政支出的依据。”政府购买服务要先预算后购买，主要根据《预算法》和国发〔2014〕43 号文精神，在政府债务中要坚持“两个管理”，即政府支出纳入预算管理，不能有纳入预算外的支出；另外，政府债务要列入限额管理，不能超过每年全国人大批准的债务总额。

那么，政府购买服务预算管理如何编制？我们可以参考浙江省财政厅 2014 年 9 月印发的《浙江省政府购买服务预算管理办法》的要求：“购买主体应按照现行部门预算编制管理的有关规定，在编制年度部门预算时，同步编制政府购买服务预算。”也就是说，政府购买服务预算编制要与年度部门预算同时进行，或者说，政府购买服务支出是部门财政预算支出的组成部分。因此，政府购买服务预算流程为：各部门编制本部门预算—财政部门审核并汇编本级总预算草案—本级政府审核—本级人民代表大会批准。

当然，在预算批准后，若遇到突发事件，也可以调整预算，通常县级以上地方各级预算的调整方案应当提请本级人民代表大会常务委员会审查和批准。

4. 怎样理解政府融资不得采用购买服务方式

财预〔2017〕87 号文强调：“地方政府及其部门不得利用或虚构政府购买服务合同为建设工程变相举债，不得通过政府购买服务向金融机构、融资租赁公司等非金融机构进行融资，不得以任何方式虚构或超越权限签订应付（收）账款合同帮助融资平台公司等企业融资。”

《预算法》和国发〔2014〕43 号文等一系列有关政府债务政策都规定了地方政府的融资渠道：一是发行政府债券，包含一般债券和专项债券，金融机构可以购买政府债券；二是推广 PPP 模式，在基础设施和公共服务领域推广 PPP 模式，这是国际上通行的公共服务领域融资模式，PPP 模式可以认为是一种融资，也是管理创新。同时，要明确划清政府与企业界限，政府债务只能通过政府及其部门举借，不得通过企事业单位等举借。若融资还采用政府购买服务，势必会增加债务，因此，文件明确要求地方政府及其部门不得利用政府购买服务合同变相向金融机构举债融资。

5. 怎样理解政府购买服务与 PPP 模式的区别

前几年，一些地方将政府购买服务与 PPP 模式在应用中混淆，使其范围不断扩大化，特别是在基础设施领域采用政府购买服务，在棚户区改造中也采用政府购买服务。财预〔2017〕87 号文明确地强调：“严禁将铁路、公路、机场、通讯、水电煤气，以及教育、科技、医疗卫生、文化、体育等领域的基础设施建设，储备土地前期开发，农田水利等建设工程作为政府购买服务项目。”

政府购买服务模式和 PPP 模式有一些相同点：一是两种模式都是为公共产品提供管理服务的方式；二是都有助于转变政府职能，提高公共财政使用效率；三是都引入市场竞争选择社会主体。

但两种模式有明显的不同点：一是两种模式应用的范围不同，政府购买服务侧重于轻资产服务、知识服务、人力服务等。二是实施对象有差异，政府购买服务实施主体更多的是事业单位、社会团体、科研院所等知识密集型单位，而 PPP 模式实施主体更侧重于具有提供工程建设能力的资本密集型企业。三是在债务甄别上也有差异，政府购买服务中要先有预算再进行购买，预算是一年度预算，最多可滚动到三年，超过三年可能会被界定为政府债务。而 PPP 模式可以将项目整个生命周期纳入预算，政府长期支出责任不构成债务，即规范的 PPP 项目不属于政府债务。

6. 怎样理解棚改项目建设不能再采用政府购买服务方式

在国发〔2015〕37 号文推动政府购买棚改服务的保护下，财预〔2017〕87 号文只能明确：“党中央、国务院统一部署的棚户区改造、易地扶贫搬迁工作中涉及的政府购买服务事项，按照相关规定执行。”2018 年 8 月，《中共中央　国务院关于防范化解地方政府隐性债务风险的意见》（中发〔2018〕27 号）及《地方政府隐性债务问责办法》（中办发〔2018〕46 号）强调严禁以棚改名义增加地方政府隐性债务。2018 年 10 月，国务院常务会议明确提出严禁借棚改之名盲目举债和其他违法违规行为，要求加大棚改专项债发行力度，对新开工棚改项目抓紧研究出台金融支持政策。

棚改项目建设是涉及一亿多人的国家战略，需要大量资金投入。但实践中，政府购买棚改服务期限通常为 10 年、15 年甚至 20 年以上，其所发生的行为超过中期财政规划的项目融资，违背“以收定支”原则，这种方式容易形成政府隐性债务。自 2019 年以来，全国整体的棚改计划套数相较 2018 年明显下降，政策鼓励棚改专项债等这类显性债务作为棚改主要资金来源，如果棚改专项债不足，可以有针对性地再寻求新的金融支持，金融支持也主要针对棚改项目收益性能达到收益自求平衡。

五、《人民银行　银保监会　证监会　外汇局关于规范金融机构资产管理业务的指导意见》(银发〔2018〕106号)

2018年4月27日，人民银行等四部门联合出台了《人民银行　银保监会　证监会　外汇局关于规范金融机构资产管理业务的指导意见》(银发〔2018〕106号)(以下简称银发〔2018〕106号文或《意见》)。

(一)银发〔2018〕106号文原文

人民银行　银保监会　证监会　外汇局关于规范金融机构资产管理业务的指导意见

银发〔2018〕106号

近年来，我国资产管理业务快速发展，在满足居民和企业投融资需求、改善社会融资结构等方面发挥了积极作用，但也存在部分业务发展不规范、多层嵌套、刚性兑付、规避金融监管和宏观调控等问题。按照党中央、国务院决策部署，为规范金融机构资产管理业务，统一同类资产管理产品监管标准，有效防控金融风险，引导社会资金流向实体经济，更好地支持经济结构调整和转型升级，经国务院同意，现提出以下意见：

一、规范金融机构资产管理业务主要遵循以下原则：

(一)坚持严控风险的底线思维。把防范和化解资产管理业务风险放到更加重要的位置，减少存量风险，严防增量风险。

(二)坚持服务实体经济的根本目标。既充分发挥资产管理业务功能，切实服务实体经济投融资需求，又严格规范引导，避免资金脱实向虚在金融体系内部自我循环，防止产品过于复杂，加剧风险跨行业、跨市场、跨区域传递。

(三)坚持宏观审慎管理与微观审慎监管相结合、机构监管与功能监管相结合的监管理念。实现对各类机构开展资产管理业务的全面、统一覆盖，采取有效监管措施，加强金融消费者权益保护。

(四)坚持有的放矢的问题导向。重点针对资产管理业务的多层嵌套、杠杆不清、套利严重、投机频繁等问题，设定统一的标准规制，同时对金融创新坚持趋利避害、一分为二，留出发展空间。

(五)坚持积极稳妥审慎推进。正确处理改革、发展、稳定关系，坚持防范风险与有序规范相结合，在下决心处置风险的同时，充分考虑市场承受能力，合理设置过渡期，把握好工作的次序、节奏、力度，加强市场沟通，有效引导市场预期。

二、资产管理业务是指银行、信托、证券、基金、期货、保险资产管理机构、金融资产投资公司等金融机构接受投资者委托，对受托的投资者财产进行投资和管理的金融服务。金融机构为委托人利益履行诚实信用、勤勉尽责义务并收取相应的管理费用，委托人自担投资风险并获得收益。金融机构可以与委托人在合同中事先约定收取合理的业绩报酬，业绩报酬计入管理费，须与产品一一对应并逐个结算，不同产品之间不得相互串用。

资产管理业务是金融机构的表外业务，金融机构开展资产管理业务时不得承诺保本保收益。出现兑付困难时，金融机构不得以任何形式垫资兑付。金融机构不得在表内开展资产管理业务。

私募投资基金适用私募投资基金专门法律、行政法规，私募投资基金专门法律、行政法规中没有明确规定的适用本意见，创业投资基金、政府出资产业投资基金的相关规定另行制定。

三、资产管理产品包括但不限于人民币或外币形式的银行非保本理财产品，资金信托，证券公司、证券公司子公司、基金管理公司、基金管理子公司、期货公司、期货公司子公司、保险资产管理机构、金融资产投资公司发行的资产管理产品等。依据金融管理部门颁布规则开展的资产证券化业务，依据人力资源社会保障部门颁布规则发行的养老金产品，不适用本意见。

四、资产管理产品按照募集方式的不同，分为公募产品和私募产品。公募产品面向不特定社会公众公开发行。公开发行的认定标准依照《中华人民共和国证券法》执行。私募产品面向合格投资者通过非公开方式发行。

资产管理产品按照投资性质的不同，分为固定收益类产品、权益类产品、商品及金融衍生品类产品和混合类产品。固定收益类产品投资于存款、债券等债权类资产的比例不低于80%，权益类产品投资于股票、未上市企业股权等权益类资产的比例不低于80%，商品及金融衍生品类产品投资于商品及金融衍生品的比例不低于80%，混合类产品投资于债权类资产、权益类资产、商品及金融衍生品类资产且任一资产的投资比例未达到前三类产品标准。非因金融机构主观因素导致突破前述比例限制的，金融机构应当在流动性受限资产可出售、可转让或者恢复交易的15个交易日内调整至符合要求。

金融机构在发行资产管理产品时，应当按照上述分类标准向投资者明示资产管理产品的类型，并按照确定的产品性质进行投资。在产品成立后至到期日前，不得擅自改变产品类型。混合类产品投资债权类资产、权益类资产和商品及金融衍生品类资产的比例范围应当在发行产品时予以确定并向投资者明示，在产品成立后至到期日前不得擅自改变。产品的实际投向不得违反合同约定，如有改变，除高风险类型的产品超出比例范围投资较低风险资产外，应当先行取得投资者书面同意，并履行登记备案等法律法规以及金融监督管理部门规定的程序。

五、资产管理产品的投资者分为不特定社会公众和合格投资者两大类。合格投资者是指具备相应风险识别能力和风险承担能力，投资于单只资产管理产品不低于一定金额且符合下列条件的自然人和法人或者其他组织：

（一）具有2年以上投资经历，且满足以下条件之一：家庭金融净资产不低于300万元，家庭金融资产不低于500万元，或者近3年本人年均收入不低于40万元。

（二）最近1年末净资产不低于1000万元的法人单位。

（三）金融管理部门视为合格投资者的其他情形。

合格投资者投资于单只固定收益类产品的金额不低于30万元，投资于单只混合类产品的金额不低于40万元，投资于单只权益类产品、单只商品及金融衍生品类产品的金额不低于100万元。

投资者不得使用贷款、发行债券等筹集的非自有资金投资资产管理产品。

六、金融机构发行和销售资产管理产品，应当坚持“了解产品”和“了解客户”的经营理念，加强投资者适当性管理，向投资者销售与其风险识别能力和风险承担能力相适应的资产管理产品。禁止欺诈或者误导投资者购买与其风险承担能力不匹配的资产管理产品。金融机构不得通过拆分资产管理产品的方式，向风险识别能力和风险承担能力低于产品风险等级的投资者销售资产管理产品。

金融机构应当加强投资者教育，不断提高投资者的金融知识水平和风险意识，向投资者传递“卖者尽责、买者自负”的理念，打破刚性兑付。

七、金融机构开展资产管理业务，应当具备与资产管理业务发展相适应的管理体系和管理制度，公司治理良好，风险管理、内部控制和问责机制健全。

金融机构应当建立健全资产管理业务人员的资格认定、培训、考核评价和问责制度，确保从事资产管理业务的人员具备必要的专业知识、行业经验和管理能力，充分了解相关法律法规、监管规定以及资产管理产品的法律关系、交易结构、主要风险和风险管控方式，遵守行为准则和职业道德标准。

对于违反相关法律法规以及本意见规定的金融机构资产管理业务从业人员，依法采取处罚措施直至取消从业资格，禁止其在其他类型金融机构从事资产管理业务。

八、金融机构运用受托资金进行投资，应当遵守审慎经营规则，制定科学合理的投资策略和风险管理制度，有效防范和控制风险。

金融机构应当履行以下管理人职责：

（一）依法募集资金，办理产品份额的发售和登记事宜。

（二）办理产品登记备案或者注册手续。

（三）对所管理的不同产品受托财产分别管理、分别记账，进行投资。

（四）按照产品合同的约定确定收益分配方案，及时向投资者分配收益。

（五）进行产品会计核算并编制产品财务会计报告。

（六）依法计算并披露产品净值或者投资收益情况，确定申购、赎回价格。

（七）办理与受托财产管理业务活动有关的信息披露事项。

（八）保存受托财产管理业务活动的记录、账册、报表和其他相关资料。

（九）以管理人名义，代表投资者利益行使诉讼权利或者实施其他法律行为。

（十）在兑付受托资金及收益时，金融机构应当保证受托资金及收益返回委托人的原账户、同名账户或者合同约定的受益人账户。

（十一）金融监督管理部门规定的其他职责。

金融机构未按照诚实信用、勤勉尽责原则切实履行受托管理职责，造成投资者损失的，应当依法向投资者承担赔偿责任。

九、金融机构代理销售其他金融机构发行的资产管理产品，应当符合金融监督管理部门规定的资质条件。未经金融监督管理部门许可，任何非金融机构和个人不得代理销售资产管理产品。

金融机构应当建立资产管理产品的销售授权管理体系，明确代理销售机构的准入标准和程序，明确界定双方的权利与义务，明确相关风险的承担责任和转移方式。

金融机构代理销售资产管理产品，应当建立相应的内部审批和风险控制程序，对发行或者管理机构的信用状况、经营管理能力、市场投资能力、风险处置能力等开展尽职调查，要求发行或者管理机构提供详细的产品介绍、相关市场分析和风险收益测算报告，进行充分的信息验证和风险审查，确保代理销售的产品符合本意见规定并承担相应责任。

十、公募产品主要投资标准化债权类资产以及上市交易的股票，除法律法规和金融管理部门另有规定外，不得投资未上市企业股权。公募产品可以投资商品及金融衍生品，但应当符合法律法规以及金融管理部门的相关规定。

私募产品的投资范围由合同约定，可以投资债权类资产、上市或挂牌交易的股票、未上市企业股权（含债转股）和受（收）益权以及符合法律法规规定的其他资产，并严格遵守投资者适当性管理要求。鼓励充分运用私募产品支持市场化、法治化债转股。

十一、资产管理产品进行投资应当符合以下规定：

（一）标准化债权类资产应当同时符合以下条件：

1. 等分化，可交易。

2. 信息披露充分。

3. 集中登记，独立托管。

4. 公允定价，流动性机制完善。

5. 在银行间市场、证券交易所市场等经国务院同意设立的交易市场交易。

标准化债权类资产的具体认定规则由中国人民银行会同金融监督管理部门另行制定。

标准化债权类资产之外的债权类资产均为非标准化债权类资产。金融机构发行资产管理产品投资于非标准化债权类资产的，应当遵守金融监督管理部门制定的有关限额管理、流动性管理等监管标准。金融监督管理部门未制定相关监管标准的，由中国人民银行督促根据本意见要求制定监管标准并予以执行。

金融机构不得将资产管理产品资金直接投资于商业银行信贷资产。商业银行信贷资产受（收）益权的投资限制由金融管理部门另行制定。

（二）资产管理产品不得直接或者间接投资法律法规和国家政策禁止进行债权或股权投资的行业和领域。

（三）鼓励金融机构在依法合规、商业可持续的前提下，通过发行资产管理产品募集资金投向符合国家战略和产业政策要求、符合国家供给侧结构性改革政策要求的领域。鼓励金融机构通过发行资产管理产品募集资金支持经济结构转型，支持市场化、法治化债转股，降低企业杠杆率。

（四）跨境资产管理产品及业务参照本意见执行，并应当符合跨境人民币和外汇管理有关规定。

十二、金融机构应当向投资者主动、真实、准确、完整、及时披露资产管理产品募集信息、资金投向、杠杆水平、收益分配、托管安排、投资账户信息和主要投资风险等内容。国家法律法规另有规定的，从其规定。

对于公募产品，金融机构应当建立严格的信息披露管理制度，明确定期报告、临时报告、重大事项公告、投资风险披露要求以及具体内容、格式。在本机构官方网站或者通过投资者便于获取的方式披露产品净值或者投资收益情况，并定期披露其他重要信息：开放式产品按照开放频率披露，封闭式产品至少每周披露一次。

对于私募产品，其信息披露方式、内容、频率由产品合同约定，但金融机构应当至少每季度向投资者披露产品净值和其他重要信息。

对于固定收益类产品，金融机构应当通过醒目方式向投资者充分披露和提示产品的投资风险，包括但不限于产品投资债券面临的利率、汇率变化等市场风险以及债券价格波动情况，产品投资每笔非标准化债权类资产的融资客户、项目名称、剩余融资期限、到期收益分配、交易结构、风险状况等。

对于权益类产品，金融机构应当通过醒目方式向投资者充分披露和提示产品的投资风险，包括产品投资股票面临的风险以及股票价格波动情况等。

对于商品及金融衍生品类产品，金融机构应当通过醒目方式向投资者充分披露产品的挂钩资产、持仓风险、控制措施以及衍生品公允价值变化等。

对于混合类产品，金融机构应当通过醒目方式向投资者清晰披露产品的投资资产组合情况，并根据固定收益类、权益类、商品及金融衍生品类资产投资比例充分披露和提示相应的投资风险。

十三、主营业务不包括资产管理业务的金融机构应当设立具有独立法人地位的资产管理子公司开展资产管理业务，强化法人风险隔离，暂不具备条件的可以设立专门的资产管理业务经营部门开展业务。

金融机构不得为资产管理产品投资的非标准化债权类资产或者股权类资产提供任何直接或间接、显性或隐性的担保、回购等代为承担风险的承诺。

金融机构开展资产管理业务，应当确保资产管理业务与其他业务相分离，资产管理产品与其代销的金融产品相分离，资产管理产品之间相分离，资产管理业务操作与其他业务操作相分离。

十四、本意见发布后，金融机构发行的资产管理产品资产应当由具有托管资质的第三方机构独立托管，法律、行政法规另有规定的除外。

过渡期内，具有证券投资基金托管业务资质的商业银行可以托管本行理财产品，但应当为每只产品单独开立托管账户，确保资产隔离。过渡期后，具有证券投资基金托管业务资质的商业银行应当设立具有独立法人地位的子公司开展资产管理业务，该商业银行可以托管子公司发行的资产管理产品，但应当实现实质性的独立托管。独立托管有名无实的，由金融监督管理部门进行纠正和处罚。

十五、金融机构应当做到每只资产管理产品的资金单独管理、单独建账、单独核算，不得开展或者参与具有滚动发行、集合运作、分离定价特征的资金池业务。

金融机构应当合理确定资产管理产品所投资资产的期限，加强对期限错配的流动性风险管理，金融监督管理部门应当制定流动性风险管理规定。

为降低期限错配风险，金融机构应当强化资产管理产品久期管理，封闭式资产管理产品期限不得低于90天。资产管理产品直接或者间接投资于非标准化债权类资产的，非标准化债权类资产的终止日不得晚于封闭式资产管理产品的到期日或者开放式资产管理产品的最近一次开放日。

资产管理产品直接或者间接投资于未上市企业股权及其受（收）益权的，应当为封闭式资产管理产品，并明确股权及其受（收）益权的退出安排。未上市企业股权及其受（收）益权的退出日不得晚于封闭式资产管理产品的到期日。

金融机构不得违反金融监督管理部门的规定，通过为单一融资项目设立多只资产管理产品的方式，变相突破投资人数限制或者其他监管要求。同一金融机构发行多只资产管理产品投资同一资产的，为防止同一资产发生风险波及多只资产管理产品，多只资产管理产品投资该资产的资金总规模合计不得超过300亿元。如果超出该限额，需经相关金融监督管理部门批准。

十六、金融机构应当做到每只资产管理产品所投资资产的风险等级与投资者的风险承担能力相匹配，做到每只产品所投资资产构成清晰，风险可识别。

金融机构应当控制资产管理产品所投资资产的集中度：

（一）单只公募资产管理产品投资单只证券或者单只证券投资基金的市值不得超过该资产管理产品净资产的10%。

（二）同一金融机构发行的全部公募资产管理产品投资单只证券或者单只证券投资基金的市值不得超过该证券市值或者证券投资基金市值的30%。其中，同一金融机构全部开放式公募资产管理产品投资单一上市公司发行的股票不得超过该上市公司可流通股票的15%。

（三）同一金融机构全部资产管理产品投资单一上市公司发行的股票不得超过该上市公司可流通股票的30%。

金融监督管理部门另有规定的除外。

非因金融机构主观因素导致突破前述比例限制的，金融机构应当在流动性受限资产可出售、可转让或者恢复交易的10个交易日内调整至符合相关要求。

十七、金融机构应当按照资产管理产品管理费收入的10%计提风险准备金，或者按照规定计量操作风险资本或相应风险资本准备。风险准备金余额达到产品余额的1%时可以不再提取。风险准备金主要用于弥补因金融机构违法违规、违反资产管理产品协议、操作错误或者技术故障等给资产管理产品财产或者投资者造成的损失。金融机构应当定期将风险准备金的使用情况报告金融管理部门。

十八、金融机构对资产管理产品应当实行净值化管理，净值生成应当符合企业会计准则规定，及时反映基础金融资产的收益和风险，由托管机构进行核算并定期提供报告，由外部审计机构进行审计确认，被审计金融机构应当披露审计结果并同时报送金融管理部门。

金融资产坚持公允价值计量原则，鼓励使用市值计量。符合以下条件之一的，可按照企业会计准则以摊余成本进行计量：

（一）资产管理产品为封闭式产品，且所投金融资产以收取合同现金流量为目的并持有到期。

（二）资产管理产品为封闭式产品，且所投金融资产暂不具备活跃交易市场，或者在活跃市场中没有报价、也不能采用估值技术可靠计量公允价值。

金融机构以摊余成本计量金融资产净值，应当采用适当的风险控制手段，对金融资产净值的公允性进行评估。当以摊余成本计量已不能真实公允反映金融资产净值时，托管机构应当督促金融机构调整会计核算和估值方法。金融机构前期以摊余成本计量的金融资产的加权平均价格与资产管理产品实际兑付时金融资产的价值的偏离度不得达到5%或以上，如果偏离5%或以上的产品数超过所发行产品总数的5%，金融机构不得再发行以摊余成本计量金融资产的资产管理产品。

十九、经金融管理部门认定，存在以下行为的视为刚性兑付：

（一）资产管理产品的发行人或者管理人违反真实公允确定净值原则，对产品进行保本保收益。

（二）采取滚动发行等方式，使得资产管理产品的本金、收益、风险在不同投资者之间发生转移，实现产品保本保收益。

（三）资产管理产品不能如期兑付或者兑付困难时，发行或者管理该产品的金融机构自行筹集资金偿付或者委托其他机构代为偿付。

（四）金融管理部门认定的其他情形。

经认定存在刚性兑付行为的，区分以下两类机构进行惩处：

（一）存款类金融机构发生刚性兑付的，认定为利用具有存款本质特征的资产管理产品进行监管套利，由国务院银行保险监督管理机构和中国人民银行按照存款业务予以规范，足额补缴存款准备金和存款保险保费，并予以行政处罚。

（二）非存款类持牌金融机构发生刚性兑付的，认定为违规经营，由金融监督管理部门和中国人民银行依法纠正并予以处罚。

任何单位和个人发现金融机构存在刚性兑付行为的，可以向金融管理部门举报，查证属实且举报内容未被相关部门掌握的，给予适当奖励。

外部审计机构在对金融机构进行审计时，如果发现金融机构存在刚性兑付行为的，应当及时报告金融管理部门。外部审计机构在审计过程中未能勤勉尽责，依法追究相应责任或依法依规给予行政处罚，并将相关信息纳入全国信用信息共享平台，建立联合惩戒机制。

二十、资产管理产品应当设定负债比例（总资产／净资产）上限，同类产品适用统一的负债比例上限。每只开放式公募产品的总资产不得超过该产品净资产的140%，每只封闭式公募产品、每只私募产品的总资产不得超过该产品净资产的200%。计算单只产品的总资产时应当按照穿透原则合并计算所投资资产管理产品的总资产。

金融机构不得以受托管理的资产管理产品份额进行质押融资，放大杠杆。

二十一、公募产品和开放式私募产品不得进行份额分级。

分级私募产品的总资产不得超过该产品净资产的140%。分级私募产品应当根据所投资资产的风险程度设定分级比例（优先级份额／劣后级份额，中间级份额计入优先级份额）。固定收益类产品的分级比例不得超过3∶1，权益类产品的分级比例不得超过1∶1，商品及金融衍生品类产品、混合类产品的分级比例不得超过2∶1。发行分级资产管理产品的金融机构应当对该资产管理产品进行自主管理，不得转委托给劣后级投资者。

分级资产管理产品不得直接或者间接对优先级份额认购者提供保本保收益安排。

本条所称分级资产管理产品是指存在一级份额以上的份额为其他级份额提供一定的风险补偿，收益分配不按份额比例计算，由资产管理合同另行约定的产品。

二十二、金融机构不得为其他金融机构的资产管理产品提供规避投资范围、杠杆约束等监管要求的通道服务。

资产管理产品可以再投资一层资产管理产品，但所投资的资产管理产品不得再投资公募证券投资基金以外的资产管理产品。

金融机构将资产管理产品投资于其他机构发行的资产管理产品，从而将本机构的资产管理产品资金委托给其他机构进行投资的，该受托机构应当为具有专业投资能力和资质的受金融监督管理部门监管的机构。公募资产管理产品的受托机构应当为金融机构，私募资产管理产品的受托机构可以为私募基金管理人。受托机构应当切实履行主动管理职责，不得进行转委托，不得再投资公募证券投资基金以外的资产管理产品。委托机构应当对受托机构开展尽职调查，实行名单制管理，明确规定受托机构的准入标准和程序、责任和义务、存续期管理、利益冲突防范机制、信息披露义务以及退出机制。委托机构不得因委托其他机构投资而免除自身应当承担的责任。

金融机构可以聘请具有专业资质的受金融监督管理部门监管的机构作为投资顾问。投资顾问提供投资建议指导委托机构操作。

金融监督管理部门和国家有关部门应当对各类金融机构开展资产管理业务实行平

等准入、给予公平待遇。资产管理产品应当在账户开立、产权登记、法律诉讼等方面享有平等的地位。金融监督管理部门基于风险防控考虑，确实需要对其他行业金融机构发行的资产管理产品采取限制措施的，应当充分征求相关部门意见并达成一致。

二十三、运用人工智能技术开展投资顾问业务应当取得投资顾问资质，非金融机构不得借助智能投资顾问超范围经营或者变相开展资产管理业务。

金融机构运用人工智能技术开展资产管理业务应当严格遵守本意见有关投资者适当性、投资范围、信息披露、风险隔离等一般性规定，不得借助人工智能业务夸大宣传资产管理产品或者误导投资者。金融机构应当向金融监督管理部门报备人工智能模型的主要参数以及资产配置的主要逻辑，为投资者单独设立智能管理账户，充分提示人工智能算法的固有缺陷和使用风险，明晰交易流程，强化留痕管理，严格监控智能管理账户的交易头寸、风险限额、交易种类、价格权限等。金融机构因违法违规或者管理不当造成投资者损失的，应当依法承担损害赔偿责任。

金融机构应当根据不同产品投资策略研发对应的人工智能算法或者程序化交易，避免算法同质化加剧投资行为的顺周期性，并针对由此可能引发的市场波动风险制定应对预案。因算法同质化、编程设计错误、对数据利用深度不够等人工智能算法模型缺陷或者系统异常，导致羊群效应、影响金融市场稳定运行的，金融机构应当及时采取人工干预措施，强制调整或者终止人工智能业务。

二十四、金融机构不得以资产管理产品的资金与关联方进行不正当交易、利益输送、内幕交易和操纵市场，包括但不限于投资于关联方虚假项目、与关联方共同收购上市公司、向本机构注资等。

金融机构的资产管理产品投资本机构、托管机构及其控股股东、实际控制人或者与其有其他重大利害关系的公司发行或者承销的证券，或者从事其他重大关联交易的，应当建立健全内部审批机制和评估机制，并向投资者充分披露信息。

二十五、建立资产管理产品统一报告制度。中国人民银行负责统筹资产管理产品的数据编码和综合统计工作，会同金融监督管理部门拟定资产管理产品统计制度，建立资产管理产品信息系统，规范和统一产品标准、信息分类、代码、数据格式，逐只产品统计基本信息、募集信息、资产负债信息和终止信息。中国人民银行和金融监督管理部门加强资产管理产品的统计信息共享。金融机构应当将含债权投资的资产管理产品信息报送至金融信用信息基础数据库。

金融机构于每只资产管理产品成立后 5 个工作日内，向中国人民银行和金融监督管理部门同时报送产品基本信息和起始募集信息；于每月 10 日前报送存续期募集信息、资产负债信息，于产品终止后 5 个工作日内报送终止信息。

中央国债登记结算有限责任公司、中国证券登记结算有限公司、银行间市场清算所股份有限公司、上海票据交易所股份有限公司、上海黄金交易所、上海保险交易所股份有限公司、中保保险资产登记交易系统有限公司于每月 10 日前向中国人民银行和金融监督管理部门同时报送资产管理产品持有其登记托管的金融工具的信息。

在资产管理产品信息系统正式运行前，中国人民银行会同金融监督管理部门依据统计制度拟定统一的过渡期数据报送模板；各金融监督管理部门对本行业金融机构发行的资产管理产品，于每月 10 日前按照数据报送模板向中国人民银行提供数据，及时沟通跨行业、跨市场的重大风险信息和事项。

中国人民银行对金融机构资产管理产品统计工作进行监督检查。资产管理产品统计的具体制度由中国人民银行会同相关部门另行制定。

二十六、中国人民银行负责对资产管理业务实施宏观审慎管理，会同金融监督管理部门制定资产管理业务的标准规制。金融监督管理部门实施资产管理业务的市场准入和日常监管，加强投资者保护，依照本意见会同中国人民银行制定出台各自监管领域的实施细则。

本意见正式实施后，中国人民银行会同金融监督管理部门建立工作机制，持续监测资产管理业务的发展和风险状况，定期评估标准规制的有效性和市场影响，及时修订完善，推动资产管理行业持续健康发展。

二十七、对资产管理业务实施监管遵循以下原则：

（一）机构监管与功能监管相结合，按照产品类型而不是机构类型实施功能监管，同一类型的资产管理产品适用同一监管标准，减少监管真空和套利。

（二）实行穿透式监管，对于多层嵌套资产管理产品，向上识别产品的最终投资者，向下识别产品的底层资产（公募证券投资基金除外）。

（三）强化宏观审慎管理，建立资产管理业务的宏观审慎政策框架，完善政策工具，从宏观、逆周期、跨市场的角度加强监测、评估和调节。

（四）实现实时监管，对资产管理产品的发行销售、投资、兑付等各环节进行全面动态监管，建立综合统计制度。

二十八、金融监督管理部门应当根据本意见规定，对违规行为制定和完善处罚规则，依法实施处罚，并确保处罚标准一致。资产管理业务违反宏观审慎管理要求的，由中国人民银行按照法律法规实施处罚。

二十九、本意见实施后，金融监督管理部门在本意见框架内研究制定配套细则，配套细则之间应当相互衔接，避免产生新的监管套利和不公平竞争。按照“新老划断”原则设置过渡期，确保平稳过渡。过渡期为本意见发布之日起至2020年底，对提前完成整改的机构，给予适当监管激励。过渡期内，金融机构发行新产品应当符合本意见的规定；为接续存量产品所投资的未到期资产，维持必要的流动性和市场稳定，金融机构可以发行老产品对接，但应当严格控制在存量产品整体规模内，并有序压缩递减，防止过渡期结束时出现断崖效应。金融机构应当制定过渡期内的资产管理业务整改计划，明确时间进度安排，并报送相关金融监督管理部门，由其认可并监督实施，同时报备中国人民银行。过渡期结束后，金融机构的资产管理产品按照本意见进行全面规范（因子公司尚未成立而达不到第三方独立托管要求的情形除外），金融机构不得再发行或存续违反本意见规定的资产管理产品。

三十、资产管理业务作为金融业务，属于特许经营行业，必须纳入金融监管。非金融机构不得发行、销售资产管理产品，国家另有规定的除外。

非金融机构违反上述规定，为扩大投资者范围、降低投资门槛，利用互联网平台等公开宣传、分拆销售具有投资门槛的投资标的、过度强调增信措施掩盖产品风险、设立产品二级交易市场等行为，按照国家规定进行规范清理，构成非法集资、非法吸收公众存款、非法发行证券的，依法追究法律责任。非金融机构违法违规开展资产管理业务的，依法予以处罚；同时承诺或进行刚性兑付的，依法从重处罚。

三十一、本意见自发布之日起施行。

本意见所称“金融管理部门”是指中国人民银行、国务院银行保险监督管理机构、国务院证券监督管理机构和国家外汇管理局。“发行”是指通过公开或者非公开方式向资产管理产品的投资者发出认购邀约，进行资金募集的活动。“销售”是指向投资者宣传推介资产管理产品，办理产品申购、赎回的活动。“代理销售”是指接受合作机构的委托，在本机构渠道向投资者宣传推介、销售合作机构依法发行的资产管理产品的活动。

人民银行　银保监会　证监会　外汇局

2018 年 4 月 27 日

（二）银发〔2018〕106 号文内容解读

下面的解读摘自中国人民银行有关负责人就《意见》答记者问。

1. 公开征求意见及吸收情况如何

经国务院批准，《意见》于 2017 年 11 月 17 日起向社会公开征求意见，为期一个月。征求意见过程中，金融机构、专家学者、社会公众等各方给予了广泛关注。中国人民银行会同相关部门对反馈意见进行反复研究和审慎决策，充分吸收了其中科学合理的意见，结合市场影响评估结果，对相关条款进行了以下修改完善。

在非标准化债权类资产投资方面，《意见》明确标准化债权类资产的核心要素，提出期限匹配、限额管理等监管措施，引导商业银行有序压缩非标存量规模。

在产品净值化管理方面，《意见》要求资产管理（以下简称资管）业务不得承诺保本保收益，明确刚性兑付的认定及处罚标准，鼓励以市值计量所投金融资产，同时考虑到部分资产尚不具备以市值计量的条件，兼顾市场诉求，允许对符合一定条件的金融资产以摊余成本计量。

在消除多层嵌套方面，《意见》统一同类资管产品的监管标准，要求监管部门对资管业务实行平等准入，促进资管产品获得平等主体地位，从根源上消除多层嵌套的动机。同时，将嵌套层级限制为一层，禁止开展多层嵌套和通道业务。

在统一杠杆水平方面，《意见》充分考虑了市场需求和承受力，根据不同产品的风险等级设置了不同的负债杠杆，参照行业监管标准，对允许分级的产品设定了不同的分级比例。

在合理设置过渡期方面，经过测算评估，相比于征求意见稿，《意见》将过渡期延长至 2020 年底，给予金融机构充足的调整和转型时间。对过渡期结束后仍未到期的非标等存量资产也作出妥善安排，引导金融机构转回资产负债表内，确保市场稳定。

2. 制定出台《意见》的背景是什么

近年来，我国金融机构资管业务快速发展，规模不断攀升，截至 2017 年末，不考虑交叉持有因素，总规模已达百万亿元。其中，银行表外理财产品资金余额为 22.2 万亿元，信托公司受托管理的资金信托余额为 21.9 万亿元，公募基金、私募基金、证券公司资管计划、基金及其子公司资管计划、保险资管计划余额分别为11.6万亿元、11.1万亿元、16.8万亿元、13.9万亿元、2.5万亿元。同时，互联网企业、各类投资顾问公司等非金融机构开展资管业务也十分活跃。

资管业务在满足居民财富管理需求、增强金融机构盈利能力、优化社会融资结构、支持实体经济等方面发挥了积极作用。但同类资管业务的监管规则和标准不一致，导致监管套利活动频繁，一些产品多层嵌套，风险底数不清，资金池模式蕴含流动性风险，部分产品成为信贷出表的渠道，刚性兑付普遍，在正规金融体系之外形成监管不足的影子银行，一定程度上干扰了宏观调控，提高了社会融资成本，影响了金融服务实体经济的质效，加剧了风险的跨行业、跨市场传递。在党中央、国务院的领导下，中国人民银行会同中国银行保险监督管理委员会、中国证券监督管理委员会、国家外汇管理局等部门，坚持问题导向，从弥补监管短板、提高监管有效性入手，在充分立足各行业金融机构资管业务开展情况和监管实践的基础上，制定了《意见》。

3.《意见》的总体思路和原则是什么

《意见》的总体思路是：按照资管产品的类型制定统一的监管标准，对同类资管业务作出一致性规定，实行公平的市场准入和监管，最大限度地消除监管套利空间，为资管业务健康发展创造良好的制度环境。

《意见》遵循以下基本原则：一是坚持严控风险的底线思维，减少存量风险，严防增量风险。二是坚持服务实体经济的根本目标，既充分发挥资管业务功能，切实服务实体经济投融资需求，又严格规范引导，避免资金脱实向虚，防止产品过于复杂加剧风险跨行业、跨市场、跨区域传递。三是坚持宏观审慎管理与微观审慎监管相结合、机构监管与功能监管相结合的监管理念，实现对各类金融机构开展资管业务的全面、统一覆盖，采取有效监管措施，加强金融消费者权益保护。四是坚持有的放矢的问题导向，重点针对资管业务的多层嵌套、杠杆不清、套利严重、投机频繁等问题，设定统一的监管标准，同时对金融创新坚持趋利避害、一分为二，留出发展空间。五是坚持积极稳妥审慎推进，防范风险与有序规范相结合，充分考虑市场承受能力，合理设置过渡期，加强市场沟通，有效引导市场预期。

4.《意见》的适用范围是什么？包括哪些机构的哪些产品

《意见》主要适用于金融机构的资管业务，即银行、信托、证券、基金、期货、保险资管机构、金融资产投资公司等金融机构接受投资者委托，对受托的投资者财产进行投资和管理的金融服务。金融机构为委托人利益履行诚实信用、勤勉尽责义务并收取相应的管理费用，委托人自担投资风险并获得收益，金融机构可以收取合理的业绩报酬，但需计入管理费并与产品一一对应。资管产品包括银行非保本理财产品，资金信托，证券公司、证券公司子公司、基金管理公司、基金管理公司子公司、期货公司、期货公司子公司、保险资管机构、金融资产投资公司发行的资管产品等。依据金融管理部门颁布规则开展的资产证券化业务、依据人力资源社会保障部门颁布规则发行的养老金产品不适用本意见。

针对非金融机构违法违规开展资管业务的乱象，《意见》也按照"未经批准不得从事金融业务，金融业务必须接受金融监管"的理念，明确提出除国家另有规定外，非金融机构不得发行、销售资管产品。"国家另有规定的除外"主要是指私募投资基金的发行和销售。私募投资基金适用私募投资基金专门法律、行政法规，其中没有明确规定的，适用《意见》，创业投资基金、政府出资产业投资基金的相关规定另行制定。

5.《意见》对资管产品分类的依据和目的是什么？对不同类型产品监管的主要区别是什么

对资管产品进行分类，对同类产品适用统一的监管规则，是《意见》的基础。《意见》从两个维度对资管产品进行分类。一是从资金来源端，按照募集方式分为公募产品和私募产品两大类。公募产品面向风险识别和承受能力偏弱的社会公众发行，风险外溢性强，在投资范围等方面监管要求较私募产品严格，主要投资标准化债权类资产以及上市交易的股票，除法律法规和金融管理部门另有规定外，不得投资未上市企业股权。私募产品面向风险识别和承受能力较强的合格投资者发行，监管要求相对宽松，更加尊重市场主体的意思自治，可以投资债权类资产、上市或挂牌交易的股票、未上市企业股权和受（收）益权以及符合法律法规规定的其他资产。二是从资金运用端，根据投资性质分为固定收益类产品、权益类产品、商品及金融衍生品类产品、混合类产品四大类。按照投资风险越高、分级杠杆约束越严的原则，设定不同的分级比例限制，各类产品的信息披露重点也不同。

对产品从以上两个维度进行分类的目的在于：一是按照"实质重于形式"原则强化功能监管。实践中，不同行业金融机构开展资管业务，按照机构类型适用不同的监管规则和标准，为监管套利创造了空间，因而需要按照业务功能对资管产品进行分类，对同类产品适用统一的监管标准。二是贯彻"合适的产品卖给合适的投资者"理念：一方面，公募产品和私募产品，分别对应社会公众和合格投资者两类不同的投资群体，体现不同的投资者适当性管理要求；另一方面，根据投资性质将资管产品分为不同类型，以此可区分产品的风险等级，同时要求资管产品发行时明示产品类型，可避免"挂羊头卖狗肉"，切实保护金融消费者权益。

6.《意见》在哪些方面强化了金融机构开展资管业务的资质要求和管理职责

资管业务是"受人之托、代人理财"的金融服务，为保障委托人的合法权益，《意见》要求金融机构符合一定的资质要求，并切实履行管理职责。一是金融机构应当建立与资管业务发展相适应的管理体系和管理制度，公司治理良好，风险管理、内部控制和问责机制健全。二是金融机构应当健全资管业务人员的资格认定、培训、考核评价和问责制度，确保其具备必要的专业知识、行业经验和管理能力，遵守行为准则和职业道德。三是对于违反相关法律法规以及《意见》规定的金融机构资管业务从业人员，依法采取处罚措施直至取消从业资格。

7. 标准化债权类资产的认定标准是什么?《意见》如何对资管产品投资非标准化债权类资产进行规范

《意见》明确，标准化债权类资产应当具备以下特征：等分化、可交易、信息披露充分、集中登记、独立托管、公允定价、流动性机制完善、在经国务院同意设立的交易市场上交易等。具体认定规则由中国人民银行会同金融监督管理部门另行制定。标准化债权类资产之外的债权类资产均为非标。

非标具有期限、流动性和信用转换功能，透明度较低，流动性较弱，规避了宏观调控政策和资本约束等监管要求，部分投向限制性领域，影子银行特征明显。为此，《意见》规定，资管产品投资非标应当遵守金融监督管理部门有关限额管理、流动性管理等监管标准，并且严格期限匹配。作出上述规范的目的是避免资管业务沦为变相的信贷业务，防控影子银行风险，缩短融资链条，降低融资成本，提高金融服务实体经济的效率和水平。在规范非标投资的同时，为了更好地满足实体经济的融资需求，还需要大力发展直接融资，建设多层次资本市场体系，进一步深化金融体制改革，增强金融服务实体经济的效率和水平。

8.《意见》如何防范资管产品的流动性风险？如何规范金融机构的资金池运作

部分金融机构在开展资管业务过程中，通过滚动发行、集合运作、分离定价的方式，对募集资金进行资金池运作。在这种运作模式下，多只资管产品对应多项资产，每只产品的收益来自哪些资产无法辨识，风险也难以衡量。同时，将募集的短期资金投放到长期的债权或股权项目，加大了资管产品的流动性风险，一旦难以募集到后续资金，就容易产生流动性紧张。

《意见》在禁止资金池业务、强调资管产品单独管理、单独建账、单独核算的基础上，要求金融机构加强产品久期管理，规定封闭式资管产品期限不得低于 90 天，以此纠正资管产品短期化倾向，切实减少和消除资金来源端和运用端的期限错配与流动性风险。此外，对于部分机构通过为单一融资项目设立多只资管产品变相突破投资人数限制的行为，《意见》明确予以禁止。为防止同一资产发生风险波及多只产品，《意见》要求同一金融机构发行多只资管产品投资同一资产的资金总规模不得超过 300 亿元，如果超出该规模，须经金融监督管理部门批准。

9.《意见》关于资管产品的风险准备金计提或资本计量要求与现有各类机构的相关标准是何种关系？二者如何衔接

资管业务属于金融机构的表外业务，投资风险应由投资者自担，但为了应对操作风险或其他非预期风险，仍需建立一定的风险补偿机制，计提相应的风险准备金，或在资本计量时考虑相关风险因素。目前，各行业资管产品的风险准备金计提或资本计量要求不同：银行实行资本监管，按照理财业务收入计量一定比例的操作风险资本；证券公司资管计划、公募基金、基金子公司特定客户资管计划、部分保险资管计划按照管理费收入计提风险准备金，但比例不一；信托公司则按照税后利润的5% 计提信托赔偿准备金。

综合考虑现行要求，《意见》规定，金融机构应当按照资管产品管理费收入的10% 计提风险准备金，或者按照规定计量操作风险资本或相应风险资本准备。风险准备金余额达到产品余额的 1% 时可以不再提取。风险准备金主要用于弥补因金融机构违法违规、违反资管产品协议、操作错误或技术故障等给资管产品财产或者投资者造成的损失。金融机构应当定期将风险准备金的使用情况报告金融管理部门。需要说明的是，对于目前不适用风险准备金计提或资本计量的金融机构，如信托公司，《意见》并非要求在此基础上进行双重计提，而是由金融监督管理部门按照《意见》的标准，在具体细则中进行规范。

10. 为什么要打破资管产品的刚性兑付？如何实行产品净值化管理

刚性兑付偏离了资管产品“受人之托、代人理财”的本质，抬高无风险收益率水平，干扰资金价格，不仅影响发挥市场在资源配置中的决定性作用，还弱化了市场纪律，导致一些投资者冒险投机，金融机构不尽职尽责，道德风险较为严重。打破刚性兑付已经成为社会共识，为此《意见》作出了一系列细化安排。第一，在定义资管业务时，要求金融机构不得承诺保本保收益，产品出现兑付困难时不得以任何形式垫资兑付。第二，引导金融机构转变预期收益率模式，强化产品净值化管理，并明确核算原则。第三，明示刚性兑付的认定情形，包括违反净值确定原则对产品进行保本保收益、采取滚动发行等方式保本保收益、自行筹集资金偿付或委托其他机构代偿等。第四，分类进行惩处。存款类金融机构发生刚性兑付，足额补缴存款准备金和存款保险保费，非存款类持牌金融机构由金融监督管理部门和中国人民银行依法纠正并予以处罚。此外，《意见》还强化了外部审计机构的审计责任和报告要求。

实践中，部分资管产品采取预期收益率模式，过度使用摊余成本法计量所投资金融资产，基础资产的风险不能及时反映到产品的价值变化中，投资者不清楚自身承担的风险大小，进而缺少风险自担意识；而金融机构将投资收益超过预期收益的部分转化为管理费或直接纳入中间业务收入，而非给予投资者，也难以要求投资者自担风险。为了推动预期收益型产品向净值型产品转型，让投资者在明晰风险、尽享收益的基础上自担风险，《意见》强调金融机构的业绩报酬需计入管理费并与产品一一对应，要求金融机构强化产品净值化管理，并由托管机构核算、外部审计机构审计确认，同时明确了具体的核算原则。一方面，要求资管产品投资的金融资产坚持公允价值计量原则，鼓励使用市值计量。另一方面，允许符合以下条件之一的部分资产以摊余成本计量：一是产品封闭式运作，且所投金融资产以收取合同现金流量为目的并持有到期；二是产品封闭式运作，且所投金融资产暂不具备活跃交易市场，或者在活跃市场中没有报价，也不能采用估值技术可靠计量公允价值。

11. 如何规范资管产品的杠杆水平

为维护债券、股票等金融市场平稳运行，抑制资产价格泡沫，应当控制资管产品的杠杆水平。资管产品的杠杆分为两类，一类是负债杠杆，即产品募集后，金融机构通过拆借、质押回购等负债行为，增加投资杠杆；一类是分级杠杆，即金融机构对产品进行优先、劣后的份额分级，优先级投资者向劣后级投资者提供融资杠杆。在负债杠杆方面，《意见》对开放式公募、封闭式公募、分级私募和其他私募资管产品，分别设定了140%、200%、140%和200%的负债比例（总资产/净资产）上限，并禁止金融机构以受托管理的产品份额进行质押融资。在分级产品方面，《意见》禁止公募产品和开放式私募产品进行份额分级。在可以分级的封闭式私募产品中，固定收益类产品的分级比例（优先级份额/劣后级份额）不得超过3∶1，权益类产品不得超过1∶1，商品及金融衍生品类产品、混合类产品均不得超过2∶1。

12. 如何消除多层嵌套并限制通道业务

资管产品多层嵌套，不仅增加了产品的复杂程度，导致底层资产不清，也拉长了资金链条，抬高了社会融资成本。大量分级产品的嵌入，还导致杠杆成倍聚集，加剧市场波动。为从根本上抑制多层嵌套的动机，《意见》明确资管产品应当在账户开立、产权登记、法律诉讼等方面享有平等地位，要求金融监督管理部门对各类金融机构开展资管业务平等准入。同时，规范嵌套层级，允许资管产品再投资一层资管产品，但所投资的产品不得再投资公募证券投资基金以外的产品，禁止开展规避投资范围、杠杆约束等监管要求的通道业务。考虑到现实情况，投资能力不足的金融机构仍然可以委托其他机构投资，但不得因此而免除自身应当承担的责任，公募资管产品的受托机构必须为金融机构，受托机构不得再进行转委托。

13.《意见》对智能投顾业务作出了哪些规范？主要考虑是什么

金融科技的发展正在深刻改变金融业的服务方式，在资管领域就突出体现为智能投资顾问。近年来，智能投资顾问在美国市场快速崛起，在国内也发展迅速，目前已有数十家机构推出该项业务。但运用人工智能技术开展投资顾问、资管等业务，由于服务对象多为长尾客户，风险承受能力较低，如果投资者适当性管理、风险提示不到位，容易引发不稳定事件。而且，算法同质化可能引发顺周期高频交易，加剧市场波动，算法的“黑箱属性”还可能使其成为规避监管的工具，技术局限、网络安全等风险也不容忽视。为此，《意见》从前瞻性角度，区分金融机构运用人工智能技术开展投资顾问和资管业务两种情形，分别进行了规范。一方面，取得投资顾问资质的机构在具备相应技术条件的情况下，可以运用人工智能技术开展投资顾问业务，非金融机构不得借助智能投资顾问超范围经营或变相开展资管业务。另一方面，金融机构运用人工智能技术开展资管业务，不得夸大宣传或误导投资者，应当报备模型主要参数及资产配置主要逻辑，明晰交易流程，强化留痕管理，避免算法同质化，因算法模型缺陷或信息系统异常引发羊群效应时，应当强制人工介入。

14. 对资管业务的监管理念是什么？监管协调包括哪些举措

针对分业监管下标准差异催生套利空间的弊端，加强监管协调，强化宏观审慎管理，按照“实质重于形式”原则实施功能监管，是规范资管业务的必要举措。《意见》明确，中国人民银行负责对资管业务实施宏观审慎管理，按照产品类型而非机构类型统一标准规制，同类产品适用同一监管标准，减少监管真空，消除套利空间。金融监督管理部门在资管业务的市场准入和日常监管中，要强化功能监管。中国人民银行牵头建立资管产品统一报告制度和信息系统，对产品的发售、投资、兑付等各个环节进行实时、全面、动态监测，为穿透监管奠定坚实基础。继续加强监管协调，金融监督管理部门在《意见》框架内，研究制定配套细则，配套细则之间要相互衔接，避免产生新的监管套利和不公平竞争。

15. 非金融机构开展资管业务需要符合哪些规定

当前，除金融机构外，互联网企业、各类投资顾问公司等非金融机构开展资管业务也十分活跃，由于缺乏市场准入和持续监管，产品分拆、误导宣传、资金侵占等问题较为突出，甚至演变为非法集资、非法吸收公众存款、非法发行证券，扰乱金融秩序，威胁社会稳定。为规范市场秩序，切实保障投资者合法权益，《意见》明确提出，资管业务作为金融业务，必须纳入金融监管，非金融机构不得发行、销售资管产品，国家另有规定的除外。“国家另有规定的除外”主要是指私募投资基金的发行和销售，私募投资基金适用私募投资基金专门法律、行政法规，私募投资基金专门法律、行政法规中没有明确规定的，适用《意见》。非金融机构和个人未经金融监督管理部门许可，不得代销资管产品。针对非金融机构违法违规开展资管业务的情况，尤其是利用互联网平台等分拆销售具有投资门槛的投资标的、通过增信措施掩盖产品风险、设立产品二级交易市场等行为，按照国家规定进行规范清理。非金融机构违法违规开展资管业务的，依法予以处罚，同时承诺或进行刚性兑付的，依法从重处罚。

16.《意见》的过渡期如何设置？“新老划断”具体如何实施

为确保平稳过渡，《意见》充分考虑存量资管产品期限、市场规模及其所投资资产的期限和规模，兼顾增量资管产品的合理发行，提出按照“新老划断”原则设置过渡期。过渡期设置为自《意见》发布之日起至2020年底，相比征求意见稿而言，延长了一年半的时间，给予金融机构更为充足的整改和转型时间。在过渡期内，金融机构发行新产品应当符合《意见》的规定；为接续存量产品所投资的未到期资产，维持必要的流动性和市场稳定，可以发行老产品对接，但应当严格控制在存量产品整体规模内，并有序压缩递减，防止过渡期结束时出现断崖效应。金融机构还需制订过渡期内的整改计划，明确时间进度安排，并报送相关金融监督管理部门，由其认可并监督实施，同时报备中国人民银行，对提前完成整改的机构，给予适当监管激励。过渡期结束后，金融机构的资管产品按照《意见》进行全面规范（因子公司尚未成立而达不到第三方独立托管要求的情形除外），金融机构不得再发行或存续违反《意见》规定的资管产品。

六、《关于规范金融企业对地方政府和国有企业投融资行为有关问题的通知》（财金〔2018〕23号）

2018年3月28日，财政部出台了《关于规范金融企业对地方政府和国有企业投融资行为有关问题的通知》（财金〔2018〕23号）（以下简称财金〔2018〕23号文或《通知》）。

（一）财金〔2018〕23号文原文

关于规范金融企业对地方政府和国有企业投融资行为有关问题的通知

财金〔2018〕23号

各国有金融企业：

金融企业是支持地方经济社会发展的重要力量。当前，金融企业运营总体平稳良好，但在服务地方发展、支持地方基础设施和公共服务领域建设中仍然存在过于依靠政府信用背书，捆绑地方政府、捆绑国有企业、堆积地方债务风险等问题，加剧了财政金融风险隐患。为全面贯彻党的十九大精神，落实全国金融工作会议部署和要求，坚决打好防范化解重大风险攻坚战，促进金融企业稳健运行，进一步督促金融企业加强风险管控和财务管理，严格执行国有金融资本管理制度，现就有关事项通知如下：

一、【总体要求】国有金融企业应严格落实《预算法》和《国务院关于加强地方政府性债务管理的意见》（国发〔2014〕43号）等要求，除购买地方政府债券外，不得直接或通过地方国有企事业单位等间接渠道为地方政府及其部门提供任何形式的融资，不得违规新增地方政府融资平台公司贷款。不得要求地方政府违法违规提供担保或承担偿债责任。不得提供债务性资金作为地方建设项目、政府投资基金或政府和社会资本合作（PPP）项目资本金。

二、【资本金审查】国有金融企业向参与地方建设的国有企业（含地方政府融资平台公司）或PPP项目提供融资，应按照“穿透原则”加强资本金审查，确保融资主体的资本金来源合法合规，融资项目满足规定的资本金比例要求。若发现存在以“名股实债”、股东借款、借贷资金等债务性资金和以公益性资产、储备土地等方式违规出资或出资不实的问题，国有金融企业不得向其提供融资。

三、【还款能力评估】国有金融企业参与地方建设融资，应审慎评估融资主体的还款能力和还款来源，确保其自有经营性现金流能够覆盖应还债务本息，不得要求或接受地方政府及其部门以任何方式提供担保、承诺回购投资本金、保本保收益等兜底安排，或以其他方式违规承担偿债责任。项目现金流涉及可行性缺口补助、政府付费、财政补贴等财政资金安排的，国有金融企业应严格核实地方政府履行相关程序的合规性和完备性。严禁国有金融企业向地方政府虚构或超越权限、财力签订的应付（收）账款协议提供融资。

四、【投资基金】国有金融企业与地方政府及其部门合作设立各类投资基金，应严格遵守有关监管规定，不得要求或接受地方政府及其部门作出承诺回购投资本金、保本保收益等兜底安排，不得通过结构化融资安排或采取多层嵌套等方式将投资基金异化为债务融资平台。

五、【资产管理业务】国有金融企业发行银行理财、信托计划、证券期货经营机构资产管理计划、保险基础设施投资计划等资产管理产品参与地方建设项目，应按照“穿透原则”切实加强资金投向管理，全面掌握底层基础资产信息，强化期限匹配，不得以具有滚动发行、集合运作、分离定价特征的资金池产品对接，不得要求或接受地方政府以任何方式提供兜底安排或以其他方式违规承担偿债责任，不得变相为地方政府提供融资。国有金融企业在进行资产管理产品推介时，应充分说明投资风险，不得以地方政府承诺回购、保证最低收益等隐含无风险条件，作为营销手段。

六、【政策性开发性金融】政策性、开发性金融机构服务国家重大战略、支持经济社会薄弱环节时，应严格遵守国家法律和相关规定，严格按照市场化原则审慎合规授信，严格按照项目实际而不是政府信用提供融资，严格遵守业务范围划分规定。严禁为地方政府和国有企业提供各类违规融资，不得要求或接受地方政府出具任何形式明示或暗示承担偿债责任的文件，不得通过任何形式违法违规增加地方政府债务负担。

七、【合作方式】国有金融企业应将严格遵守国家地方政府债务管理法律法规和政策规定作为合规管理的重要内容，切实转变业务模式，依法规范对地方建设项目提供融资，原则上不得采取与地方政府及其部门签署一揽子协议、备忘录、会议纪要等方式开展业务，不得对地方政府及其部门统一授信。

八、【金融中介业务】国有金融企业为地方政府融资平台公司等地方国有企业在境内外发行债券提供中介服务时，应审慎评估举债主体财务能力和还款来源。对于发债企业收入来源中涉及财政资金安排的，应当尽职调查，认真核实财政资金安排的合规性和真实性。在债券募集说明书等文件中，不得披露所在地区财政收支、政府债务数据等明示或暗示存在政府信用支持的信息，严禁与政府信用挂钩的误导性宣传，并应在相关发债说明书中明确，地方政府作为出资人仅以出资额为限承担有限责任，相关举借债务由地方国有企业作为独立法人负责偿还。

九、【PPP】国有金融企业应以PPP项目规范运作为融资前提条件，对于未落实项目资本金来源、未按规定开展物有所值评价、财政承受能力论证的，物有所值评价、财政承受能力论证等相关信息没有充分披露的PPP项目，不得提供融资。

十、【融资担保】政府性融资担保机构应按照市场化方式运作，依法依规开展融资担保服务，自主经营、自负盈亏，不得要求或接受地方政府以任何形式在出资范围之外承担责任。

十一、【出资管理】国有金融企业应加强对股东资质的审查。国有金融企业股东应以自有资金入股国有金融企业，且确保资金来源合法，严禁虚假出资、出资不实或抽逃出资，严禁代持国有金融企业股权。除法律法规另有规定的以外，以非自有资金出资的股权不得享受股权增值收益，并按“实际出资与期末净资产孰低”原则予以清退。国有金融企业股东用金融企业股权质押融资，应遵守法律法规和相关监管规定，不得损害其他股东和金融企业的利益。

十二、【财务约束】国有金融企业应按照“实质重于形式”的原则，充足提取资产减值准备，严格计算占用资本，不得以有无政府背景作为资产风险的判断标准。

十三、【产权管理】国有金融企业应聚焦主业，严格遵守国有金融资产管理有关规定，做好与地方政府及其部门合作所形成股权资产的登记、评估、转让、清算、退出等工作。合理设置机构法人层级，压缩管理级次，降低组织结构复杂程度，原则上同类一级子公司只能限定为一家。

十四、【配合整改】对存在地方政府违法违规举债担保、变相举债等问题的存量项目，开发性、政策性金融机构等国有金融企业应积极主动配合有关方面，依法依规开展整改，在有效保障各方合法权益的基础上，稳妥有序化解存量债务风险。在配合整改的同时，国有金融企业不得盲目抽贷、压贷和停贷，防范存量债务资金链断裂风险。

十五、【绩效评价】财政部门对金融企业进行绩效评价时，如金融企业违法违规向地方政府、地方国有企业等提供融资，要求或接受地方政府及其部门以任何方式提供担保或承担偿债责任，被相关部门依法依规追究责任的，根据相关部门提供的处理处罚情况，对该金融企业下调评价等级。

十六、【监督检查】对财政部公开通报涉及地方政府违法违规举债担保行为的地方国有企业，国有金融企业应暂停或审慎提供融资和融资中介服务。财政部驻各地财政监察专员办事处根据本通知规定对国有金融企业及其分支机构进行监督检查，对相关违规行为及时予以制止和纠正，并依法进行处理。相关检查处理结果视情抄送有关金融监管部门。

十七、【其他】本通知自印发之日起执行。其他金融企业参照执行。

财政部

2018 年 3 月 28 日

（二）财金〔2018〕23 号文内容解读

1. 怎样理解《通知》出台的背景

自 2014 年颁布《国务院关于加强地方政府性债务管理的意见》（国发〔2014〕43 号）及 2015 年 1 月 1 日开始实施新修订的《预算法》以来，各级地方政府加快建立规范的举债融资机制，防范化解财政金融风险，取得了阶段性成效。但仍有一些地方政府通过金融企业违法违规变相举债，且举债方式更加隐蔽，这其中既有一些地方政府为了政绩和形象，千方百计想多融资促发展的原因，也有一些金融企业对地方政府违规融资没有劝阻，反而助推了地方政府债务的原因。

为了落实党的十九大精神，坚决打好防范化解重大风险等攻坚战，财政部适时地颁布财金〔2018〕23号文，对国有金融机构与地方政府和国有企业规范合作提出具体操作要求。

2. 怎样理解对金融企业与地方政府融资合作方式提出的要求

财金〔2018〕23号文第一条在总体要求中就明确指出，国有金融企业应严格落实《预算法》和《国务院关于加强地方政府性债务管理的意见》等要求，除购买地方政府债券外，不得直接或通过地方国有企事业单位等间接渠道为地方政府及其部门提供任何形式的融资，不得违规新增地方政府融资平台公司贷款。不得要求地方政府违法违规提供担保或承担偿债责任。不得提供债务性资金作为地方建设项目、政府投资基金或政府和社会资本合作（PPP）项目资本金。

上述内容有四层意思：一是金融企业与地方政府开展融资时，只能通过购买地方政府发行的各类债券融资，而不能为地方政府及其部门和企事业单位提供其他任何形式的融资。二是不得违规新增地方政府融资平台公司贷款（此内容下面再解答）。三是金融企业为融资平台贷款时，不得要求地方政府违法违规提供担保或承担偿债责任（此内容下面再解答）。四是金融企业不得为地方政府产业投资基金及PPP项目资本金等提供债务性资金，也就是不能开展“名股实债”业务。

3. 怎样理解不得违规新增地方政府融资平台公司贷款

财金〔2018〕23号文提出不得违规新增地方政府融资平台公司贷款的要求，因为有的融资平台公司还未完成市场化转型，其债务与地方政府的债务还没有隔离，尤其是违规为融资平台公司贷款将会增加政府的债务。

其实这条要求的主要依据来自2013年中国银监会发布的《关于加强2013年地方政府融资平台贷款风险监管的指导意见》（银监发〔2013〕10号，以下简称10号文）的规定。10号文要求各银行业金融机构法人不得新增融资平台贷款规模。同时，文件进一步严格了新增平台贷款条件：一是现金流全覆盖；二是抵押担保符合现行规定，不存在地方政府及所属事业单位、社会团体直接或间接担保，且存量贷款已在抵押担保、贷款期限、还款方式等方面整改合格；三是融资平台存量贷款中需要财政偿还的部分已纳入地方财政预算管理，并已落实预算资金来源；四是借款人为本地融资平台；五是资产负债率低于80%；六是符合《关于制止地方政府违法违规融资行为的通知》（财预〔2012〕463号）文件有关要求。

现实中融资平台公司融资若能做到现金流全覆盖且针对项目收益进行融资，没有政府及所属部门违规担保，这也是融资平台公司转型后市场化融资方式。

4. 怎样理解地方政府违法违规提供担保或承担偿债责任

财金〔2018〕23号文再次强调：金融企业为融资平台贷款时，不得要求地方政府违法违规提供担保或承担偿债责任。此规定在 2017 年财政部、发展改革委、司法部、人民银行、银监会和证监会联合印发的《关于进一步规范地方政府举债融资行为的通知》（财预〔2017〕50 号）（以下简称 50 号文）中就有规定，即“金融企业为融资平台公司等企业提供融资时，不得要求或接受地方政府及其所属部门以担保函、承诺函、安慰函等任何形式提供担保”。因此，财金〔2018〕23 号文对地方政府违规担保要求也是继 50 号文之后再次强调。

地方政府为融资平台公司融资担保由来已久，其根本原因是政企不分，债务不明，在《预算法》修订之前，政府债务由平台公司举借，企业债务由政府财政代替偿还，因此，在此背景下，政府经常为企业的融资提供增信，形成了大量或有债务，造成较高的风险。现实中，地方政府为融资平台公司违规担保主要有以下几种形式：一是由政府相关部门为融资平台公司融资行为出具担保函、承诺函等。二是政府部门或全额拨款事业单位以财政性收入、行政事业等单位的国有资产，或其他任何直接、间接形式为融资平台公司融资行为提供担保。三是政府承诺将融资平台公司的偿债资金安排纳入政府预算，承担部分偿债责任。

5. 怎样理解金融机构不得向出资不合规的项目提供融资

财金〔2018〕23 号文强调：“应按照‘穿透原则’加强资本金审查，确保融资主体的资本金来源合法合规，融资项目满足规定的资本金比例要求。若发现存在以‘名股实债’、股东借款、借贷资金等债务性资金和以公益性资产、储备土地等方式违规出资或出资不实的问题，国有金融企业不得向其提供融资。”

上述内容实际是强调审查项目资本金出资方式应该合规，资本金存在以下四种方式出资是不合规的：一是股东不得以“名股实债”型资金作为资本金出资，也就是股东出资与企业的经营业绩无关，采用保本保收益。二是不能以股东借款方式作为资本金出资，或者采用少量的股权出资，大部分资金采用股东借款的“小股大债”出资方式。三是信贷资金不能作为股东的资本金出资，就是股东从银行的信贷融资，再作为股权投资。四是股东不能用公益性资产、储备土地等作为资本金违规出资，这一点对地方政府和政府融资平台公司尤其重要，即股东不能使用没有收益的公益性资产作为资本金出资，也不得用没有权证的收储土地作为出资。若在审查中发现有上述出资形式，国有金融企业不得向其提供融资。

6. 怎样理解按照“穿透原则”加强资本金审查

在财金〔2018〕23 号文出台之前，强调项目资本金不能为债务资金，包括名股实债、股东借款等，且是在项目公司层面的审查。财金〔2018〕23 号文增加了按照“穿透原则”加强资本金审查，这说明审查更加严格，不仅停留在项目公司层面，而是穿透项目公司，面对项目公司股东出资的审查。但这个审查在实践中很难操作，尤其是一个集团公司既有债务资金也有权益资金还有夹层资本时，难以辨别该笔投资是债务资金还是股权融资的资金。在2019年颁布的10号文中，对规范的PPP项目并没有再强调穿透审查资本金。

7. 怎样理解还款能力评估的原则

《通知》强调：“国有金融企业参与地方建设融资，应审慎评估融资主体的还款能力和还款来源，确保其自有经营性现金流能够覆盖应还债务本息。”该要求就是利用市场化原则衡量融资主体的还款能力及还款来源，即确保其自有经营性现金流能够覆盖应还债务本息。

那么如何理解融资主体的自有经营性现金流呢？通常企业的现金流主要有三类：一是主营业务经营所产生的现金流；二是投资后所产生收益形成的现金流；三是融资后进入企业所产生的现金流。自有经营性现金流一般只包括自身业务所产生的现金流和投资所产生的现金流，不包括融资所产生的现金流。因此，文件中对融资主体还款能力要求还比较高，对转型中的融资平台公司或转型后为公益类国有企业会有一定难度。

8. 怎样理解设立政府投资基金不得要求回购和结构化设置

《通知》强调：“国有金融企业与地方政府及其部门合作设立各类投资基金，应严格遵守有关监管规定，不得要求或接受地方政府及其部门作出承诺回购投资本金、保本保收益等兜底安排，不得通过结构化融资安排或采取多层嵌套等方式将投资基金异化为债务融资平台。”近几年，政府投资基金是地方政府撬动社会资本进行融资的重要工具，但一些地方为了吸引更多的金融资本参与，通常采用政府回购投资本金、保本保收益即结构化设置方式，使金融机构得到稳定的收益，从而达到杠杆融资的目的。但这些设置方式实际也是名股实债，在变相举债的同时，加大了地方政府财政金融风险。在财金〔2018〕23号文出台之前，50号文也明确强调在开展PPP项目和设立政府投资基金时做到“四个不得”。

9. 怎样理解金融中介业务中不得披露财政、债务信息，严禁挂钩政府信用

《通知》强调：“在债券募集说明书等文件中，不得披露所在地区财政收支、政府债务数据等明示或暗示存在政府信用支持的信息，严禁与政府信用挂钩的误导性宣传。”以前，政府债务和城投公司债务没有切割，城投公司发行城投债时，在募集说明书中，往往有很大篇幅说明地方财政收支、政府偿债能力及政府信用。新修订的《预算法》和国发〔2014〕43号文的实施，将政府债务与城投公司债务分离，政府融资通过发行一般债券和专项债券，在发行政府债券时需要披露当地财力、政府债务和政府信用等。但城投债券属于企业债券，应该与企业自身经营相关联，与所募投的项目有直接的关系。政府对城投公司只是以出资额为限对公司债务承担有限责任。因此，金融企业为城投公司提供发债融资服务时，不得披露所在地区财政收支、政府债务数据等明示或暗示存在政府信用支持的信息。

七、中发〔2018〕27号文、中办发〔2018〕46号文部分内容解读

（一）文件介绍

2018年7月，中共中央、国务院发布了《中共中央　国务院关于防范化解地方政府隐性债务风险的意见》（中发〔2018〕27号）（以下简称中发〔2018〕27号文），中共中央办公厅、国务院办公厅印发《中共中央办公厅　国务院办公厅关于印发〈地方政府隐性债务问责办法〉的通知》（中办发〔2018〕46号）（以下简称中办发〔2018〕46号文）。由于这两个文件属于不公开文件，我们不宜将其具体内容在本书中体现，但是，鉴于这两个文件在我国实施“两新一重”建设过程中将发挥重要的作用，特在下文中进行必要的解读。

（二）部分内容解读

首先我们明确一个概念，地方政府隐性债务，是指地方政府在法定政府债务限额之外直接或者承诺以财政资金偿还以及违法提供担保等方式举借的债务。本处引用的中发〔2018〕27号文和中办发〔2018〕46号文，正是党中央、国务院针对地方政府隐性债务所作出的重要指示和要求。

1. 文件出台背景

近年来，随着我国地方政府违法违规举债现象的频繁发生，财政风险与金融风险日渐受到中央的高度关注。在2017年7月14日至15日召开的全国金融工作会议上，习近平总书记明确指出，“各级地方党委和政府要树立正确政绩观，严控地方政府债务增量，终身问责，倒查责任。”随后，2017年10月和2018年3月，习近平总书记、李克强总理先后在党的十九大报告和2018年《政府工作报告》中重点提出了将“坚决打好三大攻坚战”作为全党全国人民今后的一项重要工作任务（三大攻坚战是指防范化解重大风险、精准脱贫、污染防治）。其中，在三大攻坚战之首的防范化解重大风险中明确指出，“防范化解地方政府债务风险。严禁各类违法违规举债、担保等行为。省级政府对本辖区债务负总责，省级以下各级地方政府各负其责，积极稳妥处置存量债务。健全规范的地方政府举债融资机制。”自此，“防范与化解地方政府债务风险”被正式提上了日程，中发〔2018〕27号文和中办发〔2018〕46号文两个重量级文件正是在这样的政策背景下孕育而生的。

2. 将地方政府隐性债务的风险问题提到了前所未有的高度

中发〔2018〕27号文明确指出，目前地方政府隐性债务已经成为我国经济社会发展的重大风险隐患，如果不及时地对地方政府隐性债务妥善化解，将容易引发系统性财政和金融风险，影响我国经济向高质量发展阶段转变，影响决胜全面建成小康社会，必须高度重视。因此，我们应当看到，地方政府隐性债务已经成为党中央、

国务院密切关注的重大事项。如此严重的措辞，旨在能够让各地方政府充分认识到地方政府隐性债务的重要性，杜绝侥幸心态的存在和违规举债现象的发生。

同时，我们也应当注意到，在新冠肺炎疫情肆虐全球并给我国的经济发展带来了重大负面影响的2020年，即便是党中央、国务院出台了若干扩大投资以拉动经济增长的重要举措，但是，在年底的中央经济工作会议（2020年12月16日至18日在北京举行）上仍然明确地将地方政府隐性债务治理作为2021年财政重点工作，并罕见地提出“抓实化解地方政府隐性债务风险工作”重要部署，由此可见，防范与化解地方政府隐性债务已经成为我国的一项常态化工作任务，不容任何形式的麻痹或者放松。

3. 明确提出了坚决遏制隐性债务的继续发生

中发〔2018〕27号文将我国近些年来各地方政府隐性债务的具体类型加以归纳总结，主要包括：①地方政府及相关机关、部门的违法违规融资和担保行为；②在具体项目中，以政府投资基金、政府和社会资本合作（PPP）、政府购买服务等名义变相举债的行为；③国有企业、事业单位变相替政府融资的行为；④在地方开展建设过程中的项目和资金管理行为；⑤金融机构为地方政府项目进行融资的行为。文件以大量篇幅列举种种违法违规的具体情形，可见党中央、国务院对于遏制地方政府隐性债务现象的决心和力度。

4. 引导地方政府采用规范的举债融资模式

“堵后门”与“开前门”并举，是中发〔2018〕27号文的另一大亮点，中央在坚决杜绝违法违规融资而增加隐性债务的同时，更是引导性地提出了合法合规的建设融资模式，主要包括：①在限额内通过发行政府债券方式规范举债。②支持地方政府合法合规地与社会资本合作。这里我们强调一下，支持地方政府与社会资本合作并不仅限于采用PPP模式，而是包括其他合法合规的模式，例如政府投资基金、特许经营等多种模式。③支持合法合规的市场化融资，允许地方政府量力而行地成立融资担保公司，通过合法的方式为地方经济建设吸引社会资金。④硬化预算约束，依法量力而融、依法量力而投，促使有限的财政自有资金和融资资金真正地发挥出应有的作用。

5. 强化违法违规举债问责机制

一个没有问责的制度并不能真正地达到应有的效果，一个脱离了追责的行动者不可能时刻都保持高度的自律性，中发〔2018〕27号文深谙此道，文中明确强调应加强各级审计部门、各级人大及其常委会对隐性债务的督查审计力度，并进一步明确将隐性债务与地方政府干部政绩考核相挂钩，尤其伴随出台的中办发〔2018〕46号文，更是从问责对象、问责情形、具体责任人、问责方式、问责程序等多个方面作出具体、详细的规定，由此可见党中央、国务院对于地方政府隐性债务的重视程度。

6. 构建地方政府债务管理长效机制

中发〔2018〕27号文明确提出了支持融资平台公司市场化转型，严禁融资平台公司继续承担政府融资职能。这是继2014年《国务院关于加强地方政府性债务管理的意见》（国发〔2014〕43号）以来，国家对于融资平台公司市场化转型的最高指示。从中发〔2018〕27号文我们可以看出，党中央、国务院对于融资平台公司退出历史舞台的态度是十分坚决的。融资平台公司作为我国近些年来为地方政府融资的重要载体，曾经在我国的经济发展中作出了不可磨灭的贡献，但是随着《预算法》明确打开了一扇政府合法融资的窗户，这扇游离于政策与法律之外的门终于即将关闭。但是，令人不无担忧的是，时至今日，很多地方政府仍然将融资平台公司作为重要的融资工具，笔者也经常被很多地方政府的主要负责人问到，融资平台公司转型究竟有什么意义，可见到目前为止，很多地方政府对于融资平台公司市场化转型还是没有从根本上理解到位。从另一个角度看，由于融资平台公司积累了大量的隐性债务，其本身想成功转型为市场化运行主体，也实非易事，沉重的历史负担如何能够不成为阻碍平台公司转型后未来发展的绊脚石，是一个值得我们深思和不断研究的课题。

7. 中发〔2018〕27号文、中办发〔2018〕46号文之后的强化金融监管

在中发〔2018〕27号文和中办发〔2018〕46号文之后，2019年5月17日中国银保监会发布了《中国银保监会关于开展“巩固治乱象成果　促进合规建设”工作的通知》（银保监发〔2019〕23号），其中也对中发〔2018〕27号文和中办发〔2018〕46号文的指示精神做了明确的回应。该文件开宗明义：“为全面贯彻党中央、国务院关于金融工作的决策部署，打好防范化解金融风险攻坚战，推动银行业保险业实现高质量发展，银保监会决定开展银行保险机构‘巩固治乱象成果　促进合规建设’工作。”从内容上看，文件针对不同的金融机构的乱现象进行了明确的阐述：①银行机构：违规融资放大地方政府隐性债务。②保险领域：未按规定范围投资，违规投向国家及监管禁止的行业或产业，违规向地方政府提供融资或通过融资平台违规新增地方政府债务。③金融资产管理公司：违法违规向地方政府提供融资或通过融资平台违规新增地方政府债务等。我们欣慰地看到，自从该文件发布后，各种金融机构向地方政府的国有企业（包括但不限于融资平台公司）的融资越来越谨慎了，政策成果得到了实质性的体现。

8. 中发〔2018〕27号文、中办发〔2018〕46号文对“两新一重”产生的影响

“两新一重”作为我国近期发布的一项重要国策，正在全国各地不断地得到落地发展，而中发〔2018〕27号文、中办发〔2018〕46号文对于各地方政府及其他相关参与主体开展“两新一重”建设过程，无疑将产生重要的影响：①从短期看，中发〔2018〕27号文、中办发〔2018〕46号文似乎如同一副枷锁，限制了各地方政府在实施“两新

一重”项目时不会高歌猛进、随心所欲地融资建设。②从长期看，中发〔2018〕27号文、中办发〔2018〕46号文为保障地方政府在自身可承受的范围之内有序、良性发展起到了重要的促进作用，既避免了地方政府负责人为了追求政绩违规上马不切实际的“两新一重”项目，又间接地引导了地方政府必须务实地将有限的财政资金和合法融资的资金真正地用在刀刃上，保证了“两新一重”建设的高质量发展。

八、《关于加强国有企业资产负债约束的指导意见》

2018年9月13日，中共中央办公厅、国务院办公厅发布了《关于加强国有企业资产负债约束的指导意见》(以下简称《指导意见》)。

(一)《指导意见》原文

关于加强国有企业资产负债约束的指导意见

为深入贯彻习近平新时代中国特色社会主义思想和党的十九大精神，落实中央经济工作会议、全国金融工作会议和中央财经委员会第一次会议部署，加强国有企业资产负债约束，降低国有企业杠杆率，推动国有资本做强做优做大，增强经济发展韧性，提高经济发展质量，现提出如下指导意见。

一、总体要求

(一)总体目标。加强国有企业资产负债约束是打好防范化解重大风险攻坚战的重要举措。要通过建立和完善国有企业资产负债约束机制，强化监督管理，促使高负债国有企业资产负债率尽快回归合理水平，推动国有企业平均资产负债率到2020年年末比2017年年末降低2个百分点左右，之后国有企业资产负债率基本保持在同行业同规模企业的平均水平。

(二)基本原则

——坚持全面覆盖与分类管理相结合。所有行业、所有类型国有企业均纳入资产负债约束管理体制。同时，根据不同行业资产负债特征，分行业设置国有企业资产负债约束指标标准。突出监管重点，对超出约束指标标准的国有企业，结合企业所处发展阶段，在综合评价企业各类财务指标和业务发展前景基础上，根据风险大小采取适当管控措施。严格控制产能过剩行业国有企业资产负债率，适度灵活掌握有利于推动经济转型升级发展的战略性新兴产业、创新创业等领域的国有企业资产负债率。

——坚持完善内部治理与强化外部约束相结合。加强国有企业资产负债约束要与深化国有企业改革、建立现代企业制度、优化企业治理结构等有机结合，建立健全长效机制。同时，通过强化考核、增强企业财务真实性和透明度、合理限制债务融资和投资等方式，加强国有企业资产负债外部约束。

——坚持提质增效与政策支持相结合。各有关方面要积极主动作为，根据总体目标要求进一步明确高负债国有企业降低资产负债率的目标、步骤、方式，并限期完成。国有企业要坚持提质增效、苦练内功，通过扩大经营积累增强企业资本实力，在严防国有资产流失前提下，不断降低资产负债率。同时，要为高负债国有企业降低资产负债率创造良好政策和制度环境，完善资本补充机制，扩大股权融资，支持盘活存量资产，稳妥有序开展债务重组和市场化债转股。

二、分类确定国有企业资产负债约束指标标准

国有企业资产负债约束以资产负债率为基础约束指标，对不同行业、不同类型国有企业实行分类管理并动态调整。原则上以本行业上年度规模以上全部企业平均资产负债率为基准线，基准线加 5 个百分点为本年度资产负债率预警线，基准线加 10 个百分点为本年度资产负债率重点监管线。国有企业集团合并报表资产负债率预警线和重点监管线，可由相关国有资产管理部门根据主业构成、发展水平以及分类监管要求确定。邮政、铁路等特殊行业或无法取得统计数据行业的企业资产负债率预警线和重点监管线，由相关国有资产管理部门根据国家政策导向、行业情况并参考国际经验确定。

由国务院国资委履行出资人职责的中央企业，资产负债率管控工作继续执行现行要求，实践中再予以调整完善。金融类国有企业资产负债约束按照现有管理制度和标准实施。

三、完善国有企业资产负债自我约束机制

（一）合理设定资产负债率水平和资产负债结构。国有企业要根据相应资产负债率预警线和重点监管线，综合考虑市场前景、资金成本、盈利能力、资产流动性等因素，加强资本结构规划与管理，合理设定企业资产负债率和资产负债结构，保持财务稳健、有竞争力。

（二）加强资产负债约束日常管理。国有企业经营管理层要忠实勤勉履职，审慎开展债务融资、投资、支出、对外担保等业务活动，防止有息负债和或有债务过度累积，确保资产负债率保持在合理水平。在年度董事会或股东（大）会议案中，要就资产负债状况及未来资产负债计划进行专项说明，并按照规范的公司治理程序，提交董事会或股东（大）会审议。在企业可能或已实质陷入财务困境时，要及时主动向相关债权人通报有关情况，依法依规与相关债权人协商，分类稳妥处置相关债务。

（三）强化国有企业集团公司对所属子企业资产负债约束。国有企业集团公司要根据子企业所处行业等情况，按照国有企业资产负债率控制指标要求，合理确定子企业的资产负债率水平，并将子企业的资产负债约束纳入集团公司考核体系，确保子企业严格贯彻执行。国有企业集团公司要进一步强化子企业资产、财务和业务独立性，减少母子企业、子企业与子企业之间的风险传染。

（四）增强内源性资本积累能力。国有企业要牢固树立新发展理念，以提高发展质量和效益为中心，着力提升经营管理水平，进一步明确并聚焦主业瘦身健体，通过创新驱动提高生产率，增强企业盈利能力，提高企业资产和资本回报率，为企业发展提供持续的内源性资本。

四、强化国有企业资产负债外部约束机制

（一）建立科学规范的企业资产负债监测与预警体系。相关国有资产管理部门要建立以资产负债率为核心，以企业成长性、效益、偿债能力等方面指标为辅助的企业资产负债监测与预警体系。对资产负债率超过预警线和重点监管线的国有企业，相关国有资产管理部门要综合分析企业所在行业特点、发展阶段、有息负债和经营性负债等债务类型结构、短期负债和中长期负债等债务期限结构，以及息税前利润、利息保障倍数、流动比率、速动比率、经营活动现金净流量等指标，科学评估其债务风险状况，并根据风险大小程度分别列出重点关注和重点监管企业名单，对其债务风险情况持续监测。

（二）建立高负债企业限期降低资产负债率机制。对列入重点监管企业名单的国有企业，相关国有资产管理部门要明确其降低资产负债率的目标和时限，并负责监督实施。不得实施推高资产负债率的境内外投资，重大投资要履行专门审批程序，严格高风险业务管理，并大幅压减各项费用支出。依据市场化法治化原则，与业务重组、提质增效相结合，积极通过优化债务结构、开展股权融资、实施市场化债转股、依法破产等途径有效降低企业债务水平。

（三）健全资产负债约束的考核引导。相关国有资产管理部门要加强过程监督检查，将降杠杆减负债成效作为企业考核和评价的重要内容。对列入重点关注和重点监管企业名单的企业，要将企业资产负债率纳入年度经营业绩考核范围，充分发挥考核引导作用，督促企业贯彻落实资产负债管控要求。

（四）加强金融机构对高负债企业的协同约束。对资产负债率超出预警线的国有企业，相关金融机构要加强贷款信息共享，摸清企业表外融资、对外担保和其他隐性负债情况，全面审慎评估其信用风险，并根据风险状况合理确定利率、抵质押物、担保等贷款条件。对列入重点关注企业名单或资产负债率超出重点监管线的国有企业，新增债务融资原则上应通过金融机构联合授信方式开展，由金融机构共同确定企业授信额度，避免金融机构无序竞争和过度授信，严控新增债务融资。对列入重点监管企业名单的国有企业，金融机构原则上不得对其新增债务融资。

（五）强化企业财务失信行为联合惩戒机制。加强企业财务真实性和透明度审核监督。国有企业负责人对企业财务真实性负全责，要确保企业不虚报资产隐匿债务，财务信息真实可靠。会计师事务所等专业中介机构要严格按照会计准则规范出具审计报告，客观准确反映企业资产负债状况。加强社会信用体系建设，完善企业财务失信行为联合惩戒机制，将违法违规企业、中介机构及相关责任人员纳入失信人名单，并依法依规严格追究责任，加大处罚力度。

五、加强国有企业资产负债约束的配套措施

（一）厘清政府债务与企业债务边界。坚决遏制地方政府以企业债务的形式增加隐性债务。严禁地方政府及其部门违法违规或变相通过国有企业举借债务，严禁国有企业违法违规向地方政府提供融资或配合地方政府变相举债；违法违规提供融资或配合地方政府变相举债的国有企业，应当依法承担相应责任。多渠道盘活各类资金和资产，积极稳妥化解以企业债务形式形成的地方政府存量隐性债务，保障国有企业合法权益。进一步完善国有企业参与国家或地方发展战略、承担公共服务等的合法权益保障机制。各级政府和社会组织要严格落实减轻企业负担的各项政策，一般情况下，不得强制要求国有企业承担应由政府或社会组织承担的公益性支出责任。国有企业自愿承担的，应严格履行相应决策程序。加快推进“三供一业”分离移交，减轻国有企业办社会负担，协助解决国有企业历史遗留问题。

（二）支持国有企业盘活存量资产优化债务结构。鼓励国有企业采取租赁承包、合作利用、资源再配置、资产置换或出售等方式实现闲置资产流动，提高资产使用效率，优化资源配置。鼓励国有企业整合内部资源，将与主业相关的资产整合清理后并入主业板块，提高存量资产利用水平，改善企业经营效益。鼓励国有企业加强资金集中管理，强化内部资金融通，提高企业资金使用效率。支持国有企业盘活土地使用权、探矿权、采矿权等无形资产，充分实现市场价值。积极支持国有企业按照真实出售、破产隔离原则，依法合规开展以企业应收账款、租赁债权等财产权利和基础设施、商业物业等不动产财产或财产权益为基础资产的资产证券化业务。推动国有企业开展债务清理，减少无效占用，加快资金周转。在风险可控前提下，鼓励国有企业利用债券市场提高直接融资比重，优化企业债务结构。

（三）完善国有企业多渠道资本补充机制。以增加经营效益为前提，进一步完善国有企业留存利润补充资本机制。与完善国有经济战略布局相结合，实现国有资本有进有退动态管理，将从产能过剩行业退出的国有资本用于急需发展行业和领域国有企业的资本补充。充分发挥国有资本经营预算资金的作用，在逐步解决企业历史遗留问题及相关改革成本后，更多作为资本投向关系国家安全、国民经济命脉的重要行业和关键领域。充分运用国有资本投资、运营公司，吸收社会资金转化为资本。积极推进混合所有制改革，鼓励国有企业通过出让股份、增资扩股、合资合作等方式引入民营资本。鼓励国有企业充分通过多层次资本市场进行股权融资，引导国有企业通过私募股权投资基金方式筹集股权性资金，扩大股权融资规模。支持国有企业通过股债结合、投贷联动等方式开展融资，有效控制债务风险。鼓励国有企业通过主动改造改制创造条件实施市场化债转股。

（四）积极推动国有企业兼并重组。支持通过兼并重组培育优质国有企业。鼓励国有企业跨地区开展兼并重组。加大对产业集中度不高、同质化竞争突出行业国有企业的联合重组力度。鼓励各类投资者通过股权投资基金、创业投资基金、产业投资基金等形式参与国有企业兼并重组。

（五）依法依规实施国有企业破产。充分发挥企业破产在解决债务矛盾、公平保障各方权利、优化资源配置等方面的重要作用。支持国有企业依法对扭亏无望、已失去生存发展前景的“僵尸子企业”进行破产清算。对符合破产条件但仍有发展前景的子企业，支持债权人和国有企业按照法院破产重整程序或自主协商对企业进行债务重组。对严重资不抵债失去清偿能力的地方政府融资平台公司，依法实施破产重整或清算，坚决防止“大而不能倒”，坚决防止风险累积形成系统性风险。同时，要做好与企业破产相关的维护社会稳定工作。

六、加强国有企业资产负债约束的组织实施

（一）明确各类责任主体。国有企业是落实资产负债约束的第一责任主体，要按照本指导意见要求，明确企业资产负债率控制目标，深化内部改革，强化自我约束，有效防范债务风险，严防国有资产流失，确保企业可持续经营。相关金融机构要根据国有企业资产负债和经营情况，审慎评估企业债务融资需求，平衡股债融资比例，加强贷后管理，开展债务重组，协助企业及时防范和化解债务风险。对落实本指导意见不力和经营行为不审慎导致资产负债率长期超出合理水平的国有企业及其主要负责人，相关部门要加大责任追究力度。对落实本指导意见弄虚作假的国有企业，相关部门要对其主要负责人及负有直接责任人员从严从重处罚。

（二）建立部门信息共享和社会公开监督约束机制。相关国有资产管理部门要将列入重点关注和重点监管企业名单的企业及其债务风险状况，报送积极稳妥降低企业杠杆率工作部际联席会议（以下简称联席会议）办公室，并由联席会议办公室通报相关部门，为相关部门开展工作提供必要基础信息。各级相关国有资产管理部门要将各类企业资产负债率预警线和重点监管线以及按照规定应公开的企业财务信息，通过“信用中国”等媒介向社会公开，接受社会监督。

（三）加强国有企业资产负债约束实施工作的组织协调。各级相关国有资产管理部门要按照本指导意见确定的降低国有企业资产负债率目标和约束标准，分解落实、细化要求、加强指导、严格考核，有关情况及时报告联席会议办公室。各级审计部门要依法独立开展审计监督，促进国有企业资产负债约束落实到位。相关金融管理部门要按照本指导意见进一步明确规则，加强对金融机构的业务指导和督促。各级政府向本级人大常委会报告国有资产管理情况时，应报告国有企业资产负债情况和资产负债率控制情况。联席会议要加强组织领导、统筹协调、检查督导和监督问责，确保国有企业降低资产负债率取得实效。重大问题要及时报告党中央、国务院。

（二）《指导意见》内容解读

在“两新一重”项目实施过程中，国有企业无疑将发挥着不可替代的关键性作用。但是，综观我国各地的国有企业，很多却都呈现出“大而不优”“大而不强”“负担沉重”的现状，这使国有企业难以完成人们对它所寄予的殷切期望。而《指导意见》的发布无疑如同一盏明灯抑或一剂良方，为重塑国有企业，使之成为承载我国经济高质量发展的巨轮，指引了鲜明的航行方向和发展策略。因此，我们以“两新一重”为导向，将《指导意见》中所涉及的内容做必要的解读。

1.《指导意见》的核心目的

《指导意见》开篇阐明，加强国有企业资产负债约束是打好防范化解重大风险攻坚战的重要举措。由此可见，《指导意见》是继中发〔2018〕27 号文、中办发〔2018〕46 号文之后，党中央、国务院关于“坚决打好三大攻坚战”的又一个重要的战略部署。本意见出台的明确初衷是加强国有企业资产负债约束，降低国有企业杠杆率，推动国有资本做强做优做大，增强经济发展韧性，提高经济发展质量。

2. 明确了全面覆盖与分类管理相结合的原则

《指导意见》明确了所有行业、所有类型国有企业均纳入资产负债约束管理体制。同时针对不同的行业特点，制定不同的标准，尤其针对推动经济转型升级发展的战略性新兴产业、创新创业等领域（这些也是“两新一重”项目的重点领域）采取了灵活掌握的原则。这显然是在明确总体降低风险的同时，对于某些特殊的重点支持领域不能过于僵化、教条地适用《指导意见》，避免发生“因噎废食”的现象，紧抓时代发展的市场机遇。

3. 确定了国有企业资产负债约束指标标准

《指导意见》明确了以国有企业资产负债率为基础约束指标，对不同行业、不同类型国有企业实行分类管理并动态调整。原则上以本行业上年度规模以上全部企业平均资产负债率为基准线，基准线加 5 个百分点为本年度资产负债率预警线，基准线加 10 个百分点为本年度资产负债率重点监管线。此项规定对高负债行业是一个很大的考验。对于我国施工类的地方国有企业以及部分承担大量隐性债务的融资平台公司，从“两新一重”的角度看，其必然也是此领域的主力军，未来的经营必须充分考虑到融资所带来的增高负债的压力。如何利用合法合规的手段创新投融资模式，在尽量不推高资产负债率的同时又能够为项目实施吸引来大量社会资金，从而助力地方政府实现总体战略布局，是摆在这些国有企业面前的重要课题。

《指导意见》同时还对由国务院国资委履行出资人职责的中央企业做了特别规定，即中央企业的资产负债率管控工作继续执行现行要求，实践中再予以调整完善。这个除外规定，主要是考虑到了中央企业是国务院国资委直属的企业，从管理角度容易进行总体的微观调控，并且，中央企业在支持全国各地的相关领域项目（尤其是“两新一重”项目）中起到了更为重要甚至是不可替代的作用，因此，《指导意见》作出了国务院国资委在中央企业开展具体经营时，根据实际状况再行作出调整方案的规定，应该说是一种适合实际发展需要的制度设计。

4. 加强国有企业的自我约束

加强自我约束，从企业内部进行自我调整和完善才是有效约束国有企业资产负债的根本所在。《指导意见》从合理设定资产负债率水平和资产负债结构、加强资产负债约束日常管理、强化国有企业集团公司对所属子企业资产负债约束、增强内源性资本积累能力 4 个方面进行内部的自我约束。其中，重要的是：①在日常管理中明确了国有企业经营管理层要在年度董事会或股东（大）会议案中，就资产负债状况及未来资产负债计划进行专项说明，并按照规范的公司治理程序，提交董事会或股东（大）会审议。此项规定，意在防止经营管理层将国有企业的潜在债务风险进行隐藏，最终实现及时发现、及时调整、及时问责的机制，从而真正及时地促进企业内部的自我债务风险控制。②从增强内源性资本积累能力角度，明确要求聚焦主业瘦身健体，通过创新驱动提高生产率，增强企业盈利能力，提高企业资产和资本回报率，为企业发展提供持续的内源性资本。聚焦主业与抓住市场机遇进行多元化发展显然是一个矛盾体，尤其对于进行了市场化转型的融资平台公司而言，其转型后的发展思路就是尽可能地将本地资源整合到国有企业，从而达到多点开花，提高企业综合收益的效果。而且，我们更要注意，对于地方政府的“两新一重”项目来说，转型后的融资平台公司必然是一个重要的支撑力量。因此，创新国有企业的经营模式和组织架构是地方政府的当务之急，既要符合《指导意见》突出主业的原则性规定，又要符合转型后的平台公司的实际发展现状。从创新角度看，可以充分参照《国务院关于推进国有资本投资、运营公司改革试点的实施意见》（国发〔2018〕23号）、《国务院关于印发改革国有资本授权经营体制方案的通知》（国发〔2019〕9号）等文件的规定，在本地设立国有资本投资、运营公司，并采用“集团+子公司”模式（“1+N”模式）设立多个不同行业的子公司，每个行业确保聚焦其主业。

5. 强化国有企业的外部约束机制

这是从加强外部监督力量角度来加强对国有企业资产负债的约束，具体体现在：①相关国有资产管理部门要建立以资产负债率为核心，以企业成长性、效益、偿债能力等方面指标为辅助的企业资产负债监测与预警体系；②对列入重点监管企业名单的国有企业，相关国有资产管理部门要明确其降低资产负债率的目标和时限，并负责监督实施；③相关国有资产管理部门要加强过程监督检查，将降杠杆减负债成效作为企业考核和评价的重要内容；④加强金融机构对高负债企业的协同约束。尤其在第④项对金融机构的意见当中明确规定了，对列入重点关注企业名单或资产负债率超出重点监管线的国有企业，新增债务融资原则上应通过金融机构联合授信方式开展，由金融机构共同确定企业授信额度，避免金融机构无序竞争和过度授信，严控新增债务融资。对列入重点监管企业名单的国有企业，金融机构原则上不得对其新增债务融资。此项规定完全是根据我国的实际情况作出的重要的针对性规定，众所周知，根据我国经济结构的特点，国有企业一直都是各个金融机构重要的“优质”贷款对象，我国金融市场长久以来已经形成了各家金融机构竞相角逐国有企业贷款客户的竞争态势，由此造成了很多地区的金融机构为国有企业过度贷款的不良现象。而本项规定正是从资金端源头上加强了对国有企业资产负债的控制力度，必然对国有企业的合理、有序贷款起到重要的调控作用。从另一个角度看，这也客观上降低了地方政府扩大隐性债务的风险。从“两新一重”项目未来融资发展角度看，这可以在很大程度上避免随意上马新项目带来的潜在政府债务风险和国有企业的债务压力。

6. 进一步明确了政府债务与企业债务边界

（1）《指导意见》再次明确了坚决遏制地方政府以企业债务的形式增加隐性债务。严禁地方政府及其部门违法违规或变相通过国有企业举借债务，严禁国有企业违法违规向地方政府提供融资或配合地方政府变相举债。长期以来，本地国有企业为地方政府输送资金在我国很多地方都时有发生，很多地方政府将国有企业视为自己的囊中之物，对企业资金任意支配，本项规定除了再次重申国有企业不得替地方政府举债之外，同时强调了即便是国有企业本身也不得向地方政府出借资金或者配合地方政府外借资金，这种行为同样是增加了地方政府隐性债务。

（2）《指导意见》强调，各级政府和社会组织要严格落实减轻企业负担的各项政策，一般情况下，不得强制要求国有企业承担应由政府或社会组织承担的公益性支出责任。国有企业自愿承担的，应严格履行相应决策程序。这是一项非常重要的规定，在实践中具有很强的指导意义。此项规定一方面强化了地方政府不得向国有企业摊派，增加国有企业负担；另一方面同样强调了如果是国有企业自主性行为，而非来自政府的要求或者压力，在履行严格的内部决策程序后，可以为本地“分忧解难”，即替政府或社会组织承担公益性支出。这项规定也是充分迎合了国有企业所具有的更强的社会责任属性，让有能力的国有企业自愿地为本地经济发展服务。对于地方政府的“两新一重”项目来说，很多项目尽管对促进本地乃至全国的经济发展将起到至关重要的作用，但是，从项目的直接收益角度看，很难做到自身投资收益平衡。而地方政府的财力毕竟有限，即便是通过发行政府债券的形式筹集资金，仍将可能难以满足资金需求。但是，一个缺乏投资收益平衡的项目在市场上是难以吸引社会资金的，而此时国有企业对这种公益性支出的承担将极大地缓解资金的缺口问题。因此，党中央、国务院的此项规定，不失为一个符合实际经济现状的有力举措。当然，在实践中我们需要重点关注两个环节：一是国有企业已经建立了完善的公司治理结构（例如完善的董监高机制和党委、工会等体制），而不能像很多融资平台公司一样，其公司治理结构形同虚设，其所谓的公司治理结构也仅是为了满足工商登记注册而已；二是国有企业的内部决策完全来自自身的自主决策，而没有受到来自政府的实质性行政指令。

7. 支持国有企业的基础设施等不动产资产证券化业务

《指导意见》建设性地提出，积极支持国有企业按照真实出售、破产隔离原则，依法合规开展以企业应收账款、租赁债权等财产权利和基础设施、商业物业等不动产财产或财产权益为基础资产的资产证券化业务。此项规定对于盘活国有企业的存量资产，以及未来的“两新一重”项目所形成的经营性资产继续发挥更大的效应，起到了重要的政策性支持作用。2020 年 4 月 30 日，《中国证监会　国家发展改革委关于推进基础设施领域不动产投资信托基金（REITs）试点相关工作的通知》（证监发〔2020〕40 号）正式发布，无疑是对《指导意见》的资产证券化的指导方针做了具体的落地性举措（鉴于本书有专门篇章解读 REITs 的有关内容，此处不再赘述）。

8. 完善国有企业多渠道资本补充机制

（1）《指导意见》强调了国有资本经营预算资金在国有企业中应发挥重要作用，在逐步解决企业历史遗留问题及相关改革成本后，更多作为资本投向关系国家安全、国民经济命脉的重要行业和关键领域。“两新一重”作为我国推出的重要国策，自然也就应当成为地方政府对国有企业加大投资力度的重要领域。从我国多数地方政府的实际情况看，通常单靠国有企业经营所形成利润的积累，很难在短期内实现国有资本经营预算的大幅度增长目标。因此，我们应探索将地方政府的一般公共预算、政府性基金预算与国有资本经营预算进行统筹的机制，努力创新在合理预测和预算规划后，将一般公共预算和政府性基金预算适度地调入国有资本经营预算，从而实质性地实现政府对国有企业的投资目的。

（2）充分运用国有资本投资、运营公司，吸收社会资金并转化为资本。积极推进混合所有制改革，鼓励国有企业通过出让股份、增资扩股、合资合作等方式引入民营资本。混合所有制改革是我国近期的一项重要举措，越来越多的社会资本将参与国有企业的混合所有制作为自身未来发展的重要目标，而在举国关注的“两新一重”领域尤为如此。地方国有企业应当充分利用自身在“两新一重”领域掌握的项目资源优势和无可比拟的股东背景，积极探索与具有经济实力、经营能力和企业信誉良好的社会资本以多种形式开展混合所有制改革，充分利用各种社会力量促进“两新一重”项目的落地实施，同时在此过程中实现国有企业自身的业务转型和跨越式发展。

九、《政府购买服务管理办法》（财政部令第102号）

2020年1月3日，财政部公布了《政府购买服务管理办法》（财政部令第102号）（以下简称《办法》）。

（一）《办法》原文

政府购买服务管理办法

财政部令第102号

第一章　总　则

第一条　为规范政府购买服务行为，促进转变政府职能，改善公共服务供给，根据《中华人民共和国预算法》《中华人民共和国政府采购法》《中华人民共和国合同法》等法律、行政法规的规定，制定本办法。

第二条　本办法所称政府购买服务，是指各级国家机关将属于自身职责范围且适合通过市场化方式提供的服务事项，按照政府采购方式和程序，交由符合条件的服务供应商承担，并根据服务数量和质量等因素向其支付费用的行为。

第三条　政府购买服务应当遵循预算约束、以事定费、公开择优、诚实信用、讲求绩效原则。

第四条　财政部负责制定全国性政府购买服务制度，指导和监督各地区、各部门政府购买服务工作。

县级以上地方人民政府财政部门负责本行政区域政府购买服务管理。

第二章　购买主体和承接主体

第五条　各级国家机关是政府购买服务的购买主体。

第六条 依法成立的企业、社会组织（不含由财政拨款保障的群团组织），公益二类和从事生产经营活动的事业单位，农村集体经济组织，基层群众性自治组织，以及具备条件的个人可以作为政府购买服务的承接主体。

第七条 政府购买服务的承接主体应当符合政府采购法律、行政法规规定的条件。

购买主体可以结合购买服务项目的特点规定承接主体的具体条件，但不得违反政府采购法律、行政法规，以不合理的条件对承接主体实行差别待遇或者歧视待遇。

第八条 公益一类事业单位、使用事业编制且由财政拨款保障的群团组织，不作为政府购买服务的购买主体和承接主体。

第三章 购买内容和目录

第九条 政府购买服务的内容包括政府向社会公众提供的公共服务，以及政府履职所需辅助性服务。

第十条 以下各项不得纳入政府购买服务范围：

（一）不属于政府职责范围的服务事项；

（二）应当由政府直接履职的事项；

（三）政府采购法律、行政法规规定的货物和工程，以及将工程和服务打包的项目；

（四）融资行为；

（五）购买主体的人员招、聘用，以劳务派遣方式用工，以及设置公益性岗位等事项；

（六）法律、行政法规以及国务院规定的其他不得作为政府购买服务内容的事项。

第十一条 政府购买服务的具体范围和内容实行指导性目录管理，指导性目录依法予以公开。

第十二条 政府购买服务指导性目录在中央和省两级实行分级管理，财政部和省级财政部门分别制定本级政府购买服务指导性目录，各部门在本级指导性目录范围内编制本部门政府购买服务指导性目录。

省级财政部门根据本地区情况确定省以下政府购买服务指导性目录的编制方式和程序。

第十三条 有关部门应当根据经济社会发展实际、政府职能转变和基本公共服务均等化、标准化的要求，编制、调整指导性目录。

编制、调整指导性目录应当充分征求相关部门意见，根据实际需要进行专家论证。

第十四条 纳入政府购买服务指导性目录的服务事项，已安排预算的，可以实施政府购买服务。

第四章 购买活动的实施

第十五条 政府购买服务应当突出公共性和公益性，重点考虑、优先安排与改善民生密切相关，有利于转变政府职能、提高财政资金绩效的项目。

政府购买的基本公共服务项目的服务内容、水平、流程等标准要素，应当符合国家基本公共服务标准相关要求。

第十六条 政府购买服务项目所需资金应当在相关部门预算中统筹安排，并与中期财政规划相衔接，未列入预算的项目不得实施。

购买主体在编报年度部门预算时，应当反映政府购买服务支出情况。政府购买服务支出应当符合预算管理有关规定。

第十七条 购买主体应当根据购买内容及市场状况、相关供应商服务能力和信用状况等因素，通过公平竞争择优确定承接主体。

第十八条 购买主体向个人购买服务，应当限于确实适宜实施政府购买服务并且由个人承接的情形，不得以政府购买服务名义变相用工。

第十九条 政府购买服务项目采购环节的执行和监督管理，包括集中采购目录及标准、采购政策、采购方式和程序、信息公开、质疑投诉、失信惩戒等，按照政府采购法律、行政法规和相关制度执行。

第二十条 购买主体实施政府购买服务项目绩效管理，应当开展事前绩效评估，定期对所购服务实施情况开展绩效评价，具备条件的项目可以运用第三方评价评估。

财政部门可以根据需要，对部门政府购买服务整体工作开展绩效评价，或者对部门实施的资金金额和社会影响大的政府购买服务项目开展重点绩效评价。

第二十一条 购买主体及财政部门应当将绩效评价结果作为承接主体选择、预算安排和政策调整的重要依据。

第五章 合同及履行

第二十二条 政府购买服务合同的签订、履行、变更，应当遵循《中华人民共和国合同法》的相关规定。

第二十三条 购买主体应当与确定的承接主体签订书面合同，合同约定的服务内容应当符合本办法第九条、第十条的规定。

政府购买服务合同应当明确服务的内容、期限、数量、质量、价格，资金结算方式，各方权利义务事项和违约责任等内容。

政府购买服务合同应当依法予以公告。

第二十四条 政府购买服务合同履行期限一般不超过 1 年；在预算保障的前提下，对于购买内容相对固定、连续性强、经费来源稳定、价格变化幅度小的政府购买服务项目，可以签订履行期限不超过 3 年的政府购买服务合同。

第二十五条 购买主体应当加强政府购买服务项目履约管理，开展绩效执行监控，及时掌握项目实施进度和绩效目标实现情况，督促承接主体严格履行合同，按照合同约定向承接主体支付款项。

第二十六条 承接主体应当按照合同约定提供服务，不得将服务项目转包给其他主体。

第二十七条 承接主体应当建立政府购买服务项目台账，依照有关规定或合同约定记录保存并向购买主体提供项目实施相关重要资料信息。

第二十八条 承接主体应当严格遵守相关财务规定，规范管理和使用政府购买服务项目资金。

承接主体应当配合相关部门对资金使用情况进行监督检查与绩效评价。

第二十九条 承接主体可以依法依规使用政府购买服务合同向金融机构融资。

购买主体不得以任何形式为承接主体的融资行为提供担保。

第六章　监督管理和法律责任

第三十条　有关部门应当建立健全政府购买服务监督管理机制。购买主体和承接主体应当自觉接受财政监督、审计监督、社会监督以及服务对象的监督。

第三十一条　购买主体、承接主体及其他政府购买服务参与方在政府购买服务活动中，存在违反政府采购法律法规行为的，依照政府采购法律法规予以处理处罚；存在截留、挪用和滞留资金等财政违法行为的，依照《中华人民共和国预算法》《财政违法行为处罚处分条例》等法律法规追究法律责任；涉嫌犯罪的，移送司法机关处理。

第三十二条　财政部门、购买主体及其工作人员，存在违反本办法规定的行为，以及滥用职权、玩忽职守、徇私舞弊等违法违纪行为的，按照《中华人民共和国预算法》《中华人民共和国公务员法》《中华人民共和国监察法》《财政违法行为处罚处分条例》等国家有关规定追究相应责任；涉嫌犯罪的，移送司法机关处理。

第七章　附　则

第三十三条　党的机关、政协机关、民主党派机关、承担行政职能的事业单位和使用行政编制的群团组织机关使用财政性资金购买服务的，参照本办法执行。

第三十四条　涉密政府购买服务项目的实施，按照国家有关规定执行。

第三十五条　本办法自 2020 年 3 月 1 日起施行。财政部、民政部、工商总局 2014 年 12 月 15 日颁布的《政府购买服务管理办法（暂行）》（财综〔2014〕96 号）同时废止。

（二）《办法》内容解读

1.《办法》出台的意义

政府购买服务是党的十八届三中全会确定的一项重要改革任务，也是政府服务提供方式的重大创新，即从过去“养人办事”提供服务向“花钱买服务”转变。2014 年 12 月，财政部、民政部、原工商总局颁布《政府购买服务管理办法（暂行）》（以下简称“暂行办法”）。“暂行办法”施行以来，对推进政府购买服务改革、促进政府职能转变发挥了重要作用。但随着实践的深入，政府购买服务也面临新情况和新问题，如有的地区将政府购买服务范围不断扩大化、利用政府购买服务变相举债、绩效管理考核不健全等。因此，有必要在“暂行办法”的基础上进行完善提高，作为部门规章与财预〔2017〕87 号文一道，进一步规范和加强政府购买服务的管理。

2. 怎样理解政府购买服务参与主体

（1）购买主体

《办法》明确规定购买主体为各级国家机关，同时，党的机关、政协机关、民主党派机关、承担行政职能的事业单位和使用行政编制的群团组织机关使用财政性资金购买服务的，参照本办法执行。

（2）承接主体

承接主体也就是承担政府购买服务的主体。《办法》明确了依法成立的企业、社会组织（不含由财政拨款保障的群团组织），公益二类和从事生产经营活动的事业单位，农村集体经济组织，基层群众性自治组织，以及具备条件的个人可以作为政府购买服务的承接主体。相对于以前的“暂行办法”，《办法》并没有对承接主体应当具备什么条件做具体要求，只是要求在符合政府采购法律、行政法规规定的条件下，由购买主体结合购买服务项目的特点规定承接主体的具体条件。

《办法》首次增加了农村集体经济组织、基层群众性自治组织以及具备条件的个人作为承接主体，使其范围更广泛。

但《办法》要求：公益一类事业单位、使用事业编制且由财政拨款保障的群团组织，不作为政府购买服务的承接主体。

3. 怎样理解防止政府购买服务泛化

依据购买服务所实施的指导目录，《办法》列出了“负面清单”，负面清单基本上针对国办发〔2013〕96号文、财预〔2017〕87号文和“暂行办法”中不得纳入政府购买服务的内容进行归纳梳理，以解决实践中政府购买服务存在泛化的问题。以下具体事项不能采用政府购买服务。

一是不属于政府职责范围的服务事项，即非政府职责范围事项。这些不是政府所要承担的，当然不能采用政府购买服务。

二是应当由政府直接履职的事项。出于公共安全性等因素的考虑，有的服务事项必须由政府自己做的，不能让社会主体参与。

三是政府采购法律、行政法规规定的货物和工程，以及将工程和服务打包的项目。财预〔2017〕87号文中已经明确要求了，工程类的项目可采用PPP模式或其他模式，不能应用政府购买服务。

四是融资行为。政府融资行为不属于政府向社会公众提供的公共服务事项，也不能采用购买服务方式进行。

五是购买主体的人员招、聘用，以劳务派遣方式用工，以及设置公益性岗位等事项。这些事项关系到干部素质和就业扶持政策等，需要政府部门认真落实，不应将其作为政府购买服务的内容。

六是法律、行政法规以及国务院规定的其他不得作为政府购买服务内容的事项。

4. 怎样理解政府购买服务全过程绩效考核问题

《办法》中几处都提到政府购买服务应该重视绩效管理，应当开展政府购买服务的全流程绩效管理，包括开展事前绩效评估，定期对所购服务实施情况开展绩效评价，具备条件的项目还可以运用第三方评价评估。同时，政府应当将绩效评价结果作为承接主体选择、预算安排和政策调整的重要依据。另外，财政部门也拥有对政府相关部门购买服务的情况开展绩效评价权，即对部门政府购买服务整体工作开展绩效评价；并可对部门实施的资金金额和社会影响大的政府购买服务项目开展重点绩效评价。

综上所述，绩效考核分为对实施主体的服务质量等考核，以及对政府部门自身购买服务整体工作的考核。全流程绩效考核管理，可使政府购买服务建构更加合理规范的制度。

5. 怎样理解政府购买服务合同期限不超过 3 年

政府购买服务涉及的财政支出责任应纳入预算，《预算法》明确了我国财政预算一年一编的基本制度。为加强预算统筹安排，《国务院关于实行中期财政规划管理的意见》（国发〔2015〕3 号）要求实行三年滚动中期财政规划管理。因此，《办法》要求：“政府购买服务合同履行期限一般不超过 1 年；在预算保障的前提下，对于购买内容相对固定、连续性强、经费来源稳定、价格变化幅度小的政府购买服务项目，可以签订履行期限不超过 3 年的政府购买服务合同。”

前几年，一些地区开展的政府购买棚户区改造服务，大多数的期限是 3 年以上，有的甚至达到 25 年，违反了《办法》履行期限不超过 3 年的规定。2019 年政府购买棚改服务的模式被取消，棚改项目主要以发行债券融资为主，对收益能自求平衡的棚改项目可在政策性银行继续贷款。

6. 政府购买服务实行指导性目录管理

《办法》要求：政府购买服务的具体范围和内容实行指导性目录管理，指导性目录依法予以公开。同时，纳入政府购买服务指导性目录的服务事项，已安排预算的，可以实施政府购买服务。政府购买服务的指导目录由财政部和省级财政部门分别制定本级政府购买服务指导性目录，各部门在本级指导性目录范围内编制本部门政府购买服务指导性目录。

省级财政部门根据本地区情况确定省以下政府购买服务指导性目录的编制方式和程序。